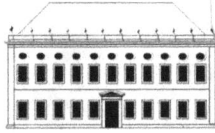

D O C U M E N T O S

I
IMPRENSA DA UNIVERSIDADE DE COIMBRA
COIMBRA UNIVERSITY PRESS
U

EDIÇÃO

Imprensa da Universidade de Coimbra
Email: imprensa@uc.pt
URL: http//www.uc.pt/imprensa_uc
Vendas online: http://livrariadaimprensa.uc.pt

COORDENAÇÃO EDITORIAL

Imprensa da Universidade de Coimbra

CONCEÇÃO GRÁFICA

António Barros

INFOGRAFIA

Nuno Riço

INFOGRAFIA DA CAPA

Mickael Silva

IMAGEM DA CAPA

Alçado com a porta principal do AUC (Rua de São Pedro)
Arquivo da Universidade de Coimbra

PRINT BY

CreateSpace

ISBN

978-989-26-1020-7

ISBN DIGITAL

978-989-26-1021-4

DOI

http://dx.doi.org/10.14195/978-989-26-1021-4

DEPÓSITO LEGAL

396577/15

José Pedro Paiva
(Coordenador)

# GUIA DE FUNDOS DO
# ARQUIVO DA UNIVERSIDADE DE COIMBRA

Ana Maria Leitão Bandeira
Gracinda Guedes
Júlio Sousa Ramos
(Coordenação Técnica)

IMPRENSA DA UNIVERSIDADE DE COIMBRA
2015

# SUMÁRIO

8

# INTRODUÇÃO

O objetivo primordial deste Guia é o de atualizar os instrumentos de pesquisa arquivística do acervo custodiado no AUC, fornecendo uma informação geral dos 526 fundos arquivísticos e coleções existentes, permitindo que se obtenha uma visão ampla da diversidade de instituições produtoras e da informação por elas gerada.

Longínquo está o ano 1973 que trouxe a público o primeiro volume do *Boletim do AUC*, edição que o Doutor Torquato de Sousa Soares pretendeu deixar ao terminar o seu mandato à frente dos destinos do Arquivo. Esse tomo foi integralmente dedicado à publicação de um *Guia do Arquivo da Universidade de Coimbra*, em cumprimento da Portaria nº 481/73, de 13 de julho, e ali se apresentava, de acordo com os critérios arquivísticos da época, a descrição geral do acervo.

Nos 42 anos que perpassam entre esse Guia e o que agora se disponibiliza, muitas etapas ocorreram na vida da instituição e também nas diretivas aprovadas internacionalmente para a elaboração das descrições arquivísticas. Acresce que o Arquivo da Universidade de Coimbra, porque é simultaneamente Arquivo Distrital, conservou por muitos anos nos seus depósitos, sob sua custódia, variada documentação dos seus congéneres da zona centro do país, como foram os casos dos arquivos distritais de Aveiro, Castelo Branco, Guarda, Leiria, Santarém, Viseu, concluindo-se, apenas em 2007, a devolução da documentação pertencente a esses distritos. Por outro lado, apesar de, no essencial, muita da informação inserida no primeiro *Guia* acima referido continuar válida, outra há, porém, que carece de revisão profunda, seja por desatualização natural dos príncipios que basearam a sua elaboração, seja pela transferência da documentação para outros arquivos distritais, seja ainda pelo enriquecimento continuado dos fundos documentais do AUC, em consequência das incorporações obrigatórias ou aquisições.

Tornava-se, por conseguinte, indispensável criar um novo instrumento ajustado aos novos conceitos da descrição arquivística e, sobretudo, configurado, tanto quanto possível, com as normas mais recentemente aprovadas e publicadas pelo *Conselho Internacional de Arquivos*, como são a ISAD (G) e a ISAAR (CPR), e as orientações nacionais publicadas pela *Direção Geral de Arquivos*, atual *DGLAB*[1]. É o resultado dessa tarefa que agora se apresenta.

A compilação deste *Guia* obedeceu aos seguintes procedimentos. A apresentação dos fundos documentais foi feita pelo *Grupo de Arquivos* em que se enquadram, conforme a estrutura temática adoptada pela DGARQ, a saber:

| | |
|---|---|
| Administração Central | Escolas, Liceus e Universidades |
| Administração Central Desconcentrada | Hospitais |
| Administração Local | Judiciais |
| Associações | Monástico-conventuais |
| Colecções | Notariais |
| Confrarias, Irmandades e Misericórdias | Paroquiais |
| Diocesanos | Pessoais e Familiares |
| Empresas | Registo Civil |

Quanto à metodologia de trabalho, optou-se por:

1 – Apresentar, para cada fundo, os seguintes elementos de informação:

Código de Referência – Título – Datas - Dimensão e suporte - História Administrativa - Âmbito e conteúdo - Sistema de organização – Cota atual - Instrumentos de descrição[2] - Nota do arquivista.

---

[1] Conselho Internacional de Arquivos – *ISAD(G): Normas Gerais Internacionais de Descrição em Arquivo*. 2.ª ed. Lisboa: IAN/TT, 2004.

ISAAR (CPF): *Norma Internacional de Registo de Autoridade Arquivística para Pessoas Colectivas, Pessoas Singulares e Famílias"*. Conselho Internacional de Arquivos; trad. Grupo de Trabalho para a Normalização da Descrição em Arquivo. 2.ª ed. Lisboa: Instituto dos Arquivos Nacionais/ Torre do Tombo, 2004.

Direção Geral de Arquivos. Grupo de Trabalho de Normalização da Descrição em arquivo – *Orientações para a descrição arquivística*. 3.ªv. Lisboa: DGARQ, 2011. 392p. ISBN 978-972-8107-91-8.

[2] Aqui designados por "instrumentos de pesquisa".

Foi decidido não individualizar o nível de descrição, o nome do produtor, as regras e convenções e a data da descrição, por duas razões:

a) ou porque a informação apresentada é incluída noutro campo (o nome do produtor aparece no título, por exemplo);

b) ou por ser fastidioso repetir sempre a mesma informação (o nível de descrição é sempre o fundo, e as regras e convenções a enunciar, sê-lo-iam sempre do mesmo modo, e constam em nota de rodapé nesta introdução).

Incluiu-se a data da descrição nas notas do arquivista.

2 – Fazer a recolha de informação em instrumentos de descrição já existentes, bem como a análise documental com vista ao preenchimento dos campos previstos nas ISAD (G).

3 – Analisar as *guias de remessa da documentação*, de forma a cruzar, avaliar e complementar informações. Em particular, no que toca a datas extremas e dimensão, sobretudo nos casos em que a vastidão dos fundos não possibilitava uma análise documental mais profunda. O cruzamento de informações colhidas em instrumentos de descrição existentes, uns menos detalhados e outros mais completos, permitiu apresentar, com maior rigor, os dados essenciais relativos a cada fundo e às unidades de instalação que o compõem.

4 – Proceder a alguns ajustamentos ao longo do trabalho, uma vez que era muito diverso o nível de tratamento arquivístico dos fundos. De facto, existem alguns que foram recentemente descritos em conformidade com as ISAD (G), como por exemplo, os arquivos do Hospital de São Lázaro, da Mitra Episcopal de Coimbra, da Colegiada de São Tiago; outros foram tratados por modelos de descrição arquivística que não seguem as normas internacionais ISAD (G), tais como a documentação do Mosteiro de Santa Cruz de Coimbra, do Tribunal Judicial de Condeixa-a-Nova ou do Instituto de Medicina Legal, mas para os quais seria de todo impensável, neste momento, repor a organização e a ordem originais de produção documental; figuram ainda outros que até ao presente nunca tinham sido, na sua totalidade, objeto de tratamento arquivístico, como grande parte de arquivos notariais e judiciais, e alguns pessoais; finalmente, acham-se fundos documentais nunca antes identificados individualmente como tal, estando integrados em outros de aparente abrangência superior como, por

exemplo, o Colégio de Jesus de Coimbra, o Colégio de Jesus de Faro, que desde 1774 se diluem no emaranhado documental da UC, ou ainda o do Tribunal do Comércio de Coimbra, inserto na documentação do Tribunal da Comarca de Coimbra, e os de julgados de paz também integrados na documentação de tribunais de comarca.

Não obstante os obstáculos mencionados, intentou-se a reconstituição de séries tipológicas desses fundos, tarefa que em breve se constatou não ser possível levar a cabo de forma integral e em tempo útil, dada a imensidão de documentos, o prazo idealizado para o materializar e os recursos humanos de que o Arquivo dispõe atualmente.

Em face do exposto, o *Guia* que agora se apresenta - não sendo um instrumento de descrição acabado - é o resultado de um trabalho arquivístico conciliador entre a razoabilidade do factível e o tecnicamente viável, passando a ser instrumento de referência fundamental para a orientação dos utilizadores do Arquivo da Universidade de Coimbra.

## NOTA DO DIRETOR

O Guia que agora se disponibiliza ao público resultou de aturado, diligente e competente labor iniciado em 2011, e que envolveu a equipa de profissionais que trabalham no Arquivo da Universidade de Coimbra, quer com vínculo à instituição, quer bolseiros e estagiários. O resultado alcançado foi possível pela capacidade que houve de definir procedimentos e pela colaboração entre todos. É imperioso destacar, todavia, sem que isso ofenda a importância dos restantes, a Dr.ª Ana Maria Leitão Bandeira, a Dr.ª Gracinda Guedes e o Dr. Júlio Ramos, técnicas/o superiores da instituição. Eles foram incansáveis e, tal como no passado, o seu saber e dedicação quase afetiva ao Arquivo da Universidade foram absolutamente decisivos para que hoje seja possível dispor de um *Guia* renovado e atualizado dos seus acervos.

José Pedro Paiva

# QUADRO DE CLASSIFICAÇÃO

## Administração Central      PT/AUC/AC

| | |
|---|---|
| Polícia de Investigação Criminal de Coimbra | PT/AUC/AC/PICCBR |
| Polícia Judiciária de Coimbra | PT/AUC/AC/PJCBR |
| Polícia de Segurança Pública | PT/AUC/AC/PSPCBR |

## Administração Central Desconcentrada   PT/AUC/ACD

| | |
|---|---|
| Administração do Concelho de Ovar | PT/AUC/ACD/ACO |
| Administração do Concelho de São João do Monte | PT/AUC/ACD/ACSJM |
| Administração do Concelho de São Miguel do Outeiro | PT/AUC/ACD/ACSMO |
| Administração do Concelho de Tondela | PT/AUC/ACD/ACT |
| Assembleia Distrital de Coimbra | PT/AUC/ACD/ADC |
| Comarca de Aveiro | PT/AUC/ACD/CAVR |
| Comissão de Administração de Bens Cultuais | PT/AUC/ACD/CABC |
| Comissão Administrativa do Plano de Obras da Cidade Universitária de Coimbra | PT/AUC/ACD/CAPOCUC |
| Comissão Distrital de Assistência de Coimbra | PT/AUC/ACD/CDAC |
| Comissão Distrital de Saúde Pública de Coimbra | PT/AUC/ACD/CDSPC |
| Comissão Distrital de Subsistência de Coimbra | PT/AUC/ACD/CDSC |
| Conselho Superior de Instrução Pública | PT/AUC/ACD/CSIP |
| Direção de Finanças de Aveiro | PT/AUC/ACD/DFAVR |
| Direção de Finanças de Coimbra | PT/AUC/ACD/DFCBR |
| Direção de Finanças da Guarda | PT/AUC/ACD/DFGRD |
| Governo Civil de Coimbra | PT/AUC/ACD/GCC |
| Instituto Nacional de Medicina Legal | PT/AUC/ACD/INML |
| Junta da Diretoria Geral dos Estudos | PT/AUC/ACD/JDGE |
| Provedoria da Comarca de Aveiro | PT/AUC/ACD/PCA |
| Provedoria da Comarca de Coimbra | PT/AUC/ACD/PCC |
| Repartição de Finanças de Anadia | PT/AUC/ACD/RFAND |
| Repartição de Finanças de Condeixa-a-Nova | PT/AUC/ACD/RFCND |
| Repartição de Finanças de Degracias | PT/AUC/ACD/RFD |
| Repartição de Finanças da Figueira da Foz | PT/AUC/ACD/RFFIG |
| Repartição de Finanças da Lousã | PT/AUC/ACD/RFLSA |
| Repartição de Finanças de Miranda do Corvo | PT/AUC/ACD/RFMCV |
| Repartição de Finanças de Montemor-o-Velho | PT/AUC/ACD/RFMMV |
| Repartição de Finanças da Pampilhosa da Serra | PT/AUC/ACD/RFPPS |
| Repartição de Finanças de Penacova | PT/AUC/ACD/RFPCV |

| | |
|---|---|
| Repartição de Finanças de Penela | PT/AUC/ACD/RFPNL |
| Repartição da Fazenda de Semide | PT/AUC/ACD/RFS |
| Repartição de Finanças de Soure | PT/AUC/ACD/RFSRE |
| Sociedade Agrícola do Distrito de Coimbra | PT/AUC/ACD/SADC |

## Administração Local — PT/AUC/AL

| | |
|---|---|
| Câmara Municipal de Cantanhede | PT/AUC/AL/CMCNT |
| Câmara Municipal de Guardão | PT/AUC/AL/CMGD |
| Câmara Municipal de Montemor-o-Velho | PT/AUC/AL/CMMMV |
| Câmara Municipal de Mouraz | PT/AUC/AL/CMMZ |
| Câmara Municipal de São João do Monte | PT/AUC/AL/CMSJM |
| Câmara Municipal de São Miguel do Outeiro | PT/AUC/AL/CMSMO |
| Câmara Municipal de Tondela | PT/AUC/AL/CMTND |
| Junta da Paróquia de Mosteirinho | PT/AUC/AL/JPM |
| Junta da Paróquia de Santa Eulália | PT/AUC/AL/JPSE |

## Associações — PT/AUC/ASS

| | |
|---|---|
| Associação do Centro dos Industriais de Panificação | PT/AUC/ASS/ACIP |
| Associação de Desportos de Coimbra | PT/AUC/ASS/ADCBR |
| Comissão Reguladora das Moagens de Ramas | PT/AUC/ASS/CRMR |
| Empresa Pública de Abastecimento de Cereais | PT/AUC/ASS/EPAC |
| Federação Nacional dos Industriais de Moagem | PT/AUC/ASS/FNIM |
| Federação Nacional dos Produtores de Trigo | PT/AUC/ASS/FNPT |
| Grémio dos Industriais de Panificação do Centro | PT/AUC/ASS/GIPC |
| Instituto dos Cereais | PT/AUC/ASS/IC |
| Instituto Nacional do Pão | PT/AUC/ASS/INP |

## Coleções — PT/AUC/COL

| | |
|---|---|
| António de Oliveira Salazar | PT/AUC/COL/AOS |
| Belisário Pimenta | PT/AUC/COL/BP |
| Coleção de Postais Natalícios | PT/AUC/COL/PN |
| Condes dos Arcos | PT/AUC/COL/CA |
| Fausto de Quadros | PT/AUC/COL/FQ |
| Forjaz de Sampaio | PT/AUC/COL/FS |
| Fragmentos de Códices em Pergaminho | PT/AUC/COL/FCP |
| José Dias Sanches | PT/AUC/COL/JDS |
| Martinho da Fonseca | PT/AUC/COL/MF |
| Rafael Monteiro | PT/AUC/COL/RM |
| Salema Garção | PT/AUC/COL/SG |
| Tribunal da Inquisição de Coimbra | PT/AUC/COL/TICBR |

## Confrarias, Irmandades e Misericórdias — PT/AUC/CIM

| | |
|---|---|
| Confraria do Apóstolo São Pedro | PT/AUC/CIM/CASP |
| Confraria dos Clérigos de Montemor-o-Velho | PT/AUC/CIM/CCMMV |
| Confraria dos Defuntos de Nossa Senhora de Cadima | PT/AUC/CIM/CDNSC |
| Confraria dos Defuntos do Seixo | PT/AUC/CIM/CDS |
| Confraria da Graça de Deus | PT/AUC/CIM/CGD |
| Confraria de Nossa Senhora dos Milagres e Mártir São Pelágio | PT/AUC/CIM/CNSMMSP |
| Confraria de Nossa Senhora das Neves da Franqueira | PT/AUC/CIM/CNSNF |
| Confraria de Nossa Senhora das Neves de São Salvador de Minhotães | PT/AUC/CIM/CNSNSSM |

| | |
|---|---|
| Confraria de Santa Maria Madalena de Montemor-o-Velho | PT/AUC/CIM/CSMMMV |
| Confraria de Santa Maria de São Bartolomeu de Coimbra | PT/AUC/CIM/CSMSBC |
| Confraria de Santa Maria da Vera Cruz de Coimbra | PT/AUC/CIM/CSMVCC |
| Confraria de São Lourenço de Coimbra | PT/AUC/CIM/CSLC |
| Confraria de São Marcos de Coimbra | PT/AUC/CIM/CSMC |
| Confraria de São Nicolau de Coimbra | PT/AUC/CIM/CSNC |
| Confraria do Senhor de Maçãs de Dona Maria | PT/AUC/CIM/CSMDM |
| Irmandade e Confraria do Santíssimo Sacramento de Minhotães | PT/AUC/CIM/ICSSM |
| Irmandade de Nossa Senhora do Carmo da Marmeleira | PT/AUC/CIM/INSCM |
| Irmandade de São Tomás de Vila Nova | PT/AUC/CIM/ISTVN |

## Diocesanos     PT/AUC/DIO

| | |
|---|---|
| Cabido da Sé de Coimbra | PT/AUC/DIO/CSCBR |
| Colegiada do Salvador | PT/AUC/DIO/CS |
| Colegiada de Santa Justa | PT/AUC/DIO/CSJ |
| Colegiada de Santa Maria da Oliveira de Guimarães | PT/AUC/DIO/CSMOG |
| Colegiada de São Bartolomeu | PT/AUC/DIO/CSB |
| Colegiada de São Cristóvão | PT/AUC/DIO/CSC |
| Colegiada de São João de Almedina | PT/AUC/DIO/CSJA |
| Colegiada de São Pedro | PT/AUC/DIO/CSP |
| Colegiada de São Tiago | PT/AUC/DIO/CST |
| Cúria Diocesana de Coimbra | PT/AUC/DIO/CDCBR |
| Mitra Episcopal de Coimbra | PT/AUC/DIO/MECBR |
| Seminário Episcopal de Coimbra | PT/AUC/DIO/SEC |

## Empresas     PT/AUC/EMP

| | |
|---|---|
| Animatógrafo do Salão da Trindade | PT/AUC/EMP/AST |
| Coimbra Filmes | PT/AUC/EMP/CF |

## Escolas, Liceus e Universidades     PT/AUC/ELU

| | |
|---|---|
| Liceu Nacional de Coimbra | PT/AUC/ELU/LNC |
| Universidade de Coimbra | PT/AUC/ELU/UC |
| Universidade de Évora | PT/AUC/ELU/UEVORA |

## Hospitais     PT/AUC/HOS

| | |
|---|---|
| Hospital da Convalescença de Coimbra | PT/AUC/HOS/HCC |
| Hospital Militar de Coimbra | PT/AUC/HOS/HMC |
| Hospital dos Milreus de Coimbra | PT/AUC/HOS/HMSC |
| Hospital Real de Coimbra | PT/AUC/HOS/HRC |
| Hospital de São Lázaro de Coimbra | PT/AUC/HOS/HSLC |

## Judiciais     PT/AUC/JUD

| | |
|---|---|
| Conservatória Britânica de Coimbra | PT/AUC/JUD/CBCBR |
| Juízo de Paz de Ceira, de Coimbra | PT/AUC/JUD/JPCC |
| Juízo de Paz de Mira | PT/AUC/JUD/JPM |
| Juízo de Paz de Miranda do Corvo | PT/AUC/JUD/JPMC |
| Juízo de Paz do Salvador de Coimbra | PT/AUC/JUD/JPSC |
| Juízo de Paz de São Cristóvão de Coimbra | PT/AUC/JUD/JPSCC |
| Juízo de Paz de São João de Almedina de Coimbra | PT/AUC/JUD/JPSJAC |
| Juízo de Paz de São Pedro de Coimbra | PT/AUC/JUD/JPSPC |
| Juízo de Paz da Sé Nova de Coimbra | PT/AUC/JUD/JPSNC |

| | |
|---|---|
| Juízo de Paz de Torres do Mondego de Coimbra | PT/AUC/JUD/JPTMCBR |
| Tribunal da Comarca de Arganil | PT/AUC/JUD/TCAGN |
| Tribunal da Comarca de Coimbra | PT/AUC/JUD/TCCBR |
| Tribunal da Comarca de Condeixa-a-Nova | PT/AUC/JUD/TCCDN |
| Tribunal da Comarca de Figueira da Foz | PT/AUC/JUD/TCFIG |
| Tribunal Judicial da Comarca de Lousã | PT/AUC/JUD/TCLSA |
| Tribunal da Comarca de Montemor-o-Velho | PT/AUC/JUD/TCMMV |
| Tribunal da Comarca de Oliveira do Hospital | PT/AUC/JUD/TCOHP |
| Tribunal da Comarca de Pampilhosa da Serra | PT/AUC/JUD/TCPPS |
| Tribunal da Comarca de Penacova | PT/AUC/JUD/TCPCV |
| Tribunal da Comarca de Penela | PT/AUC/JUD/TCPNL |
| Tribunal da Comarca de Soure | PT/AUC/JUD/TCSRE |
| Tribunal da Comarca de Tábua | PT/AUC/JUD/TCTBU |
| Tribunal do Comércio de Coimbra | PT/AUC/JUD/TCC |
| Tribunal do Trabalho de Coimbra | PT/AUC/JUD/TTC |

## Monástico-conventuais PT/AUC/MC

| | |
|---|---|
| Colégio das Artes | PT/AUC/MC/CA |
| Colégio de Jesus de Coimbra | PT/AUC/MC/CJCBR |
| Colégio da Nossa Senhora do Carmo de Coimbra | PT/AUC/MC/CNSCCBR |
| Colégio de Nossa Senhora da Graça de Coimbra | PT/AUC/MC/CNSGC |
| Colégio das Ordens Militares de Coimbra | PT/AUC/MC/COMCBR |
| Colégio de Santa Rita de Coimbra | PT/AUC/MC/CSRCBR |
| Colégio da Santíssima Trindade de Coimbra | PT/AUC/MC/CSTCBR |
| Colégio de Santo Antão de Lisboa | PT/AUC/MC/CSAL |
| Colégio do Santo Nome de Jesus de Bragança | PT/AUC/MC/CSNJB |
| Colégio de São Bento de Coimbra | PT/AUC/MC/CSBC |
| Colégio de São Bernardo de Coimbra | PT/AUC/MC/CSBRC |
| Colégio de São Francisco Xavier de Portimão | PT/AUC/MC/CSFXP |
| Colégio de São Jerónimo de Coimbra | PT/AUC/MC/CSJCBR |
| Colégio de São João Evangelista de Coimbra | PT/AUC/MC/CSJECBR |
| Colégio de São José dos Marianos de Coimbra | PT/AUC/MC/CSJMC |
| Colégio de São Paulo de Braga | PT/AUC/MC/CSPB |
| Colégio de São Paulo de Coimbra | PT/AUC/MC/CSPC |
| Colégio de São Pedro da Terceira Ordem de Coimbra | PT/AUC/MC/CSPTOCBR |
| Colégio de São Tiago de Elvas | PT/AUC/MC/CSTE |
| Colégio de São Tiago de Faro | PT/AUC/MC/CSTF |
| Colégio de São Tomás de Aquino de Coimbra | PT/AUC/MC/CSTOCBR |
| Colégio da Sapiência de Coimbra | PT/AUC/MC/CSCBR |
| Colégio de Tomar, de Coimbra | PT/AUC/MC/CTCBR |
| Comenda de Cacia | PT/AUC/MC/CC |
| Comenda do Conde de Cantanhede | PT/AUC/MC/CCCNT |
| Comenda da Ega | PT/AUC/MC/CE |
| Comenda de Frossos | PT/AUC/MC/CF |
| Comenda de Nossa Senhora da Conceição de Rossas | PT/AUC/MC/CNSCR |
| Comenda do Palião e Casa Velha | PT/AUC/MC/CPCV |
| Comenda de Santa Marinha de Avanca | PT/AUC/MC/CSMA |
| Comenda de São Martinho do Bispo de Coimbra | PT/AUC/MC/CSMBC |
| Comenda de São Tiago de Beduído | PT/AUC/MC/CSTB |

| | |
|---|---|
| Comenda de São Tiago de Rio Meão | PT/AUC/MC/CSTRM |
| Comenda de Trofa | PT/AUC/MC/CT |
| Convento do Desagravo do Santíssimo Sacramento de Vila Pouca da Beira | PT/AUC/MC/CVDSSVPB |
| Convento da Madre de Deus de Sá de Aveiro | PT/AUC/MC/CMDEUSAVR |
| Convento de Nossa Senhora dos Anjos de Montemor-o--Velho | PT/AUC/MC/CNSAMV |
| Convento de Nossa Senhora de Campos de Sandelgas de Coimbra | PT/AUC/MC/CNSCSC |
| Convento de Nossa Senhora do Carmo de Aveiro | PT/AUC/MC/CNSCA |
| Convento de Nossa Senhora do Carmo de Tentúgal | PT/AUC/MC/CVNSCT |
| Convento de Santa Ana de Coimbra | PT/AUC/MC/CSACBR |
| Convento de Santa Clara de Coimbra | PT/AUC/MC/CSCC |
| Convento de Santa Cruz do Deserto do Buçaco | PT/AUC/MC/CVSCDB |
| Convento de Santa Cruz de Rio Mourinho | PT/AUC/MC/CSCRM |
| Convento de Santa Margarida do Aivado de Évora | PT/AUC/MC/CSMAE |
| Convento de Santa Teresa de Jesus de Coimbra | PT/AUC/MC/CSTJCBR |
| Convento de Santo António dos Olivais de Coimbra | PT/AUC/MC/CSAOCBR |
| Convento de São Francisco da Ponte | PT/AUC/MC/CVSFP |
| Convento de São João Evangelista de Aveiro (Convento dos Carmelitas de Aveiro) | PT/AUC/MC/CSJEA |
| Mosteiro de Jesus de Aveiro | PT/AUC/MC/MJA |
| Mosteiro de Nossa Senhora da Assunção de Semide | PT/AUC/MC/MNSAS |
| Mosteiro de Nossa Senhora da Misericórdia de Aveiro (São Domingos de Aveiro) | PT/AUC/MC/MNSMA |
| Mosteiro do Salvador de Moreira | PT/AUC/MC/MSM |
| Mosteiro de Sanfins de Friestas | PT/AUC/MC/MSFF |
| Mosteiro de Santa Cruz de Coimbra | PT/AUC/MC/MSCC |
| Mosteiro de Santa Maria de Arouca | PT/AUC/MC/MSMAR |
| Mosteiro de Santa Maria de Cárquere | PT/AUC/MC/MSMCQ |
| Mosteiro de Santa Maria de Carvoeiro | PT/AUC/MC/MSMCV |
| Mosteiro de Santa Maria de Celas, de Coimbra | PT/AUC/MC/MSMCCBR |
| Mosteiro de Santa Maria de Lorvão | PT/AUC/MC/MSML |
| Mosteiro de Santa Maria de Pombeiro | PT/AUC/MC/MSMP |
| Mosteiro de Santa Maria de Seiça | PT/AUC/MC/MSMS |
| Mosteiro de Santo Antão de Benespera | PT/AUC/MC/MSAB |
| Mosteiro de Santo Tirso | PT/AUC/MC/MST |
| Mosteiro de São Domingos de Coimbra | PT/AUC/MC/MSDCBR |
| Mosteiro de São João de Longos Vales | PT/AUC/MC/MSJLV |
| Mosteiro de São Jorge de Coimbra | PT/AUC/MC/MSJRC |
| Mosteiro de São Marcos de Coimbra | PT/AUC/MC/MSMCM |
| Mosteiro de São Martinho de Cucujães | PT/AUC/MC/MSMCJ |
| Mosteiro de São Miguel de Vilarinho | PT/AUC/MC/MSMV |
| Mosteiro de São Paulo de Almaziva | PT/AUC/MC/MSPAL |
| Mosteiro de São Pedro de Folques | PT/AUC/MC/MSPFLQ |
| Mosteiro de São Pedro de Pedroso | PT/AUC/MC/MSPP |
| Mosteiro de São Pedro de Rates | PT/AUC/MC/MSPRT |
| Mosteiro de São Pedro de Roriz | PT/AUC/MC/MSPR |
| Real Colégio Ursulino das Cinco Chagas de Pereira | PT/AUC/MC/RCUCCP |

## Notariais

| | |
|---|---|
| Cartório Notarial de Abrunheira e Serro Ventoso | PT/AUC/NOT/CNABR |
| Cartório Notarial de Alhadas | PT/AUC/NOT/CNALH |
| Cartório Notarial de Alvarelhos | PT/AUC/NOT/CNALV |
| Cartório Notarial de Alvares | PT/AUC/NOT/CNALR |
| Cartório Notarial de Ança | PT/AUC/NOT/CNANÇ |
| Cartório Notarial de Arazede | PT/AUC/NOT/CNARZ |
| Cartório Notarial de Arganil | PT/AUC/NOT/CNAGN |
| Cartório Notarial de Avô | PT/AUC/NOT/CNAVO |
| Cartório Notarial de Ázere e Sinde | PT/AUC/NOT/CNAZR |
| Cartório Notarial de Bobadela | PT/AUC/NOT/CNBOB |
| Cartório Notarial de Buarcos | PT/AUC/NOT/CNBUA |
| Cartório Notarial de Cadima | PT/AUC/NOT/CNCAD |
| Cartório Notarial de Candosa e Nogueira | PT/AUC/NOT/CNCND |
| Cartório Notarial de Cantanhede – 1º Cartório | PT/AUC/NOT/CNCNT1 |
| Cartório Notarial de Cantanhede – 2º Cartório | PT/AUC/NOT/CNCNT2 |
| Cartório Notarial de Carapinheira | PT/AUC/NOT/CNCRP |
| Cartório Notarial de Carvalho | PT/AUC/NOT/CNCRV |
| Cartório Notarial do Centro de Formalidades das Empresas de Coimbra | PT/AUC/NOT/CNCFECBR |
| Cartório Notarial de Coimbra | PT/AUC/NOT/CNCBR |
| Cartório Notarial de Coimbra – lugares e vilas | PT/AUC/NOT/CNCBR0 |
| Cartório Notarial de Coimbra – 1º Cartório | PT/AUC/NOT/CNCBR1 |
| Cartório Notarial de Coimbra – 2º Cartório | PT/AUC/NOT/CNCBR2 |
| Cartório Notarial de Coimbra – 3º Cartório | PT/AUC/NOT/CNCBR3 |
| Cartório Notarial de Coimbra – 4º Cartório | PT/AUC/NOT/CNCBR4 |
| Cartório Notarial de Coja | PT/AUC/NOT/CNCOJ |
| Cartório Notarial de Condeixa-a-Nova | PT/AUC/NOT/CNCDN |
| Cartório Notarial de Ega | PT/AUC/NOT/CNEGA |
| Cartório Notarial de Ervedal | PT/AUC/NOT/CNERV |
| Cartório Notarial de Espinhal | PT/AUC/NOT/CNESP |
| Cartório Notarial de Fajão | PT/AUC/NOT/CNFAJ |
| Cartório Notarial de Figueira da Foz | PT/AUC/NOT/CNFIG |
| Cartório Notarial de Figueira da Foz – 1º Cartório | PT/AUC/NOT/CNFIG1 |
| Cartório Notarial de Figueira da Foz – 2º Cartório | PT/AUC/NOT/CNFIG2 |
| Cartório Notarial de Góis | PT/AUC/NOT/CNGOI |
| Cartório Notarial de Lagares da Beira | PT/AUC/NOT/CNLAG |
| Cartório Notarial de Lagos da Beira | PT/AUC/NOT/CNLGB |
| Cartório Notarial de Lourosa | PT/AUC/NOT/CNLRS |
| Cartório Notarial de Lousã | PT/AUC/NOT/CNLSA |
| Cartório Notarial de Maiorca | PT/AUC/NOT/CNLMAI |
| Cartório Notarial de Midões | PT/AUC/NOT/CNLMID |
| Cartório Notarial de Mira | PT/AUC/NOT/CNMIR |
| Cartório Notarial de Miranda do Corvo | PT/AUC/NOT/CNMCV |
| Cartório Notarial de Montemor-o-Velho | PT/AUC/NOT/CNMMV |
| Cartório Notarial de Nogueira do Cravo | PT/AUC/NOT/CNNGC |
| Cartório Notarial de Oliveira do Hospital | PT/AUC/NOT/CNOHP |
| Cartório Notarial de Outil | PT/AUC/NOT/CNOUT |

| | |
|---|---|
| Cartório Notarial de Paião e Lavos | PT/AUC/NOT/CNPLV |
| Cartório Notarial de Pampilhosa da Serra | PT/AUC/NOT/CNPPS |
| Cartório Notarial de Penacova | PT/AUC/NOT/CNPNV |
| Cartório Notarial de Penalva de Alva | PT/AUC/NOT/CNPNA |
| Cartório Notarial de Penela | PT/AUC/NOT/CNPNL |
| Cartório Notarial de Pereira | PT/AUC/NOT/CNPER |
| Cartório Notarial de Podentes | PT/AUC/NOT/CNPOD |
| Cartório Notarial de Pombalinho | PT/AUC/NOT/CMPOM |
| Cartório Notarial de Pombeiro | PT/AUC/NOT/CNPMB |
| Cartório Notarial de Póvoa de Santa Cristina | PT/AUC/NOT/CNPVA |
| Cartório Notarial Privativo de Protesto de Letras de Coimbra | PT/AUC/NOT/CNPPLCBR |
| Cartório Notarial de Quiaios | PT/AUC/NOT/CNQUI |
| Cartório Notarial de Rabaçal | PT/AUC/NOT/CNRBÇ |
| Cartório Notarial de Redondos | PT/AUC/NOT/CNRDD |
| Cartório Notarial de Santo Varão | PT/AUC/NOT/CNSVR |
| Cartório Notarial de São Pedro de Alva | PT/AUC/NOT/CNSPAL |
| Cartório Notarial de Seixo da Beira | PT/AUC/NOT/CNSXB |
| Cartório Notarial de Semide | PT/AUC/NOT/CNSMD |
| Cartório Notarial de Serpins | PT/AUC/NOT/CNSER |
| Cartório Notarial de Soure | PT/AUC/NOT/CNSRE |
| Cartório Notarial de Soure - 1º ofício | PT/AUC/NOT/CNSRE01 |
| Cartório Notarial de Soure - 2º ofício | PT/AUC/NOT/CNSRE02 |
| Cartório Notarial de Soure - 3º ofício | PT/AUC/NOT/CNSRE03 |
| Cartório Notarial de Tábua | PT/AUC/NOT/CNTBU |
| Cartório Notarial de Tábua - 1º ofício | PT/AUC/NOT/CNTBU01 |
| Cartório Notarial de Tábua - 2º ofício | PT/AUC/NOT/CNTBU02 |
| Cartório Notarial de Tábua - 3º ofício | PT/AUC/NOT/CNTBU03 |
| Cartório Notarial de Tavarede | PT/AUC/NOT/CNTAV |
| Cartório Notarial de Tentúgal | PT/AUC/NOT/CNTEN |
| Cartório Notarial de Travanca de Lagos | PT/AUC/NOT/CNTVL |
| Cartório Notarial de Verride | PT/AUC/NOT/CNVER |
| Cartório Notarial de Vila Nova de Poiares | PT/AUC/NOT/CNPOI |
| Cartório Notarial de Vila Nova de Poiares – 1º ofício | PT/AUC/NOT/CNPOI1 |
| Cartório Notarial de Vila Nova de Poiares – 2º ofício | PT/AUC/NOT/CNPOI2 |
| Cartório Notarial de Vila Nova de Poiares – 3º ofício | PT/AUC/NOT/CNPOI3 |
| Cartório Notarial de Vila Pouca de Beira | PT/AUC/NOT/CNVPB |
| Cartório Notarial de Vila Verde | PT/AUC/NOT/CNVVD |

## Paroquiais — PT/AUC/PAR

| | |
|---|---|
| Paróquia de Anseriz | PT/AUC/PAR/AGN01 |
| Paróquia de Arganil | PT/AUC/PAR/AGN02 |
| Paróquia de Benfeita | PT/AUC/PAR/AGN04 |
| Paróquia de Celavisa | PT/AUC/PAR/AGN05 |
| Paróquia de Cepos | PT/AUC/PAR/AGN06 |
| Paróquia de Cerdeira | PT/AUC/PAR/AGN07 |
| Paróquia de Coja | PT/AUC/PAR/AGN08 |
| Paróquia de Folques | PT/AUC/PAR/AGN09 |
| Paróquia de Piódão | PT/AUC/PAR/AGN11 |

| | |
|---|---|
| Paróquia de Pomares | PT/AUC/PAR/AGN12 |
| Paróquia de Pombeiro da Beira | PT/AUC/PAR/AGN13 |
| Paróquia de São Martinho da Cortiça | PT/AUC/PAR/AGN14 |
| Paróquia de Sarzedo | PT/AUC/PAR/AGN15 |
| Paróquia de Secarias | PT/AUC/PAR/AGN16 |
| Paróquia de Teixeira | PT/AUC/PAR/AGN17 |
| Paróquia de Vila Cova de Alva | PT/AUC/PAR/AGN18 |
| Paróquia de Ançã | PT/AUC/PAR/CNT01 |
| Paróquia do Bolho | PT/AUC/PAR/CNT02 |
| Paróquia de Cadima | PT/AUC/PAR/CNT03 |
| Paróquia de Cantanhede | PT/AUC/PAR/CNT04 |
| Paróquia de Cordinhã | PT/AUC/PAR/CNT05 |
| Paróquia dos Covões | PT/AUC/PAR/CNT06 |
| Paróquia de Febres | PT/AUC/PAR/CNT07 |
| Paróquia de Murtede | PT/AUC/PAR/CNT08 |
| Paróquia de Ourentã | PT/AUC/PAR/CNT09 |
| Paróquia de Outil | PT/AUC/PAR/CNT10 |
| Paróquia de Pocariça | PT/AUC/PAR/CNT11 |
| Paróquia de Portunhos | PT/AUC/PAR/CNT12 |
| Paróquia de Sepins | PT/AUC/PAR/CNT13 |
| Paróquia da Tocha | PT/AUC/PAR/CNT14 |
| Paróquia de Almalaguês | PT/AUC/PAR/CBR01 |
| Paróquia de Almedina | PT/AUC/PAR/CBR02 |
| Paróquia de Ameal | PT/AUC/PAR/CBR03 |
| Paróquia de Antanhol | PT/AUC/PAR/CBR04 |
| Paróquia de Antuzede | PT/AUC/PAR/CBR05 |
| Paróquia de Arzila | PT/AUC/PAR/CBR06 |
| Paróquia de Assafarge | PT/AUC/PAR/CBR07 |
| Paróquia do Botão | PT/AUC/PAR/CBR08 |
| Paróquia de Brasfemes | PT/AUC/PAR/CBR09 |
| Paróquia de Castelo Viegas | PT/AUC/PAR/CBR10 |
| Paróquia de Ceira | PT/AUC/PAR/CBR11 |
| Paróquia de Cernache | PT/AUC/PAR/CBR12 |
| Paróquia de Eiras | PT/AUC/PAR/CBR13 |
| Paróquia de Lamarosa | PT/AUC/PAR/CBR14 |
| Paróquia da Pedrulha | PT/AUC/PAR/CBR32 |
| Paróquia de Ribeira de Frades | PT/AUC/PAR/CBR15 |
| Paróquia de Santa Clara | PT/AUC/PAR/CBR16 |
| Paróquia de Santa Cruz | PT/AUC/PAR/CBR17 |
| Paróquia de Santa Justa | PT/AUC/PAR/CBR33 |
| Paróquia de Santo António dos Olivais | PT/AUC/PAR/CBR18 |
| Paróquia de São Bartolomeu | PT/AUC/PAR/CBR19 |
| Paróquia de São Facundo | PT/AUC/PAR/CBR34 |
| Paróquia de São João do Campo | PT/AUC/PAR/CBR20 |
| Paróquia de São Martinho de Árvore | PT/AUC/PAR/CBR21 |
| Paróquia de São Martinho do Bispo | PT/AUC/PAR/CBR22 |
| Paróquia de São Paulo de Frades | PT/AUC/PAR/CBR23 |
| Paróquia de São Pedro | PT/AUC/PAR/CBR35 |

| | |
|---|---|
| Paróquia de São Salvador | PT/AUC/PAR/CBR36 |
| Paróquia de São Silvestre | PT/AUC/PAR/CBR24 |
| Paróquia de São Tiago | PT/AUC/PAR/CBR37 |
| Paróquia da Sé Nova | PT/AUC/PAR/CBR25 |
| Paróquia da Sé Velha | PT/AUC/PAR/CBR38 |
| Paróquia de Souselas | PT/AUC/PAR/CBR26 |
| Paróquia de Taveiro | PT/AUC/PAR/CBR27 |
| Paróquia de Torre de Vilela | PT/AUC/PAR/CBR28 |
| Paróquia de Torres do Mondego | PT/AUC/PAR/CBR29 |
| Paróquia de Trouxemil | PT/AUC/PAR/CBR30 |
| Paróquia de Vil de Matos | PT/AUC/PAR/CBR31 |
| Paróquia de Anobra | PT/AUC/PAR/CDN01 |
| Paróquia de Belide | PT/AUC/PAR/CDN02 |
| Paróquia de Bendafé | PT/AUC/PAR/CDN03 |
| Paróquia de Condeixa-a-Nova | PT/AUC/PAR/CDN04 |
| Paróquia de Condeixa-a-Velha | PT/AUC/PAR/CDN05 |
| Paróquia de Ega | PT/AUC/PAR/CDN06 |
| Paróquia de Furadouro | PT/AUC/PAR/CDN07 |
| Paróquia do Sebal | PT/AUC/PAR/CDN08 |
| Paróquia de Vila Seca | PT/AUC/PAR/CDN09 |
| Paróquia do Zambujal | PT/AUC/PAR/CDN10 |
| Paróquia de Alhadas | PT/AUC/PAR/FIG01 |
| Paróquia de Brenha | PT/AUC/PAR/FIG03 |
| Paróquia de Buarcos | PT/AUC/PAR/FIG04 |
| Paróquia de Ferreira-a-Nova | PT/AUC/PAR/FIG05 |
| Paróquia de Lavos | PT/AUC/PAR/FIG06 |
| Paróquia de Maiorca | PT/AUC/PAR/FIG07 |
| Paróquia do Paião | PT/AUC/PAR/FIG09 |
| Paróquia de Quiaios | PT/AUC/PAR/FIG10 |
| Paróquia de Redondos | PT/AUC/PAR/FIG17 |
| Paróquia de São Julião | PT/AUC/PAR/FIG11 |
| Paróquia de Tavarede | PT/AUC/PAR/FIG12 |
| Paróquia de Vila Verde | PT/AUC/PAR/FIG13 |
| Paróquia de Alvares | PT/AUC/PAR/GOI01 |
| Paróquia de Cadafaz | PT/AUC/PAR/GOI02 |
| Paróquia de Colmeal | PT/AUC/PAR/GOI03 |
| Paróquia de Góis | PT/AUC/PAR/GOI04 |
| Paróquia de Vila Nova do Ceira | PT/AUC/PAR/GOI05 |
| Paróquia de Casal de Ermio | PT/AUC/PAR/LSA01 |
| Paróquia de Foz de Arouce | PT/AUC/PAR/LSA02 |
| Paróquia da Lousã | PT/AUC/PAR/LSA03 |
| Paróquia de Serpins | PT/AUC/PAR/LSA04 |
| Paróquia de Vilarinho | PT/AUC/PAR/LSA05 |
| Paróquia de Mira | PT/AUC/PAR/MIR01 |
| Paróquia de Lamas | PT/AUC/PAR/MCV01 |
| Paróquia de Miranda do Corvo | PT/AUC/PAR/MCV02 |
| Paróquia de Rio de Vide | PT/AUC/PAR/MCV03 |
| Paróquia de Semide | PT/AUC/PAR/MCV04 |

| | |
|---|---|
| Paróquia de Vila Nova | PT/AUC/PAR/MCV05 |
| Paróquia de Alcáçova | PT/AUC/PAR/MMV01 |
| Paróquia de Arazede | PT/AUC/PAR/MMV02 |
| Paróquia da Carapinheira | PT/AUC/PAR/MMV03 |
| Paróquia de Gatões | PT/AUC/PAR/MMV04 |
| Paróquia de Liceia | PT/AUC/PAR/MMV05 |
| Paróquia da Madalena | PT/AUC/PAR/MMV16 |
| Paróquia das Meãs do Campo | PT/AUC/PAR/MMV06 |
| Paróquia de Montemor-o-Velho | PT/AUC/PAR/MMV07 |
| Paróquia de Pereira | PT/AUC/PAR/MMV08 |
| Paróquia da Póvoa de Santa Cristina | PT/AUC/PAR/MMV17 |
| Paróquia de Reveles | PT/AUC/PAR/MMV18 |
| Paróquia de Santo Varão | PT/AUC/PAR/MMV09 |
| Paróquia de São Martinho | PT/AUC/PAR/MMV19 |
| Paróquia de São Miguel | PT/AUC/PAR/MMV20 |
| Paróquia de São Salvador | PT/AUC/PAR/MMV21 |
| Paróquia de Seixo de Gatões | PT/AUC/PAR/MMV10 |
| Paróquia de Tentúgal | PT/AUC/PAR/MMV11 |
| Paróquia de Verride | PT/AUC/PAR/MMV12 |
| Paróquia de Vila Nova da Barca | PT/AUC/PAR/MMV13 |
| Paróquia de Aldeia das Dez | PT/AUC/PAR/OHP01 |
| Paróquia do Alvoco das Várzeas | PT/AUC/PAR/OHP02 |
| Paróquia de Avô | PT/AUC/PAR/OHP03 |
| Paróquia da Bobadela | PT/AUC/PAR/OHP04 |
| Paróquia do Ervedal | PT/AUC/PAR/OHP05 |
| Paróquia de Galizes | PT/AUC/PAR/OHP22 |
| Paróquia de Lagares | PT/AUC/PAR/OHP06 |
| Paróquia de Lagos da Beira | PT/AUC/PAR/OHP07 |
| Paróquia da Lajeosa | PT/AUC/PAR/OHP08 |
| Paróquia de Lourosa | PT/AUC/PAR/OHP09 |
| Paróquia de Meruge | PT/AUC/PAR/OHP10 |
| Paróquia de Nogueira do Cravo | PT/AUC/PAR/OHP11 |
| Paróquia de Oliveira do Hospital | PT/AUC/PAR/OHP12 |
| Paróquia de Penalva de Alva | PT/AUC/PAR/OHP13 |
| Paróquia de Santa Ovaia | PT/AUC/PAR/OHP14 |
| Paróquia de São Gião | PT/AUC/PAR/OHP15 |
| Paróquia de São Paio de Codeço | PT/AUC/PAR/OHP23 |
| Paróquia de São Paio de Gramaços | PT/AUC/PAR/OHP16 |
| Paróquia de São Sebastião da Feira | PT/AUC/PAR/OHP17 |
| Paróquia de Seixo da Beira | PT/AUC/PAR/OHP18 |
| Paróquia de Travanca de Lagos | PT/AUC/PAR/OHP19 |
| Paróquia de Vila Pouca da Beira | PT/AUC/PAR/OHP20 |
| Paróquia de Cabril | PT/AUC/PAR/PPS01 |
| Paróquia de Dornelas do Zêzere | PT/AUC/PAR/PPS02 |
| Paróquia do Fajão | PT/AUC/PAR/PPS03 |
| Paróquia de Janeiro de Baixo | PT/AUC/PAR/PPS04 |
| Paróquia do Machio | PT/AUC/PAR/PPS05 |
| Paróquia da Pampilhosa da Serra | PT/AUC/PAR/PPS06 |

| | |
|---|---|
| Paróquia do Pessegueiro | PT/AUC/PAR/PPS07 |
| Paróquia de Portela do Fojo | PT/AUC/PAR/PPS08 |
| Paróquia de Unhais-o-Velho | PT/AUC/PAR/PPS09 |
| Paróquia do Vidual | PT/AUC/PAR/PPS10 |
| Paróquia de Carvalho | PT/AUC/PAR/PCV01 |
| Paróquia de Figueira de Lorvão | PT/AUC/PAR/PCV02 |
| Paróquia de Friúmes | PT/AUC/PAR/PCV03 |
| Paróquia do Lorvão | PT/AUC/PAR/PCV04 |
| Paróquia de Oliveira do Mondego | PT/AUC/PAR/PCV05 |
| Paróquia da Paradela | PT/AUC/PAR/PCV06 |
| Paróquia de Penacova | PT/AUC/PAR/PCV07 |
| Paróquia de São Paio de Mondego | PT/AUC/PAR/PCV08 |
| Paróquia de São Pedro de Alva | PT/AUC/PAR/PCV09 |
| Paróquia de Sazes do Lorvão | PT/AUC/PAR/PCV10 |
| Paróquia de Travanca do Mondego | PT/AUC/PAR/PCV11 |
| Paróquia da Cumeeira | PT/AUC/PAR/PNL01 |
| Paróquia do Espinhal | PT/AUC/PAR/PNL02 |
| Paróquia de Podentes | PT/AUC/PAR/PNL03 |
| Paróquia do Rabaçal | PT/AUC/PAR/PNL04 |
| Paróquia de Santa Eufémia | PT/AUC/PAR/PNL05 |
| Paróquia de São Miguel | PT/AUC/PAR/PNL06 |
| Paróquia de Alfarelos | PT/AUC/PAR/SRE01 |
| Paróquia de Brunhós | PT/AUC/PAR/SRE02 |
| Paróquia de Degracias | PT/AUC/PAR/SRE03 |
| Paróquia de Figueiró do Campo | PT/AUC/PAR/SRE04 |
| Paróquia de Gesteira | PT/AUC/PAR/SRE05 |
| Paróquia da Granja do Ulmeiro | PT/AUC/PAR/SRE06 |
| Paróquia de Pombalinho | PT/AUC/PAR/SRE07 |
| Paróquia de Samuel | PT/AUC/PAR/SRE08 |
| Paróquia de Soure | PT/AUC/PAR/SRE09 |
| Paróquia de Tapéus | PT/AUC/PAR/SRE10 |
| Paróquia de Vila Nova de Anços | PT/AUC/PAR/SRE11 |
| Paróquia de Vinha da Rainha | PT/AUC/PAR/SRE12 |
| Paróquia de Ázere | PT/AUC/PAR/TBU01 |
| Paróquia de Candosa | PT/AUC/PAR/TBU02 |
| Paróquia de Carapinha | PT/AUC/PAR/TBU03 |
| Paróquia de Covas | PT/AUC/PAR/TBU04 |
| Paróquia de Covelo | PT/AUC/PAR/TBU05 |
| Paróquia de Espariz | PT/AUC/PAR/TBU06 |
| Paróquia de Meda de Mouros | PT/AUC/PAR/TBU07 |
| Paróquia de Midões | PT/AUC/PAR/TBU08 |
| Paróquia de Mouronho | PT/AUC/PAR/TBU09 |
| Paróquia de Pinheiro de Coja | PT/AUC/PAR/TBU10 |
| Paróquia de Póvoa de Midões | PT/AUC/PAR/TBU11 |
| Paróquia de São João da Boavista | PT/AUC/PAR/TBU12 |
| Paróquia de Sinde | PT/AUC/PAR/TBU13 |
| Paróquia de Tábua | PT/AUC/PAR/TBU14 |
| Paróquia de Vila Nova de Oliveirinha | PT/AUC/PAR/TBU15 |

| | |
|---|---|
| Paróquia de Arrifana | PT/AUC/PAR/POI01 |
| Paróquia de Lavegadas | PT/AUC/PAR/POI02 |
| Paróquia de Santo André de Poiares | PT/AUC/PAR/POI03 |
| Paróquia de São Miguel de Poiares | PT/AUC/PAR/POI04 |

## Pessoais e Familiares      PT/AUC/PFM

| | |
|---|---|
| Alberto Cupertino Pessoa | PT/AUC/PFM/ACP |
| Albino Maria Cordeiro | PT/AUC/PFM/AMC |
| António Luís de Seabra | PT/AUC/COL/ALS |
| António da Rocha Madahil | PT/AUC/PFM/ARM |
| Casa e Ducado de Aveiro | PT/AUC/PFM/CDA |
| Casa de Óis | PT/AUC/PFM/CO |
| Condes da Cunha | PT/AUC/PFM/CC |
| Elisa Augusta Vilares | PT/AUC/PFM/EAV |
| Eusébio Tamagnini | PT/AUC/PFM/ET |
| Francisco Gomes Teixeira | PT/AUC/PFM/FGT |
| D. Francisco de Melo | PT/AUC/PFM/FM |
| Jardim de Vilhena | PT/AUC/PFM/JV |
| Joaquim de Carvalho | PT/AUC/PFM/JC |
| José Feliciano de Castilho | PT/AUC/PFM/JFC |
| José Martins Vicente Gonçalves | PT/AUC/PFM/JVG |
| Júlio da Costa Cabral | PT/AUC/PFM/JCC |
| Manuel dos Reis | PT/AUC/PFM/MR |
| Margarida Santos Coelho | PT/AUC/PFM/MSC |
| Mário Monteiro | PT/AUC/PFM/MM |
| Mário Nogueira Ramos | PT/AUC/PFM/MNR |
| Marquês de Angeja | PT/AUC/PFM/MA |
| Miguel Dias Pessoa Amorim | PT/AUC/PFM/MDPA |
| Morgadio dos Garridos | PT/AUC/PFM/MG |
| Senhorio de Góis | PT/AUC/PFM/SGOI |

## Registo Civil      PT/AUC/RCV

| | |
|---|---|
| Conservatória do Registo Civil de Cantanhede | PT/AUC/RCV/CNT |
| Conservatória do Registo Civil de Condeixa-a-Nova | PT/AUC/RCV/CDN |
| Conservatória do Registo Civil da Figueira da Foz | PT/AUC/RCV/FIG |
| Conservatória do Registo Civil da Lousã | PT/AUC/RCV/LSA |
| Conservatória do Registo Civil de Miranda do Corvo | PT/AUC/RCV/MCV |
| Conservatória do Registo Civil da Pampilhosa da Serra | PT/AUC/RCV/PPS |
| Conservatória da Registo Civil de Penela | PT/AUC/RCV/PNL |
| Conservatória do Registo Civil de Vila Nova de Poiares | PT/AUC/RCV/POI |

Livros de Registos das Participações de Investigação Criminal da Polícia Judiciária de Coimbra

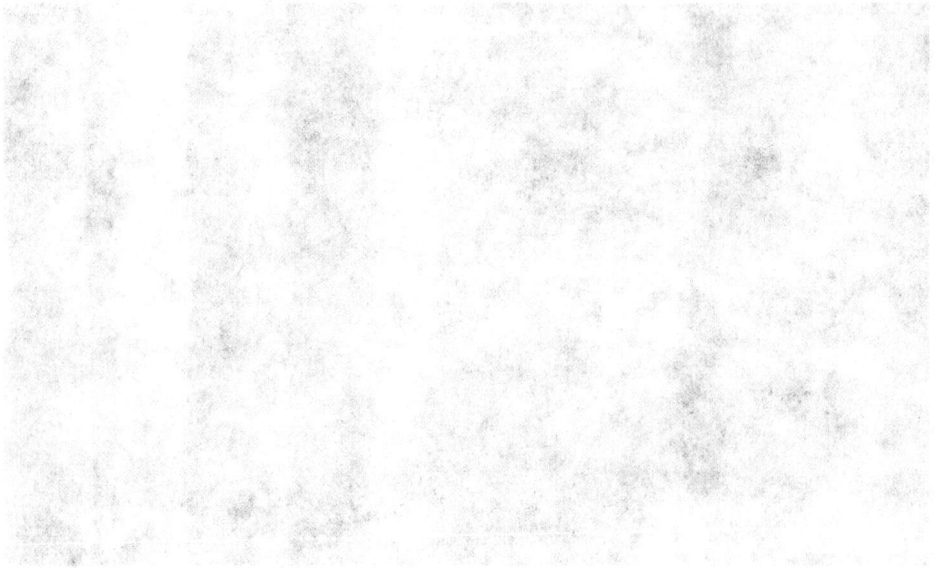

# Polícia de Investigação Criminal de Coimbra

**Código de referência:** PT/AUC/AC/PICCBR
**Título:** Polícia de Investigação Criminal de Coimbra
**Datas de produção:** 1892 / 1949
**Dimensão e suporte:** 437 u. i. (103 liv., 334 pt.); papel.

**História administrativa, biográfica e familiar:** A Polícia de Investigação Criminal teve a sua origem no Corpo da Polícia Civil criada por D. Luís, por Decreto de 2 de julho de 1867, publicado a 8 do mesmo mês e ano. Ficava assim decretada a existência do Corpo de Polícia Civil em todas as capitais de distrito, na dependência direta do Ministério da Justiça do Reino, competindo-lhes "descobrir os crimes ou delitos ou contravenções, coligir provas e entregar os criminosos aos tribunais", bem como "formar autos de investigação de todos os crimes", entre outras.

Já sob a tutela do Ministério do Interior, em 17 de outubro de 1910, no âmbito da reorganização do "antigo Corpo de Polícia Civil", esta Instituição passava a designar-se Polícia Cívica.

Em 1918, o Decreto 4.166, de 29 de abril, com o intuito de reformar o sistema policial, colocava os serviços da polícia na dependência da Direção Geral da Segurança Pública, subdividida em repartições, entre elas a Polícia de Investigação, subordinada ao que atualmente designamos Governo Civil Distrital. Em 1922 a Polícia Cívica sofreu uma profunda reestruturação, pelo Decreto n.º 8435 de 21 de outubro, subdividindo-a em quatro secções, vocacionadas para áreas específicas de atuação, entre elas a Polícia de Investigação Criminal (PIC), daí alguns entenderem esta data como a da criação deste corpo de polícia. Por Decreto 14657, de 5 de dezembro de 1927, os Serviços da Polícia de Investigação passaram à dependência do Ministro da Justiça e dos Cultos. Em 1935 é extinta a Direção Geral da Segurança Pública.

**Âmbito e conteúdo:** O acervo é constituído por documentação com funções-meio, nomeadamente: gestão financeira, patrimonial de recursos humanos e documentação com funções-fim, nomeadamente: registo de cadastrados, queixosos e arguidos, registo de ocorrências e participações, processos sumários e de investigação, entre outras.

**Sistema de organização:** O fundo foi classificado em séries documentais, de acordo com a tipologia dos atos administrativos. Estas encontram-se dispostas por ordem alfabética, estando as unidades de instalação ordenadas cronologicamente dentro de cada série.

**Cota atual:** Dep. VI-2ªD e E

**Instrumentos de pesquisa:** Inventário e recenseamento das unidades de instalação.

**Notas do arquivista:** Recenseamento elaborado por Alexandra Silva e Adriana Antunes em 2008 e 2012, respetivamente, coordenação, revisão e descrição feita por Gracinda Guedes em 2013.

Ao campo título: Este fundo reúne a documentação pertencente ao extinto "Corpo de Polícia Civil"; "Polícia Cívica" e "Polícia de Investigação" antecessores, nas funções e competências, à Polícia de Investigação Criminal de Coimbra.

Ao campo Datas de produção: As datas posteriores às do termo das funções deste corpo policial prende-se com o facto de, na mesma unidade de Instalação, se ter continuado a fazer o registo, apesar da atividade já ser da competência da Polícia Judiciária, organismo que assumiu as funções anteriormente detidas por este corpo de polícia.


## Polícia Judiciária de Coimbra

**Código de referência:** PT/AUC/AC/PJCBR
**Título:** Polícia Judiciária de Coimbra
**Datas de produção:** 1945-10-20 / 1973
**Dimensão e suporte:** 401 u. i.; papel.

**História administrativa, biográfica e familiar:** A Polícia Judiciária teve a sua origem mais remota no Corpo da Polícia Civil criada por D. Luís, por Decreto de 2 de julho de 1867, publicado a 8 do mesmo dia e ano, na dependência da Justiça do Reino, "cujos comissários, enquanto oficiais da polícia judicial, teriam a seu cargo descobrir os crimes ou delitos ou contravenções, coligir provas e entregar os criminosos aos tribunais".

Em 1927, o Decreto 14657, de 5 de dezembro, transferiu para o Ministro da Justiça e dos Cultos os Serviços da Polícia de Investigação, situação esta que se tem mantido inalterável até aos dias de hoje, sendo considerada um órgão de coadjuvação das autoridades Judiciárias, Magistratura Judicial e Ministério Público. A reestruturação geral da Polícia em Portugal, através do Decreto-lei nº. 35042 de 20 de outubro de 1945, é criada a Polícia Judiciária, sob a direção de um Juiz de Direito, organicamente integrada no Ministério da Justiça, em substituição da Polícia de Investigação Criminal (PIC).

"A Polícia Judiciária é um corpo superior de polícia criminal auxiliar da administração da justiça. É um serviço central da administração directa do Estado, dotado de autonomia administrativa."

Tem por principal missão "efectuar a investigação dos crimes e descobrir os seus autores, procedendo à instrução preparatória dos respectivos processos e promover ações de prevenção da criminalidade, essencialmente da criminalidade habitual".

**Âmbito e conteúdo:** O acervo é constituído por documentação com funções-meio - nomeadamente, gestão financeira, patrimonial de recursos humanos - e documentação com funções-fim - concretamente, registo de cadastrados, queixosos e arguidos, registo de ocorrências e participações, processos sumários e de investigação, entre outras.

**Sistema de organização:** O fundo foi classificado em séries documentais de acordo com a tipologia dos atos administrativos. Estas encontram-se ordenadas alfabeticamente, estando as unidades de instalação ordenadas cronologicamente dentro de cada série.

**Cota atual:** Dep. VI-2ª D e E

**Instrumentos de pesquisa:** Inventário e recenseamento das unidades de instalação.

**Notas do arquivista:** Recenseamento elaborado por Alexandra Silva e Adriana Antunes em 2008 e 2012, respetivamente, coordenação, revisão e descrição feita por Gracinda Guedes em 2013.

## Polícia de Segurança Pública de Coimbra

**Código de referência:** PT/AUC/AC/PSPCBR
**Título:** Polícia de Segurança Pública de Coimbra
**Datas de produção:** 1980-01-01 / 1999-12-31
**Dimensão e suporte:** 147 u. i.; papel.
**História administrativa, biográfica e familiar:** A PSP remonta aos antigos Quadrilheiros, da Idade Média, à Intendência-Geral da Polícia da Corte e do Reino, criada em 1780 e à Polícia Civil, criada em 1867. Em 1867, foram criados o Corpo de Polícia Civil de Lisboa e o Corpo de Polícia Civil do Porto. Estes são independentes entre si, sendo cada um deles chefiado por um comissário-geral subordinado diretamente ao respetivo governador civil do distrito e, por intermédio dele, ao ministro do Reino. O mesmo Decreto prevê, também, a criação de corpos de Polícia Civil nas restantes capitais de distritos. Em 1893, a Polícia Civil de Lisboa passa a ser dividida em três secções: Polícia de Segurança Pública, Polícia de Investigação Judiciária e Preventiva e Polícia de Inspeção Administrativa. A secção de Polícia de Segurança Pública - responsável pelo policiamento geral uniformizado - constitui o grosso da Polícia Civil, sendo a antecedente direta da atual corporação homónima.

Com a implantação da República, a Polícia Civil de Lisboa passa a designar-se "Polícia Cívica". Em 1918 e 1922, os serviços policiais são reorganizados pelo Decreto-Lei n° 4166 de 27 de abril, e pelo Decreto n.° 8435, de 21 de outubro. A anterior Polícia de Segurança volta a designar-se "Polícia de Segurança Pública (PSP)", constituindo uma das quatro grandes secções em que se divide a Polícia Cívica. Já em 1927, pelo Decreto n° 13 242, de 8 de março, é restaurada a Direcção-Geral de Segurança Pública que superintende todas as polícias, e, pelo Decreto 14 657, de 5 de dezembro do mesmo ano, a Polícia de Investigação

Criminal deixa de estar dependente da DGSP e passa para dependência do Ministério da Justiça. Pelo Decreto-Lei nº 35 046, de 22 de outubro de 1935, a DGSP é, definitivamente, extinta, sendo criado o Comando-Geral da Polícia de Segurança Pública, como órgão central da PSP. O cargo de comandante-geral passa a ser desempenhado por um oficial superior ou general do Exército. As restantes polícias tornam-se, definitivamente, autónomas. Desde 1999 que o Comando-Geral da PSP passa a designar-se Direção Nacional (Lei nº 5/99, de 27 de janeiro) e a chefia da PSP passa a ser exercida por um oficial da própria Polícia.

**Âmbito e conteúdo:** A documentação existente neste AUC é cons-tituída apenas por duas séries: Processos Individuais de Pessoal e Ordens de Serviço.

**Sistema de organização:** Organização por séries; ordenação cronológica.

**Cota atual:** V-2ªD

**Instrumentos de pesquisa:** Inventário.

**Notas do arquivista:** Fonte de informação ao campo História adminis-trativa: RIBEIRO, António S., Organização Superior de Defesa Nacional, Prefácio, 2004; COSME, João, História da Polícia de Segurança Pública, Edições Sílabo, 2006

Descrição elaborada por Júlio Ramos, 2012.

# ADMINISTRAÇÃO CENTRAL DESCONCENTRADA - PT/AUC/ACD

**Planta do Paço das Escolas**

## Administração do Concelho de Ovar

**Código de referência:** PT/AUC/ACD/ACO

**Título:** Administração do Concelho de Ovar

**Datas de produção:** 1786 / 1786

**Dimensão e suporte:** 1 u. i. (liv.); papel.

**História administrativa, biográfica e familiar:** Em 922 é conhecida a primeira referência à povoação de Ovar, mas só em 1514 lhe foi concedida carta de foral, por D. Manuel I, no dia 10 de fevereiro.

A moderna Administração do Concelho tem origem na reforma de Mouzinho da Silveira, em 1832, mas só verdadeiramente implementada por Decreto de 18 de julho de 1835. Eram, então seus órgãos administrativos a Câmara Municipal, formada por 5 vereadores, eleitos, e o administrador do Concelho, nomeado pelo Governo e posteriormente confirmado por Decreto de 31 de dezembro de 1836.

O administrador – na reforma de Mouzinho designado provedor do Concelho – era o expoente máximo do poder local e o representante do poder central no seu território; tinha por competências a aplicação das deliberações da Câmara, a vigilância sobre a execução das posturas e regulamentos municipais, a execução de todas as ordens do prefeito e subprefeito (delegados da autoridade real e defensores dos interesses da fazenda pública numa unidade territorial mais abrangente, a comarca), a redação e conservação do registo civil e notarial, a superintendência e vigilância da ordem e tranquilidade públicas e policiamento municipal, a fiscalização dos abusos de autoridade na cobrança de impostos, a inspeção das escolas primárias e serviços públicos, a fiscalização de contas das irmandades, confrarias, hospitais e misericórdias, a proteção geral da indústria, das artes e do bem-estar da população, o recrutamento do Exército e da Guarda Nacional, a concessão de passaportes, entre outras funções.

A organização administrativa do país com base em três unidades territoriais fundamentais – distrito, concelho e freguesia/paróquia, embora esta última tivesse oscilado entre unidade com funções meramente religiosas ou também civis – que se estabeleceu com os primeiros diplomas liberais não sofreria contestação daí em diante, pese, embora, sucessivas alterações quanto às funções e poderes de cada órgão e sua autonomia em relação aos hierarquicamente superiores ou ao poder central, quanto ao processo de escolha ou nomeação dos seus representantes e restrições no acesso aos cargos ou ao voto, enfim, quanto ao pendor centralizador ou descentralizador de cada código administrativo – quase sempre em consonância com eventos políticos que determinavam estas opções.

Por exemplo, o Código Administrativo de 1842, claramente centralizador, procede à divisão do território em distritos e concelhos, desaparecendo a freguesia enquanto circunscrição administrativa, limitando-se à administração dos bens comuns e da igreja e à prática de certos atos beneficentes. O governador civil e o administrador do concelho são ambos nomeados por Decreto real e poderão nem sequer residir no território que governam, enquanto a participação no ato eleitoral para a vereação municipal se torna, mercê de mecanismos restritivos do voto censitário, um privilégio de uma minoria.

Já o Código de 1878 foi o mais descentralizador das nossas leis administrativas, concedendo às Câmaras Municipais uma ampla autonomia e independência no governo dos concelhos. Alargou consideravelmente as atribuições camarárias, dividindo-as em três grandes áreas: a da administração e promoção dos interesses municipais; a área do policiamento do concelho; e a do auxílio à execução de serviços de interesse geral do Estado e do distrito. Procedeu ainda à reintegração da freguesia na organização da administração. Por outro lado, retirou funções ao governador civil – que passa a ser, cada vez mais, um agente político – distribuindo-as pela Junta Geral do Distrito (eleita pelos concelhos) e pelo Conselho do Distrito (tribunal administrativo).

O cargo de administrador do concelho foi suprimido pelo Decreto nº 9356, de 8 de janeiro de 1924; e por Decreto nº 14812, de 31 de dezembro de 1927, foram extintos todos os serviços da Administração do Concelho, transitando para as secretarias das Câmaras, passando em 1936 a ser-exercidos pelo presidente da Câmara.

O cargo de regedor de Freguesia – designação que substitui o de comissário de Paróquia a partir do Código de 1837 – só foi extinto pela Constituição da República Portuguesa de 1976.

**Âmbito e conteúdo:** Livro de lançamento de sisas na Vila de Ovar.

**Sistema de organização:** Ordenação cronológica.

**Cota atual:** III-1ª-D-15-3-46

**Instrumentos de pesquisa:** Recenseamento.

**Notas do arquivista:** Fontes de informação ao campo História administrativa: SERRÃO, Joel (Dir.) – *Dicionário da História de Portugal*. Lisboa: Iniciativas editoriais, 1971.

CAEIRO, Joaquim C. - *Contributos para uma história da administração pública portuguesa*. Lisboa: Instituto Superior de Ciências Sociais e Políticas. Em linha, disponível em: http://www.joaquim-croca-caeiro. pt/actividade-lectiva/historia-da-administra%C3%A7%C3%A3o-publica- -portuguesa/

http://www.freguesia-ovar.pt/historia/etimologia.php

CARVALHO, Ana - *Arquivo Municipal de Ourém: tratamento, estudo e divulgação de um subsistema de informação: o acervo documental da Administração do Concelho de Vila Nova de Ourém*. Coimbra: [s. n.], 2010. 212 f. Relatório de mestrado em Política Cultural Autárquica, apresentado à Faculdade de Letras da Universidade de Coimbra.

Recenseamento e descrição elaborados por Adriana Antunes e Gracinda Guedes em 2012.


**Administração do Concelho de São João do Monte**

**Código de referência:** PT/AUC/ACD/ACSJM

**Título:** Administração do Concelho de São João do Monte

**Datas de produção:** 1843 / 1856

**Dimensão e suporte:** 4 u. i. (liv.); papel.

**História administrativa, biográfica e familiar:** A moderna administração do Concelho tem origem na reforma de Mouzinho da Silveira, em 1832, mas só verdadeiramente implementada por Decreto de 18 de julho de 1835. Eram, então seus órgãos administrativos a Câmara Municipal, formada por 5 vereadores, eleitos, e o administrador do Concelho, nomeado pelo Governo e posteriormente confirmado por Decreto de 31 de dezembro de 1836.

O administrador – na reforma de Mouzinho designado provedor do Concelho – era o expoente máximo do poder local e o representante do poder central no seu território; tinha por competências a aplicação das deliberações da Câmara, a vigilância sobre a execução das posturas e regulamentos municipais, a execução de todas as ordens do prefeito e subprefeito (delegados da autoridade real e defensores dos interesses da fazenda pública numa unidade territorial mais abrangente, a comarca), a redação e conservação do registo civil e notarial, a superintendência e vigilância da ordem e tranquilidade públicas e policiamento municipal, a fiscalização dos abusos de autoridade na cobrança de impostos, a inspeção das escolas primárias e serviços públicos, a fiscalização de contas das irmandades, confrarias, hospitais e misericórdias, a proteção geral da indústria, das artes e do bem-estar da população, o recrutamento do Exército e da Guarda Nacional, a concessão de passaportes, entre outras funções.

A organização administrativa do país com base em três unidades territoriais fundamentais – distrito, concelho e freguesia/paróquia, embora esta última tivesse oscilado entre unidade com funções meramente religiosas ou também civis – que se estabeleceu com os primeiros diplomas liberais não sofreria contestação daí em diante, pese, embora, sucessivas alterações quanto às funções e poderes de cada órgão e sua autonomia em relação aos hierarquicamente superiores ou ao poder central, quanto ao processo de escolha ou nomeação dos seus representantes e restrições no acesso aos cargos ou ao voto, enfim, quanto ao pendor centralizador ou descentralizador de cada código administrativo – quase sempre em consonância com eventos políticos que determinavam estas opções.

Por exemplo, o Código Administrativo de 1842, claramente centralizador, procede à divisão do território em distritos e concelhos, desaparecendo a freguesia enquanto circunscrição administrativa, limitando-se à administração dos bens comuns e da igreja e à prática de certos atos beneficentes. O governador civil e o administrador do Concelho são ambos nomeados por Decreto real e poderão nem sequer residir no território que governam, enquanto a participação no ato eleitoral para a vereação municipal se torna, mercê de mecanismos restritivos do voto censitário, um privilégio de uma minoria.

Já o Código de 1878 foi o mais descentralizador das nossas leis administrativas, concedendo às Câmaras Municipais uma ampla autonomia e independência no governo dos concelhos. Alargou consideravelmente as atribuições camarárias, dividindo-as em três grandes áreas: a da administração e promoção dos interesses municipais; a área do policiamento do concelho; e a do auxílio à execução de serviços de interesse geral do Estado e do distrito. Procedeu ainda à reintegração da freguesia na organização da administração. Por outro lado, retirou funções ao governador civil – que passa a ser, cada vez mais, um agente político – distribuindo-as pela Junta Geral do Distrito (eleita pelos concelhos) e pelo Conselho do Distrito (tribunal administrativo).

O cargo de administrador do Concelho foi suprimido pelo Decreto nº 9356, de 8 de janeiro de 1924; e por Decreto nº 14812, de 31 de dezembro de 1927, foram extintos todos os serviços da Administração do Concelho, transitando para as secretarias das Câmaras, passando em 1936 a ser exercidos pelo presidente da Câmara.

O cargo de regedor de Freguesia – designação que substitui o de comissário de Paróquia a partir do Código de 1837 – só foi extinto pela Constituição da República Portuguesa de 1976.

**Âmbito e conteúdo:** Registo de testamentos e de passaportes internos.

**Sistema de organização:** Classificado em duas séries documentais e ordenado cronologicamente dentro de cada série.

**Cota atual:** II-2ª-E-4 e 5

**Instrumentos de pesquisa:** Inventário.

**Notas do arquivista:** Fontes de informação ao campo História administrativa: SERRÃO, Joel (Dir.) – *Dicionário da História de Portugal.* Lisboa: Iniciativas editoriais, 1971.

CAEIRO, Joaquim C. - *Contributos para uma história da administração pública portuguesa.* Lisboa: Instituto Superior de Ciências Sociais e Políticas. Em linha, disponível em: http://www.joaquim-croca-caeiro.pt/actividade--lectiva/historia-da-administra%C3%A7%C3%A3o-publica-portuguesa/

CARVALHO, Ana - *Arquivo Municipal de Ourém: tratamento, estudo e divulgação de um subsistema de informação: o acervo documental da Administração do Concelho de Vila Nova de Ourém.* Coimbra: [s. n.], 2010. 212 f. Relatório de mestrado em Política Cultural Autárquica, apresentado à Faculdade de Letras da Universidade de Coimbra.

Recenseamento e organização elaborados por Anabela dos Santos Ramos Cardoso e Maria Teresa Facas de Assunção, em fevereiro de 1996, descrição elaborada por Adriana Antunes e Gracinda Guedes em 2013.


## Administração do Concelho de São Miguel do Outeiro

**Código de referência:** PT/AUC/ACD/ACSMO
**Título:** Administração do Concelho de São Miguel do Outeiro
**Datas de produção:** 1838 / 1855
**Dimensão e suporte:** 5 u. i. (liv.); papel.
**História administrativa, biográfica e familiar:** A moderna administração do Concelho tem origem na reforma de Mouzinho da Silveira, em 1832, mas só verdadeiramente implementada por Decreto de 18 de julho de 1835. Eram, então seus órgãos administrativos a Câmara Municipal, formada por 5 vereadores, eleitos, e o administrador do Concelho, nomeado pelo Governo e posteriormente confirmado por Decreto de 31 de dezembro de 1836.

O administrador – na reforma de Mouzinho designado provedor do Concelho – era o expoente máximo do poder local e o representante do poder central no seu território; tinha por competências a aplicação das deliberações da Câmara, a vigilância sobre a execução das posturas e regulamentos municipais, a execução de todas as ordens do prefeito e subprefeito (delegados da autoridade real e defensores dos interesses da fazenda pública numa unidade territorial mais abrangente, a comarca), a redação e conservação do registo civil e notarial, a superintendência e vigilância da ordem e tranquilidade públicas e policiamento municipal, a fiscalização dos abusos de autoridade na cobrança de impostos, a inspeção das escolas primárias e serviços públicos, a fiscalização de contas das irmandades, confrarias, hospitais e misericórdias, a proteção geral da indústria, das artes e do bem-estar da população, o recrutamento do Exército e da Guarda Nacional, a concessão de passaportes, entre outras funções.

A organização administrativa do país com base em três unidades territoriais fundamentais – distrito, concelho e freguesia/paróquia, embora esta última tivesse oscilado entre unidade com funções meramente religiosas ou também civis – que se estabeleceu com os primeiros diplomas liberais não sofreria contestação daí em diante, pese, embora, sucessivas alterações quanto às funções e poderes de cada órgão e sua autonomia em relação aos hierarquicamente superiores ou ao poder central, quanto ao processo de escolha ou nomeação dos seus representantes e restrições no acesso aos cargos ou ao voto, enfim, quanto ao pendor centralizador ou descentralizador de cada código administrativo – quase sempre em consonância com eventos políticos que determinavam estas opções.

Por exemplo, o Código Administrativo de 1842, claramente centralizador, procede à divisão do território em distritos e concelhos, desaparecendo a freguesia enquanto circunscrição administrativa, limitando-se à administração dos bens comuns e da igreja e à prática de certos atos beneficentes. O governador civil e o administrador do Concelho são ambos nomeados por Decreto real e poderão nem sequer residir no território que governam, enquanto a participação no ato eleitoral para a vereação municipal se torna, mercê de mecanismos restritivos do voto censitário, um privilégio de uma minoria.

Já o Código de 1878 foi o mais descentralizador das nossas leis administrativas, concedendo às Câmaras Municipais uma ampla autonomia e independência no governo dos concelhos. Alargou consideravelmente as atribuições camarárias, dividindo-as em três grandes áreas: a da administração e promoção dos interesses municipais; a área do policiamento do concelho; e a do auxílio à execução de serviços de interesse geral do Estado e do distrito. Procedeu ainda à reintegração da freguesia na organização da administração. Por outro lado, retirou funções ao governador civil – que passa a ser, cada vez mais, um agente político – distribuindo-as pela Junta Geral do Distrito (eleita pelos concelhos) e pelo Conselho do Distrito (tribunal administrativo).

O cargo de administrador do Concelho foi suprimido pelo Decreto nº 9356, de 8 de janeiro de 1924; e por Decreto nº 14812, de 31 de dezembro de 1927, foram extintos todos os serviços da Administração do Concelho, transitando para as secretarias das Câmaras, passando em 1936 a ser-exercidos pelo presidente da Câmara.

O cargo de regedor de Freguesia – designação que substitui o de comissário de Paróquia a partir do Código de 1837 – só foi extinto pela Constituição da República Portuguesa de 1976.

**Âmbito e conteúdo:** Registos de testamentos.

**Sistema de organização:** A série documental está ordenada cronologicamente.

**Cota atual:** II-2ª-E-4 e 5

**Instrumentos de pesquisa:** Recenseamento e inventário.

**Notas do arquivista:** Fontes de informação ao campo História administrativa: SERRÃO, Joel (Dir.) – *Dicionário da História de Portugal*. Lisboa: Iniciativas editoriais, 1971.

CAEIRO, Joaquim C. - *Contributos para uma história da administração pública portuguesa*. Lisboa: Instituto Superior de Ciências Sociais e Políticas. Em linha, disponível em: http://www.joaquim-croca-caeiro.pt/actividade--lectiva/historia-da-administra%C3%A7%C3%A3o-publica-portuguesa/

CARVALHO, Ana - *Arquivo Municipal de Ourém: tratamento, estudo e divulgação de um subsistema de informação: o acervo documental da Administração do Concelho de Vila Nova de Ourém*. Coimbra: [s. n.], 2010. 212 f. Relatório de mestrado em Política Cultural Autárquica, apresentado à Faculdade de Letras da Universidade de Coimbra.

Recenseamento feito por Anabela dos Santos Ramos Cardoso e Maria Teresa Facas de Assunção, em fevereiro de 1996, descrição elaborada por Adriana Antunes e Gracinda Guedes em 2013.

## Administração do Concelho de Tondela

**Código de referência:** PT/AUC/ACD/ACT
**Título:** Administração do Concelho de Tondela
**Datas de produção:** 1832 / 1934
**Dimensão e suporte:** 235 u. i. (19 cx., 216 liv.); papel.
**História administrativa, biográfica e familiar:** A moderna administração do Concelho tem origem na reforma de Mouzinho da Silveira, em 1832, mas só verdadeiramente implementada por Decreto de 18 de julho de 1835. Eram, então seus órgãos administrativos a Câmara Municipal, formada por 5 vereadores, eleitos, e o administrador do Concelho, nomeado pelo Governo e posteriormente confirmado por Decreto de 31 de dezembro de 1836.

O administrador – na reforma de Mouzinho designado provedor do Concelho – era o expoente máximo do poder local e o representante do poder central no seu território; tinha por competências a aplicação das deliberações da Câmara, a vigilância sobre a execução das posturas e regulamentos municipais, a execução de todas as ordens do prefeito e subprefeito (delegados da autoridade real e defensores dos interesses da fazenda pública numa unidade territorial mais abrangente, a comarca), a redação e conservação do registo civil e notarial, a superintendência e vigilância da ordem e tranquilidade públicas e policiamento municipal, a fiscalização dos abusos de autoridade na cobrança de impostos, a inspeção das escolas primárias e serviços públicos, a fiscalização de contas das irmandades, confrarias, hospitais e misericórdias, a proteção geral da indústria, das artes e do bem-estar da população, o recrutamento do Exército e da Guarda Nacional, a concessão de passaportes, entre outras funções.

A organização administrativa do país com base em três unidades territoriais fundamentais – distrito, concelho e freguesia/paróquia, embora esta última tivesse oscilado entre unidade com funções meramente religiosas ou também civis – que se estabeleceu com os primeiros diplomas liberais não sofreria contestação daí em diante, pese, embora, sucessivas alterações quanto às funções e poderes de cada órgão e sua autonomia em relação aos hierarquicamente superiores ou ao poder central, quanto ao processo de escolha ou nomeação dos seus representantes e restrições no acesso aos cargos ou ao voto, enfim, quanto ao pendor centralizador ou descentralizador de cada código administrativo – quase sempre em consonância com eventos políticos que determinavam estas opções.

Por exemplo, o Código Administrativo de 1842, claramente centralizador, procede à divisão do território em distritos e concelhos, desaparecendo a freguesia enquanto circunscrição administrativa, limitando-se à administração dos bens comuns e da igreja e à prática de certos atos beneficentes. O governador civil e o administrador do Concelho são ambos nomeados por Decreto real e poderão nem sequer residir no território que governam, enquanto a participação no ato eleitoral para a vereação municipal se torna, mercê de mecanismos restritivos do voto censitário, um privilégio de uma minoria.

Já o Código de 1878 foi o mais descentralizador das nossas leis administrativas, concedendo às Câmaras Municipais uma ampla autonomia e independência no governo dos concelhos. Alargou consideravelmente as atribuições camarárias, dividindo-as em três grandes áreas: a da administração e promoção dos interesses municipais; a área do policiamento do concelho; e a do auxílio à execução de serviços de interesse geral do Estado e do distrito. Procedeu ainda à reintegração da freguesia na organização da administração. Por outro lado, retirou funções ao governador civil – que passa a ser, cada vez mais, um agente político – distribuindo-as pela Junta Geral do Distrito (eleita pelos concelhos) e pelo Conselho do Distrito (tribunal administrativo).

O cargo de administrador do Concelho foi suprimido pelo Decreto nº 9356, de 8 de janeiro de 1924; e por Decreto nº 14812, de 31 de dezembro de 1927, foram extintos todos os serviços da Administração do Concelho, transitando para as secretarias das Câmaras, passando em 1936 a ser exercidos pelo presidente da Câmara.

O cargo de regedor de Freguesia – designação que substitui o de comissário de Paróquia a partir do Código de 1837 – só foi extinto pela Constituição da República Portuguesa de 1976.

**Âmbito e conteúdo:** Documentação que testemunha o desempenho das funções do administrador, enquanto mediador entre a administração central e a local. Neste contexto existem documentos relativos à gestão das paróquias, polícia, registo e controlo de atividades, recrutamento militar, correspondência com diversas entidades, execuções fiscais, legados pios, entre outras.

**Sistema de organização:** O fundo está classificado em séries documentais, de acordo com a tipologia formal dos atos administrativos. Dentro de cada série, as unidades de instalação estão ordenadas cronologicamente.

**Cota atual:** II-2ª-E-4 e 5

**Instrumentos de pesquisa:** Inventário e recenseamento.

**Notas do arquivista:** Fontes de informação ao campo História administrativa: SERRÃO, Joel (Dir.) – *Dicionário da História de Portugal*. Lisboa: Iniciativas editoriais, 1971.

CAEIRO, Joaquim C. - *Contributos para uma história da administração pública portuguesa*. Lisboa: Instituto Superior de Ciências Sociais e Políticas. Em linha, disponível em: http://www.joaquim-croca-caeiro.pt/actividade--lectiva/historia-da-administra%C3%A7%C3%A3o-publica-portuguesa/

CARVALHO, Ana - *Arquivo Municipal de Ourém: tratamento, estudo e divulgação de um subsistema de informação: o acervo documental da Administração do Concelho de Vila Nova de Ourém*. Coimbra: [s. n.], 2010. 212 f. Relatório de mestrado em Política Cultural Autárquica, apresentado à Faculdade de Letras da Universidade de Coimbra.

Recenseamento e organização elaborados por Anabela dos Santos Ramos Cardoso e Maria Teresa Facas de Assunção, em fevereiro de 1996, descrição elaborada por Adriana Antunes e Gracinda Guedes em 2013.

## Assembleia Distrital de Coimbra

**Código de referência:** PT/AUC/ACD/ADC
**Título:** Assembleia Distrital de Coimbra

**Datas de produção:** 1836/ 1979

**Dimensão e suporte:** 612 u. i. (21 cap., 103 cx., 444 liv., 44 pt.); papel.

**História administrativa, biográfica e familiar:** As Assembleias Distritais sucederam às Juntas Gerais do Distrito, que foram instituídas no primeiro código administrativo de 1836.

As assembleias distritais são órgãos de âmbito distrital com funções deliberativas e consultivas. Ao conselho consultivo preside o governador civil e dele fazem parte o presidente da câmara e dois membros da assembleia municipal. Não é nosso intuito determo-nos em considerações sobre a evolução jurídica, importância política ou histórica de que genericamente se revestiram as Juntas Gerais, Comissões, Juntas Provinciais e Distritais, criadas na sequência dos sucessivos esforços de (re)organização administrativa do território e que se sucederam até à designação última de Assembleia Distrital.

Queremos salientar o papel social e assistencial que especificamente estes órgãos tiveram, ora na Província da Beira Litoral ora no Distrito de Coimbra, destacando nomes de pessoas e locais que fizeram história nestes limites político-administrativos.

A Obra Antituberculosa de Coimbra nasceu de um plano gerado pela Junta-Geral do Distrito de Coimbra, continuado pela Junta de Província da Beira Litoral a que presidiu o Prof. Doutor Bissaya Barreto.

Esta importante Obra concebeu e pôs em execução um vasto programa de assistência de apoio e proteção à criança, combate à tuberculose, proteção à grávida, através de ações de higiene e profilaxia social paralelas, de educação, etc., implementadas num largo número de instituições (Casas da Criança, Dispensários, Preventórios, Asilos, Colónias, Casas de Educação e Trabalho, Escolas Profissionais, etc.).

Unidos por um objetivo comum foram criados organismos de assistência de apoio aos vários escalões etários protegidos, e cuja produção documental constitui parte importante do arquivo da "Assembleia Distrital".

**Âmbito e conteúdo:** Contêm Atas; Contas Correntes; Correspondência Recebida/Expedida; Inventários de Bens; Livro de Honra do Portugal dos Pequenitos; Livro de Registo da Administração dos Expostos; Processos de Admissão e Movimento de Internados em diversas Instituições; Processos de Obras; Ordens de Serviço; Planos Anuais de Atividades; Processos Relativos à Administração dos Vários Estabelecimentos de Assistência; Receitas e Despesas; Registo de Alvarás e Diplomas Expedidos; Registo de Autos de Arrematação; Registo de Consultas e Pareceres; Registo de Correspondência Expedida e Recebida; Registo de Escrituras; Registo de Mapas; Registo de Processos de Aquisição de Bens; entre outros.

**Sistema de organização:** A documentação foi objeto de intervenção, não só de análise de conteúdo, mas também do seu acondicionamento físico. No inventário optou-se por um critério de ordenação alfabética das 59 séries, respeitando-se dentro de cada série a identificação e evolução legal e administrativa dos diferentes órgãos responsáveis pela produção documental. O inventário tem como unidade básica de descrição a série (SR) e, sempre que existentes, suas subséries (SSR).

**Cota atual:** V–2ª E–2 a 4

**Instrumentos de pesquisa:** Inventário.

**Notas do arquivista:** Descrição elaborada com base no Inventário da Assembleia Distrital de Coimbra, realizado por Isabel Maria Henriques e Ludovina Capelo, em 1996. Registo feito por Adriana Antunes, revisto por Gracinda Guedes em 2014.


## Comarca de Aveiro

**Código de referência:** PT/AUC/ACD/CAVR

**Título:** Comarca de Aveiro

**Datas de produção:** 1806 / 1812

**Dimensão e suporte:** 1 u. i. (liv.); papel.

**História administrativa, biográfica e familiar:** A Comarca de Aveiro foi criada em 1760, com os limites territoriais correspondentes à Comarca de Esgueira. As comarcas eram subdivisões administrativas e judiciais das províncias correspondentes, aproximadamente, às áreas dos distritos, que tinham à frente um corregedor.

Os corregedores de comarca foram extintos por força do artigo 18° da disposição provisória (lei de 29 de novembro de 1832) e substituídos por juízes de direito.

O Decreto de 16 de maio de 1832 fixa a composição destes juízos. Compete ao juiz de direito, que é nomeado pelo Governo, julgar todas as causas, públicas ou privadas, bem como decidir dos recursos interpostos pela coroa relativas a violências e opressões cometidas por autoridades eclesiásticas.

**Âmbito e conteúdo:** Registo de cobrança de sisas e respetivas remessas para o erário régio.

**Sistema de organização:** Ordenação cronológica.

**Cota atual:** III-1ª-D-16-1-38

**Instrumentos de pesquisa:** Recenseamento.

**Notas do arquivista:** Recenseamento e descrição elaborados por Adriana Antunes e Gracinda Guedes em 2012.


## Comissão de Administração de Bens Cultuais

**Código de referência:** PT/AUC/ACD/CABC

**Título:** Comissão de Administração de Bens Cultuais

**Datas de produção:** 1912 / 1940

**Dimensão e suporte:** 4 liv.; papel.

**História administrativa, biográfica e familiar:** Comissão de Administração dos Bens da Igreja pertencentes ao Estado, Comissão Administrativa de Bens Cultuais e Comissão Jurisdicional de Bens Cultuais foram designações diversas que se foram sucedendo, para identificar comissões que foram criadas, sucessivamente, com um mesmo objetivo.

Em 20 de abril de 1911, foi promulgada pelo Ministério da Justiça e Cultos, sendo ministro Afonso Costa, a designada Lei da Separação do Estado e das Igrejas. Tornava-se necessária a identificação e a inventariação de todo o património da Igreja (bens móveis e imóveis) tendo sido criadas comissões que, em cada concelho do país, tomaram a seu cargo essa identificação de bens. Desta forma, foi criada a Comissão de Administração dos Bens da Igreja pertencentes ao Estado, no concelho de Coimbra, formada por diversos membros, nomeados por despacho de 18 janeiro de 1912 (D.G., n.º 17 de 20 de janeiro). Ainda nesse ano decidiu-se instalar a Comissão nas casas que estavam anexas à Sé Velha, mudando para ali todos os livros de escrituras, foros, etc., que estavam no Paço Episcopal. Mais tarde, a Comissão propôs que esses livros fossem recolhidos no Arquivo da Universidade, pedindo ao reitor da Universidade uma sala onde ficassem acondicionados e onde a Comissão pudesse trabalhar. Ainda hoje, no Arquivo da Universidade de Coimbra, se conservam livros com os antigos rótulos de título com o nome de "Comissão de Bens Cultuais". Era considerada uma Comissão delegada da Comissão Jurisdicional dos Bens Cultuais e dedicou-se, inicialmente, a tratar de todas as questões relacionadas com a administração dos bens das paróquias, tratando da venda em hasta pública, de alguns desses bens ou arrendando os restantes. Também lhe esteve cometida a administração de edifícios que tinham pertencido à Igreja, podendo citar-se o caso do Paço Episcopal de Coimbra que foi cedido, em 1912, para a instalação do Museu Machado de Castro.

Por sua vez, a Comissão Administrativa de Bens Cultuais criada por Decreto n.º 12128, de 24 de agosto de 1926, tinha como finalidade a administração de bens da Igreja e das congregações religiosas que tinham, revertido para o Estado, em consequência da Lei de Separação do Estado das Igrejas de 20 de abril de 1911. Anteriormente, essa administração pertencera a uma Comissão Jurisdicional dos Bens das Extintas Congregações Religiosas que fora instituída por Decreto de 8 de outubro de 1910.

Como bens da Igreja, consideravam-se todos os bens mobiliários e imobiliários das sés catedrais, igrejas e capelas que eram aplicados ao culto da religião católica e à sustentação dos seus ministros e funcionários e que tinham sido declarados pertença do Estado, com a referida Lei de Separação. Inicialmente, a administração desses bens ficara atribuída à Comissão Central de Execução da Lei de Separação, atuando em cada concelho onde ficaram instaladas comissões concelhias.

Foi extinta no mesmo ano em que foi criada, em 1926, sucedendo-lhe, nas suas atribuições, a Comissão Jurisdicional de Bens Cultuais (que viria a ser extinta por Decreto-Lei n.º 30615 de 25 de julho de 1940).

**Âmbito e conteúdo:** Inclui dois livros de atas das sessões, com registo das deliberações tomadas. O primeiro livro (1912-1918) tem termo de abertura assinado pelo administrador do Concelho Floro Henriques, identificando o produtor como "Comissão deste concelho de administração dos bens da igreja pertencentes ao Estado". O segundo livro (1920-1925) tem termo de abertura assinado pelo presidente da "Comissão Administrativa dos bens da igreja pertencentes ao Estado" Pedro Ferreira Dias Bandeira e pelo secretário José Augusto Monteiro. Inclui também livro de registo de receita e despesa (1912-1918) assinado pelo presidente da Comissão José Correia Marques Castanheira. Inclui ainda livro de registo da conta de receita e despesa (1935-1941) referente aos serviços de inspeção, pelo fiscal dos serviços externos António Rodrigues da Silva.

**Sistema de organização:** Ordenação cronológica.

**Cota atual:** III-1.ªD-5-5-27 e 28; III-1.ªD-5-5-23; III-1.ªD-5-3-135

**Instrumentos de pesquisa:** Recenseamento.

**Notas do arquivista:** Descrição arquivística por Ana Maria Leitão Bandeira, em 2011, revista em 2014, com base na análise da própria documentação.

Fontes consultadas para a História Administrativa: FERNANDES, José Pedro - "Bens Cultuais" in *Dicionário Jurídico da Administração Pública*. 2.ª ed. Lisboa, 1990, vol. 1, pp. 718-721 e glossário publicado no sítio da Secretaria Geral do Ministério das Finanças - http://purl.sgmf.pt/glossario/c.html - consulta em 11.11.2014.


## Comissão Administrativa do Plano de Obras da Cidade Universitária de Coimbra

**Código de referência:** PT/AUC/ACD/CAPOCUC

**Título:** Comissão Administrativa do Plano de Obras da Cidade Universitária de Coimbra

**Datas de produção:** 1934 / 1986

**Dimensão e suporte:** 2.124 u. i. (64 liv., 1722 pt., 120 cx., 130 docs., 88 rl.); papel.

**História administrativa, biográfica e familiar:** O Ministério das Obras Públicas e Comunicações, por Portaria de 4 de dezembro de 1934, encarregou os arquitetos Raul Lino e Luís Benavente de redigirem um projeto de urbanização, em torno do núcleo de edifícios já existentes na Universidade de Coimbra, propondo a sua expansão, de acordo com as necessidades da Universidade, reveladas já ao Ministério pelos seus reitor e professores. Por Portaria de 11 de dezembro de 1934, foi nomeada a Comissão para redigir um programa que servisse de base à elaboração do plano geral das novas instalações da cidade universitária de Coimbra. Por Portaria de 28 de agosto de 1939 (D. G., 2.ª série, de 6 de setembro) foi nomeada uma outra comissão que sucedeu a esta primeira comissão, para elaborar o programa das obras a concretizar. Esta Comissão era presidida pelo reitor da Universidade e formada por engenheiros diretores-delegados e vogais arquitetos, nomeados pelo mesmo Ministério, entre os quais podem referir-se (como os que inicialmente a constituíram): o reitor Doutor Maximino Correia, o arquiteto José Ângelo Cottinelli Telmo, Dr. Armando Stichini Vilela e o Eng.º Manuel Duarte Moreira de Sá e Melo. O Decreto-lei n.º 31576, do Ministério das Obras Públicas e Comunicações, de 15 de outubro de 1941, criou a CAPOCUC (Comissão Administrativa do Plano de Obras da Cidade Universitária de Coimbra). Por sua vez, o Decreto-lei n.º 49169, de 5 de agosto de 1969 criou a Direção Geral de Construções Escolares, integrando nela a CAPOCUC, dando continuidade ao planeamento e à execução de obras na Universidade de Coimbra.

**Âmbito e conteúdo:** Inclui documentação formada pela correspondência expedida (cópias datilografadas) pela CAPOCUC para diversos Ministérios, Escolas, Universidades, etc. (1941-1969), bem como relatórios elaborados pela Comissão desde 1934. Inclui também documentos de despesa, ilustrando as contas de gerência (1942-1969). Inclui ainda relatórios de expropriação de edifícios e terrenos para a construção da cidade universitária. Engloba a correspondência recebida do Ministério das Obras Públicas e Comunicações (1941-1969). Engloba também processos de adjudicação de obras e contratos selados para a execução das obras da Faculdade de Letras, Faculdade de Medicina, Arquivo e Biblioteca da

Universidade, Departamento de Matemática, de Química e de Física da FCTUC, bem como as obras de readaptação de outros edifícios, construção de residências universitárias e cantinas, instalações da Associação Académica, Teatro Gil Vicente, Campos de Jogos, etc. Estas últimas instalações, bem como os edifícios dos departamentos da FCTUC foram já realizados pela Direção Geral de Construções Escolares que sucedeu à CAPOCUC, integrando-a. Reúne toda a documentação que ilustra o apetrechamento dos citados edifícios, seu mobiliário, iluminação, equipamento de laboratórios, etc. Retrata a execução de diversas obras de arte, nos edifícios universitários, podendo citar-se, entre outras, as obras dos seguintes escultores e pintores: António Duarte, Barata-Feyo, Severo Portela Júnior, Joaquim Rebocho, Numídico Bessone, Leoplodo de Almeida, Vasco Pereira da Conceição, Jorge Barradas, João Abel Manta, etc.

**Sistema de organização:** Ordenação sequencial de unidades de instalação, seguindo a numeração atribuída, originalmente, no arquivo da CAPOCUC, em uma parte da documentação. Outra parte está ordenada por séries documentais, ordenadas cronologicamente e outra, ainda, não tem qualquer organização.

**Cota atual:** VI-2.ªD-1-3 e 4; VI-2.ªD-1-1 e 2; II-Casa Forte

**Instrumentos de pesquisa:** Inventário de parte documentação da CAPOCUC.

**Notas do arquivista:** Descrição arquivística por Ana Maria Leitão Bandeira, em 2014, com base na análise da própria documentação. Fonte de informação para elaboração da História administrativa: ROSMANINHO, Nuno - *O princípio de uma "revolução urbanística" no estado novo: os primeiros programas da cidade universitária de Coimbra (1934-1940)*. Coimbra: Minerva Editora, 1996; ROSMANINHO, Nuno - *O Poder da Arte: o Estado Novo e a Cidade Universitária de Coimbra*. Coimbra: imprensa da Universidade, 2006.


**Comissão Distrital de Assistência de Coimbra**

**Código de referência:** PT/AUC/ACD/CDAC

**Título:** Comissão Distrital de Assistência de Coimbra

**Datas de produção:** 1912/ 1928

**Dimensão e suporte:** 5 u. i. (liv.); papel.

**História administrativa, biográfica e familiar:** Comissão criada por Decreto, com força de Lei, de 25 maio de 1911, que determinou a organização e administração geral da Assistência Pública.

De acordo com o disposto no seu artigo 49° faziam parte da Comissão os seguintes elementos: o governador civil (presidente), secretário-geral, presidente ou delegado da Assembleia Administrativa Distrital, presidente da Câmara Municipal de Coimbra, delegado e ou subdelegado de Saúde, provedor da Misericórdia, diretor ou médico mais antigo do Hospital Civil, três vogais eleitos (dois pelas mesas ou direções das corporações e estabelecimentos de beneficência da sede do Distrito, e um pelas direções das associações de socorros mútuos) e três vogais nomeados pelo governador civil. De acordo com o mesmo Decreto, a Delegação de Coimbra contava, ainda, com mais dois vogais: o diretor da Faculdade de Medicina e o administrador dos Hospitais da Universidade de Coimbra.

A Comissão Executiva era constituída pelo governador civil e dois vogais, (sendo um deles o provedor da Misericórdia).

**Âmbito e conteúdo:** Livros de atas.

**Sistema de organização:** Classificada numa única série documental "Atas" que está ordenada cronologicamente.

**Cota atual:** II-2ªE-1-1

**Instrumentos de pesquisa:** Inventário.

**Notas do arquivista:** Descrição feita com base em estudo arquivístico elaborado por Ludovina Cartaxo Capelo e Isabel Maria Henriques em 2011. Registo feito por Adriana Antunes, revisto por Gracinda Guedes em 2014.

## Comissão Distrital de Saúde Pública de Coimbra

**Código de referência:** PT/AUC/ACD/CDSPC

**Título:** Comissão Distrital de Saúde Pública de Coimbra

**Datas de produção:** 1882/ 1889

**Dimensão e suporte:** 1 u. i. (liv.); papel.

**História administrativa, biográfica e familiar:** Comissão criada com duração temporal limitada e cuja finalidade era prestar auxílio a vítimas de epidemias e calamidades públicas.

**Âmbito e conteúdo:** Livro de atas.

**Sistema de organização:** As atas estão ordenadas cronologicamente.

**Cota atual:** II-2ªE-1-1

**Instrumentos de pesquisa:** Inventário.

**Notas do arquivista:** Descrição feita com base em estudo arquivístico elaborado por Ludovina Capelo e Isabel Maria Henriques em 1997. Registo feito por Adriana Antunes, revisto por Gracinda Guedes em 2014.


## Comissão Distrital de Subsistência de Coimbra

**Código de referência:** PT/AUC/ACD/CDSC

**Título:** Comissão Distrital de Subsistência de Coimbra

**Datas de produção:** 1914 / 1921

**Dimensão e suporte:** 11 u. i. (8 cx., 3 liv.); papel.

**História administrativa, biográfica e familiar:** Comissão criada com duração temporal limitada tendo por finalidade prestar auxilio a vítimas de calamidades públicas.

**Âmbito e conteúdo:** Correspondência recebida e expedida.

**Sistema de organização:** A documentação está classificada em duas séries documentais, ordenadas alfabeticamente, e cada uma está ordenada cronologicamente.

**Cota atual:** II-2ªE-1-2

**Instrumentos de pesquisa:** Inventário.

**Notas do arquivista:** Descrição feita com base em estudo arquivístico elaborado por Ludovina Cartaxo Capelo e Isabel Maria Henriques em 1996. Registo feito por Adriana Antunes, revisto por Gracinda Guedes em 2014.

## Conselho Superior de Instrução Pública

**Código de referência:** PT/AUC/ACD/CSIP

**Título:** Conselho Superior de Instrução Pública

**Datas de produção:** 1844 / 1858

**Dimensão e suporte:** 2 u. i. (1 liv.; 1 cx.); papel.

**História administrativa, biográfica e familiar:** Pelo Decreto de 20 de setembro de 1844, de Reforma da Instrução Pública, foi criado, em Coimbra, um Conselho Superior de Instrução Pública (vide Tit. IX, art.º 155 do mesmo Decreto). Estava-lhe atribuída a direção, regimento e inspeção-geral de todo o ensino e educação pública no país.

De acordo com o art.º 156 do citado Decreto, o Conselho era composto por um presidente (que seria o ministro e secretário de Estado dos Negócios do Reino), por um vice-presidente (que seria o reitor da Universidade), por oito vogais ordinários e vogais extraordinários, sem número fixo, e ainda, por um secretário e empregados para o expediente da secretaria. Os vogais ordinários eram nomeados pelo governo, de entre os professores efetivos da Universidade. Com esta legislação ficava suprimido o anterior Conselho Diretor do Ensino Primário e Secundário, que tivera a seu cargo funções similares. Foi extinto pela Carta de Lei de 7 de junho de 1858 que criou o Conselho Geral de Instrução Pública, com sede em Lisboa.

**Âmbito e conteúdo:** Inclui livro de registo de correspondência expedida. Inclui ainda folhas de pagamento de vencimentos a funcionários do Conselho Superior de Instrução Pública.

Inclui também documentação avulsa com termos de arrendamento de propriedades.

**Sistema de organização:** Ordenação cronológica.

**Cota atual:** IV-2.ªE-6-1-30 e 31

**Instrumentos de pesquisa:** Recenseamento.

**Notas do arquivista:** Descrição arquivística por Ana Maria Leitão Bandeira, em 2013, com base na análise da própria documentação e Decreto de 20 de setembro de 1844, de Reforma da Instrução Pública.

# Direção de Finanças de Aveiro

**Código de referência:** PT/AUC/ACD/DFAVR
**Título:** Direção de Finanças de Aveiro
**Datas de produção:** 1831 / 1923
**Dimensão e suporte:** 21 u. i. (6 cp., 14 liv., 1 mç.); papel.
**História administrativa, biográfica e familiar:** A complexificação progressiva dos serviços do Erário Régio determinou, em 1788, a criação da Secretaria de Estado dos Negócios da Fazenda, por D. Maria I, que, porém, só em 1801, após a publicação do Decreto e Portaria que fixaram as suas estrutura e competências, haveria de entrar em atividade.

Competiam-lhe, além do expediente, os Decretos e diplomas, as contas da Real Fazenda, a administração e fiscalização do erário régio, entre outras. Com a reforma administrativa de Mouzinho da Silveira, pelo Decreto 22, de 16 de maio de 1832, a Fazenda Pública surge num novo modelo organizacional, tornando-se o órgão central da administração financeira e tribunal fiscal do Estado.

A extinção das Ordens Religiosas e o decorrente do aumento de património haveriam de motivar nova reorganização dos serviços, nomeadamente com a criação de uma contadoria, decretada em 20 de junho de 1834.

As alterações orgânicas, bem como do sistema de arrecadação das contribuições e das rendas públicas, haveriam de se ir sucedendo no tempo.

O Decreto de 10 de novembro de 1849 reestruturou e regulou, uma vez mais, a administração da Fazenda Pública, fixou as atribuições e competências da Secretaria de Estado dos Negócios da Fazenda, do Tribunal de Contas e do Tribunal do Tesouro Público.

Quanto à administração da Fazenda Pública, em termos fiscais, de acordo com o que foi legislado em 1942, foram criadas, a nível distrital, as "escrivanias privativas da Fazenda", ficando as repartições da Fazenda dos distritos dependentes da Secretaria Estado dos Negócios da Fazenda e os delegados do tesouro distritais com autonomia sobre os atos administrativos da sua área de jurisdição territorial.

Mais tarde, nova reformulação da estrutura, legislada em 14 de abril de 1869, criou as Repartições das Fazendas, tendo a direção da Secretaria de Estado dos Negócios da Fazenda sido substituída pela Secretaria Geral do Ministério dos Negócios da Fazenda.

O Decreto-Lei de 4 de janeiro de 1870, de D. Luís I, regulou mais uma vez os serviços de administração e fiscalização do Estado e re-organizou os serviços da Fazenda nos distritos, comarcas, concelhos e bairros.

Por Decreto-Lei de 8 de outubro de 1910, com a implantação da República, o Ministério da Fazenda passou a denominar-se Ministério das Finanças. No entanto, foi o Decreto-Lei de 26 de maio de 1911 que, ao organizar e instituir as Direções Distritais de Finanças, nos distritos, mantendo as Repartições de Finanças, nos concelhos, veio permitir que o Estado e os seus contribuintes pudessem efetuar as suas liquidações e receitas, combatendo assim a evasão fiscal e instaurando um siste-ma fiscal mais eficaz.

**Âmbito e conteúdo:** Contém processos de transgressão, liquidações, livros de contas e copiadores, bem como, documentação de gestão patri-monial e financeira dos bens pertencentes a diversas Instituições extintas pelas leis da desamortização, nomeadamente: Extinto Convento de Santo António de Aveiro; Extinto Convento de São Bernardino de Aveiro; Extinto Convento de São João Evangelista de Aveiro; Extinta comenda de São Tiago do Lobão; Extinto Mosteiro de Jesus de Aveiro; Extinto Mosteiro de Nossa Senhora da Misericórdia de Aveiro; Extinto Mosteiro de Santa Cruz de Coimbra, entre outras.

**Sistema de organização:** Documentação não tratada arquivisticamente.

**Cota atual:** II-2ª-E-6-5-8; III-1ª-D-15-3-33 a 49 (exceto 46); III-1ª--D-15-3-50

**Instrumentos de pesquisa:** Recenseamentos.

**Notas do arquivista:** Fonte de informação ao campo História admi-nistrativa: O Ministério das Finanças (1801-1996) – Estudo Orgânico e Funcional. Gabinete do Ministro – Ministério das Finanças. O Ministério das Finanças (1910-1988) – Estudo Orgânico e Funcional. Gabinete do Ministro – Ministério das Finanças. Portugal, Torre do Tombo, Ministério das Finanças, Secretaria de Estado dos Negócios da Fazenda (PT-TT- MF/ SENF).

Recenseamento e descrição elaborados por Adriana Antunes e Gracinda Guedes em 2012.


**Direção de Finanças de Coimbra**

**Código de referência:** PT/AUC/ACD/DFCBR
**Título:** Direção de Finanças de Coimbra
**Datas de produção:** 1825 / 1940
**Dimensão e suporte:** 205 u. i. (cx., liv., mç., pt.); papel.
**História administrativa, biográfica e familiar:** A complexificação progressiva dos serviços do Erário Régio determinou, em 1788, a criação da Secretaria de Estado dos Negócios da Fazenda, por D. Maria I, que, porém, só em 1801, após a publicação do Decreto e Portaria que fixaram as suas estrutura e competências, haveria de entrar em atividade.

Competiam-lhe, além do expediente, os Decretos e diplomas, as contas da Real Fazenda, a administração e fiscalização do erário régio, entre outras. Com a reforma administrativa de Mouzinho da Silveira, pelo Decreto 22, de 16 de maio de 1832, a Fazenda Pública surge num novo modelo organizacional, tornando-se o órgão central da administração financeira e tribunal fiscal do Estado.

A extinção das Ordens Religiosas e o decorrente do aumento de património haveriam de motivar nova reorganização dos serviços, nomeadamente com a criação de uma contadoria, decretada em 20 de junho de 1834.

As alterações orgânicas, bem como do sistema de arrecadação das contribuições e das rendas públicas, haveriam de se ir sucedendo no tempo.

O Decreto de 10 de novembro de 1849 reestruturou e regulou, uma vez mais, a administração da Fazenda Pública, fixou as atribuições e competências da Secretaria de Estado dos Negócios da Fazenda, do Tribunal de Contas e do Tribunal do Tesouro Público.

Quanto à administração da Fazenda Pública, em termos fiscais, de acordo com o que foi legislado em 1942, foram criadas, a nível distrital, as "escrivanias privativas da Fazenda", ficando as repartições da Fazenda dos distritos dependentes da Secretaria Estado dos Negócios da Fazenda e os delegados do tesouro distritais com autonomia sobre os atos administrativos da sua área de jurisdição territorial.

Mais tarde, nova reformulação da estrutura, legislada em 14 de abril de 1869, criou as Repartições das Fazendas, tendo a direção da Secretaria de Estado dos Negócios da Fazenda sido substituída pela Secretaria Geral do Ministério dos Negócios da Fazenda.

O Decreto-Lei de 4 de janeiro de 1870, de D. Luís I, regulou mais uma vez os serviços de administração e fiscalização do Estado e reorganizou os serviços da Fazenda nos distritos, comarcas, concelhos e bairros.

Por Decreto-Lei de 8 de outubro de 1910, com a implantação da República, o Ministério da Fazenda passou a denominar-se Ministério das Finanças. No entanto, foi o Decreto-Lei de 26 de maio de 1911 que, ao organizar e instituir as Direções Distritais de Finanças, nos distritos, mantendo as Repartições de Finanças, nos concelhos, veio permitir que o Estado e os seus contribuintes pudessem efetuar as suas liquidações e receitas, combatendo assim a evasão fiscal e instaurando um sistema fiscal mais eficaz.

**Âmbito e conteúdo:** Contém registos de pagamento de rendas, mapas da repartição de contribuição predial, contribuições da décima de juros, copiadores de correspondência, contribuições, termos de expropriação, apuramentos de saldos, registos de valores selados, mas também a documentação relativa à gestão patrimonial e financeira dos bens de Instituições extintas pelas sucessivas Leis de desamortização (1211 - 1910), que foram integrados nos Próprios Nacionais, nomeadamente:

Extinta Comenda de Oleiros da Ordem de Malta (Pampilhosa);

Extinta Comenda de Santa Maria de Cadima da Ordem de Cristo (Cantanhede);

Extinta Comenda do Seixo do Ervedal e Alqueidaria (Oliveira do Hospital);

Extinto Colégio da Sapiência de Coimbra;

Extinto Colégio de Educação Feminino de Vila Pouca da Beira;

Extinto Colégio de Nossa Senhora do Carmo de Coimbra;

Extinto Colégio de Santa Rita dos Agostinhos Descalços de Coimbra;

Extinto Colégio de Santo António da Estrela de Coimbra;

Extinto Colégio de Santo António da Pedreira de Coimbra;

Extinto Colégio de São Bernardo de Coimbra;

Extinto Colégio de São Boaventura da Feira de Coimbra;

Extinto Colégio de São Boaventura de Coimbra - Extinto Colégio dos Pimentas;

Extinto Colégio de São José dos Marianos de Coimbra;

Extinto Colégio de São Pedro da Terceira Ordem da Penitência de Coimbra;

Extinto Convento de Nossa Senhora do Carmo de Tentúgal;

Extinto Convento de Nossa Senhora dos Anjos de Montemor-o-Velho;

Extinto Convento de Santa Ana de Coimbra;

Extinto Convento de Santa Clara de Coimbra;

Extinto Convento de Santa Cristina (Tentúgal);

Extinto Convento de Santa Cruz do Deserto do Bussaco;

Extinto Convento de Santa Teresa de Jesus de Coimbra;

Extinto Convento de Santo António de Penela;

Extinto Convento de Santo António de Vila Cova de Sub-Avô;

Extinto Convento do Desagravo de Vila Pouca da Beira;

Extinto Hospício de Santo António da Lousã;

Extinto Hospício de Santo António da Vila de Condeixa;

Extinto Hospício de São Francisco de Montemor-o-Velho;

Extinto Mosteiro de Nossa Senhora da Assunção de Semide;

Extinto Mosteiro de Santa Cruz de Coimbra;

Extinto Mosteiro de Santa Maria de Seiça;

Extinto Mosteiro de Santa Maria do Lorvão;

Extinto Recolhimento do Paço do Conde;

Extinto Recolhimento ou Conservatório de São Bernardino;

Quinta de Meireles; entre outras.

**Sistema de organização:** Documentação não tratada arquivisticamente.

**Cota atual:** III-1ª-D-5-3 e III-1ª-D-5-3; III-1D-15 e 16; II-2ª-E-19; II--2ª-E-5

**Instrumentos de pesquisa:** Recenseamento.

**Notas do arquivista:** Fonte de informação ao campo História administrativa: O Ministério das Finanças (1801-1996) – Estudo Orgânico e Funcional. Gabinete do Ministro – Ministério das Finanças. O Ministério das Finanças (1910-1988) – Estudo Orgânico e Funcional. Gabinete do Ministro – Ministério das Finanças. Portugal, Torre do Tombo, Ministério das Finanças, Secretaria de Estado dos Negócios da Fazenda (PT-TT- MF/SENF).

Recenseamento e descrição elaborados por Adriana Antunes e Gracinda Guedes em 2012.


## Direção de Finanças da Guarda

**Código de referência:** PT/AUC/ACD/DFGRD

**Título:** Direção de Finanças da Guarda

**Datas de produção:** 1906 / 1912

**Dimensão e suporte:** 6 u. i. (liv.); papel.

**História administrativa, biográfica e familiar:** A complexificação progressiva dos serviços do Erário Régio determinou, em 1788, a criação da Secretaria de Estado dos Negócios da Fazenda, por D. Maria I, que, porém, só em 1801, após a publicação do Decreto e Portaria que fixaram as suas estrutura e competências, haveria de entrar em atividade.

Competiam-lhe, além do expediente, os Decretos e diplomas, as contas da Real Fazenda, a administração e fiscalização do erário régio, entre outras. Com a reforma administrativa de Mouzinho da Silveira, pelo Decreto 22, de 16 de maio de 1832, a Fazenda Pública surge num novo modelo organizacional, tornando-se o órgão central da administração financeira e tribunal fiscal do Estado.

A extinção das Ordens Religiosas e o decorrente do aumento de património haveriam de motivar nova reorganização dos serviços, nomeadamente com a criação de uma contadoria, decretada em 20 de junho de 1834.

As alterações orgânicas, bem como do sistema de arrecadação das contribuições e das rendas públicas, haveriam de se ir sucedendo no tempo.

O Decreto de 10 de novembro de 1849 reestruturou e regulou, uma vez mais, a administração da Fazenda Pública, fixou as atribuições e competências da Secretaria de Estado dos Negócios da Fazenda, do Tribunal de Contas e do Tribunal do Tesouro Público.

Quanto à administração da Fazenda Pública, em termos fiscais, de acordo com o que foi legislado em 1942, foram criadas, a nível distrital, as "escrivanias privativas da Fazenda", ficando as repartições da Fazenda dos distritos dependentes da Secretaria Estado dos Negócios da Fazenda e os delegados do tesouro distritais com autonomia sobre os atos administrativos da sua área de jurisdição territorial.

Mais tarde, nova reformulação da estrutura, legislada em 14 de abril de 1869, criou as Repartições das Fazendas, tendo a direção da Secretaria de Estado dos Negócios da Fazenda sido substituída pela Secretaria Geral do Ministério dos Negócios da Fazenda.

O Decreto-Lei de 4 de janeiro de 1870, de D. Luís I, regulou mais uma vez os serviços de administração e fiscalização do Estado e reorganizou os serviços da Fazenda nos distritos, comarcas, concelhos e bairros.

Por Decreto-Lei de 8 de outubro de 1910, com a implantação da República, o Ministério da Fazenda passou a denominar-se Ministério das Finanças. No entanto, foi o Decreto-Lei de 26 de maio de 1911 que, ao organizar e instituir as Direções Distritais de Finanças, nos distritos, mantendo as Repartições de Finanças, nos concelhos, veio permitir que o Estado e os seus contribuintes pudessem efetuar as suas liquidações e receitas, combatendo assim a evasão fiscal e instaurando um sistema fiscal mais eficaz.

**Âmbito e conteúdo:** Contém livros de registo de receitas e notas de crédito.

**Sistema de organização:** Documentação não tratada arquivisticamente.

**Cota atual:** II-2ª-E-2-5-30 a II-2ª-E-2-5-34 e II-2ª-E-2-5-38

**Instrumentos de pesquisa:** Recenseamento.

**Notas do arquivista:** Fonte de informação ao campo História administrativa: O Ministério das Finanças (1801-1996) – Estudo Orgânico e

Funcional. Gabinete do Ministro – Ministério das Finanças; O Ministério das Finanças (1910-1988) – Estudo Orgânico e Funcional. Gabinete do Ministro – Ministério das Finanças; Portugal, Torre do Tombo, Ministério das Finanças, Secretaria de Estado dos Negócios da Fazenda (PT-TT- MF/SENF).

Recenseamento e descrição elaborados por Adriana Antunes e Gracinda Guedes em 2012.


## Governo Civil de Coimbra

**Código de referência:** PT/AUC/ACD/GCC
**Título:** Governo Civil de Coimbra
**Datas de produção:** 1678 / 2014
**Datas de acumulação:** 1835 - 2011
**Dimensão e suporte:** 3434 u. i. (1614 cx., 1657 liv., 163 pt.); papel.
**História administrativa, biográfica e familiar:** O Governo Civil era um órgão da administração pública que, em cada distrito, representava o Governo da República Portuguesa.

A reforma administrativa do território levada a cabo pela Carta de Lei de 25 de abril de 1835 - "Divisão administrativa do país", regulamentada pelo Decreto de 18 de junho do mesmo ano – "Da organização administrativa do território" – veio substituir as antigas comarcas por distritos, passando a ser dirigidas por um magistrado administrativo, designado governador civil, à data nomeado por decreto da Secretaria de Estado dos Negócios do Reino passando, posteriormente, a ser nomeado pelo Conselho de Ministros.

Das atribuições do Governador Civil, descritas nos artigos 39º e 40º do referido Decreto, faziam parte: mandar proceder à eleição dos deputados da nação; a eleição de todos os corpos e autoridades do distrito; convocar, abrir, fechar e o prorrogar a Junta Geral do Distrito; propor ao rei e, autorizado por ele, ordenar a dissolução de qualquer corpo administrativo eleito, transmitir as leis, regulamentos, e ordens superiores, a autoridades subalternas; a inspeção sobre o exercício de todas as leis administrativas, entre outras.

Em Coimbra, o primitivo local de instalação dos serviços do Governo Civil terá sido o antigo Colégio de Santa Rita ou dos Grilos, após a extinção dos Colégios e expulsão dos seus colegiais em 1834.

Mais tarde transferiu-se para um outro edifício colegial, outrora pertencente à Congregação dos cónegos seculares de S. João Evangelista, vulgarmente denominados por Loios.

A deflagração de um incêndio a 18 de novembro de 1943 neste edifício fez com que os diversos serviços públicos fossem transferidos para uns prédios cedidos pela Comissão Administrativa da cidade universitária.

A 24 de novembro noticiava-se não só a futura demolição do edifício onde funcionara o Governo Civil, como o facto de ter feito um contrato de arrendamento de umas instalações na Avenida Navarro, n.º 9, para aí se instalar os serviços dependentes do Governo Civil e Junta da Província da Beira Litoral.

A 1 de setembro de 1952 o Governo Civil celebra contrato de arrendamento de um outro edifício, propriedade particular da Sra. D. Ângela Maria Vilamoura da Fonseca Rochete.

Desde então e até à sua extinção o Governo Civil tem mantido em funcionamento os seus serviços neste edifício situado a meia encosta entre a Alta e a Baixa coimbrã.

Todos os Governos Civis foram extintos pelo Decreto-Lei de 8 de setembro de 2011, que transferiu as suas competências para outros órgãos, ficando o seu arquivo sob a tutela do Ministério da Administração Interna.

**Âmbito e conteúdo:** Alvarás, atas, diplomas, correspondência expedida e recebida, livros de ponto, relatórios de atividades, inventários, nomeações, receitas e despesas, licenciamentos, processos de aquisição, alteração ou extinção de personalidade jurídica de associações, processos de emissão de alvarás para armeiros, processos de vinculação, passaportes, cadernos eleitorais, estatística criminal, termos de fiança entre muitas outras.

**Sistema de organização:** O inventário foi elaborado com base no quadro de classificação-tipo proposto em 1995, pelo programa de "Inventariação do Património Cultural Móvel" promovido pela Secretaria de Estado da Cultura, para o recenseamento dos arquivos dos Governos Civis do país.

A documentação foi classificada por secções as quais se subdividem em subsecções, séries e subséries.

Inclui as seguintes secções: Gestão da Informação e Documentação; Gestão dos Recursos Humanos; Planeamento e Controlo das Atividades; Representação do Governo na Área do Distrito; Tutela Administrativa; Reformas Administrativas. Inspeção, Licenciamento, Fiscalização e Segurança; Promoção e Controlo dos Atos Eleitorais; Constituição, Organização e Regulamentação; Gestão dos Recursos Financeiros; Coordenação das Atividades Económicas e de População; Fiscalização do Recenseamento e Recrutamento Militar; e Assistência e Saúde Pública.

Dando-se cumprimento aos objetivos genéricos subjacentes a este recenseamento foram identificadas as secções e séries existentes neste fundo, número e tipo de unidades de instalação e datas limite da documentação. No entanto e paralelamente a este trabalho, foi nosso objetivo elaborar um instrumento de maior profundidade de descrição, que melhor servisse os interesses da Instituição e dos seus utilizadores, surgindo assim um inventário com informação acrescida relativamente ao dito recenseamento.

Toda a documentação está organizada cronológica ou alfabeticamente, dentro das suas várias subdivisões.

**Cota atual:** II-2ªD-1-17; II-2ªE-1

**Instrumentos de pesquisa:** Inventário (SR), recenseamento (UI) e catálogo de algumas séries documentais disponíveis, em linha, no URL: http://www.uc.pt/auc/fundos/f_GovernoCivilCoimbra

Guia de remessa da documentação incorporada em 5/11/2014.

As imagens dos registos de passaportes estão disponíveis, acessíveis em linha, no URL: https://familysearch.org/search/image/index#uri=https:// familysearch.org/recapi/sord/collection/1928596/waypoints

**Notas do arquivista:** Fontes ao campo História administrativa: Legislação da constituição, regulamentação e extinção e CAPELO, Ludovina Cartaxo e HENRIQUES, Isabel Maria – "Inventário do Fundo do Governo Civil do Distrito de Coimbra, 1802-1965". *Boletim do Arquivo da Universidade de Coimbra*, Vol. XV - XVI, (1995/1996) pp. 157-337.

Descrição feita com base em estudo arquivístico elaborado por Ludovina Capelo e Isabel Henriques, em 1996. Registo feito por Adriana Antunes, revisto e atualizado por Gracinda Guedes em 2014.

Ao campo Datas de produção: A data mais remota - anterior à criação do Governo Civil - está inscrita no "Livro de contas da receita e despesa da fábrica da Igreja de Vila Nova da Barca", do concelho de Montemor-o-Velho (1802-1878), e pertencente à Secção Tutela Administrativa. Este livro, que já vinha da Instituição que precedeu o Governo Civil, continuou a ser usado para o registo das contas pela Instituição que assumiu essas mesmas funções.

## Instituto Nacional de Medicina Legal

**Código de referência:** PT/AUC/ACD/INML
**Título:** Instituto Nacional de Medicina Legal
**Datas de produção:** 1899 / 1979
**Dimensão e suporte:** 1886 u. i.

**História administrativa, biográfica e familiar:** O Instituto Nacional de Medicina Legal, I.P. é uma organização governamental na dependência direta do ministro da Justiça. Fornece serviços forenses às forças policiais e outras instituições do Estado português. Tem a sua sede em Coimbra e as suas principais delegações localizam-se em Coimbra, Lisboa e Porto. O Instituto está ligado aos departamentos de Medicina Legal das Universidades de Coimbra, de Lisboa e Universidade do Porto, possuindo ainda delegações distritais. O INML dispõe de vários laboratórios espalhados por todo o país com pessoal especializado em investigação criminal e forense. Tem como funções principais fornecer serviços de patologia forense e outros relacionados, tais como ensino e investigação científica, e serviços clínicos forenses.

**Âmbito e conteúdo:** Formada por uma única série - processos médico-legais - de utentes da antiga morgue de Coimbra (1899-1918); do Instituto de Medicina Legal de Coimbra (desde Novembro de 1918); e de utentes avaliados pelo Conselho Médico-Legal (1899-1979).

**Sistema de organização:** Ordenação cronológica e numérica estabelecida pelos produtores.

**Cota atual:** VI-2ªD

**Instrumentos de pesquisa:** Inventário.

**Notas do arquivista:** Descrição feita tendo por base o estudo de Sandra Curado, aquando da incorporação da documentação no AUC, disponível na WEBpage do AUC.


## Junta da Diretoria Geral dos Estudos

**Código de referência:** PT/AUC/ACD/JDGE

**Título:** Junta da Diretoria Geral dos Estudos

**Datas de produção:** 1781 / 1844

**Dimensão e suporte:** 162 u. i. (139 liv., 23 cx.); papel.

**História administrativa, biográfica e familiar:** Por Alvará de 28 de junho de 1759 foi criada a Junta da Diretoria Geral dos Estudos que tinha como finalidade última a orientação e direção do ensino público. O Decreto de 6 de julho de 1759 nomeou seu Diretor Geral D. Tomás de Almeida que era cónego da Sé Patriarcal de Lisboa e sobrinho do cardeal com o mesmo nome. Não interferia no ensino da Universidade de Coimbra que tinha a sua própria autonomia, devendo superintender a todos os estudos secundários no país. Em 1768, foi criada, por Carta de Lei de 5 de abril, a Real Mesa Censória que tinha por missão o controlo da edição de todas as obras publicadas no país ou que nele circulassem, vindas de fora. Este organismo viria a ter as funções antes atribuídas à Junta da Diretoria Geral dos Estudos, quando, em 1771, por Alvará de 4 de junho, passou a ser responsável pela administração dos estudos e escolas menores e também a supervisão do Colégio dos Nobres, em Lisboa e de outros colégios. Competia-lhe também a nomeação dos professores régios, em diversas escolas do país, fazendo publicar as listas das suas nomeações. Estes professores eram pagos através de um imposto criado, por alvará de 3 de agosto de 1772 e depois de 6 e de 10 de novembro de 1772, designado por Subsídio Literário.

Em 1794, por Carta Régia de 17 de dezembro, a Junta da Diretoria Geral dos Estudos ficou sediada na Universidade de Coimbra, tendo sido regulamentada com a Carta Régia de 10 de abril de 1801 e Carta Régia de 11 de julho de 1802. À Universidade de Coimbra foi cometida a coordenação da atividade desta Junta, bem como a arrecadação do imposto do Subsídio Literário, em todas as comarcas do país, o qual consistia num imposto lançado sobre os vinhos produzidos, também designado por "Manifesto dos vinhos". Era também pela Tesouraria da Universidade que se procedia ao pagamento dos professores de primeiras letras e professores de "ler, escrever e contar" das diversas escolas do país.

A Junta da Diretoria Geral dos Estudos foi extinta em 1835 e em seu lugar foi criado um Conselho Superior de Instrução Pública, dando continuidade às mesmas funções. A similaridade de designações que foram dadas ao longo do tempo a todos estes organismos leva a que seja por vezes difícil destrinçar a documentação produzida por cada um. O Decreto de Instrução Pública, de 20 de setembro de 1844, criou também um Conselho Superior de Instrução Pública, com sede em Coimbra, extinguindo o que antes se designava por Conselho Geral Diretor do Ensino Primário e Secundário.

**Âmbito e conteúdo:** Inclui livros de pagamento de ordenados dos professores de primeiras letras e ensino secundário. Inclui livros de receita do subsídio literário. Inclui ainda documentação avulsa formada por róis e relações de alunos de diversas escolas, certidões de serviço prestado por professores, procurações para receber vencimentos, mapas de professores e alunos, despachos de nomeação de professores, etc.

**Sistema de organização:** Ordenação cronológica das séries documentais: Livros de pagamento de ordenados, Livros de receita do Subsídio Literário. A documentação avulsa formada por mapas de professores, róis de alunos, certidões de serviço prestado, etc., ainda não se encontra organizada, tendo recebido um número sequencial, atribuído a cada unidade de instalação.

**Cota atual:** IV-1.ªE-11-1-1 a 87; IV-1.ªE-6-3-1 a 26; IV-1.ªE-6-5-1 a 23; IV-2.ªE-6-1-1 a 27

**Instrumentos de pesquisa:** Recenseamento.

**Notas do arquivista:** Descrição arquivística por Ana Maria Leitão Bandeira, em 2014, com base na análise da própria documentação. Fontes para elaboração de História administrativa: dados colhidos em "Reformas no ensino" - no sítio do Centro de Investigação para Tecnologias Educativas - http://www.citi.pt/cultura/historia/personalidades/marques_pombal/ensino.html e nos diplomas legais publicados em *Legislação Academica desde os Estutos de 1772 até ao fim do anno de 1850...* Coimbra: Imprensa da Universidade, 1851. Nota a Âmbito e conteúdo: Não foi possível destrinçar a documentação produzida pela Junta da Diretoria Geral dos Estudos e pelo organismo sequente, Conselho Superior de Instrução Pública. É provável que entre a documentação que forma o fundo da Universidade de Coimbra possa ser localizada outra documentação produzida pela Junta da Diretoria Geral dos Estudos ou pelo Conselho Superior de Instrução Pública.


## Provedoria da Comarca de Aveiro

**Código de referência:** PT/AUC/ACD/PCA

**Título:** Provedoria da Comarca de Aveiro

**Datas de produção:** 1818 / 1833

**Dimensão e suporte:** 2 u. i. (liv.); papel.

**História administrativa, biográfica e familiar:** As Provedorias eram unidades territoriais político-administrativas criadas no reinado de D. João II, à frente das quais se encontrava um provedor ou contador. Estes funcionários exerciam a ação régia ao nível local.

A Provedoria podia ser composta por várias Comarcas, a Provedoria de Aveiro englobava o território das comarcas de Aveiro e Feira.

O Decreto-lei n.º 23 de 16 de maio de 183, de Mouzinho da Silveira, estabelece a nova organização administrativa do País. Dividiu o País em Províncias, Comarcas e Concelhos, os quais seriam administrados respetivamente por prefeitos, subprefeitos e provedores, todos de nomeação régia, assegurando assim o equilíbrio entre o poder central e local.

Os provedores eram magistrados de nomeação régia e escolhidos entre os que exerceram as funções de Juiz de Fora. As suas funções eram administrativas, judiciais e financeiras, zelando também pelos interesses da Fazenda Real. Segundo César de Oliveira o "provedor era considerado como "o depositário único e exclusivo da autoridade administrativa" e competia-lhe uma série de funções que exercia, paralelamente e em liderança da Câmara Municipal. Entre essa série de funções contavam-se as seguintes: obedecer às diretivas do prefeito e do subprefeito; executar as deliberações da câmara municipal; realizar as operações do registo Civil; exercer funções de polícia e de manutenção da ordem pública, realizar a superintendência das escolas e assegurar o recrutamento de mancebos para o exército".

**Âmbito e conteúdo:** Um livro de registo de entrada e saída de dinheiros relativos à administração de comendas vagas, nomeadamente: Comenda de Santa Marinha de Avanca; Comenda de São Pedro de Castelões e Comenda de São Vicente de Pereira, e um livro de registo de provisões e ordens da Mesa da Consciência relativas a comendas.

**Sistema de organização:** Documentação não tratada arquivisticamente.

**Cota atual:** III-1ª-D-16-1-36 e 37

**Instrumentos de pesquisa:** Recenseamento.

**Notas do arquivista:** Fonte de informação ao campo História administrativa: SERRÃO, Joel (Dir.) – *Dicionário da História de Portugal*. Lisboa: Iniciativas editoriais, 1971; *Grande Enciclopédia Portuguesa e Brasileira* - Editorial Enciclopédia, Lda. Lisboa e Rio de Janeiro, 1944.

Recenseamento e descrição elaborados por Adriana Antunes e Gracinda Guedes em 2012.


## Provedoria da Comarca de Coimbra

**Código de referência:** PT/AUC/ACD/PCC
**Título:** Provedoria da Comarca de Coimbra
**Datas de produção:** 1626 / 1935
**Dimensão e suporte:** 295 u. i. (15 cx., 280 liv.); papel.

**História administrativa, biográfica e familiar:** O Decreto-lei n.º 23 de 16 de maio de 1832 de Mouzinho da Silveira estabelece a nova organização administrativa do País. Dividiu o País em Províncias, Comarcas e Concelhos, os quais seriam administrados respetivamente por prefeitos, subprefeitos e provedores, todos de nomeação régia, assegurando assim o equilíbrio entre o poder central e local.

Os provedores eram magistrados de nomeação régia e escolhidos entre os que exerceram as funções de Juiz de fora. As suas funções eram administrativas, judiciais e financeiras, zelando também pelos interesses da Fazenda Real. Segundo César de Oliveira "O provedor era considerado como "o depositário único e exclusivo da autoridade administrativa" e competia-lhe uma série de funções que exercia, paralelamente e em liderança da Câmara municipal. Entre essa série de funções contavam-se as seguintes: obedecer às diretivas do prefeito e do subprefeito; executar as deliberações da câmara municipal; realizar as operações do registo Civil; exercer funções de polícia e de manutenção da ordem pública, realizar a superintendência das escolas e assegurar o recrutamento de mancebos para o exército".

Fundo de grande importância para a história administrativa, económica e social do distrito dos séculos XVII até às primeiras décadas do século XX.

**Âmbito e conteúdo:** Contém diversas séries documentais, tais como: Alvarás; Capelas; Comendas; Contabilidade/Fazenda; Copiadores de Ofícios Expedidos; Coutos; Escrituras; Fianças; Inventários; Legados Pios; Autos de Contas; Certidões; Correspondência; Privilégios; Provisões; Registos Gerais da Provedoria; Sentenças; Sequestros; Testamentos, entre outras.

**Sistema de organização:** O presente inventário tem como unidade básica de descrição a série (SR) e, sempre que existentes, suas subséries (SSR). No inventário optou-se por um critério de ordenação alfabético das séries, respeitando-se dentro de cada série a identificação e evolução legal e administrativa dos diferentes órgãos responsáveis pela produção documental.

**Cota atual:** II-2ªE-1-2 a 5

**Instrumentos de pesquisa:** Inventário, em linha, disponível em http://www.uc.pt/auc/fundos/ficheiros/PROV_ComarcaCoimbra

**Notas do arquivista:** Descrição feita com base em estudo arquivístico elaborado Ludovina Cartaxo Capelo em 2010. Registo feito por Adriana Antunes, revisto por Gracinda Guedes em 2014.

## Repartição de Finanças de Anadia

**Código de referência:** PT/AUC/ACD/RFAND
**Título:** Repartição de Finanças de Anadia
**Datas de produção:** 1918 / 1919
**Dimensão e suporte:** 2 u. i. (1 liv., 1 mç.); papel.
**História administrativa, biográfica e familiar:** Com a reforma administrativa de Mouzinho da Silveira, pelo Decreto 22, de 16 de maio de 1832, a Fazenda Pública surge num novo modelo organizacional, tornando-se o órgão central da administração financeira e tribunal fiscal do Estado.

A extinção das Ordens Religiosas e o decorrente do aumento de património haveriam de motivar nova reorganização dos serviços, nomeadamente com a criação de uma contadoria, decretada em 20 de junho de 1834.

As alterações orgânicas, bem como do sistema de arrecadação das contribuições e das rendas públicas, haveriam de se ir sucedendo no tempo.

Quanto à administração da Fazenda Pública, em termos fiscais, de acordo com o que foi legislado em 1942, foram criadas, a nível distrital, as "escrivanias privativas da Fazenda", ficando as repartições da Fazenda dos distritos dependentes da Secretaria Estado dos Negócios da Fazenda e os delegados do tesouro distritais com autonomia sobre os atos administrativos da sua área de jurisdição territorial.

Mais tarde, nova reformulação da estrutura, legislada em 14 de abril de 1869, criou as Repartições das Fazendas, tendo a direção da Secretaria de Estado dos Negócios da Fazenda sido substituída pela Secretaria Geral do Ministério dos Negócios da Fazenda.

O Decreto-Lei de 4 de janeiro de 1870, de D. Luís I, regulou mais uma vez os serviços de administração e fiscalização do Estado e reorganizou os serviços da Fazenda nos distritos, comarcas, concelhos e bairros.

Por Decreto-Lei de 8 de outubro de 1910, com a implantação da República, o Ministério da Fazenda passou a denominar-se Ministério das Finanças. No entanto, foi o Decreto-Lei de 26 de maio de 1911 que, ao organizar e instituir as Direções Distritais de Finanças, nos distritos, mantendo as Repartições de Finanças, nos concelhos, veio permitir que o Estado e os seus contribuintes pudessem efetuar as suas liquidações e receitas, combatendo assim a evasão fiscal e instaurando um sistema fiscal mais eficaz.

**Âmbito e conteúdo:** Contém um maço de documentos de impostos do valor das transações e registo da Matriz Rústica Anadia.

**Sistema de organização:** Documentação não tratada arquivisticamente.

**Cota atual:** II-2ª-E-7-1-7 e II-2ª-E-18-3-22

**Instrumentos de pesquisa:** Recenseamento.

**Notas do arquivista:** Fonte de informação ao campo História administrativa: O Ministério das Finanças (1801-1996) – Estudo Orgânico e Funcional. Gabinete do Ministro – Ministério das Finanças; O Ministério das Finanças (1910-1988) – Estudo Orgânico e Funcional. Gabinete do Ministro – Ministério das Finanças; Portugal, Torre do Tombo, Ministério das Finanças, Secretaria de Estado dos Negócios da Fazenda (PT-TT- MF/SENF).

Recenseamento e descrição elaborados por Adriana Antunes e Gracinda Guedes em 2012.


## Repartição de Finanças de Condeixa-a-Nova

**Código de referência:** PT/AUC/ACD/RFCDN

**Título:** Repartição de Finanças de Condeixa-a-Nova

**Datas de produção:** 1835 / 1919

**Dimensão e suporte:** 46 u. i. (11 liv., 35 mç.); papel.

**História administrativa, biográfica e familiar:** Com a reforma administrativa de Mouzinho da Silveira, pelo Decreto 22, de 16 de maio de 1832, a Fazenda Pública surge num novo modelo organizacional, tornando-se o órgão central da administração financeira e tribunal fiscal do Estado.

A extinção das Ordens Religiosas e o decorrente do aumento de património haveriam de motivar nova reorganização dos serviços, nomeadamente com a criação de uma contadoria, decretada em 20 de junho de 1834.

As alterações orgânicas, bem como do sistema de arrecadação das contribuições e das rendas públicas, haveriam de se ir sucedendo no tempo.

Quanto à administração da Fazenda Pública, em termos fiscais, de acordo com o que foi legislado em 1942, foram criadas, a nível distrital, as "escrivanias privativas da Fazenda", ficando as repartições da Fazenda dos distritos dependentes da Secretaria Estado dos Negócios da Fazenda e os delegados do tesouro distritais com autonomia sobre os atos administrativos da sua área de jurisdição territorial.

Mais tarde, nova reformulação da estrutura, legislada em 14 de abril de 1869, criou as Repartições das Fazendas, tendo a direção da Secretaria de Estado dos Negócios da Fazenda sido substituída pela Secretaria Geral do Ministério dos Negócios da Fazenda.

O Decreto-Lei de 4 de janeiro de 1870, de D. Luís I, regulou mais uma vez os serviços de administração e fiscalização do Estado e reorganizou os serviços da Fazenda nos distritos, comarcas, concelhos e bairros.

Por Decreto-Lei de 8 de outubro de 1910, com a implantação da República, o Ministério da Fazenda passou a denominar-se Ministério das Finanças. No entanto, foi o Decreto-Lei de 26 de maio de 1911 que, ao organizar e instituir as Direções Distritais de Finanças, nos distritos, mantendo as Repartições de Finanças, nos concelhos, veio permitir que o Estado e os seus contribuintes pudessem efetuar as suas liquidações e receitas, combatendo assim a evasão fiscal e instaurando um sistema fiscal mais eficaz.

**Âmbito e conteúdo:** Contém, entre outra, a seguinte documentação: matrizes de contribuição predial, matrizes de contribuição industrial, matrizes de contribuição pessoal, matrizes de contribuição de rendas de casa e sumptuária, mapas de repartição predial, relações modelo 4, livros de saldo, correspondência, processos de execução fiscal, lançamento de décima...

**Sistema de organização:** Documentação não tratada arquivisticamente.

**Cota atual:** II-2ª-E

**Instrumentos de pesquisa:** Recenseamento.

**Notas do arquivista:** Fontes ao campo: História administrativa: O Ministério das Finanças (1801-1996) – Estudo Orgânico e Funcional. Gabinete do Ministro – Ministério das Finanças; O Ministério das Finanças (1910-1988) – Estudo Orgânico e Funcional. Gabinete do Ministro – Ministério das Finanças; Portugal, Torre do Tombo, Ministério das Finanças, Secretaria de Estado dos Negócios da Fazenda (PT-TT- MF/SENF).

Recenseamento e descrição elaborados por Adriana Antunes e Gracinda Guedes em 2012.

## Repartição de Finanças de Degracias

**Código de referência:** PT/AUC/ACD/RFD

**Título:** Repartição de Finanças de Degracias

**Datas de produção:** 1932 / 1935

**Dimensão e suporte:** 2 u. i. (1 liv., 1 mç.); papel.

**História administrativa, biográfica e familiar:** Com a reforma administrativa de Mouzinho da Silveira, pelo Decreto 22, de 16 de maio de 1832, a Fazenda Pública surge num novo modelo organizacional, tornando-se o órgão central da administração financeira e tribunal fiscal do Estado.

A extinção das Ordens Religiosas e o decorrente do aumento de património haveriam de motivar nova reorganização dos serviços, nomeadamente com a criação de uma contadoria, decretada em 20 de junho de 1834.

As alterações orgânicas, bem como do sistema de arrecadação das contribuições e das rendas públicas, haveriam de se ir sucedendo no tempo.

Quanto à administração da Fazenda Pública, em termos fiscais, de acordo com o que foi legislado em 1942, foram criadas, a nível distrital, as "escrivanias privativas da Fazenda", ficando as repartições da Fazenda dos distritos dependentes da Secretaria Estado dos Negócios da Fazenda e os delegados do tesouro distritais com autonomia sobre os atos administrativos da sua área de jurisdição territorial.

Mais tarde, nova reformulação da estrutura, legislada em 14 de abril de 1869, criou as Repartições das Fazendas, tendo a direção da Secretaria de Estado dos Negócios da Fazenda sido substituída pela Secretaria Geral do Ministério dos Negócios da Fazenda.

O Decreto-Lei de 4 de janeiro de 1870, de D. Luís I, regulou mais uma vez os serviços de administração e fiscalização do Estado e reorganizou os serviços da Fazenda nos distritos, comarcas, concelhos e bairros.

Por Decreto-Lei de 8 de outubro de 1910, com a implantação da República, o Ministério da Fazenda passou a denominar-se Ministério das Finanças. No entanto, foi o Decreto-Lei de 26 de maio de 1911 que, ao organizar e instituir as Direções Distritais de Finanças, nos distritos, mantendo as Repartições de Finanças, nos concelhos, veio permitir que o Estado e os seus contribuintes pudessem efetuar as suas liquidações e receitas, combatendo assim a evasão fiscal e instaurando um sistema fiscal mais eficaz.

**Âmbito e conteúdo:** Contém contribuições prediais e um livro de matrizes urbanas.

**Sistema de organização:** Documentação não tratada arquivisticamente.

**Cota atual:** II-2ª-E-6-5-1; II-2ª-E-18-2-3

**Instrumentos de pesquisa:** Recenseamento.

**Notas do arquivista:** Fonte de informação ao campo História administrativa: O Ministério das Finanças (1801-1996) – Estudo Orgânico e Funcional. Gabinete do Ministro – Ministério das Finanças; O Ministério das Finanças (1910-1988) – Estudo Orgânico e Funcional. Gabinete do Ministro – Ministério das Finanças; Portugal, Torre do Tombo, Ministério das Finanças, Secretaria de Estado dos Negócios da Fazenda (PT-TT- MF/SENF).

Recenseamento e descrição elaborados por Adriana Antunes e Gracinda Guedes em 2012.


## Repartição de Finanças da Figueira da Foz

**Código de referência:** PT/AUC/ACD/RFFIG

**Título:** Repartição de Finanças da Figueira da Foz

**Datas de produção:** 1849 / 1921

**Dimensão e suporte:** 112 u. i. (5 liv., 107 mç.); papel.

**História administrativa, biográfica e familiar:** Com a reforma administrativa de Mouzinho da Silveira, pelo Decreto 22, de 16 de maio de

1832, a Fazenda Pública surge num novo modelo organizacional, tornando-se o órgão central da administração financeira e tribunal fiscal do Estado.

A extinção das Ordens Religiosas e o decorrente do aumento de património haveriam de motivar nova reorganização dos serviços, nomeadamente com a criação de uma contadoria, decretada em 20 de junho de 1834.

As alterações orgânicas, bem como do sistema de arrecadação das contribuições e das rendas públicas, haveriam de se ir sucedendo no tempo.

Quanto à administração da Fazenda Pública, em termos fiscais, de acordo com o que foi legislado em 1942, foram criadas, a nível distrital, as "escrivanias privativas da Fazenda", ficando as repartições da Fazenda dos distritos dependentes da Secretaria Estado dos Negócios da Fazenda e os delegados do tesouro distritais com autonomia sobre os atos administrativos da sua área de jurisdição territorial.

Mais tarde, nova reformulação da estrutura, legislada em 14 de abril de 1869, criou as Repartições das Fazendas, tendo a direção da Secretaria de Estado dos Negócios da Fazenda sido substituída pela Secretaria Geral do Ministério dos Negócios da Fazenda.

O Decreto-Lei de 4 de janeiro de 1870, de D. Luís I, regulou mais uma vez os serviços de administração e fiscalização do Estado e reorganizou os serviços da Fazenda nos distritos, comarcas, concelhos e bairros.

Por Decreto-Lei de 8 de outubro de 1910, com a implantação da República, o Ministério da Fazenda passou a denominar-se Ministério das Finanças. No entanto, foi o Decreto-Lei de 26 de maio de 1911 que, ao organizar e instituir as Direções Distritais de Finanças, nos distritos, mantendo as Repartições de Finanças, nos concelhos, veio permitir que o Estado e os seus contribuintes pudessem efetuar as suas liquidações e receitas, combatendo assim a evasão fiscal e instaurando um sistema fiscal mais eficaz.

**Âmbito e conteúdo:** Contém processos de diligências, na sua maioria registos das execuções fiscais, correspondência, autos de avaliação e registos de processos executivos.

**Sistema de organização:** Documentação não tratada arquivisticamente.

**Cota atual:** II-2ª-E-5 e 6

**Instrumentos de pesquisa:** Recenseamento.

**Notas do arquivista:** Fonte de informação ao campo História administrativa: O Ministério das Finanças (1801-1996) – Estudo Orgânico e Funcional. Gabinete do Ministro – Ministério das Finanças; O Ministério das Finanças (1910-1988) – Estudo Orgânico e Funcional. Gabinete do Ministro – Ministério das Finanças; Portugal, Torre do Tombo, Ministério das Finanças, Secretaria de Estado dos Negócios da Fazenda (PT-TT- MF/SENF).

Recenseamento e descrição elaborados por Adriana Antunes e Gracinda Guedes em 2012.


## Repartição de Finanças da Lousã

**Código de referência:** PT/AUC/ACD/RFLSA
**Título:** Repartição de Finanças da Lousã
**Datas de produção:** 1874 / 1919
**Dimensão e suporte:** 3 u. i. (liv.); papel.

**História administrativa, biográfica e familiar:** Com a reforma administrativa de Mouzinho da Silveira, pelo Decreto 22, de 16 de maio de 1832, a Fazenda Pública surge num novo modelo organizacional, tornando-se o órgão central da administração financeira e tribunal fiscal do Estado.

A extinção das Ordens Religiosas e o decorrente do aumento de património haveriam de motivar nova reorganização dos serviços, nomeadamente com a criação de uma contadoria, decretada em 20 de junho de 1834.

As alterações orgânicas, bem como do sistema de arrecadação das contribuições e das rendas públicas, haveriam de se ir sucedendo no tempo.

Quanto à administração da Fazenda Pública, em termos fiscais, de acordo com o que foi legislado em 1942, foram criadas, a nível distrital, as "escrivanias privativas da Fazenda", ficando as repartições da Fazenda dos distritos dependentes da Secretaria Estado dos Negócios da Fazenda e os delegados do tesouro distritais com autonomia sobre os atos administrativos da sua área de jurisdição territorial.

Mais tarde, nova reformulação da estrutura, legislada em 14 de abril de 1869, criou as Repartições das Fazendas, tendo a direção da Secretaria de Estado dos Negócios da Fazenda sido substituída pela Secretaria Geral do Ministério dos Negócios da Fazenda.

O Decreto-Lei de 4 de janeiro de 1870, de D. Luís I, regulou mais uma vez os serviços de administração e fiscalização do Estado e reorganizou os serviços da Fazenda nos distritos, comarcas, concelhos e bairros.

Por Decreto-Lei de 8 de outubro de 1910, com a implantação da República, o Ministério da Fazenda passou a denominar-se Ministério das Finanças. No entanto, foi o Decreto-Lei de 26 de maio de 1911 que, ao organizar e instituir as Direções Distritais de Finanças, nos distritos, mantendo as Repartições de Finanças, nos concelhos, veio permitir que o Estado e os seus contribuintes pudessem efetuar as suas liquidações e receitas, combatendo assim a evasão fiscal e instaurando um sistema fiscal mais eficaz.

**Âmbito e conteúdo:** Contém livros de atas da Junta da Contribuição e um copiador da correspondência.

**Sistema de organização:** Documentação não tratada arquivisticamente.

**Cota atual:** II-2ª-E-5-2-73; II-2ª-E-5-2-74; II-2ª-E-5-2-75

**Instrumentos de pesquisa:** Recenseamento.

**Notas do arquivista:** Fonte de informação ao campo História administrativa: O Ministério das Finanças (1801-1996) – Estudo Orgânico e Funcional. Gabinete do Ministro – Ministério das Finanças; O Ministério das Finanças (1910-1988) – Estudo Orgânico e Funcional. Gabinete do Ministro – Ministério das Finanças; Portugal, Torre do Tombo, Ministério das Finanças, Secretaria de Estado dos Negócios da Fazenda (PT-TT- MF/SENF).

Recenseamento e descrição elaborados por Adriana Antunes e Gracinda Guedes em 2012.

## Repartição de Finanças de Miranda do Corvo

**Código de referência:** PT/AUC/ACD/RFMCV
**Título:** Repartição de Finanças de Miranda do Corvo

**Datas de produção:** 1874 / 1923

**Dimensão e suporte:** 25 u. i. (liv.); papel.

**História administrativa, biográfica e familiar:** Com a reforma administrativa de Mouzinho da Silveira, pelo Decreto 22, de 16 de maio de 1832, a Fazenda Pública surge num novo modelo organizacional, tornando-se o órgão central da administração financeira e tribunal fiscal do Estado.

A extinção das Ordens Religiosas e o decorrente do aumento de património haveriam de motivar nova reorganização dos serviços, nomeadamente com a criação de uma contadoria, decretada em 20 de junho de 1834.

As alterações orgânicas, bem como do sistema de arrecadação das contribuições e das rendas públicas, haveriam de se ir sucedendo no tempo.

Quanto à administração da Fazenda Pública, em termos fiscais, de acordo com o que foi legislado em 1942, foram criadas, a nível distrital, as "escrivanias privativas da Fazenda", ficando as repartições da Fazenda dos distritos dependentes da Secretaria Estado dos Negócios da Fazenda e os delegados do tesouro distritais com autonomia sobre os atos administrativos da sua área de jurisdição territorial.

Mais tarde, nova reformulação da estrutura, legislada em 14 de abril de 1869, criou as Repartições das Fazendas, tendo a direção da Secretaria de Estado dos Negócios da Fazenda sido substituída pela Secretaria Geral do Ministério dos Negócios da Fazenda.

O Decreto-Lei de 4 de janeiro de 1870, de D. Luís I, regulou mais uma vez os serviços de administração e fiscalização do Estado e reorganizou os serviços da Fazenda nos distritos, comarcas, concelhos e bairros.

Por Decreto-Lei de 8 de outubro de 1910, com a implantação da República, o Ministério da Fazenda passou a denominar-se Ministério das Finanças. No entanto, foi o Decreto-Lei de 26 de maio de 1911 que, ao organizar e instituir as Direções Distritais de Finanças, nos distritos, mantendo as Repartições de Finanças, nos concelhos, veio permitir que o Estado e os seus contribuintes pudessem efetuar as suas liquidações e receitas, combatendo assim a evasão fiscal e instaurando um sistema fiscal mais eficaz.

**Âmbito e conteúdo:** Contém termos de manifesto de dinheiro a juros, livros de atas da Junta da Contribuição, copiador de correspondência, livros dos bens do Mosteiro de Santa Maria de Semide, escrituras de capitais mutuados, livros de registos de processos de execuções fiscais, termos de contribuição de compra sujeito a honorários, livros das atas da taxa militar e contribuições industriais.

**Sistema de organização:** Documentação não tratada arquivisticamente.

**Cota atual:** II-2ª-E-5-2 e II-2ª-E-2-5

**Instrumentos de pesquisa:** Recenseamento.

**Notas do arquivista:** Fonte de informação ao campo História administrativa: O Ministério das Finanças (1801-1996) – Estudo Orgânico e Funcional. Gabinete do Ministro – Ministério das Finanças; O Ministério das Finanças (1910-1988) – Estudo Orgânico e Funcional. Gabinete do Ministro – Ministério das Finanças; Portugal, Torre do Tombo, Ministério das Finanças, Secretaria de Estado dos Negócios da Fazenda (PT-TT- MF/SENF).

Recenseamento e descrição elaborados por Adriana Antunes e Gracinda Guedes em 2012.

## Repartição de Finanças de Montemor-o-Velho

**Código de referência:** PT/AUC/ACD/RFMMV

**Título:** Repartição de Finanças de Montemor-o-Velho

**Datas de produção:** 1875 / 1919

**Dimensão e suporte:** 8 u. i. (7 liv., 1 mç.); papel.

**História administrativa, biográfica e familiar:** Com a reforma administrativa de Mouzinho da Silveira, pelo Decreto 22, de 16 de maio de 1832, a Fazenda Pública surge num novo modelo organizacional, tornando-se o órgão central da administração financeira e tribunal fiscal do Estado.

A extinção das Ordens Religiosas e o decorrente do aumento de património haveriam de motivar nova reorganização dos serviços, nomeadamente com a criação de uma contadoria, decretada em 20 de junho de 1834.

As alterações orgânicas, bem como do sistema de arrecadação das contribuições e das rendas públicas, haveriam de se ir sucedendo no tempo.

Quanto à administração da Fazenda Pública, em termos fiscais, de acordo com o que foi legislado em 1942, foram criadas, a nível distrital, as "escrivanias privativas da Fazenda", ficando as repartições da Fazenda dos distritos dependentes da Secretaria Estado dos Negócios da Fazenda e os delegados do tesouro distritais com autonomia sobre os atos administrativos da sua área de jurisdição territorial.

Mais tarde, nova reformulação da estrutura, legislada em 14 de abril de 1869, criou as Repartições das Fazendas, tendo a direção da Secretaria de Estado dos Negócios da Fazenda sido substituída pela Secretaria Geral do Ministério dos Negócios da Fazenda.

O Decreto-Lei de 4 de janeiro de 1870, de D. Luís I, regulou mais uma vez os serviços de administração e fiscalização do Estado e reorganizou os serviços da Fazenda nos distritos, comarcas, concelhos e bairros.

Por Decreto-Lei de 8 de outubro de 1910, com a implantação da República, o Ministério da Fazenda passou a denominar-se Ministério das Finanças. No entanto, foi o Decreto-Lei de 26 de maio de 1911 que, ao organizar e instituir as Direções Distritais de Finanças, nos distritos, mantendo as Repartições de Finanças, nos concelhos, veio permitir que o Estado e os seus contribuintes pudessem efetuar as suas liquidações e receitas, combatendo assim a evasão fiscal e instaurando um sistema fiscal mais eficaz.

**Âmbito e conteúdo:** Contém livros de atas das sessões das Juntas de Matrizes e Contribuições, correspondência relativa às novas matrizes, execuções fiscais e correspondência com os delegados do tesouro.

**Sistema de organização:** Documentação não tratada arquivisticamente.

**Cota atual:** II-2ª-E-5

**Instrumentos de pesquisa:** Recenseamento.

**Notas do arquivista:** Fonte de informação ao campo História administrativa: O Ministério das Finanças (1801-1996) – Estudo Orgânico e Funcional. Gabinete do Ministro – Ministério das Finanças; O Ministério das Finanças (1910-1988) – Estudo Orgânico e Funcional. Gabinete do Ministro – Ministério das Finanças; Portugal, Torre do Tombo, Ministério das Finanças, Secretaria de Estado dos Negócios da Fazenda (PT-TT- MF/SENF).

Recenseamento e descrição elaborados por Adriana Antunes e Gracinda Guedes em 2012.

## Repartição de Finanças da Pampilhosa da Serra

**Código de referência:** PT/AUC/ACD/RFPPS

**Título:** Repartição de Finanças da Pampilhosa da Serra

**Datas de produção:** 1791 / 1923

**Dimensão e suporte:** 41 u. i. (20 liv., 21 mç.); papel.

**História administrativa, biográfica e familiar:** Com a reforma administrativa de Mouzinho da Silveira, pelo Decreto 22, de 16 de maio de 1832, a Fazenda Pública surge num novo modelo organizacional, tornando-se o órgão central da administração financeira e tribunal fiscal do Estado.

A extinção das Ordens Religiosas e o decorrente do aumento de património haveriam de motivar nova reorganização dos serviços, nomeadamente com a criação de uma contadoria, decretada em 20 de junho de 1834.

As alterações orgânicas, bem como do sistema de arrecadação das contribuições e das rendas públicas, haveriam de se ir sucedendo no tempo.

Quanto à administração da Fazenda Pública, em termos fiscais, de acordo com o que foi legislado em 1942, foram criadas, a nível distrital, as "escrivanias privativas da Fazenda", ficando as repartições da Fazenda dos distritos dependentes da Secretaria Estado dos Negócios da Fazenda e os delegados do tesouro distritais com autonomia sobre os atos administrativos da sua área de jurisdição territorial.

Mais tarde, nova reformulação da estrutura, legislada em 14 de abril de 1869, criou as Repartições das Fazendas, tendo a direção da Secretaria de Estado dos Negócios da Fazenda sido substituída pela Secretaria Geral do Ministério dos Negócios da Fazenda.

O Decreto-Lei de 4 de janeiro de 1870, de D. Luís I, regulou mais uma vez os serviços de administração e fiscalização do Estado e reorganizou os serviços da Fazenda nos distritos, comarcas, concelhos e bairros.

Por Decreto-Lei de 8 de outubro de 1910, com a implantação da República, o Ministério da Fazenda passou a denominar-se Ministério das Finanças. No entanto, foi o Decreto-Lei de 26 de maio de 1911 que, ao organizar e instituir as Direções Distritais de Finanças, nos distritos, mantendo as Repartições de Finanças, nos concelhos, veio permitir que o Estado e os seus contribuintes pudessem efetuar as suas liquidações e receitas, combatendo assim a evasão fiscal e instaurando um sistema fiscal mais eficaz.

**Âmbito e conteúdo:** Contém correspondência, ofícios, circulares, décimas de juros, execuções fiscais, mapas da repartição da contribuição predial da freguesia de Janeiro de Baixo, matrizes prediais, termos de arrendamento de casas e livros de saldos.

**Sistema de organização:** Documentação não tratada arquivisticamente.

**Cota atual:** II-2ª-E-5, 6, 7 e 18

**Instrumentos de pesquisa:** Recenseamento.

**Notas do arquivista:** Fonte de informação ao campo História administrativa: O Ministério das Finanças (1801-1996) – Estudo Orgânico e Funcional. Gabinete do Ministro – Ministério das Finanças; O Ministério das Finanças (1910-1988) – Estudo Orgânico e Funcional. Gabinete do Ministro – Ministério das Finanças; Portugal, Torre do Tombo, Ministério das Finanças, Secretaria de Estado dos Negócios da Fazenda (PT-TT-MF/SENF).

Recenseamento e descrição elaborados por Adriana Antunes e Gracinda Guedes em 2012.


## Repartição de Finanças de Penacova

**Código de referência:** PT/AUC/ACD/RFPCV

**Título:** Repartição de Finanças de Penacova

**Datas de produção:** 1903 / 1915

**Dimensão e suporte:** 1 u. i. (mç.); papel.

**História administrativa, biográfica e familiar:** Com a reforma administrativa de Mouzinho da Silveira, pelo Decreto 22, de 16 de maio de

1832, a Fazenda Pública surge num novo modelo organizacional, tornando-se o órgão central da administração financeira e tribunal fiscal do Estado.

A extinção das Ordens Religiosas e o decorrente do aumento de património haveriam de motivar nova reorganização dos serviços, nomeadamente com a criação de uma contadoria, decretada em 20 de junho de 1834.

As alterações orgânicas, bem como do sistema de arrecadação das contribuições e das rendas públicas, haveriam de se ir sucedendo no tempo.

Quanto à administração da Fazenda Pública, em termos fiscais, de acordo com o que foi legislado em 1942, foram criadas, a nível distrital, as "escrivanias privativas da Fazenda", ficando as repartições da Fazenda dos distritos dependentes da Secretaria Estado dos Negócios da Fazenda e os delegados do tesouro distritais com autonomia sobre os atos administrativos da sua área de jurisdição territorial.

Mais tarde, nova reformulação da estrutura, legislada em 14 de abril de 1869, criou as Repartições das Fazendas, tendo a direção da Secretaria de Estado dos Negócios da Fazenda sido substituída pela Secretaria Geral do Ministério dos Negócios da Fazenda.

O Decreto-Lei de 4 de janeiro de 1870, de D. Luís I, regulou mais uma vez os serviços de administração e fiscalização do Estado e reorganizou os serviços da Fazenda nos distritos, comarcas, concelhos e bairros.

Por Decreto-Lei de 8 de outubro de 1910, com a implantação da República, o Ministério da Fazenda passou a denominar-se Ministério das Finanças. No entanto, foi o Decreto-Lei de 26 de maio de 1911 que, ao organizar e instituir as Direções Distritais de Finanças, nos distritos, mantendo as Repartições de Finanças, nos concelhos, veio permitir que o Estado e os seus contribuintes pudessem efetuar as suas liquidações e receitas, combatendo assim a evasão fiscal e instaurando um sistema fiscal mais eficaz.

**Âmbito e conteúdo:** Contém relações, óbitos e contribuições.

**Sistema de organização:** Documentação não tratada arquivisticamente.

**Cota atual:** II-2ª-E-6-3-19

**Instrumentos de pesquisa:** Recenseamento.

**Notas do arquivista:** Fonte de informação ao campo História administrativa: O Ministério das Finanças (1801-1996) – Estudo Orgânico e Funcional.

Gabinete do Ministro – Ministério das Finanças; O Ministério das Finanças (1910-1988) – Estudo Orgânico e Funcional. Gabinete do Ministro – Ministério das Finanças; Portugal, Torre do Tombo, Ministério das Finanças, Secretaria de Estado dos Negócios da Fazenda (PT-TT- MF/SENF).

Recenseamento e descrição elaborados por Adriana Antunes e Gracinda Guedes em 2012.


## Repartição de Finanças de Penela

**Código de referência:** PT/AUC/ACD/RFPNL
**Título:** Repartição de Finanças de Penela
**Datas de produção:** 1849 / 1924
**Dimensão e suporte:** 40 u. i. (15 liv., 25 mç.); papel.
**História administrativa, biográfica e familiar:** Com a reforma administrativa de Mouzinho da Silveira, pelo Decreto 22, de 16 de maio de 1832, a Fazenda Pública surge num novo modelo organizacional, tornando-se o órgão central da administração financeira e tribunal fiscal do Estado.

A extinção das Ordens Religiosas e o decorrente do aumento de património haveriam de motivar nova reorganização dos serviços, nomeadamente com a criação de uma contadoria, decretada em 20 de junho de 1834.

As alterações orgânicas, bem como do sistema de arrecadação das contribuições e das rendas públicas, haveriam de se ir sucedendo no tempo.

Quanto à administração da Fazenda Pública, em termos fiscais, de acordo com o que foi legislado em 1942, foram criadas, a nível distrital, as "escrivanias privativas da Fazenda", ficando as repartições da Fazenda dos distritos dependentes da Secretaria Estado dos Negócios da Fazenda e os delegados do tesouro distritais com autonomia sobre os atos administrativos da sua área de jurisdição territorial.

Mais tarde, nova reformulação da estrutura, legislada em 14 de abril de 1869, criou as Repartições das Fazendas, tendo a direção da Secretaria de Estado dos Negócios da Fazenda sido substituída pela Secretaria Geral do Ministério dos Negócios da Fazenda.

O Decreto-Lei de 4 de janeiro de 1870, de D. Luís I, regulou mais uma vez os serviços de administração e fiscalização do Estado e reorganizou os serviços da Fazenda nos distritos, comarcas, concelhos e bairros.

Por Decreto-Lei de 8 de outubro de 1910, com a implantação da República, o Ministério da Fazenda passou a denominar-se Ministério das Finanças. No entanto, foi o Decreto-Lei de 26 de maio de 1911 que, ao organizar e instituir as Direções Distritais de Finanças, nos distritos, mantendo as Repartições de Finanças, nos concelhos, veio permitir que o Estado e os seus contribuintes pudessem efetuar as suas liqui-dações e receitas, combatendo assim a evasão fiscal e instaurando um sistema fiscal mais eficaz.

**Âmbito e conteúdo:** Contém copiadores, registo de valores selados, correspondência e circulares, contabilidade, processos de transgressão, execuções fiscais e mapas de escrivães e notários.

**Sistema de organização:** Documentação não tratada arquivistica-mente.

**Cota atual:** II-2ª-E-2, 6 e 18

**Instrumentos de pesquisa:** Recenseamento.

**Notas do arquivista:** Fonte de informação ao campo História administra-tiva: O Ministério das Finanças (1801-1996) – Estudo Orgânico e Funcional. Gabinete do Ministro – Ministério das Finanças; O Ministério das Finanças (1910-1988) – Estudo Orgânico e Funcional. Gabinete do Ministro – Ministério das Finanças; Portugal, Torre do Tombo, Ministério das Finanças, Secretaria de Estado dos Negócios da Fazenda (PT-TT- MF/SENF).

Recenseamento e descrição elaborados por Adriana Antunes e Gracinda Guedes em 2012.


## Repartição da Fazenda de Semide

**Código de referência:** PT/AUC/ACD/RFS
**Título:** Repartição da Fazenda de Semide
**Datas de produção:** 1835 / 1865
**Dimensão e suporte:** 1 u. i. (liv.); papel.

**História administrativa, biográfica e familiar:** Com a reforma administrativa de Mouzinho da Silveira, pelo Decreto 22, de 16 de maio de 1832, a Fazenda Pública surge num novo modelo organizacional, tornando-se o órgão central da administração financeira e tribunal fiscal do Estado.

A extinção das Ordens Religiosas e o decorrente do aumento de património haveriam de motivar nova reorganização dos serviços, nomeadamente com a criação de uma contadoria, decretada em 20 de junho de 1834.

As alterações orgânicas, bem como do sistema de arrecadação das contribuições e das rendas públicas, haveriam de se ir sucedendo no tempo.

Quanto à administração da Fazenda Pública, em termos fiscais, de acordo com o que foi legislado em 1942, foram criadas, a nível distrital, as "escrivanias privativas da Fazenda", ficando as repartições da Fazenda dos distritos dependentes da Secretaria Estado dos Negócios da Fazenda e os delegados do tesouro distritais com autonomia sobre os atos administrativos da sua área de jurisdição territorial.

Mais tarde, nova reformulação da estrutura, legislada em 14 de abril de 1869, criou as Repartições das Fazendas, tendo a direção da Secretaria de Estado dos Negócios da Fazenda sido substituída pela Secretaria Geral do Ministério dos Negócios da Fazenda.

O Decreto-Lei de 4 de janeiro de 1870, de D. Luís I, regulou mais uma vez os serviços de administração e fiscalização do Estado e reorganizou os serviços da Fazenda nos distritos, comarcas, concelhos e bairros.

Por Decreto-Lei de 8 de outubro de 1910, com a implantação da República, o Ministério da Fazenda passou a denominar-se Ministério das Finanças. No entanto, foi o Decreto-Lei de 26 de maio de 1911 que, ao organizar e instituir as Direções Distritais de Finanças, nos distritos, mantendo as Repartições de Finanças, nos concelhos, veio permitir que o Estado e os seus contribuintes pudessem efetuar as suas liquidações e receitas, combatendo assim a evasão fiscal e instaurando um sistema fiscal mais eficaz.

**Âmbito e conteúdo:** Contém manifestos de escrituras e títulos.

**Sistema de organização:** Contém apenas um livro.

**Cota atual:** II-2ª-E-5-2-90

**Instrumentos de pesquisa:** Recenseamento.

**Notas do arquivista:** Fonte de informação ao campo História administrativa: O Ministério das Finanças (1801-1996) – Estudo Orgânico e Funcional. Gabinete do Ministro – Ministério das Finanças; O Ministério das Finanças (1910-1988) – Estudo Orgânico e Funcional. Gabinete do Ministro – Ministério das Finanças; Portugal, Torre do Tombo, Ministério das Finanças, Secretaria de Estado dos Negócios da Fazenda (PT-TT- MF/SENF).

Recenseamento e descrição elaborados por Adriana Antunes e Gracinda Guedes em 2012.

## Repartição de Finanças de Soure

**Código de referência:** PT/AUC/ACD/RFSRE
**Título:** Repartição de Finanças de Soure
**Datas de produção:** 1884 / 1936
**Dimensão e suporte:** 46 u. i. (39 liv., 7 mç.); em papel.
**História administrativa, biográfica e familiar:** Com a reforma administrativa de Mouzinho da Silveira, pelo Decreto 22, de 16 de maio de 1832, a Fazenda Pública surge num novo modelo organizacional, tornando-se o órgão central da administração financeira e tribunal fiscal do Estado.

A extinção das Ordens Religiosas e o decorrente do aumento de património haveriam de motivar nova reorganização dos serviços, nomeadamente com a criação de uma contadoria, decretada em 20 de junho de 1834.

As alterações orgânicas, bem como do sistema de arrecadação das contribuições e das rendas públicas, haveriam de se ir sucedendo no tempo.

Quanto à administração da Fazenda Pública, em termos fiscais, de acordo com o que foi legislado em 1942, foram criadas, a nível distrital, as "escrivanias privativas da Fazenda", ficando as repartições da Fazenda dos distritos dependentes da Secretaria Estado dos Negócios da Fazenda e os delegados do tesouro distritais com autonomia sobre os atos administrativos da sua área de jurisdição territorial.

Mais tarde, nova reformulação da estrutura, legislada em 14 de abril de 1869, criou as Repartições das Fazendas, tendo a direção da Secretaria de Estado dos Negócios da Fazenda sido substituída pela Secretaria Geral do Ministério dos Negócios da Fazenda.

O Decreto-Lei de 4 de janeiro de 1870, de D. Luís I, regulou mais uma vez os serviços de administração e fiscalização do Estado e reorganizou os serviços da Fazenda nos distritos, comarcas, concelhos e bairros.

Por Decreto-Lei de 8 de outubro de 1910, com a implantação da República, o Ministério da Fazenda passou a denominar-se Ministério das Finanças. No entanto, foi o Decreto-Lei de 26 de maio de 1911 que, ao organizar e instituir as Direções Distritais de Finanças, nos distritos, mantendo as Repartições de Finanças, nos concelhos, veio permitir que o Estado e os seus contribuintes pudessem efetuar as suas liquidações e receitas, combatendo assim a evasão fiscal e instaurando um sistema fiscal mais eficaz.

**Âmbito e conteúdo:** Contribuições; matrizes urbanas, rústicas e prediais; contribuições prediais; registo de contribuições; registos de processos de execuções fiscais; entre outros.

**Sistema de organização:** Documentação não tratada arquivisticamente.

**Cota atual:** II-2ª-E-2; II-2ª-E-18

**Instrumentos de pesquisa:** Recenseamento.

**Notas do arquivista:** Fonte de informação ao campo História administrativa: O Ministério das Finanças (1801-1996) – Estudo Orgânico e Funcional. Gabinete do Ministro – Ministério das Finanças; O Ministério das Finanças (1910-1988) – Estudo Orgânico e Funcional. Gabinete do Ministro – Ministério das Finanças; Portugal, Torre do Tombo, Ministério das Finanças, Secretaria de Estado dos Negócios da Fazenda (PT-TT- MF/SENF).

Recenseamento e descrição elaborados por Adriana Antunes e Gracinda Guedes em 2012.


## Sociedade Agrícola do Distrito de Coimbra

**Código de referência:** PT/AUC/ACD/SADC

**Título:** Sociedade Agrícola do Distrito de Coimbra

**Datas de produção:** 1854 / 1860

**Dimensão e suporte:** 3 u. i. (1 liv., 2 pt); papel.

**História administrativa, biográfica e familiar:** Esta Sociedade com duração temporal limitada teve por finalidade prestar auxílio aos agricultores na epidemia de filoxera que alastrava nas vinhas.

**Âmbito e conteúdo:** Atas; circulares e copiadores de correspondência.

**Sistema de organização:** O fundo foi objeto de intervenção e está organizado em três séries que se encontram ordenadas alfabeticamente e dentro destas cronologicamente.

**Cota atual:** II-2ªE-1-5

**Instrumentos de pesquisa:** Inventário.

**Notas do arquivista:** Descrição feita com base em estudo arquivístico elaborado por Ludovina Capelo em 1997. Registo feito por Adriana Antunes, revisto por Gracinda Guedes em 2013.

Foral de Alvoco da Serra (1514)

## Câmara Municipal de Cantanhede

**Código de referência:** PT/AUC/AL/CMCNT

**Título:** Câmara Municipal de Cantanhede

**Datas de produção:** 1559 / 1560

**Dimensão e suporte:** 1 u. i. (liv.); papel.

**História administrativa, biográfica e familiar:** A origem do povoamento de Cantanhede remonta ao tempo da permanência dos romanos na península Ibérica. Cantanhede recebeu foral, dado por D. Afonso II, confirmado pelo foral novo de D. Manuel, datado de 20 de maio de 1514, data que marca o início desta Instituição. O concelho de Cantanhede é constituído pelas freguesias de Ançã, Cadima, Cantanhede e Pocariça, Cordinhã, Covões e Camarneira, Febres, Murtede, Ourentã, Portunhos e Outil, Sanguinheira, São Caetano, Sepins e Bolho, Tocha, Vilamar e Corticeiro de Cima.

Atualmente a câmara municipal tem como missão promover a satisfação das necessidades das comunidades locais, nomeadamente, no que respeita ao desenvolvimento socioeconómico, ao ordenamento do território, ao abastecimento público, ao saneamento básico, à saúde, à educação, à cultura, ao ambiente e ao desporto.

**Âmbito e conteúdo:** Livro de acórdãos e posturas.

**Sistema de organização:** Contém apenas um livro.

**Cota atual:** III-1ª-D-7-2-23

**Instrumentos de pesquisa:** Recenseamento.

**Notas do arquivista:** Fonte de informação ao campo História administrativa: FRANKLIN, Francisco Nunes - *Memoria para servir de indice dos foraes das terras do reino de Portugal e seus dominios*. 2.ª ed. Lisboa: Academia Real das Sciencias, 1825. Diplomas legais regulamentares. Sítio web institucional. "Anexo: lista de municípios de Portugal". In WIKIPÉDIA:

a enciclopédia livre. [Em linha]. Disponível em: http://pt.wikipedia.org/wiki/Lista_de_munic%C3%ADpios_de_Portugal#C. Acedido em Novembro de 2009. ANTT (1997) - *Recenseamento dos Arquivos Locais: Câmaras Municipais e Misericórdias*; Vol. 7, Distrito de Coimbra, Ministério da Cultura, Inventário do Património Cultural Móvel. ISBN 972-8107-33-1.

Recenseamento e descrição elaborados por Adriana Antunes e Gracinda Guedes em 2012.


## Câmara Municipal de Guardão

**Código de referência:** PT/AUC/AL/CMGD

**Título:** Câmara Municipal de Guardão

**Datas de produção:** 1514 / 1514

**Dimensão e suporte:** 1 u. i. (liv.); pergaminho.

**História administrativa, biográfica e familiar:** Em 1207 D. Sancho I concedeu carta de foral a Guardão.

A 21 de outubro de 1446, Gonçalo Lourenço e Enes Leitoa, sua esposa, venderam ao rei o Couto de Guardão "pelo preço de mil quinhentos dobras de ouro, com sua jurisdiçam, com todas as suas entradas e saydas e direitos e pertenças, foros e geiras e padroado da ygreja".

Posteriormente, D. João I fez nova doação do Couto, agora a seu filho, o Infante D. Henrique, primeiro Duque de Viseu que, por sua vez, o cedeu por doação a Pedro Gonçalves Currutelo, escudeiro de sua casa e a sua mulher, D. Branca de Sousa. Em 29 de maio de 1489, integrou a vasta doação feita por D. João II, a seu cunhado, duque de Beja e futuro rei de Portugal, D. Manuel I, que veio a atribuir-lhe novo foral, a 10 de fevereiro de 1514.

Com a reforma administrativa de 1836, passou a integrar o concelho de Tondela.

**Âmbito e conteúdo:** Foral manuelino do concelho de Guardão.

**Sistema de organização:** Contém apenas um livro.

**Cota atual:** Cofre

**Instrumentos de pesquisa:** Recenseamento.

**Notas do arquivista:** Fonte de informação ao campo História administrativa: http://freguesiadoguardao.blogspot.pt/p/sobre-o-guardao.html

http://terrasdeportugal.wikidot.com/guardao

Descrição: Recenseamento feito por Anabela dos Santos Ramos Cardoso e Maria Teresa Facas de Assunção, em fevereiro de 1996, descrição elaborada por Adriana Antunes e Gracinda Guedes em 2013.

## Câmara Municipal de Montemor-o-Velho

**Código de referência:** PT/AUC/AL/CMMMV

**Título:** Câmara Municipal de Montemor-o-Velho

**Datas de produção:** 1591 / 1595

**Dimensão e suporte:** 1 liv.; papel.

**História administrativa, biográfica e familiar:** Montemor-o-Velho recebeu o primeiro foral dado por D. Sancho em 1201 e, posteriormente, recebeu também carta de foral em 1212, dada pelas infantas D. Teresa e D. Sancha, suas donatárias, com confirmação, em 1248, por D. Afonso III. Por sua vez, D. Manuel deu-lhe foral novo em 1516. Ocupava uma vasta área territorial, formada pelos coutos das Alhadas, Maiorca, Quiaios, Cadima, Arazede, Verride, Ulmar-Carregosa, Louriçal e Zambujal. A partir de 1821, a Câmara Municipal de Montemor-o-Velho passa a ser gerida por um presidente, tendo-o sido, até então, por juízes ordinários. O concelho vai sofrendo alterações, na sua composição, ao longo dos tempos, recebendo, em 1853, as freguesias dos extintos concelhos de Cadima, de Santo Varão, de Verride e de Tentúgal. Hoje, é sede de concelho, constituída pelas freguesias de Abrunheira, Arazede, Carapinheira, Ereira, Gatões, Liceia, Meãs do Campo, Montemor, Pereira, Santo Varão, Seixo de Gatões, Tentúgal, Verride e Vila Nova da Barca.

**Âmbito e conteúdo:** Inclui um livro com traslados de privilégios dos mamposteiros, licenças para compra e venda de gado, licenças para exercício de profissões e também traslados de provisões régias relativas ao escrivão da câmara, sobre o boticário, pago pelas rendas do concelho e vila de Montemor, etc. Neste volume estão também incluídos traslados de alvarás e provisões, relativos aos bens do Hospital Real de Coimbra e às valas e demarcações do rio Mondego. Inclui, ainda, registo de documentos relativos à Misericórdia de Montemor-o-Velho.

**Sistema de organização:** Apenas uma unidade de instalação.

**Cota atual:** III-1ª D-5-3-91

**Instrumentos de pesquisa:** Recenseamento.

**Notas do arquivista:** Descrição arquivística por Ana Maria Leitão Bandeira, em 2013, com base na análise da documentação. Dados para a História administrativa colhidos em: *Recenseamento dos Arquivos Locais: Câmaras Municipais e Misericórdias*. Lisboa: AN/TT, 1997. Vol. 7 – Distrito de Coimbra, pp. 284-285.


## Câmara Municipal de Mouraz

**Código de referência:** PT/AUC/AL/CMMZ

**Título:** Câmara Municipal de Mouraz

**Datas de produção:** 1514 / 1887

**Datas de acumulação:** 1514 – 1836

**Dimensão e suporte:** 10 u. i. (8 cx., 1 liv., 1 pt.); pergaminho e papel.

**História administrativa, biográfica e familiar:** Mouraz recebeu carta de doação de D. Afonso Henriques, a 29 de setembro de 1152. Em 1198, aparecem como senhores de Mouraz o Mosteiro de Lorvão e Aires Ramires os quais deram carta de foral aos povoadores que ali quisessem estabelecer-se.

D. Manuel I concedeu-lhe foral novo a 28 de junho de 1514 pertencendo nessa data ao bispo de Viseu. No século XVIII é considerado um concelho da coroa, sendo sede de concelho a vila do Carvalhal.

Este concelho estava integrado na comarca de Viseu do distrito Judicial do Porto. Aplicavam a justiça de primeira instância e administravam o município um juiz ordinário, vereadores, um procurador do concelho e um escrivão. Foi extinto em 1836 e integrado no concelho de Tondela.

**Âmbito e conteúdo:** Documentação relativa à constituição e regulamentação do município, gestão financeira, fiscal e patrimonial, saúde, assistência, entre outras.

**Sistema de organização:** Classificação orgânica, funcional e temática, estando as séries documentais ordenadas cronologicamente.

**Cota atual:** II-2ª-E-4 e 5 e cofre

**Instrumentos de pesquisa:** Inventário.

**Notas do arquivista:** Fonte de informação ao campo História administrativa: http://digitarq.advis.dgarq.gov.pt/details?id=1046060

Descrição: Recenseamento e organização elaborados por Anabela dos Santos Ramos Cardoso e Maria Teresa Facas de Assunção, em fevereiro de 1996, descrição elaborada por Adriana Antunes e Gracinda Guedes em 2013.


## Câmara Municipal de São João do Monte

**Código de referência:** PT/AUC/AL/CMSJM

**Título:** Câmara Municipal de São João do Monte

**Datas de produção:** 1835 / 1855

**Dimensão e suporte:** 4 u. i. (3 cx., 1 liv.); papel.

**História administrativa, biográfica e familiar:** A primeira referência de S. João do Monte é datada de 1131, a 18 de julho, D. Afonso Henriques doa a "Villa" de S. João do Monte de Alcoba a Mestre Garino e seus freires. Em 1144 a povoação pertencia aos Cónegos do Mosteiro de Santa Cruz de Coimbra. Em 1277, dá-se um conflito de posse entre o bispo de Viseu e o Mosteiro de Santa Cruz em Coimbra e as terras de S. João do Monte passaram a ser propriedade do bispo de Viseu.

Só a 6 de maio de 1514 é que foi concedida carta de foral pelo rei D. Manuel I a São João do Monte, passando a cabeça de concelho.

O município foi extinto em 1855, na sequência da reorganização administrativa do país. Após o crescimento S. João do Monte, em 1997, voltou a ser vila.

**Âmbito e conteúdo:** Documentação relativa à regulamentação do município, gestão financeira e outras funções da competência dos municípios.

**Sistema de organização:** A documentação está organizada em séries documentais estando estas ordenadas cronologicamente.

**Cota atual:** II-2ª E

**Instrumentos de pesquisa:** Inventário.

**Notas do arquivista:** Fonte de informação ao campo História administrativa: http://retratoserecantos.pt/freguesia.php?id=2049

Descrição: Recenseamento e organização elaborados por Anabela dos Santos Ramos Cardoso e Maria Teresa Facas de Assunção, em fevereiro de 1996, descrição elaborada por Adriana Antunes e Gracinda Guedes em 2013.


## Câmara Municipal de São Miguel do Outeiro

**Código de referência:** PT/AUC/AL/CMSMO

**Título:** Câmara Municipal de São Miguel do Outeiro

**Datas de produção:** 1754 / 1856

**Dimensão e suporte:** 9 u. i. (cx.); papel.

**História administrativa, biográfica e familiar:** A povoação de São Miguel do Outeiro já existia no século XII, sendo citada nas Inquirições de D. Afonso III, em 1258 - "Sancto Michaele de Auteiro".

Teve foral dado por D. Dinis, em Coimbra, a 20 de maio de 1288 e, apesar de não ter tido foral novo outorgado por D. Manuel, o concelho manteve-se até à reforma administrativa de Mouzinho da Silveira de 1855, tendo posteriormente sido anexado ao concelho de Tondela.

**Âmbito e conteúdo:** Contém livros de registos diversos, legislação, livros de atas, livros de posse, correspondência, circulares, livros de juramentos, registo de foros, relações de indivíduos, pagamentos, arrendamentos, livros de recenseamentos de cidadãos, atas de eleições e livros de entrada e saída de expostos na roda.

**Sistema de organização:** A documentação está classificada em séries documentais estando estas ordenadas cronologicamente.

**Cota atual:** II-2ª-E-4 e 5

**Instrumentos de pesquisa:** Inventário.

**Notas do arquivista:** Recenseamento e organização elaborados por Anabela dos Santos Ramos Cardoso e Maria Teresa Facas de Assunção, em fevereiro de 1996, descrição elaborada por Adriana Antunes e Gracinda Guedes em 2013.


## Câmara Municipal de Tondela

**Código de referência:** PT/AUC/AL/CMTND

**Título:** Câmara Municipal de Tondela

**Datas de produção:** 1515 / 1936

**Datas de acumulação:** 1836 - 1936

**Dimensão e suporte:** 180 u. i. (28 cx., 151 liv., 1pt.); pergaminho e papel.

**História administrativa, biográfica e familiar:** As primeiras referências documentais à localidade Tondela são datadas de 1137 e 1258. A 14 de junho de 1515, D. Manuel concedeu-lhe foral novo.

Contudo, só pela reforma administrativa de 1836 é que Tondela ascende à categoria de concelho, integrando os extintos concelhos de Besteiros, Guardão, Mouraz, São João do Monte, e outros.

Na atualidade, a câmara municipal tem como missão promover a satisfação das necessidades das comunidades locais, nomeadamente no que respeita ao desenvolvimento socioeconómico, ao ordenamento do território, ao abastecimento público, ao saneamento básico, à saúde, à educação, à cultura, ao ambiente e ao desporto.

**Âmbito e conteúdo:** Documentação relativa à constituição e regulamentação do município, licenciamento, gestão financeira e patrimonial, processos eleitorais, controlo das atividades económicas, segurança, educação, obras, entre outras séries documentais decorrentes do desempenho das funções e tarefas da competência dos municípios.

**Sistema de organização:** Classificação orgânica, funcional e temática, estando as séries documentais ordenadas cronologicamente.

**Cota atual:** II-2ª-E-4 e 5

**Instrumentos de pesquisa:** Inventário.

**Notas do arquivista:** Fonte de informação ao campo História administrativa: A História administrativa elaborada com base na informação disponível no site do FNAA, em linha, disponível em: http://autoridades. arquivos.pt/producingEntityDetails.do?id=9642, acedido em 22-7-2013.

Descrição: Recenseamento e organização elaborados por Anabela dos Santos Ramos Cardoso e Maria Teresa Facas de Assunção, em fevereiro de 1996, descrição elaborada por Adriana Antunes e Gracinda Guedes em 2013.

## Junta da Paróquia do Mosteirinho

**Código de referência:** PT/AUC/AL/JPM
**Título:** Junta da Paróquia do Mosteirinho
**Datas de produção:** 1838 / 1838
**Dimensão e suporte:** 1 u. i. (doc.); papel.
**História administrativa, biográfica e familiar:** O Decreto n.º 25 de 26 de novembro de 1830 criou, pela primeira vez, as Juntas de Paróquia enquanto elementos de divisão Administrativa. A estas competiam diversas áreas de intervenção, nomeadamente: saúde pública, culto, ensino, saneamento e registo de batismos, casamentos e óbitos. Os sucessivos códigos administrativos (1935 – 1936) haveriam de alterar as suas atribuições ora pelo esvaziamento de funções, transferidas para o administrador do Concelho, ora pelo seu incremento até que, em 1940, deixaram de constar da divisão administrativa, cingindo-se a sua ação à Fábrica da Igreja e às obras assistenciais e as suas funções distribuídas por diversos órgãos da Administração.

O Código Administrativo de 1878 devolveu às Juntas das Paróquias as competências administrativas que eram, até essa data, desenvolvidas pelo Concelho Paroquial, passando a freguesia a ser considerada autarquia local. As Juntas das Paróquias, pela Lei n.º 621/ 1916, passaram então a designar-se por freguesias.

**Âmbito e conteúdo:** Mapa de receita e despesa.
**Sistema de organização:** Documento único.
**Cota atual:** II-2ª-E-4 e 5
**Instrumentos de pesquisa:** Recenseamento.

**Notas do arquivista:** Fonte de informação ao campo História administrativa: SERRÃO, Joel (Dir.) – *Dicionário da História de Portugal*. Lisboa: Iniciativas editoriais, 1971.

http://digitarq.adptg.dgarq.gov.pt/details?id=1001592

Descrição: Recenseamento elaborado por Anabela dos Santos Ramos Cardoso e Maria Teresa Facas de Assunção, em fevereiro de 1996, descrição elaborada por Adriana Antunes e Gracinda Guedes em 2013.

## Junta da Paróquia de Santa Eulália

**Código de referência:** PT/AUC/AL/JPSE

**Título:** Junta da Paróquia de Santa Eulália

**Datas de produção:** 1889 / 1889

**Dimensão e suporte:** 1 u. i. (cx.); papel.

**História administrativa, biográfica e familiar:** O Decreto n.º 25 de 26 de novembro de 1830 criou, pela primeira vez, as Juntas de Paróquia enquanto elementos de divisão Administrativa. A estas competiam diversas áreas de intervenção, nomeadamente: saúde pública, culto, ensino, saneamento e registo de batismos, casamentos e óbitos. Os sucessivos códigos administrativos (1935 – 1936) haveriam de alterar as suas atribuições ora pelo esvaziamento de funções, transferidas para o administrador do Concelho, ora pelo seu incremento até que, em 1940, deixaram de constar da divisão administrativa, cingindo-se a sua ação à Fábrica da Igreja e às obras assistenciais e as suas funções distribuídas por diversos órgãos da Administração.

O Código Administrativo de 1878 devolveu às Juntas das Paróquias as competências administrativas que eram, até essa data, desenvolvidas pelo Concelho Paroquial, passando a freguesia a ser considerada autarquia local. As Juntas das Paróquias, pela Lei n.º 621/ 1916, passaram então a designar-se por freguesias.

**Âmbito e conteúdo:** Autos de arrematação de baldios.

**Sistema de organização:** Classificado numa série documental única.

**Cota atual:** II-2ª-E-4 e 5

**Instrumentos de pesquisa:** Inventário.

**Notas do arquivista:** Fonte de informação ao campo História administrativa: SERRÃO, Joel (Dir.) – *Dicionário da História de Portugal*. Lisboa: Iniciativas editoriais, 1971.

http://digitarq.adptg.dgarq.gov.pt/details?id=1001592

Descrição: Recenseamento e organização elaborados por Anabela dos Santos Ramos Cardoso e Maria Teresa Facas de Assunção, em fevereiro de 1996, descrição elaborada por Adriana Antunes e Gracinda Guedes em 2013.

ASSOCIAÇÕES - PT/AUC/ASS

**Termo de abertura do livro Diário-Caixa da Associação de Desportos de Coimbra (1950)**

## Associação do Centro dos Industriais de Panificação

**Código de referência:** PT/AUC/ASS/ACIP

**Título:** Associação do Centro dos Industriais de Panificação

**Datas de produção:** 1984 / 1985

**Dimensão e suporte:** 1 u. i.; papel.

**História administrativa, biográfica e familiar:** Com a extinção da estrutura corporativa, após o 25 de Abril de 1974, verificou-se o desaparecimento dos Grémios dos Industriais de Panificação e o nascimento das Associações Industriais do sector. A Associação do Centro dos Industriais de Panificação (ACIP) foi fundada em 1975. À data da sua fundação, de acordo com os estatutos então aprovados e publicados no Diário da República de 4 de março de 1976, a ACIP abrangia a área de cobertura do Grémio dos Industriais de Panificação do Centro. Em 24 de julho de 1984, subscreveu, com outras instituições, o protocolo fundador do Centro de Formação Profissional de Sector Alimentar. Em 1991, por alteração estatutária publicada no Boletim do Trabalho e Emprego, de 15 de novembro, a ACIP mantém a sua sigla, passando a designar-se Associação do Centro dos Industriais de Panificação e Pastelaria, alargando o seu âmbito geográfico a todo o país. Esta alteração estatutária refletia as modificações profundas verificadas no sector após a aprovação do Decreto-Lei n.º 286/96, em cuja elaboração a ACIP colaborou, e que só foram transpostas, a nível associativo, para os estatutos e designação da ACIP. A ACIP foi reconhecida como Instituição de Utilidade Pública por despacho publicado do Diário da República, II Série, n.º 300, de 28 de dezembro de 1999.

    **Âmbito e conteúdo:** A documentação é formada por certificados do comerciante.

**Sistema de organização:** Organização por série; ordenação alfabética. Documentação não tratada arquivisticamente.

**Cota atual:** Arquivo Automático

**Instrumentos de pesquisa:** Recenseamento.

**Notas do arquivista:** Descrição elaborada por Victor Dias no âmbito de um estágio no AUC orientado por Júlio Ramos, em 2011.

Fonte de informação para a História administrativa: AMARAL, Luciano - "Política e economia: o Estado Novo, os latifundiários alentejanos e os antecedentes da EPAC". *Análise Social*. 136-137 (1996); SEBORRO, Manuel (coord. de edição) - *Cereais em Portugal no Século XX: instrumentos de pesquisa para a história dos organismos responsáveis pela política cerealífera em Portugal no século XX*. Secretaria-Geral do Ministério da Agricultura, do Desenvolvimento Rural e das Pescas: Lisboa, 2001. Vol. I e II.


## Associação de Desportos de Coimbra

**Código de referência:** PT/AUC/ASS/ADCBR

**Título:** Associação de Desportos de Coimbra

**Datas de produção:** 1941-04-24 / 1986-11-10

**Dimensão e suporte:** 270 u. i. (26 liv., 244 pt.); papel.

**História administrativa, biográfica e familiar:** Confederação de Desportos de Coimbra foi fundada a 24 de abril de 1941 com a finalidade de apoiar as atividades desportivas – do ponto de vista administrativo, técnico e financeiro - das modalidades ditas "pobres".

A publicação do Decreto n.º 32 946 de 3 de agosto de 1943, com o Regulamento da Direção-Geral da Educação Física, Desporto e Saúde Escolar determina, no seu Artigo 21º, "que os clubes desportivos podem agrupar-se em associações" e as modalidades em Federações que terão de ter a sua sede em Lisboa com jurisdição nacional. Ora, perante o exposto, a 24 de novembro de 1943, a Confederação de Desportos de Coimbra reuniu em Assembleia Geral Extraordinária onde ficou determinada a nova designação - Associação dos Desportos de Coimbra - assim tendo sido designada até à sua extinção *c. a.* 1989.

**Âmbito e conteúdo:** Documentação produzida, recebida e acumulada no âmbito das funções estatutárias dos diversos órgãos, das atividades de gestão financeira da Associação, da participação e organização de torneios, das relações com as confederações que tutelam as diversas modalidades, do licenciamento e avaliação do estado físico dos atletas e da inscrição e cotizações dos sócios.

**Sistema de organização:** Foi adotado o critério de classificação orgânico-funcional, reconstituído a partir dos estatutos da entidade produtora. A ordenação dos órgãos, secções e subsecções é alfabética, bem como a das séries e subséries. A ordenação dentro de cada série respeita a ordem original. Assim, dependendo da tipologia documental, encontramos os seguintes critérios: cronológico, alfabético e numérico.

**Cota atual:** VI-2ªD-16

**Instrumentos de pesquisa:** Inventário, recenseamento e estudo orgânico-funcional, em linha, disponível em: http://www.uc.pt/auc/fundos/ficheiros/AssociacaoDesportosCoimbra.

**Notas do arquivista:** Fonte da informação para a descrição: Estudo orgânico-funcional do Arquivo da Associação de Desportos de Coimbra, elaborado por Gracinda Guedes em 2003.


## Comissão Reguladora das Moagens de Ramas

**Código de referência:** PT/AUC/ASS/CRMR

**Título:** Comissão Reguladora das Moagens de Ramas

**Datas de produção:** 1947 / 1959

**Dimensão e suporte:** 2 u. i.; papel.

**História administrativa, biográfica e familiar:** A Comissão Reguladora das Moagens de Ramas (CRMR) foi criada pelo Decreto--Lei n.º 26695, de 16 de junho de 1936. Exerceu funções de controlo de produção, de transformação e de comercialização dos cereais em Portugal. Composta por um representante dos industriais de moagem de trigos em rama, de um representante da Federação Nacional dos

Produtores de Trigo (FNPT) e outro da Federação Nacional de Industriais de Moagens (FNIM), a CRMR era um organismo de coordenação económico não ortodoxo, na medida em que não abrangia todo um sector ou ramo de produção, mas apenas uma determinada atividade industrial. As suas principais atribuições eram as de promover, por intermédio da FNPT, a distribuição de trigos para o fabrico de farinhas em rama, destinadas ao consumo público e orientar e fiscalizar a atividade das fábricas, moinhos e azenhas, com o fim de assegurar o seu abastecimento em trigos e a boa qualidade das farinhas. Inicialmente ficaram subordinadas à CRMR todas as unidades que laborassem trigo para o fabrico de farinhas em ramas destinadas ao consumo público e das casas agrícolas. Depois, por força do Decreto-Lei n.º 31452, de 8 de agosto de 1941, as funções reguladoras e orientadoras deste organismo alargaram-se às moagens de centeio e milho para produção de farinhas em rama ou espoadas.

A CRMR foi extinta pelo Decreto-Lei n.º 427, de 31 de outubro de 1972, tendo as suas atribuições, competência, ativos, passivos, serviços e pessoal transitado para o Instituto dos Cereais.

**Âmbito e conteúdo:** A documentação é formada por: Cobranças; Guias de depósito.

**Sistema de organização:** Organização por série com ordenação cronológica. Documentação não tratada arquivisticamente.

**Cota atual:** Arquivo Automático

**Instrumentos de pesquisa:** Recenseamento.

**Notas do arquivista:** Descrição elaborada por Victor Dias no âmbito de um estágio no AUC orientado por Júlio Ramos, em 2011.

Fonte de informação para a História administrativa: AMARAL, Luciano – "Política e economia: o Estado Novo, os latifundiários alentejanos e os antecedentes da EPAC". *Análise Social.* 136-137 (1996); SEBORRO, Manuel (coord. de edição) - *Cereais em Portugal no Século XX: instrumentos de pesquisa para a história dos organismos responsáveis pela política cerealífera em Portugal no século XX.* Secretaria-Geral do Ministério da Agricultura, do Desenvolvimento Rural e das Pescas: Lisboa, 2001. vol. I e II.

# Empresa Pública de Abastecimento de Cereais

**Código de referência:** PT/AUC/ASS/EPAC

**Título:** Empresa Pública de Abastecimento de Cereais

**Datas de produção:** 1976 / 1988-08-26

**Dimensão e suporte:** 38 u. i.; papel.

**História administrativa, biográfica e familiar:** A Empresa Pública de Abastecimento de Cereais (EPAC) foi criada em 1976 pelo Decreto-Lei n.º 663, de 4 de agosto de 1976. Eram objetivos da EPAC intervir no mercado de cereais, de acordo com as orientações do Governo; importar em regime de exclusividade todos os cereais, sementes e forragens; assegurar o escoamento dos cereais de produção nacional; assegurar apoio aos agricultores, quer na armazenagem e secagem de cereais quer na concessão de crédito para a aquisição de sementes; fomentar a produção e melhoria de sementes em conjunto com serviços oficiais; contribuir para a modernização do sistema comercial e dar apoio às indústrias transformadoras. Foi extinta pelo Decreto-Lei n.º 572-A/99, de 29 de dezembro, tendo a Direcção Geral do Tesouro herdado o seu património ativo e passivo.

**Âmbito e conteúdo:** A documentação é formada por contas-correntes, existência de cereais, correspondência expedida, manifestos para a produção de arroz, notas de serviço, produção de sementes, mapas de entrada por transferência, mapas de bonificação de arroz.

**Sistema de organização:** Organização por série; ordenação cronológica. Documentação não tratada arquivisticamente.

**Cota atual:** Arquivo Automático

**Instrumentos de pesquisa:** Recenseamento.

**Notas do arquivista:** Descrição elaborada por Victor Dias no âmbito de um estágio no AUC orientado por Júlio Ramos, em 2011.

**Fonte de informação para a História administrativa:** AMARAL, Luciano - "Política e economia: o Estado Novo, os latifundiários alentejanos e os antecedentes da EPAC". *Análise Social*. 136-137 (1996); SEBORRO, Manuel (coord. de edição) - *Cereais em Portugal no Século XX: instrumentos de pesquisa para a história dos organismos responsáveis pela política* *cerealífera em Portugal no século XX.* Secretaria-Geral do Ministério da Agricultura, do Desenvolvimento Rural e das Pescas: Lisboa, 2001. Vol. I e II.

## Federação Nacional dos Industriais de Moagem

**Código de referência:** PT/AUC/ASS/FNIM

**Título:** Federação Nacional dos Industriais de Moagem

**Datas de produção:** 1934-08-14 / 1988

**Dimensão e suporte:** 254 u. i.; papel.

**História administrativa, biográfica e familiar:** A Federação Nacional dos Industriais de Moagem (FNIM) foi criada pelo Decreto-Lei n.º 24185, de 18 de julho 1934, como associação obrigatória para os industriais de trigo com peneiração. Era um organismo corporativo de interesse público, com personalidade jurídica e de funcionamento e administração autónomos, constituída pelos Grémios dos Industriais de Moagem (seis de carácter regional) criados pelo mesmo diploma que instituiu a FNIM. Tinha as seguintes atribuições: orientar e fiscalizar todas as atividades dos Grémios; orientar e fiscalizar as condições técnicas de trabalho de cada um dos seus associados; promover a armazenagem, conservação e beneficiação dos produtos de moagem que estejam à sua guarda; promover e regular a distribuição dos produtos de moagem pelo mercado consumidor, evitando a concorrência entre os seus associados; promover, de acordo com a Federação Nacional de Produtores de Trigo, a distribuição dos trigos da colheita nacional pelos seus associados, em harmonia com as quotas de rateio; promover a unificação dos fretes de trigos, farinhas e subprodutos para todos seus associados; elaborar um plano de regulamentação da indústria; importar e distribuir pelos seus associados o trigo necessário ao consumo público, em harmonia com as disposições legais; proporcionar aos seus associados elementos de crédito ou financiamento necessários; ajustar com os sindicatos nacionais contratos coletivos de trabalho; promover, em colaboração com os sindicatos nacionais, a criação de caixas ou instituições de previdência; auxiliar o Governo na assistência aos operários; dar execução a todas as disposições legais. A FNIM podia, também, ouvido o Conselho Geral e mediante aprovação do Ministro da Agricultura, expropriar, com indemnização, as fábricas de moagem consideradas desnecessárias ao consumo, até o limite correspondente a 30% do total da capacidade de laboração. Os órgãos sociais da FNIM eram a Direção e o Conselho Geral. A Direção era composta pelo Delegado do Governo e por três vogais efetivos (e três suplentes) que incorporavam entre si o presidente, o vice-presidente e o secretário. O Conselho Geral, dotado das atribuições que normalmente competem às assembleias gerais, integrava o Delegado do Governo e os Delegados dos Grémios.

A FNIM foi extinta pelo Decreto-Lei n.º 443/74, de 12 de setembro. As suas atribuições, competências, ativos passivos, serviços e pessoal foram integrados no Instituto dos Cereais.

**Âmbito e conteúdo:** A documentação inclui, entre outra, atas, relatório e contas, balancetes, talões de receita, orçamentos, livro razão, livro diário, folhas de despesa, correspondência, etc.

**Sistema de organização:** Organização por séries com ordenação cronológica. Documentação não tratada arquivisticamente.

**Cota atual:** Arquivo Automático

**Instrumentos de pesquisa:** Recenseamento.

**Notas do arquivista:** Descrição elaborada por Victor Dias no âmbito de um estágio no AUC orientado por Júlio Ramos, em 2011.

Fonte de informação para a História administrativa: AMARAL, Luciano - "Política e economia: o Estado Novo, os latifundiários alentejanos e os antecedentes da EPAC". *Análise Social*. 136-137 (1996); SEBORRO, Manuel (coord. de edição) - *Cereais em Portugal no Século XX: instrumentos de pesquisa para a história dos organismos responsáveis pela política cerealífera em Portugal no século XX*. Secretaria-Geral do Ministério da Agricultura, do Desenvolvimento Rural e das Pescas: Lisboa, 2001. Vol. I e II.


## Federação Nacional dos Produtores de Trigo

**Código de referência:** PT/AUC/ASS/FNPT

**Título:** Federação Nacional dos Produtores de Trigo

**Datas de produção:** 1954 / 1980-01-03

**Dimensão e suporte:** 127 u. i.; papel.

**História administrativa, biográfica e familiar:** A Federação Nacional dos Produtores de Trigo (FNPT) foi criada pelo Decreto-Lei n.º 21300, de 28 de maio de 1932, organizada, depois, pelos Decretos n.º 22871 e 22872, ambos de 24 de julho de 1933, e reorganizada pelo Decreto-Lei n.º 24949, de 10 de janeiro de 1935. Direcionada para a produção de trigo, a promoção da armazenagem, a beneficiação, a estabilização e warrantagem do trigo, a Federação comprava, conservava e vendia o trigo produzido em Portugal. Participou no aperfeiçoamento das culturas, na seleção mecânica de sementes, em estudos económicos, no recenseamento dos produtores, na liquidação de financiamentos. A FNPT desenvolveu um papel muito importante na dotação e regularização, quase por todo o país, de estruturas de armazenamento e calibragem de cereais. Foi extinta em 1972 pelo Decreto-Lei n.º 427/72, de 31 de outubro, tendo as suas atribuições, competências, ativos, passivos, serviços e pessoal sido incorporados no Instituto dos Cereais.

**Âmbito e conteúdo:** A documentação contém, entre outra, pagamentos e recebimentos, correspondência, movimentos de cereais, registos de créditos e de débitos, manifestos para produção de trigo, registo de aquisição de cereal nacional, notas de serviço, etc.

**Sistema de organização:** Organização por séries com ordenação cronológica. Documentação não tratada arquivisticamente.

**Cota atual:** Arquivo Automático

**Instrumentos de pesquisa:** Recenseamento.

**Notas do arquivista:** Descrição elaborada por Victor Dias no âmbito de um estágio no AUC orientado por Júlio Ramos, em 2011.

Fonte de informação para a História administrativa: AMARAL, Luciano - "Política e economia: o Estado Novo, os latifundiários alentejanos e os antecedentes da EPAC". *Análise Social*. 136-137 (1996); SEBORRO, Manuel (coord. de edição) - *Cereais em Portugal no Século XX: instrumentos de pesquisa para a história dos organismos responsáveis pela política cerealífera em Portugal no século XX.* Secretaria-Geral do Ministério da Agricultura, do Desenvolvimento Rural e das Pescas: Lisboa, 2001. Vol. I e II.

## Grémio dos Industriais de Panificação do Centro

**Código de referência:** PT/AUC/ASS/GIPC

**Título:** Grémio dos Industriais de Panificação do Centro

**Datas de produção:** 1936 / 1984

**Dimensão e suporte:** 4693 u. i.; papel.

**História administrativa, biográfica e familiar:** O Grémio dos Industriais de Panificação do Centro (GIPC) foi criado em 1941, pela Portaria n.º 9985, de 31 de dezembro, abrangendo as áreas geográficas dos distritos de Aveiro, Castelo Banco, Coimbra, Guarda, Leiria, Viseu e parte do distrito de Santarém. Sendo um organismo corporativo, de funcionamento e administração autónomos e com personalidade jurídica, exercendo funções de interesse público, o GIPC representava todos os elementos que o constituíam perante o Estado e os outros organismos corporativos. As suas principais atribuições eram orientar e disciplinar a industria e comércio do pão, com a finalidade de assegurar o interesse geral da mesma indústria, de proteger os respetivos associados contra a prática da concorrência desleal e de fazer respeitar o legítimo interesse dos consumidores; organizar a estatística do consumo, por concelhos, bairros ou freguesias e visar as requisições de farinhas feitas pelos associados às fábricas, depósitos ou revendedores, regulando o seu funcionamento em conformidade com as necessidades do abastecimento público; promover o cumprimento das leis, por parte dos mesmos agremiados, no que respeita à utilização das farinhas, trigos, qualidades, preço e peso do pão; promover em cooperação com Instituto Nacional do Pão, o progresso e aperfeiçoamento técnico da indústria e contribuir para a preparação profissional dos operários; promover a melhoria da condição do pessoal dos seus agremiados; exercer ação disciplinar sobre os agremiados. Consideravam-se associados do Grémio as entidades singulares e coletivas que exercessem ou viessem a exercer a indústria de panificação, desde que estivessem habilitadas a assumir essa indústria e esse comércio nos termos da Lei e que tivessem sido coletadas pela respetiva contribuição industrial. Os órgãos sociais do GIPC eram a Direção e o Conselho Geral. A Direção do GIPC era composta por três vogais efetivos (e três substitutos) que entre si agregavam o presidente, o vice-presidente e o secretário. O Conselho Geral integrava os representantes das Delegações, eleitas pelos respetivos agremiados em assembleia geral. Funcionou até 12 de setembro de 1974, momento em que a estrutura corporativa foi extinta pelo Decreto-Lei n.º 443/74, e os Grémios dos Industriais de Panificação deixaram de existir e são transferidos para o Instituto dos Cereais as suas atribuições, competências, ativos, passivos, serviços e pessoal. Surgem, então, as Associações Industriais do sector. Em Coimbra, é fundada a ACIP (Associação do Centro dos Industriais de Panificação).

**Âmbito e conteúdo:** A documentação inclui, entre outra, atas, classificação de serviço, correspondência, circulares recebidas, distribuição de farinhas, documentos de caixa, entrada de valores, farinhas requisitadas, fichas cadastrais, folhas de tesouraria, impostos, inquéritos, livros de caixa, livros de ponto, etc.

**Sistema de organização:** Organização por séries; ordenação cronológica. Documentação não tratada arquivisticamente.

**Cota:** Arquivo Automático

**Instrumentos de pesquisa:** Recenseamento.

**Notas do arquivista:** Descrição elaborada por Victor Dias no âmbito de um estágio no AUC orientado por Júlio Ramos, em 2011.

Fonte de informação para a História administrativa: AMARAL, Luciano - "Política e economia: o Estado Novo, os latifundiários alentejanos e os antecedentes da EPAC". *Análise Social*. 136-137 (1996); SEBORRO, Manuel (coord. de edição) - *Cereais em Portugal no Século XX: instrumentos de pesquisa para a história dos organismos responsáveis pela política cerealífera em Portugal no século XX*. Secretaria-Geral do Ministério da Agricultura, do Desenvolvimento Rural e das Pescas: Lisboa, 2001. Vol. I e II.

# Instituto dos Cereais

**Código de referência:** PT/AUC/ASS/IC

**Título:** Instituto dos Cereais

**Datas de produção:** 1976 / 1980

**Dimensão e suporte:** 3 u. i.; papel.

**História administrativa, biográfica e familiar:** O Instituto dos Cereais (IC) foi criado pelo Decreto-Lei nº 283/72, de 11 de agosto, e regulamentado pelo Decreto-Lei n.º 472/72, de 31 de outubro; em 1 de janeiro de 1973, passou a vigorar como órgão de coordenação e intervenção económica e de centralização de tecnologias e dos estudos laboratoriais e económicos. Das atribuições do Instituto dos Cereais constavam coordenar e disciplinar as atividades de produção, transformação e comercialização de cereais, sementes forraginosas, farinhas, sêmolas, pão e produtos afins, massas alimentícias, bolachas e biscoitos, produtos e subprodutos das indústrias de moagens, panificação, fábricas: de rações, de sêmolas, de massas alimentícias, de bolachas e biscoitos, de farinhas alimentares, de descasque de arroz; assegurar o abastecimento de cereais e dos produtos das atividades coordenadas mencionadas anteriormente, tendo em conta a defesa da produção, as exigências do consumo e os superiores interesses da economia nacional; realizar estudos técnicos e económicos relativos aos sectores anteriormente mencionados; certificar a origem dos produtos e a qualidade dos mesmos. Em 1974, com a extinção dos Grémios e das Federações, as funções de coordenação, disciplina e intervenção económica da Federação Nacional dos Industriais de Moagem e dos Grémios dos Industriais de Arroz, de Panificação e de Moagem ficaram a cargo do Instituto dos Cereais. Mais tarde, foram instituídas, pelo Decreto-Lei n.º 663/76, de 4 de agosto, a Empresa Pública de Abastecimento de Cereais (EPAC) e o Instituto dos Cereais E.P. (ICEP). O Decreto-Lei n.º 551/77, de 31 de dezembro, extinguiu o ICEP e redefiniu os objetivos da EPAC. A publicação da Lei orgânica do Ministério da Agricultura e Pescas (MAP) veio permitir uma solução mais completa para a reestruturação do Instituto dos Cereais, quer pela forma desordenada de criação e ampliação do organismo em 1973 e 1975 quer pela necessidade de adequação das suas funções e das suas estruturas às diretrizes e objetivos governamentais de sector quer, ainda, como preparação para uma futura integração na CEE. A maioria das funções do ICEP passou a ser desempenhada pelos novos organismos do MAP – Instituto de Qualidade Alimentar e Direção das Indústrias Alimentares.

**Âmbito e conteúdo:** A documentação é constituída por: Farinha requisitada; Manifestos da produção de arroz.

**Sistema de organização:** Organização por séries; ordenação cronológica. Documentação não tratada arquivisticamente.

**Cota atual:** Arquivo Automático

**Instrumentos de pesquisa:** Recenseamento.

**Notas do arquivista:** Descrição elaborada por Victor Dias no âmbito de um estágio no AUC orientado por Júlio Ramos, em 2011.

Fonte de informação para a História administrativa: AMARAL, Luciano - "Política e economia: o Estado Novo, os latifundiários alentejanos e os antecedentes da EPAC". *Análise Social*. 136-137 (1996); SEBORRO, Manuel (coord. de edição) - *Cereais em Portugal no Século XX: instrumentos de pesquisa para a história dos organismos responsáveis pela política cerealífera em Portugal no século XX*. Secretaria-Geral do Ministério da Agricultura, do Desenvolvimento Rural e das Pescas: Lisboa, 2001. Vol. I e II.


## Instituto Nacional do Pão

**Código de referência:** PT/AUC/ASS/INP

**Título:** Instituto Nacional do Pão

**Datas de produção:** 1943 / 1974

**Dimensão e suporte:** 4 u. i.; papel.

**História administrativa, biográfica e familiar:** O Instituto Nacional do Pão (INP) foi criado pelo Decreto-Lei n.º 26890, de 14 de agosto de 1936. Era um organismo de coordenação económica, de funcionamento e administração autónomos, com personalidade jurídica e funções sociais. Com atribuições marcadamente técnicas, não perseguindo objetivos comerciais, o INP procedia à orientação, tutela e fiscalização, através dos organismos corporativos e pré-corporativos existentes, da produção de trigos, farinhas e pão, promovendo a unidade de ação e a disciplina das atividades que lhe ficavam subordinadas. A ação do INP estendia-se, assim, desde a produção cerealífera, passando pelas indústrias transformadoras até ao consumidor. As suas principais competências eram: efetuar a classificação industrial dos trigos nacionais pelo seu rendimento em farinhas e qualidade destas; colaborar com os estabelecimentos oficiais de melhoramento e de genética para elevar o valor tecnológico dos trigos; propor e aconselhar, por intermédio dos organismos corporativos, os meios mais económicos e eficazes de tratamento e conservação dos trigos; estudar as qualidades das farinhas, classificando-as por tipos e marcas; avaliar e enunciar as condições técnicas a que devem obedecer o fabrico do pão; propor o horário das padarias; instituir uma escola de moleiros e de padeiros; colaborar com os serviços de fiscalização do Estado. Os órgãos sociais do INP eram a Direção e o Conselho Geral. A Direção compunha-se de um diretor e dois adjuntos, o Conselho Geral do INP incluía o diretor e os adjuntos, os delegados do Governo junto dos organismos corporativos e um representante da FNPT, da FNIM, dos Grémios dos Industriais de Panificação e da CRMR. Para exercer a sua ação, o INP possuía laboratórios químico e industrial e oficinas tecnológicas, desenvolvia estudos da economia das matérias-primas, das indústrias transformadoras, dos produtos finais e dos circuitos comerciais, elaborava estatísticas de produções, consumos e existências, importações e procedia ao cadastro industrial. O Instituto assegurava, também, a representação de Portugal no Acordo Internacional do Trigo e junto da Associação Internacional da Química Cerealífera. O INP foi extinto pelo Decreto-Lei n.º 427/72, de 31 de outubro, tendo as suas atribuições, competências, ativos, serviços e pessoal transitado para o Instituto dos Cereais.

**Âmbito e conteúdo:** A documentação inclui Correspondência (expedida e recebida); Correspondência recebida; Ofícios do I. N. P.

**Sistema de organização:** Organização por série; ordenação cronológica. Documentação não tratada arquivisticamente.

**Cota atual:** Arquivo Automático

**Instrumentos de pesquisa:** Recenseamento.

**Notas do arquivista:** Descrição elaborada por Victor Dias no âmbito de um estágio no AUC orientado por Júlio Ramos, em 2011.

Fonte de informação para a História administrativa: AMARAL, Luciano - "Política e economia: o Estado Novo, os latifundiários alentejanos e os antecedentes da EPAC". *Análise Social*. 136-137 (1996); SEBORRO, Manuel (coord. de edição) - *Cereais em Portugal no Século XX: instrumentos de pesquisa para a história dos organismos responsáveis pela política cerealífera em Portugal no século XX*. Secretaria-Geral do Ministério da Agricultura, do Desenvolvimento Rural e das Pescas: Lisboa, 2001. Vol. I e II.

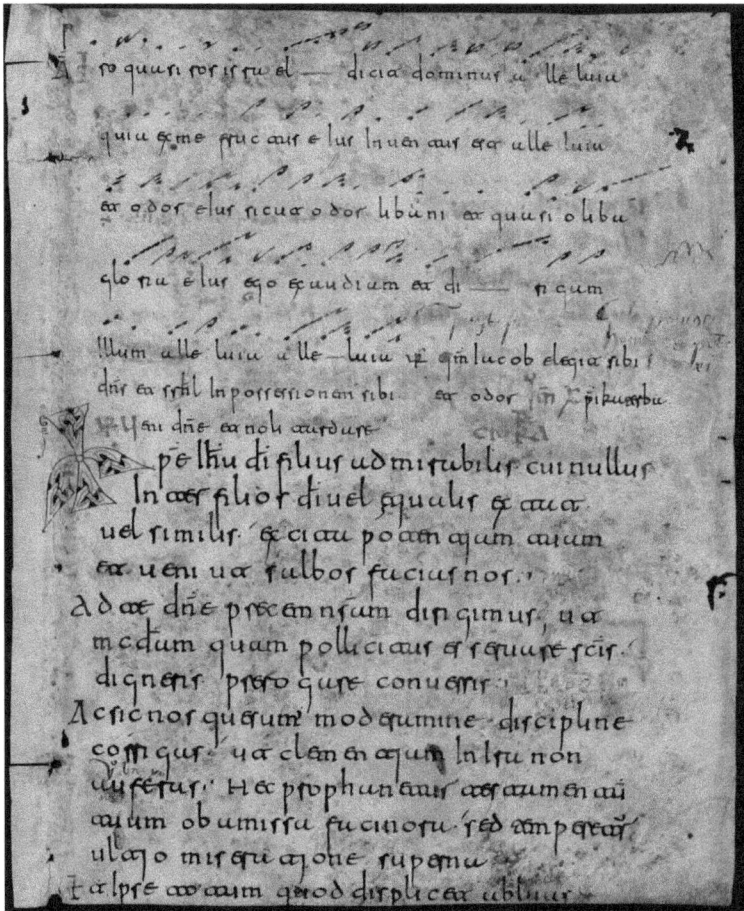

Pergaminho com notação musical toledana (séc. X-XI)

## António de Oliveira Salazar

**Código de referência:** PT/AUC/COL/AOS
**Título:** António de Oliveira Salazar
**Datas de produção:** 1872 / 1939
**Dimensão e suporte:** 2 cx.; papel.

**História administrativa, biográfica e familiar:** António de Oliveira Salazar (Vimieiro, Santa Comba Dão, 28.4.1889 - Lisboa, 27.7.1970) foi aluno da Universidade de Coimbra, onde obteve o grau de Doutor pela Faculdade de Direito em 10.5.1918. Ingressou em 1915 na mesma Faculdade como professor provisório de Economia Política e de Finanças. Ascendeu, em 1926, a professor catedrático, tendo deixado a Universidade de Coimbra para assumir o cargo de ministro das Finanças. Presidente do Conselho de Ministros, de 5.7.1932 a 6.9.1968. Doutor *honoris causa*, entre outras, pela Universidade de Oxford, em 1941, pela Universidade de Coimbra em 1959.

No decurso da sua atividade política e de professor recebeu diversas ofertas, as quais, por sua vez, ofereceu a instituições públicas, como é o caso da coleção de correspondência de José Maria Rodrigues que lhe foi oferecida por Artur Cupertino de Miranda, em 1957.

**Âmbito e conteúdo:** Inclui correspondência redigida pelo escritor Camilo Castelo Branco, entre 1878 e 1883, dirigida a Carlos Ramiro Coutinho (1828-1897), visconde de Ouguela, num total de 141 cartas, de 1872 a 1887. Inclui também correspondência recebida pelo escritor, filólogo, polemista e academista, Prof. Doutor José Maria Rodrigues (1857-1942) de diversas personalidades, entre as quais, podem referir-se: Afonso Lopes Vieira, Lúcio de Azevedo, Júlio Dantas, o rei D. Manuel II, Fidelino de Figueiredo, Luciano Pereira da Silva, etc.

**Sistema de organização:** Ordenação cronológica de cada acervo epistolográfico.

**Cota atual:** V-Cofre, n.º 7 e 8

**Instrumentos de pesquisa:** Recenseamento.

**Notas do arquivista:** Descrição arquivística por Ana Maria Leitão Bandeira, em 2014, com base na análise da própria documentação. Dados para História biográfica: RODRIGUES, Manuel Augusto (dir.) – *Memoria Professorum Universitatis Conimbrigensis (1772-1939)*. Vol. 2 Coimbra: Arquivo da Universidade de Coimbra, 1992, p. 170.

Fontes para Âmbito e conteúdo e Fonte imediata de aquisição: Correspondência expedida do Arquivo da Universidade de Coimbra (SR) - cota AUC-IV-2.ªE-10-2-21. Cópia do telegrama enviado pelo diretor do AUC, Prof. Doutor Mário Brandão em 4.11.1955, ao Prof. Doutor Oliveira Salazar, agradecendo a oferta das cartas de Camilo Castelo Branco que recebera das mãos do reitor da Universidade, perante o Senado Universitário. Correspondência expedida do Arquivo da Universidade de Coimbra (SR) - cota AUC-IV-2.ªE-10-2-22. Ofício n.º 197/Liv. 16 de 1.8.1958, enviado ao reitor da Universidade, com o relatório de atividades do Arquivo, em que é mencionada a oferta da correspondência que pertencera ao Prof. Doutor José Maria Rodrigues, feita pelo Prof. Doutor António de Oliveira Salazar.


## Belisário Pimenta

**Código de referência:** PT/AUC/COL/BP

**Título:** Belisário Pimenta

**Datas de produção:** 1514 / 1949

**Datas de acumulação:** 1879 – 1969

**Dimensão e suporte:** 37 u. i. (15 cx., 22 liv.); pergaminho e papel.

**História administrativa, biográfica e familiar:** Militar de carreira, nasceu em Coimbra a 3 de outubro de 1879. Frequentou o curso dos liceus e fez os preparatórios para a Escola do Exército.

Terminados os estudos seguiu a carreira militar, em 1903 foi promovido a alferes e em 1910 passou a ser comissário da Polícia de Coimbra.

A sua vida militar decorreu até 1939, e por motivos políticos, passou à reserva. Das várias obras que publicou, dedicou especial atenção à história militar e colaborou na *Grande Enciclopédia Portuguesa e Brasileira*. Foi presidente do Conselho de Arte da 2ª Circunscrição, sócio do Instituto de Coimbra, da Associação dos Arqueólogos Portugueses e da Revista Militar. Como historiador e investigador que era passou muitas horas no AUC, a pesquisar documentos que versavam sobre temas relativos ao concelho de Miranda do Corvo, suas gentes e invasões Francesas.

Morre em Lisboa a 11 de novembro de 1969 e por decisão testamentária deixou à Biblioteca Geral da Universidade de Coimbra a sua livraria e o seu arquivo pessoal.

**Âmbito e conteúdo:** Este conjunto documental é constituído, essencialmente, por cópias de documentos manuscritos existentes em bibliotecas, arquivos públicos e privados, na sua maioria referentes ao concelho de Miranda do Corvo. Contem, ainda, o Foral Manuelino do Couto de Semide, o Compromisso da Irmandade da Senhora da Boa Morte de Miranda do Corvo, o tombo da Câmara Municipal e coleções de recortes de jornais, desenhos, litografias, gravuras, fotografias, prospetos, retratos, registos de Santos, entre outras. Da coleção faz, ainda, parte um conjunto de índices e ficheiros onomásticos dos residentes/naturais do concelho de Miranda do Corvo (1578 a 1946), feitos pelo colecionador.

**Sistema de organização:** Documentação não tratada arquivisticamente.

**Cota atual:** VI-3ª-D-1-4-7 a VI-3ª-D-1-4-40

**Instrumentos de pesquisa:** Guia de coleções particulares do AUC (1999-2000) e recenseamento das unidades de instalação.

**Notas do arquivista:** Descrição feita com base em estudo arquivístico elaborado por Maria João Castro Padez em 1999. Revisão elaborada por Ludovina Cartaxo Capelo em 2011. Registo feito por Adriana Antunes, revisto por Gracinda Guedes em 2014.


## Coleção de Postais Natalícios

**Código de referência:** PT/AUC/COL/PN

**Título:** Coleção de Postais Natalícios

**Datas de produção:** 1940 / 2006

**Dimensão e suporte:** 874 u. i. (1 álbum (com 92 postais), 873 postais); papel.

**História administrativa, biográfica e familiar:** Coleção constituída na sequência de doações de coleções de particulares a este arquivo, desde 2006.

**Âmbito e conteúdo:** Esta coleção, na verdade, é constituída por várias coleções de postais de Natal reunidos pelos respetivos doadores, nomeadamente: Álvaro Miranda dos Santos; Associação de Patinagem de Coimbra; INATEL; Irene Maria de Montezuma de Carvalho Mendes Vaquinhas; Joaquim Manuel Mendes Santos Vaquinhas; José Maria Cruz Pontes; Maria José Azevedo Santos; Maria Margarida Loureiro Cardoso e Maria da Piedade Gomes Bidarra.

Tratam-se de postais relativos à Festa do Natal, nos quais estão representados, entre outros, os seguintes temas: Presépio, Árvore de Natal, Virgem e o Menino, Iluminuras, Motivos Florais e Natalícios, Pais Natal, Paisagens, etc. A maioria dos cartões possui mensagem manuscrita.

**Sistema de organização:** As coleções estão ordenadas alfabeticamente pelo nome do colecionador e os postais ordenados cronologicamente dentro de cada coleção.

**Cota atual:** III-3ªD-9-3

**Instrumentos de pesquisa:** Catálogo.

**Notas do arquivista:** Descrição feita com base em estudo arquivístico elaborado por Ludovina Cartaxo Capelo e Mónica Prozil em 2007. Registo feito por Adriana Antunes, revisto por Gracinda Guedes em 2014.


## Condes dos Arcos

**Código de referência:** PT/AUC/COL/CA

**Título:** Condes dos Arcos

**Datas de produção:** 1578 / 1823

**Datas de acumulação:** 1712 – 1823

**Dimensão e suporte:** 37 u. i. (liv.); papel.

**História administrativa, biográfica e familiar:** O título de Conde dos Arcos foi instituído pelo rei Filipe II, em 1620, agraciando Luís de Lima Brito e Nogueira, que foi o 1º Conde dos Arcos. Sucederam-lhe 11 herdeiros do título até à instauração da República que determinou a cessação do sistema nobiliárquico.

Esta coleção foi reunida e preservada por dois membros da família dos Condes dos Arcos, a saber: D. Marcos José de Noronha e Brito (1712-1768), 6º Conde dos Arcos, que foi governador e capitão-general de Pernambuco e Goiás e vice-rei e capitão general do Brasil; e pelo seu neto D. Marcos de Noronha e Brito (1771-1828), 8º Conde dos Arcos, que foi Governador do Pará e Rio Negro, último vice-rei do Brasil e governador-geral da Capitania da Baía.

**Âmbito e conteúdo:** A documentação é essencialmente produzida e acumulada pelas administrações de vários vice-reis do Brasil e governadores de capitanias, particularmente relacionada com os estados da Baía, Goiás, Maranhão-Pará e Pernambuco.

Formada essencialmente por alvarás, avisos, cartas régias, correspondência, decretos, instruções, ofícios, ordens, petições, provisões, regimentos, relações, resoluções, resumos de registos, etc.

**Sistema de organização:** Ordenação cronológica dentro das séries documentais.

**Cota atual:** IV-3-1-1–1 a 37

**Instrumentos de pesquisa:** Guia das Coleções particulares do AUC; Catálogo dos diplomas Régios e outros documentos dados no Governo do Brasil (Pub.).

**Notas do arquivista:** Fonte de informação ao campo História administrativa: CASTRO, Maria João – "Guia das Coleções particulares do A.U.C.". *Boletim de arquivo da Universidade de Coimbra.* Vol. XIX-XX. (1999-2000), pp. 309-327. VEIGA, Raul da Silva - *Diplomas Régios e outros documentos dados no Governo do Brasil. Catálogo do 1º e 2º livros.* Coimbra. AUC, 1988.

Descrição feita com base em estudo arquivístico elaborado por Maria João Castro Padez em 1999. Revisão elaborada por Ludovina Cartaxo

Capelo em 2011. Registo feito por Adriana Antunes, revisto por Gracinda Guedes em 2014.

## Fausto de Quadros

**Código de referência:** PT/AUC/COL/FQ
**Título:** Fausto de Quadros
**Datas de produção:** 1844 / 1924
**Datas de acumulação:** 1879-1956
**Dimensão e suporte:** 269 u. i. (2 cp., 1 cx., 266 liv.); papel.
**História administrativa, biográfica e familiar:** Fausto de Quadros nasceu em Coimbra no ano de 1879, era filho de Francisco Maria de Almeida Quadros, escrivão da Câmara eclesiástica de Coimbra, e de D. Maria Augusta Lopes Pedrosa de Quadros.

Matriculou-se na Universidade de Coimbra em 1897 onde se licenciou em Direito no ano de 1902.

Ingressou na Magistratura e foi desembargador e juiz da Relação de Lisboa. Entra para a Maçonaria em 1900 onde deteve o cargo de Grande Secretário-geral da Ordem, mas foi expulso da mesma pelo Grande Tribunal Maçónico Federal do G.O.L.U. em 1909.

Faleceu no ano de 1956.

**Âmbito e conteúdo:** Toda a documentação está relacionada com a história da Maçonaria e dela faz parte: apontamentos, catálogos, correspondência, ficheiros, jornais, livros e o projeto da Constituição da Maçonaria, entre outros.

**Sistema de organização:** Coleção ordenada numericamente pela referência atribuída aos documentos.

**Cota atual:** VI-3ªD-5-1 a 4

**Instrumentos de pesquisa:** Recenseamento.

**Notas do arquivista:** Descrição feita com base em estudo arquivístico elaborado por Maria João Castro Padez em 1999. Revisão elaborada por Ludovina Cartaxo Capelo em 2011. Registo feito por Adriana Antunes, revisto por Gracinda Guedes em 2014.

# Forjaz de Sampaio

**Código de referência:** PT/AUC/COL/FS

**Título:** Forjaz de Sampaio

**Datas de produção:** 1700 / 1943

**Datas de acumulação:** 1848 – 1943

**Dimensão e suporte:** 24 u. i. (17 cx., 4 liv., 3 pt.); papel.

**História administrativa, biográfica e familiar:** João Forjaz de Sampaio nasceu em Coimbra na freguesia de S. Cristóvão a 18 de setembro de 1848, era filho de Adrião Augusto Forjaz de Sampaio e de D. Leonarda Teresa Leite Forjaz de Sampaio. Era gémeo de seu irmão Cipriano.

Ingressou na Universidade de Coimbra no ano de 1868, onde se licenciou em Medicina.

Nomeado médico para a localidade de Monchique, Algarve, onde permaneceu de outubro de 1878 a 1880, sendo depois transferido para Silves e Colares. Ingressou no exército no regimento de infantaria n.º 15 a 14 de janeiro de 1885 como cirurgião ajudante, e em 21 de dezembro de 1891 foi promovido a cirurgião-mor.

Pelos serviços prestados foi agraciado com o grau de Cavaleiro de Cristo e de Avis.

**Âmbito e conteúdo:** Manuscritos originais do nobiliário do cónego regrante de Santa Cruz de Coimbra D. José da Natividade, tomos de árvores de costados, organizados pelo colecionador e manuscritos avulsos de medicina, principalmente provenientes da antiga Junta do Protomedicato.

**Sistema de organização:** A coleção apresenta uma ordenação alfanumérica.

**Cota atual:** VI-3ªD-4v-3 e 4

**Instrumentos de pesquisa:** Recenseamento das unidades de instalação.

**Notas do arquivista:** Descrição feita com base em estudo arquivístico elaborado por Maria João Castro Padez em 1999. Revisão elaborada por Ludovina Cartaxo Capelo em 2011. Registo feito por Adriana Antunes, revisto por Gracinda Guedes em 2014.

## Fragmentos de Códices em Pergaminho

**Código de referência:** PT/AUC/COL/FCP

**Título:** Fragmentos de Códices em Pergaminho

**Datas de produção:** 1000 / 1500

**Dimensão e suporte:** 83 doc.; pergaminho.

**História administrativa, biográfica e familiar:** Os fragmentos de códices em pergaminho que formam a presente coleção foram agrupados, em momentos diversos, como resultado de decisões internas no Arquivo da Universidade de Coimbra, semelhantes a uma prática corrente em muitas outras instituições, nas décadas de 1940 a 1960. Deve-se ao cónego Prof. Doutor Avelino de Jesus da Costa (1908-2000) a formação inicial desta coleção, apesar de o Prof. Doutor António de Vasconcelos (1860-1941) primeiro diretor do Arquivo, já, anteriormente, ter feito a identificação de alguns fragmentos pergamináceos. A recolha incidiu sobre capas de encadernação de volumes, entre os mais diversos fundos documentais existentes no Arquivo da Universidade, nomeadamente Hospital Real de Coimbra, Hospital de São Lázaro, Cabido da Sé de Coimbra, etc., nas quais tinham sido reutilizados fólios e bifólios de códices medievais, desmembrados. No entanto, não é conhecida a proveniência de todos os fragmentos.

**Âmbito e conteúdo:** Inclui fragmentos de códices litúrgicos, grande parte com notação musical, podendo citar-se antifonários, breviários, graduais, saltérios, missais e lecionários, originários dos séculos XI a XV.

Inclui também fragmentos das "Partidas" de D. Afonso X, o Sábio, rei de Leão e Castela.

Inclui ainda fragmentos de códices com texto em francês, cuja origem pode ser atribuída ao comércio de códices desmembrados, por parte de livreiros franceses a residir em Coimbra. Engloba um dos mais antigos documentos com notação musical toledana, século X, proveniente de um códice litúrgico de letra visigótica. Este fragmento foi utilizado como folha de guarda de um missal medieval da Sé de Coimbra.

**Sistema de organização:** Ordenação sequencial, de acordo com a numeração atribuída aos fragmentos.

**Cota atual:** IV-3.ª-Gav. 44 e Gav. 45; V-3.ª-Móv. 9 - Gav. 7

**Instrumentos de pesquisa:** QUEIRÓS, Abílio – "Fragmentos de pergaminhos litúrgico-musicais. Inventário Geral. 1.ª parte". *Boletim do Arquivo da Universidade de Coimbra*, 13-14 (1993-1994), pp. 325-348. QUEIRÓS, Abílio – "Inventário dos fragmentos litúrgico-musicais existentes no A.U.C. (2.ª parte)". *Boletim do Arquivo da Universidade de Coimbra*, 15-16 (1995--1996), pp. 517-547.

**Notas do arquivista:** Descrição arquivística por Ana Maria Leitão Bandeira, em 2014, com base na análise dos instrumentos de pesquisa e em DIAS, Aida Fernandes – "As Partidas de Afonso X: novos fragmentos em língua portuguesa". *Revista Portuguesa de Filologia*, 20 (1994), pp. 91--124. QUEIRÓS, Abílio - "Fragmentos de um códice litúrgico-musical da Sé de Coimbra (séc. X-XI)". In *Semente em boa terra: raízes do Cristianismo na Diocese de Coimbra do século IV a 1064*. Coimbra: Gráfica de Coimbra, 2000, pp. 138-140. VASCONCELOS, António de - "Fragmento de um códice visigótico". *Biblos. Revista da Faculdade de Letras da Universidade de Coimbra* 5 (1929), pp. 245-273.


## José Dias Sanches

**Código de referência:** PT/AUC/COL/JDS
**Título:** José Dias Sanches
**Datas de produção:** 1768 / 1787
**Datas de acumulação:** 1903-1972
**Dimensão e suporte:** 1 u. i. (pt.); papel.
**História administrativa, biográfica e familiar:** José Dias Sanches (1903-1972), pintor contemporâneo, foi discípulo de Eduardo Romero e de Eduardo Augusto da Silva.

Encontra-se representado no Museu Regional Grão Vasco, em Viseu; Museu Machado de Castro, em Coimbra; Museu de Arte Moderna e Museu Colombo, em Madrid.

Fernando de Pamplona, na sua "Crónica de Artes plásticas" de 1963, descreve José Dias Sanches, como: "Vagabundo da pintura, nas Belas-artes. Um pintor de sólida formação clássica, mas de sentido moderno em sua larga simplificação de formas, cuja arte de paisagista se tem arejado em suas peregrinações pelo Mundo. Forçado, pela natureza da sua profissão – a carreira consular – a viver quase sempre longe da pátria, a fixar-se longamente em terras distantes, não só nelas achou novos e apaixonantes motivos paisagísticos, como teve o ensejo de assim contatar com outras experiências plásticas, suscetíveis de alterar e renovar a sua própria atitude estética".

**Âmbito e conteúdo:** Cópias de vários documentos relativos ao período da Reforma Pombalina da Universidade de Coimbra de 1772. Carta credencial de sua Majestade para o Marquês de Pombal, visitador da Universidade, a qual se leu na Capela Real em Agosto de 1772. Cópia de dois editais de 5 e 22 de outubro de 1772. Relação dos Lentes providos nas cadeiras da Universidade de Coimbra aquando da Reforma Pombalina. Provisão Régia para Eremitas Calçados de Santo Agostinho, entre outros.

**Sistema de organização:** A documentação está ordenada cronologicamente.

**Cota atual:** VI-3ªS.-1-4-1

**Instrumentos de pesquisa:** Recenseamento.

**Notas do arquivista:** Descrição feita com base em estudo arquivístico elaborado por Maria João Castro Padez em 1999. Revisão elaborada por Ludovina Cartaxo Capelo em 2011. Registo feito por Adriana Antunes, revisto por Gracinda Guedes em 2014.


# Martinho da Fonseca

**Código de referência:** PT/AUC/COL/MF
**Título:** Martinho da Fonseca
**Datas de produção:** 1476 / 1917
**Datas de acumulação:** 1869-1934
**Dimensão e suporte:** 15 u. i. (cx. com 5006 doc.); papel.
**História administrativa, biográfica e familiar:** Martinho da Fonseca nasceu em Coimbra em 1869 e faleceu no ano de 1934.

Este bibliófilo e bibliógrafo foi membro do Instituto de Coimbra, da Academia das Ciências de Lisboa e fundador da Sociedade de bibliófilos Barbosa Machado. Reuniu ao longo da sua vida uma notável coleção de documentos que doou ao Arquivo da Universidade de Coimbra, para que fosse preservada para sempre. Publicou várias obras sendo de realçar os "Subsídios para um dicionário de pseudónimos: iniciais e obras anónimas de escritores portugueses".

**Âmbito e conteúdo:** Contém: apontamentos, correspondência, genealogias, memórias, ofícios, questionários, inventários, entre outros, de que destacamos a coleção de documentos relativos ao Arquivo da Família du Bocage.

**Sistema de organização:** A documentação está organizada em duas secções, a saber: uma constituída por parte do Arquivo da Família du Bocage (Barbosa du Bocage e Carlos Roma du Bocage), com 4803 documentos, e a outra uma miscelânea de documentos de diversas proveniências, com 203 documentos.

**Cota atual:** VI-3-1-3-1 a 15

**Instrumentos de pesquisa:** Inventário.

**Notas do arquivista:** Descrição feita com base em estudo arquivístico elaborado por Maria João Castro Padez e Ludovina Capelo em 1993-1994. Revisão elaborada por Ludovina Cartaxo Capelo em 2011. Registo feito por Adriana Antunes, revisto por Gracinda Guedes em 2014.


## Rafael Monteiro

**Código de referência:** PT/AUC/COL/RM

**Título:** Rafael Monteiro

**Datas de produção:** 1921 / 1993

**Dimensão e suporte:** 1 u. i. (pt); papel.

**História administrativa, biográfica e familiar:** Rafael Alves Monteiro nasceu em Sesimbra a 18 de maio de 1921.

Tendo terminado o ensino primário em 1930, trabalhou como ajudante técnico de farmácia, como funcionário no arquivo municipal de Sesimbra e como antiquário, entre outros.

Este autodidata deixou vasta obra escrita na área da História, da Filosofia, da Arqueologia e da Etnografia.

Faleceu no sanatório de Barro, perto de Torres Vedras, a 20 de fevereiro de 1993.

**Âmbito e conteúdo:** Cópia de documentos relativos à cidade de Coimbra, de datas compreendidas entre 1536 a 1792, tais como: privilégios, doações, sentenças, e testamentos.

**Sistema de organização:** A documentação está ordenada cronologicamente.

**Cota atual:** IV-3-1-4-4

**Instrumentos de pesquisa:** Recenseamento.

**Notas do arquivista:** Descrição feita com base em estudo arquivístico elaborado por Maria João Castro Padez em 1999. Revisão elaborada por Ludovina Cartaxo Capelo em 2011. Registo feito por Adriana Antunes, revisto por Gracinda Guedes em 2014.


# Salema Garção

**Código de referência:** PT/AUC/COL/SG

**Título:** Salema Garção

**Datas de produção:** 1434 / 1921

**Datas de acumulação:** 1886-1961

**Dimensão e suporte:** 4 u. i. (cx.); papel.

**História administrativa, biográfica e familiar:** José Caetano Mazziotti Salema Garção nasceu em Lisboa a 19 de novembro de 1886, e iniciou os seus estudos no Colégio Militar, passou pela Escola Politécnica de Lisboa e licenciou-se em Engenharia Civil e de Minas na Escola do Exército.

Fez carreira militar e serviu o País desde 1912 como alferes engenheiro e passou à reserva em 1918 como major de Engenharia.

A partir desta data dedicou-se à investigação mineralógica, e entre 1921 e 1922 registou o minério glucínio e várias jazidas de lítio, ambligonite, lepidolite e alumínio. Foi membro da Ordem dos Engenheiros e do American Institute of Mining and Metalurgical Engineers de Nova

Iorque; e procurador à Câmara Corporativa, como representação de empresas mineiras.

Possuidor de notável erudição e vasto saber, colecionou ao longo da sua vida verdadeiras preciosidades e reuniu uma das melhores Bibliotecas do país, que doou ao Arquivo da Universidade de Coimbra.

**Âmbito e conteúdo:** Apontamentos manuscritos sobre a cidade de Coimbra e a Universidade de Coimbra, alvarás, cartas régias, cartas de privilégios, editais, folhetos, provisões, programas, recortes de jornais, apontamentos, entre outros.

**Sistema de organização:** A coleção está organizada em quatro seções, a saber: Parte do arquivo da família Soveral; Documentos relativos a Coimbra; Documentos relativos à Universidade de Coimbra e Miscelânea de documentos. Dentro de cada uma das Seções os documentos estão ordenados cronologicamente.

**Cota atual:** VI-3ªD-1-2-26 a 29

**Instrumentos de pesquisa:** Catálogo.

**Notas do arquivista:** Fonte de informação ao campo História administrativa: CASTRO, Maria João Padez de e Ludovina Capelo — "Catálogo da Coleção Salema Garção". *Boletim do Arquivo da Universidade de Coimbra*, vol. XIII-XIV. (1993-1994). CASTRO, Maria João – "Guia das Coleções particulares do A.U.C.". *Boletim de arquivo da Universidade de Coimbra*. Vol. XIX-XX. (1999-2000). ALMEIDA, Manuel Lopes de; CRUZ, Lígia — *Correspondência Diplomática de Francisco Ferreira Rebelo: Londres 1655-1657*. Coimbra, 1982.

Descrição feita com base em estudo arquivístico elaborado por Maria João Castro Padez em 1999. Revisão elaborada por Ludovina Cartaxo Capelo em 2011. Registo feito por Adriana Antunes, revisto por Gracinda Guedes em 2014.

## Tribunal da Inquisição de Coimbra

**Código de referência:** PT/AUC/COL/TICBR

**Título:** Tribunal da Inquisição de Coimbra

**Datas de produção:** 1569 / 1776

**Dimensão e suporte:** 5 u. i. (4 liv.; 1 pt.); papel.

**História administrativa, biográfica e familiar:** O Tribunal do Santo Ofício, ou Inquisição, como também era designado, por se destinar a inquirir sobre práticas de heresia, foi instalado em Portugal no reinado de D. João III, à semelhança do tribunal que já existia em Espanha. No reinado anterior, de D. Manuel, a integração dos judeus fizera-se com uma conversão forçada. O Tribunal do Santo Ofício foi instituído pela bula *Cum ad nihil magis* do papa Paulo III de 23 de maio de 1536, tendo ficado instalado em Évora, por ali residir então a corte, tendo sido nomeados inquisidores-mores os bispos de Ceuta, Coimbra e Lamego. Em 1537 foi transferido para Lisboa e em 1541 foram criados tribunais em Coimbra, Évora, Porto, Tomar e Lamego. O Tribunal da Inquisição Coimbra que abrangia as províncias de Entre Douro e Minho, Trás-os-Montes e parte da Beira foi suspenso em 1547 e restaurado depois, em 1565. Em todo o país, presidia ao Tribunal do Santo Ofício um inquisidor-mor, auxiliado por um Conselho Geral do Santo Ofício. Os primeiros regimentos de 1552 (Regimento do Santo Ofício dado pelo cardeal D. Henrique, em 3 de agosto) e 1570 (Regimento do Conselho Geral do Santo Ofício, de 1 de março) não foram impressos. Só em 1613, por ordem do inquisidor-mor D. Pedro de Castilho, começam a ser feitos em letra de forma, seguindo-se-lhes o de 1640, por ordem do bispo D. Francisco de Castro, inquisidor geral, o de 1770 e o de 1774, sendo inquisidor geral o Cardeal da Cunha. A Inquisição de Coimbra recebia instruções do inquisidor-geral e dos deputados do seu Conselho Geral.

Apesar de, inicialmente, se destinar às questões religiosas de práticas de judaísmo, alargou a sua atividade a vigiar comportamentos e costumes: a leitura de livros proibidos, a sodomia, a bruxaria, etc., tornando-se um organismo repressivo, de censura, ao serviço do rei.

Pela Inquisição de Coimbra foram presos alguns ilustres homens de letras, podendo citar-se, a título de exemplo: André de Avelar (em 1620), o pintor António Vieira (em 1631) o Pe. António Vieira (em 1665), o médico Francisco de Melo Franco (em 1778), o médico Manuel Joaquim Henriques de Paiva (em 1779). Dos processos da Inquisição de Coimbra havia apelação para o Conselho Geral e era dirigida por dois inquisidores que depois passaram a três, em1613. Do seu corpo de funcionários faziam parte, ainda, um promotor, um meirinho, um alcaide do cárcere, porteiro, comprador, familiares, etc.

A Inquisição foi extinta em Portugal em 31 de março de 1821. Por Ordem régia de 31 de julho de 1824 ordenou-se a remessa para o Arquivo da Torre do Tombo de todos os documentos do Tribunal do Santo Ofício. Por Portaria de 4 de maio de 1836, o cartório da Inquisição de Coimbra deu entrada no Arquivo da Torre do Tombo, tal como aconteceu com o dos restantes tribunais.

Esteve sediado em Coimbra, em local que ainda perpetua o seu nome, o Páteo da Inquisição.

**Âmbito e conteúdo:** Inclui regimentos, em cópia e em certidão autêntica, bem como orientações sobre a forma de processar, confirmações de privilégios dados à Inquisição, confirmações de regimentos, provisões régias sobre as testemunhas a admitir nos processos, etc.

**Sistema de organização:** Ordenação cronológica.

**Cota atual:** IV-1.ª-E-10-3-8

**Instrumentos de pesquisa:** Inventário.

**Notas do arquivista:** Descrição arquivística por Ana Maria Leitão Bandeira, em 2014, com base na análise da própria documentação.

Nota a Nível de descrição: A identificação como coleção e não como fundo documental justifica-se da seguinte forma. No próprio Arquivo da Universidade, cerca de 1950, de acordo com uma opção de ordenar a documentação por temáticas, em detrimento do princípio de proveniência, foram reunidos os volumes relativos ao Tribunal da Inquisição. A análise de algumas marcas de posse pessoais, apostas nos volumes, indica uma proveniência particular diversificada. De acordo com os propósitos de conservação e de união de espécies documentais de uma mesma temática, foram inseridos em caixa de arquivo, por ocasião da sua reunião em coleção. Fonte consultada para história administrativa: CARVALHO, Alberto Martins de – "Tribunal do Santo Ofício". In SERRÃO, Joel (dir.) - *Dicionário de História de Portugal*, vol. 5. Porto: Livraria Figueirinhas, 1984, pp. 472-477; *Dicionário de história religiosa de Portugal*. Dir. Carlos Moreira Azevedo. Lisboa: Círculo de Leitores, 2000; descrição arquivística de PT/TT/TSO-IC.

# CONFRARIAS, IRMANDADES E MISERICÓRDIAS - PT/AUC/CIM

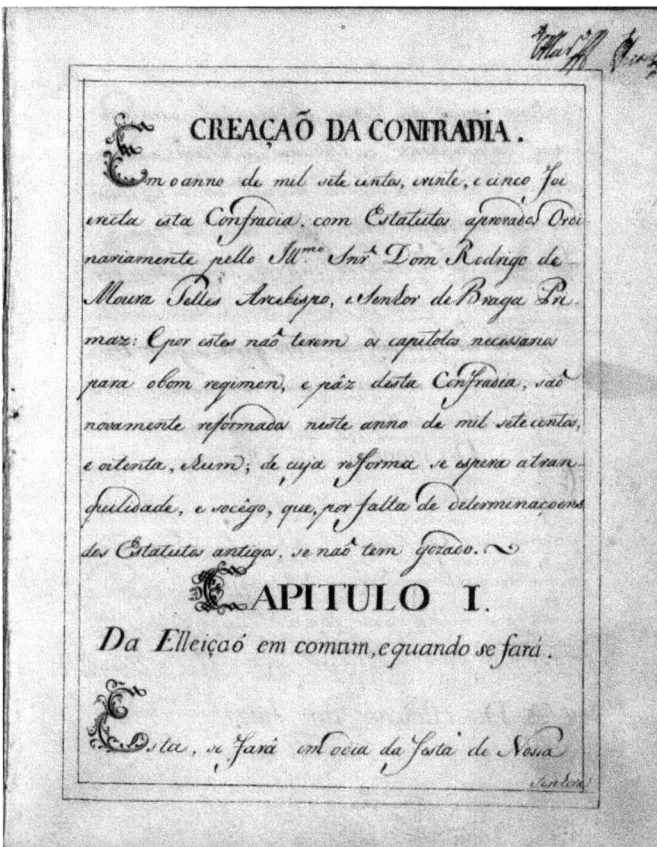

**Estatutos da Confraria de Nossa Senhora das Neves de São Salvador de Minhotães**

## Confraria do Apóstolo São Pedro

**Código de referência:** PT/AUC/CIM/CASP

**Título:** Confraria do Apóstolo São Pedro

**Datas de produção:** 1520 / 1564

**Dimensão e suporte:** 1 liv.; pergaminho.

**História administrativa, biográfica e familiar:** Instituição de caráter assistencial que esteve sedeada em Montemor-o-Velho. Possuiu hospital, pertencendo-lhe diversos bens situados no limite daquela localidade, como, por exemplo: Ribelas, Requeixada, Contenda, Anços, Porto da Barca, etc. O seu nome deriva do seu patrono, São Pedro. Teve privilégio, por Provisão de 29 de fevereiro de 1564, juntamente com outras confrarias de Montemor-o-Velho, como a de Santa Maria de Campos e Madalena, para que, nestas instituições, não houvesse interferência de juiz de fora.

Teve juiz próprio que defendia aos seus interesses. Vasco (ou Vasque) Anes Cavaleiro foi juiz da Confraria, em 1539.

Teve por confrades clérigos e leigos (homens e mulheres).

**Âmbito e conteúdo:** Inclui tombos de bens, de datas sucessivas, com indicação dos nomes de rendeiros e foreiros. Inclui ainda registos de legados pios, com indicação de nome de confrades, por cuja alma se celebraram missas de aniversários, na igreja de Santa Maria de Alcáçova ou na capela da Confraria.

**Sistema de organização:** Apenas uma unidade de instalação.

**Cota:** V-3.ª - cofre - n.º 40

**Instrumentos de pesquisa:** Recenseamento.

**Notas do arquivista:** Descrição arquivística por Ana Maria Leitão Bandeira, em 2014, com base na análise da própria documentação.

# Confraria dos Clérigos de Montemor-o-Velho

**Código de referência:** PT/AUC/CIM/CCMMV

**Título:** Confraria dos Clérigos de Montemor-o-Velho

**Datas de produção:** 1421 / 1447

**Dimensão e suporte:** 1 liv.; pergaminho.

**História administrativa, biográfica e familiar:** Instituição assistencial que teve o seu hospital, fundada no século XV, em Montemor-o-Velho. É provável que, inicialmente, tenha estado localizada na igreja de São Salvador, pois foi ali feito cabido em 1421, sendo escrivão da confraria Diogo Afonso, como se refere no tombo de bens. Também se reuniam na igreja de Santa Maria de Alcáçova, onde, por vezes, se celebravam as missas pelos confrades falecidos. Recebia, por confrades, clérigos e leigos (homens e mulheres) e tinha uma atividade semelhante à de outras confrarias locais, como a de Santa Maria Madalena e a de Santa Maria de Campos. Em 1495, recebeu regimento confirmado pelo rei D. Manuel. Possuía bens diversos, em Anços, Borralha e Montemor--o-Velho, sobrevivendo à custa das rendas destas propriedades e de esmolas.

Terá sido extinta e anexada à Confraria e Hospital de Santa Maria de Campos, de Montemor-o-Velho, em 1501.

**Âmbito e conteúdo:** Inclui um tombo de bens que refere a localização das casas, vinhas, oliveiras e campos diversos, bem com o nome dos confrades que doaram estes bens, situados em Montemor, Anços e Borralha. Inclui também registos de entradas de confrades que ficaram lançados no mesmo tombo. Inclui ainda uma escritura de escambo, feita por Álvaro Vasques, tabelião do Infante D. Pedro, em data não determinada (por falta de suporte material na zona do texto, onde a data estava lançada, mas posterior a 1447) que ficou registada no final do mesmo volume.

**Sistema de organização:** Apenas uma unidade de instalação.

**Cota:** IV-2.ªE-7-4-50

**Instrumentos de pesquisa:** Recenseamento.

**Notas do arquivista:** Descrição arquivística por Ana Maria Leitão Bandeira, em 2013, com base na análise da própria documentação.

## Confraria dos Defuntos de Nossa Senhora de Cadima

**Código de referência:** PT/AUC/CIM/CDNSC

**Título:** Confraria dos Defuntos de Nossa Senhora de Cadima

**Datas de produção:** 1607-06-29 / 1677

**Dimensão e suporte:** 1 u. i. (liv.); papel.

**História administrativa, biográfica e familiar:** Os compromissos, datados de 1607, dão-nos conta da existência desta "tão antiga" confraria que "tomaram os antepassados por patrona" a Nossa Senhora do Ó, sendo desconhecida a data de sua fundação.

Os mesmos estatutos referem a união em irmandade para, com a caridade cristã, darem cumprimento às obras de misericórdia que é a missão da referida confraria.

**Âmbito e conteúdo:** Livro de compromisso da confraria (1607) e registo de confrades (1611-1677).

**Sistema de organização:** Contém apenas um livro.

**Cota atual:** III-1ª-D-16-1-40

**Instrumentos de pesquisa:** Recenseamento.

**Notas do arquivista:** Capa do livro: Fragmento de pergaminho com a inscrição de algumas páginas de um códice, em duas colunas, escrito em latim.

Recenseamento elaborado por Adriana Antunes e descrição feita por Gracinda Guedes, com base na própria documentação, em 2014.


## Confraria dos Defuntos do Seixo

**Código de referência:** PT/AUC/CIM/CDS

**Título:** Confraria dos Defuntos do Seixo

**Datas de produção:** 1698 / 1698

**Dimensão e suporte:** 1 u. i. (liv.); papel

**História administrativa, biográfica e familiar:** A Confraria dos Defuntos do Freixo, freguesia de São João Batista - atualmente - Seixo de Gatões, terá sido ereta em 1698, já que estes compromissos aparentam ser os primeiros por neles se pedir a aprovação, à entidade eclesiástica competente, da instituição da irmandade da referida confraria. A principal missão seria a assistência aos defuntos em observância com a caridade cristã.

**Âmbito e conteúdo:** Livro de compromisso da confraria e de assento da irmandade. No livro há, ainda, uma ladainha aos irmãos vivos e defuntos, com relação nominal.

**Sistema de organização:** Contém apenas um livro.

**Cota atual:** III-1ª-D-16-1-35

**Instrumentos de pesquisa:** Recenseamento.

**Notas do arquivista:** Capa do livro: Composta por dois fragmentos de pergaminhos (velino), o maior com várias páginas de um códice em francês, a uma só coluna, e o outro aparenta ser um documento régio, em latim (?) tendo, no verso, inscrito em letra mais recente "Louriçal 1649".

Recenseamento elaborado por Adriana Antunes e descrição feita por Gracinda Guedes, com base na própria documentação, em 2014.


## Confraria da Graça de Deus

**Código de referência:** PT/AUC/CIM/CGD

**Título:** Confraria da Graça de Deus

**Datas de produção:** 1763 / 1763

**Dimensão e suporte:** 1 liv.; papel.

**História administrativa, biográfica e familiar:** Instituição devocional, dedicada à Sagrada Família (Jesus, Maria, José), erigida na igreja de S. Pedro de Ossela, freguesia do concelho de Oliveira de Azeméis. A admissão de fiéis nesta confraria era feita depois de se confessarem e estar na "graça de Deus", daí a sua designação. Também usou a designação de Santa Confraria da Graça.

**Âmbito e conteúdo:** Inclui livro de estatutos da confraria, com registo dos preceitos dos fregueses e de professos na irmandade (homens e mulheres). No mesmo livro ficaram registados alguns textos de prática litúrgica, nomeadamente textos de homílias e enumeração de pecados dos paroquianos.

**Sistema de organização:** Apenas uma unidade de instalação.

**Cota:** V-1.ªD-5-3-103

**Instrumentos de pesquisa:** Recenseamento.

**Notas do arquivista:** Descrição arquivística por Ana Maria Leitão Bandeira, em 2013, com base na análise da própria documentação.

## Confraria de Nossa Senhora dos Milagres e Mártir São Pelágio

**Código de referência:** PT/AUC/CIM/CNSMMSP

**Título:** Confraria de Nossa Senhora dos Milagres e Mártir São Pelágio

**Datas de produção:** 1543 / 1912

**Dimensão e suporte:** 13 u. i. (4 liv., 9 pt); papel.

**História administrativa, biográfica e familiar:** A Irmandade do Mártir São Pelágio foi instituída em 1543 na igreja matriz da freguesia de São Paio de Gramaços, concelho de Oliveira Hospital, com estatutos próprios. O rei D. João III foi um dos seus mais ilustres filiados sendo seu "Protetor e Juiz Perpétuo". O Papa Júlio III concedeu-lhe grandes privilégios, nos anos de 1550-1553. A irmandade tinha como finalidade o Culto Divino e atos e assistência à miséria humana. Segundo o Direito Canónico estas instituições são: "Associações de fiéis, constituídas organicamente, para o incremento do culto público. As irmandades ou confrarias regulam-se pelo Código de Direito Canónico (can. 707-719), além do que dispõem os seus estatutos particulares. Não podem existir sem Decreto formal de ereção, e não devem erigir-se senão em igrejas ou capelas públicas ou ao menos semipúblicas, e costumam ter altar determinado"; e regem-se "canonicamente pela Constituição de Clemente VIII (1604) e pela Constituição de Paulo V (1610). Requer-se, para a sua fundação, o consentimento do ordinário, que examina os seus estatutos e a quem compete dar ou negar-lhe a sua aprovação. Podem fundar-se em todas as igrejas, embora a Congregação do Concílio Tridentino (1595) proibisse as de varões nos conventos das religiosas. Clemente XIII proibiu duas confrarias do mesmo santo numa só povoação, excetuando as Sacramentais e as da doutrina cristã, que devem funcionar em todas as paróquias".

Habitualmente, cada irmandade está associada um santo padroeiro mas, para se constituir como tal, precisava de ver aprovados os seus estatutos pois só depois da sua aprovação é que as irmandades se dizem constituídas ou eretas; antes disso tem a possibilidade de existir, mas não tem direitos como irmandades. Embora tenha sido ereta no ano de 1543, a partir do ano de 1893 aparece-nos com a designação de Confraria de Nossa Senhora dos Milagres e Mártir S. Pelágio.

Em 1902 é aprovado o alvará da extinção da Irmandade do Mártir São Pelágio e ao mesmo tempo são aprovados os estatutos do compromisso da Confraria de Nossa Senhora dos Milagres ereta na mesma freguesia.

Em 1913 volta a apresentar o nome conjunto e com a aprovação do aditamento aos estatutos da Irmandade de Nossa Senhora dos Milagres e Mártir São Pelágio.

Em 1933, novo alvará determina a aprovação dos estatutos do compromisso da Confraria de Nossa Senhora dos Milagres e Mártir São Pelágio, ereta na freguesia de São Paio de Gramaços, e assim foram fundidas.

**Âmbito e conteúdo:** Documentação referente a registo de estatutos, livros de atas, livros das contas da receita e despesa, livros dos assentos de missa por alma dos irmãos, livros de autos de sindicância da Mesa da Irmandade e livros de matrículas.

**Sistema de organização:** Documentação não tratada arquivisticamente.

**Cota atual:** VI-3ªSc-1-3-16 a 28

**Instrumentos de pesquisa:** Recenseamento.

**Notas do arquivista:** Fonte de informação ao campo História administrativa: http://terrasdeportugal.wikidot.com/historia-de-sao--paio-de-gramacos

http://repositorio.ucp.pt/bitstream/10400.14/4939/1/LS_S2_08-9_JPGomes.pdf

http://www.uc.pt/auc/fundos/ficheiros/GCC_AlvarasDiplomas

Descrição feita com base em estudo arquivístico elaborado por Ludovina Capelo em 2012. Registo feito por Adriana Antunes, revisto por Gracinda Guedes em 2014.

# Confraria de Nossa Senhora das Neves da Franqueira

**Código de referência:** PT/AUC/CIM/CNSNF

**Título:** Confraria de Nossa Senhora das Neves da Franqueira

**Datas de produção:** 1615 / 1615

**Dimensão e suporte:** 1 liv; papel.

**História administrativa, biográfica e familiar:** Instituição devocional, instituída na ermida de N.ª S.ª da Franqueira, na freguesia de Pereira, concelho de Barcelos. Tem santuário que foi edificado no Monte da Franqueira, no séc. XVI.

A origem desta confraria remonta a 1558, tendo sido fundada por dois bracarenses. De acordo com a tradição, existia já na Franqueira uma ermida, mandada erguer por Egas Moniz, em sinal de agradecimento, por não se terem degladiado os apoiantes de D. Afonso Henriques, contra os de sua mãe, D. Teresa. Teve estatutos aprovados pelo arcebispo de Braga, D. Aleixo de Morais, em 25 de agosto de 1615. Recebeu também a designação de Confraria de Nossa Senhora das Neves da ermida de Nossa Senhora da Franqueira.

Atualmente a confraria passou a ter a designação de Confraria de Nossa Senhora do Rosário do Monte da Franqueira e sob a sua égide tem lugar, anualmente, no segundo domingo de agosto, a peregrinação ao seu santuário que congrega milhares de fiéis devotos.

**Âmbito e conteúdo:** Inclui estatutos (aprovados por D. Aleixo de Morais, arcebispo de Braga, em 25 de agosto de 1615) nos quais se dá a conhecer que foram os fregueses de Salvador de Pereira, Remelhe, Coural, Góios e Santa Leocádia que decidiram a fundação da confraria, dedicada a N.ª S.ª da Franqueira, em agradecimento de muitas mercês que recebiam por sua intercessão. Retrata os nomes dos confrades e o nome dos vigários de Remelhe, Coural e Pereira.

**Sistema de organização:** Apenas uma unidade de instalação.

**Cota:** V-1.ªD-5-3-102

**Instrumentos de pesquisa:** Recenseamento.

**Notas do arquivista:** Descrição arquivística por Ana Maria Leitão Bandeira, em 2013, revisto em 2014, com base na análise da própria

documentação e também em Boletim da paróquia de Barcelos - http://
www.paroquiadebarcelos.org/downloads/boletim_36-2014.pdf

## Confraria de Nossa Senhora das Neves de São Salvador de Minhotães

**Código de referência:** PT/AUC/CIM/CNSNSSM

**Título:** Confraria de Nossa Senhora das Neves de São Salvador de Minhotães

**Datas de produção:** 1781 / 1784

**Dimensão e suporte:** 1 liv.; papel.

**História administrativa, biográfica e familiar:** Instituição devocional erigida em 1725, em honra de Nossa Senhora das Neves, com estatutos aprovados por D. Rodrigo de Moura Teles, arcebispo de Braga. Estava localizada na igreja do Salvador, freguesia de Minhotães, concelho de Barcelos. Em 1781, os seus estatutos foram reformados, tendo sido novamente aprovados por provisão de 18 de julho de 1783, de D. Gaspar de Bragança, arcebispo de Braga. Também foi designada, apenas, por Confraria de Nossa Senhora das Neves de Minhotães. Ainda hoje se mantem em atividade esta confraria. As atividades da confraria, direcionadas para o culto de Nossa Senhora, incluíam a celebração da festa religiosa no terceiro domingo de agosto, e diversas obrigações, entre as quais a celebração de sufrágios por alma dos irmãos defuntos.

**Âmbito e conteúdo:** Inclui os estatutos da confraria, reformados em 1781 e finalmente aprovados em 1783, revelando as diversas obrigações da confraria. Inclui uma lista dos lugares que compunham "o giro" da confraria: Famalicão, Brufe, Vilarinho, Balazar, Negreiros, Chorente, Carvalhas, Silveiros, S. Romão, S. Miguel da Carneira, Cambezes, Jezufrei, S. Tiago da Cruz e Gavião. Inclui ainda o registo, lavrado em 24 de junho de 1784, da união, à mesma confraria, do dinheiro que fora enviado da América, por um paroquiano, para o SS.mo Sacramento da mesma igreja.

**Sistema de organização:** Apenas uma unidade de instalação.

**Cota:** IV-3.ª-1-3

**Instrumentos de pesquisa:** Recenseamento.

**Notas do arquivista:** Descrição arquivística por Ana Maria Leitão Bandeira, em 2013, com base na análise da própria documentação.


## Confraria de Santa Maria Madalena de Montemor-o-Velho

**Código de referência:** PT/AUC/CIM/CSMMMV

**Título:** Confraria de Santa Maria Madalena de Montemor-o-Velho

**Datas de produção:** 1480 / 1532

**Dimensão e suporte:** 2 liv.; pergaminho.

**História administrativa, biográfica e familiar:** Instituição de carácter assistencial, a pobres e enfermos, que possuía também um hospital, tendo sido erigida junto à igreja de Santa Maria Madalena, de Montemor-o-Velho. Desconhece-se a data exata da sua fundação, sendo conhecidos documentos que a ela se referem já em 1426. Recebeu como confrades homens e mulheres, sobrevivendo com os bens patrimoniais que lhe eram entregues por legado pio. Possuiu regimento e compromisso dado em 1495 aprovado pelo rei D. Manuel, de que se conhece apenas o traslado feito em 1790. Uma parte dos seus rendimentos, designada "sobejos das rendas", foi anexada ao Hospital Real de Coimbra, em 1568. Findou a sua existência em 1588, pois a Provisão régia de 1 de junho desse ano, determinou a anexação de todos os seus bens ao referido hospital.

**Âmbito e conteúdo:** Inclui tombos de bens da confraria, de 1480 e de 1519, com indicação do nome dos confrades e bens patrimoniais que estes doaram à Confraria. O primeiro, em forma de traslado, foi elaborado por João de Bolonha, escudeiro e tabelião público em Montemor-o-Velho e, também ele, confrade da dita instituição. Neste tombo ficaram também registadas as entradas de confrades, sendo o último registo desta natureza de 1532. O segundo tombo foi ordenado por Diogo Lopes Pratas, juiz ordinário de Montemor-o-Velho, sendo também um traslado de documentos, não datados, que lhe foram apresentados pelos confrades.

**Sistema de organização:** Ordenação cronológica.

**Cota atual:** V-3.ª-cofre – n.º 41; IV-2.ªE-7-4-50

**Instrumentos de pesquisa:** Recenseamento.

**Notas do arquivista:** Descrição arquivística por Ana Maria Leitão Bandeira, em 2013, com base na análise da própria documentação.

Nota a História administrativa: o traslado do regimento e compromisso de 1495, datado de 1790, feito pelo paleógrafo Padre Manuel Rosado Varelo, encontra-se inserido no fundo documental da Universidade de Coimbra, cota AUC-IV-2.ªE-7-4-34/35.


## Confraria de Santa Maria de São Bartolomeu de Coimbra

**Código de referência:** PT/AUC/CIM/CSMSBC

**Título:** Confraria de Santa Maria de São Bartolomeu de Coimbra

**Datas de produção:** 1504 / 1504

**Dimensão e suporte:** 1 liv; pergaminho.

**História administrativa, biográfica e familiar:** Instituição assistencial sediada em Coimbra, cuja data de fundação é desconhecida, mas que teve compromisso elaborado em 1343. Este compromisso revela o nome de cerca de 50 fiéis que, em devoção e honra de Nossa Senhora, fundaram a confraria. Esteve localizada na que é hoje designada rua de Adelino Veiga, na zona onde foi edificado o Paço do Conde, tal como o relata o dito compromisso, ao referir que se situava no terreiro, frente às casas que então eram do conde de Cantanhede. Findou a sua existência, por ocasião da reforma assistencial levada a cabo pelo rei D. Manuel que, em 1504, determinou a sua anexação ao Hospital Real de Coimbra.

**Âmbito e conteúdo:** Inclui traslado do compromisso datado de 1343, seguido de tombo de bens, elaborado pelo Lic. Diogo Pires, do Desembargo do Paço. Inclui ainda traslado de 1504, do testamento de D. Constança Anes, mulher de Afonso Anes, almoxarife de Coimbra que, em 1397, legou bens à dita albergaria e confraria.

**Sistema de organização:** Apenas uma unidade de instalação.

**Cota atual:** IV-2.ªE-7-5-1

**Instrumentos de pesquisa:** Recenseamento.

**Notas do arquivista:** Descrição arquivística por Ana Maria Leitão Bandeira, em 2013, com base na análise da própria documentação.

Nota a Âmbito e conteúdo: nas folhas sequentes ao tombo de bens foram lançados outros registos, após a extinção da confraria, quando os bens já estavam na posse do Hospital Real de Coimbra, nomeadamente a indicação de novos rendeiros, em 1573, bem como um índice de localidades, lavrado em 1611.

## Confraria de Santa Maria da Vera Cruz de Coimbra

**Código de referência:** PT/AUC/CIM/CSMVCC

**Título:** Confraria de Santa Maria da Vera Cruz de Coimbra

**Datas de produção:** 1503 / 1504

**Dimensão e suporte:** 1 liv.; pergaminho.

**História administrativa, biográfica e familiar:** Instituição assistencial formada por albergaria e hospital para apoio à população pobre. Esteve sediada na rua de Tinge-rodilhas, desconhecendo-se a data de fundação, apesar de ter compromisso datado de 1434, elaborado pelo corregedor de Coimbra, João (ou Joane) Mendes. Foi também designada por Confraria de Santa Cruz ou por Albergaria e hospital de Vera Cruz. Findou a sua existência, ao ser anexada ao Hospital Real de Coimbra, em 1504, num processo de centralização da assistência hospitalar, levada a cabo pelo rei D. Manuel.

**Âmbito e conteúdo:** Inclui tombo de bens mandado fazer pelo rei D. Manuel, através do Lic. Diogo Pires, do Desembargo do Paço, sendo notário João Dias. Inclui ainda traslado, feito em 1503, do testamento de D. Lourença, mulher de Francisco Lourenço, redigido em 1332. Por este testamento, instituiu uma capela, na igreja de Santa Justa, com bens vinculados que passariam para a Confraria da Vera Cruz, quando a capela se extinguisse. Retrata os bens patrimoniais da confraria, sitos em Coimbra: casas, olivais, cortinhais. Inclui também traslado, de 1504, do compromisso elaborado em 1434.

**Sistema de organização:** Apenas uma unidade de instalação.

**Cota atual:** IV-2.ªE-7-5-1

**Instrumentos de pesquisa:** Recenseamento.

**Notas do arquivista:** Descrição arquivística por Ana Maria Leitão Bandeira, em 2013, com base na análise da própria documentação.


## Confraria de São Lourenço de Coimbra

**Código de referência:** PT/AUC/CIM/CSLC

**Título:** Confraria de São Lourenço de Coimbra

**Datas de produção:** 1503 / 1503

**Dimensão e suporte:** 1 liv; pergaminho.

**História administrativa, biográfica e familiar:** Instituição de assistência que possuía um pequeno hospital, à semelhança de outras instituições medievais congéneres. Esteve localizada na antiga rua da Mancebia Velha ou seja, a rua da Figueira Velha, como também se designou, na baixa de Coimbra. Teve compromisso elaborado em 1434, apesar de a instituição ser de data anterior. Findou a sua existência ao ser anexada ao Hospital Real de Coimbra, em 1504, num processo de centralização da assistência hospitalar, levada a cabo pelo rei D. Manuel.

**Âmbito e conteúdo:** Inclui o traslado do compromisso elaborado em 1434. Inclui ainda o tombo de bens mandado fazer pelo rei D. Manuel, a cuja ordem deu cumprimento o Lic. Diogo Pires, do Desembargo do Paço, tendo sido redigido pelo notário João Dias. Retrata o património da confraria, com bens situados em diversas ruas de Coimbra: casas, cortinhais e olivais.

**Sistema de organização:** Apenas uma unidade de instalação.

**Cota atual:** IV-2.ªE-7-5-1

**Instrumentos de pesquisa:** Recenseamento.

**Notas do arquivista:** Descrição arquivística por Ana Maria Leitão Bandeira com base na análise da própria documentação, em 2014.


## Confraria de São Marcos de Coimbra

**Código de referência:** PT/AUC/CIM/CSMC

**Título:** Confraria de São Marcos de Coimbra

**Datas de produção:** 1503 / 1503

**Dimensão e suporte:** 1 liv.; pergaminho

**História administrativa, biográfica e familiar:** Instituição de carácter assistencial com origem em 1290, data em que lhe foi dado compromisso. À semelhança de outras instituições medievais de assistência possuiu um hospital ou albergaria. Esteve sediada no Beco de S. Marcos, em local próximo daquele onde veio a estar instalado o Colégio Novo ou Colégio de Santo Agostinho, em cujo edifício está hoje instalada a Faculdade de Psicologia. Findou a sua existência ao ser anexada ao Hospital Real de Coimbra, em 1504, num processo de centralização da assistência hospitalar, levada a cabo pelo rei D. Manuel.

**Âmbito e conteúdo:** Inclui traslado do compromisso da Confraria feito originalmente em 1290, seguido do tombo de bens, mandado fazer pelo rei D. Manuel, pelo Lic. Diogo Pires, do Desembargo do Paço. O tombo retrata os bens rústicos e urbanos que possuía, em diversos locais de Coimbra, como: Sete Fontes, Mainça, S. Romão, Montes Claros, etc.

**Sistema de organização:** Apenas uma unidade de instalação.

**Cota atual:** IV-2.ªE-7-5-1

**Instrumentos de pesquisa:** Recenseamento.

**Notas do arquivista:** Descrição arquivística por Ana Maria Leitão Bandeira, em 2013, com base na análise da própria documentação.


## Confraria de São Nicolau de Coimbra

**Código de referência:** PT/AUC/CIM/CSNC

**Título:** Confraria de São Nicolau de Coimbra

**Datas de produção:** 1503 / 1503

**Dimensão e suporte:** 1 liv.; pergaminho.

**História administrativa, biográfica e familiar:** Instituição de assistência fundada em Coimbra, em 1144. De acordo com o seu compromisso, esta instituição tinha como finalidade o apoio à sobrevivência dos mais necessitados, à semelhança das instituições mutualistas (montepios, associações de socorros mútuos, etc.). O seu edifício terá estado localizado em propriedade do Mosteiro de Santa Cruz de Coimbra. Findou a sua existência ao ser anexada ao Hospital Real de Coimbra, em 1504, num processo de centralização da assistência hospitalar, levada a cabo pelo rei D. Manuel.

**Âmbito e conteúdo:** Inclui traslado, feito em 1503, do compromisso da Confraria, lavrado em 1144. Inclui também, em registo sequente ao compromisso, o tombo de bens, mandado fazer por D. Manuel, através do Lic. Diogo Pires que assina o mesmo tombo, sendo a redação de João Dias.

**Sistema de organização:** Apenas uma unidade de instalação.

**Cota atual:** IV-2.ªE-7-5-1

**Instrumentos de pesquisa:** Recenseamento.

**Notas do arquivista:** Descrição arquivística por Ana Maria Leitão Bandeira, em 2013, com base na análise da própria documentação.


## Confraria do Senhor das Maçãs de Dona Maria

**Código de referência:** PT/AUC/CIM/CSMDM

**Título:** Confraria do Senhor das Maçãs de Dona Maria

**Datas de produção:** 1577 / 1577

**Dimensão e suporte:** 1 liv.; papel.

**História administrativa, biográfica e familiar:** Confraria devocional erguida pelos fiéis de Maçãs de Dona Maria, freguesia do concelho de Alvaiázere, para a qual legaram bens diversos, na mesma localidade. A sua fundação deve ser de data aproximada à do tombo de bens, lavrado em 1577.

**Âmbito e conteúdo:** Inclui tombo de bens da confraria, com termo de abertura, datado de 1577, autenticado por Simão Rangel de Castelo Branco, vigário da igreja de Maçãs de Dona Maria. Apresenta os nomes de todos os fiéis que legaram bens à confraria.

**Sistema de organização:** Apenas uma unidade de instalação.

**Cota atual:** IV-3.ª-1-3

**Instrumentos de pesquisa:** Recenseamento.

**Notas do arquivista:** Descrição arquivística por Ana Maria Leitão Bandeira, em 2013, com base na análise da documentação.

# Irmandade e Confraria do Santíssimo Sacramento de Minhotães

Código de referência: PT/AUC/CIM/ICSSM

Título: Irmandade e Confraria do Santíssimo Sacramento de Minhotães

Datas de produção: 1769 / 1770

Dimensão e suporte: 1 liv.; papel.

História administrativa, biográfica e familiar: Irmandade devocional, instituída na igreja de Minhotães, freguesia do concelho de Barcelos, com o propósito de venerar o SS.mo Sacramento, colocado, desde 1750, naquela igreja. De acordo com os estatutos da confraria, deveria engrandecer o culto divino do SS.mo Sacramento, fazer o devido acompanhamento dos confrades, no seu enterramento e fazer a festa que se comemorava no quarto domingo de agosto. Segundo os mesmos estatutos deveria haver livros de registo de irmãos e inventário de bens, tipologias documentais de que se desconhece a existência. Os seus estatutos foram confirmados por provisão de D. Gaspar de Bragança, arcebispo de Braga, datada de 17 de maio de 1770.

Âmbito e conteúdo: Inclui estatutos em que se estipula a organização da irmandade, bem como a forma de celebração da festa do SS.mo Sacramento. Entre outras obrigações, ficou estipulada a celebração de missa cantada, no quarto domingo de cada mês, em louvor do SS.mo Sacramento. Dá a conhecer alguns dos membros da irmandade, em 1769, como o Pe. Manuel Gomes, o Pe. Pedro da Costa Machado ou o reitor da igreja de Minhotães, Caetano Barbosa da Silva.

Sistema de organização: Apenas uma unidade de instalação.

Cota atual: IV-3.ª-1-3

Instrumentos de pesquisa: Recenseamento.

Notas do arquivista: Descrição arquivística por Ana Maria Leitão Bandeira, em 2013, com base na análise da própria documentação.

# Irmandade de Nossa Senhora do Carmo da Marmeleira

Código de referência: PT/AUC/CIM/INSCM

**Título:** Irmandade de Nossa Senhora do Carmo da Marmeleira

**Datas de produção:** 1701 / 1744

**Dimensão e suporte:** 1 u. i. (liv.); papel.

**História administrativa, biográfica e familiar:** A Irmandade terá sido instituída no séc. XVI, na Marmeleira (Mortágua), pelo padre Sebastião do Monte Calvário, que veio a reunir um grande número de irmãos. Esta associação tinha por missão a caridade, o socorro mútuo e os serviços piedosos.

**Âmbito e conteúdo:** Contém um livro de contas.

**Sistema de organização:** Contém apenas um livro.

**Cota atual:** III-1ªD-1-5-26

**Instrumentos de pesquisa:** Recenseamento.

**Notas do arquivista:** Fontes de informação ao campo História administrativa: http://www.cm-mortagua.pt/modules.php?name=Sections&sop=viewarticle&artid=40

http://retratoserecantos.pt/freguesia.php?id=1951

Recenseamento e descrição elaborados por Adriana Antunes e Gracinda Guedes em 2013.


## Irmandade de São Tomás de Vila Nova

**Código de referência:** PT/AUC/CIM/ISTVN

**Título:** Irmandade de São Tomás de Vila Nova

**Datas de produção:** 1690 / 1704

**Dimensão e suporte:** 9 liv.; papel

**História administrativa, biográfica e familiar:** Instituição devocional fundada em 1687 na Sé de Coimbra, dedicada ao arcebispo de Valença S. Tomás de Vila Nova. Aclamado como o "pai dos pobres" S. Tomás de Vila Nova foi o patrono da irmandade, erigida pela piedade de Fr. Álvaro de S. Boaventura, bispo de Coimbra, que, no entanto, não conseguiu ver a sua fundação por, entretanto, ter falecido. Por negócios havidos entre membros do cabido de Valença e o de Coimbra, ofereceram os primeiros, a Coimbra, uma relíquia do santo para sua devoção.

A relíquia foi trazida de Valença pelo cónego Luís Loureiro de Albuquerque, professor da faculdade de Cânones. Ficou, inicialmente, depositada no convento de S. Francisco da Ponte e dali foi levada em procissão, pelo bispo D. João de Melo, para a Sé Nova, onde ficou colocada, em altar que lhe foi dedicado. Para fomentar a piedade dos devotos, o cabido resolveu erigir na Sé uma irmandade que lhe estivesse dedicada. De acordo com os seus estatutos recebia irmãos e irmãs (que tinham de fazer prova de serem cristãos-velhos) que trajavam vestes brancas, com murça preta, na qual ostentavam, em cor vermelha, as armas de São Tomás. A instituição sobrevivia com as esmolas dos seus membros, que, por disposições estatutárias, ficavam obrigados, ao acompanhamento fúnebre dos que faleciam, à visita dos doentes e à celebração da festa do padroeiro, em 18 de janeiro. Tinha uma mesa da irmandade, a quem competia tomar todas as deliberações, formada por juiz, escrivão, procurador, tesoureiro, visitadores, mordomos e quatro irmãos, dos quais dois eram sempre cónegos da Sé. O bispo de Coimbra era, geralmente, o juiz da irmandade. Foi também designada como Confraria do Glorioso Santo Tomás de Vila Nova.

**Âmbito e conteúdo:** Inclui livro de estatutos, confirmados pelo bispo-
-conde D. João de Melo, em 10 de janeiro de 1692. Inclui ainda livros de receitas e despesas que dão a conhecer as receitas de esmolas recebidas, por donativos de irmãos e de particulares, bem como as despesas diversas (celebração de missas por alma dos irmãos, armação da capela, aquisição de cera, limpeza, pivetes, etc.). Ilustra os nomes de alguns irmãos, entre os quais se podem citar o impressor Manuel Barreto (1693) os livreiros João Antunes (1696) e José Antunes (1701) que também foi tesoureiro e o cónego D. Fernando de Almeida (1696).

**Sistema de organização:** Ordenação cronológica.

**Cota atual:** III-1.ªD-2-4-97 a 104; IV-3.ª -1-3

**Instrumentos de pesquisa:** Inventário.

**Notas do arquivista:** Descrição arquivística por Ana Maria Leitão Bandeira, em 2013, com base na análise da própria documentação.

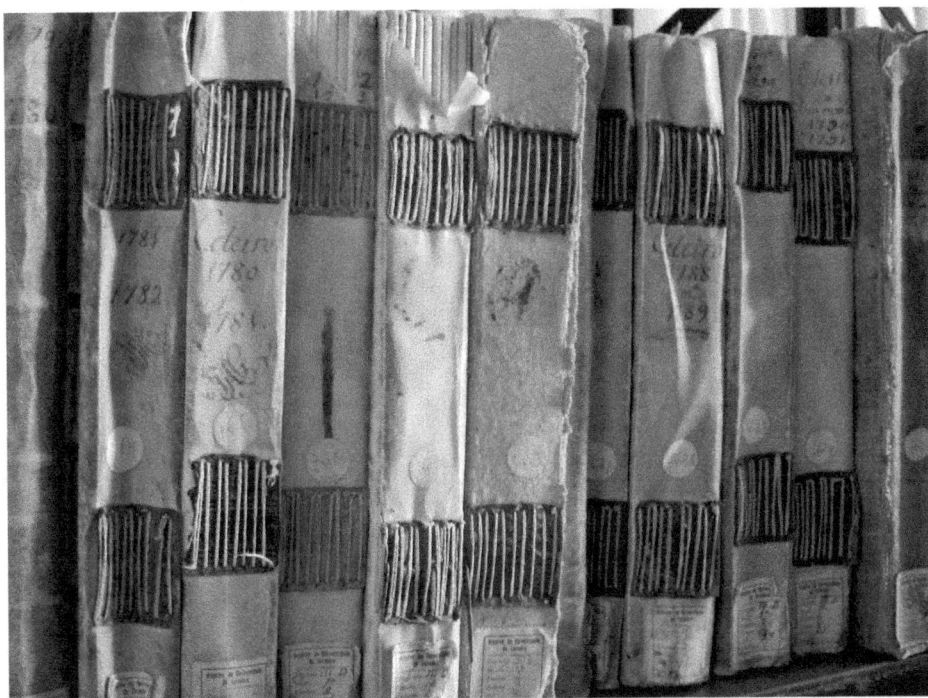

Livros do Celeiro do Cabido de Coimbra

## Cabido da Sé de Coimbra

**Código de referência:** PT/AUC/DIO/CSCBR
**Título:** Cabido da Sé de Coimbra
**Datas de produção:** 1227 / 1879
**Dimensão e suporte:** 2055 u. i. (46 cx., 1941 liv., 24 mç., 19 pt. (465 doc.), 25 rl.); pergaminho e papel.
**História administrativa, biográfica e familiar:** O Cabido da Sé de Coimbra é um órgão colegial formado por todos os cónegos da Sé de Coimbra que tem por função coadjuvar o bispo na administração da diocese, seja em termos espirituais como em temporais, na gestão de um vasto património que possuiu desde a Idade Média até que, em 20 de abril de 1911, foi promulgada a Lei da Separação do Estado e da Igreja, pelo Ministério da Justiça e Cultos, tendo sido nacionalizados os bens da Igreja. A data de fundação do Cabido da Sé de Coimbra tem sido atribuída a 1086. Em 1080, chegou a Coimbra o Bispo D. Paterno que fora convidado por D. Sesnando, alvazil de Coimbra, devendo-se-lhe a reorganização da instituição eclesiástica a que presidiu. Pela Carta de 13 de abril de 1086 (documento de D. Paterno e do alvazil de Coimbra D. Sesnando) foi feita a reorganização do grupo de clérigos que coadjuvava o bispo e que vieram a chamar-se os cónegos da Sé de Coimbra ou cabido catedralício. O número de cónegos do Cabido da Sé de Coimbra foi fixado em trinta, pelo bispo D. Gonçalo (1108-1125). O Cabido e o bispo D. Afonso Nogueira (1453-1459) limitaram a vinte e sete o número de cónegos e dignidades capitulares, os designados canonicatos ou prebendas capitulares que eram providas, inicialmente, pelo bispo de Coimbra mas, depois, foram também providos pelo rei. O poder régio sobrepôs-se ao poder dos bispos, de tal forma que, por Decreto

de 5 de agosto de 1833, esse provimento passou a ser feito pelo rei. No seio do Cabido da Sé de Coimbra havia um cónego magistral (doutor em Teologia) e um cónego doutoral (pelo menos com o grau de licenciado em Cânones) de acordo com a bula *Credita nobis*, do Papa Paulo III, de 1 de março de 1540. Mais tarde, estas conezias passaram a ser providas por concurso, de acordo com o Decreto de 25 de agosto de 1859. Entre os membros do Cabido, havia também quatro cónegos com o designado "ónus do ensino", por exercerem o magistério no Seminário de Coimbra. Entre as dignidades capitulares figuravam: o deão, o chantre, o mestre--escola, o tesoureiro mor, havendo ainda as dignidades extra capitulares, nas quais se englobavam quatro arcediagos (dos arcediagados de Penela, Seia, Vouga e Coimbra). Alem dos cónegos, existiam ainda os seguintes membros do Cabido: os porcionários (ou meios cónegos) e os tercenários que, por sua vez, foram extintos pelo *motu proprio Christus Dominus Dei Filius*, do Papa Pio VI, de 20 de junho de 1778. Havia ainda os capelães que estavam adstritos à catedral, para auxiliarem na celebração de missas, dos legados pios. As rendas e bens do bispado de Coimbra encontravam-se divididos em bens e rendas da Mesa Episcopal (ou Mitra Episcopal, os bens e rendas do Bispo) e da Mesa Capitular (os bens e rendas do Cabido). Deve-se ao bispo D. Pedro Soares (1192-1233) a divisão de bens do bispado de Coimbra, sendo dois terços para o Bispo e um terço destinado ao Cabido.

O Cabido da Sé de Coimbra administrava um vasto património for-mado por doações régias e de particulares, assim como por doações do próprio Bispo de Coimbra. Podem referir-se as doações primitivas, do Conde D. Henrique e de D. Teresa, em 1109, do mosteiro de Lorvão e as doações feitas pelos prelados episcopais das rendas das igrejas de Pedrógão, Avô, Murtede, entre outras. Por sua vez, também o Papa Bonifácio IX, pela bula *Pastoralis Oficii*, datada de 1 de novembro de 1401, anexou a igreja de Santa Maria de Assafarge e a de São Julião da Foz do Mondego (*i. e.* Figueira da Foz). Estes bens eram administrados por um prebendeiro, a quem competia a distribuição dos rendimentos por todos os membros do Cabido. Os primeiros Estatutos do Cabido datam de 1455, sendo vigário-geral Afonso Vicente, tratando-se de uma reunião de documentos que estavam dispersos, relativos a cada classe de clérigos da sé catedral. Recebeu, em 1571, Estatutos dados pelo bispo D. João Soares (1545-1572) que se mantiveram, apesar de algumas atualizações, podendo referir-se as que foram feitas com as Constituições do bispado, de D. Afonso Castelo Branco, de 1595 ou a reforma operada por D. Miguel da Anunciação, em 22 de dezembro de 1741. Os capelães do cabido administravam os bens da Confraria de Nossa Senhora, também designada Confraria de Nossa Senhora da Sé ou, apenas, Confraria da Sé, por ali estar erguida. Era uma confraria que existia, pelo menos, desde o século XIII, obrando com vista à prática de obras de misericórdia, da qual faziam parte os beneficiados e capelães da Sé.

**Âmbito e conteúdo:** Inclui livros de registo dos acórdãos do Cabido (1498-1822), livros de registo de missas celebradas por disposições pias (1631-1654), livros de registo de cartas régias (1646-1793), livros de receita de cereais no celeiro de Cantanhede (1615-1716), livros de registos de emprazamentos (1475-1821), livros de Estatutos da Sé de Coimbra (1548-1739), livros da contadoria do coro (1515-1847), livros de receita dos beneficiados da Sé (1630-1804), livros de receita das pensões e foros da Confraria dos bacharéis da Sé (1542-1611), livros das rendas recebidas de Cantanhede (1640-1644), livros de receita de foros de Alcarraques (1638-1652), livros de escrituras notariais (1791-1856), tombos de medição e demarcação de bens sitos em Aguim, Alcarraques, Alcouce, Almalaguês, Barcouço, Bolho, Bordalo, Casal Comba, Rios Frios, Marmeleira, Souselas, Reveles, Vila Nova de Monsarros, Cegonheira, Pedrogão Grande (1566-1850), livros de receita e despesa, livros de registo de alvarás de pagamento, etc. Inclui ainda documentação avulsa que engloba alvarás de pagamento, pagamento de esmolas, procurações, correspondência recebida, sentenças judiciais, etc. Inclui também documentação avulsa, formando uma coleção de pergaminhos (465 doc.) relativos a sentenças, emprazamentos, documentação pontifícia (bulas, breves, rescritos). Contempla missal medieval com notação musical (séc. XIV), Censual do bispado de Coimbra (séc. XIV), tombo de bens designado "Livro dos Pregos da Sé de Coimbra" (1450). Contempla ainda uma série documental formada por correspondência com outros cabidos.

**Sistema de organização:** Organização por séries documentais e, dentro desta, ordenação cronológica, existindo ainda algumas séries sem ordenação.

**Cota atual:** III-1.ªD-1 a 5; V-3.ª-Móv. 1 Gav. 1 a Gav. 8; V-3.ª-Móv. 2, Gav. 2, 4, 5, 6, 7; V-3.ª-Móv. 3 - Gav. 3, 5, 7; V-3.ª-Móv. 7 - Gav. 3, 4, 5, 7; V-3.ª-Móv. 11 - Gav. 1; V-3.ª-Móv. 13 - Gav. 3

**Instrumentos de pesquisa:** Inventário e PEREIRA, Marcelino Rodrigues - *Catálogo de pergaminhos do Cabido da Sé de Coimbra*. Coimbra: AUC, s. d. (texto Word).

**Notas do arquivista:** Descrição arquivística por Ana Maria Leitão Bandeira, em 2014, com base na análise da própria documentação e nas seguintes fontes: Instrumentos de pesquisa; COSTA, Avelino de Jesus da - *A biblioteca e o Tesouro da sé de Coimbra nos séculos XI a XVI*. Coimbra, 1983; QUEIRÓS, Abílio Ferreira Marques de - *Missal Medieval da Sé de Coimbra* (Tese de Mestrado em Ciências Musicais apresentada à Faculdade de Letras da Universidade de Coimbra). Coimbra, 1993.

Nota a História administrativa - para a sua redação foi utilizada, sobretudo, a obra: CARDOSO, A. Brito - *O Cabido da Catedral de Coimbra. Notas Históricas*. Coimbra: Gráfica de Coimbra, 2002 e também QUEIRÓS, Abílio – "Estatutos da Confraria dos Bacharéis da Sé de Coimbra". *Boletim do Arquivo da Universidade de Coimbra* 19-20 (2000), pp. 75-92.


## Colegiada do Salvador

**Código de referência:** PT/AUC/DIO/CS

**Título:** Colegiada do Salvador

**Datas de produção:** 1416/ 1853

**Dimensão e suporte:** 28 u. i. (1 cad.; 6 cx., 22 liv., 1 pt.); pergaminho e papel.

**História administrativa, biográfica e familiar:** À semelhança de outras colegiadas de Coimbra, a Colegiada do Salvador esteve localizada numa igreja que era sede de uma das paróquias da cidade, estando sujeita à autoridade do bispo de Coimbra. A designação não foi uniforme ao longo do tempo, sendo identificada como Colegiada do Salvador (*i. e.* "Salvador do Mundo"), mas também como S. Salvador e N.ª S.ª do Salvador.

Possuía estatutos que regulamentavam o seu funcionamento, quanto ao culto divino, a administração patrimonial e a sua organização interna. O corpo de beneficiados, presididos por um prior, tomava todas as decisões internas em cabido, reunindo-se pelo menos uma vez por mês. Só podiam estar presentes, em cabido, os beneficiados que tivessem ordens sacras, pois havia também aqueles que apenas eram minoristas (*i. e.* com ordens menores). Eram eleitos em cabido, anualmente, em véspera de S. João Baptista, entre o corpo de beneficiados, aqueles que ocupavam os seguintes cargos: contador do coro, repartidor das benesses, repartidor do vinho e da tulha, recebedor e escrivão da fábrica da igreja, recebedor dos foros em dinheiro, celeireiro e escrivão do celeiro, prioste, tesoureiro, solicitador das causas ou demandas, hebdomadário e o beneficiado a quem competia o governo da estante, sendo para isso escolhido o que melhor soubesse cantar por arte. Por Carta de Lei de 16 de junho de 1848 ordena-se uma redução das colegiadas existentes no país, nos casos em que estas não obtivessem rendimentos que lhes permitissem sobreviver. Esta situação havia sido criada pela extinção dos dízimos, em 1834, com os quais as mesmas colegiadas se sustentavam. Refira-se que as côngruas dos beneficiados das colegiadas provinham dos foros e dízimos e com a sua abolição ficavam estas instituições sem meios de subsistência.

Foram suprimidas, em 1854, pelo bispo de Coimbra as colegiadas que ainda estavam em atividade e todo o seu património foi doado, *in solidum*, ao Seminário Maior da diocese, o qual passou a administrar os bens que lhes foram anexados. Esta situação ficava a dever-se ao preceituado na referida Carta de Lei, em cujo art.º 7 se determinava que os bens das colegiadas extintas fossem aplicados na manutenção dos seminários.

**Âmbito e conteúdo:** Engloba os Estatutos desta igreja do Salvador, aprovados em 24 de novembro de 1736 pelo promotor do bispado Manuel de Abranches da Costa e pelo vigário capitular e governador do bispado Dr. Manuel Moreira Rebelo. Terão existido estatutos de data mais antiga que se perderam. Nos estatutos ficaram registadas, em 57 capítulos, todas as obrigações do prior, beneficiados e oficiais da colegiada, bem como indicações sobre a forma de vencimento e distribuição pelos beneficiados, de benesses, vinho, cereal, aves, azeite, etc., e outras indicações relativas à prática cultual, como a indicação dos dias de culto e solenidades, a procissão a N.ª S.ª de Nazaré, para a qual se distribuíam 10 dias para a jornada, etc. Os estatutos revelam também a ligação que se estabelecia com a colegiada que certamente sobrevivia com donativos, como aqueles que são referidos no cap. 56 além do que os estudantes desta freguesia dão na Quaresma... Engloba livros com originais e cópias de escrituras de emprazamento, renúncia de direito e usufruto, permuta, livros de registos de receitas e despesas, tombos de bens, etc. Os livros originais de emprazamentos de 1567 a 1595 já não existem, mas deles foram feitos traslados em 1701, autenticados por Manuel Leal Bravo.

A documentação refere as propriedades que a colegiada possuía, formadas por casas, olivais, cortinhais, vinhas, hortas e matos, que se situavam sobretudo no próprio burgo de Coimbra, nas seguintes zonas: Celas, Cidral, Conchada, Sete Fontes, S. Romão, Torgalia, Santa Justa, Arnado, Arregaça, Castelo Viegas, Portela, Romal, Marrocos, Vale dos Malheiros, Mainça, Porta Nova, Tovim, etc. Entre as ruas do centro urbano, onde estavam localizadas casas e pequenas propriedades, podemos citar: Rua da Sota, Rua das Covas, Rua de S. Gião, Rua do Loureiro, Rua do Salvador, Rua da Calçada e Arco de Almedina. Possuía, ainda, bens em Miranda do Corvo, Condeixa (Boi Velho), Quimbres, S. Martinho de Árvore e nas localidades da Bairrada e Vila Nova de Poiares. Retrata o património da colegiada, formado por propriedades no termo de Coimbra e no termo da Mealhada, através de tombos de medição e demarcação de Sepins, Bolho e Marmeleira do Botão que foram feitos pelo juiz do tombo Dr. Tomás de Brito Martins Macedo Guedes. Inclui o traslado do séc. XVIII de um livro de Registo de aniversários e missas por alma de benfeitores (de 1524) que foi também utilizado para nele se lançarem os títulos de casas e propriedades rústicas e um índice dos Livros de emprazamentos. Este livro inclui também a cópia (séc. XVIII) do inventário de bens de raiz da colegiada, mandado fazer em 1618 pelo bispo D. Afonso Furtado de Mendonça. Os livros de receita e despesa retratam receitas de foros de casas e as despesas gerais da colegiada e administração patrimonial, incluindo um livro que contém apenas os rendimentos da fábrica da igreja. Podem apontar-se alguns exemplos de despesas: corda para os sinos, compra de cera e incenso, conserto dos frontais de altar, pagamento a quem cantou a Paixão de sexta-feira Santa, as propinas dos Reis, conserto da cruz, etc. Inclui ainda livro de Resoluções do cabido e costumes da Colegiada que revela as decisões diversas tomadas, quanto a requerimentos apresentados para abatimento de foro, provimento de benefícios vagos, com auto de colação e auto de posse, relação de esmolas que se levam por ofícios ou bem de alma, inse-rindo também cópias de avisos e circulares do vigário geral da diocese.

Os volumes com a indicação original, aposta em rótulo na lombada: *Vários títulos e conhecimentos do cartório* incluem documentação de tipologia diversa (escrituras de emprazamento, aforamento, sentenças, colações, etc.) relativa a bens nos seguintes locais: Zouparria do Campo, Quinta da Maia, Casal do Rolim, etc. A documentação avulsa, em pro-cessos, ilustra as questões judiciais dirimidas por litígios com devedores de foros e rendas.

**Sistema de organização:** Organização por séries documentais e orde-nação cronológica.

**Cota atual:** III-1ª D- 8-4-55; III-1ª D- 8-5-1 a 4; V-3.ª-Móv. 14-Gav. 4

**Instrumentos de pesquisa:** Inventário das séries e Relatório de estado de conservação.

**Notas do arquivista:** Descrição realizada por Abílio Queirós - 26/12/2006.


## Colegiada de Santa Justa

**Código de referência:** PT/AUC/DIO/CSJ

**Título:** Colegiada de Santa Justa

**Datas de produção:** 1487-05-23 / 1842-10-15

**Dimensão e suporte:** 71 u. i. (65 liv.; 6 cx.); pergaminho e papel.

**História administrativa, biográfica e familiar:** O mosteiro e a igreja de Santa Justa remontam ao século XII, cabendo ao presbítero Rodrigo a construção da igreja e a fundação do mosteiro. Há também testemunho documental de que foi D. Maurício, então Bispo de Coimbra, que fez a doação da igreja, ficando esta dependente de S. Pedro de Rates. Santa Justa foi colegiada desde 1567 a 1866. Em 1708, enormes inundações no Mondego atingiram gravemente os edifícios da baixa da cidade, entre os quais, a igreja de Santa Justa; os estragos causados levaram os clérigos da colegiada a abandoná-lo definitivamente. Em 24 de agosto de 1710, foi benzida a primeira pedra da nova igreja de Santa Justa no local onde agora se encontra. A construção durou 13 anos e seis meses, tendo sido concluída a 28 de fevereiro de 1724. Santa Justa foi paróquia durante os mesmos séculos, ocorrendo a sua extinção em 20 de novembro de 1854, ficando incorporada na Paróquia de Santa Cruz. A igreja de Santa Justa foi considerada "monumento nacional de 2ª classe" no Diário do Governo nº 62 de 19 março de 1881.

**Âmbito e conteúdo:** Entre outra, contém: visitações, lembranças de foros, testamentos, legados pios, obrigações de missas, certidões de missas de tércia em aniversário, títulos de missas, contadorias de missas, acompanhamentos, repartição de esmolas dos ofícios, livro da contadoria, livro da contadoria do coro e benesses, lembrança das aves a pagar em cada ano, arrematações, foros, índice de prazos e títulos, propriedades, escambos, contas do celeiro, mapa das rendas, livros de cobranças e vendas, receitas e despesas, pagamentos, premissas, distribuição dos serviços eclesiásticos, tombos, índice de enfiteutas, libelo de comisso, petições, sentenças, etc.

**Sistema de organização:** Documentação não tratada arquivisticamente, mas com ordenação cronológica.

**Cota atual:** III-1ª D

**Instrumentos de pesquisa:** Recenseamento.

**Notas do arquivista:** Descrição Elaborada por Júlio Ramos e Elisabete Dias, 2012.

Fonte de informação para a História administrativa: CAMPOS, Maria Amélia Álvaro de – *Santa Justa de Coimbra na Idade Média: o espaço urbano, religioso e socioeconómico*. FLUC: Coimbra, 2012 (tese de Doutoramento).

## Colegiada de Santa Maria da Oliveira de Guimarães

**Código de referência:** PT/AUC/DIO/CSMOG

**Título:** Colegiada de Santa Maria da Oliveira de Guimarães

**Datas de produção:** 0983 / 1842

**Datas de acumulação:** 1139-1842

**Dimensão e suporte:** 4 pt. (6 cad., 71 doc.); pergaminho e papel.

**História administrativa, biográfica e familiar:** Igreja colegiada do clero secular que terá sido a mais antiga do país. A sua gestão era feita por um corpo de cónegos, reunidos em cabido, tendo à sua cabeça um prior. A sua origem radica no antigo Mosteiro de Mumadona, fundado cerca de 950, também designado por Mosteiro de Guimarães. De acordo com a tradição, o primeiro rei de Portugal, D. Afonso Henriques, terá sido batizado na igreja desse mosteiro. Por sua vez, a colegiada foi fundada por D. Afonso Henriques, em 1139. A vida da instituição está também intimamente ligada ao Mosteiro de S. Torcato, em Guimarães, do qual veio a receber todos os bens, quando este foi extinto em 1474. Recebeu diversos privilégios, concedidos pelos primeiros reis de Portugal (D. Sancho I, D. Sancho II, D. Afonso III, D. Dinis, D. Afonso IV), tendo recebido dos restantes monarcas a confirmação desses privilégios e a proteção régia, razão pela qual usava os títulos de "Insigne e Real" Colegiada.

Era donatária dos coutos de S. Torcato, de Codeçoso e de Aboim, nos quais detinha a jurisdição civil e eclesiástica. Todos os moradores destes coutos gozavam as regalias, isenções e liberdades permitidas pelos privilégios concedidos à colegiada, chamados vulgarmente de "Tábuas vermelhas". Os seus bens estendiam-se por diversos locais, como Gondesende, Ferreira, Alvarenga, Creixomil, Azurei, Reboreda, etc. Possuía o padroado das igrejas de S. Cosme de Lobeira, Rendufe, S. Paio e S. Miguel do Castelo, Santa Ovaia de Fermondães e S. Miguel de Creixomil. Não raramente entrou em conflito com os arcebispos de Braga, pela jurisdição eclesiástica nos seus coutos e questões de padroado.

Recebeu também as designações de Colegiada de Guimarães e de Insigne e Real Colegiada de Nossa Senhora da Oliveira de Guimarães.

Por carta de Lei de 16 de junho de 1848, foi autorizada a extinção de todas as colegiadas do país, com exceção das designadas "insignes", entre as quais se contava a Colegiada de Guimarães. Mesmo estas últimas viriam a ser extintas em 1869, pelo Decreto de 1 de dezembro, mas a Colegiada de Guimarães permaneceu ainda em atividade.

**Âmbito e conteúdo:** Inclui cartas régias de privilégios e doações, em original e em pública-forma, enviadas à Colegiada, podendo citar-se, as cartas de D. Afonso Henriques, D. Sancho I, D. Sancho II, D. Afonso III, D. Dinis, D. Afonso IV, D. Pedro I, D. Fernando, etc.

Inclui também cartas de composição entre o prior da colegiada, Gomes Afonso, e o arcebispo de Braga, D. Baltasar Limpo, em 1553, bem como carta da Infanta D. Isabel, como padroeira da Colegiada, autorizando esta concórdia. Inclui ainda documentos pontifícios dos papas Honório III, Gregório IX, Inocêncio V, Pio V, Clemente VIII.

Refiram-se também diversas transcrições de documentos do designado "Livro de Mumadona" e do "Livro de Milagres de Nossa Senhora da Oliveira", o mais antigo livro de milagres que se conhece, valioso documento para o estudo da piedade medieval.

Refiram-se ainda os pareceres jurídicos de diversos professores da Universidade de Coimbra, do séc. XVI, relativos a questões judiciais: os dos Drs. Manuel Barbosa, Luís Correia e Francisco de Caldas Pereira.

**Sistema de organização:** Ordenação cronológica.

**Cota atual:** V-3.ª- Móv. 4 - Gav. 1 a 4

**Instrumentos de pesquisa:** COSTA, Avelino de Jesus da – "Documentos da Colegiada de Guimarães". *Revista Portuguesa de História*, vol. 3 (1947), pp. 561-589.

**Notas do arquivista:** Descrição por Ana Maria Leitão Bandeira, em 2013, com base nos dados recolhidos no instrumento de pesquisa, com atualização por confirmação das unidades de instalação, uma vez que ali se referem documentos que apenas estão inseridos em outros, não existindo enquanto unidades físicas. No citado instrumento de pesquisa figuram pergaminhos do Mosteiro de S. Torcato que, em termos arquivísticos, foi considerado e descrito como um outro fundo documental.

## Colegiada de São Bartolomeu

**Código de referência:** PT/AUC/DIO/CSB

**Título:** Colegiada de São Bartolomeu

**Datas de produção:** 1488-03-27 / 1845-12-07

**Dimensão e suporte:** 38 u. i. (31 liv.; 7 cx.); pergaminho e papel.

**História administrativa, biográfica e familiar:** A primitiva igreja de São Bartolomeu havia sido doada ao mosteiro de Lorvão em 2 de novembro de 957, doação confirmada em 1 de janeiro de 1109, juntamente com as alfaias (cálice, cruz e sinos). Foi destruída na invasão de Almansor em 987 e reconstruída em finais do século XII, numa posição contrária à da atual igreja, isto é, com a capela-mor no local da atual entrada principal. A atual igreja é obra do arquiteto Manuel Alves Macamboa e a primeira pedra foi lançada no dia 16 de julho de 1756, tendo a sagração ocorrido em 27 de dezembro de 1777. As cerimónias da sagração continuaram com a transferência do Santíssimo Sacramento da igreja de S. Tiago, a 3 de janeiro seguinte, tendo sido celebrada a primeira missa a 4 de janeiro e encerradas as cerimónias com um solene *Te Deum*, presenciado pelas mais altas entidades políticas, religiosas e militares e muito povo da cidade e arredores. A igreja é "de uma só nave, de muito simples arquitetura, e nada tem digno de nota". Os retábulos são barrocos e o da capela-mor inclui uma grande tela alusiva ao martírio de S. Bartolomeu. O retábulo do lado do Evangelho é de estilo maneirista, do século XVI. Tem ainda duas pinturas alusivas à Morte e Ressurreição de Cristo. O Diário de Coimbra de 14 de março de 1933 insere uma notícia sobre a hipótese de demolir a igreja de S. Bartolomeu por "ser um edifício velho e desajeitado que se ergue na frente das aspirações dos habitantes da Praça do Comércio e cercanias", propondo para sede da freguesia a igreja de S. Tiago.

**Âmbito e conteúdo:** Entre outra documentação, conta-se: autos de embargo, autos de agravo cível, relação de rendimentos, cartas precatórias e citatórias, liquidações, recibos, tombos de medição, relação de rendimentos, róis de inquilinos, listas de bens, prazos, escrituras de compra e venda, aforamentos, nomeações, sentenças, escrituras de desistência, testamentos, inventários, ordenações, alienações, fianças de foros e direitos, cartas de padrão, etc.

**Sistema de organização:** Documentação não tratada arquivisticamente, mas com ordenação cronológica.

**Cota atual:** III-1ª D

**Instrumentos de pesquisa:** Recenseamento.

**Notas do arquivista:** Descrição elaborada por Júlio Ramos e Elisabete Dias - 2012.

Fontes de informação para a História administrativa: FIGUEIREDO, António Cardoso Borges de - *Coimbra Antiga e Moderna*. Coimbra: Edições Almedina, 1996; GÓIS, Correia - "O S. Bartolomeu em Coimbra". *Diário de Coimbra* de 23 de Agosto de 2001; GUARDADO, Maria Cristina G. - *A Colegiada de S. Bartolomeu de Coimbra em tempos medievais: das origens ao início do século XV*. Coimbra, 1999 (tese de mestrado).


## Colegiada de São Cristóvão

**Código de referência:** PT/AUC/DIO/CSC

**Título:** Colegiada de São Cristóvão

**Datas de produção:** 1407-03-13 / 1842-08-24

**Dimensão e suporte:** 30 u. i. (22 liv.; 8 cx.); pergaminho e papel.

**História administrativa, biográfica e familiar:** A igreja de São Cristóvão ficava no local em que se situou o Teatro de Sousa Bastos, na rua de S. Cristóvão, hoje rua Joaquim António de Aguiar. Foi sede da paróquia de S. Cristóvão. Nesta igreja existiam frescos (pinturas murais). A igreja era da fase do românico condal, e foi mandada edificar por D. João Peculiar durante o governo do conde D. Henrique. Assemelhava-se, na forma, à Sé Velha, mas era mais pequena. Possuía três naves e era abobada apoiada em colunas monolíticas. O portal tinha arquivoltas assentes em colunelos e, sobre este, um segundo portal assente em cachorrada. Tinha um altar--mor e quatro capelas laterais dedicadas a S. Sebastião, Santo António, Senhora da Piedade e Senhora da Purificação. O adro ficava a poente, com corredores laterais (norte-sul), cruzeiro e cemitério. "As capelas eram particulares, panteão de famílias, com administradores privativos e (...) eram bastante frequentadas por devotos". Muito frequentada, a ela "acorria muito concurso de gente, pella grande devossão e alívio que experimentam os devotos do dito santo, quando se veem afectados pelo fastio". Em 6 de abril de 1385, D. João I foi coroado nesta antiga igreja. Em 13 de abril de 1729, é benzido um novo altar-mor com retábulo e tribuna, oferecido por uma paroquiana. O despacho da vistoria é como segue: "... O altar que examiney na capp mayor da igr$^a$. de S. Christovão, era feyto de madeyra e per rezão de o retabollo se puxar mais a fase da d$^a$. capp$^a$., fazendo-se também de madeyra e se não bulio nas paredes da mesa capp$^a$. nem no altar de pedra antigo que se achava no côncavo da capp$^a$. mayor e como se poderá na câmara duvidar passar lic$^a$.". Foi demolida em 1860. Da destruição salvaram-se apenas 5 capitéis que estão no Museu Nacional de Machado de Castro e 2 no palácio do Marquês da Graciosa.

**Âmbito e conteúdo:** Entre outra, contém a seguinte documentação: autos cíveis, sentenças e cabeças de casal, destrinças, autos de medição, róis de privilégios e indulgências, escrituras, tombos de propriedades, prazos, títulos de foros, livros de receita, relatório da fazenda da Igreja.

**Sistema de organização:** Documentação não tratada arquivisticamente, mas com ordenação cronológica.

**Cota atual:** III-1$^a$D

**Instrumentos de pesquisa:** Recenseamento.

**Notas do arquivista:** Descrição realizada por Júlio Ramos e Elisabete Dias – 2013.

Fontes de informação para a História administrativa: GÓIS, Correia – "Recados do Património" - O 'Arqueológico' do Sousa Bastos". *Diário de Coimbra* de 8 de Setembro de 2000. Correia Góis em artigo publicado no *Diário de Coimbra* de 7 de Junho de 1997. MATOS, João da Cunha – *A Colegiada de S. Cristóvão de Coimbra, séculos XII e XIII.* Tomar, 1998.


## Colegiada de São João de Almedina

**Código de referência:** PT/AUC/DIO/CSJA

**Título:** Colegiada de São João de Almedina

**Datas de produção:** 1300 / 1849

**Dimensão e suporte:** 30 u. i. (26 liv.; 4 cx.); pergaminho e papel.

**História administrativa, biográfica e familiar:** A primitiva igreja de São João de Almedina começou a ser edificada em 1129. Dom Bernardo vendeu a Dom Telo uma terra e horta existentes junto dos Banhos Reais ou Banhos da Rainha Santa e aplicou o preço da venda nas obras da igreja. Um documento do Livro Preto da Sé de Coimbra indica que a construção continuava em 1131. O claustro tinha capitéis simplificados de gosto pré-românico. Em 1226 é ditada uma sentença na qual consta que os beneficiados de S. João de Almedina tinham o direito privado de eleger o seu prior. De 1684 a 1704, procedeu-se à reconstrução da igreja, alterando os primitivos cânones arquitetónicos. Em 1922 e 1938, foram executadas obras de adaptação da igreja a museu, pela Direção Geral de Edifícios e Monumentos Nacionais, deixando a descoberto a parte antiga incorporada no Museu Nacional de Machado de Castro. Em 30 de novembro de 1933, foram encontrados os muros da antiga igreja.

**Âmbito e conteúdo:** Entre outras, contém: testamentos, cartas de venda, sentenças, aforamentos, nomeação de prazos, escrituras, emprazamentos, renúncias, prazos, autos de embargo, autos de agravo cível, destrinças, cartas precatórias e citatórias, liquidações, recibos, tombos de medição, relação de rendimentos, relações de inquilinos, escrituras de compra e venda, tombos de propriedades, autos diversos, cartas do cura do arcediagado de Penela. Contém ainda um mapa das paróquias do Bispado de Coimbra e uma relação do clero do mesmo Bispado, lista dos ordinandos admitidos à receção de ordens no ano 1777 e seguintes.

**Sistema de organização:** Documentação não tratada arquivisticamente, mas com ordenação cronológica.

**Cota atual:** III-1ª D

**Instrumentos de pesquisa:** Recenseamento.

**Notas do arquivista:** Descrição realizada por Júlio Ramos e Elisabete Dias – 2013.

Fonte de informação para a História administrativa: OLIVEIRA, Pe. Miguel de – *História Eclesiástica de Portugal* (Actualização de Artur Roque de Almeida). Lisboa: Publicações Europa-América, 1994.

## Colegiada de São Pedro

**Código de referência:** PT/AUC/DIO/CSP

**Título:** Colegiada de São Pedro

**Datas de produção:** 1403-09-12 / 1847-07-07

**Dimensão e suporte:** 48 u. i. (38 liv.; 10 cx.); pergaminho e papel.

**História administrativa, biográfica e familiar:** Colegiada é a palavra que designa um conjunto de dignidades instituídas numa igreja paroquial à semelhança do cabido de uma sé catedral; os seus membros, porque recebiam uma parte das prebendas (ração) da Igreja, eram conhecidos como raçoeiros; os párocos detinham o título de priores ou reitores das colegiadas. As colegiadas foram geralmente fundadas após a Reconquista Cristã, sendo que as mais antigas tinham o direito de se intitularem insignes colegiadas; por sua vez, as que pertenciam ao padroado régio, tinham o epíteto de insigne e real colegiada.

Apesar de a igreja de São Pedro ser muito antiga em Coimbra (crê-se que do século X ou mesmo anterior), a data da fundação da colegiada é desconhecida, não existindo documento que permita fixá-la, embora haja autores que afirmem que é a mais antiga da cidade. O 1º prior de que há notícia é um monge de nome Pedro que surge em 1139. Com vista à manutenção e sobrevivência da comunidade, a colegiada possuía proventos e bens de raiz, rústicos e urbanos, obtidos, em regra, por compra, doações, testamentos e escambos. Dependente do mosteiro do Lorvão desde o século XI, a colegiada de São Pedro sobreviveu até ao liberalismo, época em que foi extinta. Em 1854, por sentença de 29 de março, D. Manuel Bento Rodrigues, bispo de Coimbra, suprimiu as colegiadas que não haviam sido extintas em 1834, sendo os seus rendimentos então aplicados ao Seminário episcopal. Com o Decreto de 1 de dezembro de 1869 foram finalmente suprimidas todas as Colegiadas, com exceção da de Nossa Senhora da Oliveira de Guimarães. Todo o património das colegiadas de Coimbra foi doado ao Seminário de Coimbra que passou a administrar os bens que lhes estavam anexados.

**Âmbito e conteúdo:** Entre outra, existe a documentação seguinte: distribuição de missas, ofícios e benefícios, recibos, róis de recebedoria, receita e despesa, livros do celeiro, emprazamentos, aforamentos, compras, reconhecimentos de prazos, escrituras, escrituras de renovação de prazos, foros, descrição de bens, tombos, comendas, sentenças, certidões, laudémios, quitações, sentenças contra inquilinos, demandas.

**Sistema de organização:** Documentação não tratada arquivisticamente, mas com organização cronológica.

**Cota atual:** III-1ª D

**Instrumentos de pesquisa:** Recenseamento.

**Notas do arquivista:** Descrição realizada por Júlio Ramos e Elisabete Dias – 2013.

Fonte de informação para a História administrativa: VARANDAS, Carla Patrícia Rana - *A colegiada de São Pedro de Coimbra: das origens ao final do século XIV*. Coimbra: FLUC, 1990. (Tese de mestrado).


## Colegiada de São Tiago

**Código de referência:** PT/AUC/DIO/CST

**Título:** Colegiada de São Tiago

**Datas de produção:** 1511/ 1854

**Dimensão e suporte:** 55 u. i. (7 cx., 46 liv., 2 pt.); papel.

**História administrativa, biográfica e familiar:** A Colegiada, ou igreja colegiada, de S. Tiago, à semelhança de inúmeras colegiadas existentes no país, era uma instituição religiosa que dispunha de certo número de beneficiados presididos por um prior, remontando algumas delas aos primórdios da nacionalidade. Estava sujeita à autoridade do bispo da diocese e nela se promovia a solenização do culto divino, dispondo de dignidades eclesiásticas, à semelhança do cabido catedralício (chantre, sub-chantre, tesoureiro, mestre escola), sendo todas as decisões tomadas em cabido. Entre os capitulares eram escolhidos o apontador do coro, o prebendeiro, o recebedor das rendas, o cartorário, o escrivão, etc. Situava-se na Colegiada de S. Tiago a sede de uma paróquia e a igreja pertencia ao padroado da Mitra Episcopal de Coimbra que apresentava o pároco.

Por Carta de Lei de 16 de junho de 1848 ordenou-se uma redução das colegiadas existentes no país, nos casos em que estas não tivessem rendimentos que lhes permitissem sobreviver. Esta situação havia sido criada pela extinção dos dízimos, em 1834, com os quais estas instituições se sustentavam. Refira-se que as côngruas dos beneficiados das colegiadas consistiam em foros e dízimos e com a sua abolição ficavam sem meios de subsistência. Em Coimbra apenas funcionavam em 1848 a colegiada de S. Tiago e a de S. Bartolomeu. Em 1854, por sentença de 29 de março, D. Manuel Bento Rodrigues, bispo de Coimbra, suprimiu as colegiadas que ainda se mantinham em atividade e os seus rendimentos foram aplicados ao Seminário episcopal. Com o Decreto de 1 de dezembro de 1869 foram finalmente suprimidas todas as colegiadas, com exceção da de Nossa Senhora da Oliveira de Guimarães. Todo o património das colegiadas de Coimbra foi doado ao Seminário de Coimbra que passou a administrar os bens que lhes estavam anexados, situação que foi ditada pela já referida Carta de Lei de 1848, a qual, no seu art.º 7, determinava que os bens das extintas colegiadas fossem aplicados para a manutenção dos seminários episcopais.

**Âmbito e conteúdo:** Contém documentação de natureza diversa, representativa da vida interna da instituição, gestão e administração patrimonial e controle da documentação. Os bens patrimoniais urbanos e rurais podem ser conhecidos através das séries documentais de Tombos de medição e demarcação, de Livros de escrituras e Livros de receita de foros e rendas. Inclui Livros de receitas da fábrica da igreja, com livros que contêm os assentos do dinheiro proveniente de esmolas, noturnos, ofícios de corpo presente, etc. Inclui também o registo de missas celebradas, por diversas instituições de capelas de missas, como a designada capela de Alpoim ou ainda o registo de receitas de festas como a de N.ª S.ª do Amparo, de Santa Maria Madalena, no Paço do Conde, etc. No final de cada ano ficava registada a aprovação de contas e era igualmente registado o que se repartia por cada beneficiado, razão pela qual também se apelidavam estes volumes de repartição de benesses. Apenas no volume de 1764- -1818 foram registadas as despesas, em que se incluem o pagamento ao organista, pagamento de sermões, impressão de folhinhas de reza, lavagem de roupas e paramentos, despesas com a festa de Natal e festa do padroeiro, obras do celeiro, etc. Neste volume ficaram incluídas, entre as receitas, o pagamento de sepulturas, o aluguer de velas, os pagamentos feitos pelo Hospital Real de Coimbra (por cera dos noturnos), etc. Inclui Livros de escrituras de emprazamento, aforamento e venda, redigidas na igreja colegiada, sendo mencionado com frequência o local onde eram feitas (no coro, em cima do coro, ou também no cartório), estando presentes o prior e beneficiados da igreja. Foram redigidas por tabeliães de Coimbra que as lançaram nos seus livros de notas e delas extraíram traslados, geralmente no mesmo dia, para serem lançados nestes livros. Entre os priores desta colegiada figuram por exemplo António Coelho, que em 1546 se intitula também capelão do infante D. Henrique. Os locais onde se situavam as propriedades, formadas por vinhas, olivais, terras e casas, estavam localizados em Coimbra e seu termo: Coselhas, Vale de Ferro, Bordalo, Fonte da Pipa, perto de S. Jorge, Rios Frios, Treixomil, Valmeão, Quimbres, etc. Em Coimbra situavam-se casas que estavam localizadas sobretudo nas seguintes ruas: Fonte do lobo, Tinge rodilhas, Saboaria, Olarias, Fangas, Coruche, Freiria, etc. Entre os foreiros podem citar-se D. Luís de Castro, senhor de Ançã (1547 – t. IV), António Nunes, filho do cosmógrafo-mor Dr. Pedro Nunes (1577 – t. VI). Apesar de inicialmente se registarem apenas escrituras de emprazamento, passaram depois a incluir outra tipologia de escrituras, devendo salientar-se o contrato celebrado em 1546 entre a colegiada e Simão de Sá para que se fizesse a igreja da Misericórdia por cima da igreja de S. Tiago, sobre a nave de S. Simão e sobre a nave da capela de Vasco de Freitas (t. III), e escrituras diversas de obrigação, encabeçamento de prazos, obrigação de censo imposto para missas, reconhecimento de prazos, etc. Podem citar-se ainda o escambo com o Colégio da Companhia de Jesus, feito em 1588 (t. VI), ou a permuta com o Mosteiro de Santa Clara (t. VII). Podem também ser localizados documentos sobre apresentação de vacatura, provisão, confirmação e posse de benefício na igreja colegiada. Nestes livros figuram ainda traslados de testamentos, com instituição de vínculos para cumprimentos de legados pios, como o de Rui Lopes, escrivão do Juízo eclesiástico (1550), o de Maria da Costa (1555). Entre as escrituras lavradas no séc. XIX podem ser localizadas figuras bem conhecidas da vida coimbrã, como António Maria Osório Cabral, da Quinta das Lágrimas (1842), Manuel de Jesus da Costa Brioso (1833), etc. Ficou registada no último volume desta série a informação sobre a colegiada ter tomado como seu procurador Amadeu Frutuoso da Silva Rocha, para tratar das demandas e promover a cobrança das rendas (em 24 de junho de 1837). Os legados patrimoniais, com instituições pias de capelas de missas, podem ser conhecidos pelos livros de Registo de legados pios, onde se elencam os instituidores e missas celebradas. Inclui o registo do cumprimento de instituições pias, com a menção das missas que foram celebradas e nome dos celebrantes. Em alguns casos foram igualmente registados os nomes dos beneficiados da colegiada, a quem foram cometidos os ofícios e missas. Ficaram igualmente registadas as missas pelos benfeitores, vivos e defuntos e por doadores diversos. O volume de 1809--1863 foi destinado apenas à capela de missas instituídas por Mariana de Carvalho, com registo do nome do celebrante e quantitativos recebidos. Apresenta informação sobre terem sido registadas em livro de receita e despesa as contas sobre algumas das missas celebradas. Este volume foi aproveitado para continuar a lançar registos quando a administração dos bens da colegiada passou a ser feita pelo Seminário de Coimbra. Aos beneficiados e dignidades, como membros da Colegiada, era distribuído o cereal, azeite e vinho, cujo registo se fazia em Livros de repartição do celeiro, ou em Livros de receitas e despesas, sendo os registos feitos usualmente pelo celeireiro e pelo escrivão do celeiro. Esta última série mencionada apresenta o registo de receitas de diversa índole, formadas sobretudo por entrada de dinheiro de enterros, noturnos, ofícios de corpo presente, etc. Entre as despesas registadas figuram o pagamento ao organista, o pagamento de sermões, a lavagem de roupa, as despesas com a festa de Natal e festa do padroeiro, etc. A forma como a igreja estava ornada e paramentada pode ser conhecida pelo Inventário de bens, datado de 1607, onde ficou inventariado um espólio diversificado, de bens móveis e de raiz, permitindo conhecer a existência de peças de prata, ouro, caixas de relíquias e relicários, roupa de altares, alcatifas, bancos, tocheiros e retábulos. Entre a roupa de serviço litúrgico citem-se um pontifical, capas de asperges, toalhas de altar, frontais, mangas de crus, pálios, etc. Ficou igualmente registada a existência de livros de cantochão, passionários, dominicais e a roupagem das imagens dos altares: vestidos de N.ª S.ª da Piedade, de N.ª S.ª da Conceição e ainda, mantéus, toucados e volantes. Inclui Estatutos elaborados e/ou acrescentados em datas sucessivas. Inicialmente, ficaram encadernadas as folhas dos estatutos mais antigos que estão incompletos pois não apresentam data, uma vez que o ano de 1608 parece corresponder a uma aprovação posterior destes mesmos estatutos. Foram acrescentados em 1695 e foi-lhe aposta a informação de terem sido vistos em visita de 7 de setembro de 1701, como o revela a informação dada por Luís Simões Brandão. Os estatutos estão dispostos em 59 capítulos, sendo os primeiros reservados para instruções sobre a distribuição de rendimentos pelos beneficiados, seguindo os dias de cada festa litúrgica. Podem ser recolhidas informações sobre certos livros existentes no cartório da colegiada, como por exemplo o que fica estipulado no cap. 19 que contém instruções sobre os livros de tombos de propriedades. Ficaram regulamentados os diversos ofícios e benefícios, quanto à sua vacatura e provimento, faltas cometidas, pagamento, etc. Assim, é possível conhecer-se a existência do contador do coro, repartidor das benesses, ofertas e miunças, repartidor da dorna e tulha, recebedor e escrivão da fábrica, recebedor das pensões e foros, recebedor das coisas incertas, restituições e terrádegos, recebedor das missas das capelas, apontador das missas das capelas, celeireiro e escrivão do celeiro, o solicitador e o prioste. Inclui determinações sobre a prática musical, por exemplo, com indicação sobre a eleição de "uma pessoa que no coro dê os tões e governe estante e não sejão todos mestre", norma sobre o canto, no fim de completas, da salve regina ou outra antífona, estando reservado o cap. 55 "do que há-de governar a estante".

Inclui Tombos de medição, demarcação e reconhecimento elaborados em diversas datas, para identificação das propriedades da igreja, localizadas em Coimbra e ainda em: Casal do Campo, Trouxemil, Carrimá, Marmeleira, Rios Frios, Casal Comba, Travasso, Póvoa da Pega, Fonte Coberta, Traveira e Boi Velho. Na cidade de Coimbra possuía casas nos seguintes locais: rua do Hospital, rua de Coruche, rua das Solas, rua do Corpo de Deus, rua das Tanoarias, Praça, etc. A informação aposta na lombada no tombo de Coimbra - T.I - leva a crer que existiria um outro volume, hoje desaparecido.

Em alguns casos podem ainda ser localizados autos de vedoria, autos encabeçamento e autos de apegação. Refere-se geralmente que o reconhecimento já havia sido feito no tombo, mas por não haver título de posse do prazo foi feita a vedoria e medição para renovar o prazo, chegando a fazer-se também o auto de renovação. Por esta razão se refere com frequência que aqueles autos de renovação foram "feitos à face do tombo". Certamente que todos os tombos foram feitos a pedido do prior e beneficiados, embora só em 1718 (Tombo de Casais do Campo, Trouxemil, etc.) tenha ficado explícito que foi feito a pedido do prior, para melhor conhecimento das propriedades e algumas andarem "alheadas". Ou ainda no caso do tombo de 1788-1801, ficou registado que foi feito a pedido do prior e beneficiados, pois "há mais de 40 anos que se não tombaram [as propriedades]."

Os volumes relativos aos casais da Póvoa da Pega são formados por sentença de destrinça, repartição de foros e encabeçamento, dada em 1785, pelo juiz do tombo Dr. Isidoro Pedro dos Santos Caldeira ao novo cabeça de casal José António Correia e passada a requerimento do prior Rev. Dr. Félix Correia.

Entre os confrontantes de propriedades encontramos o Mosteiro de Santa Cruz, Mosteiro de Santa Clara, Mosteiro de Santa Ana, Mosteiro de Semide, Mosteiro de Arouca, Cabido da Sé de Coimbra, Mitra Episcopal de Coimbra, Casa de Aveiro, Morgado de Alpoim, Universidade, Hospital Real, igreja de S. Cristóvão, etc., podendo localizar-se as citações destes confrontantes, para estarem presentes à medição de propriedades, os quais, em alguns casos, apresentam procurações para esse efeito. O tombo de 1722, de Travasso, Casal Comba, Traveira, Boi Velho, etc., encontra-se em original e em traslado autêntico.

Podem ser conhecidos os diversos juízes dos tombos, como: Dr. Francisco de Figueiredo Pereira (1689), Dr. Miguel Freire Coelho (1718-1722), Dr. Francisco Pinheiro de Sampaio (1787-88), com a particularidade de se saber que este era também juiz do tombo do Hospital de S. Lázaro de Coimbra. Entre os escrivães contam-se Cristóvão de Almeida (1689, 1718 a 1722) e Joaquim Pedro dos Santos (1785 a 1801).

Inclui uma série factícia designada de Títulos, sentenças e vários documentos antigos, de acordo com o título formal, organizada no séc. XVIII, com volumes em que foram encadernados os documentos que se encontravam dispersos, de acordo com o testemunho escrito registado na própria lombada dos volumes (colocado no t.1, t.2, etc.) e na folha de rosto. Ali se refere que os documentos foram coligidos e mandados encadernar em vários volumes para melhor conservação dos mesmos, em 1767, por intervenção do cartorário o Rev. Félix Correia. Inclui originais e traslados, estando presentes na sua maior parte sentenças, escrituras de venda, de composição, de emprazamento, colação de benefícios, etc. As sentenças reportam-se a questões havidas com o Mosteiro de Santa Ana, Mosteiro de Lorvão, Mosteiro de Celas, Mosteiro de Semide, Gafaria de S. Lázaro, as igrejas colegiadas de S. João de Almedina, Salvador, Santa Justa, o Hospital Real, a Misericórdia de Coimbra, etc. Estas sentenças foram extraídas de processos que correram em diversas instâncias judiciais, como Relação de Braga, Juízo Eclesiástico de Coimbra, Juízo da Legacia, Juízo dos Resíduos de Coimbra, Juízo da Provedoria de Coimbra, etc. O tomo 1 inclui também certidões extraídas em 1536 do Arquivo da Torre do Tombo, relativas a demarcações de Travassô e Pampilhosa. O tomo 3 inclui o registo de obrigações de capelas de missas, feito em 1598, reportando-se às capelas instituídas por António de Alpoim, Gaspar de Almeida, António de Sá, Manuel da Costa, António Leitão, Simão Afonso, Gregório Lourenço, etc. O tomo 4 inclui um reportório das sentenças e títulos de pergaminhos antigos (em letras góticas e dificultosas de se lerem) que existiam no cartório, com a referência de muitos documentos terem desaparecido, revelando documentos desde o séc. XIII. Este mesmo tomo inclui ainda autos do tombo dos Casais da Zouparria, elaborado em 1722.

Inclui Livros de receita de foros e rendas com os nomes de foreiros, quantitativos de foros pagos (em géneros e em dinheiro) e a descrição das propriedades que se situavam em Casais do Campo de S. Martinho do Bispo, Trouxemil, Almegue, Corugeira e Pé de Cão (1674-1679). Este volume inclui ainda o traslado de uma sentença de repartição de foro em Casal Comba, feito em 1674, sobre autos que correram em 1651, sendo juiz André Pires e escrivão Manuel Mateus. Ficou registado que foi lançada neste volume pelo ecónomo da igreja colegiada, por não ter sido lançada em nenhum dos livros da igreja e por saber o quanto importam às igrejas estas declarações. O volume de 1762-1811 foi feito pelo beneficiado Feliz Correia, cartorário e bacharel formado em Cânones. Contém o registo de foreiros, propriedades, quantitativos pagos e datas de pagamento, com apenas a atualização de um registo até 1825.

Reúne volumes de Traslados autênticos dos pergaminhos, organizados entre 1695 e 1696, podendo estes traslados suprir a falta dos documentos originais, os quais são certamente aqueles que por ação de Alexandre Herculano foram levados para Lisboa, para o Arquivo Nacional da Torre do Tombo. A documentação foi trasladada por ordem inserta no Alvará régio de 19 de agosto de 1695 (v. liv. 1 dos referidos Traslados) em que se ordena que Manuel Leal Bravo, que se encontrava na vila de Pereira, fizesse certidões dos documentos antigos e que tivessem tanto valor como os originais. A referida documentação retrata as doações antigas feitas à Colegiada por particulares e contempla, igualmente, contratos com obrigação de missas, instituições de capelas de missas, testamentos, escambos, sentenças e outra tipologia documental relativa a administração de património da instituição.

Contem Livros de registo de pastorais, apresentando pastorais dos bispos de Coimbra enviadas à igreja colegiada, para serem lidas perante os fiéis.

**Sistema de organização:** Foram identificadas e ordenadas crono-logicamente as seguintes séries documentais: Livros de escrituras de emprazamento, aforamento e venda, Títulos, sentenças e vários documentos antigos, Inventários de bens, Estatutos, Livros de receita de foros e rendas, Autos e sentenças, Tombos de medição, demarcação e reconhecimento, Livros de registo de pastorais (que foram localizados no fundo da Cabido da Sé de Coimbra e aqui inseridos), Traslados de pergaminhos, Registo de legados pios, Livros de receitas da fábrica da igreja. No final, foi colocada uma caixa com Coleção de documentos diversos, formada por fragmentos e documentos que não puderam ser incluídas nas respetivas séries. Foi selecionada a documentação que não pertencia ao fundo documental da Colegiada, mas sim ao fundo documental do Seminário de Coimbra.

**Cota atual:** AUV-III-1.ªD-8-5-5 a 59

**Instrumentos de pesquisa:** Inventário.

**Notas do arquivista:** Descrição realizada por Abílio Queirós – 26/11/2006.

Notas ao elemento de informação Data: Inclui volume de registo de legados pios, nomeadamente o Livro da capela das missas de Mariana de Carvalho, em que foram lançados registos até 1863, data posterior à extinção da colegiada (que ocorrera em 1854) quando o seu património já se encontrava atribuído ao Seminário Episcopal de Coimbra.

Notas ao elemento de informação História custodial e arquivística: As informações sobre a localização de documentos no Seminário de Coimbra foram identificadas no relatório feito pelo diretor do Arquivo da Universidade de Coimbra, Dr. Ferrand Pimentel de Almeida, de 17 de fevereiro de 1936, enviado ao Reitor da Universidade, registado na SR: Correspondência expedida do AUC, liv. 2, fl. 143v.-152v. e 159. A referência aos pergaminhos levados para Lisboa foi colhida no volume existente no AUC "Extracto dos pergaminhos separados por Alexandre Herculano nas Igrejas Colegiadas da cidade de Coimbra" em que figura a data de 1854: em nota, "O numero que se acha em cada uma das folhas deste livro do lado esquerdo é o que agora (1854) foi posto nos pergaminhos, e o do lado direito he o numero que elles tinhaõ".

## Cúria Diocesana de Coimbra

**Código de referência:** PT/AUC/DIO/CDCBR
**Título:** Cúria Diocesana de Coimbra
**Datas de produção:** 1400 / 1922

**Dimensão e suporte:** 4.375 u. i. (2376 cx., 550 liv., 1.436 mç., 13 pt.); pergaminho e papel.

**História administrativa, biográfica e familiar:** De acordo com o Código de Direito Canónico (Cân. 469) "A Cúria diocesana consta dos organismos e pessoas que colaboram com o bispo no governo de toda a diocese, principalmente na direcção da actividade pastoral, na administração da diocese, assim como no exercício do poder judicial."

Este é o conceito atual de Cúria Diocesana. O primeiro Código de Direito Canónico foi promulgado pelo papa Bento XV, em 27 de maio de 1917. Anteriormente, existia um conjunto de normas jurídicas dispersas (espirituais e temporais) que orientavam a administração de cada diocese. Na Cúria Diocesana de Coimbra fica englobado um conjunto de atribuições em que se destaca a jurisdição eclesiástica, nas questões atinentes à celebração dos casamentos católicos, justificação de batismos, processos de ordenação sacerdotal, etc. Fazem parte da Cúria Diocesana os seguintes organismos: Auditório Eclesiástico (também designado Tribunal Eclesiástico) e a Câmara Eclesiástica (ou secretaria), através da qual se processam todas as questões relativas às ordenações sacerdotais, celebração de casamentos, justificações de batismos, ingresso de religiosos em casas monásticas, licença para instituições pias, para fundação de confrarias e irmandades etc.

De acordo com o citado Código de Direito Canónico (Cân. 475 — § 1) em cada diocese existe um Vigário Geral, munido de poder ordinário que auxilia o bispo no governo da diocese, competindo-lhe o poder executivo que pertence por direito ao Bispo diocesano, a fim de executar todos os atos administrativos. Está a cargo da Cúria (Cân. 486 — § 1) toda a documentação produzida, respeitante à diocese que fica instalada no arquivo ou cartório diocesano.

Por sua vez, um conjunto alargado de cargos, insere-se ao serviço da Cúria, podendo referir-se: vigário geral, provisor do bispado, promotor de justiça eclesiástica, chanceler, vigários, notários, escrivães, etc.

Quando, em 1882, foram extintas as dioceses de Aveiro e Leiria, a documentação (ou parte dela) das respetivas cúrias diocesanas ingressou no arquivo da Cúria Diocesana de Coimbra.

**Âmbito e conteúdo:** Inclui documentação que ilustra as atividades do Auditório Eclesiástico, da Câmara Eclesiástica, do Vigário Geral e do Provisor do bispado de Coimbra.

Assim, podem referir-se os processos judiciais a párocos, processos de ordenação sacerdotal, processos de casamento, processos de justificação de batismos, processos de colações, petições de certidões de batismo e de casamento, licenças para celebrar e confessar, licenças para binar, processos de entrada de religiosas em diversos mosteiros, processos de saída de clausura das mesmas religiosas, certidões *de vita et moribus*, cartas de coadjutor, etc. Refiram-se, também, os livros de capítulos de visitas, livros de devassas e livros de termos de culpados dos arcediagados de Penela, Seia, Vouga e cidade de Coimbra. Refiram-se, ainda, os livros do distribuidor, com registo dos processos distribuídos no Auditório Eclesiástico. Engloba livros de matrícula de ordinandos, com registos desde 1400 que são considerados os mais antigos existentes no país.

Engloba também livros de inventário de todos os autos de ordenação de clérigos, livros de registo de Alvarás de soltura, do aljube eclesiástico, livros de registo de róis de confessados, apresentados pelos párocos de todos os arcediagados (Penela, Seia, Vouga e cidade de Coimbra), livros de registo de cartas de cura, livros de registo de colações, etc. Reúne alguns livros e documentos provenientes das Câmaras Eclesiásticas de Leiria e de Aveiro, devido à extinção destas dioceses em 1882.

**Sistema de organização:** Organização por secções (Auditório Eclesiástico, Câmara Eclesiástica, Vigário-Geral) e séries documentais. Ordenação cronológica de algumas séries documentais, ordenação alfabética da série de processos de ordenação sacerdotal e outras séries sem qualquer ordenação.

**Cota atual:** III-1.ª e 2.ª E; III-2.ªD-14 a 16; III-1.ªD-7-5; V-3.ª-Arm.

**Instrumentos de pesquisa:** Inventário de algumas séries documentais, nomeadamente:

Silva, Ana Margarida Dias; Bandeira, Ana Maria Leitão (coord.) - Inventário das séries documentais de Devassas, Termos de Culpados, Extracto de Culpados, Capítulos de Visita e Rol de Culpados do bispado de Coimbra. [Coimbra: AUC, 2005] (texto Word - Sala de leitura).

Silva, Ana Margarida Dias; Mendes, Marta Gama; Bandeira, Ana Maria Leitão (coord. e rev.) - Processos de profissão religiosa e entrada de seculares e educandas (SR). Processos para ter criada ou serventuária (SR). Processos para sair de Clausura (SR). Coimbra: AUC, 2006. (texto word - Sala de leitura).

Ficheiro manual convencional:

- Catálogo de processos de ordenação sacerdotal.

- Catálogo de processos de casamento (incompleto).

**Notas do arquivista:** Descrição arquivística por Ana Maria Leitão Bandeira com base na análise da própria documentação, em 2014. Fontes para elaboração de História administrativa: CARVALHO, Joaquim Ramos de; PAIVA, José Pedro de Matos – "Reportório das Visitas Pastorais da Diocese de Coimbra séculos XVII, XVIII e XIX". *Boletim do Arquivo da Universidade de Coimbra*, vol. 7 (1985). pp. 111-214; GOMES, Manuel Saturino – "Cúria Diocesana". In *Dicionário de História Religiosa de Portugal*. Dir. Carlos Moreira Azevedo. Lisboa: Círculo de Leitores, 2000, vol. C-I, pp. 39-40; *Código de Direito Canónico*. Lisboa: Conferência Episcopal; Braga: Editorial Apostolado da Oração, 1995 (consultado em http://www.vatican.va/archive/cod-iuris-canonici/portuguese/codex-iuris-canonici_po.pdf).


## Mitra Episcopal de Coimbra

**Código de referência:** PT/AUC/DIO/MECBR

**Título:** Mitra Episcopal de Coimbra

**Datas de produção:** 1402 / 1887

**Dimensão e suporte:** 148 u. i. (1 cad., 138 liv.; 9 mç.); pergaminho e papel.

**História administrativa, biográfica e familiar:** Mitra Episcopal de Coimbra, Mitra da Sé de Coimbra, Mesa Pontifical de Coimbra, ou ainda Mesa Episcopal de Coimbra são as diversas formas pelas quais se pode designar o órgão de governo da diocese de Coimbra, presidido pelo bispo, podendo também ser entendida como a jurisdição episcopal e os bens patrimoniais pertencentes ao bispo de Coimbra.

O bispo de Coimbra possuía também o título de Senhor de Coja, desde que, em 1082, o conde D. Henrique e D. Teresa doaram Coja e Arganil à sé de Coimbra. Por sua vez o rei D. Afonso V concedeu-lhe o título de conde de Arganil, como reconhecimento pela participação do bispo D. João Galvão na conquista de Tânger e Arzila, em 1471, bem como lhe concedeu o título de alcaide-mor de Avô, por Provisão de 18 de agosto de 1472. Os bens patrimoniais e rendas do bispado de Coimbra pertenciam, inicialmente, ao bispo e ao cabido da Sé de Coimbra, até que, em 1210, foi feita uma divisão: dois terços dos bens e rendas para o Bispo (Mesa Episcopal ou Mitra Episcopal) e um terço para o Cabido (Mesa Capitular). Esta divisão foi reformulada, com o Alvará de 24 de fevereiro de 1740, pelo qual um quarto dos bens e rendas do bispado de Coimbra foram doados ao Cabido da Sé Patriarcal de Lisboa, com confirmação por Bula do papa Clemente XI, em 27 de setembro de 1720. Entre as rendas recebidas, englobam-se os foros, pensões, rações e laudémios (das designadas rendas dominiais) e os dízimos e primícias (dos designados rendimentos eclesiásticos). Pertencia à Mitra Episcopal de Coimbra a jurisdição cível e crime dos coutos de Arganil, Avô, Barrô, Candosa, Coja, Lourosa, Midões, Santa Comba Dão nos quais nomeava juízes, escrivães e tabeliães privativos e ainda Candosa, Nogueira e Santo Varão. Entre diversos outros privilégios que possuía pode referir-se o de aposentadoria, desde 1585, por concessão dada ao bispo D. Afonso Castelo Branco, bem como o privilégio de ter um padroado privativo, formado por diversas igrejas dos arcediagados de Seia, Vouga, Penela e também em Coimbra. O privilégio ou direito de padroado viria a ser extinto em 5 de agosto de 1833. Por sua vez, o privilégio de foro e juízo privativo foi extinto, por Decreto de 9 de julho de 1822, como sucedeu com muitas outras instituições que detinham este foro. Das rendas recebidas pela Mitra eram pagas as despesas com os funcionários do Auditório Eclesiástico, do Tribunal da Inquisição e também a alguns funcionários da Sé de Coimbra, entre os quais se incluíam os músicos da "capela de música" da Sé.

Parte substancial das rendas da Mitra foi destinada para a sustentação económica do Seminário Episcopal de Coimbra (ou Seminário de Jesus, Maria, José), fundado pelo bispo D. Miguel da Anunciação. O mesmo se diga quanto a pagamentos que saíam da Mitra para o Recolhimento do Paço do Conde, o colégio de Pereira, o Colégio de Jesus de Coimbra e, após a sua extinção, em 1759, para a Universidade de Coimbra, por Carta régia de 4 de julho de 1774, confirmada pelo papa Pio VI, em 5 de maio de 1775. Igualmente, as despesas do Paço Episcopal, quanto a manutenção do edifício e despesas com funcionários, eram suportadas pelos rendimentos da Mitra. O mesmo se diga quanto à Quinta de S. Martinho do Bispo, considerada uma "quinta de recreio". Nos períodos em que a Sé de Coimbra não estava ocupada pelo seu bispo (o designado período de *sede vacante*) os bens da Mitra eram administrados pelo Cabido da Sé de Coimbra que também fazia a nomeação de juízes, tabeliães e escrivães nos coutos da Mitra. A Lei de Separação do Estado e das Igrejas, de 20 de abril de 1911, pôs fim aos direitos dominiais dos bispos, extinguindo-se todo o património, rendas, privilégios e direitos da Mitra Episcopal de Coimbra.

**Âmbito e conteúdo:** Inclui, maioritariamente, livros que representam as diversas séries documentais de Certidões das doações, privilégios e confirmações (1545-1815), Tombos de demarcação e reconhecimento (1586-1776) e Livros de escrituras diversas (1676-1834), ilustrando os privilégios da Mitra Episcopal de Coimbra, no que respeita à jurisdição cível e crime nos coutos de Arganil, Avô, Barrô, Candosa, Coja, Lourosa, Nogueira Midões, Santa Comba Dão e Santo Varão, bem como no que diz respeito à administração de bens patrimoniais nos mesmos locais, através de emprazamentos, arrendamentos e aforamentos de propriedades. Testemunha o direito de padroado nas diversas igrejas do bispado de Coimbra e as divergências havidas com as Ordens Militares de Cristo, Avis e Santiago (e também com a Ordem dos Templários), no que diz respeito ao padroado das igrejas de Soure, Ega, Redinha e Pombal. Inclui também livros de Registos de despesas (1707-1887), Censuais e registos de receitas de foros e rendas (1402-1834) que fornecem dados sobre os rendimentos dos bens, no que toca a rendas e direitos recebidos (foros, rendas, dízimos, passais, rações). Inclui ainda livros e documentos de Inventários (1708-1837), ilustrando o espólio dos bispos de Coimbra e do próprio Paço Episcopal, de D. António de Vasconcelos e Sousa e de D. Francisco de Lemos. Engloba livros e documentação avulsa, da série documental de Autos e sentenças (1484-1835) que permitem conhecer as questões dirimidas com diversos litigantes, sobretudo quanto a dívidas de rendas e na demarcação de bens, como é o caso dos coutos de Santo Varão e Formoselha, em 1535 ou também as questões sobre provimento de magistraturas nos coutos onde detinha a jurisdição cível e crime.

**Sistema de organização:** Organização em sete séries documentais e uma coleção de documentos diversos, com respetiva ordenação cronológica.

**Cota atual:** II-2.ªE-2-2-1 a 2-5-25; V-3.ª-cofre-n.º11

**Instrumentos de pesquisa:** Inventário.

**Notas do arquivista:** Descrição arquivística por Ana Maria Leitão Bandeira, em 2014, com base em: BANDEIRA, Ana Maria Leitão; SILVA, Ana Margarida Dias da; MENDES, Marta Gama – "Mitra Episcopal de Coimbra: descrição arquivística e inventário do fundo documental". *Boletim do Arquivo da Universidade de Coimbra* 23-24 (2007), pp. 87-137.


## Seminário Episcopal de Coimbra

**Código de referência:** PT/AUC/DIO/SEC

**Título:** Seminário Episcopal de Coimbra

**Datas de produção:** 1764 / 1893

**Dimensão e suporte:** 27 u. i. (4 cx., 22 liv., 1 pt.); papel.

**História administrativa, biográfica e familiar:** Seminário fundado por D. Miguel da Anunciação (1703-1779), bispo de Coimbra de 1740 a 1779, destinado à formação do clero secular. A primeira pedra da fundação da construção do edifício foi lançada em 16 de julho de 1748, tendo sido concluído em 1765. Enquanto o edifício não ficou concluído, os seminaristas residiam na freguesia de São Martinho do Bispo. D. Miguel da Anunciação pediu, em carta pastoral enviada aos párocos, em 25 de abril de 1749, que os paroquianos fossem exortados a contribuir com esmolas para fazer face às despesas de construção do Seminário. Recebeu Estatutos, então designados por "Constituições do Seminário

Episcopal de Coimbra" que foram aprovadas em 18 de dezembro de 1748, por breve do Papa Benedito XIV. De acordo com estas constituições, havia no Seminário mestres de Teologia, Filosofia, Gramática e Retórica. Foi seu primeiro reitor D. Nicolau Giliberti. De forma a permitir a sua sobrevivência económica, teve sempre a proteção episcopal e D. Miguel da Anunciação autorizou que recebesse, durante quatro anos, as receitas dos almoxarifados das suas vilas de Arganil e Coja, por Provisão de 2 de julho de 1745, uma vez que o Bispo de Coimbra era Conde de Arganil e Senhor de Coja. Também em 1753, por Breve de 2 de maio, do Papa Benedito XIV, foram anexados ao Seminário dois terços dos impostos sobre as rendas da Mitra Episcopal de Coimbra.

Desde 1754, foi administrado pela Congregação dos Padres Pios Operários, até que o Bispo D. Francisco de Lemos deu por finda essa administração, em 1 de setembro de 1786. Durante a invasão francesa de 1808, o Seminário prestou auxílio na defesa da cidade de Coimbra e ali esteve aquartelado um dos regimentos que vieram em auxílio da cidade. Recebeu também as tropas inglesas, quando, em passagem para o Porto, sob o comando de Lord Wellington, ficaram alojadas em Coimbra. Serviu, então, de hospital para convalescença das tropas britânicas e portuguesas, sendo reitor do Seminário o padre Dr. José da Costa e Silva.

Pela Lei de 16 de junho de 1848 e Decreto Regulamentar de 27 de dezembro de 1849, o Seminário recebeu os bens e rendimentos das extintas colegiadas de Coimbra (Santa Justa, São Cristóvão, São João de Almedina, São Tiago, São Pedro, São Bartolomeu), tendo ali sido incorporados os cartórios das mesmas colegiadas. Recebeu também os bens das colegiadas de Santa Maria de Alcáçova de Montemor-o-Velho e de Santa Eufémia de Penela. A Portaria do bispo de Coimbra, de 29 de abril de 1854, determinou que se fizesse o inventário dos cartórios das extintas colegiadas. O reitor do Seminário, o cónego José Duarte Coelho do Rego, oficiou aos priores das mesmas igrejas que iniciassem esse inventário, em 1 de maio de 1854. Foi cartorário dos livros e documentos das extintas colegiadas o padre Manuel de Almeida Vasconcelos (pelo menos entre 1868 e 1873). Entre o património do Seminário podem citar-se diversas quintas que foram adquiridas ou lhe foram doadas, podendo referir-se: Quinta do Almegue, Quinta dos Casais do Campo, Quinta da Alegria, Quinta da Torrinha e Quinta de Queitide. Recebia também emolumentos de certidões paroquiais, uma vez que teve a seu cargo a conservação dos livros de registo paroquial do bispado de Coimbra. Foram cartorários, dos designados "livros findos" de registo paroquial, os Padres António das Neves e Sousa, António da Cunha, Manuel Soares Lourenço, etc. No Seminário esteve instalada a Academia de São Tomás de Aquino que publicava, quinzenalmente, a revista intitulada "Instituições Christãs", fundada em 1883.

Recebeu também a designação de Seminário de Jesus, Maria, José.

**Âmbito e conteúdo:** Inclui documentação diversa, em volume e avulso, relativa à administração dos bens das extintas colegiadas. Inclui também documentação judicial formada por cópias de sentenças, a favor do Seminário, em questões judiciais, por posse de bens e dívidas de rendas. Inclui ainda inventários dos cartórios das extintas Colegiadas.

Engloba livros de índices de registos paroquiais de batismos, casamentos e óbitos elaborados em 1764 e 1765, pelo padre António da Cunha, residente no Seminário e livro de justificações de registos paroquiais, elaborados, em 1778, pelo padre Manuel Soares Lourenço. Engloba também diversa correspondência recebida pelo reitor do Seminário.

**Sistema de organização:** Identificação de quatro séries documentais, ordenadas cronologicamente.

**Cota atual:** III-1.ªD-8-1-1 a 24

**Instrumentos de pesquisa:** Inventário.

**Notas do arquivista:** Descrição arquivística por Ana Maria Leitão Bandeira, em 2014, com base na análise da própria documentaçãoe em: GARCIA, Prudencio Quintino – "Alguns apontamentos para a historia do Seminario de Coimbra". *Instituições Christãs*, VI ano, 1.ª série (1888) pp. 22-27, 43-49, 175-180, 206-212, 239-246, 344-350; RODRIGUES, Manuel Augusto - "Pombal e D. Miguel da Anunciação, Bispo de Coimbra". *Revista de História das Ideias*, 4 (1982), pp. 207-298.

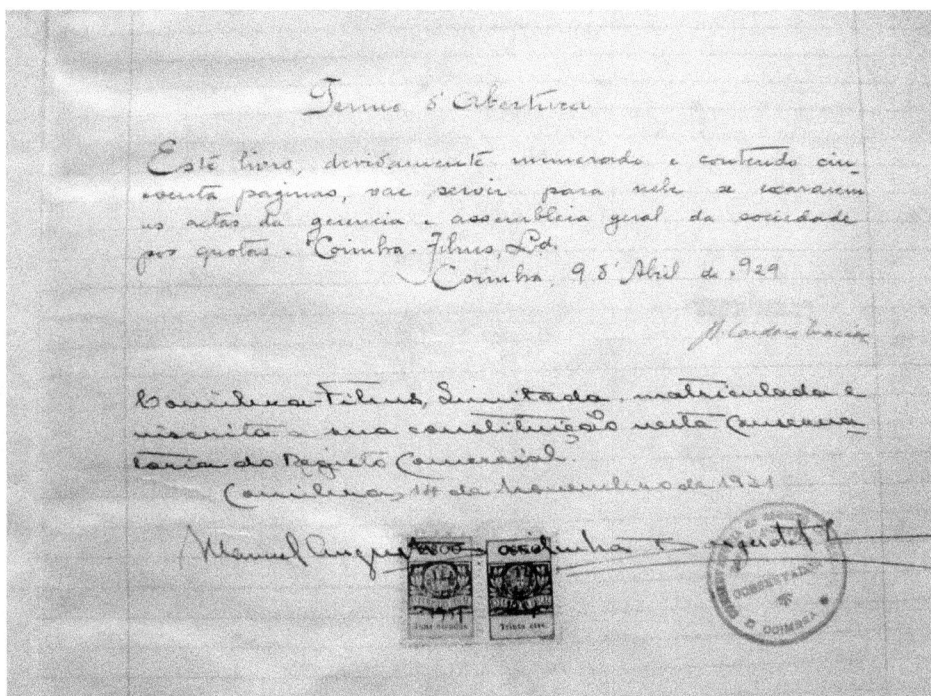

**Termo de abertura do livro de Actas da empresa Coimbra Filmes, Lda. (1929)**

## Animatógrafo do Salão da Trindade

**Código de referência:** PT/AUC/EMP/AST
**Título:** Animatógrafo do Salão da Trindade
**Datas de produção:** 1906 / 1909
**Dimensão e suporte:** 1 cx.; papel.
**História administrativa, biográfica e familiar:** Um dos primeiros locais onde, em Coimbra, se pode ver cinema. Esta sala de cinema estava localizada no edifício do antigo Colégio da Trindade, sendo seu proprietário o Dr. Sebastião Horta e Costa, de Lisboa. Aqui terão sido exibidos filmes, desde fevereiro de 1908, sendo administrador e diretor do Animatógrafo Álvaro Júlio Marques Perdigão. O sobrinho do proprietário, o advogado de Lisboa Dr. António Horta Osório, correspondia-se amiúde com o administrador do Animatógrafo, tratando de todos os assuntos que envolviam a exploração do cinema. De Lisboa, veio o operador-eletricista António Marques dos Santos Pinheiro, a quem estavam confiados todos os trabalhos técnicos de projeção. Foi também designado por Cinematógrafo Pathé da Trindade. Terá findado a sua existência em 1909, data a partir da qual não são conhecidos outros dados sobre o Animatógrafo.
**Âmbito e conteúdo:** Inclui documentos relativos a despesas de implementação da sala de cinema, bem como o aluguer e aquisição de filmes exibidos e documentos de receita de bilheteira. Inclui também correspondência trocada entre o proprietário e o administrador do Animatógrafo, bem como outra correspondência relativa à resolução de questões técnicas e de aluguer de filmes a outras empresas.

Inclui ainda listas de filmes exibidos e inventário de mobiliário.
**Sistema de organização:** Foram identificadas as séries documentais: Documentos de receita e despesa, Correspondência recebida e expedida,

Listas de filmes exibidos e Inventário de bens que foram ordenadas cronologicamente.

**Cota atual:** IV-2.ªD-16-5

**Instrumentos de pesquisa:** BANDEIRA, Ana Maria Leitão - *Inventário do arquivo do Animatógrafo do Salão da Trindade: testemunhos da primeira sala de cinema em Coimbra*. Coimbra: AUC, 2014 (texto Word).

**Notas do arquivista:** Descrição arquivística por Ana Maria Leitão Bandeira, em 2013, com revisão em 2014, com base na análise da própria documentação.


## Coimbra Filmes

**Código de referência:** PT/AUC/EMP/CF

**Título:** Coimbra Filmes

**Datas de produção:** 1929 / 1938

**Dimensão e suporte:** 29 u. i. (liv.); papel.

**História administrativa, biográfica e familiar:** Coimbra Filmes Limitada foi "matriculada e inscrita a sua constituição" na Conservatória do Registo Comercial a 14 de novembro de 1931. Porém, o termo de abertura do livro de atas da gerência e da Assembleia-Geral da sociedade por quotas Coimbra-Filmes Ld.ª é datado de abril de 1929, pelo que, presumimos que o início das suas funções tenha ocorrido quase dois anos antes da data da sua criação *de jure*.

Na 1ª ata da Assembleia-Geral, inserta no referido livro, datada de 22 de dezembro de 1931, todos os sócios e únicos proprietários da sociedade aprovaram a passagem de Sociedade Coimbra-Filmes Ld.ª a Sociedade Anónima, passando a Coimbra-Filmes S.A. e que fosse por ações. Tendo ainda ficado decidido adquirir o ativo da Sociedade Exibidora Ld.ª. A ata foi subscrita pelos seus 13 acionistas.

Posteriormente, em 6 de outubro de 1932, a "Coimbra Filmes", passou a Sociedade Anónima Portuguesa de Responsabilidade Civil Limitada e foi novamente matriculada na mesma Conservatória do Registo Comercial de Coimbra. Não dispomos, na atualidade, de informação relativa ao termo da sua existência.

**Âmbito e conteúdo:** Contem livros de registo de: Atas; Balancetes; Quotas; Devedores e credores; Filmes; Fornecedores; Índices; Inventários e balanços; Letras a pagar; Razão; Receita e despesa; Registo de vendas/ transações diversas.

**Sistema de organização:** Documentação não tratada arquivisticamente.

**Cota atual:** VI-2ªE-6-5-8 a 37

**Instrumentos de pesquisa:** Recenseamento.

**Notas do arquivista:** Recenseamento elaborado por Gracinda Guedes e Adriana Antunes em 2012, descrição feita por Gracinda Guedes, em 2014, com base na própria documentação

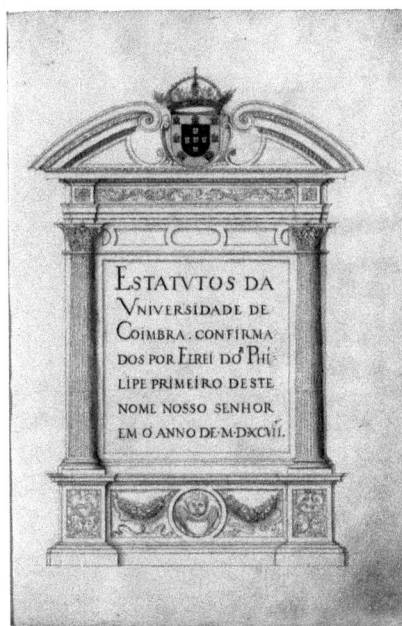

Estatutos Filipinos da Universidade de Coimbra (1597)

## Liceu Nacional de Coimbra

**Código de referência:** PT/AUC/ELU/LNC

**Título:** Liceu Nacional de Coimbra

**Datas de produção:** 1839 / 1871

**Dimensão e suporte:** 21 u. i. (5 cx., 16 liv.); papel.

**História administrativa, biográfica e familiar:** A criação do Liceu Nacional de Coimbra teve lugar com a reforma da instrução pública, operada com o Decreto de Passos Manuel, de 11 de novembro de 1836, baseada em planos elaborados por Almeida Garrett e José Alexandre de Campos, pelo qual se propunha a criação de liceus em todas as capitais de província e dois liceus em Lisboa. Em 1839, com o Decreto de 18 de novembro, determina-se a sua instalação no edifício do Colégio das Artes (art.º 3). No mesmo diploma ficou registado que as cadeiras do Liceu Nacional de Coimbra cujas matérias fossem lecionadas na Universidade seriam supridas pelas cadeiras análogas da Universidade (art.º 1).

Viria a ser transferido, em 1871, para o edifício do extinto Colégio de S. Bento que sofrera obras de adaptação para ali poder ser instalado o Liceu. Neste edifício houve um incêndio, em 1876, do qual resultou a perda de algum espólio. Até 1880, a vida do Liceu de Coimbra caminhou a par da vida da Universidade, até por o seu reitor ser o mesmo. As decisões sobre disciplina académica, sobre obras adotadas, etc., eram tomadas por um conselho (órgão colegial) presidido pelo reitor.

Em 1880, perdeu a sua estreita ligação à Universidade. Desde 1914 passou a designar-se Liceu José Falcão. Só em 1936 sairá do edifício do extinto Colégio de S. Bento que partilhava, desde 1928, com o Liceu Dr. Júlio Henriques, passando para edifício próprio, inaugurado nesse mesmo ano, na que é hoje Av. Afonso Henriques.

Recebeu espólio documental e material dos extintos Colégio das Artes e do Colégio de S. Bento, em cujos edifícios esteve instalado.

Possuía valiosa biblioteca formada por livro antigo, proveniente do Colégio das Artes e do Colégio de S. Bento.

Originalmente, e até cerca de 1846, podemos ainda encontrar a designação de "Liceu Nacional no Colégio das Artes". Recebeu também a designação de Liceu de Coimbra.

**Âmbito e conteúdo:** Inclui livros de registo do serviço dos professores (com indicação do nome dos professores, disciplinas lecionadas e dias em que estiveram ao serviço), livros de matrículas de alunos e processos de petições de matrícula.

Inseridos nos livros de matrícula podem encontrar-se folhas (de grande formato, dobradas) com a listagem de livros adotados nas diversas disciplinas.

**Sistema de organização:** Organização em três séries documentais, ordenadas cronologicamente.

**Cota atual:** IV-2.ªD-2-1 e 4; IV-1.ªE-2-4-20 a 24

**Instrumentos de pesquisa:** Inventário.

**Notas do arquivista:** Descrição arquivística por Ana Maria Leitão Bandeira, em 2013, com base na análise da própria documentação. Nota a História administrativa: alguns dados para a sua elaboração colhidos em ADÃO, Áurea - *A Criação e Instalação dos Primeiros Liceus Portugueses. Organização Administrativa e Pedagógica (1836- -1860)*. Oeiras: Instituto Gulbenkian de Ciência, 1982 e em ALBUQUERQUE, Luís de; CARVALHO, Rómulo de – "Ensino Liceal". In *Dicionário de História de Portugal*, vol. II. Porto: Livraria Figueirinhas, 1984, pp. 390-392. Foi ainda recolhida informação na própria legislação publicada em *Legislação Academica desde os Estatutos de 1772 até ao fim do anno de 1850 colligida e coordenada por ordem do Excellentissimo Senhor Conselheiro Reitor da Universidade de Coimbra*. Coimbra: Imprensa da Universidade, 1851.


**Universidade de Coimbra**


**Código de referência:** PT/AUC/ELU/UC

**Título:** Universidade de Coimbra

**Datas de produção:** 1290 / 2001

**Dimensão e suporte:** 23.072 u. i. (8.150 cx., 443 doss., 10.744 liv., 1.616 mç., 1.645 rl., 474 pt.); pergaminho e papel.

**História administrativa, biográfica e familiar:** A origem da Universidade de Coimbra radica na existência de uma Universidade ou Estudo Geral, criado em Lisboa, por diploma de D. Dinis, datado de 1 de março de 1290, em Leiria. O dia 1 de março é, por isso mesmo, assinalado ainda hoje, em Coimbra, como Dia da Universidade. A confirmação pontifícia que foi feita pela bula *De statu regni Portugaliae*, do papa Nicolau IV, de 9 de agosto de 1290, permitia que fossem ensinadas na Universidade todas as Faculdades, com exceção da Teologia que só mais tarde foi introduzida. Nos primórdios da sua existência eram lecionados Direito Civil, Direito Canónico, Gramática, Lógica, Filosofia Natural e Medicina. No período dos descobrimentos portugueses foi ainda incluído o ensino da Matemática e da Astronomia.

Inicialmente, a Universidade esteve sediada em Lisboa, de 1290 a 1308, de 1335 a 1354 e de 1377 a 1537. Neste ano, o rei D. João III ordenou a transferência definitiva para Coimbra e a partir de então passou a ter a designação de Universidade de Coimbra.

Utilizou como insígnia a representação da sapiência, sendo considerada a mais antiga figuração que se conhece desta insígnia universitária, a imagem que está incluída nos Estatutos da Universidade de 1597. Por sua vez, já os Estatutos da Universidade de 1591 descreviam, no liv. 2, tit. 26, § 13, a insígnia da Universidade. A legenda que envolve esta insígnia apresenta a frase latina *Per me reges regnant et legum conditores justa decernunt*, retirada do "Livro dos Provérbios de Salomão", vers. 15. Uma outra representação da insígnia, em gravura da autoria de Josefa de Óbidos, ficou inserida nos Estatutos da Universidade publicados em Coimbra, na oficina de Tomé Carvalho, em 1654.

Pela Reforma Pombalina, de 1772, foram acrescidas as Faculdades de Matemática e de Filosofia (a Filosofia Natural), às Faculdades de Teologia, Medicina, Leis e Cânones, já existentes. Em 1836, por Decreto de 5 de dezembro, foi extinta a Faculdade de Cânones, passando a

Faculdade de Leis a designar-se Faculdade de Direito. Em 1911, por Decreto com força de Lei de 19 de abril, foi extinta a Faculdade de Teologia e foi criada a Faculdade de Letras. Por sua vez, a Escola Normal Superior (anexada à Universidade) foi criada por Decreto com força de Lei de 21 de maio de 1911 e veio a ser extinta por Decreto de 16 de outubro de 1930.

A Universidade teve jurisdição privativa (o designado foro privativo) que permitia dirimir as questões judiciais no seio da instituição e demandas em locais onde a Universidade possuía bens patrimoniais, através de um juiz conservador "privativo". Por Portaria de 23 de maio de 1834 foi extinto o Juízo da Conservatória da Universidade, na sequência da reforma judicial do país e da extinção do foro privilegiado, por Decreto de 16 de maio de 1832.

Além deste privilégio de foro privativo teve também o direito de padroado, tendo sido anexadas à Universidade diversas igrejas do Padroado Régio e do padroado de outras instituições, das quais foi desanexado. Refira-se que já no reinado de D. João I foi anexada uma igreja de cada um dos bispados do país, doação que foi confirmada por bula do papa João XXIII, de 21 de março de 1411. Chegaram a ser 103 igrejas (curatos, abadias, priorados, reitorias) dos bispados de Aveiro, Bragança, Porto, Lamego, Viseu, Coimbra, Guarda, Portalegre e também do arcebispado de Braga e do patriarcado de Lisboa. O direito de padroado foi extinto por Decreto de 5 de agosto de 1833.

Possuiu um vasto património formado por bens rústicos e urbanos, com origem em doações régias, entre as quais avulta a doação dos bens da extinta Companhia de Jesus, nomeadamente de todos os seus colégios, por Provisão régia de 4 de julho de 1774. Por sua vez, a Provisão régia de 14 de abril e o Decreto de 16 de abril de 1774 determinaram a integração na Universidade dos bens dos antigos hospitais de Coimbra: Hospital Real (ou Hospital de D. Manuel) e Hospital de São Lázaro (ou Gafaria de Coimbra). Este património era administrado por uma Junta da Fazenda, formada por um corpo de diversos funcionários, até à sua extinção, em 1835. Por Decreto de 5 de março de 1835 foi ordenada a incorporação dos bens da Fazenda da Universidade, nos Bens Próprios Nacionais.

Os reis de Portugal foram protetores da Universidade e a presença do "Protetor" figurava em capítulo próprio, nos diversos Estatutos.

Estiveram anexados à Universidade o Colégio Pontifício e Real de São Pedro e o Real Colégio de São Paulo. O primeiro ficou instalado desde 1572 junto aos Paços Reais de Coimbra, tendo origem num colégio construído na Rua da Sofia, fundado por Rui Lopes de Carvalho (o bispo de Miranda, D. Rodrigo de Carvalho), onde ingressaram, em 1545, os primeiros estudantes que deveriam ser clérigos pobres que se destinassem aos cursos de Teologia ou de Cânones. A biblioteca deste colégio foi considerada biblioteca privativa dos monarcas, quando se acolhessem a Coimbra, por Decreto de 30 de maio de 1855 (art.º 2.º) e transitou, depois, para o edifício da Faculdade de Letras, cuja construção se iniciou em 1913 e, posteriormente, para a Biblioteca Geral que foi construída no mesmo local.

Teve uma confraria cujos propósitos eram o serviço litúrgico, na Capela da Universidade, auxiliar os estudantes pobres, particularmente na sua doença e fazer o acompanhamento fúnebre de professores, estudantes e funcionários da Universidade. Esta Confraria de Nossa Senhora da Luz foi criada pelo Infante D. Henrique, no séc. XV, quando a Universidade estava instalada em Lisboa. Quando da transferência da Universidade para Coimbra, em 1537, ficou instalada na antiga capela de São Miguel, do Paço Real de Coimbra.

Na Carta régia de 27 de dezembro de 1540, ordenava-se ao reitor da Universidade que mandasse fazer uma arca com três fechaduras, para recolha de documentos universitários, ficando as chaves da mesma arca depositadas nas mãos do reitor, do lente de Prima de Cânones ou de Leis e do escrivão do conselho universitário. O historiador Fernão Lopes de Castanheda foi o primeiro cartorário da Universidade, tendo sido nomeado guarda do cartório por Provisão régia que apresentou em Conselho da Universidade de 5 de outubro de 1548.

Os Estatutos da Universidade legislaram com minúcia sobre a organização do cartório e atributos do guarda do cartório que esteve instalado junto à secretaria, em espaço próprio no edifício dos Gerais da Universidade. O cartório veio a ser designado por Arquivo e foi elevado à categoria de repartição autónoma em 1901 (Decreto n.º 4 de 24 de dezembro) tendo sido o primeiro diretor o Doutor António de Vasconcelos, professor da Faculdade de Teologia e depois da Faculdade de Letras. O arquiteto Alberto Pessoa foi o autor do atual edifício do Arquivo da Universidade, inaugurado em 1948.

Possuiu uma Imprensa da Universidade com edifício próprio, desde 1773. Até então existira a Real Oficina da Universidade e, anteriormente, a instituição celebrava contratos de impressão, com impressores e livreiros, sendo conhecido o contrato com os impressores João da Barreira e João Alvares, em 1548, para serem impressores privilegiados da Universidade. Por Alvará régio de 9 de janeiro de 1790 foi aprovado o Regimento da Real Imprensa da Universidade. Foi extinta, quando era seu administrador o Prof. Doutor Joaquim de Carvalho, por Decreto-Lei n.º 24440 de 29 de agosto de 1934 e o seu espólio foi integrado na Imprensa Nacional de Lisboa. Foi de novo criada por Despacho Normativo n.º 79/89 de 28 de agosto.

Na sua história multissecular a Universidade viu erguerem-se diversos edifícios e departamentos, entre os quais se contam: Jardim Botânico, Museu de História Natural, Laboratório Químico, Hospitais da Universidade, Dispensatório Farmacêutico, Observatório Astronómico, Teatro Académico Gil Vicente, Estádio Universitário, etc. O mesmo se diga quanto à estrutura e organização interna de serviços: Mesa da Fazenda, Junta da Fazenda, Secretaria, Tesouraria, Contadoria, Serviços de Contabilidade, etc.

Ao longo de um período cronológico de mais de sete séculos, tiveram lugar diversas reformas estatutárias que se refletiram na vida interna da instituição e ficaram plasmadas nos Estatutos da Universidade, podendo referir-se, entre outros: Carta de Privilégios de D. Dinis (1309), de D. Manuel (1503), de Filipe II (1591), de D. João IV (1654), Marquês de Pombal (1772), Reforma da Instrução Pública de Passos Manuel, por Decreto de 5 de dezembro de 1836, Bases da nova Constituição Universitária, por Decreto com Força de Lei, de 19 de abril de 1911, sendo os últimos Estatutos homologados por Despacho Normativo n.º 78/89 de 28 de julho, alterados e aprovados em Assembleia da Universidade de 19 de abril de 2003.

**Âmbito e conteúdo:** Inclui diversas séries documentais que ilustram a vida da instituição e do corpo académico (docente e discente) que a frequentou ao longo dos séculos, bem como todo o corpo de funcionários. Podem referir-se as séries documentais de livros de matrículas, livros de exames, atos e graus, termos de posse de professores e funcionários, livros de atas dos conselhos, processos de professores e de funcionários, mapas de serviço docente, cadernetas escolares, etc. Refiram-se, também, as séries documentais que retratam a administração do património da Universidade, em que se incluem livros de escrituras, termos de arrendamentos e aforamentos, tombos de medição e demarcação de bens, correspondência com procuradores da Universidade, etc. Toda esta citada documentação permite conhecer o sistema de administração de um vasto património, até à sua extinção em 1835, de acordo com um processo de nacionalização de bens, semelhante ao das ordens monásticas.

Ilustra o foro privativo da Universidade, com processos judiciais de execuções e de contas correntes produzidos pela Conservatória da Universidade e processos de Polícia Académica. Retrata a gestão interna da Universidade, podendo conhecer-se os processos de contas, os livros de receita e despesa, as contas de gerência, processos de contabilidade, folhas de caixa, etc.

Engloba documentação régia e eclesiástica que atesta os privilégios e doações feitas à Universidade, testemunhando a formação do seu património, o seu direito de padroado e demais privilégios. Integra documentação que revela as relações da Universidade com os diversos Ministérios que tiveram a sua tutela, bem como as relações estabelecidas com as demais instituições de ensino superior, em Portugal e no estrangeiro, nomeadamente as séries de correspondência recebida e expedida.

**Sistema de organização:** A documentação sofreu tratamento arquivístico em diversos momentos, desde a data de produção original até ao presente. Recebeu a organização arquivística proposta pelo paleógrafo e historiador João Pedro Ribeiro, em 1798, de acordo com um modelo de organização geográfica (de livros e documentos, pelos bispados e locais onde existiam bens patrimoniais). No séc. XIX o cartório passou por diversas vicissitudes e a documentação sofreu uma continuada desorganização. Parte do acervo medieval ficou truncada, devido à ação de Alexandre Herculano que retirou do arquivo diversos pergaminhos, mandados recolher à Torre do Tombo, com autorização dada em Portaria do Ministro do Reino, de 31 de maio de 1853. Refira--se que, entre esses documentos, não figuravam apenas os do fundo da Universidade, mas também os de outros acervos incorporados no cartório da Universidade. A Portaria de 30 de maio de 1862 determinou o fim da comissão de serviço do Dr. António José Teixeira, no seu trabalho de coligir documentação para a história da Universidade e foi nomeado um amanuense para organizar o arquivo. Anos depois, por ofício da Direção Geral da Instrução Pública, de 15 de novembro de 1879, foi nomeado o paleógrafo Gabriel Victor do Monte Pereira para reorganizar o cartório. Por despacho ministerial de 21 de maio de 1897 foi nomeado o Doutor António de Vasconcelos para presidir a uma reorganização do arquivo, a breve passo revelada insuficiente, por falta de quem o auxiliasse na árdua tarefa. Entre 1900 e 1908, trabalhou na reorganização do cartório o cónego Prudêncio Quintino Garcia, sumariando e ordenando provisões régias e documentação pontifícia (bulas, breves, letras apostólicas).

No alargado período cronológico de vida da instituição foram criados e remodelados diversos organigramas, pelo que foi sempre difícil conciliar a aplicação de uma classificação orgânico-funcional a um fundo documental que sofreu diversos tratamentos arquivísticos, ao longo do tempo. Assim, presentemente, estão criados os seguintes subfundos: Real Colégio de S. Paulo, Colégio Pontifício e Real de S. Pedro, Hospitais da Universidade e Imprensa da Universidade, Escola Normal Superior, Faculdade de Letras, Faculdade de Medicina, Faculdade de Direito, Faculdade de Cânones, Faculdade de Teologia, Faculdade de Matemática, Faculdade de Filosofia, Faculdade Farmácia, Faculdade de Ciências e Tecnologia. Estão criadas as seguintes secções: Arquivo, Biblioteca, Capela da Universidade, Mesa da Fazenda da Universidade, Junta da Fazenda da Universidade, Conservatória da Universidade, Tesouraria e Contabilidade, Secretaria da Universidade, Polícia Académica e respetivas séries documentais, ordenadas cronologicamente.

**Cota atual:** IV-1.ª e 2.ª D; IV-1.ª e 2.ª E; IV-3.ª; II-1.ªD ; V-2.ªD; V-3.ª; VI-1.ªD e 2.ªD; I- Casa Forte

**Instrumentos de pesquisa:** Instrumentos de pesquisa publicados:

BANDEIRA, Ana Maria Leitão – "Catálogo dos processos de habilitação a partidos médicos e boticários". *Boletim do AUC*, vol. 15-16 (1995-1996). Coimbra: Arquivo da Universidade, 1997, pp. 354-516.

BANDEIRA, Ana Maria Leitão; RAMOS, Júlio de Sousa – "Catálogo das Inquirições do Real Colégio de S. Pedro da Universidade de Coimbra (1548-1824)". *Boletim do AUC*, vol. 21-22 (2001-2002). Coimbra: Arquivo da Universidade, 2003, pp. 147-293.

BANDEIRA, Ana Maria Leitão; COSTA, Anabela Rodrigues Oliveira – "O Real Colégio de São Paulo: acervo documental de um colégio universitário de Coimbra (1559-1834)". *Boletim do AUC*, vol. 27 (2014), pp. 7-59.

PEREIRA, Gabriel - *Catalogo dos pergaminhos do cartorio da Universidade de Coimbra*. Coimbra: Imprensa da Universidade, 1881.

Instrumentos de pesquisa não publicados, elaborados ou coordenados por Ana Maria Leitão Bandeira (acessíveis na sala de leitura e/ou em www.uc.pt/auc): Roteiro e Inventário topográfico da documentação instalada no Dep. IV-1.ªE. Coimbra, 1990.

Inventário das séries documentais: Correspondência recebida na Reitoria; Correspondência Recebida e Expedida da Secretária-geral; Correspondência Recebida e Expedida da Contabilidade; Editais; Serviço de Lentes. Coimbra, 1998.

Inventário da série documental de Ordens régias, cartas, avisos, Decretos, portarias, alvarás, editais da Universidade de Coimbra. Coimbra, 2000.

Inventário da série documental de inscrições de alunos na Universidade. Coimbra, 2001.

Inventário das séries documentais de Autos e Graus e Provas de Curso. Coimbra, 2001.

Inventário da série documental de matrículas de alunos na Universidade. Coimbra, 2001.

Inventário da série documental de Folhas de ordenados/vencimentos da Universidade de Coimbra. Coimbra, 2002; revisão 2007.

Inventário da série documental de documentos de despesa (Reitoria, Arquivo, Biblioteca, Faculdades e Departamentos anexos). Coimbra, 2005.

Inventário da série documental de Registo e aceitação de doentes (mulheres) de 1809-1949, dos Hospitais da Universidade. Coimbra, 2006.

Inventário da série documental Papeletas de doentes de 1870-1916, dos Hospitais da Universidade. Coimbra, 2006.

Inventário da série documental de Certidões de idade de alunos da Universidade de Coimbra. Coimbra, 2007.

Inventário da série documental de Registo de Serviço dos Lentes. Coimbra, 2007.

Inventário da série documental de Processos de Polícia Académica e índice de processos concluídos. Coimbra, 2007.

Inventário da série documental de Actas dos Conselhos, Congregações, Senado e Junta Administrativa da Universidade de Coimbra. Coimbra, 2002; revisão 2007.

Inventário da série documental de Petições de matrícula e inscrição. Coimbra, 2008.

Inventário da série documental de Processos de Carta de curso. Coimbra, 2008.

Inventário da série documental de Livros de termos de juramento e posse / por Susana Andrea Costa Martins. Coimbra, 2008.

Inventário da Confraria de N.ª S.ª da Luz /por Isabel Maria Couceiro Mesquita. Coimbra, 2009.

Inventário da série documental de Correspondência de procuradores da Universidade. Coimbra, 2010.

Inventário da série documental de Documentos de despesas de obras/ por Susana Andrea Costa Martins e Leonor Cruz Pontes. Coimbra, 2010.

Inventário da série documental de Livros de escrituras diversas. Coimbra, 2011.

Catálogos e índices: Catálogo de Matrículas e Exames de alunos da Universidade (séc. XVI-XIX). (Ficheiro Manual. Acessível no AUC - Sala do Catálogo).

Catálogo de Matrículas do Colégio das Artes (séc. XVI-XVIII). (Ficheiro Manual (Acessível no AUC - Sala do Catálogo).

Índice do cartório do Colégio Real de S. Pedro da Universidade de Coimbra/ Miguel Gomes Soares (colegial legista). Coimbra, 1824 (dactilografado).

Índice da série documental de Processos de professores da Universidade de Coimbra / elaborado por Lígia Almeida. Coimbra, 2002.

Índice da série de Livros de Sumários da Faculdade de Letras (1912--1975) / elaborado por Lígia Almeida. Coimbra, 2003.

**Notas do arquivista:** Fontes para História Administrativa: BANDEIRA, Ana Maria Leitão – "O Património da Universidade de Coimbra: aspectos particulares do seu padroado". In *Actas do Colóquio a Universidade e a Arte (1290-1990)*. Coimbra: Instituto de História de Arte, FLUC, 1993, pp. 315-343. BANDEIRA, José Ramos – *Universidade de Coimbra. Coimbra*, 1943-1947, 2 vols. BRANDÃO, Mário; ALMEIDA, Manuel Lopes de - *A Universidade de Coimbra: esboço da sua história*. Coimbra: por Ordem da Universidade, 1937. VASCONCELOS, António de - *Escritos Vários*. vol. 1, reed. Coimbra: AUC, 1987. VASCONCELOS, António de - *O selo medieval da Universidade portuguesa*. reed. Coimbra: AUC; Livraria Minerva, 1990.

Fontes para Sistema de organização: BANDEIRA, Ana Maria Leitão – "A organização arquivística do Cartório (séc. XVIII-XIX)". *Boletim do Arquivo da Universidade* 17-18 (1997-1998), pp. 61-85. RIBEIRO, João Pedro - *Observações historicas e criticas para servirem de memorias ao systema da diplomatica portugueza*. Lisboa: Academia Real das Sciencias, 1798 e ainda *Summario de pergaminhos* [do cartório da Universidade] de Manuel Rosado Varela, 3 vols., s.d. (cota AUC-IV-1.ªE-1-3-7 a 9), *Livro da receita do cartório da Universidade em que por inventario se descrevem todas as bullas..., cartas, provizois reais, escripturas...*1750 (cota AUC-IV-1.ªE-1-3-6).

Descrição arquivística por Ana Maria Leitão Bandeira, em 2008, atualizada em 2014, com base na análise da própria documentação e em Instrumentos de descrição.


## Universidade de Évora

**Código de referência:** PT/AUC/ELU/UEVORA

**Título:** Universidade de Évora

**Datas de produção:** 1288 / 1837

**Datas de acumulação:** 1559-1759

**Dimensão e suporte:** 111 u. i. (54 cx., 57 liv.); pergaminho e papel.

**História administrativa, biográfica e familiar:** A Universidade de Évora foi fundada em 1559 pelo Cardeal D. Henrique e extinta, no ano de 1759, por Marquês de Pombal.

Embora a vontade de criar uma Universidade no Alentejo tenha vindo já do tempo de D. Manuel I, foi o Cardeal D. Henrique, a quem preocupava a falta de membros do clero bem preparados para ensinar a doutrina às gentes do Alentejo e do Algarve, que levou a cabo tal empresa.

Sendo arcebispo de Évora resolveu fundar um colégio de clérigos e jesuítas e dar-lhe as rendas necessárias para a sua sobrevivência.

De Coimbra e de Lisboa foram alguns religiosos, que chegaram a Évora em 5 de outubro de 1551, e foi este grupo que deu origem à nova Instituição, que veio a ser conhecida pelo nome de Colégio do Espírito Santo e Universidade de Évora.

Na presença do Cardeal, em 1553, o colégio foi inaugurado; criam-se três classes de Humanidades, onde se lecionou grego e latim e uma de Casos de Consciência, para formação de clérigos. O número de alunos cresceu com a fama do colégio, e quis então D. Henrique elevá-lo à categoria de Universidade. Para isso, tentou obter autorização Papal, justificando-se com a grande distância a que Coimbra ficava, bem como a falta de teólogos e pessoas bem preparadas que pudessem ensinar a palavra de Deus.

O Papa Paulo IV, através da Bula *de Erecçam da Vniversidade. Anno 1558* autorizou a criação de uma Universidade em Évora sob a direção e administração da Companhia de Jesus; e a Bula *Cum a Nobis*, de abril de 1559, instituiu a nova Universidade. Inaugurada oficialmente em 1 de novembro de 1559, o Bispo de Targa, em representação do cardeal D. Henrique, tomou posse da nova Universidade e entregou-a à Companhia de Jesus.

Após a extinção da Companhia de Jesus e o encerramento da Universidade de Évora os bens e os diversos cartórios que possuía (colégios, casas, igrejas e mosteiros) foram entregues à Universidade de Coimbra, por Carta de Doação Régia de D. José I, datada de 4 de julho de 1774.

**Âmbito e conteúdo:** A documentação reflete a estrutura orgânica e sobretudo funcional e os momentos históricos que a marcaram, mostrando a sua evolução e a sua inserção na cidade de Évora e na região, e a projeção que viria a ter não só no país e nas províncias ultramarinas mas também no mundo.

A documentação deste fundo diz, essencialmente, respeito à gestão académica, administrativa e patrimonial dos bens, de que se destacam os documentos relacionados com constituição e regulamentação: como os estatutos, alvarás, bulas, breves, privilégios e provisões e na gestão académica dos alunos: os livros de matrículas, de exames de atos e graus, informações de legitimidade de alunos, etc.

Fazem ainda parte do fundo vários processos cíveis, nomeadamente: demandas e sentenças, a par de escrituras de emprazamento, correspondência e outros títulos.

Neste fundo estão, ainda, descritos como subfundos, os arquivos das seguintes Instituições vinculadas: Colégio da Madre de Deus de Évora (1500 / 1837), Igreja de São João de Montemor-o-Novo e Prebenda da Vera Cruz (1379 / 1739), Mosteiro de São Jorge de Milreus de Coimbra (1148 / 1781), Mosteiro do Salvador de Paço de Sousa (1346 / 1772).

**Sistema de organização:** O fundo foi classificado em secções e estas em séries, ordenadas alfabeticamente e, por sua vez, os documentos encontram-se ordenados cronologicamente dentro de cada série.

Foi elaborado um quadro de classificação, com as seguintes secções: Constituição e Regulamentação; Gestão Académica; Gestão Financeira; Gestão da Informação e Documentação; Gestão Patrimonial; Gestão de Pessoal; Justiça / Contencioso.

**Cota atual:** V-2ª E-5-3, 4 e 5

**Instrumentos de pesquisa:** Inventário, CAPELO, Ludovina Cartaxo - *Inventário do Fundo documental da Universidade de Évora*. Évora, Universidade de Évora, 2010; PEREIRA, G. - *Catalogo dos pergaminhos do cartório da Universidade de Coimbra*, 1881.

**Notas do arquivista:** Descrição feita com base em estudo arquivístico elaborado por Ludovina Cartaxo Capelo em 2010. Registo feito por Adriana Antunes, revisto por Gracinda Guedes em 2014.

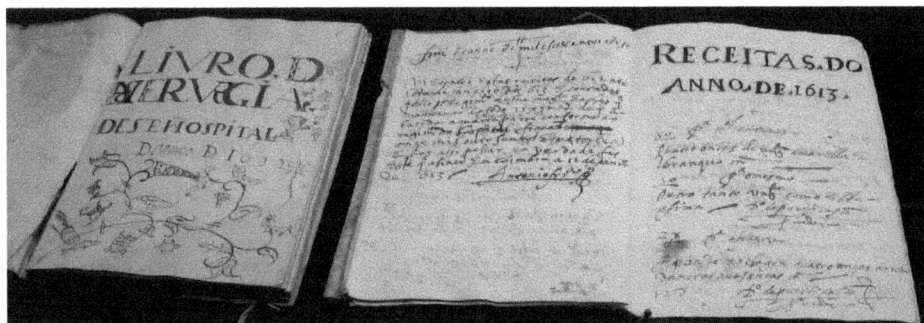

Livros de receituário do Hospital Real de Coimbra

# Hospital da Convalescença de Coimbra

**Código de referência:** PT/AUC/HOS/HCC

**Título:** Hospital da Convalescença de Coimbra

**Datas de produção:** 1742 / 1774

**Dimensão e suporte:** 7 u. i. (2 cx., 5 liv.); papel.

**História administrativa, biográfica e familiar:** Instituição hospitalar de pequena dimensão fundada com os bens e herança do Dr. Sebastião Antunes, cónego da Sé de Lisboa. Em testamento redigido pouco antes de falecer, em 1742, deixou em legado, para doentes convalescentes do Hospital Real de Coimbra, todos os seus bens. Através deste legado, foram erguidos aposentos no mesmo hospital, para ali convalescerem os doentes. Pressupõe-se que já existiria alguma situação semelhante em data anterior, pois em 1737, no testamento redigido nesse ano, também o Dr. Manuel da Gama Lobo, professor na Faculdade de Leis, deputado da Inquisição de Coimbra e Desembargador do Paço, já deixara um padrão de juros ao "hospital da convalescença".

De acordo com a vontade dos seus fundadores, o hospital era governado por administradores régios, junto com a administração do Hospital Real, passando para a administração da Misericórdia de Coimbra, quando deixassem de existir, situação que teve lugar quando a administração do Hospital Real passou a ser feita pelos cónegos de S. João Evangelista.

Foi extinto em 1774, para ser anexado à Universidade de Coimbra, por Decreto de 15 de abril e provisão do marquês de Pombal de 16 de abril do mesmo ano. Em 7 de agosto de 1774, os bens do Hospital da Convalescença foram entregues à Universidade pelo Rev. António Xavier de Brito, provedor da Misericórdia, que até então administrara o hospital.

Depois de 1774, os bens continuaram a ter uma gestão individualizada, já na posse da Universidade, razão pela qual continua a surgir a designação de bens do Hospital da Convalescença, mesmo depois da sua extinção.

**Âmbito e conteúdo:** Inclui livros de escrituras de dinheiro dado a juros. Inclui também pautas de cobrança de dinheiro dado a juros e também documentos relativos à execução de devedores e arresto de seus bens para pagamento de dívidas de juros. Dá a conhecer os bens dos legados do cónego Sebastião Antunes e do Dr. Manuel da Gama Lobo (falecidos em 1742). Retrata a administração patrimonial, dando a conhecer o dinheiro recebido em obrigações de juros e rendimentos de casas na cidade, na Couraça de Lisboa e no cais. Ilustra as relações com a Santa Casa da Misericórdia de Coimbra, quando esta instituição foi administradora dos bens do hospital. Entre os tesoureiros do hospital conta-se o irmão da Misericórdia Manuel António Tavares, boticário (1752 e 1770).

**Sistema de organização:** Identificação de três séries documentais, ordenadas cronologicamente.

**Cota atual:** 2.ªE-8-2-28 a 39

**Instrumentos de pesquisa:** Inventário.

**Notas do arquivista:** Descrição arquivística por Ana Maria Leitão Bandeira, em 2013, com base na análise da própria documentação.

Fontes para História administrativa: SIMÕES, A. A. da Costa - *Noticia Historica dos Hospitaes da Universidade de Coimbra.* Coimbra: Imprensa da Universidade, 1882.


## Hospital Militar de Coimbra

**Código de referência:** PT/AUC/HOS/HMC

**Título:** Hospital Militar de Coimbra

**Datas de produção:** 1762 / 1766

**Dimensão e suporte:** 1 liv.; papel.

**História administrativa, biográfica e familiar:** A fundação do Hospital Militar de Coimbra está, certamente, relacionada com a reorganização militar levada a cabo pelo conde Lippe (Guilherme Schaumburg-lippe) que em

1762 foi convidado pelo marquês de Pombal para comandante supremo das tropas portuguesas. Esta reorganização insere-se na política de defesa do país, por ocasião da designada "Guerra Fantástica", estando o país na eminência da invasão espanhola. Destinava-se a acolher os militares feridos e teve um tesoureiro, António Xavier Zuzarte de Cardoso, que se encarregou da escrituração dos registos do hospital. Foi encarregado da sua instalação o reitor da Universidade, Gaspar de Saldanha e Albuquerque. Ao seu serviço estava um corpo formado por: boticário, capelão, médico, cirurgião, sangrador, despenseiro, fiscal dos remédios, enfermeiros, etc.

Estavam associados ao hospital os Armazéns de Guerra de Coimbra, de que foi vedor-geral João Rodrigues Garcia, almoxarife Francisco Gonçalves da Mota e escrivão Leandro Anastácio de Carvalho e Fonseca.

**Âmbito e conteúdo:** Inclui livro de contas correntes do dinheiro retirado do cofre do real da água, para despesas do Hospital Militar e dos Armazéns de guerra (1762-66), despesas com mestres espingardeiros, serralheiros, fardas militares, etc. Retrata despesas de fortificação da cidade para defesa, em caso de ataque (ex. armazéns de pólvora e paiol na torre do castelo). Ilustra as despesas de condução de munições e armas para os armazéns. Dá a conhecer os pagamentos feitos pelo Conde dos Arcos [D. Marcos de Noronha] para despesas de guerra e as obras no rossio de Santa Clara, na "Casa Grande da Feitoria".

**Sistema de organização:** Apenas uma unidade de instalação.

**Cota atual:** IV-2.ªE-8-2-18

**Instrumentos de pesquisa:** Recenseamento.

**Notas do arquivista:** Descrição arquivística por Ana Maria Leitão Bandeira, em 2014, com base na análise da própria documentação.

Fonte de consulta para redação da História Administrativa: SIMÕES, António Augusto da Costa – *Noticia histórica dos Hospitaes da Universidade de Coimbra*. Coimbra: Imprensa da Universidade, 1882.


## Hospital dos Milreus de Coimbra

**Código de referência:** PT/AUC/HOS/HMSC

**Título:** Hospital dos Milreus de Coimbra

**Datas de produção:** 1504 / 1504

**Dimensão e suporte:** 1 liv.; pergaminho.

**História administrativa, biográfica e familiar:** Pequena instituição assistencial, com hospital, que existiu em Coimbra, anexado a uma albergaria, localizada na Almedina, junto aos Paços Reais. Desconhece-se a data precisa da sua criação, que se situa, com probabilidade, no séc. XV. Um Decreto de 1468, do rei D. Afonso V, determina a expulsão do administrador do hospital João Vaz, sendo este documento comprovativo da ingerência do rei na sua administração, pois era uma instituição de fundação régia.

Possuía bens em Coimbra e, pela administração destes mesmos bens, recebia rendas que serviam para a sua sustentação. Também usou a designação de Hospital e Albergaria dos Milreus.

Foi extinto em 1526, na sequência da reforma assistencial levada a cabo pelo rei D. Manuel e os seus bens foram anexados ao Hospital Real de Coimbra, à semelhança do que se passou com outros hospitais e albergarias da cidade.

A designação do nome desta instituição surge com a grafia de Mirleus, de acordo com o antigo topónimo medieval, do mesmo local, em Coimbra. Posteriormente, sofreu adulteração e veio a ser designado como Milreus.

**Âmbito e conteúdo:** Inclui tombo de bens mandado fazer pelo rei D. Manuel, através do seu Desembargador Diogo Pires, em 1504. Neste ano era seu administrador Rodrigo Afonso das Pias. Contém o traslado do Decreto de D. Afonso V, de 24 de Janeiro de 1468, com a expulsão do anterior provedor João Vaz, por não cumprir com as suas obrigações.

**Sistema de organização:** Apenas uma unidade de instalação.

**Cota atual:** IV-2.ªE-7-5-1

**Instrumentos de pesquisa:** Recenseamento.

**Notas do arquivista:** Descrição arquivística por Ana Maria Leitão Bandeira, em 2013, com base na análise da própria documentação.


## Hospital Real de Coimbra

**Código de referência:** PT/AUC/HOS/HRC

**Título:** Hospital Real de Coimbra

**Datas de produção:** 1448 / 1772

**Datas de acumulação:** 1510-1772

**Dimensão e suporte:** 366 u. i. (358 liv., 4 mç., 4 pt.); pergaminho e papel.

**História administrativa, biográfica e familiar:** O Hospital Real de Coimbra foi fundado por D. Manuel em 1504, tendo sido edificado na Praça de São Bartolomeu, hoje designada por Praça do Comércio. Foi também conhecido como Hospital de D. Manuel, fazendo jus ao seu fundador. O monarca conferiu-lhe regimento, em 22 de outubro de 1508 e nele revelava o que o levara a tomar a decisão de o erguer em Coimbra: um bom hospital, segundo o requer a nobreza da cidade e a grande passagem de gente, vinda de todas as partes. Recebeu novo Regimento, em 16 de junho de 1510.

Para ampliar o património desta instituição e a sua capacidade de assistência, no auxílio à população doente, foi-lhe anexado o património de pequenas albergarias e hospitais medievais da cidade que foram extintos, em 1508: Hospital de Vera Cruz, Hospital de Santa Maria, de São Bartolomeu, de São Lourenço e de São Marcos; do Hospital dos Milreus, extinto em 1526 e ainda uma parte das rendas dos hospitais de Montemor-o-Velho, Tentúgal e Pereira, por Carta do cardeal D. Henrique, de 2 de janeiro de 1568. Mais tarde, viria a ter a posse das rendas e todas as propriedades dos hospitais de Nossa Senhora de Campos, de São Pedro e de Santa Maria Madalena de Montemor-o-Velho, confirmada por provisão régia de 1 de junho de 1588.

Era neste Hospital que tinham lugar as aulas práticas de Medicina, propostas nos Estatutos da Universidade, em 1559, orientadas pelos Lentes das cadeiras de Prima, Véspera, Tertia e Noa (depois designada Anatomia). O Hospital era administrado de acordo com o seu regimento, sendo gerido por um provedor e um almoxarife e ainda: o recebedor dos enfermos, o hospitaleiro, o escrivão, o porteiro, o capelão, o solicitador, etc., possuindo duas enfermarias, capela, hospedaria e cozinha, tendo recebido, inicialmente, 17 doentes.

No hospital estava sediada a Confraria dos Santos Físicos São Cosme e São Damião, da qual era juiz, geralmente, um lente da Faculdade de

Medicina, médico no hospital, sendo coadjuvado por um escrivão, um procurador, mordomos e um sacristão. Esta confraria promovia o acompanhamento espiritual dos doentes e a celebração das missas, na capela do hospital.

Sobrevivia, economicamente, através do rendimento do seu património rústico e urbano situado em Coimbra, Montemor-o-Velho, Alvoco da Serra e Seia, tendo recebido também a doação de um por cento das rendas dos almoxarifados de Coimbra e de Aveiro, por alvará de D. Manuel de 7 de janeiro de 1514, confirmado, depois, por carta de D. João III, de 8 de janeiro de 1532. No século XVIII, era conhecido como Hospital de Nossa Senhora da Conceição, a sua padroeira.

Pela Provisão do Marquês de Pombal de 21 de outubro de 1772, foi ordenado ao corregedor da comarca de Coimbra, José Gil Tojo Borja e Quinhones que tomasse posse de todo o património do hospital e o entregasse à Junta da Fazenda da Universidade. Foi também ordenado que os doentes que ali se encontravam fossem transferidos para o novo hospital da Universidade, instalado numa parte do edifício do extinto colégio de Jesus de Coimbra. Apesar desta determinação, só em 1779 foi concretizada a transferência dos doentes, depois das necessárias obras de adaptação do edifício.

**Âmbito e conteúdo:** Contem regimentos, cartas, alvarás e provisões régias relativos à fundação, privilégios e administração do Hospital. Contem também livro com termos de eleição de oficiais e registos de ordenados pagos, bem como livros de escrituras notariais de emprazamentos, termos de obrigação e fiança, escrituras de venda, etc. Contem ainda tombos de medição e demarcação de propriedades em Montemor-o-Velho, Anços, Borralha, Seia, Alvoco da Serra, Folhadosa e Casais de São Fipo, livros de reconhecimentos de prazos e casais, livros de registos de arrendamentos, receita de foros e rendas nos mesmos locais. Inclui livros de registos de receitas e despesas, livros de entrada e saída de doentes, livros de registo de receituário médico. Inclui também o foral de Seia, dado por D. Manuel, em 1 de junho de 1510, por o Hospital ser o donatário da vila de Seia.

**Sistema de organização:** Organização em quinze séries documentais, ordenadas cronologicamente, e uma coleção de pergaminhos.

**Cota atual:** IV-2ªE-7-3, 4 e 5; IV-2.ªE-8-1; IV-2.ªE-8-2-19, 20 e 22; IV--3.ª-Arm. 2 (metal)-Gav. 6

**Instrumentos de pesquisa:** Inventário.

**Notas do arquivista:** Descrição arquivística por Ana Maria Leitão Bandeira, em 2014, com base na análise da própria documentação.

Nota a Datas de produção: inclui documento datado de 1448, atestando a origem de património do Hospital, em Coimbra, nomeadamente o emprazamento de um olival no termo de Coimbra.

Fontes de consulta para redação da História Administrativa: SIMÕES, António Augusto da Costa – *Noticia histórica dos Hospitaes da Universidade de Coimbra*. Coimbra: Imprensa da Universidade, 1882. Foram ainda consultados os Tombos de demarcação, os regimentos do Hospital e as provisões régias.

## Hospital de São Lázaro de Coimbra

**Código de referência:** PT/AUC/HOS/HSLC

**Título:** Hospital de São Lázaro de Coimbra

**Datas de produção:** 1326 / 1774

**Dimensão e suporte:** 136 u. i. (131 liv.; 1 mç.; 4 pt.); pergaminho e papel.

**História administrativa, biográfica e familiar:** D. Sancho, no testamento que fez, em 1209, deixou dez mil morabitinos para se fazer uma Gafaria em Coimbra, legando ainda aos leprosos de Coimbra todo o seu espólio. É pois presumível que já existisse em Coimbra uma pequena instituição para leprosos que terá sido engrandecida com este legado. Aqui radica a existência do Hospital de São Lázaro, também designado, frequentemente, por Hospital Real e Gafaria de São Lázaro ou, ainda, Gafaria de Coimbra. Em testamentos de outros monarcas, como D. Afonso II, o rei gafo, D. Sancho II, D. Afonso III e D. Dinis, foram sempre contemplados todos os leprosos do reino, atestando a forma como o mal gálico estava então disseminado.

A organização administrativa e funcional do Hospital teve lugar no reinado de D. Afonso IV, com a elaboração do seu Regimento ou Compromisso, em 1329. O monarca tomou o Hospital de S. Lázaro debaixo da sua proteção por Carta Régia de 19 de janeiro de 1334, confirmada depois em Carta Régia de 22 de março de 1336.

D. João I concedeu poder ao vedor e ao escrivão do Hospital para demandar os rendeiros e os foreiros que deixassem danificar as propriedades da instituição, ordenando a todos os corregedores, meirinhos e juízes que assim o cumprissem, por Carta de 13 de março de 1391. No mesmo ano, por Carta de 10 de março, o mesmo rei concedera privilégio para que os gafos, antes de entrarem no Hospital, fizessem doação dos seus bens e só o Provedor pudesse tomar conhecimento das causas com eles relacionadas.

D. Duarte confirmou todos os privilégios da instituição por Carta Régia de 5 de abril de 1434. Também D. Afonso V procedeu de igual forma, por Carta Régia de 14 de outubro de 1450 e concedeu privilégios aos caseiros do Hospital, moradores em Rio de Vide, Viduais e Cortes, de serem isentos de qualquer imposição ou finta, por Carta Régia de 26 de setembro de 1464.

D. Afonso V, por Alvará de 25 de agosto de 1474, aprovou o pedido dos lázaros para que se alterasse o capítulo do compromisso que ordenava que a terça dos seus bens móveis (roupa e objetos) fosse dada, quando falecessem, a outros doentes, pois não podiam deixá-los como bens de sua alma.

Por sua vez, D. Manuel promoveu, em 11 de outubro de 1502, novas adições e reformas ao regimento original de D. Afonso IV. O Hospital teve sempre proteção régia e não estava subordinado a qualquer autoridade local, tendo sido, inicialmente, administrado pelos próprios lázaros, reunidos em cabido.

No Hospital permaneciam doentes gafos (homens e mulheres) e merceeiros sãos, aos quais eram distribuídas rações e pitanças que, de acordo com o Regimento de 1329, eram formadas por vinho frio e vinho quente, cestas de uvas, pimenta, cominhos, mel, lenha, azeite, cereais, espadana, etc., e possuíam o cortinhal existente junto ao edifício "para seu folgar". Apesar de as gafarias estarem sempre situadas fora de portas das localidades, para evitar o contágio, sabe-se que, de acordo com o Regimento de 1329, os doentes podiam sair e ir à romaria "fazer de vestir ou calçar"; mas, por outro lado, eram-lhes impostas multas se andassem descalços, ou se se aproximassem da água do poço.

Em 1515, D. Manuel ordenou que se fizesse tombo dos seus bens, numa ação que se estendeu aos hospitais, capelas, albergarias, confrarias e gafarias de todo o país. Esta decisão foi ditada pela má administração destas instituições, cujos administradores e provedores permitiam a perda de rendimentos, impedindo que os bens deixados por doadores fossem bem empregues em obras pias e para bem da alma dos finados que haviam deixado seus bens a estas instituições.

Em 1683, foi nomeado o Dr. Sebastião da Costa, Desembargador dos Agravos da Relação do Porto, para vir a Coimbra inteirar-se da arrecadação dos bens do Hospital, tendo sido feitas averiguações e organizados novos livros de arrematações de rendas.

Em diversas ocasiões, foram também feitas vistorias ou vedorias de propriedades, como a que foi ordenada por Provisão de 19 de setembro de 1541, ou ainda em 28 de junho de 1717. Essa vedoria nas terras do Hospital era feita de três em três anos, para se saber se estavam bem aproveitadas e granjeadas e se nenhuma se sonegava. O seu cumprimento competia ao provedor, ao escrivão e a um procurador do Hospital que comparavam, com o tombo de cada localidade, as propriedades e foreiros nele referidos.

Estava localizado "extra-muros" da cidade de Coimbra, junto ao Mondego, em local designado por "ínsua dos lázaros", perto da igreja de Santa Justa. Permaneceu na toponímia coimbrã a designação de Azinhaga dos Lázaros, precisamente por ali ter existido o Hospital de São Lázaro, pequena rua que partia da Rua da Figueira da Foz direcionando-se para o rio Mondego, cruzando com a Av. Fernão de Magalhães.

Possuía um património formado por bens obtidos através de doações régias e de particulares, em que se incluem as doações dos próprios doentes, pois, de acordo com o Regimento do Hospital, eram obrigados a doar 1/3 dos seus bens, para despesas de doença e para benefícios espirituais daqueles que faleciam. Os seus bens patrimoniais estavam localizados em Coimbra, Condeixa, Trouxemil, Enxofães, Alfora, Fala, Rio de Vide, Zouparria do Campo, etc. Os rendimentos do Hospital eram formados por rendas, foros, rações e laudémios de prazos e casais situados nos lugares referidos.

As receitas de rendas eram formadas por trigo, zaburro, painço, centeio, cevada, milho, vinho e azeite. Os cereais eram recolhidos em celeiros do

Hospital, sendo depois distribuídos em rações aos doentes e aos sãos e em pagamentos (em rações) ao provedor, escrivão, medidor, médico, procurador, servidores da casa e aos padres da igreja colegiada de Santa Justa que administravam os sacramentos aos doentes e oficiavam nos domingos de Lázaros e Ramos e nos dias de S. Lourenço e S. Mateus. O azeite era recolhido em lagares, como o de Condeixa, sendo depois arrematado. O restante cereal e azeite que não se consumia internamente eram vendidos e com o dinheiro recebido faziam-se os pagamentos das diversas despesas quotidianas.

O corpo de funcionários administrativos era formado por um provedor (designado "maioral" nos primórdios de vida da instituição), um vedor, um escrivão, um medidor do pão e recebedores das rendas. O provedor do Hospital era frequentemente um fidalgo da Casa Real, sucedendo no cargo, na geração seguinte, um seu filho. Podem citar-se os casos de António de Sá Pereira, em 1597, sucedendo-lhe Manuel de Sá Pereira, em 1667 e depois seu filho João de Sá Pereira, em 1686.

O cargo podia ser dado como dote de casamento de uma filha do provedor, quando este não tivesse filhos que lhe sucedessem, como é o caso de Francisco Pereira de Sá. Sua filha D. Francisca de Sá recebe em dote esse cargo, por Provisão de 1589, uma vez que seu pai falecera e o lugar estava vago, sendo o referido lugar para a pessoa que com ela casasse, por pedido que havia feito ao rei seu tio Dr. Jerónimo Pereira de Sá, do Desembargo do Paço.

O cargo de escrivão podia também ser hereditário, podendo apontar--se o exemplo de João Aranha a quem sucede seu filho Diogo Aranha, em 1548, e depois João Aranha Chaves.

Em 1774, por Decreto de 15 de abril, o Hospital de São Lázaro foi incorporado na Universidade de Coimbra, juntamente como outros hospitais de Coimbra, formando os Hospitais da Universidade. Em Portaria do Marquês de Pombal, de 19 de abril de 1774, foi ordenado ao corregedor de Coimbra, Inácio José da Mota de Carvalho que desse conta ao provedor e oficiais do Hospital da nova situação e que se procedesse a inventário de todos os bens, rendimentos e livros. Em 5 de agosto de 1774 foi elaborado auto de posse, na presença do referido corregedor e foi feita entrega do edifício e seus bens ao procurador da Universidade Dr. José

Joaquim Vieira Godinho, lente da Faculdade de Leis e reitor do Colégio de S. Pedro. A Junta de Fazenda da Universidade passou a administrar os seus bens.

**Âmbito e conteúdo:** Engloba originais e traslados de tipologias diversas, como tombos de demarcação e reconhecimento, livros de vedorias, de escrituras de emprazamento, encabeçamento de casais, etc.

Em 1515, D. Manuel ordenou que se fizesse tombo de reconhecimento pelo Lic. Diogo Pires, o qual já não chegou a autenticá-lo, tendo sido assinado pelo Dr. Álvaro Fernandes, do Desembargo Régio, que recebera Alvará de nomeação em 11 de fevereiro de 1514. Este tombo encontra-se em original, em pergaminho e em traslado, de 1773, feito pelo Lic. Manuel Félix Botelho Salgado "perito em ler letras antigas", por ordem do desembargador Pascoal de Abranches Madeira, provedor da comarca de Coimbra e também provedor do Hospital.

Encontramos, como juízes de outros tombos de demarcação e reconhecimento, o Dr. Gonçalo Vaz Preto, Desembargador conservador da Universidade, apoiado pelo escrivão João da Rocha Pimentel a quem foi ordenado que fizesse o tombo de Rio de Vide, por Provisão da Mesa da Consciência e Ordens de 8 de outubro de 1696. Este juiz do tombo sucedeu no desempenho do cargo ao Dr. Pedro da Cunha e Sousa, provedor da comarca de Coimbra, que por ter sido ocupado na Superintendência das obras do rio Mondego, não pôde continuar o tombo para que tinha sido nomeado por Alvará de 18 de janeiro de 1689.

Os tombos incluem geralmente autos de destrinça de casais, eleição de cabeça de casal e repartição do foro, sentenças de partilha de casais, citação de confrontantes para estarem presentes ao tombo, etc.

Inclui também o traslado do tombo, na sequência da Provisão do Desembargo do Paço de 20 de fevereiro de 1770, feito pelo Guarda-mor da Torre do Tombo, do texto que estava inserido no livro das Capelas da Coroa, localizado na Torre do Tombo. Por sua vez, esse tombo havia sido feito por Provisão de 4 de outubro de 1619, pelo Desembargador Tomé Pinheiro da Veiga.

Ilustra os senhorios confinantes com propriedades do Hospital que puderam ser identificados em diversos tombos: Mosteiro de Lorvão,

Mosteiro de Santa Cruz, Mosteiro de S. Marcos, Mosteiro de Semide, Mosteiro de Celas, Mosteiro de Santa Ana, Mosteiro de Santa Clara, Mosteiro de Arouca, Universidade de Coimbra, Cabido da Sé de Coimbra, Marquês de Cascais e Senhor de Ança e Mitra Episcopal de Coimbra.

Inclui ainda o Regimento e Compromisso original de D. Afonso IV, de 1329, diversos traslados do mesmo Regimento, como o que foi conferido e autenticado por Lucas Coelho da Silva, em 2 de outubro de 1773, tendo sido lidos os documentos pelo Lic. Manuel Félix Botelho Salgado, a requerimento do procurador do Hospital e por mandado do Desembargador Pascoal Abranches Madeira, Provedor da comarca de Coimbra e que também servia de Provedor do Hospital (v. Livro de letra gótica reduzida a legível). Um volume com outro traslado do mesmo Regimento foi feito anteriormente, em 1768, por ordem da Mesa da Consciência e Ordens, concertado com o escrivão Bento Nunes do Vale e autenticado pelo mesmo Lucas Coelho da Silva, escrivão da receita e despesa. Este exemplar tem a particularidade de apresentar ex-libris de Aníbal Fernandes Tomás, desconhecendo-se a sua proveniência.

Os bens rústicos e urbanos situados sobretudo em Coimbra, Enxofães, Condeixa, Ança, Trouxemil, Zouparria e Rio de Vide eram formados geralmente por casais, arrematados em rendas. A título de exemplo, a renda de Rio de Vide incluía 54 casais e propriedades em: Vidual, Pisão Fundeiro, Casal da Relva, Casal da Pedreira, Casal da Póvoa, Casal das Cortes, Casal da Regueira, Casal das Cardosas, Casal da Mouta, Casal do Fato, Casal dos Velhos, Vale de Água, Olival Queimado, Alagoas, Ramalhão, Regateira, Condal, Covão, Carvalheira, Gaiate, Vale da Silva, Vale dos Pereiros, Cheira e Ribeiro. As rendas destes locais eram arrematadas anualmente, por lanços, existindo, em cada localidade, um recebedor das rendas que depois fazia a entrega dos pagamentos ao escrivão do Hospital. As informações relativas a estes pagamentos eram lançadas em livros de receita de foros e livros com o nome de rendeiros devedores de foros. A identificação das propriedades pode ser feita através dos registos das escrituras de emprazamentos, aforamentos, escambos e encabeçamento de casais, retratando as propriedades diversas, que podem ser: quintal, olival, moinho, forno, lagar de azeite, mato, chão, etc.

Engloba livros escrituras de aforamento, emprazamento, escambo, etc., em original e traslado feitas pelo escrivão do Hospital, geralmente na casa do despacho do Hospital, ou por tabeliães de Coimbra. Neste último caso as escrituras foram trasladadas dos seus livros de notas, como nos casos dos tabeliães Manuel Bernardes da Cruz (1633), João Batista (1648 a 1651) ou Manuel de Macedo Varela (1716).

Era obrigação do provedor, visitar os locais onde o Hospital possuía bens, para efetuar vedorias, de três em três anos, para verificar se as propriedades estavam bem granjeadas e se nenhuma estava sonegada. Os termos de vedorias incluem a identificação dos foreiros e caseiros, a indicação do título justificativo da sua posse, os quantitativos de foros e rações que pagavam, sendo feita a "medição e apegação" das propriedades e o reconhecimento do Hospital como senhorio direto.

Retrata o sistema de registo de receita e despesa (receitas de rendas em géneros e pagamentos de rações e despesas diversas) feito pelo escrivão do Hospital, sendo as contas aprovadas em autos de contas do Provedor da comarca de Coimbra. Podem ser exemplificadas os casos do Provedor da comarca Dr. Miguel de Coimbra que em 1646 aprova as contas do escrivão João Aranha Chaves.

Os registos de entrada de doentes (que incluem a "vistoria" de doentes) revelam o seu nome e naturalidade. Figuram também registos de segunda entrada do doente no Hospital (ou termo de "entrância"). Periodicamente, era feita a vistoria por dois médicos que atestariam se o doente tinha algumas melhoras e podia sair do hospital. Fica o testemunho da presença dos seguintes professores da Faculdade de Medicina, encarregados desse exame: António Mourão Toscano e Manuel Mendes Trovão (1686), António Simões da Silva e João Mendes de Carvalho (1694), António Mendes (1696), Manuel da Cruz e Manuel Francisco (1704).

Dá a conhecer o sistema de arrematação de rendas do Hospital, sendo previamente postas em pregão pelo "porteiro de bordão", por ordem do provedor do Hospital. Apregoadas em praça, com uma vara verde na mão, pelo referido porteiro este dizia em voz alta e inteligível "... na praça a trago, na praça a arremato, afronta faço que mais não acho, se mais achara mais tomara, ora lhe dou duas, duas e meia...".

Retrata o sistema de nomeação para cargos do Hospital, com traslados de cartas régias de mercê e cartas de nomeação de procuradores, medidores, carniceiros, provedores e escrivães do Hospital, entre 1542 e 1650.

Quanto a autos e sentenças podemos colher, nesta tipologia documental, situações diversificadas: autos de penhora de bens de devedores do termo da Lousã, por dívida de pagamento de rendas de Vale da Silva (1578); execuções de devedores; auto contra o vedor do Hospital a pedido dos doentes, por aquele não lhes dar as rações estipuladas, argumentando o vedor que não tinha dinheiro, uma vez que fora pedido pelo rei para as obras da Couraça de Lisboa (1532), etc.

**Sistema de organização:** Na impossibilidade de averiguar a organização primitiva da documentação, foram identificadas nove séries documentais que foram ordenadas cronologicamente: Registo de receitas e despesas; Termos de Vedorias; Escrituras de emprazamento; Autos de arrematação; Registo de receitas de foros e rendas; Termos de entrada de doentes; Tombos de demarcação e reconhecimento; Autos e sentenças; Regimentos e provisões. Foi também organizada uma Coleção de pergaminhos, de acordo com a prática arquivística do próprio hospital, ordenados cronologicamente.

**Cota atual:** IV-2.ªE-8-3 e 4; IV-3.ª- Gav. 51 (pt.1 –n.º 1 a 30), Gav. 52 (pt. 2 – n.º 31 a 60), Gav. 53 (pt. 3 – n.º 61 a 100), Gav. 54 (pt. 4 - n.º 101 a 123); VI-3.ª-Cofre -n.º 34 (Regimento de 1329) e Cofre-n.º 39 (Tombo de 1515).

**Instrumentos de pesquisa:** Inventário por Ana Maria Leitão Bandeira, acessível em http://www.uc.pt/auc/fundos/ficheiros/HOS_SaoLazaro. QUEIRÓS, Abílio - *Catálogo de Pergaminhos do Hospital de São Lázaro.* Coimbra: AUC, 2007. (texto Word).

**Notas do arquivista:** Descrição arquivística por Ana Maria Leitão Bandeira, em 2007, com revisão em 2014.

**Autos de Execução do Juízo de Direito da Comarca de Coimbra (1898)**

## Conservatória Britânica de Coimbra

**Código de referência:** PT/AUC/JUD/CBCBR

**Título:** Conservatória Britânica de Coimbra

**Datas de produção:** 1737 / 1845

**Dimensão e suporte:** 13 mç. (1 cad., 303 proc.); papel.

**História administrativa, biográfica e familiar:** A Conservatória Britânica era um juízo privativo destinado aos negociantes britânicos residentes no país, ou todos aqueles que provassem, por carta de privilégios, ser administradores, feitores e agentes comerciais de britânicos, usufruindo assim dos privilégios, isenções e regalias de que gozavam os negociantes ingleses. Os traslados das cartas de privilégios, inseridos nos processos desta Conservatória, atestam esta situação. Os privilegiados da Conservatória Britânica podiam demandar para este juízo privativo a todos os seus contendores, em todas as causas cíveis e crimes em que fossem autores ou réus, sem embargo de quaisquer outros privilegiados, exceto nas causas do Fisco.

Esta jurisdição privativa tem origem em diversos privilégios concedidos a negociantes britânicos desde a Carta de privilégios de D. Fernando, de 27 de outubro de 1405, que designara o Ouvidor da Alfândega de Lisboa para ser o juiz privativo dos mercadores ingleses. Também as Ordenações do Reino, livro I, tit. 52, § 9.º, continham disposições para que o Ouvidor da Alfândega fosse Conservador dos Ingleses.

Por sua vez, a Carta de Privilégios de D. Manuel, de 7 de fevereiro de 1411, alargou, pela redação dada ao art.º 7, o privilégio aos servidores britânicos, até seis pessoas da sua companhia.

Refira-se também o Tratado de Paz de 29 de janeiro de 1642, firmado entre D. João IV e D. Carlos, rei de Inglaterra e o Tratado de

Paz (e comércio), de 10 de julho de 1654, art.º 9, que estabeleceu um Conservador, em lugar do Ouvidor da Alfândega.

Estes privilégios serão confirmados pelos Tratados de 18 de abril de 1660 e de 9 de fevereiro de 1810.

O conservador britânico era de nomeação do Governo, e no seu impedimento, um juiz de fora exercia simultaneamente o cargo, por Provisão de 20 de agosto de 1716 e Portaria de 31 de outubro de 1835.

A contestação a estes privilégios de jurisdição privativa foram muitas vezes contestados, havendo necessidade de esclarecer a situação jurídica e confirmar os privilégios, como aconteceu, por exemplo, pelo Assento da Casa da Suplicação de 6 de março de 1782, o Aviso Régio de 20 de julho de 1792 e Aviso Régio de 2 de maio de 1812.

As apelações das decisões da Conservatória Britânica eram feitas, inicialmente, para a Casa da Suplicação e, após a sua extinção, para o Tribunal da Relação.

A Novíssima Reforma Judiciária aprovada por Decreto de 21 de maio de 1841, no seu Tit. VI, art.º 178, atribui aos juízes de 1.ª instância, dos locais onde os réus forem domiciliados, a competência para julgar as causas dos estrangeiros que tinham juízes conservadores, por anteriores tratados diplomáticos e comerciais. As audiências tinham lugar nos Paços do Concelho de Coimbra, de segunda a quinta-feira, apenas pela manhã, ou também nos Paços da Universidade, no período em que o Conservador Britânico era simultaneamente o Conservador da Universidade, como se passa, por exemplo, com o Dr. António Joaquim Coelho de Sousa, em 1821.

Esta jurisdição privativa foi extinta pela Lei de 12 de março de 1845 que aboliu as Conservatórias das nações estrangeiras.

**Âmbito e conteúdo:** Inclui processos judiciais de natureza diversa (1737 -1845), podendo citar-se: autos de embargo, autos de agravo, autos de execução de sentença, ações de força nova, autos de assinação de dez dias, autos de ação de soldadas, autos de cominação, autos de libelo de dinheiro, autos de execução por conciliação, autos de ação de alma, cartas citatórias, etc., retratando as questões dirimidas por privilegiados britânicos.

Inclui ainda um caderno que é parte fragmentária de um livro de registo de Protocolo das Audiências (1843-1845) do escrivão António de Pádua e Oliveira, com termo de abertura e encerramento feito por António da Silva Guimarães, por comissão do juiz Dr. José Ricardo Pereira de Figueiredo. Neste livro figuram a data (dia, mês e ano), o nome do juiz que preside à audiência e breve sumário de cada processo que foi presente à mesma audiência.

Os processos incluem, geralmente, uma cópia da carta de privilégios, ou recopilação de privilégios, confirmando que era na qualidade de privilegiados da nação britânica que os demandantes recorriam a esta Conservatória. Incluem também declarações e/ou procurações de negociantes ingleses, atestando os casos dos indivíduos portugueses que eram seus administradores, procuradores ou feitores. Figuram também, em alguns processos, certidões do cônsul inglês na Figueira da Foz, ou em Coimbra, atestando que o demandante das ações era súbdito britânico.

Pode citar-se, a título de exemplo de processos que contêm cópias de carta de privilégios: cx. 12 - Autos de libelo de dinheiro (1841), sendo autor João José de Lemos, negociante de Coimbra e ré D. Maria José de Nápoles, viúva de Manuel Cabral de Moura Coutinho. Neste caso o autor era administrador e feitor de Jorge Laydley, súbdito inglês domiciliado com casa de comércio na Figueira da Foz. O processo inclui cópia da carta de privilégios, certificada por Bidgood Withney Tozer, cônsul britânico e negociante naquela localidade. Também os Autos de ação comercial, de 1841 (cx. 12), em que é autor Joaquim António Teixeira Barbosa, negociante de Coimbra, feitor e administrador do mesmo negociante britânico contêm cópia de carta de privilégios, bem como os Autos de execução de conciliação, de 1841 em que é exequente Nuno José da Cruz, encarregado de negócios de Guilherme Henrique Bayly, residente na Figueira da Foz.

Entre os referidos privilégios figurava a possibilidade de os "privilegiados britânicos" (que, como se refere, não são apenas súbditos britânicos, mas também muitos portugueses seus feitores e procuradores) poderem "demandar, para este juízo privativo, todos os seus contendores, em todas as suas causas cíveis e crimes em que fosse autor ou réu, sem embargo de quaisquer privilegiados incorporados em direito, em razão das pessoas ou das causas, exceto somente as do Fisco".

Frequentemente, os processos retratam situações em que os portugueses, demandantes das ações, se encontram a tratar de assuntos pessoais e não como procuradores dos súbditos britânicos. Pode referir-se, a título de exemplo, entre outros, o caso de José Lopes Guimarães (autos de execução de 1841, cx. 12) que surge na qualidade de contratador do subsídio literário do distrito de Coimbra. Era feitor, administrador e agente comercial de Bidgood Withney Tozer, mas apresenta-se a requerer a execução de todos os que eram devedores do referido subsídio literário.

Dão a conhecer outras instâncias judiciais ou jurisdições, nos casos de apelação de sentenças, ou por intervenção dessas jurisdições, ou ainda porque os réus invocam situações de privilegiados de outros foros privativos, como seja: Tribunal da Relação do Porto (1821), Juízo ordinário de Penacova (1820), jurisdição dos Meninos Órfãos do Real Colégio de Jesus de Lisboa (1821), Juízo de Paz da freguesia de Santa Cruz de Coimbra (1839), Juízo do Real Fisco, Tribunal da Inquisição de Coimbra.

Ilustra os negociantes britânicos residentes em Coimbra, ou aqueles que tinham nesta cidade os seus procuradores, agentes e feitores como, Eduardo Augusto Cox (1839, 1840), Guilherme Henrique Bayly (1842, 1843) e Artur Acland (1773).

Para as restantes localidades do país, podemos referir: no Porto: Thadeu Nacermayer (1799), Richard Brosson (1839), Duarte Murphy (1825, 1829, 1831), Guilherme Payant (1818); na Figueira da Foz: Inácio António Archer (1792, 1794), José Nicoulau Stoyer (1799), Francisco Archer (1801), Diogo Archer (1809), a Companhia Richards & Baker (1812), a Companhia Sellour & Silva (1819), a Companhia Moyer Silva (1819), Jorge Laydley (1833, 1841), Solomon Tozer (1842), Thomas B. Rendell (1841), Duarte Baker (1839); em Lisboa: Robert Graham (1839), Sampson Dennis (1825), Guilherme Sandman (1825), Guilherme Staley (1830) e na Aldeia das Dez: Guilherme António Hall (1843). Indica os nomes dos cônsules britânicos na Figueira da Foz: Duarte Baker, entre 1814 e 1835, sendo também vice-cônsul dos Estados Unidos da América e da Holanda; Bidgood Withney Tozer (1841 e anos anteriores).

Entre os negociantes de Coimbra, representantes de súbditos britânicos, podem citar-se Joaquim de Jesus Dias (1823), Manuel Rodrigues Lucas (1824), António José Gonçalves Basto (1825), Joaquim José Pena (1830), Lourenço José Ferreira (1830), José António de Sousa Freitas (1833).

Permite conhecer os juízes da Conservatória Britânica: Luís Gonzaga de Carvalho e Brito (1799), António Correia Costa (1830-1835), Eusébio Rodrigues Manique (1839), António Gaspar Tavares de Carvalho (1839--1841), Joaquim José Pais da Silva (1842-1843), José Ricardo Pereira de Figueiredo (1843). Entre os advogados referidos, podem citar-se: (1799) – José Marques, Manuel de Sousa Nogueira, José de Almeida Carvalhais Pinto; (1801) - Araújo Carneiro, José Joaquim Ribeiro do Amaral; (1812) – António Ribeiro Barreiros, José Lopes Figueira; (1814) – António Rodrigues Manito, Francisco Manuel de Faria Vieira, Francisco Monteiro Negrão, Manuel de Jesus Rodrigues Manique; (1819) – Manuel Marques Soares; (1826) – Eusébio Rodrigues Manique, Joaquim Inácio Roxanes Manique; (1839) – Joaquim Miguel de Araújo Pinto; (1843) – João Pedro Correia. Quanto aos escrivães da Conservatória refiram-se: Joaquim Alexandre de Oliveira (1799) e António de Pádua Oliveira, desde 1803 e ainda ao serviço em 1843.

**Sistema de organização:** Organização em duas séries documentais: Processos Judiciais e Registo de Protocolo das Audiências e ordenação cronológica de cada série.

**Cota atual:** AUC-VI-2.ªE-3-5-1 a 14

**Instrumentos de pesquisa:** Inventário por Ana Maria Leitão Bandeira, acessível em http://www.uc.pt/auc/fundos/ficheiros/JUD_ ConservatoriaBritanicaCoimbra

**Notas do arquivista:** Descrição arquivística por Ana Maria Leitão Bandeira, em 2009, com revisão em 2014.


**Juízo de Paz de Ceira, de Coimbra**

**Código de referência:** PT/AUC/JUD/JPCC
**Título:** Juízo de Paz de Ceira, de Coimbra
**Datas de produção:** 1834 / 1842

**Dimensão e suporte:** 3 liv.; papel.

**História administrativa, biográfica e familiar:** O Juízo de Paz da freguesia de Ceira, concelho de Coimbra, foi criado na sequência do Decreto n.º 24, de 16 de maio de 1832 que estabeleceu a divisão judicial do país em círculos judiciais e estes, por sua vez, em comarcas e julgados. Aos juízes de paz ficava então atribuída a intercedência conciliadora, para evitar que certas questões seguissem para os juízes ordinários. A competência dos juízes de paz foi sendo alargada a outras questões, de acordo com a diversa legislação que foi sendo publicada, a par das reformas judiciais. Refira-se alguma da legislação que foi alterando ou alargando as competências dos juízos de paz: Decreto de 21 de maio de 1841, Lei de 16 de junho de 1855, Carta de Lei de 27 de junho de 1867, Decreto de 21 de novembro de 1894, etc. Foi também designado por Julgado de Paz da freguesia de Ceira de Coimbra. Apesar de ainda hoje vigorarem os juízos de paz, já não vigora o juízo de paz de Ceira, desconhecendo-se a sua atividade depois de 1842, data do último livro de autos de conciliações identificado.

**Âmbito e conteúdo:** Inclui livros de registo de autos de conciliações (1834-1842), onde ficaram também registadas notas de não conciliação e de revelia, por falta de comparência de partes desavindas, notificadas para audiência de conciliação. Retrata a atividade de diversos juízes de paz, entre os quais podemos citar, entre outros, António Joaquim Nogueira, Sebastião Fortunato de Carvalho, José Ribeiro Negrão, António Gomes de Macedo, para conciliar pessoas residentes na freguesia de Ceira, que entre si litigavam por questões de demarcação de propriedades, colheita indevida de cereais, pagamento de dívidas, empréstimo de dinheiro, etc.

**Sistema de organização:** Foi identificada uma série documental, ordenada cronologicamente.

**Cota atual:** VI-2.ªD-8-1-18 a 20

**Instrumentos de pesquisa:** Inventário.

**Notas do arquivista:** Descrição arquivística por Ana Maria Leitão Bandeira, em 2013, com base na análise da própria documentação e em NETO, A. Lino – *História dos juízes ordinários e de paz*. Coimbra: Typographia França Amado, 1898;

SANTOS, Maria Madalena Marques dos – "Os julgados de Paz". In MOREIRA, Adriano (coord. e dir.) – *Estudos em memória do Prof. Doutor Luís Sá, Discursos, número especial*. Lisboa: Universidade Aberta, 2000, pp. 307-355.

## Juízo de Paz de Mira

**Código de referência:** PT/AUC/JUD/JPM

**Título:** Juízo de Paz de Mira

**Datas de produção:** 1838 / 1926

**Dimensão e suporte:** 56 liv.; papel.

**História administrativa, biográfica e familiar:** O Juízo de Paz de Mira (freguesia e concelho do distrito de Coimbra) foi criado na sequência do Decreto de 16 de maio de 1832 que estabeleceu a divisão judicial do país em círculos judiciais, comarcas, julgados e freguesias, nas quais havia um juiz de paz, sempre que tivessem mais de cem vizinhos. Com a Reforma judicial decretada em 21 de maio de 1841 são determinadas as competências do juiz de paz, o qual era identificado por uma faixa azul com borlas de seda branca, devendo ter sobre a porta da sua residência a indicação de ser juiz de paz do respetivo distrito (tomando o distrito o nome da freguesia mais populosa). O juiz de paz deveria empregar todos os meios que a prudência e a equidade lhe sugerissem, fazendo ver às partes os males que lhes resultavam das demandas, como o referia a própria legislação citada, abstendo-se de empregar algum meio violento ou cavilouso, sob pena de responsabilidade por perdas e danos e por abuso de poder (cap. V, art. 135.º). Trimestralmente, deviam enviar ao delegado do procurador régio um mapa com indicação de todas as questões que lhe fossem submetidas. Refira-se a legislação que determinou a alteração das competências dos juízos de paz: Decreto de 21 de maio de 1841, Lei de 16 de junho de 1855, Carta de Lei de 27 de junho de 1867, Decreto de 21 de novembro de 1894, etc.

Foi também designado por Julgado de Paz de Mira.

**Âmbito e conteúdo:** A documentação retrata as funções conciliadoras do juiz de paz no período cronológico de 1838 a 1926, com hiatos temporais em 1847, de 1854 a 1859 e 1877, para os quais não há vestígios da atividade do juiz de paz. As diversas tipologias documentais ilustram sobretudo, com a série de livros de registo de conciliações, a atividade conciliadora entre as partes, nem sempre bem-sucedida, como o revela o grande número de registos de não conciliação. Uma parte substancial do fundo documental integra registos de conciliação, não conciliação e notas de revelia, documentação que reflete as questões para as quais se pedia a intervenção do juiz de paz, entre as quais avultam os problemas de dívidas de pagamento de soldadas de trabalhadores, dívidas de pagamento de géneros em estabelecimentos comerciais, dívidas de empréstimo de dinheiro, invasão de propriedade alheia, bem como o despejo de prédios pelos arrendatários, etc. Fornece igualmente elementos sobre a atividade piscatória na região costeira de Mira, nos casos concretos de dívidas de pagamento de sal e peixe comprado na Praia de Mira e também nos casos de resolução de dívidas de sócios de companhas de pesca, ou dívidas de viúvas de sócios, entre as quais figuram, por exemplo, companha "Velha dos Vermelhos", companha "dos Ratos", companha "nova dos Ratos" e ainda companha "dos novos do cabeço de Portomar". Testemunha ainda a atividade agrícola, com incidência sobre as questões de águas, que tantas vezes eram pomos de discórdia, sobretudo o desvio de água de rega e uso de água de moinhos. Ou ainda o roubo de vinhas, de palha, de madeira, dívida de pagamento de gado, roubo de galinhas, a divisão e demarcação de terras de pousio e pinhais, etc.. Igualmente fornece dados sobre crianças ilegítimas, nos casos em que as mães solicitam o pagamento de alimentos ao pai, quando este não cumpriu promessas de casamento. Outros aspetos da vida familiar ficam retratados com as questões de partilha de herança, sonegação de bens a inventário orfanológicos, pagamento de alimentos e tratamento de familiar idosa e demente, bem como aspetos de vida social, como as queixas por difamação, injúrias e agressão. Parte da documentação já referida (e ainda a que é formada por registos de julgamentos das coimas ou transgressões municipais) fornece dados sobre contravenção de posturas municipais, usurpação de baldios municipais e estragos em caminhos públicos, com denúncias feitas pelo zelador da câmara municipal. Integra, no que diz respeito à tipologia documental de articulados e sentenças, um conjunto de informações sobre as ações comerciais de pequeno valor sob alçada do juiz de paz, com o registo sentenças ditadas também quanto a ações de despejo e quanto ao pagamento de dívidas e custas de processos. A série documental de protocolo das audiências revela perda de exemplares, pois não integra documentação para o período cronológico mais recuado.

Entre os locais representados, situados no concelho de Mira, encontram-se, por exemplo, Barra, Carromeu, Casas Novas, Febres, Fonte do Grou, Lagoa, Leitões, Palheira, Portomar, Praia, Praia de Mira e Seixo.

Os volumes apresentam termo de abertura e de encerramento, bem como registo que atesta que foram vistos em correição, em Vagos.

**Sistema de organização:** Identificação de cinco séries documentais e ordenação cronológica dentro das mesmas séries.

**Cota atual:** VI-2.ªD-8-1-72 a 75

**Instrumentos de pesquisa:** Inventário.

**Notas do arquivista:** Descrição arquivística por Ana Maria Leitão Bandeira, em 2013, com base na análise da própria documentação e em NETO, A. Lino – *História dos juízes ordinários e de paz*. Coimbra: Typographia França Amado, 1898;

SANTOS, Maria Madalena Marques dos – "Os julgados de Paz". In MOREIRA, Adriano (coord. e dir.) – *Estudos em memória do Prof. Doutor Luís Sá, Discursos, número especial*. Lisboa: Universidade Aberta, 2000, pp. 307-355.


## Juízo de Paz de Miranda do Corvo

**Código de referência:** PT/AUC/JUD/JPMC

**Título:** Juízo de Paz de Miranda do Corvo

**Datas de produção:** 1836 / 1921

**Dimensão e suporte:** 30 u. i. (29 liv.; 1 pt.); papel.

**História administrativa, biográfica e familiar:** A origem dos Juízos de Paz remonta a 1826, com a Carta Constitucional, evitando-se, com a sua criação, que muitas questões judiciais, de menor monta, transitassem, superiormente, para outros tribunais. Pela Lei de 15 de outubro de 1827 foram criados juízes de paz em cada freguesia, que deveriam presidir aos chamados juízos conciliatórios, nos quais se tentava a conciliação entre as pessoas querelantes. A divisão administrativa em círculos, comarcas, julgados e freguesias, resultou, definitivamente, do Decreto de 16 de maio de 1832, ficando atribuída aos juízes de paz, não só essa intercedência conciliatória, como, também, pelo Decreto de 18 de maio desse ano, a competência sobre os inventários orfanológicos, que lhe será retirada posteriormente, com a lei de 28 de dezembro de 1840. Teve também a designação de Julgado de Paz de Miranda do Corvo.

Este sistema de juízos de paz vigorará até à atualidade, com algumas modificações quanto a competências e número de funcionários que lhes estão adstritos.

**Âmbito e conteúdo:** Inclui livros com autos de conciliação (1836--1905), que revelam a concordância amigável entre as partes desavindas, e autos de não conciliação, quando não houve concórdia, não tendo sido possível, ao juiz de paz, estabelecer a conciliação. Os mesmos livros incluem autos de revelia, que testemunham a não comparência do réu, ou seu procurador, quando chamado ao auto de conciliação.

Inclui também livro de registo de articulados e sentenças (1913--14) e ainda fragmentos de processos de autos cíveis de execução (1919-21).

**Sistema de organização:** Organização em três séries documentais e ordenação cronológica dentro destas séries.

**Cota atual:** VI-2.ªD-8-1-49 a 71

**Instrumentos de pesquisa:** Inventário.

**Notas do arquivista:** Descrição arquivística por Ana Maria Leitão Bandeira, em 2013, com base na análise da própria documentação e em NETO, A. Lino – *História dos juízes ordinários e de paz*. Coimbra: Typographia França Amado, 1898; SANTOS, Maria Madalena Marques dos – "Os julgados de Paz". In MOREIRA, Adriano (coord. e dir.) – *Estudos em memória do Prof. Doutor Luís Sá, Discursos, número especial*. Lisboa: Universidade Aberta, 2000, pp. 307-355.

## Juízo de Paz do Salvador de Coimbra

**Código de referência:** PT/AUC/JUD/JPSC

**Título:** Juízo de Paz do Salvador de Coimbra

**Datas de produção:** 1834 / 1939

**Dimensão e suporte:** 1 liv; papel.

**História administrativa, biográfica e familiar:** O Juízo de Paz do Salvador, freguesia de Coimbra, foi criado na sequência do Decreto de 16 de maio de 1832. Com este Decreto ficou estabelecida a divisão judicial do país em círculos judiciais, comarcas, julgados e freguesias. Nas que tivessem mais de cem vizinhos, haveria sempre um juiz de paz. O Decreto de 21 de maio de 1841, que estabelece a reforma judicial, determina também as competências do juiz de paz. Este magistrado usava como insígnias uma faixa azul com borlas de seda branca. Competia-lhe procurar a conciliação entre litigantes, usando todos os meios de equidade e prudência, evitando a delonga de demandas e que as questões subissem a tribunais superiores. Desconhece-se o período de vigência deste tribunal depois de 1839, data em que terminam os registos de conciliações identificados. Recebeu também a designação de Juízo de Paz da freguesia do Salvador de Coimbra.

**Âmbito e conteúdo:** Inclui um livro de autos de conciliações (1834--1839), retratando a atividade dos juízes de paz desta freguesia: o Dr. João da Rocha Dantas Mendonça e, posteriormente, o Dr. Adriano José Jacob. O mesmo livro regista também notas de não conciliação, nos casos em que o juiz de paz não conseguiu estabelecer a conciliação entre as partes desavindas e notas de revelia, sempre que se verificou a falta de comparência do réu.

**Sistema de organização:** Apenas uma unidade de instalação.

**Cota atual:** VI-2.ªD-8-1-24

**Instrumentos de pesquisa:** Recenseamento.

**Notas do arquivista:** Descrição arquivística por Ana Maria Leitão Bandeira, em 2013, com base na análise da própria documentação e em NETO, A. Lino – *História dos juízes ordinários e de paz*. Coimbra: Typographia França Amado, 1898;

SANTOS, Maria Madalena Marques dos – "Os julgados de Paz". In MOREIRA, Adriano (coord. e dir.) – *Estudos em memória do Prof. Doutor Luís Sá, Discursos, número especial*. Lisboa: Universidade Aberta, 2000, p. 307-355.


## Juízo de Paz de São Cristóvão de Coimbra

**Código de referência:** PT/AUC/JUD/JPSCC

**Título:** Juízo de Paz de São Cristóvão de Coimbra

**Datas de produção:** 1834 / 1842

**Dimensão e suporte:** 2 liv.; papel.

**História administrativa, biográfica e familiar:** O Juízo de Paz de São Cristóvão, freguesia de Coimbra, foi criado na sequência do Decreto de 16 de maio de 1832 pelo qual foi feita a divisão judicial do país em círculos judiciais, comarcas, julgados e freguesias, nas quais haveria sempre um juiz de paz, quando tivessem mais de cem moradores. O Decreto de 21 de maio de 1841, que estabelece a reforma judicial, determina também as competências do juiz de paz. Este magistrado usava como insígnias uma faixa azul com borlas de seda branca. Competia-lhe estabelecer a conciliação entre litigantes, usando todos os meios de equidade e prudência, evitando a delonga de demandas e que as questões subissem a tribunais superiores. Desconhece-se o período de vigência deste tribunal depois de 1842, data em que terminam os registos de conciliações identificados. Foi também designado por Julgado de Paz da freguesia de São Cristóvão de Coimbra.

**Âmbito e conteúdo:** Inclui dois livros de autos de conciliações (1834-1842), retratando a atividade do juiz de paz desta freguesia. Inclui também, nos mesmos livros, as notas de não conciliação, nos casos em que o juiz de paz não conseguiu estabelecer a conciliação entre as partes desavindas e notas de revelia, sempre que se verificou a falta de comparência do réu.

**Sistema de organização:** Identificação de uma série, com ordenação cronológica.

**Cota atual:** VI-2.ªD-8-1-25 e 26

**Instrumentos de pesquisa:** Inventário.

**Notas do arquivista:** Descrição arquivística por Ana Maria Leitão Bandeira, em 2013, com base na análise da própria documentação e em NETO, A. Lino – *História dos juízes ordinários e de paz.* Coimbra: Typographia França Amado, 1898;

SANTOS, Maria Madalena Marques dos – "Os julgados de Paz". In MOREIRA, Adriano (coord. e dir.) – *Estudos em memória do Prof. Doutor Luís Sá, Discursos, número especial.* Lisboa: Universidade Aberta, 2000, pp. 307-355.


## Juízo de Paz de São João de Almedina de Coimbra

**Código de referência:** PT/AUC/JUD/JPSJAC

**Título:** Juízo de Paz de São João de Almedina de Coimbra

**Datas de produção:** 1839 / 1842

**Dimensão e suporte:** 1 liv.; papel.

**História administrativa, biográfica e familiar:** O Juízo de Paz de S. João de Almedina, freguesia de Coimbra, foi criado na sequência do Decreto de 16 de maio de 1832 pelo qual foi feita a divisão judicial do país em círculos judiciais, comarcas, julgados e freguesias, nas quais haveria sempre um juiz de paz, quando tivessem mais de cem moradores. O Decreto de 21 de maio de 1841, que estabelece a reforma judicial, determina também as competências do juiz de paz. Este magistrado usava como insígnias uma faixa azul com borlas de seda branca. Competia--lhe estabelecer a conciliação entre litigantes, usando todos os meios de equidade e prudência, evitando a delonga de demandas e que as questões subissem a tribunais superiores. Recebeu também a designação de Julgado de Paz da freguesia de São João de Almedina de Coimbra. As atribuições dos juízos de paz sofreram alterações, na sequência de diversa legislação e reformas judiciárias, podendo referir-se: Decreto de 21 de maio de 1841, Lei de 16 de junho de 1855, Carta de Lei de 27 de junho de 1867, Decreto de 21 de novembro de 1894, etc. Desconhece-se o período de vigência deste Juízo de Paz da freguesia de São João de Almedina, depois de 1842, data em que terminam os registos de conciliações identificados.

**Âmbito e conteúdo:** Inclui um livro de autos de conciliações (1839-1842), retratando a atividade do juiz de paz desta freguesia, João Crisóstomo Manso Preto. O mesmo livro regista também notas de não conciliação, nos casos em que o juiz de paz não conseguiu estabelecer a conciliação entre as partes desavindas e notas de revelia, sempre que se verificou a falta de comparência do réu.

**Sistema de organização:** Apenas uma unidade de instalação.

**Cota atual:** VI-2.ªD-8-1-23

**Instrumentos de pesquisa:** Recenseamento.

**Notas do arquivista:** Descrição arquivística por Ana Maria Leitão Bandeira, em 2013, com base na análise da própria documentação e em NETO, A. Lino – *História dos juízes ordinários e de paz*. Coimbra: Typographia França Amado, 1898;

SANTOS, Maria Madalena Marques dos – "Os julgados de Paz". In MOREIRA, Adriano (coord. e dir.) – *Estudos em memória do Prof. Doutor Luís Sá, Discursos, número especial*. Lisboa: Universidade Aberta, 2000, pp. 307-355.


## Juízo de Paz de São Pedro de Coimbra

**Código de referência:** PT/AUC/JUD/JPSPC

**Título:** Juízo de Paz de São Pedro de Coimbra

**Datas de produção:** 1836 / 1839

**Dimensão e suporte:** 1 liv.; papel.

**História administrativa, biográfica e familiar:** O Juízo de Paz de São Pedro, freguesia de Coimbra, foi criado na sequência do Decreto de 16 de maio de 1832 pelo qual foi feita a divisão judicial do país em círculos judiciais, comarcas, julgados e freguesias, nas quais haveria sempre um juiz de paz, quando tivessem mais de cem vizinhos. Competia-lhe estabelecer a conciliação entre litigantes, usando todos os meios de equidade e prudência, evitando a delonga de demandas e que as questões subissem a tribunais superiores. As atribuições dos juízos de paz foram alteradas ao longo do tempo, por diversas reformas judiciárias e respetiva legislação, podendo citar-se: Decreto de 21 de maio de 1841, Lei de 16 de junho de 1855, Carta de Lei de 27 de junho de 1867, Decreto de 21 de novembro de 1894, etc. Desconhece-se o período de vigência deste tribunal depois de 1839, data em que terminam os registos de conciliações identificados. Foi também designado por Julgado de paz da freguesia de São Pedro de Coimbra.

**Âmbito e conteúdo:** Inclui um livro de autos de conciliações (1834-1839), retratando a atividade do juiz de paz desta freguesia.

**Sistema de organização:** Apenas uma unidade de instalação.

**Cota atual:** VI-2.ªD-8-1-27

**Instrumentos de pesquisa:** Recenseamento.

**Notas do arquivista:** Descrição arquivística por Ana Maria Leitão Bandeira, em 2013, com base na análise da própria documentação e em NETO, A. Lino – *História dos juízes ordinários e de paz*. Coimbra: Typographia França Amado, 1898;

SANTOS, Maria Madalena Marques dos – "Os julgados de Paz". In MOREIRA, Adriano (coord. e dir.) – *Estudos em memória do Prof. Doutor Luís Sá, Discursos, número especial*. Lisboa: Universidade Aberta, 2000, pp. 307-355.


## Juízo de Paz da Sé Nova de Coimbra

**Código de referência:** PT/AUC/JUD/JPSNC

**Título:** Juízo de Paz da Sé Nova de Coimbra

**Datas de produção:** 1834 / 1927

**Dimensão e suporte:** 37 u. i. (33 liv.; 4 mç.); papel.

**História administrativa, biográfica e familiar:** O Juízo de Paz da Sé Nova de Coimbra, na freguesia do mesmo nome, foi criado na sequência do Decreto n.º 24 de 16 de maio de 1832 que estabeleceu a divisão judicial do país em círculos judiciais divididos em comarcas e estas em julgados, estes em freguesias nas quais, as que tivessem mais de cem vizinhos, haveria um juiz de paz. Pelo referido Decreto ficou atribuída aos juízes de paz a intercedência conciliadora, antes que as questões seguissem para os juízes ordinários, devendo ser eleitos, tal como os juízes ordinários. De acordo com esta legislação, os juízes de paz estavam identificados com insígnias próprias "... os juízes de paz trarão uma faixa azul e branca, e na casa da sua residência terão escrito sobre a porta, em forma visível, Juízo de Conciliação da Freguesia de ...". Pelo Decreto de 18 de maio a competência do juiz ficou alargada aos inventários orfanológicos, mas veio a ser-lhe retirada posteriormente pela Lei de 28 de novembro de 1840. Anteriormente a estas datas já a Lei de 15 de outubro de 1827 criara juízes de paz em cada freguesia, para presidirem a juízos conciliatórios nos quais pela sua intervenção se procedera à conciliação entre as partes querelantes por todos os meios pacíficos, podendo julgar pequenas demandas, separar os ajuntamentos em manifesto perigo de desordem, evitar as rixas, vigiar sobre a conservação das matas e florestas públicas, etc., ou seja, uma série de competências de cariz social. Eram eleitos segundo a forma de eleição dos vereadores das Câmaras, podendo ser juiz de paz todo o indivíduo que pudesse ser eleito. Revertiam para a Câmara Municipal, a que pertencia cada freguesia, onde houvesse um juiz de paz, as receitas das multas por ele aplicadas. Pelo Decreto de 20 de setembro de 1829 foram introduzidas algumas alterações quanto a incompatibilidades do exercício do cargo (não podendo acumular com as funções de juízes de fora, ordinários, de órfãos, ou provedores) e os termos de conciliação passam a ter força de sentença. Pelo Decreto de 21 de maio de 1841 a vigência do mandato do juiz de paz ficava restringida a dois anos, competindo-lhe julgar questões da seguinte natureza: questões de natureza cível, mas de pequena monta, danos, coimas, transgressões de posturas municipais. Pela Lei de 16 de junho de 1855 ficaram restringidas as funções conciliatórias dos juízes de paz; mas de novo em 1867, pela Carta de Lei de 27 de junho que extinguiu os juízes ordinários e os subdelegados dos procuradores régios, foram alargadas as competências dos juízes de paz: conciliação das partes desavindas; julgamento de causas sobre bens e danos até 10 mil reis, mas com possibilidade de recurso para o juiz de Direito; julgamento das causas sobre coimas, polícia municipal e transgressões de posturas municipais (também com possibilidade de recurso); proceder a embargos de obra nova e arrestos e fazer exames de corpo de delito. Pelo Decreto de 1894, o mandato dos juízes de paz passa a ser de dois anos. As causas de matéria comercial estiveram também cometidas aos juízes de paz, com exceção de algumas épocas. Em 1867 podiam tomar juramento aos arbitradores nas causas comerciais que figuravam no Código Comercial no art.º 990. Mas pelo Código do Processo Comercial de 1896 a sua jurisdição ficou limitada apenas às atribuições que lhe foram designadas pelo juiz de comércio. A evolução da situação dos juízes de paz e suas competências ficou também confirmada no Estatuto Judiciário de 1928 (aprovado pelo Decreto-Lei de 12 de abril) e no Decreto-Lei de 23 de fevereiro de 1944, n.º 33547, com funções atribuídas no âmbito do processo civil e processo penal — os julgados municipais só existiam em alguns concelhos sendo a função do juiz de paz inerente, na sede dos concelhos, ao cargo de Conservador do Registo Civil e nos restantes julgados ao cargo de professor primário da sede da freguesia. Posteriormente, outros diplomas legais tratam também das suas competências (Decreto n.º 39817 de 15 de setembro de 1954, Decreto n.º 43898 de 6 de setembro de 1961 e Decreto n.º 48033 de 11 de novembro de 1967). Foi também designado por Julgado de Paz da freguesia da Sé Nova de Coimbra. Em 1911, o tribunal do juízo de paz da Sé Nova estava localizado no Largo de S. Salvador, "no anexo da igreja" do Salvador.

**Âmbito e conteúdo:** A documentação ilustra a atividade do juízo de paz na sua função de conciliador entre partes desavindas, quase ininterruptamente, no período cronológico de 1834 a 1909, apenas com exceção dos anos entre 1853 e 1861, período para o qual não ficaram testemunhos, não tendo sido possível apurar a razão de ser deste hiato temporal. As questões eram colocadas na presença do juiz de paz, o qual, auxiliado pelo seu escrivão que redige o auto de conciliação, (ou não conciliação) procurava, como os próprios documentos revelaram pela terminologia utilizada "conciliar as partes empregando todos os modos possíveis, que a prudência e a equidade lhe sugeriam para os levar à concórdia", "sem para isso empregar meio algum violento ou caviloso".

Os autores e réus eram provenientes dos seguintes locais: Casal da Misarela, Chão do Bispo, S. Facundo, Dianteiro, Bairro de Santa Ana, etc.

As tipologias documentais patentes no fundo são formadas por autos de conciliação ou não conciliação, livros para registo de todos os processos cíveis designados por livros de porta, com indicação do nome dos intervenientes, andamento do processo até estar findo, livros para registo de protocolos de audiência, livros de registo de articulados e sentenças, livros de registo de emolumentos, processos diversos que integram ações de despejo, execução de acidentes de trabalho e ações especiais (de 1909 a 1927) e por um inventário geral do cartório que ilustra a sua formação em 1916-1919.

As questões que estiveram na origem das desavenças retratam aspetos diversos de carácter social e económico: as dívidas de foros, dívidas de dinheiro a juros, dívidas a lojistas de Coimbra, dívidas pelo pagamento de obras, posse indevida de terrenos, litígios sobre questões de serventia de águas e serventia de passagem, entrega de legitimas, demarcação de propriedades.

Entre os juízes de paz podemos encontrar os nomes de: Olímpio Nicolau Rui Fernandes – 1873-1877; Joaquim Maia Soares de Paula – 1845-1868; Gonçalo Maia de Sá – 1916-1919; José Raimundo Alves Sobral – 1896 – 1916; António Maia de Seabra Albuquerque 1869-1909.

Os registos contêm ainda um "memorial" no qual se relata o auto de discórdia, registando a petição do suplicante. Em seguida, regista-se o despacho do juiz de paz com assinação do dia para conciliação, seguido da certidão de citação de outra parte, com indicação do dia e hora de comparência para conciliação, lavrada pelo escrivão do juízo de paz. O auto termina, nos casos de conciliação, com as disposições da conciliação. Os autores e/ou réus fazem-se representar algumas vezes pelos seus procuradores. Os termos são assinados pelo juiz de paz, seu escrivão, as partes, por si próprios ou por seus procuradores e testemunhas que são geralmente dois empregados da Imprensa da Universidade (por exemplo: António Maia Seabra de Albuquerque e Francisco de Oliveira Lima, em 1862). Os assuntos dirimidos são os mais diversificados, encontrando-se na sua maioria as dívidas por empréstimo de dinheiro a juros, ou outras questões como: venda de cortiça (1861, outubro, 25), dívida ao pároco por ofícios por alma (1962, março, 15), dívida de empréstimo para impressão de jornal "Flor do Mondego" (1862, março, 15), empréstimo de dinheiro para compra de uma junta de bois (1862, abril, 12), pagamento de pedra britada para as obras do caminho-de-ferro (1862, junho, 17), pagamento a carpinteiro e pedreiro de obras em casa da Rua do Quebra Costas (1862, julho, 25), pagamento de dívidas por remédios de botica de Manuel Abílio de Simões de Carvalho (1862, agosto, 8), litígios por partilhas (1862, outubro, 23), dívidas de ordenados de soldado a um trabalhador (1862, novembro, 6), demarcação de propriedade (1862, novembro, 12), reconhecimento de filha ilegítima (1862, novembro, 18), obras do caminho-de-ferro de Coimbra a Soure, pedra para a construção, sendo a dívida da empresa Salamanca (1862, novembro, 19), pagamento da renda de casa (1862, dezembro, 6), etc.

Inclui inventários de cartórios, redigidos com termo de abertura e encerramento do juiz de paz do distrito da Sé Nova, Gonçalo Maia de Sá (1916-1919). Este livro apenas regista por ordem de n.º a natureza dos processos, autores, residência, ano e maço. As tipologias dos processos são ações especiais, ações de despejo, apelação e acidente de trabalho. O escrivão António Honorato Perdigão redige em 1919 um breve inventário onde inclui (de 1885 a 1917) livros de porta, livro de entrada e saída dos processos, livro do protocolo das audiências, livro do inventário do cartório, livro do registo de processos-crime, livro de registo de atas do juiz de direito, livro de registo das posses dos funcionários e livro de registo de emolumentos judiciais. Contém ainda fragmentos de contas, atas de audiências, petições ao juiz para conciliação, guias de pagamento, procurações, etc. Inclui ainda livros de protocolos de processos confiados a advogados ou a qualquer entidade judicial; entrada e saída de processos confiados a advogados ou a qualquer entidade judicial (1916); protocolos de audiências (1915-1919) com indicação de suas datas, mas sem referir nomes ou processos. O livro de registos de emolumentos apresenta os números dos processos, qualidade dos mesmos (ação de despejo, apelação, ação sumária, execução, embargos, etc.) nomes dos autores e dos réus, emolumentos pagos com as quantias ao juiz, escrivão, oficial e escrivão contador. Inclui também livros de registo de sentenças proferidas em ações de despejo, ações sumárias, ações de pequenas dívidas, etc., bem como o registo de embargos deduzidos por diversos reis e execuções de sentenças de despejo de locatários de diversas casas sitas em Coimbra. Figuram igualmente registos de petição de ação sumária e registos de impugnação de ação. Contém livros de porta para se registarem todos os processos cíveis de cartório do escrivão António Honorato Perdigão, "do juízo de paz do distrito da Sé Nova", os quais apresentam o dia, mês e ano, natureza do processo: ação de despejo de prédio rústico ou urbano, ação especial por letra, acidente de trabalho; e seu andamento: penhora, arrematação, despacho, sentença, citação, autuação, apelação, desistência, pagamento, julgamento.

**Sistema de organização:** Organização em seis séries documentais, com ordenação cronológica.

**Cota atual:** VI-2.ªD-8-1-1 a 8-1-37

**Instrumentos de pesquisa:** Inventário e BANDEIRA, Ana Maria Leitão – "O Arquivo do Juízo de Paz da Sé Nova de Coimbra". *Boletim do Arquivo da Universidade de Coimbra* (2014), v. 27, pp. 61-76 – acessível em http://iduc.uc.pt/index.php/boletimauc/article/view/1732

**Notas do arquivista:** Descrição arquivística por Ana Maria Leitão Bandeira, em 2007, revista em 2014, com base na análise da própria documentação, nas diversas fases de tratamento arquivístico e em NETO, A. Lino – *História dos juízes ordinários e de paz.* Coimbra: Typographia França Amado, 1898; SANTOS, Maria Madalena Marques dos – "Os julgados de Paz". In MOREIRA, Adriano (coord. e dir.) – *Estudos em memória do Prof. Doutor Luís Sá, Discursos, número especial.* Lisboa: Universidade Aberta, 2000, pp. 307-355.

## Juízo de Paz de Torres do Mondego de Coimbra

**Código de referência:** PT/AUC/JUD/JPTMC
**Título:** Juízo de Paz de Torres do Mondego de Coimbra
**Datas de produção:** 1835 / 1836
**Dimensão e suporte:** 1 liv.; papel.

História administrativa, biográfica e familiar: O Juízo de Paz de Torres do Mondego, freguesia de Coimbra, foi criado na sequência do Decreto de 16 de maio de 1832 pelo qual foi feita a divisão judicial do país em círculos judiciais, comarcas, julgados e freguesias, nas quais haveria sempre um juiz de paz, quando tivessem mais de cem vizinhos. Competia-lhe estabelecer a conciliação entre litigantes, usando todos os meios de equidade e prudência, evitando a delonga de demandas e que as questões subissem a tribunais superiores. As atribuições dos juízos de paz foram alteradas ao longo do tempo, por reformas judiciárias e diversa legislação, podendo citar-se: Decreto de 21 de maio de 1841, Lei de 16 de junho de 1855, Carta de Lei de 27 de junho de 1867, Decreto de 21 de novembro de 1894, etc. Desconhece-se o período de vigência deste tribunal depois de 1836, data em que terminam os registos de conciliações identificados. Foi também designado por Julgado de Paz da freguesia de Torres do Mondego, Coimbra.

Âmbito e conteúdo: Inclui um livro de autos de conciliações (1835-1836), retratando a atividade do juízo de paz desta freguesia.

Sistema de organização: Apenas uma unidade de instalação.

Cota atual: VI-2.ªD-8-1-21

Instrumentos de pesquisa: Recenseamento.

Notas do arquivista: Descrição arquivística por Ana Maria Leitão Bandeira, em 2013, com base na análise da própria documentação e em NETO, A. Lino – *História dos juízes ordinários e de paz*. Coimbra: Typographia França Amado, 1898;

SANTOS, Maria Madalena Marques dos – "Os julgados de Paz". In MOREIRA, Adriano (coord. e dir.) – *Estudos em memória do Prof. Doutor Luís Sá, Discursos, número especial*. Lisboa: Universidade Aberta, 2000, pp. 307-355.


## Tribunal da Comarca de Arganil

Código de referência: PT/AUC/JUD/TCAGN
Título: Tribunal da Comarca de Arganil

**Datas de produção:** 1881 / 1959

**Dimensão e suporte:** 894 u. i. (cx. e mç); 230 m. l.; papel.

**História administrativa, biográfica e familiar:** Como "órgão de soberania com competência para administrar a justiça em nome do povo" (Lei nº 38/87, de 23-12, alterada por outros diplomas), é um tribunal de 1ª instância com jurisdição correspondente à comarca. Os corregedores de comarca foram extintos por força do artigo 18º da disposição provisória (Lei de 29 de novembro de 1832) e substituídos por juízes de direito.

O Decreto de 16 de maio de 1832 fixa a composição destes juízos. Compete ao juiz de direito, que é nomeado pelo Governo, julgar todas as causas, públicas ou privadas, bem como decidir dos recursos interpostos pela coroa relativas a violências e opressões cometidas por autoridades eclesiásticas. O Decreto de 21 de maio de 1841, que institui a Novíssima Reforma Judicial, estabelece a competência genérica a quem cabe julgamento de todas as questões e competência na jurisdição orfanológica e nas causas comerciais. O Decreto nº 15.344, de 12 de abril de 1928, confere ao juízo de direito jurisdição sobre varas e juízos de competência especializada (cível, criminal, comercial, etc.), devendo existir tantos juízes de direito quantas as varas ou juízos que existam na comarca.

A Lei nº 82/77, de 6 de dezembro (Lei orgânica dos tribunais judiciais), atribui aos tribunais de comarca diversas competências, tais como a decisão dos litígios, a punição de delitos, etc.

Das decisões dos tribunais de comarca cabe recurso para os tribunais de 2ª instância - Tribunais da Relação - e, depois, para o Supremo Tribunal de Justiça.

**Âmbito e conteúdo:** Contém, entre outra: autos cíveis, inventários de maiores, inventários de menores, índices e relações de processos, autos de crime da polícia correcional, infrações, execuções, fianças, agravos cíveis, ações especiais, apelações cíveis, justificações, autos cíveis de separação, autos de habilitação de herdeiros, execuções hipotecárias, ações comerciais, corpos de delito, corpos de delito de ofensas corporais, etc.

**Sistema de organização:** Documentação não tratada arquivisticamente, mas com ordenação cronológica.

**Cota atual:** I

**Instrumentos de pesquisa:** Recenseamento.

**Notas do arquivista:** Descrição realizada por Júlio Ramos e Elisabete Dias - 2012.

## Tribunal da Comarca de Coimbra

**Código de referência:** PT/AUC/JUD/TCCBR

**Título:** Tribunal da Comarca de Coimbra

**Datas de produção:** 1730 / 1967

**Dimensão e suporte:** 1959 u. i. (mç. e liv.); 437 m. l.; papel.

**História administrativa, biográfica e familiar:** Portugal, durante o Antigo Regime, estava judicialmente organizado em distritos judiciais, comarcas e vintenas. Só existiam dois distritos judiciais, cada um deles com um Tribunal da Relação. Um com sede em Lisboa e outro no Porto. No de Lisboa era à Casa da Suplicação que competia conhecer todas as apelações e agravos interpostos dos juízes do distrito da sua relação e de alguns feitos que iam por agravo da relação do Porto e dos agravos ordinários interpostos dos juízes de maior graduação como: juiz da Índia e da Mina, conservador da Universidade de Coimbra e de Évora, dos corregedores da cidade de Lisboa e do juiz dos alemães (Ordenações Filipinas, Liv. 1, Tit. 6, p. 20); ao do Porto competia conhecer as apelações, agravos e cartas testemunháveis dos juízes das comarcas de Trás-os-Montes, de Entre Douro e Minho e da Beira (Ordenações Filipinas, Liv. 1, Tit. 37, pp. 82-83). Além destes tribunais existia o Desembargo do Paço, que era o primeiro tribunal do país criado por D. João III.

Cada tribunal judicial compunha-se de comarcas e estas de concelhos. A cada comarca presidia um corregedor e nos concelhos coexistiam os Juízes ordinários e os de Fora.

Por fim, em cada aldeia que distasse uma légua da cidade ou vila a cujo concelho pertencia e que tivesse pelo menos vinte vizinhos existia um juiz pedâneo ou de vintena; mais tarde, estes lugares passaram a ser designados por juízos ou julgados.

Após a revolução liberal de 1820 e a nova Constituição de 1822, surge uma nova ordem judicial: o Decreto de 13 de novembro de 1822 extingue as Casas da Suplicação e do Cível do Porto, cria cinco Relações de segunda instância para as causas cíveis e crime, com sede em Lisboa, Porto, Mirandela, Viseu e Beja. Aquando da sua abolição, a dita organização volta à velha ordem.

Em 1826, a Carta Constitucional retoma os princípios decretados em 1822 e a nova reforma surge com o Decreto de 16 de maio. O território é, então, dividido em distritos de juízes de paz e, em cada freguesia, um juiz eleito julga as causas menores. À frente da comarca fica um juiz de direito e, para cada julgado, é nomeado um juiz ordinário. Cria-se, ainda, o Supremo Tribunal da Justiça, em Lisboa, que funciona com duas secções: uma cível e outra de crime, e instituiu-se em cada círculo judicial um tribunal de segunda instância.

Os Decretos de 28 de fevereiro e de 7 de agosto de 1835 instituem e delimitam os julgados judiciais. Portugal continental fica provisoriamente dividido em 133 julgados distribuídos nos respetivos distritos administrativos.

O Decreto de 29 de novembro de 1836 vem criar um novo quadro judicial, modificado pela lei de 28 de novembro de 1840. Ao longo do século XIX e XX outras alterações foram sendo efetuadas.

O Decreto-lei n.º 214/88 regulamenta a nova Lei Orgânica dos Tribunais; o território fica dividido em quatro distritos judiciais, com sede, respetivamente, em Lisboa, Porto, Coimbra e Évora.

**Âmbito e conteúdo:** Entre outra, contém variada documentação, tal como: ações comerciais, ações comerciais especiais, ações comerciais ordinárias, agravos, emancipações, fianças, embargos, execuções cíveis, execuções comerciais, execuções da Fazenda, falências, inventários de maiores, inventários orfanológicos, arrolamentos, justificações, libelos, ações ordinárias, partilhas amigáveis, processos cíveis, processos cíveis ordinários e especiais, corpos de delito, processos correcionais, processos-crime, transgressões, etc.

**Sistema de organização:** Documentação não tratada arquivisticamente, mas com ordenação cronológica.

**Cota atual:** VI-1ª e 2ª

**Instrumentos de pesquisa:** Recenseamento.

**Notas do arquivista:** Descrição realizada por Júlio Ramos e Elisabete Dias - 2012


## Tribunal da Comarca de Condeixa-a-Nova

**Código de referência:** PT/AUC/JUD/TCCDN
**Título:** Tribunal da Comarca de Condeixa-a-Nova
**Datas de produção:** 1801 / 1927
**Dimensão e suporte:** 107 u. i. (cx.; mç.; e liv.); 21 m. l.; papel.
**História administrativa, biográfica e familiar:** Como "órgão de soberania com competência para administrar a justiça em nome do povo" (Lei nº 38/87, de 23-12, alterada por outros diplomas), é um tribunal de 1ª instância com jurisdição correspondente à comarca. Os corregedores de comarca foram extintos por força do artigo 18º da disposição provisória (Lei de 29 de novembro de 1832) e substituídos por juízes de direito.

O Decreto de 16 de maio de 1832 fixa a composição destes juízos. Compete ao juiz de direito, que é nomeado pelo Governo, julgar todas as causas, públicas ou privadas, bem como decidir dos recursos interpostos pela coroa relativas a violências e opressões cometidas por autoridades eclesiásticas.

O Decreto de 21 de maio de 1841, que institui a Novíssima Reforma Judicial, estabelece a competência genérica a quem cabe julgamento de todas as questões e competência na jurisdição orfanológica e nas causas comerciais. O Decreto nº 15.344, de 12 de abril de 1928, confere ao juízo de direito jurisdição sobre varas e juízos de competência especializada (cível, criminal, comercial, etc.), devendo existir tantos juízes de direito quantas as varas ou juízos que existam na comarca.

A Lei nº 82/77, de 6 de dezembro (Lei orgânica dos tribunais judiciais), atribui aos tribunais de comarca diversas competências, tais como a decisão dos litígios, a punição de delitos, etc.

Das decisões dos tribunais de comarca cabe recurso para os tribunais de 2ª instância - Tribunais da Relação - e, depois, para o Supremo Tribunal de Justiça.

**Âmbito e conteúdo:** A documentação contém, entre outra, ações comerciais, autos de cartas precatórias, execuções, infrações à lei do recrutamento militar, inventários orfanológicos, processos cíveis (ações especiais e ações ordinárias), processos de corpos de delito, processos correcionais, querelas, transgressões, etc.

**Sistema de organização:** Orgânico-funcional e ordenação cronológica.

**Cota atual:** II; VI-1E

**Instrumentos de pesquisa:** Recenseamento; Inventário disponível em PDF em www.uc.pt/auc

**Notas do arquivista:** Descrição elaborada por Júlio Ramos e Elisabete Dias – 2012. A descrição teve por base: GOMES, Liliana Esteves - *Tribunal Judicial de Condeixa-a-Nova; estudo orgânico-funcional.* Coimbra, 2005. Disponível em: http://www.uc.pt/auc/fundos/ficheiros/ JUD_TribunalCondeixaNova

## Tribunal da Comarca de Figueira da Foz

**Código de referência:** PT/AUC/JUD/TCFIG

**Título:** Tribunal da Comarca de Figueira da Foz

**Datas de produção:** 1702 / 1939

**Dimensão e suporte:** 1966 u. i. (mç.); 440 m. l.; papel.

**História administrativa, biográfica e familiar:** Portugal, durante o Antigo Regime, estava judicialmente organizado em distritos judiciais, comarcas e vintenas. Só existiam dois distritos judiciais, cada um deles com um Tribunal da Relação. Um com sede em Lisboa e outro no Porto. No de Lisboa era à Casa da Suplicação que competia conhecer todas as apelações e agravos interpostos dos juízes do distrito da sua relação e de alguns feitos que iam por agravo da relação do Porto e dos agravos ordinários interpostos dos juízes de maior graduação como: juiz da Índia e da Mina, conservador da Universidade de Coimbra e de Évora, dos corregedores da cidade de Lisboa e do juiz dos alemães (Ordenações Filipinas, Liv. 1, Tit. 6, p. 20); ao do Porto competia conhecer as apelações, agravos e cartas testemunháveis dos juízes das comarcas de Trás-os-Montes, de Entre Douro e Minho e da Beira (Ordenações Filipinas, Liv. 1, Tit. 37, pp. 82-83). Além destes tribunais existia o Desembargo do Paço, que era o primeiro tribunal do país criado por D. João III.

Cada tribunal judicial compunha-se de comarcas e estas de concelhos. A cada comarca presidia um corregedor e nos concelhos coexistiam os Juízes ordinários e os de Fora.

Por fim, em cada aldeia que distasse uma légua da cidade ou vila a cujo concelho pertencia e que tivesse pelo menos vinte vizinhos existia um juiz pedâneo ou de vintena; mais tarde, estes lugares passaram a ser designados por juízos ou julgados.

Após a revolução liberal de 1820 e a nova Constituição de 1822, surge uma nova ordem judicial: o Decreto de 13 de novembro de 1822 extingue as Casas da Suplicação e do Cível do Porto, cria cinco Relações de segunda instância para as causas cíveis e crime, com sede em Lisboa, Porto, Mirandela, Viseu e Beja. Aquando da sua abolição, a dita organização volta à velha ordem.

Em 1826, a Carta Constitucional retoma os princípios decretados em 1822 e a nova reforma surge com o Decreto de 16 de maio. O território é, então, dividido em distritos de juízes de paz e, em cada freguesia, um juiz eleito julga as causas menores. À frente da comarca fica um juiz de direito e, para cada julgado, é nomeado um juiz ordinário. Cria-se, ainda, o Supremo Tribunal da Justiça, em Lisboa, que funciona com duas secções: uma cível e outra de crime, e instituiu-se em cada círculo judicial um tribunal de segunda instância.

Os Decretos de 28 de fevereiro e de 7 de agosto de 1835 instituem e delimitam os julgados judiciais. Portugal continental fica provisoriamente dividido em 133 julgados distribuídos nos respetivos distritos administrativos.

O Decreto de 29 de novembro de 1836 vem criar um novo quadro judicial, modificado pela lei de 28 de novembro de 1840. Ao longo do século XIX e XX outras alterações foram sendo efetuadas.

O Decreto-lei n.º 214/88 regulamenta a nova Lei Orgânica dos Tribunais; o território fica dividido em quatro distritos judiciais, com sede, respetivamente, em Lisboa, Porto, Coimbra e Évora.

**Âmbito e conteúdo:** Contém, entre outra: ações comerciais, ações comerciais especiais, ações comerciais ordinárias, ações cominatórias, ações de força nova, agravos, apelações, arrolamentos, processos de assistência judiciária, autos de divisão e demarcação, emancipações, embargos, exames de corpo de delito, execuções, execuções fiscais, execuções de parte, expropriações, falências, habilitação de herdeiros, inventários de maiores, inventários orfanológicos, justificações, libelos, liquidações, licenças para casamento, partilhas, processos cíveis (ações especiais e ações ordinárias), processos de corpo de delito, processos correcionais, processos-crime, processos sumários, querelas, recursos, sequestros, transgressões, etc.

**Sistema de organização:** Documentação não tratada arquivisticamente.

**Cota atual:** V-1ª D e 2ª E; VI-1ª e 2ª E; VI-2ª D

**Instrumentos de pesquisa:** Recenseamento.

**Notas do arquivista:** Tem incluída parte de Tribunal de Montemor-o-Velho.

Descrição elaborada por Júlio Ramos e Elisabete Dias – 2012


## Tribunal Judicial da Comarca de Lousã

**Código de referência:** PT/AUC/JUD/TCLSA

**Título:** Tribunal Judicial da Comarca de Lousã

**Datas de produção:** 1690 / 1943

**Dimensão e suporte:** 358 u. i. (cx. e liv.); 41 m. l.; papel

**História administrativa, biográfica e familiar:** Portugal, durante o Antigo Regime, estava judicialmente organizado em distritos judiciais, comarcas e vintenas. Só existiam dois distritos judiciais, cada um deles com um Tribunal da Relação. Um com sede em Lisboa e outro no Porto. No de Lisboa era à Casa da Suplicação que competia conhecer todas as apelações e agravos interpostos dos juízes do distrito da sua relação e de alguns feitos que iam por agravo da relação do Porto e dos agravos ordinários interpostos dos juízes de maior graduação como: juiz da Índia e da Mina, conservador da Universidade de Coimbra e de Évora, dos corregedores da cidade de Lisboa e do juiz dos alemães (Ordenações Filipinas, Liv. 1, Tit. 6, p. 20); ao do Porto competia conhecer as apelações, agravos e cartas testemunháveis dos juízes das comarcas de Trás-os-Montes, de Entre Douro e Minho e da Beira (Ordenações Filipinas, Liv. 1, Tit. 37, pp. 82-83). Além destes tribunais existia o Desembargo do Paço, que era o primeiro tribunal do país criado por D. João III.

Cada tribunal judicial compunha-se de comarcas e estas de concelhos. A cada comarca presidia um corregedor e nos concelhos coexistiam os Juízes ordinários e os de Fora.

Por fim, em cada aldeia que distasse uma légua da cidade ou vila a cujo concelho pertencia e que tivesse pelo menos vinte vizinhos existia um juiz pedâneo ou de vintena; mais tarde, estes lugares passaram a ser designados por juízos ou julgados.

Após a revolução liberal de 1820 e a nova Constituição de 1822, surge uma nova ordem judicial: o Decreto de 13 de novembro de 1822 extingue as Casas da Suplicação e do Cível do Porto, cria cinco Relações de segunda instância para as causas cíveis e crime, com sede em Lisboa, Porto, Mirandela, Viseu e Beja. Aquando da sua abolição, a dita organização volta à velha ordem.

Em 1826, a Carta Constitucional retoma os princípios decretados em 1822 e a nova reforma surge com o Decreto de 16 de maio. O território é, então, dividido em distritos de juízes de paz e, em cada freguesia, um juiz eleito julga as causas menores. À frente da comarca fica um juiz de direito e, para cada julgado, é nomeado um juiz ordinário. Cria-se, ainda, o Supremo Tribunal da Justiça, em Lisboa, que funciona com duas secções: uma cível e outra de crime, e instituiu-se em cada círculo judicial um tribunal de segunda instância.

Os Decretos de 28 de fevereiro e de 7 de agosto de 1835 instituem e delimitam os julgados judiciais. Portugal continental fica provisoriamente dividido em 133 julgados distribuídos nos respetivos distritos administrativos.

O Decreto de 29 de novembro de 1836 vem criar um novo quadro judicial, modificado pela lei de 28 de novembro de 1840. Ao longo do século XIX e XX outras alterações foram sendo efetuadas.

O Decreto-lei n.º 214/88 regulamenta a nova Lei Orgânica dos Tribunais; o território fica dividido em quatro distritos judiciais, com sede, respetivamente, em Lisboa, Porto, Coimbra e Évora.

**Âmbito e conteúdo:** Contém, entre outra documentação: execuções, inventários orfanológicos, processos cíveis, processos de corpo de delito, processos correcionais, processos-crime, protocolos, querelas, etc.

**Sistema de organização:** Documentação não tratada arquivisticamente.

**Cota atual:** VI-1ª E; III-1ª D

**Instrumentos de pesquisa:** Recenseamento.

**Notas do arquivista:** Tem incluída parte de Tribunal de Penela.

Descrição elaborada por Júlio Ramos e Elisabete Dias, em 2013.


## Tribunal da Comarca de Montemor-o-Velho

**Código de referência:** PT/AUC/JUD/TCMMV

**Título:** Tribunal da Comarca de Montemor-o-Velho

**Datas de produção:** 1720 / 1999

**Dimensão e suporte:** 808 u. i. (cx., mç. e liv.); 92 m. l.; papel.

**História administrativa, biográfica e familiar:** Portugal, durante o Antigo Regime, estava judicialmente organizado em distritos judiciais, comarcas e vintenas. Só existiam dois distritos judiciais, cada um deles com um Tribunal da Relação. Um com sede em Lisboa e outro no Porto. No de Lisboa era à Casa da Suplicação que competia conhecer todas as apelações e agravos interpostos dos juízes do distrito da sua relação e de alguns feitos que iam por agravo da relação do Porto e dos agravos ordinários interpostos dos juízes de maior graduação como: juiz da Índia e da Mina, conservador da Universidade de Coimbra e de Évora, dos corregedores da cidade de Lisboa e do juiz dos alemães (Ordenações Filipinas, Liv. 1, Tit. 6, p. 20); ao do Porto competia conhecer as apelações, agravos e cartas testemunháveis dos juízes das comarcas de Trás-os-Montes, de Entre Douro e Minho e da Beira (Ordenações Filipinas, Liv. 1, Tit. 37, pp. 82-83). Além destes tribunais existia o Desembargo do Paço, que era o primeiro tribunal do país criado por D. João III.

Cada tribunal judicial compunha-se de comarcas e estas de concelhos. A cada comarca presidia um corregedor e nos concelhos coexistiam os Juízes ordinários e os de Fora.

Por fim, em cada aldeia que distasse uma légua da cidade ou vila a cujo concelho pertencia e que tivesse pelo menos vinte vizinhos existia um juiz pedâneo ou de vintena; mais tarde, estes lugares passaram a ser designados por juízos ou julgados.

Após a revolução liberal de 1820 e a nova Constituição de 1822, surge uma nova ordem judicial: o Decreto de 13 de novembro de 1822 extingue as Casas da Suplicação e do Cível do Porto, cria cinco Relações de segunda instância para as causas cíveis e crime, com sede em Lisboa, Porto, Mirandela, Viseu e Beja. Aquando da sua abolição, a dita organização volta à velha ordem.

Em 1826, a Carta Constitucional retoma os princípios decretados em 1822 e a nova reforma surge com o Decreto de 16 de maio. O território é, então, dividido em distritos de juízes de paz e, em cada freguesia, um juiz eleito julga as causas menores. À frente da comarca fica um juiz de direito e, para cada julgado, é nomeado um juiz ordinário. Cria-se, ainda, o Supremo Tribunal da Justiça, em Lisboa, que funciona com duas secções: uma cível e outra de crime, e instituiu-se em cada círculo judicial um tribunal de segunda instância.

Os Decretos de 28 de fevereiro e de 7 de agosto de 1835 instituem e delimitam os julgados judiciais. Portugal continental fica provisoriamente dividido em 133 julgados distribuídos nos respetivos distritos administrativos.

O Decreto de 29 de novembro de 1836 vem criar um novo quadro judicial, modificado pela lei de 28 de novembro de 1840. Ao longo do século XIX e XX outras alterações foram sendo efetuadas.

O Decreto-lei n.º 214/88 regulamenta a nova Lei Orgânica dos Tribunais; o território fica dividido em quatro distritos judiciais, com sede, respetivamente, em Lisboa, Porto, Coimbra e Évora.

**Âmbito e conteúdo:** Contém, entre outra, autos de carta precatória, embargos, execuções, inventários de maiores e orfanológicos, processos cíveis, expropriações, libelos, processos cíveis, processos de corpo de delito, processos correcionais, processos-crime, querelas, reclamações de recrutamento militar, transgressões, etc.

**Sistema de organização:** Documentação não tratada arquivisticamente.

**Cota atual:** VI-1ªE; VI-2ªE; VI-2ªD

**Instrumentos de pesquisa:** Recenseamento.

**Notas do arquivista:** Uma parte da documentação está incluída na do TCFIG.

Descrição elaborada por Júlio Ramos e Elisabete Dias – 2012.


## Tribunal da Comarca de Oliveira do Hospital

**Código de referência:** PT/AUC/JUD/TCOHP

**Título:** Tribunal da Comarca de Oliveira do Hospital

**Datas de produção:** 1774 / 1936

**Dimensão e suporte:** 395 u. i. (mç. e liv.); 126 m. l.; papel.

**História administrativa, biográfica e familiar:** Portugal, durante o Antigo Regime, estava judicialmente organizado em distritos judiciais, comarcas e vintenas. Só existiam dois distritos judiciais, cada um deles com um Tribunal da Relação. Um com sede em Lisboa e outro no Porto. No de Lisboa era à Casa da Suplicação que competia conhecer todas as apelações e agravos interpostos dos juízes do distrito da sua relação e de alguns feitos que iam por agravo da relação do Porto e dos agravos ordinários interpostos dos juízes de maior graduação como: juiz da Índia e da Mina, conservador da Universidade de Coimbra e de Évora, dos corregedores da cidade de Lisboa e do juiz dos alemães (Ordenações Filipinas, Liv. 1, Tit. 6, p. 20); ao do Porto competia conhecer as apelações, agravos e cartas testemunháveis dos juízes das comarcas de Trás-os-Montes, de Entre Douro e Minho e da Beira (Ordenações Filipinas, Liv. 1, Tit. 37, pp. 82-83). Além destes tribunais existia o Desembargo do Paço, que era o primeiro tribunal do país criado por D. João III.

Cada tribunal judicial compunha-se de comarcas e estas de concelhos. A cada comarca presidia um corregedor e nos concelhos coexistiam os Juízes ordinários e os de Fora.

Por fim, em cada aldeia que distasse uma légua da cidade ou vila a cujo concelho pertencia e que tivesse pelo menos vinte vizinhos existia um juiz pedâneo ou de vintena; mais tarde, estes lugares passaram a ser designados por juízos ou julgados.

Após a revolução liberal de 1820 e a nova Constituição de 1822, surge uma nova ordem judicial: o Decreto de 13 de novembro de 1822 extingue as Casas da Suplicação e do Cível do Porto, cria cinco Relações de segunda instância para as causas cíveis e crime, com sede em Lisboa, Porto, Mirandela, Viseu e Beja. Aquando da sua abolição, a dita organização volta à velha ordem.

Em 1826, a Carta Constitucional retoma os princípios decretados em 1822 e a nova reforma surge com o Decreto de 16 de maio. O território é, então, dividido em distritos de juízes de paz e, em cada freguesia, um juiz eleito julga as causas menores. À frente da comarca fica um juiz de direito e, para cada julgado, é nomeado um juiz ordinário. Cria-se, ainda, o Supremo Tribunal da Justiça, em Lisboa, que funciona com duas secções: uma cível e outra de crime, e instituiu-se em cada círculo judicial um tribunal de segunda instância.

Os Decretos de 28 de fevereiro e de 7 de agosto de 1835 instituem e delimitam os julgados judiciais. Portugal continental fica provisoriamente dividido em 133 julgados distribuídos nos respetivos distritos administrativos.

O Decreto de 29 de novembro de 1836 vem criar um novo quadro judicial, modificado pela lei de 28 de novembro de 1840. Ao longo do século XIX e XX outras alterações foram sendo efetuadas.

O Decreto-lei n.º 214/88 regulamenta a nova Lei Orgânica dos Tribunais; o território fica dividido em quatro distritos judiciais, com sede, respetivamente, em Lisboa, Porto, Coimbra e Évora.

**Âmbito e conteúdo:** Contém, entre outra: ações comerciais, ações de despejo, ações de força nova, autos de denúncia, autos de divisão, autos de petição para louvação de louvados, correspondência expedida, correspondência recebida, diários, emancipações, embargos, execuções, execuções fiscais, execuções de sentença, expropriações, inventários orfanológicos, justificações, libelos, licenças para casamento, livro de distribuição cível, livros da cadeia, livros de porta, livros de registo de articulados e sentenças, registo de corpos de delito, registo de inventários, registo de processos, livro de tesouraria, processos cíveis, processos de corpo de delito, processos correcionais, processos-crime, processos sumários, querelas, recenseamento eleitoral, recursos eleitorais, etc.

**Sistema de organização:** Documentação não tratada arquivisticamente.

**Cota atual:** V-2ªE; VI-1ªE; VI- 2ªD; S. Pol.

**Instrumentos de pesquisa:** Recenseamento.

**Notas do arquivista:** Existem também no seio desta documentação processos dos julgados de Vila Pouca, Tábua, Lourosa e Avô.

Descrição elaborada por Júlio Ramos e Elisabete Dias - 2012.


## Tribunal da Comarca de Pampilhosa da Serra

**Código de referência:** PT/AUC/JUD/TCPPS

**Título:** Tribunal da Comarca de Pampilhosa da Serra

**Datas de produção:** 1918 / 1941

**Dimensão e suporte:** 17 u. i. (16 cx.); 3,5 m. l.; papel.

**História administrativa, biográfica e familiar:** Como "órgão de soberania com competência para administrar a justiça em nome do povo" (Lei nº 38/87, de 23-12, alterada por outros diplomas), é um tribunal de 1ª instância com jurisdição correspondente à comarca. Os corregedores de comarca foram extintos por força do artigo 18º da disposição provisória (Lei de 29 de novembro de 1832) e substituídos por juízes de direito.

O Decreto de 16 de maio de 1832 fixa a composição destes juízos. Compete ao juiz de direito, que é nomeado pelo Governo, julgar todas as causas, públicas ou privadas, bem como decidir dos recursos interpostos pela coroa relativas a violências e opressões cometidas por autoridades eclesiásticas. O Decreto de 21 de maio de 1841, que institui a Novíssima Reforma Judicial, estabelece a competência genérica a quem cabe julgamento de todas as questões e competência na jurisdição orfanológica e nas causas comerciais. O Decreto nº 15.344, de 12 de abril de 1928, confere ao juízo de direito jurisdição sobre varas e juízos de competência especializada (cível, criminal, comercial, etc.), devendo existir tantos juízes de direito quantas as varas ou juízos que existam na comarca.

A Lei nº 82/77, de 6 de dezembro (Lei orgânica dos tribunais judiciais), atribui aos tribunais de comarca diversas competências, tais como a decisão dos litígios, a punição de delitos, etc.

Das decisões dos tribunais de comarca cabe recurso para os tribunais de 2ª instância - Tribunais da Relação - e, depois, para o Supremo Tribunal de Justiça.

**Âmbito e conteúdo:** Contém: inventários orfanológicos, processos cíveis e processos-crime.

**Sistema de organização:** Documentação não tratada arquivisticamente.

**Cota atual:** I

**Instrumentos de pesquisa:** Recenseamento.

**Notas do arquivista:** Descrição elaborada por Júlio Ramos e Elisabete Dias – 2012

## Tribunal da Comarca de Penacova

**Código de referência:** PT/AUC/JUD/TCPCV

**Título:** Tribunal da Comarca de Penacova

**Datas de produção:** 1771 / 1927

**Dimensão e suporte:** 263 u. i. (mç. e liv.); 38 m. l.; papel.

**História administrativa, biográfica e familiar:** Portugal, durante o Antigo Regime, estava judicialmente organizado em distritos judiciais, comarcas e vintenas. Só existiam dois distritos judiciais, cada um deles com um Tribunal da Relação. Um com sede em Lisboa e outro no Porto. No de Lisboa era à Casa da Suplicação que competia conhecer todas as apelações e agravos interpostos dos juízes do distrito da sua relação e de alguns feitos que iam por agravo da relação do Porto e dos agravos ordinários interpostos dos juízes de maior graduação como: juiz da Índia e da Mina, conservador da Universidade de Coimbra e de Évora, dos corregedores da cidade de Lisboa e do juiz dos alemães (Ordenações Filipinas, Liv. 1, Tit. 6, p. 20); ao do Porto competia conhecer as apelações, agravos e cartas testemunháveis dos juízes das comarcas de Trás-os-Montes, de Entre Douro e Minho e da Beira (Ordenações Filipinas, Liv. 1, Tit. 37, pp. 82-83). Além destes tribunais existia o Desembargo do Paço, que era o primeiro tribunal do país criado por D. João III.

Cada tribunal judicial compunha-se de comarcas e estas de concelhos. A cada comarca presidia um corregedor e nos concelhos coexistiam os Juízes ordinários e os de Fora.

Por fim, em cada aldeia que distasse uma légua da cidade ou vila a cujo concelho pertencia e que tivesse pelo menos vinte vizinhos existia um juiz pedâneo ou de vintena; mais tarde, estes lugares passaram a ser designados por juízos ou julgados.

Após a revolução liberal de 1820 e a nova Constituição de 1822, surge uma nova ordem judicial: o Decreto de 13 de novembro de 1822 extingue as Casas da Suplicação e do Cível do Porto, cria cinco Relações de segunda instância para as causas cíveis e crime, com sede em Lisboa, Porto, Mirandela, Viseu e Beja. Aquando da sua abolição, a dita organização volta à velha ordem.

Em 1826, a Carta Constitucional retoma os princípios decretados em 1822 e a nova reforma surge com o Decreto de 16 de maio. O território é, então, dividido em distritos de juízes de paz e, em cada freguesia, um juiz eleito julga as causas menores. À frente da comarca fica um juiz de direito e, para cada julgado, é nomeado um juiz ordinário. Cria-se, ainda, o Supremo Tribunal da Justiça, em Lisboa, que funciona com duas secções: uma cível e outra de crime, e instituiu-se em cada círculo judicial um tribunal de segunda instância.

Os Decretos de 28 de fevereiro e de 7 de agosto de 1835 instituem e delimitam os julgados judiciais. Portugal continental fica provisoriamente dividido em 133 julgados distribuídos nos respetivos distritos administrativos.

O Decreto de 29 de novembro de 1836 vem criar um novo quadro judicial, modificado pela lei de 28 de novembro de 1840. Ao longo do século XIX e XX outras alterações foram sendo efetuadas.

O Decreto-lei n.º 214/88 regulamenta a nova Lei Orgânica dos Tribunais; o território fica dividido em quatro distritos judiciais, com sede, respetivamente, em Lisboa, Porto, Coimbra e Évora.

**Âmbito e conteúdo:** Contém, entre outra, ações comerciais, autos de petição e corpo de delito, emancipações, execuções administrativas, execuções cíveis, expropriações, inventários de maiores, inventários orfanológicos, justificações, libelos, processos cíveis (ações especiais e ações ordinárias), processos de corpo de delito, processos correcionais, processos-crime, querelas, transgressões, etc.

**Sistema de organização:** Documentação não tratada arquivisticamente.

**Cota atual:** VI-2ªE

**Instrumentos de pesquisa:** Recenseamento.

**Notas do arquivista:** Descrição elaborada por Júlio Ramos e Elisabete Dias - 2012.


## Tribunal da Comarca de Penela

**Código de referência:** PT/AUC/JUD/TCPNL
**Título:** Tribunal da Comarca de Penela
**Datas de produção:** 1876 / 1890
**Dimensão e suporte:** 1 u. i. (1 cx.) 0,20 m. l.; papel.

**História administrativa, biográfica e familiar:** Como "órgão de soberania com competência para administrar a justiça em nome do povo" (Lei nº 38/87, de 23-12, alterada por outros diplomas), é um tribunal de 1ª instância com jurisdição correspondente à comarca. Os corregedores de comarca foram extintos por força do artigo 18º da disposição provisória (Lei de 29 de novembro de 1832) e substituídos por juízes de direito.

O Decreto de 16 de maio de 1832 fixa a composição destes juízos. Compete ao juiz de direito, que é nomeado pelo Governo, julgar todas as causas, públicas ou privadas, bem como decidir dos recursos interpostos pela coroa relativas a violências e opressões cometidas por autoridades eclesiásticas.

O Decreto de 21 de maio de 1841, que institui a Novíssima Reforma Judicial, estabelece a competência genérica a quem cabe julgamento de todas as questões e competência na jurisdição orfanológica e nas causas comerciais.

O Decreto nº 15.344, de 12 de abril de 1928, confere ao juízo de direito jurisdição sobre varas e juízos de competência especializada (cível, criminal, comercial, etc.), devendo existir tantos juízes de direito quantas as varas ou juízos que existam na comarca.

A Lei nº 82/77, de 6 de dezembro (Lei orgânica dos tribunais judiciais), atribui aos tribunais de comarca diversas competências, tais como a decisão dos litígios, a punição de delitos, etc.

Das decisões dos tribunais de comarca cabe recurso para os tribunais de 2ª instância - Tribunais da Relação - e, depois, para o Supremo Tribunal de Justiça.

**Âmbito e conteúdo:** Contém, entre outros, autos e processos de polícia correcional, autos de exame e corpo de delito, querelas, requerimentos para prestação de fiança, autos de libelo por multa, autos crimes de polícia correcional.

**Sistema de organização:** Ordenação cronológica. Documentação não tratada arquivisticamente.

**Cota atual:** VI-2ª E

**Instrumentos de pesquisa:** Recenseamento.

**Notas do arquivista:** Documentação integrada, em parte, no TC da Lousã e no de Condeixa-a-Nova.

Descrição elaborada por Júlio Ramos e Elisabete Dias - 2012.


## Tribunal da Comarca de Soure

**Código de referência:** PT/AUC/JUD/TCSRE

**Título:** Tribunal da Comarca de Soure

**Datas de produção:** 1701 / 1951

**Dimensão e suporte:** 761 u. i. (cx., mç. e liv.); 181 m. l.; papel.

**História administrativa, biográfica e familiar:** Portugal, durante o Antigo Regime, estava judicialmente organizado em distritos judiciais, comarcas e vintenas. Só existiam dois distritos judiciais, cada um deles com um Tribunal da Relação. Um com sede em Lisboa e outro no Porto. No de Lisboa era à Casa da Suplicação que competia conhecer todas as apelações e agravos interpostos dos juízes do distrito da sua relação e de alguns feitos que iam por agravo da relação do

Porto e dos agravos ordinários interpostos dos juízes de maior graduação como: juiz da Índia e da Mina, conservador da Universidade de Coimbra e de Évora, dos corregedores da cidade de Lisboa e do juiz dos alemães (Ordenações Filipinas, Liv. 1, Tit. 6, p. 20); ao do Porto competia conhecer as apelações, agravos e cartas testemunháveis dos juízes das comarcas de Trás-os-Montes, de Entre Douro e Minho e da Beira (Ordenações Filipinas, Liv. 1, Tit. 37, pp. 82-83). Além destes tribunais existia o Desembargo do Paço, que era o primeiro tribunal do país criado por D. João III.

Cada tribunal judicial compunha-se de comarcas e estas de concelhos. A cada comarca presidia um corregedor e nos concelhos coexistiam os Juízes ordinários e os de Fora.

Por fim, em cada aldeia que distasse uma légua da cidade ou vila a cujo concelho pertencia e que tivesse pelo menos vinte vizinhos existia um juiz pedâneo ou de vintena; mais tarde, estes lugares passaram a ser designados por juízos ou julgados.

Após a revolução liberal de 1820 e a nova Constituição de 1822, surge uma nova ordem judicial: o Decreto de 13 de novembro de 1822 extingue as Casas da Suplicação e do Cível do Porto, cria cinco Relações de segunda instância para as causas cíveis e crime, com sede em Lisboa, Porto, Mirandela, Viseu e Beja. Aquando da sua abolição, a dita organização volta à velha ordem.

Em 1826, a Carta Constitucional retoma os princípios decretados em 1822 e a nova reforma surge com o Decreto de 16 de maio. O território é, então, dividido em distritos de juízes de paz e, em cada freguesia, um juiz eleito julga as causas menores. À frente da comarca fica um juiz de direito e, para cada julgado, é nomeado um juiz ordinário. Cria-se, ainda, o Supremo Tribunal da Justiça, em Lisboa, que funciona com duas secções: uma cível e outra de crime, e instituiu-se em cada círculo judicial um tribunal de segunda instância.

Os Decretos de 28 de fevereiro e de 7 de agosto de 1835 instituem e delimitam os julgados judiciais. Portugal continental fica provisoriamente dividido em 133 julgados distribuídos nos respetivos distritos administrativos.

O Decreto de 29 de novembro de 1836 vem criar um novo quadro judicial, modificado pela lei de 28 de novembro de 1840. Ao longo do século XIX e XX outras alterações foram sendo efetuadas.

O Decreto-lei n.º 214/88 regulamenta a nova Lei Orgânica dos Tribunais; o território fica dividido em quatro distritos judiciais, com sede, respetivamente, em Lisboa, Porto, Coimbra e Évora.

**Âmbito e conteúdo:** Contém, entre outra, ações de bens, ações comerciais, ações de força nova, ações por tornas, agravos cíveis, apelações, arrastos, arrolamentos, autos de carta precatória, autos de contas, autos de posse, autuações, denúncias, divórcios litigiosos, emancipações, embargos, exames de corpo de delito, execuções, execuções hipotecárias, execuções por multas, expropriações, fianças, habilitações de herdeiros, infrações à lei de recrutamento militar, interdições, inventários de maiores, inventários orfanológicos, justificações, libelos, notícias de crime, notificações, processos cíveis (ações especiais e ações ordinárias), processos de corpo de delito, processos-crime, processos correcionais, processos sumários, querelas, revisões de sentenças, transgressões, etc.

**Sistema de organização:** Documentação não tratada arquivisticamente.

**Cota atual:** VI-2ªE

**Instrumentos de pesquisa:** Recenseamento.

**Notas do arquivista:** Descrição elaborada por Júlio Ramos e Elisabete Dias - 2012.


## Tribunal da Comarca de Tábua

**Código de referência:** PT/AUC/JUD/TCTBU

**Título:** Tribunal da Comarca de Tábua

**Datas de produção:** 1752 / 1947

**Dimensão e suporte:** 705 u. i. (290 mç., 415 liv.); 148 m. l.; papel.

**História administrativa, biográfica e familiar:** Portugal, durante o Antigo Regime, estava judicialmente organizado em distritos judiciais, comarcas e vintenas. Só existiam dois distritos judiciais, cada um deles com um Tribunal da Relação. Um com sede em Lisboa e outro no Porto.

No de Lisboa era à Casa da Suplicação que competia conhecer todas as apelações e agravos interpostos dos juízes do distrito da sua relação e de alguns feitos que iam por agravo da relação do Porto e dos agravos ordinários interpostos dos juízes de maior graduação como: juiz da Índia e da Mina, conservador da Universidade de Coimbra e de Évora, dos corregedores da cidade de Lisboa e do juiz dos alemães (Ordenações Filipinas, Liv. 1, Tit. 6, p. 20); ao do Porto competia conhecer as apelações, agravos e cartas testemunháveis dos juízes das comarcas de Trás-os-Montes, de Entre Douro e Minho e da Beira (Ordenações Filipinas, Liv. 1, Tit. 37, pp. 82-83). Além destes tribunais existia o Desembargo do Paço, que era o primeiro tribunal do país criado por D. João III.

Cada tribunal judicial compunha-se de comarcas e estas de concelhos. A cada comarca presidia um corregedor e nos concelhos coexistiam os Juízes ordinários e os de Fora.

Por fim, em cada aldeia que distasse uma légua da cidade ou vila a cujo concelho pertencia e que tivesse pelo menos vinte vizinhos existia um juiz pedâneo ou de vintena; mais tarde, estes lugares passaram a ser designados por juízos ou julgados.

Após a revolução liberal de 1820 e a nova Constituição de 1822, surge uma nova ordem judicial: o Decreto de 13 de novembro de 1822 extingue as Casas da Suplicação e do Cível do Porto, cria cinco Relações de segunda instância para as causas cíveis e crime, com sede em Lisboa, Porto, Mirandela, Viseu e Beja. Aquando da sua abolição, a dita organização volta à velha ordem.

Em 1826, a Carta Constitucional retoma os princípios decretados em 1822 e a nova reforma surge com o Decreto de 16 de maio. O território é, então, dividido em distritos de juízes de paz e, em cada freguesia, um juiz eleito julga as causas menores. À frente da comarca fica um juiz de direito e, para cada julgado, é nomeado um juiz ordinário. Cria-se, ainda, o Supremo Tribunal da Justiça, em Lisboa, que funciona com duas secções: uma cível e outra de crime, e instituiu-se em cada círculo judicial um tribunal de segunda instância.

Os Decretos de 28 de fevereiro e de 7 de agosto de 1835 instituem e delimitam os julgados judiciais. Portugal continental fica provisoriamente dividido em 133 julgados distribuídos nos respetivos distritos administrativos.

O Decreto de 29 de novembro de 1836 vem criar um novo quadro judicial, modificado pela lei de 28 de novembro de 1840. Ao longo do século XIX e XX outras alterações foram sendo efetuadas.

O Decreto-lei n.º 214/88 regulamenta a nova Lei Orgânica dos Tribunais; o território fica dividido em quatro distritos judiciais, com sede, respetivamente, em Lisboa, Porto, Coimbra e Évora.

**Âmbito e conteúdo:** Contém, entre outra, arrolamentos, articulados e sentenças, autuações, circulares, emancipações, exames de corpo de delito, execuções, execuções fiscais, execuções hipotecárias, expropriações, falências, fianças, infrações à lei do recrutamento militar, inventários de maiores, inventários orfanológicos, livro de porta, multa por sentenças, processos cíveis (ações especiais e ações ordinárias), processos de corpo de delito, processos correcionais, processos-crime, protocolo de audiências, querelas, reclamações de recrutamento militar, recursos eleitorais, repúdio de herança, transgressões, tutelas, etc.

**Sistema de organização:** Documentação não tratada arquivisticamente.

**Cota atual:** V-2ªE; VI-1ª E e 2ª E; VI-2ª D; S. Pol.

**Instrumentos de pesquisa:** Recenseamento.

**Notas do arquivista:** Descrição elaborada por Júlio Ramos e Elisabete Dias - 2012.


## Tribunal do Comércio de Coimbra

**Código de referência:** PT/AUC/JUD/TCC

**Título:** Tribunal do Comércio de Coimbra

**Datas de produção:** 1850 / 1932

**Dimensão e suporte:** 128 mç.; papel.

**História administrativa, biográfica e familiar:** Instituição judicial de primeira instância que teve origem no Decreto de 18 de setembro de 1833 que criou no país a jurisdição comercial. Por sua vez, o Decreto de 19 de abril de 1847, ordenou que se estabelecessem no país Tribunais de Comércio de 1.ª instância, em todas as cabeças de comarca, onde se mostrasse haver um número suficiente de negociantes idóneos para formar um júri. No preâmbulo deste diploma, proposto pelo Secretário de Estado José Jacinto Valente Farinho, referia-se que a jurisdição dos tribunais civis era "absolutamente improrrogável" às causas comerciais. O presidente deste tribunal era o juiz de direito da comarca de Coimbra. De acordo com o Decreto de 6 de março de 1850 (D. G. de 5 de abril de 1850), o júri do Tribunal de Comércio de Coimbra, de 1.ª instância era eleito segundo o Código Comercial, sendo formado de oito jurados e quatro substitutos, sendo composto de trinta e cinco julgados. No início de seu funcionamento esteve sediado no edifício do extinto Colégio da Trindade, local onde também funcionava o Tribunal da Comarca de Coimbra. Em 1912, sabe-se que estava instalado na Praça 8 de Maio, realizando-se as audiências às segundas e quintas-feiras, tendo permanecido ali até cerca de 1927. A jurisdição comercial foi extinta pelo Decreto de 29 de setembro de 1932, sendo também extinto o Tribunal de Comércio de Coimbra, na sequência da nova reforma e organização judiciária.

**Âmbito e conteúdo:** Inclui processos de tipologia diversa, podendo citar-se: ações de protestos de letras, autos de falência, ações comerciais, autos de justificação, autos de libelo, etc.

**Sistema de organização:** Manteve-se a organização atribuída no Tribunal da Comarca de Coimbra, onde deram entrada os processos do Tribunal do Comércio de Coimbra, após a sua extinção. É percetível uma ordenação cronológica dos processos, independentemente da sua tipologia.

**Cota atual:** VI-1.ªD-4-4-12; VI-1.ªD-11-3-5 a 15; VI-1.ªD-11-4-1 a 12; VI-1.ªD-11-4-13 a 17; VI-1.ªD-11-5-1 a 11; II-2.ªD-10-5

**Instrumentos de pesquisa:** Guia de remessa enviada pela Secretaria Judicial de Coimbra para o AUC, com listagem dos processos. Recenseamento de cotas topográficas nos depósitos.

**Notas do arquivista:** Descrição arquivística por Ana Maria Leitão Bandeira, em 2013, com base na análise da própria documentação e nas guias de remessa da documentação, bem como *Diário do Governo*, para a legislação citada.

# Tribunal do Trabalho de Coimbra

**Código de referência:** PT/AUC/JUD/TTC

**Título:** Tribunal do Trabalho de Coimbra

**Datas de produção:** 1920 / 1955

**Dimensão e suporte:** 316 mç. (6.667 proc.); papel.

**História administrativa, biográfica e familiar:** A proteção aos sinistrados do trabalho inicia-se com a Lei n.º 83 de 24 julho 1913. O Decreto n.º 4288 de 9 de março de 1918 contém a regulamentação da Lei n.º 83 supracitada. Ordena-se – na referida Lei e Decreto – a criação de "Tribunais especiais de árbitros avindores" e "Tribunais de desastres de Trabalho" para o julgamento das questões que fossem suscitadas no decurso da aplicação dos referidos diplomas. O Decreto n.º 5637, de 10 de março de 1919, dá mais um passo para a regulamentação dos acidentes de trabalho.

Pelo Decreto-Lei n.º 24.194 de 20 de julho de 1934, ficou estabelecida a competência dos Tribunais do Trabalho. Em 23 de novembro de 1940 foi publicado o "Estatuto dos Tribunais do Trabalho" e também o "Código de Processo dos Tribunais do Trabalho".

A Lei n.º1942, regulamentada pelo Decreto n.º 27649 de 12 de abril de 1937, regula a responsabilidade civil pelos acidentes de trabalho. A reparação dos prejuízos emergentes dos acidentes de trabalho e o princípio genérico da segurança social visam preencher todas as situações de carência do trabalhador. Podem ser adotadas três soluções: 1- responsabilidade da entidade patronal ou a sua transferência para a companhia de seguros; 2- seguro realizado através de companhias mercantis; 3- seguro social através de institutos de segurança social.

A Lei n.º1884 de 16 de março de 1935 estruturou juridicamente a previdência social, com bases já antes estabelecidas na Constituição de 1933 e no Estatuto do Trabalho Nacional, de 23 de setembro de 1933. Trata-se da proteção contra os riscos sociais, através do seguro social obrigatório para os trabalhadores do comércio, indústria e serviços através de duas Caixas: Caixas Sindicais de Previdência e Caixas de Reforma ou Previdência. As primeiras, Caixas Sindicais, resultam da iniciativa dos organismos corporativos, através de convenções coletivas de trabalho. As segundas, Caixas de Reforma, resultam da iniciativa do governo, através do Ministério das Corporações e Previdência Social – ou de iniciativa dos interessados.

Com o Decreto-Lei n.º 32674, de 20 de fevereiro 1943, generaliza-se o seguro obrigatório, uniformizando os regimes das Caixas de Previdência.

O Tribunal do comércio de Coimbra esteve, inicialmente, instalado no Palácio da Justiça, na Rua da Sofia.

As instalações do Tribunal do Trabalho sofreram um incêndio em 17 de novembro de 1943, no qual foram consumidos alguns processos. Estava, então instalado no mesmo edifício do Governo Civil de Coimbra, ao cimo da Rua Larga, tendo perecido também documentos desta instituição.

**Âmbito e conteúdo:** Inclui seis tipologias de processos que deram origem às respetivas séries: Processos de Liquidação e Partilha, Processos de Previdência, Processos de Contratos Individuais de Trabalho, Processos de Execução, Processos de Transgressão e Processos de Acidentes de Trabalho.

Inclui alguns processos, em reduzido número, de 1920 a 1934, provenientes do tribunal antecessor, o Tribunal de Desastres de Trabalho que deu lugar ao Tribunal do Trabalho.

Em maior número, situam-se os processos de acidentes de trabalho, de 1920 a 1955, seguidos dos processos de execução, de 1938 a 1955 (por falta de pagamento de quotas e contribuições obrigatórias para a Caixa de Previdência, Casa do Povo ou Grémios diversos). Os processos de transgressão, de 1934 a 1955, vêm de seguida, retratando a transgressão de horário de trabalho, por parte dos empregadores, ou a falta de cumprimento do descanso semanal. Citem-se ainda os processos de previdência, de 1938 a 1946, que ilustram, maioritariamente, o incumprimento no pagamento de quotas às Associações de Socorros Mútuos (incluindo cópia de proposta para sócio e autos de conciliação). Refiram-se, finalmente, os processos de liquidação e partilha (1 mç.), de 1948 a 1949, que tratam da liquidação e partilha dos bens de instituições de previdência irregulares, como estipulado no artigo 22 º do Decreto-lei n.º 32674, de 20 de fevereiro de 1943.

Dão a conhecer as situações em que é ré a Caixa de Previdência dos Bombeiros Municipais de Coimbra.

**Sistema de organização:** Foram identificadas 6 séries documentais: Processos de Liquidação e Partilha, Processos de Previdência, Processos de Contratos Individuais de Trabalho, Processos de Execução, Processos de Transgressão e Processos de Acidentes de Trabalho.

Manteve-se a ordem constante nas guias de remessa, enviadas pelo Tribunal de Trabalho, tendo sido atribuída uma numeração sequencial aos processos, em cada série.

**Cota atual:** II-2.ªE-3-1, 3, 4 e 5; II-2.ªE-4-5; II-2.ªE15-2 a 5; II-2.ªE-17-4 a 5; II-2.ªE-18-4-1

**Instrumentos de pesquisa:** Inventário; Índice de processos elaborado por Inês Pais, Patrícia Melo, Leonor Pontes e Tiago Maia, em 2006 e 2012.

**Notas do arquivista:** Descrição arquivística por Ana Maria Leitão Bandeira, em 2013, com base na análise da própria documentação e das guias de remessa da documentação. Nota a Datas de produção: só uma análise profunda da documentação poderá fazer a destrinça de processos provenientes da instituição antecessora, o Tribunal de Desastres do Trabalho.

Nota a História administrativa: foram consultados os artigos: CORREIA, Luís Brito - *Direito do Trabalho*. In *Dicionário de História de Portugal* (coord. António Barreto e Maria Filomena Mónica). Porto: Livraria Figueirinhas, 1999, vol. 7, suplemento A/E, p. 551 e RIBEIRO, Vítor - *Tribunais do Trabalho*. In *Dicionário de História de Portugal* (coord. António Barreto e Maria Filomena Mónica). Porto: Livraria Figueirinhas, 2000, vol. 9, suplemento P/Z, p. 532.

Nota a Características físicas: As instalações do Tribunal do Trabalho sofreram um incêndio em 17 de novembro de 1943 que consumiu documentação, deixando em diversos processos vestígios de danos causados pelo fogo e pela água.

Portada de Tombo do Mosteiro de Jesus de Aveiro

## Colégio das Artes

**Código de referência:** PT/AUC/MC/CA
**Título:** Colégio das Artes
**Datas de produção:** 1548 / 1771
**Dimensão e suporte:** 11 u. i. (7 cx., 4 liv.); pergaminho e papel.
**História administrativa, biográfica e familiar:** A origem do Colégio das Artes reside na necessidade de criar uma instituição para o ensino público do latim e da filosofia, de forma a preparar os alunos que viriam a ingressar na Universidade de Coimbra. Era um colégio que se destinava à instrução secundária, em Coimbra, tendo sido fundado por D. João III, em 1547. Chamou para seus primeiros professores alguns portugueses que se encontravam no Colégio de Santa Bárbara, em Paris, como o doutor André de Gouveia que foi nomeado o primeiro reitor do colégio. Outros professores vieram do Colégio de Guiana, em Bordéus, como os doutores Diogo de Teive e António Martins e os irmãos, escoceses, Jorge Buchanan e Patrício Buchanan. Foram também seus primeiros professores os franceses Nicolau de Grouchy, Arnaldo Fabrício e Elias Vinet, entre outros. Em 16 de dezembro de 1547, D. João III promulgou o Regimento do Principal, ou Reitor do Colégio, determinando que teria completa independência da Universidade, apesar de a ter perdido em algumas ocasiões, até que por Alvará de 5 de maio de 1552 se reestabelece a sua autonomia. Recebeu novo Regimento por Alvará de 20 de maio de 1552.

Primeiramente, esteve instalado em parte do edifício dos Colégios de S. Miguel e de Todos os Santos, junto ao Mosteiro de Santa Cruz de Coimbra. Depois do falecimento de André de Gouveia, em 1548, foi nomeado reitor Diogo de Gouveia, tendo-se iniciado um período de disputas internas entre docentes, com rivalidades que levaram a denúncias na Inquisição, tendo sido abertos processos inquisitoriais aos professores João da Costa, Diogo de Teive e Jorge Buchanan. Outros professores tiveram de abandonar Coimbra, por suspeições de heresia. Sucedeu no cargo de reitor o doutor Paio Rodrigues de Vilarinho que não conseguiu apaziguar as dissidências internas, de tal forma que a gestão do colégio veio a ser entregue à Companhia de Jesus, na pessoa do seu Provincial, o padre Diogo de Mirão, em 1555. Continuaram a ser ministrados os estudos de Gramática, Retórica, Lógica, Filosofia, Matemática, Grego e Hebraico e o Colégio viveu um período em que, sendo administrado, conjuntamente, com o Colégio de Jesus de Coimbra, teve o seu nome associado a este colégio e ambos foram conhecidos como Colégio de Jesus e Colégio das Artes, sobretudo depois da sua transferência para a zona alta da cidade e integração no grande edifício que englobava esses colégios, bem como a sua igreja que é hoje a Sé Nova de Coimbra. Recebeu diversos privilégios régios, entre os quais se pode citar o Alvará de D. João III de 26 de outubro de 1555 ordenando que o colégio pudesse comprar os mantimentos necessários, sem embargo de qualquer postura municipal, ou a apostila de D. Sebastião, de 6 de julho de 1558, ao mesmo Alvará, para que pudesse comprar a carne sempre que necessário. Com a extinção da Companhia de Jesus, em 1759, o colégio viria a ser renovado, no seu sistema de ensino, tendo sido incorporado, finalmente, na Universidade de Coimbra por Provisão Régia de 1772.

**Âmbito e conteúdo:** Inclui livros de matrículas de estudantes (1570-1587 e 1710-1858), livro das contas do bedel, com registo de receitas e despesas de graduações e atos, documentação régia, em que se englobam alvarás, cartas régias e provisões.

**Sistema de organização:** Sem organização arquivística e apenas ordenação cronológica da série de livros de matrículas.

**Cota atual:** IV-1.ªE-15-3-18; IV-1.ªE-4-3-8 a 9A; IV-1.ªE-5-4-7; IV-1.ªE-5-5-6 e 7; IV-1.ªE-6-2-6

**Instrumentos de pesquisa:** Recenseamento.

**Notas do arquivista:** Descrição arquivística por Ana Maria Leitão Bandeira, em 2014, com base na análise da própria documentação.

Fonte de informação para o campo História Administrativa: a consulta de alguma documentação original do próprio fundo e *Dicionário de História de Portugal*, dir. Joel Serrão. Porto: Livraria Figueirinhas, 1984, v. 1, pp. 210-211.


## Colégio de Jesus de Coimbra

**Código de referência:** PT/AUC/MC/CJCBR
**Título:** Colégio de Jesus de Coimbra
**Datas de produção:** 1542 / 1759
**Datas de acumulação:** 1540-1759
**Dimensão e suporte:** 294 u. i. (234 liv., 54 cx., 2 mç., 4 pt. (100 doc.); pergaminho e papel.

**História administrativa, biográfica e familiar:** Foi o primeiro colégio da Companhia de Jesus a ser fundado, em todo o mundo. Esteve, desde 1542, localizado em Coimbra, em edifício situado na Couraça dos Apóstolos, cujo nome advém do facto de ali terem estado instalados os jesuítas. Inicialmente, destinava-se à formação de clérigos para esta nova ordem religiosa. A partir de 1547, começou a ser construído novo edifício, cedendo a Câmara Municipal de Coimbra e o próprio rei D. João III os terrenos para a sua instalação. A construção foi demorada, por quase dois séculos, tendo sido inaugurado em 1698, a 31 de julho, dia do fundador da Companhia de Jesus, Inácio de Loyola. Algumas obras ainda decorreram no século XVIII. Notabilizou-se pelos estudos ministrados e pelo seu corpo docente, preparando missionários que foram os apóstolos do oriente e do ocidente. Foi seu primeiro reitor o padre Diogo Mirão. Em 1592, o colégio tinha já 205 alunos. Entre os seus professores ilustres conta-se D. Policarpo de Sousa (1697-1767) que foi ali aluno, depois professor de Retórica e que veio a ser bispo de Pequim.

Recebeu a proteção régia, tendo-lhe sido concedidos diversos privilégios. Por carta régia de 26 de agosto de 1544, o rei D. João III atribuiu-lhe todos os mesmos privilégios, graças e mercês concedidos à Universidade de Coimbra. O rei D. Sebastião ordenou a sua incorporação na Universidade, juntamente com o Colégio das Artes, por carta régia de 5 de setembro de 1561. O património do colégio foi constituído por bens diversos, entre os quais figuravam os dos extintos mosteiros de Sanfins de Friestas, São João de Longos Vales, São Pedro de Pedroso, Santa Maria de Cárquere e Santo Antão de Benespera, por doação de D. João III, entre 1548 e 1560, confirmada por bulas do papa Paulo III, bem como a abadia de São Paio de Caria. Devido à origem diversificada do seu património, os seus bens estavam localizados em sítios tão distintos, como: Troporiz, Mazedo, Boivão, Soutelo, Verdoejo, Valença, Cárquere, etc. Com a extinção da Companhia de Jesus, em 1759, o colégio foi também extinto e os seus bens sequestrados pelo Erário Régio.

**Âmbito e conteúdo:** Inclui cartas e provisões régias enviadas ao colégio, contendo privilégios diversos, como o de compra de pescado, gado e mantimentos em qualquer lugar do reino, o de ter juiz, tabelião e escrivão privativo, a jurisdição sobre estudantes, a isenção de pagamento de sisa sobre vendas, etc. Inclui também livros de escrituras notariais de emprazamento, posse, doação e escambo, redigidas pelo escrivão privativo do colégio, para administração do seu património. Inclui ainda tombos de demarcação de bens, provenientes da anexação do património dos extintos mosteiros de Sanfins de Friestas, S. João de longos Vales, Santo Antão de Benespera, Santa Maria de Cárquere, assim com bens da capela de S. Francisco Xavier, erigida na igreja do colégio. Contem autos cíveis relativos a litígios com rendeiros do colégio. Contem também documentação pontifícia (bulas e breves) sobre a instituição da Companhia (bula de Paulo III de 27 de setembro de 1540) ou sobre a união do património dos antigos mosteiros, acima referidos, ao colégio, (bula do papa Paulo III de 1548, bula do papa Júlio III, de 1551, etc.), assim como documentação pontifícia relativa à anexação de igrejas que pertenceram ao padroado dos mesmos mosteiros, como S. Tiago de Pias, S. Salvador de Cambeses, S. Miguel de Sago, S. Lourenço da Lapela, S. Tiago de Boivão, etc.

**Sistema de organização:** Sem organização arquivística e apenas ordenação cronológica das séries de livros de escrituras, tombos. Ordenação cronológica da Coleção de pergaminhos.

**Cota atual:** IV- 1.ªE- 17-3; IV-1.ªE-25-3; IV-3.ª-Gav. 4, 4A, 5 e 5A.

**Instrumentos de pesquisa:** Recenseamento e PEREIRA, Gabriel - *Catalogo dos pergaminhos do cartório da Universidade de Coimbra.* Coimbra, 1881.

**Notas do arquivista:** Descrição arquivística por Ana Maria Leitão Bandeira, em 2013, com base na análise da própria documentação e em: PEREIRA, Gabriel - *Catalogo dos pergaminhos do cartorio da Universidade de Coimbra.* Coimbra: Imprensa da Universidade, 1881. Nota a História administrativa: dados colhidos em TEIXEIRA, António José - *Documentos para a Historia dos Jesuítas em Portugal.* Coimbra: Imprensa da Universidade, 1899.

## Colégio da Nossa Senhora do Carmo de Coimbra

**Código de referência:** PT/AUC/MC/CNSCCBR

**Título:** Colégio da Nossa Senhora do Carmo de Coimbra

**Datas de produção:** 1520 / 1895

**Datas de acumulação:** 1542 - 1834

**Dimensão e suporte:** 17 u. i. (5 cx., 12 liv.); papel.

**História administrativa, biográfica e familiar:** O Colégio de Nossa Senhora do Carmo de Coimbra começou a ser edificado em 1540 por D. Frei Baltasar Limpo e situava-se na Rua da Sofia desta cidade.

Este clérigo, nascido em Moura no ano de 1478, professou na ordem dos Carmelitas em 1495 indo depois para a Universidade de Salamanca estudar Teologia, cadeira que, chegado a Portugal, passou a dirigir na Universidade. Nomeado por D. João III para pregador e confessor da Rainha, foi ainda uma figura de destaque dentro da ordem que professara, exercendo o cargo de provincial mais do que uma vez.

Em 1528 foi nomeado bispo do Porto e é nesta condição que vai para Itália, em 1546, como representante português no Concílio de Trento, onde se demorou alguns anos. Termina a sua vida e a sua carreira eclesiástica, como arcebispo de Braga, cargo que assume em 1550.

Enquanto seu fundador, D. Frei Baltasar Limpo destinara a este Colégio a função de albergar os religiosos da diocese do Porto que viessem estudar na Universidade de Coimbra. Mais tarde, porém, ao mesmo tempo que o une à igreja de Alfena, da sua diocese, doa esta instituição à Ordem dos Carmelitas Calçados, doação que confirma em Trento, no ano de 1547, junto do papa Paulo III.

À história deste Colégio fica, também, para sempre ligado o nome de D. Fr. Amador Arrais que, estudando em Coimbra, foi o primeiro professo da Ordem neste Colégio onde se doutorou. Entre outros cargos, em outubro de 1581, foi nomeado bispo de Portalegre, cargo que desempenhou durante quinze anos. Findo este período resignou a esse cargo, D. Frei Amador Arrais recolhe-se em Coimbra, no Colégio em que professara, levando a cabo a continuação e conclusão das obras da igreja e do claustro.

A documentação do Colégio de Nossa Senhora do Carmo de Coimbra dá-nos conta de uma estrutura administrativa simples, sem grandes sobressaltos de ordem organizativa. Em 1834, com a lei de 30 de maio que estabelece a extinção das ordens religiosas o Colégio fica desocupado, passando o seu edifício para a jurisdição da Comarca de Coimbra.

**Âmbito e conteúdo:** A grande maioria da documentação é relativa à gestão administrativa e financeira dos bens, rendimentos e património do Colégio, nomeadamente: títulos de propriedade, contratos de arrendamento e empréstimos de dinheiro, entre outros.

O fundo foi classificado nas seguintes séries: Alvarás Régios; Amador Arrais, D. Frei; Arrendamento\Aforamento\ Emprazamento; Autos de Embargo; Autos de Medição; Autos de Penhora; D. Belchior Limpo; Bens do Colégio; Cartas Citatórias \ Executórias; Cartas Declaratórias de Excomunhão; Carta de Lei; Certidões; confissão de Dívidas; Constituição, Fundação e Regulamentação; Contratos de Dinheiro a Juro; Correspondência; Demandas; Dízimos; Doações; Escrituras de Compra / Venda; Espólios; Fernão Gomes, Feitor; Igreja; Inquirições; Instituição de Capelas; Petições; Privilégios; Procurações; Provisões; Quitações; Receitas e Despesas; Sentenças e Vistoria dos Bens.

**Sistema de organização:** A documentação avulsa (357 pts) foi toda sumariada e classificada em séries documentais, ordenadas alfabetica-mente e, por sua vez, os documentos de cada série foram ordenados cronologicamente dentro de cada série.

**Cota atual:** V-2ªE–2-1 e 2

**Instrumentos de pesquisa:** Inventário, em linha, disponível em: http://www.uc.pt/auc/fundos/ficheiros/COL_CarmoCoimbra.

**Notas do arquivista:** Descrição feita com base em estudo arquivístico elaborado por Ludovina Cartaxo Capelo e Maria Amélia Campos. Registo feito por Adriana Antunes revisto e aditado por Gracinda Guedes em 2013.

Ao campo Datas de produção: A documentação de data posterior à da extinção é referente à gestão do património do extinto Colégio que, regra geral, sucedia à extinção das Instituições desta natureza, pertence ao fundo da Direção de Finanças de Coimbra, em respeito pelo princípio da proveniência.


## Colégio de Nossa Senhora da Graça de Coimbra

**Código de referência:** PT/AUC /MC/CNSGC

**Título:** Colégio de Nossa Senhora da Graça de Coimbra

**Datas de produção:** 1112 / 1835

**Datas de acumulação:** 1543 - 1834

**Dimensão e suporte:** 10 u. i. (9 cx., 1 liv.); papel.

**História administrativa, biográfica e familiar:** O Colégio, fundado por D. João III, em 1543, era masculino e pertencia à Ordem dos Eremitas Calçados de Santo Agostinho. Foi dotado pelo monarca e concluído em 1548, sendo confiado ao reformador Frei Luís de Montoya que assegurou o seu governo nos primeiros anos de atividade.

O citado rei, por carta de Lei de 12 de outubro de 1549, incorpora o colégio na Universidade de Coimbra, concedendo-lhe os mesmos direitos, liberdades e privilégios ao reitor, colegiais e pessoas que serviam o colégio. E os benefícios sucederam-se sob forma de isenção de impostos entre outros. O colégio formou colegiais muito distintos que seguiram a corrente teológica e filosófica de Santo Agostinho, alguns dos quais viriam a ser reitores da Universidade de Coimbra.

No âmbito da "Reforma geral eclesiástica" de 1834, empreendida pelo ministro e secretário de Estado, Joaquim António de Aguiar, pelo Decreto de 30 de maio, foram extintos todos os colégios, e os seus bens foram incorporados nos Próprios da Fazenda Nacional.

**Âmbito e conteúdo:** Tem alguns documentos de confirmação de direitos e privilégios mas, essencialmente, de gestão patrimonial e financeira do colégio, distribuídos pelas seguintes séries: alvarás, atas, autos, cartas de lei, escrituras de escambo, de venda e de troca, licenças, mandatos, procurações, provisões, recibos, reconhecimentos, requerimentos, tombos, entre outros.

Neste fundo existem certidões (s. d.), requeridas pelo reitor do Colégio, relativas a bens que outrora pertenceram a várias instituições e cujos bens foram aqui incorporados, nomeadamente: do Mosteiro e couto de São Pedro de Cete e de capelas de diversas localidades, bem como privilégios e mercês conferidas, cujos originais foram redigidos entre 1112 a 1577.

**Sistema de organização:** Na impossibilidade de reconstituir a ordem original da entidade produtora, o acervo foi classificado em rúbricas: administração, contabilidade, justiça, religião, culto e fundações piedosas, entre outras, estando subdivididas em séries documentais que, por seu turno, se encontram ordenadas cronologicamente.

**Cota atual:** V-2ªE-2-2-18

**Instrumentos de pesquisa:** Inventário, catálogo e índice.

**Notas do arquivista:** Fontes ao campo História administrativa: FERREIRA, Georgina Maria – "Catálogo do cartório do colégio de Nossa Senhora da Graça". *Boletim do Arquivo da Universidade de Coimbra*. AUC. Coimbra: Atlântida editora. 1976. Vol. II, p. 101 a 260; VASCONCELOS, António de – *Escritos Vários*. Reedição preparada por Manuel Augusto Rodrigues. Coimbra: Arquivo da Universidade, vol. 1, 1987.

Descrição feita com base em estudo arquivístico elaborado por Maria Georgina Ferreira, publicado em 1976 e outras fontes.

Ao campo datas de produção: A documentação de data anterior à fundação do Mosteiro é relativa à data de produção de documentos transcritos em certidões, requeridas pelo Reitor do Colégio, relativas a bens que outrora pertenceram a várias instituições e cujos bens aqui foram incorporados.

A documentação de data posterior à da extinção referente à gestão do património do extinto Mosteiro que, regra geral, sucedia à extinção das Instituições desta natureza, pertence ao fundo da Direção de Finanças de Coimbra, em respeito pelo princípio da proveniência.

## Colégio das Ordens Militares de Coimbra

**Código de referência:** PT/AUC/MC/COMCBR
**Título:** Colégio das Ordens Militares de Coimbra
**Datas de produção:** 1575 / 1834
**Datas de acumulação:** 1615 - 1834
**Dimensão e suporte:** 4 u. i. (3 cx., 1 liv.); pergaminho e papel.
**História administrativa, biográfica e familiar:** A 25 de julho de 1615, assentou-se a primeira pedra do futuro Colégio dos Militares, que tinha por finalidade acolher os colegiais da Ordem de São Bento de Avis e da Ordem de Santiago da Espada, para estudarem a Sagrada Teologia e Direito Canónico. Este colégio foi fundado a pedido de D. Jorge de Melo, prior-mor de S. Tiago e de D. Lopo de Sequeira, prior-mor de S. Bento, este como representante da Mesa de Consciência e Ordens.

Os seus estatutos determinavam que os freires admitidos deveriam ter vinte e cinco anos de idade, dois anos de estudo de religião e que não fossem dos estratos baixos da sociedade. Determinavam também que a capela fosse no lugar mais decente do colégio, para aí os colegiais assistirem às missas e nela tinha de haver três altares, e no maior ficava o Santíssimo Sacramento.

Cada colegial tinha a sua cela, e nela havia uma banca, uma cadeira e estantes, onde estudavam 3,30 horas por dia. Durante a noite não podiam fechar as celas, para que o reitor os pudesse vigiar.

Para além do refeitório (onde se recomenda que lavem as mãos antes das refeições e que ninguém deve beber pelo copo de outro), havia ainda a cozinha, a biblioteca, a enfermaria e um cárcere no lugar mais retirado, com uma grade forte e segura e na qual se encerravam os colegiais quando cometessem alguma falta grave.

Recomendam os ditos estatutos que houvesse no colégio um caixão com três fechaduras diferentes, uma chave terá o reitor, outra o vice-reitor e a terceira o secretário, e nele guardar-se-ão as Bulas, os privilégios, as escrituras, os livros e mais papéis pertencentes à instituição do governo do colégio.

O edifício do Colégio ficava situado na continuação da Couraça de Lisboa, rua dos Militares, junto ao Castelo, com uma cerca anexa.

O Reitor e freires deste colégio compraram casas que aí se situavam, e cujas escrituras de compra e venda, se podem ver neste acervo.

Em 1834 foram abolidas as Ordens militares, na sequência da revolução liberal e o edifício entregue à Universidade.

**Âmbito e conteúdo:** A documentação deste fundo é, essencialmente, relativa à gestão financeira e patrimonial do Colégio e foi distribuída pelas seguintes séries documentais: alvarás, arredamentos, autos cíveis, bulas, breves (traslado datado de 8 de junho de 1575), cartas régias, correspondência, escrituras de compra e venda, de empréstimo, estatutos (livro dos Estatutos do Colégio das Ordens Militares de Santiago e São Bento de Avis, fundados na Universidade de Coimbra, 1616; confirmados por El-Rei D. Filipe II), inventários, privilégios, sentenças, testamentos (traslado do testamento do bispo D. Pedro Malheiro do ano de 1552) e visitas pastorais (traslado das visitas à igreja de Nª. Sª. da Assunção da Vila de Castelo de Vide, nos anos de 1707 e 1708; outra feita à igreja de Santo André de Alvoco das Várzeas em 1723).

**Sistema de organização:** A documentação foi objeto de intervenção e está organizada por séries, ordenadas alfabeticamente e, por sua vez, os documentos encontram-se ordenados cronologicamente dentro de cada série.

**Cota atual:** V-2ª E-3-1-1 a 3

**Instrumentos de pesquisa:** Inventário - CAPELO, Ludovina Cartaxo (2010) - Colégio das Ordens Militares de Santiago da Espada e de S. Bento de Avis de Coimbra. Disponível em: http://www.uc.pt/auc/fundos/ficheiros/COL_OrdensMilitaresCoimbra.pdf

**Notas do arquivista:** Descrição feita com base em estudo arquivístico elaborado por Ludovina Cartaxo Capelo em 2010. Registo feito por Adriana Antunes revisto e aditado por Gracinda Guedes em 2013.

Nota ao campo Datas de produção: A documentação de data anterior à da fundação é referente à constituição do respetivo património que, regra geral, antecedia a fundação de Instituições desta natureza ou de outras Instituições que lhe tenham sido anexadas.

## Colégio de Santa Rita de Coimbra

**Código de referência:** PT/AUC/MC/CSRCBR

**Título:** Colégio de Santa Rita de Coimbra

**Datas de produção:** 1567 / 1859

**Datas de acumulação:** 1750 - 1834

**Dimensão e suporte:** 7 u. i. (4 cx., 3 liv.); papel.

**História administrativa, biográfica e familiar:** Os religiosos da Real Congregação dos Agostinhos Descalços, designados pelo povo por "Grilos", obtiveram autorização, por Alvará de 5 de fevereiro de 1750, para fazerem um colégio nas casas que tinham no Bairro da Pedreira, na rua da Ilha, na escarpa ocidental do monte onde assenta a Universidade. Em 9 de maio desse mesmo ano, D. João V, por provisão, concedia "mercê aos religiosos Agostinhos Descalços da congregação de Portugal de incorporar na Universidade o Colégio que intentam fundar na dita cidade de Coimbra, com o título de Santa Rita", por se localizar nas imediações da pequena igreja de evocação a Santa Rita de Cácia.

As obras de construção iniciaram-se em 1755 e os religiosos da Ordem continuaram a comprar casas em redor do Colégio.

Em 1785, embora os colegiais já aí habitassem, as obras ainda não tinham terminado. E, nesse mesmo ano, a provisão do Desembargo do Paço de 3 de setembro, concedia-lhes a faculdade de adquirirem e consolidarem o domínio útil e direto das propriedades adquiridas para a instalação da sua igreja.

No âmbito da "Reforma geral eclesiástica" de 1834, empreendida pelo ministro e secretário de Estado, Joaquim António de Aguiar, pelo Decreto de 30 de maio, foram extintos todos os colégios, e os seus bens foram incorporados nos Próprios da Fazenda Nacional.

**Âmbito e conteúdo:** A documentação deste fundo é, maioritariamente, relativa à gestão financeira e patrimonial do Colégio.

O quadro de classificação é constituído pelas seguintes séries: Aforamento/Emprazamentos; Cartas Citatórias/ Executórias; Correspondência; Demandas / Litígios; Contratos de Dívida/Empréstimo; Embargos; Escrituras de Compra/Venda; Inventários (dos livros da Livraria deste Colégio de Santa Rita dos Agostinhos Descalços de Coimbra, com Índice alfabético dos livros, do ano de 1767; Procurações e Sentenças.

**Sistema de organização:** O fundo foi classificado em séries, ordenadas alfabeticamente e, por sua vez, os documentos de cada série encontram-se ordenados cronologicamente dentro de cada série.

**Cota atual:** V-2ª E -3-1

**Instrumentos de pesquisa:** Inventário: CAPELO, Ludovina Cartaxo (2010) - Colégio de Santa Rita dos Agostinhos Descalços de Coimbra. Em linha, disponível em: http://www.uc.pt/auc/fundos/ficheiros/COL_ SantaRitaCoimbra.pdf

**Notas do arquivista:** Descrição feita com base em estudo arquivístico elaborado por Ludovina Cartaxo Capelo em 2010. Registo feito por Adriana Antunes revisto e aditado por Gracinda Guedes em 2013.

Notas ao campo Datas de produção: Entre a documentação encontram-se 3 escrituras de aforamentos (1567 a 1717), relativas a propriedades situadas em Malaqueijo (Santarém), sem qualquer referência expressa ao Colégio, cujos rendimentos, julgamos, possam ter estado associados ao sustento do Colégio. Porém, só estudos mais aprofundados poderão comprovar/ refutar a existência desta ou de outras relações entre estes documentos e o fundo em que atualmente estão inseridos.

A documentação de data posterior à da extinção referente à gestão do património do extinto Colégio que, regra geral, sucedia à extinção das Instituições desta natureza, pertence ao fundo da Direção de Finanças de Coimbra, em respeito pelo princípio da proveniência.


## Colégio da Santíssima Trindade de Coimbra

**Código de referência:** PT/AUC/MC/CSTCBR
**Título:** Colégio da Santíssima Trindade de Coimbra

**Datas de produção:** 1545 / 1894

**Datas de acumulação:** 1563 - 1834

**Dimensão e suporte:** 8 u. i. (4 cx., 4 liv.); pergaminho e papel.

**História administrativa, biográfica e familiar:** Embora alguns estudantes da Ordem da Santíssima Trindade da Redenção dos Cativos já se encontrassem em Coimbra no ano de 1552, em pequenos edifícios junto à Sé, só no ano de 1555 é que frei Roque do Espírito Santo, com a proteção da rainha D. Catarina, procurou sítio para a fundação do seu colégio. O local escolhido foi o cimo da Couraça de Lisboa e o novo edifício começou a ser construído por volta do ano de 1562.

A compra de espaços para a edificação do Colégio da Trindade aparece referida em várias escrituras, sendo que a primeira relativa à compra de umas casas e quintal foreiro da igreja de S. Pedro, sitas na freguesia de S. Pedro, pela quantia de duzentos mil réis, e ainda umas outras casas e terras na mesma freguesia, no custo total de mil e sessenta réis e um frangão. Além destas, inclui-se, ainda, um chão foreiro da referida igreja e seu direito de senhorio por cinquenta réis a D. Ana Monteiro, viúva de Nicolau Leitão, documento datado de 6 de fevereiro de 1563.

Como não faltaram dádivas de vária ordem as obras progrediram e, em 1575, pelo Alvará de 11 de janeiro, foi dada licença aos membros do Colégio para tomarem posse de um pedaço da rua e da travessa da Trindade.

A 2 de novembro de 1587 teve lugar o ato solene da colocação das primeiras pedras da igreja renascentista do Colégio. Estiveram presentes o reitor da Universidade, Dom Fernando Martins Mascarenhas, que colocou a primeira pedra, o provincial e comissário frei Roque do Espírito Santo que assentou a segunda, o padre frei António dos Anjos, reitor do colégio a terceira e a quarta o padre frei Sebastião Álvares, visitador do colégio.

A igreja deste Colégio possuía cinco altares: o altar-mor, o altar de Nossa Senhora da Encarnação, o de São Miguel, o de Santo António e a Capela do Senhor Crucificado, também aqui se realizava o culto religioso da Universidade, sempre que a sua capela, da invocação de São Miguel, estava impedida.

Em 1626, uma carta de sentença determinou que o reitor e demais religiosos do Colégio da Santíssima Trindade dessem continuação às obras que estavam a fazer nos muros do Colégio; no ano seguinte, os mesmos frades obtiveram licença para construírem um arco de pedraria com passadiço de acesso ao pátio da Universidade.

Dos muitos bens que este Colégio possuía o mais notório foi a Quinta da Giralda, cujos proprietários confinantes eram: o Cabido da Sé de Coimbra, o Mosteiro de Santa Maria de Lorvão, o Mosteiro de Santa Clara, a Colegiada de S. Bartolomeu, Fernando Vasco da Cunha e Sá, e José António Figueiredo e Sousa.

Entre as personalidades que deixaram rasto nos documentos analisados, temos notícia de: Dr. Frei Luís Poinsot, que foi reitor deste Colégio em 1647 e lente na Universidade; Dr. Frei António de Azevedo, lente da Faculdade de Leis e Dom Frei Domingos Barata, lente na Faculdade de Teologia na Universidade de Coimbra e também reitor deste colégio, ao qual deixou, por vontade testamentária, cento e cinquenta e oito mil seiscentos e sessenta e seis réis e toda a sua livraria pessoal.

Em consequência do Decreto de 30 de maio de 1834, que determinou a extinção das ordens religiosas, e das leis de desamortização dos bens, a 10 de julho do mesmo ano, deu-se início ao inventário do património que, conjuntamente com a documentação pertencente ao extinto Colégio, foram entregues à Repartição de Finanças do Distrito de Coimbra.

**Âmbito e conteúdo:** Inclui: privilégios, doações, provisões régias, documentos emitidos pela Santa Sé, como bulas e breves papais. Compreende ainda: autos de posse, medição e confrontação, escrituras de aforamento, de escambo, de empréstimo, de compra e venda (entre elas uma que tem a seguinte inscrição: "Esta escritura he das casas ora onde he refeitório e por cima dormitório." do colégio), e escritura de censo consignativo; cartas de arrematação, de posse, de escambo; inquirições, inventários, lançamento de sisas, libelos, sentenças, e outros relacionados com a administração de bens.

**Sistema de organização:** A documentação que se encontrava instalada em maços e caixas foi objeto de intervenção e está organizada cronologicamente. Todos os documentos estão sumariados, o que nos levou a um reconhecimento feito ao nível da peça.

Foi elaborado um quadro de classificação e constituídas séries documentais, segundo o princípio da ordem original, correspondendo à tipologia formal dos atos. A documentação reflete a estrutura orgânica e sobretudo funcional.

**Cota atual:** V-2ª E–3–3

**Instrumentos de pesquisa:** Inventário, em linha, disponível em: https://impactum.uc.pt/pt-pt/artigo/col%C3%A9gio_da_sant%C3%ADssima_trindade_de_coimbra

**Notas do arquivista:** Descrição feita com base em estudo arquivístico elaborado por Ludovina Cartaxo Capelo em 2012. Registo feito por Adriana Antunes revisto e aditado por Gracinda Guedes em 2013.

Notas ao campo datas de produção: A documentação de data anterior à da fundação é referente à constituição do respetivo património que, regra geral, antecedia a fundação de Instituições desta natureza ou relativa a outras Instituições que lhe tenham sido anexadas.

A documentação de data posterior à da extinção referente à gestão do património do extinto Colégio que, regra geral, sucedia à extinção das Instituições desta natureza, pertence ao fundo da Direção de Finanças de Coimbra, em respeito pelo princípio da proveniência.


## Colégio de Santo Antão de Lisboa

**Código de referência:** PT/AUC/MC/CSAL

**Título:** Colégio de Santo Antão de Lisboa

**Datas de produção:** 1553 / 1759

**Datas de acumulação:** 1541-1759

**Dimensão e suporte:** 38 u. i. (37 liv., 1 cx.); pergaminho e papel.

**História administrativa, biográfica e familiar:** Em 18 de outubro de 1553, começaram a funcionar as aulas ministradas pelos religiosos da Companhia de Jesus, no edifício de um antigo Convento, situado na zona da Mouraria, em Lisboa. Neste designado Colégio de Santo Antão-o-Velho ou "coleginho" eram ministradas aulas de humanidades e também de ciência matemática. Mais tarde, dada a exiguidade das instalações, foi projetado outro edifício, tendo sido lançada a primeira pedra da nova construção em 11 de maio de 1579, nos Campos de

Santa Ana. Ali foi edificado o que veio a ser designado por Colégio de Santo Antão-o-Novo ou apenas Colégio de Santo Antão, da Companhia de Jesus. Aqui funcionava a "Aula da Esfera", onde se fazia o ensino de conhecimentos matemáticos, cosmográficos e astronómicos e que foi frequentada por jesuítas que depois partiram para o oriente e missionaram na China e no Japão.

Foram-lhe dados privilégios por diversos monarcas, podendo citar-se o Alvará do Cardeal D. Henrique, de 6 de junho de 1579, que lhe permitia nomear tabelião e escrivão privativo, para registo de todas as escrituras, contratos e matrículas dos alunos. Também a Provisão do cardeal D. Henrique, de 19 de janeiro de 1567, isentava o Colégio do pagamento de dízimos no arcebispado de Lisboa.

Entre os bens de doação régia, refira-se, por exemplo, a localidade de Enxara do Bispo, cujos bens foram desanexados pelo cardeal D. Henrique, da Mesa Pontifical do arcebispado de Lisboa, para dotação deste colégio. A Bula *Cum attenta considerationis* do Papa Pio V, de 24 de Janeiro de 1567, autorizou a anexação da igreja de N.ª S.ª da Conceição de enxara do Bispo e também a terça da igreja de Vila Nova de Ourém.

Também D. João III lhe fez doação de um padrão de juros da Casa dos Azeites, na Alfândega de Lisboa.

Outros bens foram adquiridos pelo Colégio, como o designado Reguengo de Queluz, por compra feita em 1586 a D. Jerónima de Castro, mulher de Diogo de Castro Pacheco; ou por doações, para instituições pias, como a que foi feita por Mariana da Silva e sua irmã Joana Batista, em 1667, de umas casas frente ao "jogo da pela", em Lisboa.

Após a extinção da Companhia de Jesus em 1759, o Colégio de Santo Antão foi também extinto, tendo os seus bens sido doados à Universidade de Coimbra, em 1774.

**Âmbito e conteúdo:** Inclui documentos originais e também cópias, de documentos existentes na Torre do Tombo, nomeadamente da Carta Régia de D. Dinis, de 1285, sobre pagamento da renda dos bens régios em Queluz.

Inclui autos de sentenças e inventários relativos aos bens sitos em Lisboa e seu termo, como por exemplo, em Queluz (compostos por parcelas designadas por "Quartos de Queluz"), em Alvalade, Calhariz, Sacavém, etc., bem como escrituras de doação, escambo e compra relativas a bens sitos em Lisboa e seu termo. Inclui ainda Bula pontifícia de Pio V, de 24 de janeiro de 1567, de união da igreja de Enxara do Bispo.

**Sistema de organização:** Organizado de acordo com a numeração aposta às unidades de instalação, no Cartório da Fazenda da Universidade.

**Cota atual:** IV-1.ªE-23-1-13 e 14; IV-1.ªE-23-2-1 a 17; IV-1.ªE-23-3-1 a 17; IV-1.ªE-23-4-1 e 2

**Instrumentos de pesquisa:** Recenseamento.

**Notas do arquivista:** Descrição arquivística por Ana Maria Leitão Bandeira, em 2014, com base na análise da própria documentação e em descrição de Colégio de Santo Antão-o-Novo do SIPA (Sistema de Informação para o Património Arquitectónico) acessível em http://www.monumentos.pt/Site/APP_PagesUser/SIPA.aspx?id=4048

## Colégio do Santo Nome de Jesus de Bragança

**Código de referência:** PT/AUC/MC/CSNJB

**Título:** Colégio do Santo Nome de Jesus de Bragança

**Datas de produção:** 1561 / 1759

**Datas de acumulação:** 1509-1759

**Dimensão e suporte:** 51 u. i. (10 cx., 40 liv., 1 rl.); pergaminho e papel.

**História administrativa, biográfica e familiar:** O Colégio foi fundado em 1561, pelo Pe. Leonel de Lima, seu primeiro reitor, que nesse ano chegou a Bragança, acompanhado de alguns religiosos da Companhia de Jesus, com o propósito da fundação, de que havia sido incumbido pelo Provincial Pe. Gonçalo Vaz. No entanto, já em 1559 o Pe. Leonel de Lima, juntamente com o Pe. Domingos Cardoso, tinha sido enviado a Bragança para identificar o local onde poderia ser edificado, estando a sua criação a ser planeada já desde 1557. D. Julião Alva, 3.º bispo da recente diocese de Miranda, ofertou 100 mil réis para a sua edificação.

Por seu lado, o duque de Bragança, D. Teodósio, contribuiu também monetariamente para a edificação do Colégio (que acabou por se instalar em casas que estavam destinadas a um mosteiro feminino de clarissas) e doou, do seu padroado, parte das rendas da igreja de S. João de Transbaceiro (hoje designada de Fontes de Transbaceiro, no lugar de Parâmio, concelho de Vinhais), com sua igreja anexa de Dine.

Por carta de 1 de julho de 1562, o bispo de Miranda D. Julião de Alva anexou ao colégio as rendas eclesiásticas de determinadas igrejas, procurando dar sustento económico ao colégio, com vista a que pudesse cumprir a sua missão de formação de clérigos. Foram, então, anexados 2/3 das rendas da igreja paroquial de S. João de Transbaceiro, bem como a igreja anexa de Dine. Esta união só pode ser concretizada pela renúncia do seu último reitor, o Dr. Diogo Sigeo (filho do humanista Diogo Sigeo, que foi mestre do 5.º duque de Bragança) com o consentimento do cabido da Sé de Miranda.

Posteriormente, o bispo D. António Pinheiro, que sucedeu a D. Julião de Alva, deu consentimento, por carta de 10 de março de 1565, para que a terça parte das rendas da igreja matriz de Penhas Juntas e suas igrejas anexas, que pertenciam igualmente ao padroado do duque de Bragança, fosse unida ao colégio. Por outro lado, D. António Pinheiro altera a dotação patrimonial do colégio, por carta de 13 de abril de 1569, ao anexar, agora, o rendimento total das igrejas de S. João de Transbaceiro e de Dine, alterando a dotação anterior de 2/3 das rendas. Os reitores destas igrejas, cuja apresentação pertencia ao duque de Bragança, recebiam, a partir de então, um salário de 60 cruzados, o pé de altar, uma casa para sua morada e um terreno contíguo à mesma. Por este mesmo documento foi feita a anexação da igreja de S. Mamede de Alimonde (da freguesia de Carrazedo, concelho de Bragança) à igreja de S. João de Transbaceiro, bem como a união, ao Colégio, da abadia de S. Julião de Paçó (c. Vinhais) e igrejas anexas de Lagarelhos, Rio de Fornos e Travanca.

Nova alteração foi feita ao padroado do Colégio, por carta de 17 de abril de 1569 de D. António Pinheiro, reiterando as dotações anteriores (igrejas de Transbaceiro, Lagarelhos, Penhas Juntas) e alterando o título de abadia de S. Julião para reitoria, determinando as obrigações do Colégio perante estas igrejas. Por sua vez, por carta de 7 de fevereiro de 1570, o mesmo bispo anexou a igreja de Santa Maria Madalena de Grijó de Vale Benfeito.

Os bens eclesiásticos deste padroado tiveram a confirmação da sua anexação ao Colégio de Jesus de Bragança pela Bula de Gregório XIII *In supremo apostolice dignitatis culmine*, datada de 1 de março de 1574, redigida a instâncias do rei D. Sebastião, do duque de Bragança, D. João e do bispo de Miranda, D. António Pinheiro.

O padroado do colégio ficou, assim, formado pelas seguintes igrejas, das quais recebia uma parte ou a totalidade dos dízimos, primícias, sanjoaneiras e foros: S. Pedro de Penhas Juntas (com as igrejas anexas de S. Martinho de Gestosa e S. Mamede de Agrochão, Santa Maria de Ervedosa, e Santa Bárbara de Brito), S. Julião de Paçó (e anexas de S. Pedro de Lagarelhos, S. Mamede de Travanca e Santa Maria de Rio de Fornos), S. Nicolau de Cortiços (e sua anexa de S. Miguel de Cernadela), Santa Maria Madalena de Grijó de Vale Benfeito e S. João de Transbaceiro (com sua anexa de Santa Maria de Dine).

Foi solenemente aberto em 1568 mas já recebia alunos desde 1563, sabendo-se que em número de 300, de acordo com a referência feita numa carta do duque de Bragança, D. Teodósio, escrita de Vila Viçosa em 23 de fevereiro de 1563. O património do Colégio foi enriquecido com doações de particulares, entre as quais se inclui a que foi feita por D. Filipa Mendes, viúva do desembargador Gaspar Jorge Mendes, que doou em 1562 os bens situados em Vilar do Monte (concelho de Macedo de Cavaleiros).

Em Espinhosela possuiu a Capela de S. Caetano, fundada pelo Rev. Belchior Leite de Azevedo, abade daquela localidade que, por testamento lavrado em 1703, deixou a administração da capela entregue ao Colégio de Bragança, com a obrigação de uma missa quotidiana por sua alma, a celebração de uma missa solene no dia de S. Caetano e a aquisição de todos os paramentos e objetos de culto necessários. Para cumprimento deste legado pio deixou diversos bens patrimoniais em Espinhosela.

Refira-se também o legado de Isabel de Quinhões, mulher de Gaspar de Seixas Pegado, que por testamento lavrado em 1614 deixou (para repartir com o Convento de Santa Clara de Bragança) os bens que possuía no Vimioso (e em S. Joanico e Vale de Frades), com obrigação de 50 missas anuais. Por último, cite-se ainda o legado de D. Maria Pais, mulher do Dr. Gonçalo de Faria, de Algoso. Fora instituidora da capela de N.ª S.ª da Anunciação, na igreja de Algoso, com bens vinculados cuja administração foi entregue ao Colégio, após o seu falecimento em 1617.

Outras doações particulares foram formadas por bens na própria cidade de Bragança, em que se incluem as casas na rua do Hospital, por doação do Pe. João Rodrigues, através de escritura feita em 12 de maio de 1561; uma outra doação, ainda, é formada por casas sitas na rua do Cabo, doadas pelo Rev. Francisco Pereira da Silva Padrão, morador em Bragança, por escritura feita em 11 julho de 1706.

Beneficiou também de doações régias, como a que foi feita por D. Sebastião, em 1565, dos moinhos e terras nas margens do rio Sabor, no lugar de Porto da Granja, e da Quinta de Rica Fé, junto à cidade de Bragança. Por sua vez, D. João IV doou a propriedade da Granja, da Casa de Bragança, em 1649, como forma de indemnizar o Colégio pelos prejuízos que sofreu com as guerras da Restauração, pela perda de colheitas e pagamento de rendas nesta zona de Trás-os-Montes.

Devido ao clima inóspito de Bragança, com invernos rigorosos e calor estival excessivo, e um edifício húmido, a saúde dos habitantes do colégio necessitava de cuidados e repouso que procuraram obter ao construir uma quinta de recreio, ou residência de repouso na Quinta do Parâmio, nos anos de 1586 e 1587.

O protecionismo régio transparece também na atribuição da exclusividade do ensino do latim, num perímetro de 12 léguas em redor do colégio.

O Colégio possuiu botica, da qual saíam drogas e medicamentos para diversas boticas das regiões recônditas de Trás-os-Montes, tendo sido o Pe. Francisco Soeiro o último padre boticário.

Teve juiz conservador que sentenciava em diversas questões judiciais, tendo surgido inúmeras contendas com jurisdições privativas da cidade e outras instâncias judiciais.

Em 1759, no mesmo ano da extinção da Companhia de Jesus em Portugal é também extinto o Colégio de Jesus de Bragança e inventariados e arrolados os seus bens. O edifício do Colégio e sua igreja foram doados em 1768 à Mitra Episcopal de Miranda, dando lugar à Sé catedral de

Bragança, quando a sede do bispado se transferiu para Bragança em 1764, sendo bispo D. Aleixo de Miranda Henriques. Os restantes bens foram incorporados no Erário Régio, em 1759, sendo posteriormente doados à Universidade de Coimbra, por Provisão de D. José, de 4 de julho de 1774. António José de Escovar, procurador da Universidade, tomou posse dos bens em 1775, na presença de Manuel António Pinto de Escovar, juiz de fora de Bragança. Por sua vez, os bens da Universidade foram incorporados nos Bens Próprios Nacionais, por Decreto de 5 de maio de 1835. No Diário do Governo de 10, 17, 26, 29 e 30 de junho de 1848 foram vendidos em hasta pública todos estes bens que tinham formado o património do Colégio.

Possuiu livraria (biblioteca) em que avultavam obras de Direito Civil e Canónico, Teologia Moral e Especulativa, Patrística, Humanidades, etc., em número superior a 1.700 títulos, que foi integrada na Biblioteca Municipal de Bragança. Foi também utilizada a designação de Colégio de Jesus de Bragança.

**Âmbito e conteúdo:** Inclui livros e documentos que ilustram a vida interna do Colégio, sobretudo nos aspetos de gestão patrimonial.

Retratam a formação do património do colégio, com bens doados por particulares e bens vinculados a instituições pias.

Os bens de raiz situavam-se nas cercanias de Bragança, estendendo-se até aos concelhos de Vimioso e Miranda. Parte deste património estava agregado ao padroado do colégio, formado pelas seguintes igrejas: S. João de Transbaceiro, Parâmio (com sua igreja anexa de Santa Maria de Dine), S. Pedro de Penhas Juntas (e suas igrejas anexas de S. Mamede de Agrochão, S. Martinho de Ervedosa e Santa Bárbara de Brito), S. Julião de Paçó (e igrejas anexas de S. Pedro de Lagarelhos, Santa Maria de Rio de Fornos e S. Mamede de Travanca), Santa Maria Madalena de Grijó e S. Nicolau de Cortiços (com a igreja anexa de S. Miguel de Cernadela).

Refira-se, entre os bens vinculados a instituições pias, aqueles que estavam vinculados à Capela de S. Caetano, fundada pelo Pe. Belchior Leite de Azevedo, abade de Espinhosela, situados em Terroso, Parâmio, Espinhosela, Fontes, Algoso, Rio Frio, Souto de Carregosa, Soutelo de Gosende, Cova da Lua, Vilarinho de Cova da Lua, Maçãs, Dine, Mofreita,

Zeive, Frezulfe, Oleiros, Gonsende, Donai, Bragança e Carrazedo. Os dados informativos sobre os seus doadores – o desembargador Gonçalo de Faria (Algoso); D. Filipa Mendes (Vilar do Monte), viúva do desembargador Gaspar Jorge; D. Isabel de Quihones (Vimioso) - podem ser colhidos na série de Registo de legados pios que inclui o registo de missas celebradas por alma dos benfeitores.

Os volumes da série de Tombos de medição e demarcação, datados de 1711-1714, bem como o Tombo da igreja de S. João de Transbaceiro, de 1523, data anterior à fundação do Colégio, ou o Tombo da Capela de S. Caetano (em Espinhosela), de 1711-15 e 1734 referem a localização de todas as propriedades e os foreiros que pagavam foros e rendas ao Colégio. Os referidos Tombos contêm a demarcação de diversos locais, para, com segurança se saber os locais que pagavam os dízimos de 1/3 para o bispo de Miranda e 2/3 para o colégio. O tombo elaborado em 1615 pelo Dr. André de Morais Sarmento, a pedido o Rev. Pe. André Martins, reitor do colégio, ou um outro elaborado pelo Dr. António de Paiva e Pona, em 1711-1713, a requerimento do Pe. Agostinho da Cunha, reitor do colégio, revelam os bens sitos em Algoso, Castelões, Conlelas, Cortiços, Sernadela, Frezulfe, Grijó, Lagarelhos, Mofreita, Parâmio, Quintela, rio de Fornos, Paçó, Vale de Asnas, Travanca, Vilar do Monte, Vilar de Ossos, Vimioso e Zido. Entre os volumes desta série de Tombos encontram-se originais e traslados diversos, sendo de destacar os que dizem respeito à igreja de S. João de Transbaceiro, em maior número, sendo um deles em pergaminho (1545).

A série de Livros de escrituras de emprazamentos e documentos diversos permite conhecer alguns tabeliães de Bragança, sobretudo entre 1712 e 1756, podendo citar-se: Cristóvão Rodrigues da Silva, Miguel Ferreira Botelho, António Ferreira da Fonseca, João de Varge, António Mendes Madureira, António Pires de Sousa, João de Morais Soutelo, Manuel Álvares, António de Vilanova Guerreiro, José Teixeira e Francisco Xavier de Morais. Nesta série figuram documentos de diversa tipologia, encadernados juntamente com as escrituras de emprazamento, podendo citar-se, a título de exemplo, no t. I da Comenda dos Cortiços, o traslado, feito em 1614, com tradução do latim para português, de uma carta de D. Sancho, datada de 1186, da demarcação dos termos dos Cortiços e Cernadela, incluindo também cópia do alvará de D. Manuel, de 1520, para que Rui de Pina, cronista-mor do reino, mande trasladar esta demarcação dos documentos que se encontravam na Torre do Tombo.

Esta série retrata a forma de gestão do património rústico, com o pagamento em géneros, entre os quais se inclui: perdiz, presunto, marrã, galinhas, manteiga, linho, centeio, trigo barbela, trigo meado, etc., bem como a localização deste património e seus rendeiros. Figuram nesta série dois pergaminhos (inseridos no liv. 2) autenticados pelo bispo D. António Pinheiro (1569) e pelo bispo D. Julião de Alva (1562), confirmando a união de igrejas ao padroado do Colégio.

A série de Autos e sentenças ilustra os conflitos dirimidos com rendeiros ou com proprietários de terrenos limítrofes, por questões de dívidas de foros, sucessão nos prazos, servidão de águas e caminhos, padroado das igrejas do colégio e questões de recolha de dízimos das mesmas igrejas, sobretudo no que respeita às igrejas de Dine e S. João de Transbaceiro, posse de bens doados ou bens penhorados, alguns dos quais na cidade de Bragança, como as casas da Rua do Espírito Santo (1729-1744), etc. Destacam-se, também, os processos judiciais, de 1709 a 1718, por litígio com João Ferreira Sarmento Pimentel, de Bragança, na contestação que fazia à jurisdição do juiz conservador do Colégio e sobre a posse da Quinta de Ricafé. Refira-se, ainda, a questão com o Dr. António de Paiva e Pona, juiz do tombo, que decorreu entre em 1725 e 1743, por não querer emendar, à sua custa, os erros que cometera na elaboração do tombo, processo que se arrastou, com recursos para o Tribunal da Relação do Porto e para a Casa da Suplicação, em Lisboa. Foram juízes conservadores do colégio os Drs. Francisco Luís, arcediago de Miranda (1644), Manuel Camelo de Morais (1709), André Ramalho Barradas, abade da igreja de S. João Baptista de Bragança (1730).

Entre os documentos que figuram nesta série refira-se um rolo em papel, de grandes dimensões (2,48x0,31 m.), contendo a sentença do Dr. Gaspar Jorge, datada de 22 de Outubro de 1509, sobre os limites entre Vilar do Monte e Grijó de Lampaças, incluindo os nomes dos moradores dos respetivos lugares. A série Livros de registo de receitas e despesas inclui um pequeno livro (1601-1702) apenas com despesas de pagamento para a Mesa Episcopal (Mitra). A série Livros de registo de receitas de foros e rendas dá a conhecer os bens patrimoniais, sua localização, forma de sua administração e rentabilidade dos mesmos.

Esta série inclui diversos livros da Capela de S. Caetano (liv. 30 a 36), com registos de receita de foros e rendas de bens anexados a esta capela, desde 1702 a 1758. Um destes volumes (liv. 34) tem a particularidade de ter sido encadernado juntamente com um livro de registo de capitais mutuados, da mesma Capela (1721 a 1755). Desta forma, a série de Registo de capitais mutuados inclui este volume (liv. 34) e um outro de 1735-1758 (liv. 39), da mesma Capela de S. Caetano.

A série de Documentos de fundação e privilégios do Colégio contem tipologia diversa: cartas régias, bulas, breves, em original e em traslado.

**Sistema de organização:** Não sendo possível reconstituir a organização original do cartório foram identificadas e ordenadas cronologicamente as seguintes séries documentais: Tombos de medição, demarcação e reconhecimento, Livros de escrituras de emprazamento e documentos diversos, Registo de legados pios, Registo de receitas de foros e rendas, Registo de capitais mutuados, Inventários, Autos e sentenças, Livros de receitas e despesas. Foi ainda criada uma série de Documentos de fundação e privilégios do Colégio, por existir já um volume encadernado que continha diversa tipologia documental desta natureza, tendo sido anexada, inserida em maço, a documentação dispersa e avulsa do mesmo teor.

Foi criada a série de Livros de escrituras de emprazamento e documentos diversos, pela necessidade de reunir os volumes que, originalmente, foram encadernados, englobando escrituras de emprazamento e outros documentos.

**Cota atual:** IV-1.ªE-22-3-1 a 10; IV-1.ªE-22-4-1 a 16; IV-1.ªE-22-5-1 a 24

**Instrumentos de pesquisa:** Inventário por Ana Maria Bandeira, acessível em http://www.uc.pt/auc/fundos/ficheiros/COL_JesusBraganca e em versão impressa na sala de leitura do Arquivo.

**Notas do arquivista:** Descrição por Ana Maria Leitão Bandeira, em 2010, revisão em 2013.

Nota a Data de acumulação: inclui uma sentença de 1509, relativa à demarcação dos lugares de Grijó e Vale Benfeito, atestando a origem de bens situados naquelas localidades. Inclui outros documentos anteriores à fundação do Colégio, como os tombos de bens da igreja de S. João de Transbaceiro, datados de 1523 e 1545 (em pergaminho), sendo seu abade Gomes Gonçalves.

Nota a História Administrativa: foram consultadas as seguintes obras: ALVES, Francisco Manuel – *Memórias Arqueólogico-Históricas do distrito de Bragança*. Bragança: Junta Distrital, 1975-1981; CASTRO, José de – *Bragança e Miranda*, vol. I. Porto, 1946, pp. 156-178; RODRIGUES, Francisco – *História da Companhia de Jesus na assistência em Portugal*. Porto: Apostolado da Imprensa, 1931-1950, t. I a T. IV.

## Colégio de São Bento de Coimbra

**Código de referência:** PT/AUC/MC/CSBC

**Título:** Colégio de São Bento de Coimbra

**Datas de produção:** 1528 / 1834

**Datas de acumulação:** 1549 - 1834

**Dimensão e suporte:** 13 u. i. (7 cx., 6 liv.); papel.

**História administrativa, biográfica e familiar:** O Colégio foi fundado em 1555, pelo frei Diogo de Murça monge de São Jerónimo e comendatário do mosteiro de São Miguel de Refojos de Basto que, após ter obtido bula papal datada de 1549, autorizando-o a suprimir este mosteiro e, com as suas rendas, a fundar três colégios em Coimbra: um da ordem de São Bento, outro da ordem de São Jerónimo e outro para colegiais pobres. Contudo, o mosteiro de Refojos subsistiu a esta bula continuando a existir.

O Colégio de São Bento, casa de estudos de Artes e de Teologia ao longo de toda a sua existência, "em 1576, havia começado as suas obras" mas a edificação haveria de se estender ao século seguinte, tendo a sua igreja sido sagrada em 1634.

Em 1772, em consequência da Reforma Pombalina, uma parte da sua cerca foi cedida à Universidade para aí se implantar o Jardim Botânico.

Em consequência do Decreto de 30 de maio de 1834, que determinou a extinção das ordens religiosas e das leis de desamortização dos bens, no dia imediatamente a seguir, deu-se início ao inventário do património que conjuntamente com a documentação foram entregues à Repartição de Finanças do Distrito de Coimbra.

**Âmbito e conteúdo:** Documentos que confirmam benefícios, privilégios e a gestão patrimonial e financeira, nomeadamente: alvarás, autos, contratos, correspondência, cartas citatórias, demandas, emprazamentos, encomendas, petições, foros, inquirições, inventários, letras pontifícias, libelos, licenças, medições de prazos, memórias, privilégios, processos cíveis, procurações, provisões, quitações, recibos, requerimentos, sentenças, termos de fiança, entre outros.

**Sistema de organização:** Documentação não tratada arquivisticamente.

**Cota atual:** V-2ª-E-1-2-1 a 16

**Instrumentos de pesquisa:** Recenseamento.

**Notas do arquivista:** Fontes de informação ao campo História administrativa: SILVA, João José de – "O Catálogo dos Cartórios dos Colégios de S. Bento e do Carmo de Coimbra". In Publicações do Arquivo e Museu de Arte da Universidade de Coimbra. Coimbra, 1951; http://digitarq.dgarq. gov.pt/details?id=1379033. VASCONCELOS, António de (1987) – Escritos Vários. Reedição preparada por Manuel Augusto Rodrigues. Coimbra: Arquivo da Universidade, vol. 1; BRITO E Recenseamento e descrição elaborados por Adriana Antunes e Gracinda Guedes em 2012.

Ao campo Data de produção: Dado o Arquivo ainda não ter sido estudado, presumimos que a documentação de data anterior à da fundação possa ser referente à constituição do respetivo património que, regra geral, antecedia a fundação das Instituições desta natureza.

Recenseamento e descrição elaborados por Adriana Antunes e Gracinda Guedes em 2012.


## Colégio de São Bernardo de Coimbra

**Código de referência:** PT/AUC/MC/CSBRC
**Título:** Colégio de São Bernardo de Coimbra
**Datas de produção:** 1180 / 1835

**Datas de acumulação:** 1550 - 1834

**Dimensão e suporte:** 71 u. i. (10 cx., 61 liv.); pergaminho e papel.

**História administrativa, biográfica e familiar:** O Colégio de S. Bernardo de Coimbra, também conhecido por Colégio do Espírito Santo, pertencia aos Monges Cistercienses e foi fundado no ano de 1550, por iniciativa do Cardeal Infante D. Henrique, aí se instalando os "monges universitários da Ordem de São Bernardo". O seu fundador dotou-o com bens da sua própria fazenda e com as rendas do Mosteiro de S. Paulo de Frades de Coimbra após a confirmação do papa Júlio III, expressa no Breve de 30 de janeiro de 1554 dirigido ao rei D. João III, em resposta ao pedido de anexação feito em 1552.

De igual modo foram unidos e anexados ao Colégio o Mosteiro de Santa Maria de Tamarais de Leiria e a Abadia de Nossa Senhora da Estrela do bispado da Guarda. Na qualidade de administrador de todos os bens e rendas, o colégio de S. Bernardo de Coimbra obteve dos monarcas e da Santa Sé a confirmação de todos os privilégios e direitos anteriormente outorgados às instituições a ele anexadas. Ainda no ano da sua fundação D. João III outorgou ao colégio de S. Bernardo, o direito de possuir um carniceiro para obtenção dos mantimentos que lhe fossem necessários, direito esse confirmado por D. Filipe I em 1596.

A fim de agilizar a administração dos bens do Colégio, dada a extensão do seu património e a consequente dificuldade na recolha das rendas, D. João V acedeu em nomear para o Colégio um Juiz executor das suas dívidas.

Os primeiros estatutos que o colégio de S. Bernardo de Coimbra conheceu foram dados pelo próprio Cardeal Infante D. Henrique.

Nele formaram-se ilustres monges cistercienses, e muitos dos seus reitores foram abades gerais da Congregação e lentes da Universidade de Coimbra. De entre eles distinguimos o frei Luís de Sá, que ocupou o lugar de vice-reitor da Universidade de Coimbra, nos períodos de agosto de 1669 a 10 de janeiro e de 1661 e dezembro de 1663 a 29 de abril de 1664. Foi-lhe atribuído o título de Decano perpétuo da Faculdade de Teologia (1662) e o de Cancelário da Universidade. Por carta régia de 1 de março de 1560 este colégio foi incorporado à Universidade, passando então a gozar dos mesmos privilégios concedidos a esta instituição, e na qual desempenhou um importante papel cultural e de grande apoio à comunidade universitária.

Com a criação da Congregação Portuguesa de Santa Maria de Alcobaça em 1567, o colégio de S. Bernardo, a par de outras instituições religiosas da mesma Ordem, passaram a estar congregados à Real Abadia de Santa Maria de Alcobaça, o mais importante mosteiro cisterciense em Portugal.

O Breve de Clemente VIII datado de 1596, concedeu ao prelado deste Colégio, o poder de usufruir a dignidade e privilégios de Dom Abade, passando a ministrar na sua igreja a confirmação, prima-tonsura e ordens menores e exercer nela outras funções pontificais.

Com a publicação das leis contra a amortização dos bens da Igreja: a lei de 4 de julho de 1768 e a lei de 9 de setembro de 1769, o Colégio de S. Bernardo e as Ordens monásticas em geral, sofreram um rude golpe na sua gestão patrimonial. O intento de travar a acumulação de corpos de mão morta, por parte das instituições religiosas, culminou com o Decreto de 30 de maio de 1834 que extinguiu as ordens religiosas em Portugal. Esta data assinala o fim do Colégio de S. Bernardo e consequentemente à dispersão do seu cartório e ao desaparecimento de muita documentação, como consta na notícia que nos chega logo após a extinção do colégio (1834), de que foram encontrados no Mosteiro de Santa Cruz, escondidos em cinco caixões de madeira, 37 tombos do colégio de S. Bernardo, juntamente com documentação avulsa e 456 pergaminhos.

**Âmbito e conteúdo:** Da documentação fazem parte: privilégios, doações (de salientar a doação de D. Teresa em 1108, da quinta de Lordemão a Gonçalo Albano, p. 382v., col. S. Bernardo-13), alvarás, provisões régias, cartas de venda (entre elas, traslados escritos em latim datadas entre 1180 e 1190), por traslados dos documentos emitidos pela Santa Sé, como: bulas e breves papais. Fazem, ainda, parte do fundo vários processos cíveis, nomeadamente sentenças e demandas, entre outras a contenda entre o colégio e os duques de Aveiro e outra com a Misericórdia de Coimbra a par de escrituras de emprazamento, correspondência e outros títulos.

**Sistema de organização:** O fundo foi classificado em séries, ordenadas alfabeticamente e, por sua vez, os documentos de cada série encontram--se ordenados cronologicamente dentro de cada série. Foi elaborado um quadro de classificação.

**Cota atual:** V-2ªE-1-1 a 6

**Instrumentos de pesquisa:** Inventário - CAPELO, Ludovina Cartaxo e PROZIL, Mónica Oliveira – "Colégio de S. Bernardo de Coimbra". *Boletim do Arquivo da Universidade de Coimbra*. Vol. XXIII e XXIV (2003-2004; 2005-2007), pp. 259-307.

**Notas do arquivista:** Descrição feita com base em estudo arquivístico elaborado por Ludovina Cartaxo Capelo e Mónica Prozil em 2007. Registo feito por Adriana Antunes revisto e aditado por Gracinda Guedes em 2013.

Ao campo Unidades de descrição relacionada: No Arquivo da Universidade de Coimbra, no fundo do Mosteiro de São Paulo de Almaziva, existem 3 cadernos, com 19 folhas em pergaminho, numeradas de 224 à 243, identificadas como o "Cartulário de S. Paulo de Almaziva". As referidas folhas estiveram insertas no tomo 11 (Col. S. Bernardo – 69) do Cartório do Colégio de S. Bernardo de Coimbra dado o Mosteiro ter sido incorporado neste colégio com todos os seus direitos e pertenças. Veja: SANTOS, Maria José Azevedo – *Vida e morte de um mosteiro cisterciense, São Paulo de Almaziva (hoje S. Paulo de Frades, c. Coimbra), séculos XIII-XVI*, Lisboa, Colibri, 1998, pp. 126-127.

Esta informação é corroborada pelo Tombo do Reportório do Cartório do Colégio de S. Bernardo de Coimbra, onde se pode ler na folha 416v.: "Hum livro escrito em pergaminho que tem dezanove meyas folhas todas de pergaminho, no qual se contém muitas cartas de vendas e algumas doações e escambos das propriedades de Montemor e Granja de Alfarelos chamada a Granja Nova"; não tem Era. Está no tombo 11 a folhas 224. Col. S. Bernardo-17.

Ao campo Datas de produção: A documentação de data anterior à da fundação é referente à constituição do respetivo património que, regra geral, antecedia a fundação de Instituições desta natureza ou relativa a outras Instituições que lhe tenham sido anexadas. A documentação de data posterior à da extinção referente à gestão do património do extinto Colégio que, regra geral, sucedia à extinção das Instituições desta natureza, pertence ao fundo da Direção de Finanças de Coimbra, em respeito pelo princípio da proveniência.


## Colégio de São Francisco Xavier de Portimão

**Código de referência:** PT/AUC/MC/CSFXP
**Título:** Colégio de São Francisco Xavier de Portimão
**Datas de produção:** 1600 / 1759
**Dimensão e suporte:** 3 u. i. (1 liv., 1 cx., 1 pt.); papel
**História administrativa, biográfica e familiar:** Este colégio da Companhia de Jesus, situado em Portimão, foi construído cerca de 1660, tendo D. Diogo Gonçalves, figura da nobreza local, deixado, em seu testamento, património para a sua edificação. Viria a ser sepultado, na capela-mor da igreja do colégio. A obra da frontaria do colégio é atribuída ao arquiteto João Nunes Tinoco (1610-1689) que realizou uma obra semelhante à do Colégio de Jesus de Faro.

Na origem deste edifício terá estado um outro, uma vez que tem sido atribuída ao bispo do Algarve, D. Fernando Martins Mascarenhas, a fundação do colégio da Companhia de Jesus em Portimão, em 1599.

Com a extinção da Companhia de Jesus em 1759, os bens do colégio reverteram para o Erário Régio. Mais tarde, quando em 1772 se operou a reforma pombalina da Universidade de Coimbra, parte do património do colégio foi doado à Universidade.

A rainha D. Maria terá feito doação do edifício do extinto colégio à Ordem de S. Camilo de Lélis que dele tomou posse em 1780. Com a extinção das ordens religiosas, depois de 1834, edifício do colégio viria a ser repartido por várias entidades.

**Âmbito e conteúdo:** Inclui livro de pagamento de foros e pensões ao Cabido e Mitra da Sé de Portimão, ao Convento do Carmo de Lagoa e à Câmara de Silves (1754-1759). Inclui também documentação avulsa de diversa tipologia, relativa à administração de bens patrimoniais do colégio, nomeadamente escrituras de compra e venda, sentenças, procuração para cobrança de foros (1600-1759). Ilustra os bens patrimoniais do Colégio, situados na Herdade do Monte Alto, Vidigal, Malhão, etc.

**Sistema de organização:** Organização por séries documentais e ordenação cronológica.

**Cota atual:** IV-2.ªE-1-2-3A, 4A e 5

**Instrumentos de pesquisa:** Recenseamento.

**Notas do arquivista:** Descrição arquivística por Ana Maria Leitão Bandeira, em 2014, com base na análise da própria documentação.

## Colégio de São Jerónimo de Coimbra

**Código de referência:** PT/AUC/MC/CSJCBR

**Título:** Colégio de São Jerónimo de Coimbra

**Datas de produção:** 1486 / 1839

**Datas de acumulação:** 1549 - 1834

**Dimensão e suporte:** 22 u. i. (2 cx., 20 liv.); papel.

**História administrativa, biográfica e familiar:** Embora alguns freires da Ordem de São Jerónimo já se encontrassem em Coimbra no ano de 1539, no Convento de S. Domingos, no ano seguinte já estavam instalados em casas que adquiriram mas, como as instalações eram muito precárias, frei Diogo de Murça, então reitor da Universidade de Coimbra e ao mesmo tempo Hieronimita, convidou-os a viver nos Paços reais.

O processo da construção do seu próprio edifício só foi iniciado em 1549, no lugar onde já tinham adquirido as casas e terrenos a norte do castelo, com os rendimentos alcançados pela Bula *In eminenti Apostolicae Sedis* de 28 de março desse ano, dada pelo papa Paulo III, em resposta ao pedido que lhe dirigiu frei Diogo de Murça.

Contudo a construção do colégio não viria a acontecer, de imediato, por conflitos com os interesses dos seus vizinhos pertencentes à Companhia de Jesus. Ficam instalados no Paço até 1562, mas por ordem da rainha D. Catarina, são obrigados a mudar-se, para o recém--construído Colégio de S. Paulo, mesmo antes de este ser ocupado pelos seus destinatários.

Em 1565 as obras do edifício iniciaram-se e foram dirigidas por frei Diogo de Murça. O edifício fica parcialmente construído e em 1572 ou 1573 os frades mudam-se para as suas novas instalações.

Este Colégio teve grandes figuras no meio religioso, cultural e universitário mas logo a partir de 1584 entrou em decadência com a saída forçada de muitos dos seus grandes mestres.

Em 1755, com o terramoto que se fez sentir em todo o país, este Colégio sofreu grandes estragos e teve de ser abandonado.

A Instituição foi extinta em 1834, em consequência do processo de extinção das ordens religiosas e a 23 de maio desse mesmo ano deu-se início ao inventário do património que, conjuntamente com a documentação, foram entregues à Repartição de Finanças do Distrito de Coimbra.

**Âmbito e conteúdo:** Os documentos são, na sua maioria, títulos de propriedades, privilégios, provisões e outros relacionados com a administração de bens, a saber: autos de arrematação, autos de demanda, correspondência, cartas advocatórias e executórias, escrituras de compra e venda, emprazamentos, petições, foros, impostos, inventários (entre eles, o índice de prazos, foros e rendas dos enfiteutas dos casais e quintas, datado entre 1486 e 1792), libelos, medições de prazos, processos de obras, procurações, entre outros.

**Sistema de organização:** O fundo foi classificado em 16 séries documentais. As séries estão ordenadas alfabeticamente e, por sua vez, os documentos de cada série encontram-se ordenados cronologicamente dentro de cada série. Foi elaborado um quadro de classificação.

**Cota atual:** V-2ª E-2-4 e 5

**Instrumentos de pesquisa:** Inventário - CAPELO, Ludovina Cartaxo (2010) - *Colégio de S. Jerónimo de Coimbra*. Disponível em: http://www.uc.pt/auc/fundos/ficheiros/COL_SaoJeronimoCoimbra.pdf

**Notas do arquivista:** Descrição feita com base em estudo arquivístico elaborado por Ludovina Cartaxo Capelo em 2010. Registo feito por Adriana Antunes revisto e aditado por Gracinda Guedes em 2013.

Ao campo Datas de produção: A documentação de data anterior à da fundação é referente à constituição do respetivo património que, regra geral, antecedia a fundação de Instituições desta natureza ou relativa a outras Instituições que lhe tenham sido anexadas.

A documentação de data posterior à da extinção referente à gestão do património do extinto Mosteiro que, regra geral, sucedia à extinção das Instituições desta natureza, pertence ao fundo da Direção de Finanças de Coimbra, em respeito pelo princípio da proveniência.

## Colégio de São João Evangelista de Coimbra

**Código de referência:** PT/AUC /MC/CSJECBR

**Título:** Colégio de São João Evangelista de Coimbra

**Datas de produção:** 1522 / 1834

**Datas de acumulação:** 1548 - 1834

**Dimensão e suporte:** 7 u. i. (1 cx., 6 liv.); papel.

**História administrativa, biográfica e familiar:** O colégio de S. João Evangelista de Coimbra, também designado Colégio dos Loios, foi fundado no ano de 1548 em casas que pertenciam ao Hospital Real de Nossa Senhora da Conceição que ficavam situadas na Praça de S. Bartolomeu.

Inicialmente estes cónegos foram chamados pelo rei D. João III para administrarem o Hospital Real de Nossa Senhora da Conceição, que havia sido fundado em 1502, por D. Manuel I.

Ao longo dos anos os cónegos foram reunindo doações e rendas com a finalidade de comprar um espaço para um novo edifício, perto da Universidade. Tal aconteceu, no ano de 1597, quando adquiriram umas casas perto do castelo para onde se mudaram.

A 6 de maio de 1631 foi benzida a primeira pedra do seu edifício, que ficava situado no Campo da Feira, tendo assistido ao ato, entre outros, o reitor e lentes da Universidade de Coimbra.

Em 1638 dão-se por terminadas as obras com a colocação da imagem do seu patrono, S. João Evangelista, na fachada principal do edifício do Colégio.

No âmbito da "Reforma geral eclesiástica" de 1834, empreendida pelo ministro e secretário de Estado, Joaquim António de Aguiar, pelo

Decreto de 30 de maio, foram extintos todos os colégios e a 9 de junho do mesmo ano foi feito o inventário e os seus bens foram incorporados nos Próprios da Fazenda Nacional.

**Âmbito e conteúdo:** A documentação deste fundo é relativa, em grande parte, à gestão financeira e patrimonial deste colégio.

Os documentos são, na sua maioria, títulos de propriedades, privilégios, dotes, alvarás, e outros relacionados com a administração de pessoas e bens.

**Sistema de organização:** A documentação que se encontrava instalada em maços foi objeto de intervenção não só de análise de conteúdo, mas também do seu acondicionamento físico, a documentação foi sumariada e colocada em pastas. Toda a documentação foi identificada e está ordenada cronologicamente.

**Cota atual:** V-2ª E-2-5

**Instrumentos de pesquisa:** Inventário - CAPELO, Ludovina Cartaxo (2010) - *Colégio de S. João Evangelista de Coimbra*. Disponível em: http://www.uc.pt/auc/fundos/ficheiros/COL_SaoJoaoEvangelistaCoimbra.pdf.

**Notas do arquivista:** Descrição feita com base em estudo arquivístico elaborado por Ludovina Cartaxo Capelo em 2010. Registo feito por Adriana Antunes revisto e aditado por Gracinda Guedes em 2013.

Ao campo Datas de produção: A documentação de data anterior à da fundação é referente à constituição do respetivo património que, regra geral, antecedia a fundação de Instituições desta natureza ou de outras Instituições que lhe tenham sido anexadas.

## Colégio de São José dos Marianos de Coimbra

**Código de referência:** PT/AUC/MC/CSJMC
**Título:** Colégio de São José dos Marianos de Coimbra
**Datas de produção:** 1606 / 1833
**Dimensão e suporte:** 6 u. i. (cx.); papel.
**História administrativa, biográfica e familiar:** O Colégio universitário de São José dos Marianos pertencia à ordem dos Carmelitas

Descalços e foi instituído em 1603, tendo-se instalado, provisoriamente, nas casas do Conde de Portalegre, pois só a 11 de outubro de 1606 foi colocada a primeira pedra, benzida pelo Bispo-Conde D. Afonso de Castelo-Branco, dando início à sua construção. No âmbito da "Reforma geral eclesiástica" de 1834, empreendida pelo ministro e secretário de Estado, Joaquim António de Aguiar, pelo Decreto de 30 de maio, foram extintos todos os colégios, e os seus bens foram incorporados nos Próprios da Fazenda Nacional.

**Âmbito e conteúdo:** Documentos de gestão patrimonial e financeira do Colégio nomeadamente: escrituras de compra e venda, contratos de composição, doação, permutação, execuções; justificações, licenças (uma de 1606 quando começou a ser construído o edifício), ordens de pagamentos de legados pios, queixas entre conventos e sentenças cíveis.

**Sistema de organização:** O fundo está classificado em séries documentais, de acordo com a tipologia formal dos atos administrativos. Dentro de cada série, as unidades de instalação estão ordenadas cronologicamente.

**Cota atual:** V-2ªE-2-6-1 a 6

**Instrumentos de pesquisa:** Recenseamento.

**Notas do arquivista:** Recenseamento e descrição elaborados por Adriana Antunes e Gracinda Guedes em 2012.

Ao campo data de produção: Dado o Arquivo ainda não ter sido estudado, presumimos que a documentação de data anterior à da fundação possa ser referente à constituição do respetivo património que, regra geral, antecedia a fundação das Instituições desta natureza.


## Colégio de São Paulo de Braga

**Código de referência:** PT/AUC/MC/CSPB
**Título:** Colégio de São Paulo de Braga
**Datas de produção:** 1391 / 1756
**Datas de acumulação:** 1560-1756
**Dimensão e suporte:** 59 u. i. (26 cx., 17 liv., 10 mç., 6 pt. (68 doc.); pergaminho e papel.

**História administrativa, biográfica e familiar:** Na origem deste colégio encontra-se um outro Colégio de São Paulo que foi fundado em Braga, em 1531, pelo arcebispo D. Diogo de Sousa, onde se ensinava Gramática e Lógica, estando dependente do ordinário da diocese. Este prelado atribuiu-lhe estatutos e um património de rendas próprias para se sustentar. Em 1560, o arcebispo D. Fr. Bartolomeu dos Mártires fez a entrega desse edifício à Companhia de Jesus, seguindo as instruções do Cardeal D. Henrique. O arcebispo dotou o Colégio com as rendas e dízimos da igreja de São Salvador de Pereira (conc. Barcelos) juntamente com as igrejas anexas de São Tiago de Moldes e Santa Marinha de Remelhe. Neste colégio ensinavam-se, então, as Artes, a Teologia e as Humanidades.

O seu património foi alargado com doações particulares, geralmente associadas a legados pios e também doações régias, podendo referir--se a anexação dos bens do extinto Mosteiro de São Pedro de Roriz, em 1573. Recebia também dízimos e passais das seguintes igrejas: São Tomé de Negrelos, Santa Maria de Ferreiros, São Salvador de Pereira, São Salvador de Mazedo, Santa Maria do Vimieiro, Santa Marinha da Portela, São Mamede de Vale de Remígio, São Mamede de Vila Chã, São Pedro de Avioso, etc.

Em 1756, por decisão do arcebispo de Braga D. José de Bragança, a Companhia de Jesus teve de sair de Braga, antecipando a data de extinção desta ordem religiosa que viu serem fechados todos os seus colégios em 1759.

**Âmbito e conteúdo:** Inclui tombos de medição e demarcação de bens, livros de receitas de foros e rendas, livro de registo de correspondência, livro de registo de certidões de missas celebradas na igreja do Colégio, róis de foros e foreiros, etc. Inclui também documentação avulsa formada por contas de receita e despesa, sentenças judiciais, procurações, traslados de documentos de privilégios e documentação pontifícia. Inclui ainda escrituras de emprazamento e aforamento, sentenças cíveis, documentos pontifícios, etc. Integra documentação que proveio do antecessor colégio fundado por D. Diogo de Sousa, nomeadamente escrituras de escambos, arrendamentos, sentenças, produzidas pela Mesa Arcebispal de Braga. Estes documentos são relativos a bens localizados na cidade de Braga e seu termo, sendo na sua maioria, produzidos durante o governo do arcebispo D. Pedro Guerra (1417-1467).

Engloba provisões de D. Fr. Bartolomeu dos Mártires, arcebispo de Braga, nomeadamente de 1564 e 1565, relativas às igrejas anexadas ao colégio e sobre as côngruas pagas. Engloba também documentação pontifícia, particularmente bulas e letras executórias.

**Sistema de organização:** Organização de parte da documentação. A documentação avulsa não está totalmente organizada.

**Cota atual:** IV-1.ªE-21-1-1 a 4; IV-1.ªE-21-1-1 a 4; IV-1.ªE-21-2-1 a 8; IV--1.ªE-21-3-1 a 8; IV-1.ªE-21-4-1 a 10; IV-1.ªE-21-5-1 a 22; IV-3.ª-Gav. 10, n.º 24 e 25; IV-3.ª-Gav. 14B, mç. 5 – n.º 84 a 90; IV-3.ª-Gav. 19A, mç. 16 – n.º 296 a 305; IV-3.ª-Gav. 20, mç. 1 – n.º 6, 17 a 29, 35 a 41; IV-3.ª-Gav. 23, n.º 6; IV-3.ª-Gav. 26, n.º 9; V-3.ª-Móv. 11 - Gav. 7

**Instrumentos de pesquisa:** Recenseamento.

**Notas do arquivista:** Descrição arquivística por Ana Maria Leitão Bandeira, em 2014, com base na análise da própria documentação e em PEREIRA, Gabriel - *Catalogo dos pergaminhos do cartorio da Universidade de Coimbra*. Coimbra: Imprensa da Universidade, 1881.

Nota a Datas de produção: a documentação mais antiga, de 1391, diz respeito ao provimento do priorado de Santa Maria do Vimieiro, igreja do extinto mosteiro do mesmo nome que veio a ser anexada ao colégio. Igualmente, os documentos de 1442, confirmam a proveniência de bens do antecessor colégio fundado por D. Diogo de Sousa, nomeadamente escrituras de escambos, arrendamentos, sentenças, relativos a bens localizados na cidade de Braga e seu termo.


## Colégio de São Paulo de Coimbra

**Código de referência:** PT/AUC/MC/CSPC
**Título:** Colégio de São Paulo de Coimbra
**Datas de produção:** 1298 / 1856
**Datas de acumulação:** 1779 - 1834

**Dimensão e suporte:** 3 u. i. (3 cx.); papel.

**História administrativa, biográfica e familiar:** O Colégio de São Paulo Eremita de Coimbra era masculino e pertencia à Ordem dos Eremitas de São Paulo, Primeiro Eremita.

Foi fundado em consequência da Provisão do Desembargo do Paço, de 27 de setembro de 1779, através da qual se confirma ao reitor geral da Ordem a licença concedida por Provisão de D. João V, de 29 de outubro de 1745, para fundar um colégio universitário para religiosos da sua congregação. O edifício situava-se ao fundo da rua larga, próximo do Largo do Castelo.

O seu património foi enriquecido com a herança dos bens dos suprimidos mosteiros de Santa Cruz de Rio Mourinho, de Santa Margarida do Aivado de Évora e de São Julião de Alenquer, extintos em 1823.

No âmbito da "Reforma geral eclesiástica" de 1834, empreendida pelo ministro e secretário de Estado, Joaquim António de Aguiar, pelo Decreto de 30 de maio, foram extintos todos os colégios e, pela portaria de 27 de outubro de 1836, o colégio foi entregue à Universidade de Coimbra.

**Âmbito e conteúdo:** A documentação deste fundo respeita, em grande parte, à gestão financeira e patrimonial do Colégio, nomeadamente: títulos de propriedades, privilégios, alvarás, e outros relacionados com a administração de bens.

**Sistema de organização:** A documentação que se encontrava instalada em maços e caixas foi identificada, sumariada e organizada cronologicamente.

**Cota atual:** V-2ª E-3-1-1 a 3

**Instrumentos de pesquisa:** Inventário.

**Notas do arquivista:** Descrição feita com base em estudo arquivístico elaborado por Ludovina Cartaxo Capelo em 2010, revista por Gracinda Guedes em 2014, com base em outras fontes bibliográficas e documentais.

Ao campo Datas de produção: As datas mais recuadas são relativas ao conteúdo informacional de certidões de documentos feitas em data mais recente e a alguns documentos pertencentes a Instituições que lhe foram anexadas. A documentação de data posterior à da extinção referente à gestão do património do extinto Mosteiro que, regra geral, sucedia à extinção das Instituições desta natureza, pertence ao fundo da Direção de Finanças de Coimbra, em respeito pelo princípio da proveniência.

# Colégio de São Pedro da Terceira Ordem da Penitência de Coimbra

**Código de referência:** PT/AUC/MC/CSPTOPCBR

**Título:** Colégio de São Pedro da Terceira Ordem da Penitência de Coimbra

**Datas de produção:** 1598 / 1850

**Datas de acumulação:** 1572 - 1834

**Dimensão e suporte:** 5 u. i. (cx.); papel.

**História administrativa, biográfica e familiar:** O colégio de São Pedro da Ordem Terceira Regular de São Francisco ou colégio dos Franciscanos Calçados, vulgarmente denominados "Bôrras", terá sido fundado a 1572, quando os colegiais do Real Colégio de São Pedro se mudaram para as novas instalações junto aos Paços reais.

O edifício situava-se na rua da Sofia, em frente ao Colégio de S. Tomás, tendo posteriormente recebido autorização para ampliar o seu dormitório, por alvará de 15 de outubro de 1697.

No âmbito da "Reforma geral eclesiástica" de 1834, empreendida pelo ministro e secretário de Estado, Joaquim António de Aguiar, pelo Decreto de 30 de maio, foram extintos todos os colégios, e os seus bens foram incorporados nos Próprios da Fazenda Nacional, tendo sido feito inventário de bens móveis e imóveis a 1 de junho do referido ano, apesar de haver testemunhos de que nem todos os estudantes terão abandonado o edifício, tendo aí permanecido até 1836.

**Âmbito e conteúdo:** A documentação deste fundo é, essencialmente, relativa à gestão financeira e patrimonial do Colégio.

**Sistema de organização:** A documentação que se encontrava instalada em maços e caixas foi identificada e foram constituídas 20 séries documentais, correspondendo à tipologia formal dos atos. Foi elaborado um quadro de classificação.

**Cota atual:** V-2ª E-3-1-7 a 11

**Instrumentos de pesquisa:** Inventário.

**Notas do arquivista:** Fontes ao campo História administrativa: CAPELO, Ludovina Cartaxo (2010) - Colégio de S. Pedro da Terceira Ordem de Coimbra. Disponível em: http://www.uc.pt/auc/fundos/ficheiros/

COL_SaoPedroCoimbra.pdf. VASCONCELOS, António de — *Escritos Vários*. Reed. Manuel Augusto Rodrigues. Coimbra: A. U. C., 1987. Vol. I.

Descrição feita com base em estudo arquivístico elaborado por Ludovina Cartaxo Capelo em 2012, revisto por Gracinda Guedes em 2014, com base em outras fontes bibliográficas e documentais. Registo feito por Adriana Antunes.

Ao campo Data de produção: Presumimos que a documentação de data posterior à da extinção referente à gestão do património do extinto Colégio que, regra geral, sucedia à extinção das Instituições desta natureza, pertence ao fundo da Direção de Finanças de Coimbra, em respeito pelo princípio da proveniência.

Ao campo Dimensão e suporte: Estudos publicados anteriormente incluíam um livro que, depois de analisado, constatámos não pertencer a este fundo mas sim ao fundo da Direção de Finanças de Coimbra onde foi integrado.


## Colégio de São Tiago de Elvas

**Código de referência:** PT/AUC/MC/CSTE
**Título:** Colégio de São Tiago de Elvas
**Datas de produção:** 1611 / 1759
**Datas de acumulação:** 1502-1759
**Dimensão e suporte:** 4 u. i. (3 cx., 1 liv.); pergaminho e papel.
**História administrativa, biográfica e familiar:** Colégio da Companhia de Jesus, com a invocação de São Tiago Maior, localizado em Elvas. A sua construção ter-se-á iniciado no séc. XVII com base nos bens que foram doados à Companhia de Jesus por D. Aldonça da Mota, primeira mulher de Diogo de Brito do Rio (de Elvas) e que eram formados por casas situadas em Elvas, nas ruas de São Lourenço, Olivença e Alcamim. Na igreja do colégio ficaram construídos os túmulos dos fundadores (a doadora dos bens e seu marido). O edifício foi inaugurado em 1692, tendo sido construído no mesmo local onde foi erguida uma ermida, pelos cavaleiros de São Tiago, logo depois da conquista da cidade aos

mouros. O rei D. Afonso VI doou à Companhia de Jesus essa ermida, em 1659, para ali ser construído o colégio. O padre Bartolomeu Dias (s. j.) foi o autor da traça do edifício que demorou largos anos a ser construído e que só viria a ser concluído depois de 1718. Após a extinção da Companhia de Jesus, em 1759, os bens do colégio foram arrestados para o Erário Régio. Em 1774, parte destes bens foram doados à Universidade de Coimbra. Com a extinção dos bens patrimoniais da Universidade, à semelhança do que se passou com os bens das ordens monásticas, viria a ser alienado esse património.

**Âmbito e conteúdo:** Inclui livro onde estão encadernados os designados "Títulos do Colégio" que ilustram a sua fundação e bens patrimoniais que permitiram a dotação do Colégio, nos quais se inserem os bens legados por D. Aldonça da Mota e seu marido Diogo de Brito do Rio. Neste volume estão encadernados, juntamente, alguns pergaminhos relativos aos referidos bens. Inclui informação sobre os bens patrimoniais localizados em Elvas e seus termos, nomeadamente herdades em Rio Torto, Azinheiro, Caia, Rebola, Lagarteira, Pena Clara, etc. O documento mais antigo, de 1502, é por sua vez um traslado de documento de 1484, relativo às herdades da Rebola, Lagarteira e Três Maravedis, sendo este documento anterior à fundação do Colégio, mas recebido como comprovativo da origem dos mesmos bens. Inclui documentação avulsa que reflete a administração dos citados bens, nomeadamente uma carta régia (em pergaminho) de D. Manuel, de 4 de dezembro de 1512, dirigida ao juiz de fora de Moura, sobre a posse de parte da Herdade de Rio Torto.

**Sistema de organização:** Identificação de séries e sua ordenação cronológica.

**Cota atual:** IV-2.ªE-1-5-1 a 4; V-3.ª-Móv.4-Gav.7

**Instrumentos de pesquisa:** Inventário.

**Notas do arquivista:** Descrição arquivística por Ana Maria Leitão Bandeira, em 2014, com base na análise da própria documentação e em Instrumentos de pesquisa. Fonte para História administrativa: LOBO, Rui – "O colégio jesuíta de Santiago, em Elvas". *Monumentos: revista semestral de edifícios e monumentos* - N.º 28 (Jul. 2008), p. 120.

# Colégio de São Tiago de Faro

**Código de referência:** PT/AUC/MC/CSTF

**Título:** Colégio de São Tiago de Faro

**Datas de produção:** 1605 / 1758

**Dimensão e suporte:** 2 cx.; papel.

**História administrativa, biográfica e familiar:** Colégio da Companhia de Jesus situado na cidade de Faro. O deão da Sé de Faro, D. Diogo Lopes, deixou em seu testamento, redigido em 22 de janeiro de 1597, certos bens e um padrão de juros, para a fundação do edifício do colégio da Companhia de Jesus, em Faro, com a invocação de São Tiago Maior. Deve-se ao bispo do Algarve D. Fernando Martins Mascarenhas a sua fundação, no final do séc. XVI. Em 1615, já ali eram lecionadas aulas. D. Fernando Martins Mascarenhas deixou vasto património para o colégio, nomeadamente a quinta de São Cristóvão, a herdade de Bela Salema, terras de Almarge e Lagoa, casas na cidade de Faro, na rua do colégio, etc. Outras doações particulares foram também feitas ao colégio, enriquecendo o seu património, como a de Domingas Martins, em 1637, Maria Rodrigues Cordeiro, em 1712, o chantre Manuel Garcês, em 1648, etc.

Em outros casos, foram deixados bens para instituições pias, como a doação de Inácia Pais Medina, viúva do capitão Filipe Rodrigues Perestrelo. Com a extinção da Companhia de Jesus, em 1759, os bens do colégio de Faro reverteram para o Erário Régio. Por Carta Régia de 4 de julho de 1774 foram depois doados à Universidade de Coimbra, à semelhança do que se passou com os bens de outros colégios da Companhia de Jesus.

**Âmbito e conteúdo:** Inclui apenas documentação avulsa formada por certidões de missas de legados pios, celebradas na Capela de N.ª S.ª do Socorro, erigida na igreja do Colégio (1750-1758); escrituras de venda de bens, no sítio dos Carreiros, termo de Faro (1605-1606), e escritura de doação de um chão, junto à igreja do colégio, feita pela Câmara de Faro (1709).

**Sistema de organização:** Ordenação cronológica.

**Cota atual:** IV-2.ªE-1-1 e 2

**Instrumentos de pesquisa:** Inventário.

**Notas do arquivista:** Descrição arquivística por Ana Maria Leitão Bandeira, em 2014, com base na análise da própria documentação e na descrição de Colégio de Santiago Maior/Teatro Lethes do SIPA (Sistema de Informação para o Património Arquitectónico) acessível em http://www.monumentos.pt/Site/APP_PagesUser/SIPA.aspx?id=2854

## Colégio de São Tomás de Aquino de Coimbra

**Código de referência:** PT/AUC/MC/CSTOCBR

**Título:** Colégio de São Tomás de Aquino de Coimbra

**Datas de produção:** 1301 / 1834

**Dimensão e suporte:** 9 u. i. (cx.); pergaminho e papel.

**História administrativa, biográfica e familiar:** O Colégio de S. Tomás de Aquino, da Ordem de São Domingos, também conhecida por Ordem dos Pregadores (OP), foi estabelecido em Coimbra em 1539, após a mudança dos dominicanos da Batalha para a Lusa Atenas, no âmbito da ação reformadora da Universidade por D. João III. À semelhança dos seus congéneres europeus, era destinado a acolher alunos, clérigos ou leigos que prosseguissem estudos universitários. Instalado, de início, no mesmo edifício ocupado pelo convento dos monges de São Domingos, na zona da Figueira Velha, teve de se transferir mais tarde, devido ao assoreamento do rio e às constantes inundações causadas pelas cheias do rio Mondego. Em 1543, D. João III ordenou a aquisição de terrenos no Arnado para aí se erguerem as novas construções para o Mosteiro de São Domingos e para o Colégio de São Tomás, este para albergar lentes e estudantes da Ordem. Esta mudança, por dificuldades várias, levou à interrupção dos estudos no Colégio, os quais só foram retomados em 1566, já após a integração oficial do Colégio na Universidade, em 1557.

As instalações, hoje ocupadas pelo Palácio da Justiça, são do século XVI e demoraram cerca de 20 anos a concluir, dadas as dificuldades financeiras, como o revela Fr. Martinho de Ledesma, ao tempo reitor do

Colégio e lente de Escritura na Faculdade de Teologia. Os rendimentos principais da instituição provinham da concessão régia de uma tença anual de 20 moios de trigo e 20 pipas de vinho, a qual viria a perder por troca da anexação dos rendimentos da igreja de Sambade no concelho de Alfândega da Fé. Esta anexação, porém, foi desfavorável ao Colégio que ficou a perder com a troca, pelo facto de os rendimentos oriundos de Sambade serem inferiores aos usufruídos com a tença referida, a ponto de os colegiais ficarem sujeitos a alguma penúria económica.

No século XIX, pelo Decreto de 30 de maio de 1834, como sucedeu, aliás, com os demais, o Colégio foi extinto, ficando os seus bens incorporados nos próprios da Fazenda Nacional.

O Portal do Colégio encontra-se hoje no Museu Machado de Castro aplicado na fachada que dá para o largo de S. Salvador. No século XX, o edifício quinhentista foi adaptado a Palácio da Justiça pelo Arq.º Manuel de Abreu Castelo Branco. Conserva o claustro original que é atribuído a Diogo de Castilho, contemporâneo de João de Ruão.

**Âmbito e conteúdo:** Formado por múltiplos documentos de vária tipologia, tais como, entre outros: ações de alma, aforamentos e emprazamentos, arrematações, arrendamentos, autos cíveis, autos de partilha, autos de penhora, contratos, demandas, demarcações, dívidas, documentos pontifícios, documentos régios, empréstimos, escambos, execuções expropriações, fianças, quitações, recibos, receitas, relações de bens, rendas, sentenças, etc. Inclui ainda dois livros: um, com seis cadernos, de cobrança de foros relativos a casas e outros bens; outro, com o inventário da livraria do Colégio.

**Sistema de organização:** Documentação avulsa ordenada cronologicamente.

**Cota atual:** III-1ª D

**Instrumentos de pesquisa:** Inventário publicado em suporte papel: RAMOS, Júlio de Sousa; PEREIRA, Marcelino R. - *Inventário do Cartório do Colégio de São Tomás de Aquino de Coimbra*. Coimbra: AUC, 1986; "Inventário do Cartório do Colégio de São Tomás de Aquino de Coimbra. Caixa 9". *Boletim do Arquivo da Universidade de Coimbra*. Coimbra. XIX-XX (1999-2000), pp. 167-208.

**Notas do arquivista:** Fonte(s) utilizada(s) para a "História administrativa/ biográfica/familiar": Inventários acima referidos e análise da documentação. Descrição elaborada por Júlio Ramos e Elisabete Dias - 2012.


## Colégio da Sapiência de Coimbra

**Código de referência:** PT/AUC/MC/CSCBR
**Título:** Colégio da Sapiência de Coimbra
**Datas de produção:** 1331 / 1858
**Datas de acumulação:** 1552 - 1834
**Dimensão e suporte:** 50 u. i. (1 cx., 49 liv.); pergaminho e papel.
**História administrativa, biográfica e familiar:** O Colégio da Sapiência ou de Santo Agostinho, também conhecido por Colégio dos Crúzios, Colégio Novo e Colégio dos Órfãos, foi fundado no ano de 1552 pelos freires da Ordem de Santo Agostinho.

Os terrenos para a sua construção foram adquiridos à Câmara, à Sé e a particulares e ficavam situados entre a Porta Nova e a Sé de Coimbra.

Adquiridos os terrenos necessários e com o projeto assinado pelo arquiteto italiano Fillipo Terzi, iniciaram-se as obras da sua construção. A primeira pedra foi benzida e colocada pelo bispo-conde de Coimbra, D. Afonso de Castelo Branco, a 30 de março de 1593.

O edifício começou a ser ocupado em março de 1604 e foi seu primeiro reitor D. Acúrcio de Santo Agostinho.

Em consequência do Decreto de 30 de maio de 1834, que determinou a extinção das ordens religiosas e a desamortização dos bens, foi feito inventário a 6 de junho do mesmo ano e a documentação pertencente ao Colégio entregue à Repartição de Finanças do Distrito de Coimbra. O edifício foi abandonado ficando exposto ao vandalismo que proliferou na altura.

**Âmbito e conteúdo:** Os documentos são na sua maioria títulos de propriedades, privilégios, e outros relacionados com a administração de bens, a saber: alvarás, contratos, cobrança de impostos, escrituras de compra e venda, inventários, provisões, sentenças e tombos de prazos contendo a descrição dos bens nas localidades de Almalaguês, Alvares,

Arganil, Beringel, Cepos, Coimbra, Coja, Coselhas, Covilhã, Crasto (província do Minho), Fajão, Figueiró, Folques, Murta, Outeiros, Pampilhosa, Papízios, Pedrógão, Pinhanços, Poiares, Pombeiro, Rego da S. Simão da Junqueira, Silvares, Teixeira, Vale de Custas, Várzea dos Carregais, Verride, Vila Cova, Silvares e concelhos de Monte Alegre e de Ruivães e Vilar das Vacas da Ouvidoria de Bragança.

Também são dignos de nota os traslados do Foral de Alvares (1514) e do Foral da Amoreira, e de Felgares dado pelo prior do Mosteiro de Folques da ordem de Santo Agostinho, no ano de Cristo de 1331; traslado, em latim, do Foral de Folques, ano de 1432 e o traslado em latim do Foral da Vila de Fajão, do ano de 1434.

**Sistema de organização:** A documentação avulsa foi toda sumariada e está ordenada cronologicamente, os livros estão ordenados alfabeticamente pelos nomes das localidades que apresentam nos títulos e dentro destes cronologicamente.

**Cota atual:** V-2ª E-3-2

**Instrumentos de pesquisa:** Inventário, em linha, disponível em: http://www.uc.pt/auc/fundos/ficheiros/COL_SapienciaCoimbra.pdf

**Notas do arquivista:** Descrição feita com base em estudo arquivístico elaborado por Ludovina Cartaxo Capelo em 2010. Registo feito por Adriana Antunes revisto e aditado por Gracinda Guedes em 2013.

Nota ao campo Datas de produção: A documentação de data posterior à da extinção referente à gestão do património do extinto Colégio que, regra geral, sucedia à extinção das Instituições desta natureza, pertence ao fundo da Direção de Finanças de Coimbra, em respeito pelo princípio da proveniência.


## Colégio de Tomar, de Coimbra

**Código de referência:** PT/AUC/MC/CTCBR
**Título:** Colégio de Tomar, de Coimbra
**Datas de produção:** 1319 / 1882
**Datas de acumulação:** 1556 - 1834
**Dimensão e suporte:** 22 u. i. (14 cx., 8 liv.); papel.

**História administrativa, biográfica e familiar:** Com a anuência Real os frades da Ordem Militar de Nosso Senhor Jesus Cristo decidiram criar um colégio universitário em Coimbra para os freires que quisessem seguir estudos superiores.

Em 1556 determina o monarca que se enviasse para Coimbra 20 freires, para darem início ao colégio, indicando para reitor frei Inácio.

Em agosto desse ano instaram-se nas casas onde tinha estado o Colégio dos padres de S. Jerónimo.

O novo colégio tomou a denominação de Colégio de Nossa Senhora da Conceição ou Colégio de Tomar, como ficou consagrado pelo uso.

Após a morte de D. João III (11 junho 1557) viram-se os freires ameaçados de terem de sair das casas que habitavam, sem terem outras para onde ir. Desejando ter um edifício próprio iniciam negociações dos terrenos que possuíam na Eira das Patas e de uns pés de oliveira, situados no caminho para Celas, para aí fazerem o seu próprio edifício, e nomearam provedor da obra do Colégio a António Alpoim, fidalgo cavaleiro da Casa Real.

Iniciaram então em 1566 a construção do seu Colégio, no local onde hoje é a penitenciária de Coimbra, e a 9 de maio desse ano foi benzida a primeira pedra do seu edifício. Embora os freires tenham ido habitar umas casas que lá estavam, somente passados 147 anos é que o edifício foi inaugurado, a 17 de março de 1713, estando presente o prior geral da Ordem de Cristo Dr. Urbano Mesquita, o prior deste colégio Dr. António Chichorro e o bispo conde D. António de Vasconcelos e Sousa.

Diz-nos António de Vasconcelos nos seus Escritos Vários que: "O templo colegial era duma única nave, e visto do exterior impunha-se desde logo pela nobreza da sua fachada, ladeada por duas torres."

Extinto em 1834, ficou abandonado e exposto a roubos e vandalismo, até que em 1841 foi cedido à Câmara, parte da sua cerca, para a construção do cemitério municipal e, em 1848, o resto do prédio.

**Âmbito e conteúdo:** A documentação deste fundo é relativa à administração académica, financeira e patrimonial do Colégio.

Os documentos são, na sua maioria, títulos de propriedades, privilégios (entre a documentação existe um traslado de privilégio concedido à Ordem de Cristo), doações, alvarás, e outros relacionados com a administração de bens e em especial as linhas de água situadas em Santa Clara, Soure e na Redinha.

**Sistema de organização:** O fundo foi classificado em séries documentais correspondendo à tipologia formal dos atos, ordenadas alfabeticamente e, por sua vez, os documentos foram ordenados cronologicamente dentro de cada série.

**Cota atual:** V-2ª E-3-3

**Instrumentos de pesquisa:** Recenseamento e inventário: CAPELO, Ludovina Cartaxo (2010) - *Colégio de Tomar ou de Nª Sª da Conceição de Coimbra*. Em linha, disponível em: http://www.uc.pt/auc/fundos/ficheiros/COL_TomarCoimbra.pdf

**Notas do arquivista:** Descrição feita com base em estudo arquivístico elaborado por Ludovina Cartaxo Capelo, em 2010. Registo feito por Adriana Antunes revisto e aditado por Gracinda Guedes em 2013.

Ao campo data de produção: A documentação de data posterior à da extinção referente à gestão do património do extinto Colégio que, regra geral, sucedia à extinção das Instituições desta natureza, pertence ao fundo da Direção de Finanças de Coimbra, em respeito pelo princípio da proveniência.

Pergaminho: No AUC existe uma carta de tença anual de dois moios, datada de 1543, em pergaminho, dada a António Manuel, físico do Convento de Tomar. Perante a inexistência de outra documentação do referido Convento, desconhecemos se este documento terá sido trazido para o Colégio de Tomar estando, de algum modo, relacionado com este fundo. Só estudos mais aprofundados poderão comprovar/refutar a existência de possíveis relações.

[Pereira, G. (1881). Catalogo dos pergaminhos do cartório da Universidade de Coimbra, p. 77].


## Comenda de Cacia

**Código de referência:** PT/AUC/MC/CC
**Título:** Comenda de Cacia
**Datas de produção:** 1725 / 1818

**Dimensão e suporte:** 2 u. i. (liv.); papel.

**História administrativa, biográfica e familiar:** A comenda de Cacia foi instituída no século XVI e pertencia à Ordem de Cristo, Ordem que o Papa João XXII havia criado, por Bula datada de 14 de março de 1319, em resposta a um pedido do Rei D. Dinis.

Foi comendador António de Melo da Silva.

A comenda era um benefício régio provisório (que em alguns casos passou a definitivo) concedido a eclesiásticos, regulares ou seculares, e a cavaleiros de ordens militares, regra geral em agradecimento por serviços prestados ou a quem o Rei pretendia conceder favores. Frequentemente correspondia à doação do padroado de uma igreja ou de uma porção de terra, ficando o agraciado com o domínio de todos os benefícios e bens aí existentes e a obrigação de defendê-la de malfeitores e inimigos e/ou de a povoar.

Com os sucessivos diplomas que determinaram a extinção das ordens religiosas e dos dízimos, o título de comendador passou a ser puramente honorífico, sendo os bens da comenda incorporados na Fazenda Nacional.

**Âmbito e conteúdo:** Documentos de gestão financeira e patrimonial da Comenda, nomeadamente: um tombo e um livro de registo de frutos.

**Sistema de organização:** Documentação não tratada arquivisticamente.

**Cota atual:** III-1ª-D-11-1-43 e III-1ª-D-16-1-44

**Instrumentos de pesquisa:** Recenseamento.

**Notas do arquivista:** Fonte de informação ao campo História administrativa: SERRÃO, Joel (Dir.) – *Dicionário da História de Portugal*. Lisboa: Iniciativas editoriais, 1971. GASPAR, Padre João Gonçalves – "Uma presença constante em Cacia", in *"Celulose Cacia": Publicação Comemorativa dos 25 Anos Celulose Cacia*, Portucel: Cacia, 1978, pp. 19 a 20.

http://www.cacia.pt/?CA=Historia&H=Cacia

Recenseamento e descrição elaborados por Adriana Antunes e Gracinda Guedes em 2012.


## Comenda do Conde de Cantanhede

**Código de referência:** PT/AUC/MC/CCCNT

**Título:** Comenda do Conde de Cantanhede

**Datas de produção:** 1648 / 1789

**Dimensão e suporte:** 5 u. i. (liv.); papel.

**História administrativa, biográfica e familiar:** Dom António Luís de Meneses, senhor da vila de Cantanhede, foi o 3º conde de Cantanhede. Nasceu c. 1603, filho do 2º conde de Cantanhede D. Pedro de Menezes e de D. Constança de Gusmão. Casou com D. Catarina Coutinho e deste casamento nasceram 9 filhos. O conde de Cantanhede, D. António Luís de Meneses, foi general do exército português durante a guerra dos 27 anos e pelas glórias alcançadas foi feito Marquês de Marialva, pelo rei D. Afonso VI, em junho de 1661. A Comenda era um benefício régio provisório (que em alguns casos passou a definitivo) concedido a eclesiásticos, regulares ou seculares, e a cavaleiros de ordens militares, regra geral em agradecimento por serviços prestados ou a quem o rei pretendia conceder favores. Frequentemente correspondia à doação do padroado de uma igreja ou de uma porção de terra, ficando o agraciado com o domínio de todos os benefícios e bens aí existentes e a obrigação de defendê-la de malfeitores e inimigos e/ou de a povoar.

Com os sucessivos diplomas que determinaram a extinção das ordens religiosas e dos dízimos, o título de comendador passou a ser puramente honorífico, sendo os bens da comenda incorporados na Fazenda Nacional.

**Âmbito e conteúdo:** Documentos de gestão financeira e patrimonial da comenda, nomeadamente: Tombos de propriedades em Arrancada, Balsas, Cantarinha, Chipar de Cima e Chipar de Baixo, Chorosa, Coladas, Corticeiro, Fontaínha, Forno Branco e Labrengos, Malhadas de Baixo e Malhadas de Cima, Mamarrosa, Montouro, Medas, Outeiro, Perboi, Póvoa de Bustos, Quinta do Espinheiro, Quinta da Ferreira, Troviscais da Azenha, Quinta dos Troviscais, Sanguinheira, Serradade, Varziela, Vilarinho do Bairro, etc.

**Sistema de organização:** Classificação funcional e ordenação cronológica.

**Cota atual:** III-1ª D-11-5-1 a 5

**Instrumentos de pesquisa:** Inventário - Em linha, disponível em: http://www.uc.pt/auc/fundos/ficheiros/COM_CondeCantanhede

**Notas do arquivista:** Fonte de informação ao campo História administrativa: SERRÃO, Joel (Dir.) – *Dicionário da História de Portugal*.

Lisboa: Iniciativas editoriais, 1971. http://www.uc.pt/auc/fundos/ficheiros/
COM_CondeCantanhede

Descrição feita com base em estudo arquivístico elaborado por Ludovina
Cartaxo Capelo em 2006. Registo feito por Adriana Antunes, revisto por
Gracinda Guedes em 2014.


## Comenda de Ega

**Código de referência:** PT/AUC/MC/CE

**Título:** Comenda de Ega

**Datas de produção:** 1659 / 1836

**Dimensão e suporte:** 6 u. i. (5 liv., 1 mç.); papel.

**História administrativa, biográfica e familiar:** De acordo com as
fontes documentais consultadas, a Comenda da Ega teria pertencido à Ordem
dos Templários, ainda antes da fundação da Nacionalidade. Após várias
vicissitudes, entre elas a extinção da Ordem determinada pelo Papa
Clemente V, em 1312, o rei D. Dinis, no início do séc. XIV, terá entregado
a Comenda Velha da Ega à Ordem dos Cavaleiros de Nosso Senhor Jesus
Cristo – Ordem de Cristo – que o Papa João XXII havia criado, por Bula
datada de 14 de março de 1319, a pedido do monarca Português.

A Comenda da Ega foi uma das mais importantes da Ordem, tendo
custeado grande parte da despesa da armada de Vasco da Gama, na descoberta do caminho marítimo para a Índia.

Por morte do infante D. Francisco, em 1750, a Comenda da Ega foi
concedida pelo rei D. José I a seu irmão D. Pedro. Por morte de D. Pedro,
os bens desta comenda foram incorporados na Casa do Infantado.

A Comenda era um benefício régio provisório (que em alguns casos passou
a definitivo) concedido a eclesiásticos, regulares ou seculares, e a cavaleiros
de ordens militares, regra geral em agradecimento por serviços prestados
ou a quem o rei pretendia conceder favores. Frequentemente correspondia
à doação do padroado de uma igreja ou de uma porção de terra, ficando
o agraciado com o domínio de todos os benefícios e bens aí existentes e a
obrigação de defendê-la de malfeitores e inimigos e/ou de a povoar.

Com os sucessivos diplomas que determinaram a extinção das ordens religiosas e dos dízimos, o título de comendador passou a ser puramente honorífico, sendo os bens da comenda incorporados na Fazenda Nacional.

**Âmbito e conteúdo:** Documento de gestão patrimonial e financeira da Comenda da Ega, nomeadamente: autos, partilhas, provisões e tombos.

**Sistema de organização:** Documentação não tratada arquivisticamente.

**Cota atual:** III-1ª-D-11-5-33 a 38

**Instrumentos de pesquisa:** Recenseamento.

**Notas do arquivista:** Fonte de informação ao campo História administrativa: SERRÃO, Joel (Dir.) – *Dicionário da História de Portugal*. Lisboa: Iniciativas editoriais, 1971.

http://www.cm-condeixa.pt/menu/concelho/freguesias/ega.html

http://www.jf-ega.pt/

http://ecultura.sapo.pt/WebPatriPatrimonio.aspx?IDPatrimonio=13802&print=Grande Enciclopédia Portuguesa e Brasileira - Editorial Enciclopédia, Lda. Lisboa e Rio de Janeiro, 1944.

Recenseamento e descrição elaborados por Adriana Antunes e Gracinda Guedes em 2012.

Ao campo Datas de produção: Dado o fundo ainda não ter sido estudado, presumimos que a documentação de data posterior à da extinção possa ser referente à gestão do respetivo património que, regra geral, sucedia à extinção das Instituições desta natureza devendo, a confirmar-se esta hipótese, transitar para o fundo da Direção de Finanças de Coimbra em respeito pelo princípio da proveniência.

## Comenda de Frossos

**Código de referência:** PT/AUC/MC/CF

**Título:** Comenda de Frossos

**Datas de produção:** 1698 / 1776

**Dimensão e suporte:** 5 u. i. (liv.); papel.

**História administrativa, biográfica e familiar:** A Comenda de Frossos pertencia à Ordem de Malta. A sua fundação remonta aos primórdios da nação e da primeira sede desta Ordem Militar e Religiosa em Portugal.

A Comenda era um benefício régio provisório (que em alguns casos passou a definitivo) concedido a eclesiásticos, regulares ou seculares, e a cavaleiros de ordens militares, regra geral em agradecimento por serviços prestados ou a quem o Rei pretendia conceder favores. Frequentemente correspondia à doação do padroado de uma igreja ou de uma porção de terra, ficando o agraciado com o domínio de todos os benefícios e bens aí existentes e a obrigação de defendê-la de malfeitores e inimigos e/ou de a povoar.

A sua função primordial, pela sua localização geográfica e estratégica, estava particularmente associada à defesa do território português ao longo das margens do Rio Vouga.

Com os sucessivos diplomas que determinaram a extinção das ordens religiosas e dos dízimos, o título de comendador passou a ser puramente honorífico, sendo os bens da comenda incorporados na Fazenda Nacional.

**Âmbito e conteúdo:** Documento de gestão patrimonial e financeira da Comenda de Frossos, nomeadamente: prazos, reconhecimentos e tombos.

**Sistema de organização:** Documentação não tratada arquivisticamente.

**Cota atual:** III-2ª-D-15-2-43 a 48 (falta a cota: III-2ª-D-15-2-45)

**Instrumentos de pesquisa:** Recenseamento.

**Notas do arquivista:** Fonte ao campo História administrativa: SERRÃO, Joel (Dir.) – *Dicionário da História de Portugal*. Lisboa: Iniciativas editoriais, 1971. http://ordemdemalta.blogspot.pt/2007/09/frossos-antiga-comenda-da-ordem-de.html.

*Grande Enciclopédia Portuguesa e Brasileira* - Editorial Enciclopédia, Lda. Lisboa e Rio de Janeiro, 1944.

Recenseamento e descrição elaborados por Adriana Antunes e Gracinda Guedes em 2012.

## Comenda de Nossa Senhora da Conceição de Rossas

**Código de referência:** PT/AUC/MC/CNSCR

**Título:** Comenda de Nossa Senhora da Conceição de Rossas

**Datas de produção:** 1620 / 1860

**Dimensão e suporte:** 8 u. i. (7 liv., 1 pt.); papel.

**História administrativa, biográfica e familiar:** A Comenda de Rossas pertencia à Ordem de Malta e terá sido instituída por volta dos séculos XII e XIII com a designação de Santa Maria de Rossas e, mais tarde, Nossa Senhora da Conceição de Rossas. Em 1629 terá havido uma demarcação do território como parecem evidenciar os marcos de granito com a Cruz de Malta, ainda existentes naquelas terras. Rossas foi sede e cabeça de comenda, no entanto andava ligada às Comendas de Frossos e Riomeão.

Os últimos comendadores de Rossas pertenciam à família dos Vilhenas. A Comenda era um benefício régio provisório (que em alguns casos passou a definitivo) concedido a eclesiásticos, regulares ou seculares, e a cavaleiros de ordens militares, regra geral em agradecimento por serviços prestados ou a quem o rei pretendia conceder favores. Frequentemente correspondia à doação do padroado de uma igreja ou de uma porção de terra, ficando o agraciado com o domínio de todos os benefícios e bens aí existentes e a obrigação de defendê-la de malfeitores e inimigos e/ ou de a povoar.

A comenda de Rossas estaria mais vocacionada para o povoamento do território que ia sendo conquistado aos Mouros.

Com os sucessivos diplomas que determinaram a extinção das ordens religiosas e dos dízimos, o título de comendador passou a ser puramente honorífico, sendo os bens da comenda incorporados na Fazenda Nacional.

**Âmbito e conteúdo:** Documento de gestão financeira e patrimonial da Comenda de Rossas, nomeadamente: aforamentos, emprazamentos, arrendamentos, correspondência e tombos.

**Sistema de organização:** Documentação não tratada arquivisticamente.

**Cota atual:** III-2ª-D-15-2-35 a 42

**Instrumentos de pesquisa:** Recenseamento.

**Notas do arquivista:** Fonte de informação ao campo História administrativa: SERRÃO, Joel (Dir.) – *Dicionário da História de Portugal*. Lisboa: Iniciativas editoriais, 1971.

http://rossas.aroucanet.com/v2/historia.php

http://ordemdemalta.blogspot.pt/2013/03/marcos-da-comenda-de-
-rossas-arouca.html

*Grande Enciclopédia Portuguesa e Brasileira* - Editorial Enciclopédia,
Lda. Lisboa e Rio de Janeiro, 1944.

Recenseamento e descrição elaborados por Adriana Antunes e Gracinda
Guedes em 2012.

Ao campo Datas de produção: A documentação de data posterior à da
extinção presumimos que possa ser referente à gestão do respetivo património que, regra geral, sucedia à extinção das Instituições desta natureza
devendo, a confirmar-se esta hipótese, transitar para o fundo da Direção
de Finanças de Aveiro em respeitar pelo princípio da proveniência.


## Comenda do Palião e Casa Velha

**Código de referência:** PT/AUC/MC/CPCV
**Título:** Comenda do Palião e Casa Velha
**Datas de produção:** 1829 / 1879
**Dimensão e suporte:** 2 u. i. (liv.); papel.
**História administrativa, biográfica e familiar:** A Comenda foi fun-
dada em 1516, pertencia à Ordem de Cristo, e abrangia duas localidades:
o lugar do Palião e da Casa Velha, ambas no concelho de Soure.

A Ordem de Cristo foi criada pelo Papa João XXII, por Bula datada de
14 de março de 1319, em resposta a um pedido do rei D. Dinis.

Um dos seus comendadores foi o Senhor Luís Inácio Xavier e Palmeirim.
A Comenda era um benefício régio provisório (que em alguns casos passou
a definitivo) concedido a eclesiásticos, regulares ou seculares, e a cavaleiros
de ordens militares, regra geral em agradecimento por serviços prestados
ou a quem o rei pretendia conceder favores. Frequentemente correspondia
à doação do padroado de uma igreja ou de uma porção de terra, ficando
o agraciado com o domínio de todos os benefícios e bens aí existentes
e a obrigação de defendê-la de malfeitores e inimigos e/ou de a povoar.

Com os sucessivos diplomas que determinaram a extinção das ordens religiosas e dos dízimos, o título de comendador passou a ser

puramente honorífico, sendo os bens da comenda incorporados na Fazenda Nacional.

**Âmbito e conteúdo:** Documento de gestão patrimonial e financeira da Comenda, nomeadamente: processos e tombos.

**Sistema de organização:** Documentação não tratada arquivisticamente.

**Cota atual:** III-1ª-D-11-5-40 e 41

**Instrumentos de pesquisa:** Recenseamento.

**Notas do arquivista:** Fontes ao campo História administrativa: SERRÃO, Joel (Dir.) – *Dicionário da História de Portugal*. Lisboa: Iniciativas editoriais, 1971. *Grande Enciclopédia Portuguesa e Brasileira* - Editorial Enciclopédia, Lda. Lisboa e Rio de Janeiro, 1944.

Recenseamento e descrição elaborados por Adriana Antunes e Gracinda Guedes em 2012.


## Comenda de Santa Marinha de Avanca

**Código de referência:** PT/AUC/MC/CSMA

**Título:** Comenda de Santa Marinha de Avanca

**Datas de produção:** 1810 / 1823

**Dimensão e suporte:** 1 u. i. (cx. com 11 liv.); papel.

**História administrativa, biográfica e familiar:** Comenda de Santa Marinha de Avanca pertenceu à Ordem de Cristo (Ordem que o Papa João XXII havia criado, por Bula datada de 14 de março de 1319, em resposta a um pedido do Rei de D. Dinis), tendo na sua dependência os curatos de Pardilhó, Bunheiro, Loureiro e Madail.

A Comenda era um benefício régio provisório (que em alguns casos passou a definitivo) concedido a eclesiásticos, regulares ou seculares, e a cavaleiros de ordens militares, regra geral em agradecimento por serviços prestados ou a quem o rei pretendia conceder favores. Frequentemente correspondia à doação do padroado de uma igreja ou de uma porção de terra, ficando o agraciado com o domínio de todos os benefícios e bens aí existentes e a obrigação de defendê-la de malfeitores e inimigos e/ou de a povoar.

Com os sucessivos diplomas que determinaram a extinção das ordens religiosas e dos dízimos, o título de comendador passou a ser puramente honorífico, sendo os bens da comenda incorporados na Fazenda Nacional.

**Âmbito e conteúdo:** Documentos de gestão patrimonial e financeira da Comenda, nomeadamente: registo de propriedades e frutos e livros de receita e despesa.

**Sistema de organização:** Documentação não tratada arquivisticamente.

**Cota atual:** III-1ª-D-15-3-21 (A-K)

**Instrumentos de pesquisa:** Recenseamento.

**Notas do arquivista:** Fontes ao campo História administrativa: SERRÃO, Joel (Dir.) – *Dicionário da História de Portugal*. Lisboa: Iniciativas editoriais, 1971.

http://oegas.wikijornal.com/Artigo.asp?id=212&d=historia_da_fregue-sia_de_avanca_-_parte_i

*Grande Enciclopédia Portuguesa e Brasileira* - Editorial Enciclopédia, Lda. Lisboa e Rio de Janeiro, 1944.

Recenseamento e descrição elaborados por Adriana Antunes e Gracinda Guedes em 2012.


## Comenda de São Martinho do Bispo de Coimbra

**Código de referência:** PT/AUC/MC/CSMBC

**Título:** Comenda de São Martinho do Bispo de Coimbra

**Datas de produção:** 1717 / 1795

**Dimensão e suporte:** 1 u. i. (liv.); papel.

**História administrativa, biográfica e familiar:** Esta comenda pertenceu à Ordem de Cristo.

A Ordem de Cristo foi criada pelo Papa João XXII, por Bula datada de 14 de março de 1319, em resposta a um pedido do Rei D. Dinis.

A Comenda era um benefício régio provisório (que em alguns casos passou a definitivo) concedido a eclesiásticos, regulares ou secula-res, e a cavaleiros de ordens militares, regra geral em agradecimento por serviços prestados ou a quem o rei pretendia conceder favores.

Frequentemente correspondia à doação do padroado de uma igreja ou de uma porção de terra, ficando o agraciado com o domínio de todos os benefícios e bens aí existentes e a obrigação de defendê-la de malfeitores e inimigos e/ou de a povoar.

Com os sucessivos diplomas que determinaram a extinção das ordens religiosas e dos dízimos, o título de comendador passou a ser puramente honorífico, sendo os bens da comenda incorporados na Fazenda Nacional.

**Âmbito e conteúdo:** Tombo da Sentença com medição e demarcação de todas as terras pertencentes à Comenda de S. Martinho do Bispo de Coimbra, sendo comendador dom Diogo Lopes Gualhardo, da ordem de Cristo, morador na Vila de Serpa na Província do Alentejo. Apresenta como seu procurador o capitão António Martins Monteiro, morador em Fala, Coimbra.

Do cartório do Convento de Tomar, foi trasladado uma inquirição relativa às propriedades da Comenda da Igreja de S. Martinho do Bispo de Coimbra, datada de 1586, era então comendador Luís de Mesquita Pimentel.

Também foram tiradas informações do tombo que estava na Igreja de S. Martinho do Bispo e que entregou o reverendo vigário dela dom João Castelo Branco, cujo tombo se fez em 1609.

Foram citados, entre outros, o administrador da casa de Aveiro, o Real Mosteiro de Santa Cruz, o Mosteiro de Arouca e as religiosas de Semide.

**Sistema de organização:** Contém apenas um livro.

**Cota atual:** III-1ª D-11–5-1

**Instrumentos de pesquisa:** Inventário e catálogo - Em linha, disponível em: http://www.uc.pt/auc/fundos/ficheiros/COM_SaoMartinho

**Notas do arquivista:** Fonte de informação ao campo História administrativa: http://www.uc.pt/auc/fundos/ficheiros/COM_SaoMartinho

SERRÃO, Joel (Dir.) – *Dicionário da História de Portugal*. Lisboa: Iniciativas editoriais, 1971.

Descrição feita com base em estudo arquivístico elaborado por Ludovina Cartaxo Capelo em 2007. Registo feito por Adriana Antunes revisto e aditado por Gracinda Guedes em 2013.

## Comenda de São Tiago de Beduído

**Código de referência:** PT/AUC/MC/CSTB

**Título:** Comenda de São Tiago de Beduído

**Datas de produção:** 1821 / 1822

**Dimensão e suporte:** 1 u. i. (liv.); papel.

**História administrativa, biográfica e familiar:** A Comenda de São Tiago de Beduído pertencia à Ordem de Cristo e já existia no início do séc. XVII (1605), sendo reitoria da freguesia com o mesmo nome.

A Ordem de Cristo foi criada pelo Papa João XXII, por Bula datada de 14 de março de 1319, em resposta a um pedido do rei D. Dinis.

A Comenda era um benefício régio provisório (que em alguns casos passou a definitivo) concedido a eclesiásticos, regulares ou seculares, e a cavaleiros de ordens militares, regra geral em agradecimento por serviços prestados ou a quem o rei pretendia conceder favores. Frequentemente correspondia à doação do padroado de uma igreja ou de uma porção de terra, ficando o agraciado com o domínio de todos os benefícios e bens aí existentes e a obrigação de defendê-la de malfeitores e inimigos e/ ou de a povoar.

Com os sucessivos diplomas que determinaram a extinção das ordens religiosas e dos dízimos, o título de comendador passou a ser puramente honorífico, sendo os bens da comenda incorporados na Fazenda Nacional.

**Âmbito e conteúdo:** Registo dos "frutos do celeiro" da Comenda e "Conta geral do rendimento e despesa".

**Sistema de organização:** Contém apenas um livro.

**Cota atual:** III-1ª D-11-5-1

**Instrumentos de pesquisa:** Recenseamento.

**Notas do arquivista:** Fontes de informação ao campo história administrativa: SERRÃO, Joel (Dir.) – *Dicionário da História de Portugal*. Lisboa: Iniciativas editoriais, 1971. *Grande Enciclopédia Portuguesa e Brasileira* - Editorial Enciclopédia, Lda. Lisboa e Rio de Janeiro, 1944.

Recenseamento e descrição elaborados por Gracinda Guedes em 2014.

# Comenda de São Tiago de Rio Meão

**Código de referência:** PT/AUC/MC/CSTRM

**Título:** Comenda de São Tiago de Rio Meão

**Datas de produção:** 1769 / 1777-05-06

**Dimensão e suporte:** 3 u. i. (liv.); papel.

**História administrativa, biográfica e familiar:** Rio Meão foi uma das primeiras Comendas da Ordem de Malta em Portugal. Inicialmente unida à Comenda de Frossos (Albergaria-a-Velha) e Rossas (Arouca). Foi instituída comenda após uma doação de 1218, em que Fernão Vasques doou à Ordem do Hospital os bens que aí possuía. Subsistem ainda muitos marcos com a data de 1629, com a cruz oitavada da Ordem, colocadas por altura de uma demarcação.

A Comenda era um benefício régio provisório (que em alguns casos passou a definitivo) concedido a eclesiásticos, regulares ou seculares, e a cavaleiros de ordens militares, regra geral em agradecimento por serviços prestados ou a quem o rei pretendia conceder favores. Frequentemente correspondia à doação do padroado de uma igreja ou de uma porção de terra, ficando o agraciado com o domínio de todos os benefícios e bens aí existentes e a obrigação de defendê-la de malfeitores e inimigos e/ ou de a povoar.

Com os sucessivos diplomas que determinaram a extinção das ordens religiosas e dos dízimos, o título de comendador passou a ser puramente honorífico, sendo os bens da comenda incorporados na Fazenda Nacional.

**Âmbito e conteúdo:** Documentos de gestão patrimonial e financeira da Comenda, nomeadamente: tombos, foros e escrituras.

**Sistema de organização:** Documentação não tratada arquivisticamente.

**Cota atual:** III-1ª-D-15-3-30 a 32

**Instrumentos de pesquisa:** Recenseamento.

**Notas do arquivista:** Fontes de informação ao campo História administrativa: SERRÃO, Joel (Dir.) – *Dicionário da História de Portugal*. Lisboa: Iniciativas editoriais, 1971.

http://ordemdemalta.blogspot.pt/2013/04/visita-antiga-comenda-de-rio-meao.html

http://ordemdemalta.blogspot.pt/2006/07/marcos-da-antiga-comenda-
-de-rio-meo.html

*Grande Enciclopédia Portuguesa e Brasileira* - Editorial Enciclopédia,
Lda. Lisboa e Rio de Janeiro, 1944.

Recenseamento e descrição elaborados por Adriana Antunes e Gracinda
Guedes em 2012.


## Comenda de Trofa

**Código de referência:** PT/AUC/MC/CT

**Título:** Comenda de Trofa

**Datas de produção:** 1738 / 1774

**Dimensão e suporte:** 1 u. i. (liv.); papel.

**História administrativa, biográfica e familiar:** A Comenda de Trofa
terá sido instituída por D. João IV em 1625 e pertencia à Ordem de Cristo.
Esta Ordem foi criada pelo Papa João XXII, por Bula datada de 14 de
março de 1319, a pedido do rei D. Dinis.

Do seu património, além do valor atribuído pelo rei, faziam ainda
parte as Comendas hereditárias do Castelanejo (mais antiga), de Cambra
e de Ventosa e alguns padroados.

A Comenda era um benefício régio provisório (que em alguns casos
passou a definitivo) concedido a eclesiásticos, regulares ou seculares, e a
cavaleiros de ordens militares, regra geral em agradecimento por serviços
prestados ou a quem o rei pretendia conceder favores. Frequentemente
correspondia à doação do padroado de uma igreja ou de uma porção
de terra, ficando o agraciado com o domínio de todos os benefícios e
bens aí existentes e a obrigação de defendê-la de malfeitores e inimigos
e/ou de a povoar.

Com os sucessivos diplomas que determinaram a extinção das ordens
religiosas e dos dízimos, o título de comendador passou a ser puramente honorífico, sendo os bens da comenda incorporados na Fazenda Nacional.

**Âmbito e conteúdo:** Autos.

**Sistema de organização:** Contém apenas um livro.

Cota atual: III-1ª-D-15-3-26

Instrumentos de pesquisa: Recenseamento.

Notas do arquivista: Fonte de informação ao campo História administrativa: SERRÃO, Joel (Dir.) – *Dicionário da História de Portugal*. Lisboa: Iniciativas editoriais, 1971. *Grande Enciclopédia Portuguesa e Brasileira* - Editorial Enciclopédia, Lda. Lisboa e Rio de Janeiro, 1944.

http://www.soveral.info/casadatrofa/trofa19.htm

Recenseamento e descrição elaborados por Adriana Antunes e Gracinda Guedes em 2012.

## Convento do Desagravo do Santíssimo Sacramento de Vila Pouca da Beira

Código de referência: PT/AUC/MC/CVDSSVPB

Título: Convento do Desagravo do Santíssimo Sacramento de Vila Pouca da Beira

Datas de produção: 1780-05-06 / 1889-07-01

Dimensão e suporte: 8 u. i. (6 liv.; 2 mç.): pergaminho e papel.

História administrativa, biográfica e familiar: O Convento do Desagravo do Santíssimo Sacramento de Vila Pouca da Beira é um edifício com características básicas arquitetónicas do séc. XVIII, possuindo um claustro de quatro arcos simples, com pilares de faixas lisas. É do bispo de Coimbra, D. Francisco de Lemos de Faria Pereira Coutinho, a licença para a fundação do Convento do Desagravo concedida a 19 de agosto de 1780. Para a sua edificação foi escolhido o sítio chamado de S. José, onde existia uma capela que foi substituída pelas novas construções e respetiva cerca. A obra terá sido concluída cerca de 1800. Os fundadores, segundo a provisão régia e episcopal, foram "a Câmara, a Nobreza e o povo de Villa Pouca da Beyra", que deram os terrenos e certas dotações. Canonicamente foram fundadores soror Maria Bárbara, que foi abadessa, e soror Maria do Sado. Porém, a verdadeira fundadora e dinamizadora foi uma mulher do povo, Genoveva Maria do Espírito Santo, que faleceu a 31 de dezembro de 1821. Para fundar o Convento mencionado, recolheu esmolas, não só no país como na corte refugiada no Brasil, tendo recebido, ao que parece, joias das mãos da rainha D. Carlota Joaquina, que foram aplicadas na custódia. Em 1942, tomaram conta do Convento do Desagravo as religiosas Dominicanas Contemplativas, que desistiram do edifício em 1952, a favor da Junta Geral de Província. Transitou depois a sua posse para a Fundação Bissaya Barreto, que em julho de 2000 iniciou as obras de recuperação e adaptação do convento a unidade hoteleira.

**Âmbito e conteúdo:** Constituída, entre outros, por alvarás, autos, contratos, correspondência, cartas, demandas, emprazamentos, aforamentos, encomendas, petições, foros, inquirições, inventários, letras pontifícias, libelos, licenças, medições de prazos, memórias, privilégios, processos cíveis, procurações, provisões, quitações, recibos, requerimentos, sentenças, termos de fiança, inventário de bens imóveis, rendas, escrituras de capitais mutuados, livro de visitações entre outros.

**Sistema de organização:** Documentação não tratada arquivisticamente.

**Cota atual:** III-1ªD

**Instrumentos de pesquisa:** Recenseamento.

**Notas do arquivista:** Fonte de informação para a História administrativa: GÓIS, António Correia - *O Convento do Desagravo do Santíssimo Sacramento (1780 - 1889)*. Vila Pouca da Beira: Junta de Freguesia de Vila Pouca da Beira, 2012.

Descrição elaborada por Júlio Ramos e Elisabete Dias, em 2012.


## Convento da Madre de Deus de Sá de Aveiro

**Código de referência:** PT/AUC/MC/CMDEUSAVR

**Título:** Convento da Madre de Deus de Sá de Aveiro

**Datas de produção:** 1506 / 1889

**Datas de acumulação:** 1644-1885

**Dimensão e suporte:** 38 u. i. (24 cx., 14 liv.); papel.

**História administrativa, biográfica e familiar:** O Convento da Madre de Deus de Sá de Aveiro era feminino e pertencia à ordem de S. Francisco. Fundado em 1644, pelas religiosas que vieram do Mosteiro de Nossa

Senhora do Loreto, situado na vila de Almeida, pois que a guerra que então havia entre o Reino de Portugal e o de Castela ameaçava-lhes a vida monástica. Motivo que levou grande parte das religiosas a saírem do mesmo e refugiarem-se em Aveiro, após terem obtido o beneplácito de D. João IV (1640-1656) e as mais licenças necessárias.

Fizeram-se as freiras acompanhar de uma imagem de Nossa Senhora, com cinco palmos de altura, pelo padre provincial e por outras pessoas ilustres, tendo sido recebidas com grandes honras, pelos locais por onde passaram. Chegadas a Aveiro no dia 22 de julho do ano de 1644, hospedaram-se no palácio de dona Brites de Lara e Meneses a qual lhes ofereceu uma habitação no sítio dos Ferreiros, para aí fundarem um Convento.

As freiras renunciaram esta oferta, porque já tinham recebido por doação de umas casas com seu pomar, no lugar de Sá, extra muros de Aveiro, que lhes fizera dona Maria Ferreira, viúva de Manuel Barreto Sernige, fidalgo da Casa Real de Sua Majestade.

No dia 2 de agosto desse mesmo ano, acompanhadas pelos religiosos de S. Domingos e de toda a nobreza aveirense, tomaram então posse do dito lugar e aí começaram a viver. Dona Maria Ferreira como fundadora deste Convento da Madre de Deus, nele viveu até morrer, deixando o Convento como herdeiro de todos os seus bens, conforme consta no seu testamento datado de 25 de agosto de 1646.

Podemos afirmar que mal foi fundado o Convento começou logo com problemas judiciais com Filipe Barreto Sernige, descendente dos Sernige, que lutou pelos seus direitos ao Morgado, juntamente com a Confraria de Nossa Senhora de Sá.

Esta contenda levou a que o convento perdesse o Morgado de Sernige e nos anos seguintes, devido à má gestão, o seu estado de pobreza se tenha agravando de tal maneira, que em 1795, por determinação régia de 11 de maio, autoriza-se as religiosas a poderem sustentarem-se das tenças e prestações que lhes fizeram seus parentes.

O Convento da Madre de Deus recebeu ao longo da sua vida educandas, coristas, seculares e criadas, cujas idades de entrada estão documentadas, entre os 3 e os 50 anos de idade, e que de alguma forma educou, protegeu e preparou para a vida.

Em 1 de janeiro de 1862 um grande incêndio destruiu grande parte deste Convento.

Em 13 de fevereiro de 1885, por Despacho do Ministério da Justiça foi este Convento suprimido e a sua última religiosa, Madre Ana Benedita de S. Miguel, foi viver para Fermelã (Estarreja), onde veio a falecer em 29 de setembro de 1889.

**Âmbito e conteúdo:** Inclui privilégios, doações, provisões régias, documentos emitidos pela Santa Sé, como breves papais. Compreende vários processos cíveis, sentenças e demandas, destacando a contenda entre o convento e Filipe Barreto Sernige, escrituras de aforamento, de compra e venda, de empréstimo de dinheiro, salientando o Livro Mestre de empréstimo de dinheiro a juro e dos foros do convento da Madre de Deus de Aveiro, 1641-1856, o qual identifica o local, o ano da escritura, o que paga e quando paga, por cada foro. Contém ainda os Livros das Matrículas no Mosteiro, bem como os Processos de coristas, criadas, educandas e seculares, para poderem ingressar no convento. De salientar o Inventário do convento da Madre de Deus de Aveiro, 1506 -1884 (Inventário dos bens), que contém a Relação do pessoal do convento, com data de entrada das religiosas, meninas de coro, seculares, criadas da comunidade e criadas particulares, entrevadas e educandas, relativa ao ano de 1856.

Integra, ainda, o livro da memória histórica, denominado "Arquivo Compendioso ou Colecção pronta de Notícias".

**Sistema de organização:** A documentação que se encontrava instalada em maços e caixas foi objeto de intervenção, não só de análise de conteúdo mas, também, do seu acondicionamento físico. A documentação foi colocada em pastas. A organização do fundo obedeceu à natureza dos documentos, tendo sido agrupados em 39 séries documentais, que estão ordenadas alfabeticamente e, por sua vez, os documentos de cada série encontram-se ordenados cronologicamente.

**Cota atual:** III-1ª D-12-3 e 4

**Instrumentos de pesquisa:** Inventário. Em linha, disponível em: https://digitalis.uc.pt/pt-pt/artigo/arquivo_do_convento_da_madre_de_deus_de_s%C3%A1_de_aveiro

**Notas do arquivista:** Descrição feita com base em estudo arquivístico elaborado por Ludovina Capelo em 2012. Registo feito por Adriana Antunes revisto e aditado por Gracinda Guedes em 2014.

Datas de produção: Presumimos que a documentação de data anterior à da fundação seja referente à constituição do respetivo património que, regra geral, antecedia a fundação de Instituições desta natureza ou relativa a outras Instituições que lhe tenham sido anexadas.

A documentação de data posterior à da extinção, referente à gestão do património do extinto Convento que, regra geral, sucedia à extinção das Instituições desta natureza, pertence ao fundo da Direção de Finanças de Aveiro em respeito pelo princípio da proveniência.


## Convento de Nossa Senhora dos Anjos de Montemor-o-Velho

**Código de referência:** PT/AUC/MC/CNSAMV

**Título:** Convento de Nossa Senhora dos Anjos de Montemor-o-Velho

**Datas de produção:** 1474-03-19 / 1833-06-29

**Data de acumulação:** 1494-1833

**Dimensão e suporte:** 8 u. i. (5 cx., 3 liv.); papel.

**História administrativa, biográfica e familiar:** O Convento de Nossa Senhora dos Anjos de Montemor-o-Velho foi fundado em 1494, por breve do papa Alexandre IV, no local onde existia uma ermida, com a mesma veneração, da propriedade de Diogo da Azambuja. O convento pertencia aos frades da Ordem dos Eremitas de Santo Agostinho (Agostinhos calçados ou gracianos).

Em 1833, foi extinto pelo Decreto de 9 de agosto, que determinava a extinção dos conventos, mosteiros, casas regulares e hospícios com menos de doze religiosos, passando estes a outras casas que continuassem a existir.

A 4 de julho de 1834, os seus bens foram inventariados passando a pertencer à Fazenda Nacional.

**Âmbito e conteúdo:** Documentos que confirmam benefícios e privilégios e, também, de gestão patrimonial e financeira do convento, nomeadamente: alvarás, autos, cartas, contratos, inventários, procurações, foros, sentenças, testamentos e tombos.

**Sistema de organização:** O fundo foi classificado em séries documentais, de acordo com a tipologia formal dos atos administrativos. Estas encontram-se dispostas por ordem alfabética, estando as unidades de instalação ordenadas cronologicamente dentro de cada série.

**Cota atual:** III-1ªD-9-5-49 a 56

**Instrumentos de pesquisa:** Inventário e recenseamento.

**Notas do arquivista:** Ao campo Data de produção: Presumimos que a documentação de data anterior à da fundação seja referente à constituição do respetivo património que, regra geral, antecedia a fundação de Instituições desta natureza ou relativa a outras Instituições que lhe tenham sido anexadas.

Recenseamento e descrição elaborados por Gracinda Guedes em 2007.

## Convento de Nossa Senhora de Campos de Sandelgas de Coimbra

**Código de referência:** PT/AUC/MC/CNSCSC

**Título:** Convento de Nossa Senhora de Campos de Sandelgas de Coimbra

**Datas de produção:** 1425 / 1959

**Datas de acumulação:** 1503 - 1891

**Dimensão e suporte:** 43 u. i. (11 cx., 30 liv., 2 pts); pergaminho e papel.

**História administrativa, biográfica e familiar:** O Convento de Nossa Senhora de Campos foi fundado em Montemor-o-Velho, em 1503, e pertencia à Terceira Ordem de S. Francisco de Assis.

O convento teve a sua origem numa ermida que existia no local, erigida em 1415, e consagrada a Nossa Senhora de Campos. O convento surgiu da iniciativa de D. Isabel, viúva de D. João de Castro, em conjunto com cinco nobres senhoras, que começaram a fazer vida conventual, ausentando-se do mundo. As suas vocações ao Senhor eram tão fortes que obtiveram de D. Manuel um breve para impetrar ao Papa Alexandre VI a fundação de um convento.

A Bula de Alexandre VI, datada de 19 de novembro de 1503, concedeu a D. Isabel de Azevedo a autorização necessária para fundar o convento.

Em 1513 D. Isabel morre e deixa no coração das companheiras o ideal de perfeição e de um exemplo a seguir.

À abadessa D. Isabel sucederam-lhe no cargo de direção as abadessas Guiomar da Silva e Filipa de Azevedo, e estas prosseguiram o caminho cheio de renúncias e sacrifícios. D. Brites de Castro foi a última abadessa perpétua, empenhada, contribuiu para o desenvolvimento e crescimento do convento e dirigiu-o até 1553.

As sazonais investidas das cheias do Mondego tornaram o local impróprio tendo as freiras mudado, em 1691, para uma propriedade que as Monjas do Lorvão tinham em Sandelgas, colina sobranceira aos campos do Mondego, passando o cenóbio a ser conhecido por "Convento de Nossa Senhora de Campos de Sandelgas".

A vivência das freiras no convento decorreu normalmente até à extinção das ordens religiosas ocorridas em 1834. O período que se seguiu revelou-se bastante conturbado, tendo culminado numa Portaria governamental do Ministério dos Negócios Eclesiásticos e de Justiça que, a 15 de setembro de 1848, transferia as religiosas de Sandelgas para o Convento de Santa Clara de Coimbra.

Em 11 de junho de 1891, o Convento de Nossa Senhora de Campos foi dado como extinto definitivamente com a morte da última religiosa D. Ana Ermelinda da Conceição Vaz, que se encontrava já há 43 anos recolhida no Convento de Santa Clara de Coimbra.

**Âmbito e conteúdo:** Documentos de gestão patrimonial e financeira do Convento, nomeadamente: acórdãos, arrendamentos, aforamentos, escrituras de compra e venda, procurações, sentenças, testamentos, entre outros.

**Sistema de organização:** A documentação foi classificada em séries documentais de acordo com a tipologia formal dos atos administrativos e ordenadas alfabeticamente. Dentro de cada série documental os documentos estão ordenados cronologicamente.

**Cota atual:** III-1ª-D-10-1-29 a 69

**Instrumentos de pesquisa:** Recenseamento e inventário, em linha, disponível em: http://iduc.uc.pt/index.php/boletimauc/article/view/1506

**Notas do arquivista:** Ao campo Datas de produção: Presumimos que a documentação de data anterior à da fundação seja referente à constituição do respetivo património que, regra geral, antecedia a fundação de Instituições desta natureza ou relativa a outras Instituições que lhe tenham sido anexadas. A documentação de data posterior à da extinção, referente à gestão do património do extinto Convento que, regra geral, sucedia à extinção das Instituições desta natureza, pertence ao fundo da Direção de Finanças de Coimbra em respeito pelo princípio da proveniência.

Fonte de informação da História administrativa: http://iduc.uc.pt/index.php/boletimauc/article/view/1506/967

http://digitarq.dgarq.gov.pt/details?id=4224371

Descrição feita com base em recenseamento elaborado por Gracinda Guedes e Adriana Antunes, esta última responsável pelo estudo arquivístico da documentação.


## Convento de Nossa Senhora do Carmo de Aveiro

**Código de referência:** PT/AUC/MC/CNSCA

**Título:** Convento de Nossa Senhora do Carmo de Aveiro

**Datas de produção:** 1602 / 1854

**Datas de acumulação:** 1703 - 1834

**Dimensão e suporte:** 3 u. i. (1 cp., 2 liv.); papel.

**História administrativa, biográfica e familiar:** O Convento de Nossa Senhora do Carmo de Aveiro pertenceu aos religiosos da Ordem dos Carmelitas descalços, da reforma de Santa Teresa.

Em Aveiro, a licença para a edificação do convento dos Carmelitas foi dada a 22 de julho de 1613 pela "Câmara, os nobres e os "homens bons" da vila". O bispo-conde de Coimbra, D. Afonso Castelo Branco, e o duque de Aveiro também autorizaram a fundação do dito convento a 12 de dezembro desse mesmo ano, porém, a licença régia só haveria de ser concedida a 16 de julho de 1615.

Inicialmente a comunidade ter-se-á instalado numas casas de Gil Homem da Costa, enquanto o frei José de Jesus Maria, vigário da comunidade, adquiria as propriedades para a construção do convento.

Em 1618, receando a derrocada das casas onde habitavam, mudaram-se para o palacete de D. Beatriz de Lara Meneses. Aí permaneceram até 1620 de onde saíram para o Convento do Carmo.

D. Beatriz de Lara Meneses haveria de financiar a construção da capela iniciada em 1628 e consagrada para o culto em 1643. De 1661 a 1664 o Convento do Carmo haveria, ainda, de funcionar como Colégio de Filosofia.

No âmbito da "Reforma geral eclesiástica" de 1834, empreendida pelo ministro e secretário de Estado, Joaquim António de Aguiar, pelo Decreto de 30 de maio, foram extintos todos os conventos. A 22 de maio do mesmo ano, procedeu-se à inventariação dos bens e à enumeração dos religiosos que aí residiam, e os seus bens foram incorporados nos Próprios da Fazenda Nacional, tendo o edifício sido votado ao abandono, e posteriormente, sido entregue ao Ministério da Guerra que o trans-formou em Asilo de veteranos do Exército.

**Âmbito e conteúdo:** Livro de memórias e legados, tombo e uma pasta com escrituras de compra e venda, composição, entre outras.

**Sistema de organização:** Documentação não tratada arquivisticamente.

**Cota atual:** III-1ª-D-15-2-32 a 34

**Instrumentos de pesquisa:** Recenseamento.

**Notas do arquivista:** Ao campo Datas de produção: Dado o fundo ainda não ter sido estudado, presumimos que a documentação de data posterior à da extinção possa ser referente à gestão do respetivo patri-mónio que, regra geral, sucedia à extinção das Instituições desta natureza devendo, a confirmar-se esta hipótese, ser descrita enquanto parte integrante do fundo da Direção de Finanças de Aveiro em respeito pelo princípio da proveniência.

Fontes ao campo História administrativa: AZEVEDO, Carlos A. Moreira – *Dicionário de história religiosa de Portugal*. Mem Martins: Círculo de Leitores, 2000. FRANCO, José Eduardo – *Dicionário Histórico das Ordens institutos religiosos e outras formas de vida consagrada católica em*

Portugal. Lisboa: Gradiva, 2010. ISBN: 978-989-616-378-5. "Convento do Carmo (Aveiro)". In *Infopédia* [Em linha]. Porto: Porto Editora, 2003-2014. [Consult. 2014-02-12].

Disponível na www: <URL: http://www.infopedia.pt/$convento-do--carmo-(aveiro)>.

Recenseamento e descrição elaborados por Gracinda Guedes e Adriana Antunes em 2012.

## Convento de Nossa Senhora do Carmo de Tentúgal

**Código de referência:** PT/AUC/MC/CVNSCT
**Título:** Convento de Nossa Senhora do Carmo de Tentúgal
**Datas de produção:** 1451 / 1924
**Datas de acumulação:** 1557 - 1898
**Dimensão e suporte:** 43 u. i. (6 cx., 37 liv.); pergaminho e papel.
**História administrativa, biográfica e familiar:** O Convento de Nossa Senhora da Natividade de Tentúgal ou Convento de N.ª S.ª do Carmo de Tentúgal pertenceu à ordem das carmelitas calçadas, também conhecido por Convento das Madres do Carmo, situa-se na vila de Tentúgal, distrito de Coimbra, e teve a sua origem na confraria de S. Pedro e S. Domingos de Tentúgal.

Deve-se a dom Francisco de Melo, 2º conde de Tentúgal, a iniciativa da construção de um convento de freiras na vila de Tentúgal.

Embora não se saiba a data exata do início da sua construção, na página 313 do livro com a cota Nª Sª CARMO-11, consta o seguinte texto: "Lembranças do tempo em que se fundou este Convento de Nossa Senhora do Carmo desta vila de Tentúgal (...) falaremos do tempo em que por inspiração do Ceo veo este convento a esta Vila de N.ª S.ª do Carmo que foi na era de mil quinhentos e cinquenta, pouco mais ou menos, sendo provincial Dom Gaspar dos Reis (...)".

Embora não haja consenso relativamente à data da sua fundação, mas na nossa documentação encontrámos como data da sua fundação e Instituição, a de 25 de março de 1567, como consta no traslado:

"Saibam quantos este público instrumento de Instituição e Fundação virem como em o ano do Nascimento de Nosso Senhor Jesus Cristo de mil e quinhentos e sessenta e sete anos, aos vinte e cinco dias do mês de Março (...). Ordenou o dito Senhor que o Convento fosse edificado na ermida de S. Pedro e S. Domingos que está dentro da vila, por ser lugar honesto e conveniente (...) a abadessa será eleita (...) haverá um livro das eleições que as freiras assinarão (...) no dito Convento haverá 30 de véu preto e noviças, em memória e relembrança dos trinta dinheiros porque Cristo nosso Redentor foi vendido. (...) A Prioresa e monjas poderão aceitar algumas noviças, mas que tragam bom dote ou renda para sustentação da casa (...)".

As primeiras noviças que aí professaram foram Maria da Encarnação e sua irmã, no ano de 1573, as quais eram filhas de Gaspar Barreto, desta Vila.

A fama do Convento é tal que (...) vinham freiras de muitas partes para tomar aqui o hábito, pela fama da muita virtude (...). In p. 313 Nª Sª CARMO-11, e levou a que tivesse uma enorme afluência. Mas, havia sido instituído somente para 30 religiosas (in p. 377 N.ª S.ª Carmo-23), no entanto vamos encontrar 64 no ano de 1711. Ano em que a 23 de março, há uma Visitação de Frei Manuel da Graça, Comissário Visitador e Reformador Geral, a este convento.

Mas no ano de 1770, quando por ordem de Sua Majestade foi feita uma relação dos bens, fazendas, dívidas e número de religiosas deste convento, o número de religiosas já é de 41. In p. 434v., N.ª S.ª CARMO-22.

O seu património foi delapidado com as invasões francesas. No âmbito da "Reforma geral eclesiástica" de 1834, empreendida pelo ministro e secretário de Estado, Joaquim António de Aguiar, pelo Decreto de 30 de maio, foram extintos todas as Instituições religiosas. Nos conventos femininos proibiram a entrada de noviças e as religiosas ficaram sujeitas aos respetivos bispos, até à extinção definitiva que ocorria com a morte da última freira, o que ocorreu a 18 de fevereiro de 1898, por falecimento de Dona Maria Maxima do Souto, sendo os bens entregues à Fazenda Nacional.

**Âmbito e conteúdo:** A documentação deste fundo é, na sua maior parte, relativa à gestão financeira e patrimonial dos bens do convento.

Os documentos são na sua maioria títulos de propriedades, privilégios, alvarás, tombos, e outros relacionados com a administração de bens.

**Sistema de organização:** Toda a documentação foi objeto de intervenção, não só de análise de conteúdo, mas também do seu acondicionamento físico. A documentação foi colocada em pastas.

A organização do fundo obedeceu à natureza dos documentos, tendo sido classificada em 25 séries documentais, que estão ordenadas alfabeticamente e, por sua vez, os documentos de cada série encontram-se ordenados cronologicamente.

**Cota atual:** III-1ªD-11-4 e 5

**Instrumentos de pesquisa:** Inventário e catálogo em linha, disponível em: http://www.uc.pt/auc/fundos/ficheiros/CONV_NossaSenhoraCarmo_ Tentugal.

**Notas do arquivista:** Ao campo datas de produção: A documentação de data anterior à da fundação deverá ser referente à constituição do respetivo património que, regra geral, antecedia a fundação das Instituições desta natureza ou de Instituições que lhe tenham sido anexadas.

A documentação de data posterior à da extinção presumimos que possa ser referente à gestão do respetivo património que, regra geral, sucedia à extinção das Instituições desta natureza devendo, a confirmar-se esta hipótese, ser descrita como parte integrante do fundo da Direção de Finanças de Coimbra, em respeito pelo princípio da proveniência.

Descrição feita com base em estudo arquivístico elaborado por Ludovina Cartaxo Capelo em 2006. Registo feito por Adriana Antunes revisto e aditado por Gracinda Guedes em 2014.


### Convento de Santa Ana de Coimbra

**Código de referência:** PT/AUC/MC/CSACBR
**Título:** Convento de Santa Ana de Coimbra
**Datas de produção:** 1230 / 1911
**Datas de acumulação:** 1175-1858
**Dimensão e suporte:** 92 u. i. (35 cx., 57 liv.); pergaminho e papel.

**História administrativa, biográfica e familiar:** O Convento de Santa Ana de Coimbra pertencia ao ramo feminino da Ordem dos Eremitas de Santo Agostinho. O local onde foi construído o primeiro Convento de Santa Ana de Coimbra das Eremitas Descalças, situava-se na margem esquerda do rio Mondego, arredores de Coimbra. Conhecido por "Celas da Ponte" dá-se como data da sua fundação o ano de 1174, segundo D. Nicolau de Santa Maria, cónego regrante da Congregação de Santa Cruz de Coimbra.

Concluída a obra em 1184, teve como primeira prioresa Dona Joana Pais, que veio do Convento de S. João das Donas, como mestra de noviças D. Maria Martins, e como porteira e vigária D. Maria Lopes.

Mudanças significativas observam-se no local da sua fundação, pois as cheias do rio Mondego, no inverno, causavam-lhe grandes inundações e o depósito de areias que as mesmas arrastavam, tornam o local inadequado para viverem. No livro, com a cota S.ª ANA – 43, na página 127v., linha 8 e seguintes, pode ler-se: "(...) por causa das cheias do rio Mondego com as quais o dito Convento estava devastado e as ditas freiras por muitas vezes estiveram em perigo de vida (...)".

Em 1561 recolhem-se as freiras numa quinta em São Martinho (Coimbra), que lhes doou o bispo-conde D. João Soares, enquanto não construíam outro convento. Embora esta quinta tivesse poucas condições, mantiveram-se nela até que o bispo conde D. Afonso de Castelo Branco lhes mandou construir um novo edifício. A 23 de junho de 1600 o senhor bispo dá início ao novo edifício, lançando a primeira pedra do novo Convento.

Situado na "Eira das Patas", junto à cerca de S. Bento (Jardim Botânico), o seu domínio estendia-se até ao atual Penedo da Saudade.

Consta que a construção demorou nove anos e meio e as freiras entraram no novo Convento em fevereiro de 1610, e começaram a usar o hábito das Eremitas de Santo Agostinho. A primeira prioresa deste novo Convento foi dona Hieronyma, freira professa do Convento de Santa Mónica de Lisboa.

Passados duzentos anos, novo sobressalto acomete as freiras, pois as tropas francesas (invasões francesas) estavam às portas da cidade de Coimbra. Com medo das atrocidades que pudessem vir a sofrer, escondem (enterram) os seus tesouros no próprio convento, e partem levando consigo pouca coisa. Em 1811 já estão de volta ao Convento, e num auto de justificação de um pedido de ajuda monetária, narram o estado de degradação em que este se encontra.

Em 1834, no âmbito da "Reforma geral eclesiástica" empreendida pelo ministro e secretário de Estado, Joaquim António de Aguiar, pelo Decreto de 30 de maio, foram extintos todos os conventos de todas as ordens religiosas, ficando os conventos de religiosas sujeitas aos respetivos bispos, até à morte da última freira, data do encerramento definitivo, sendo os bens incorporados nos Próprios da Fazenda Nacional.

O Convento foi declarado extinto a 27 de junho de 1885, pelo Ministério dos Negócios Eclesiásticos e da Justiça, após a transferência da última freira, Maria José de Carvalho, ex-superiora, para o recolhimento do Colégio Ursulino de Vila de Pereira, então instalado no Colégio de São José dos Marianos.

**Âmbito e conteúdo:** A documentação deste fundo respeita, na sua maioria, à gestão financeira e patrimonial do Convento de Santa Ana.

Os documentos são, essencialmente, títulos de propriedades, privilégios, alvarás, e outros relacionados com a administração de bens.

**Sistema de organização:** A documentação está organizada em séries documentais que se encontram ordenadas alfabeticamente e dentro destas cronologicamente.

**Cota atual:** III-1ª D-9-1 a 3

**Instrumentos de pesquisa:** Inventário e recenseamento disponíveis em: http://www.uc.pt/auc/fundos/ficheiros/CONV_SantaAna_Coimbra

**Notas do arquivista:** Ao campo data de produção: A documentação de data posterior à da extinção presumimos que possa ser referente à gestão do respetivo património que, regra geral, sucedia à extinção das Instituições desta natureza devendo, a confirmar-se esta hipótese, ser descrita como parte integrante do fundo da Direção de Finanças de Coimbra em respeito pelo princípio da proveniência.

Descrição feita com base em estudo arquivístico elaborado por Ludovina Cartaxo Capelo em 2006. Registo feito por Adriana Antunes revisto e aditado por Gracinda Guedes em 2014.

# Convento de Santa Clara de Coimbra

**Código de referência:** PT/AUC/MC/CSCC

**Título:** Convento de Santa Clara de Coimbra

**Datas de produção:** 1470 / 1898

**Datas de acumulação:** 1470 - 1886

**Dimensão e suporte:** 119 u. i. (17 cx., 1 cp., 99 liv., 2 pt.); pergaminho e papel.

**História administrativa, biográfica e familiar:** A fundação do Real Mosteiro de Santa Clara de Coimbra surgiu do desejo de D. Mor Dias de erigir uma casa de veneração dedicado a Santa Isabel da Turíngia e a Santa Clara de Assis e remonta ao longínquo século XIII (mais precisamente a 13 de abril de 1283), ainda que alguns investigadores façam recuar este seu projeto, aproximadamente, meia década. Tal facto não seria de estranhar não fora D. Mor Dias ter tomado, escassos tempos antes, o hábito de Santa Cruz, designado então por *pannus securitatis*.

A sua insistência em construir o novo convento viria a acarretar-lhe múltiplas inquietações e contendas, motivadas pelos cónegos crúzios. Por fim, é redigida a licença para construir o convento, pelo vigário geral de Coimbra, ao qual a fundadora havia legado diversos bens, em 15 de outubro de 1283. O lançamento da primeira pedra terá tido lugar a 28 de abril de 1286 e, ao que parece, não faltou pompa e circunstância.

Mas as contendas não cessavam aqui. Nasce, assim, "extra muros da cidade de Coimbra", deste modo tão conturbado como as águas do Mondego, uma comunidade composta por freiras professas oriundas de diversos conventos. Uma vez mais, agora por testamento lavrado em 2 janeiro de 1302, D. Mor deixa ao novel convento uma parte significativa da sua herança.

D. Isabel de Aragão decide, então, intervir: movida pelo seu peculiar espírito apaziguador, tenta pôr termo à peleja de interesses entre estas duas comunidades religiosas, presume-se que desde 1307, mas sem sucesso.

A decisão da extinção deste núcleo primitivo de monjas clarissas, dirigido à data pela perseverante vigária e procuradora dos bens da comunidade, D. Domingas Peres, surgiu a 2 de dezembro 1311, pela mão do bispo de Lisboa, que, por sentença, determinou a entrega dos bens do convento a Santa Cruz, a administração do hospital de Ceira, igualmente beneficiado por D. Mor no seu testamento, a D. Domingas Peres enquanto vivesse e o retorno das freiras aos seus conventos de origem.

A Rainha Isabel de Portugal, desagradada com o desrespeito com que havia sido tratada a última vontade de D. Mor, chamou a si o cumprimento de seu desejo e solicitou, de imediato, autorização apostólica para fundar um convento de Santa Clara e Santa Isabel, o qual pretendia reivindicar os bens que a sua primordial fundadora lhe havia legado, bem como de outros tantos que Sua Alteza lhe pretendia doar.

Esta vontade está bem patente no seu primeiro testamento, datado do ano de 1314, onde D. Isabel mandara escrever "leixo a aquel logar que está em Coimbra que se chama de Santa Isabel que fez dona Maior Diaz se se fezer hy alguma cousa a serviço de Deus quinhentas libras", citado por Figanière na sua obra Memórias das Rainhas de Portugal (1859). A licença chega neste mesmo ano e no local primitivo, é novamente fundado o convento do qual hoje pouco mais resta além da igreja e do claustro anexo. Foi necessário esperar até 1318, ano em que D. Dinis chama a si a proteção do mosteiro e a defesa de seus direitos, para que parte dos bens de D. Mor finalmente retornassem ao seu legítimo proprietário, o Convento de Santa Clara.

Ao longo de toda vida da Rainha D. Isabel sucedem-se os apelos ao rei, reclamando benefícios para este pobre mosteiro: pedidos de dinheiro, de licenças para comprar terras para o convento e diversas provisões régias em seu benefício, tanto a D. Dinis, como a seu filho D. Afonso IV. Quer por doação em vida, quer por legado testamentário deixa-lhe, igualmente, inúmeros dos seus bens. Outros devotos, em seus testamentos e doações, favorecem igualmente esta comunidade religiosa que consegue, desta feita, um património significativo, por via do qual o convento e suas dependências conseguiam cumprir os seus fins caritativos e assistenciais.

Paralelamente à gestão patrimonial, fazendo uso da licença apostólica concedida, a administração eclesiástica promovia a entrada de freiras professas de outros conventos, bem como de donzelas, ascendendo o número de freiras à meia centena, número que ficou determinado como mínimo.

Após a morte de D. Dinis, D. Isabel instalou-se nuns paços junto ao rio, contíguos ao mosteiro e que outrora tinham sido adquiridos ao convento de Santa Ana, então designado Convento das Celas da Ponte.

As sucessivas cheias do Mondego vingaram as pretensões dos monges crúzios e destruíram, na sua totalidade, o convento primitivo, bem como os paços e o hospital contíguo.

D. Manuel concedeu a licença para a edificação de um novo edifício, em local a salvo dos aluviões do Mondego. Contudo, só a 3 de julho 1649, já no reinado de D. João IV, é lançada a primeira pedra no Alto da Esperança, sobranceiro à cidade de Coimbra, tendo a mudança ocorrido a 29 de outubro de 1677.

Com o advento do liberalismo, foi decretada a extinção das Ordens Religiosas. No caso das ordens femininas ficaram sob a alçada do bispo e a extinção ocorreria após o falecimento das monjas.

A morte da última religiosa, D. Maria Antónia do Patrocínio, em 29 de janeiro de 1886, pôs derradeiro termo à existência desta instituição secular, passando a gestão dos bens do convento e a administração dos seus direitos para a jurisdição da Repartição de Finanças do Distrito de Coimbra.

**Âmbito e conteúdo:** A documentação é referente, na sua quase totalidade, à gestão dos interesses económicos do convento, da salvaguarda dos seus privilégios e da mediação de conflitos, bem como à administração eclesiástica/conventual, nomeadamente: alvarás, bulas, breves, prazos, sentenças, tombos, etc... Esta documentação é relativa a propriedades localizadas nos distritos de Aveiro, Leiria, Santarém, Viseu e, praticamente, todos os concelhos de Coimbra.

**Sistema de organização:** O acervo foi tratado de acordo com a orientação das normas gerais, internacionais de descrição arquivística ISAD(G) procedendo à descrição multinível da documentação, adotando o critério de classificação funcional. Da qual se destacam o juízo privativo do convento a quem estaria confiada a função de salvaguarda jurídica dos privilégios e de mais interesses patrimoniais (gestão financeira e patrimonial), ficando a gestão económica e a administração monástica ao encargo da abadessa - madre superior (que se ia sucedendo no tempo), e de mais religiosas, convocadas por "campa tangida" secretariadas por seu escrivão ou escrivã.

O acervo foi classificado em, aproximadamente, cinco dezenas de séries documentais, dispostas por ordem alfabética cujos documentos se encontram ordenados cronologicamente.

**Cota atual:** III-1ªD-16 - 3 e 4

**Instrumentos de pesquisa:** Catálogo dos pergaminhos [PEREIRA, G. - *Catalogo dos pergaminhos do cartório da Universidade de Coimbra*. 1881, pp. 92 e 93].

Inventário disponível em: http://iduc.uc.pt/index.php/boletimauc/article/view/412

**Notas do arquivista:** Ao campo data de produção: Os documentos deste fundo foram produzidos entre 1478 e 1886, data oficial da extinção do mosteiro, sendo os registos de data posterior da responsabilidade da Repartição da Fazenda. Porém, a mais antiga informação, até agora por nós localizada nestes documentos, remonta aos alvores do século XIV, mais concretamente a 1320 (A. D.) e está inscrita no traslado de uma doação feita por El Rei D. Dinis.

Descrição feita com base em estudo arquivístico elaborado por Gracinda Guedes em 2007.


## Convento de Santa Cruz do Deserto do Buçaco

**Código de referência:** PT/AUC/MC/CVSCDB

**Título:** Convento de Santa Cruz do Deserto do Buçaco

**Datas de produção:** 1556-11-25 / 1837-12

**Dimensão e suporte:** 10 u. i. (4 liv.; 6 cx.): papel.

**História administrativa, biográfica e familiar:** O convento de Santa Cruz do Buçaco foi fundado em 1630 por três frades da congregação dos carmelitas descalços de Aveiro que, em 1628, se terão instalado na Mata do Buçaco, com o objetivo de ali edificarem um pequeno cenóbio, dando corpo ao desejo de viverem num ermitério, onde pudessem desenvolver a floresta daquela serra. O Buçaco era, pois, o lugar ideal para se cumprirem estes votos. Terá sido Alberto da Virgem, um dos três religiosos, o responsável pelo traçado arquitetónico do convento, dedicado a Santa Teresa de Ávila.

O Convento dos Carmelitas Descalços foi extinto, à semelhança de muitos outros, em 1834, pelo Decreto de 30 de maio, que determinava a extinção das ordens religiosas masculinas em Portugal. Parte das dependências do convento desapareceram para dar lugar ao Grande Hotel, ali existente.

**Âmbito e conteúdo:** Contém, entre outra, cobrança de juros, escrituras de mútuos, reconhecimento de prazos, autos de medição e demarcação, cartas de compra e venda, recenseamento de juros e de foros, autos dos termos de depósito, inventário de paramentos, autos de arrematação, escrituras diversas, escrituras empréstimo e confiança, etc.

**Sistema de organização:** Documentação não tratada arquivisticamente.

**Cota atual:** III-1ªD

**Instrumentos de pesquisa:** Recenseamento.

**Notas do arquivista:** Fonte de informação para a História administrativa: GOMES, Paulo Varela - *Buçaco, o deserto dos Carmelitas Descalços*. Coimbra, 2005.

Descrição elaborada por Júlio Ramos e Elisabete Dias, em 2012.


## Convento de Santa Cruz de Rio Mourinho

**Código de referência:** PT/AUC/MC/CSCRM

**Título:** Convento de Santa Cruz de Rio Mourinho

**Datas de produção:** 1668 / 1668

**Dimensão e suporte:** 1 u. i. (doc.); papel.

**História administrativa, biográfica e familiar:** O Convento era masculino e foi fundado em 1410, pelos frades da congregação de São Paulo, na freguesia de Nossa Senhora da Vila (Montemor-o-Novo). Teve a sua origem num ermitério da referida congregação, fundado pelo guerreiro monge Mendo Gomes de Seabra e seus companheiros.

A sua fundação foi confirmada por D. Duarte em 1453. Por falta de assistência foi secularizado em 1793 e, em 1823, foi extinto e os seus bens herdados pelo Colégio de São Paulo Eremita de Coimbra.

**Âmbito e conteúdo:** Contém uma sentença, a favor dos frades, relativa a pomar.

**Sistema de organização:** Contém apenas um documento.

**Cota atual:** V-2ªE-3-3-(cx. com diversas Instituições)

**Instrumentos de pesquisa:** Catálogo.

**Notas do arquivista:** Fontes ao campo História administrativa: ESPANCA, T. - *Inventário Artístico de Portugal-Concelho de Évora*, 2 vols., Lisboa, Academia Nacional de Belas-Artes, 1966. Inventário Artístico de Portugal--Distrito de Évora, 1.

Descrição feita por Gracinda Guedes em 2014, com base em recenseamento elaborado por Ludovina Cartaxo Capelo em 2012.

## Convento de Santa Margarida do Aivado de Évora

**Código de referência:** PT/AUC/MC/CSMAE

**Título:** Convento de Santa Margarida do Aivado de Évora

**Datas de produção:** 1609 / 1646

**Dimensão e suporte:** 1 u. i. (doc.); papel.

**História administrativa, biográfica e familiar:** Este Mosteiro, de evocação ao Patriarca São Paulo, teve a sua origem num eremitério masculino, fundado pelo Frei Rodrigo Fulcaz, em 1385, junto a uma ermida dedicada a Santa Margarida. Foi extinto em 1823 e os seus bens integrados no Colégio de São Paulo Eremita de Coimbra.

**Âmbito e conteúdo:** Contém uma sentença apostólica de causa cível.

**Sistema de organização:** Contém apenas um documento.

**Cota atual:** V-2ª E-3-2

**Instrumentos de pesquisa:** Recenseamento.

**Notas do arquivista:** Descrição feita por Gracinda Guedes em 2014, com base em recenseamento elaborado por Ludovina Cartaxo Capelo em 2012.

## Convento de Santa Teresa de Jesus de Coimbra

**Código de referência:** PT/AUC/MC/CSTJCBR

**Título:** Convento de Santa Teresa de Jesus de Coimbra

**Datas de produção:** 1678 / 1879

**Datas de acumulação:** 1739-1879

**Dimensão e suporte:** 3 u. i. (2 cx., 1 liv.); papel.

**História administrativa, biográfica e familiar:** O convento de Santa Teresa, em Coimbra, pertenceu ao ramo das Carmelitas Descalças.

A 6 de junho de 1737, a Câmara de Coimbra concede a primeira licença para a sua construção no Casal do Chantre.

Em 20 de janeiro de 1739, por provisão de D. João V, o convento é fundado e no dia 14 de fevereiro chegam as 11 religiosas oriundas de vários outros conventos da ordem que se instalam, provisoriamente, na Arregaça. A 1ª pedra foi lançada no dia 9 de abril de 1740. Em 23 de junho de 1744, as religiosas deixam as instalações precárias e entram no seu convento.

O Decreto de 30 de maio de 1834 determinou a extinção de todos "os conventos, mosteiros, colégios, hospícios e casas de religiosos de todas as ordens religiosas, ficando as de religiosas sujeitas aos respetivos bispos, até à morte da última freira". Com a morte da última professa, a 6 de dezembro de 1893, o Carmelo de Santa Teresa recebeu um ofício da Direção Geral, datado de 9 dos mesmos mês e ano, ordenando a inventariação e arrecadação de todos os bens pertencentes ao extinto convento, pelos Próprios da Fazenda Nacional.

Porém, a anunciada extinção não se veio a concretizar de imediato. Em 1897, a título excecional, as religiosas foram autorizadas a permanecer no convento, até que, em 1910, em consequência do Decreto de 8 de outubro, foi extinto e as professas foram dali expulsas.

O Carmelo de Coimbra foi retomado em 1933, com diversas deambulações pela cidade. Só em 1946 é reconhecido o direito à posse do seu convento primitivo, regressando à sua casa em 1947, onde permanece até aos dias de hoje.

**Âmbito e conteúdo:** Este fundo é constituído, na sua grande maioria, por documentos referentes à gestão de conflitos e à administração patrimonial e financeira do convento.

Nas seis séries documentais encontramos aforamentos, processos de arrematação de bens, escrituras de compra e venda, inventário orfanológico, registo de cobrança de foros e sentenças de diversa natureza e, ainda, à guisa de memorando, anotações relativas à fundação e instalação em Portugal de diversas ordens religiosas.

**Sistema de organização:** O acervo foi classificado em seis séries documentais, de acordo com a tipologia formal dos atos administrativos. Estas encontram-se ordenadas alfabeticamente, estando as unidades de instalação ordenadas cronologicamente dentro de cada série.

**Cota atual:** III-1ªD-10-1-11 a 13

**Instrumentos de pesquisa:** Inventário, em linha, disponível em: http://iduc.uc.pt/index.php/boletimauc/article/view/1515

**Notas do arquivista:** Datas de produção: A documentação de data anterior à da fundação é referente à constituição do respetivo património que, regra geral, antecedia a fundação das Instituições desta natureza.

Descrição elaborada com base em estudo arquivístico feito por Gracinda Guedes, em 2012.


## Convento de Santo António dos Olivais de Coimbra

**Código de referência:** PT/AUC/MC/CSAOCBR
**Título:** Convento de Santo António dos Olivais de Coimbra
**Datas de produção:** 1597 / 1834
**Dimensão e suporte:** 1 u. i. (cx.); papel.
**História administrativa, biográfica e familiar:** Em 1217-1218 foi fundado um eremitério de franciscanos junto a uma antiga capela dedicada a Santo Antão, que existia nos arredores de Coimbra, desde os alvores do século XIII, de onde saíram os franciscanos que viriam a ser os cinco Mártires de Marrocos. Foi neste eremitério que, no ano de 1220, Fernando Martins de Bulhões, que vivia na opulência dos crúzios, deu entrada depois de decidir pautar a sua vida pela pobreza dos franciscanos, mudando, inclusivamente, de nome e passando a chamar-se António. Escassos anos depois, movido pelo exemplo dos mártires, decidiu partir para Marrocos para evangelizar.

Em 1247, os frades abandonam os Olivais e instalam-se no Convento de São Francisco da Ponte, em Santa Clara, continuando o Convento, agora sob a evocação a Santo António, a ser um local de peregrinação.

Durante o século XVI os franciscanos capuchos, da Província da Piedade, tornaram-se proprietários do templo, que mais tarde foi entregue à Província da Soledade, em função da divisão administrativa da Ordem, em 1673.

No âmbito da "Reforma geral eclesiástica" de 1834, empreendida pelo ministro e secretário de Estado, Joaquim António de Aguiar, pelo Decreto de 30 de maio, foram extintos todos os conventos, e os seus bens foram incorporados nos Próprios da Fazenda Nacional tendo, a 7 de junho desse mesmo ano, sido feita a inventariação dos bens e a descrição do edifício.

**Âmbito e conteúdo:** Autos, escrituras, inventários, petições, processos de litígio, provisões, testamentos, entre outros.

**Sistema de organização:** O fundo está organizado em séries documentais, de acordo com a tipologia formal dos atos administrativos. Dentro de cada série, as unidades de instalação estão ordenadas cronologicamente.

**Cota atual:** III-1ªD-11-1-51

**Instrumentos de pesquisa:** Recenseamento.

**Notas do arquivista:** Fontes ao campo História administrativa: http://www.infopedia.pt/$igreja-de-sto.-antonio-dos-olivais;jsessionid=c0vm3tQSCRnmbdrpBnKMzg__

http://www.mensageirosantoantonio.com/messaggero/pagina_articolo.asp?IDX=487IDRX%3D93

Documento relativo ao Convento de Santo António de Ourém: Conjuntamente com a documentação do fundo encontra-se um parecer relativo ao Convento de Santo António de Ourém, porém, só estudos mais aprofundados poderão revelar se este documento tem algum tipo de relação com o fundo aqui descrito ou se a ele está associado indevidamente.

Recenseamento e descrição elaborados por Gracinda Guedes em 2006.

# Convento de São Francisco da Ponte

**Código de referência:** PT/AUC/MC/CVSFP

**Título:** Convento de São Francisco da Ponte

**Datas de produção:** 1688 / 1832

**Dimensão e suporte:** 3 u. i. (2 liv., 1 mç.); papel.

**História administrativa, biográfica e familiar:** A origem deste convento franciscano remonta ao séc. XIII. D. Constança Sanches, filha natural do rei D. Sancho I, no seu testamento, lavrado em 1269, deixou um legado para a edificação do convento, que já então decorria, por si patrocinada, junto à ponte de Santa Clara, em Coimbra. A igreja do convento foi sagrada em 1362 pelo administrador da diocese de Coimbra, D. Vasco, arcebispo de Toledo. Devido a constantes inundações do rio Mondego que tornavam difícil a manutenção do edifício, foi necessário erguer um novo, em local mais seguro. Em 2 de maio de 1602 o bispo-conde de Coimbra, D. Afonso Castelo Branco, lançava a primeira pedra da construção do novo edifício que começou a ser feita junto ao designado monte da Esperança e que viria a ser inaugurado em 1609. Foi através de donativos e esmolas que a Ordem de S. Francisco obteve o dinheiro necessário para a construção; por Alvará de 28 de outubro de 1602, fora concedida autorização para peditório de esmolas, em todo o país.

Com a extinção das ordens religiosas, por Decreto de 30 de maio de 1834, do ministro Joaquim António de Aguiar, o edifício do convento viria a ser vendido em hasta pública.

**Âmbito e conteúdo:** Inclui documentação avulsa, formada por contratos de obrigação de dinheiro a juros (1688-1832). Inclui também livro de registo de cópias de cartas patentes, enviadas, pelos provinciais e visitadores da ordem, a todos os mosteiros de religiosos e religiosas, da Província Franciscana de Portugal (1720-1748).

**Sistema de organização:** Identificação de séries documentais e sua ordenação cronológica.

**Cota atual:** III-1.ªD-11-1- 48, 49, 51

**Instrumentos de pesquisa:** Inventário.

**Notas do arquivista:** Descrição arquivística por Ana Maria Leitão Bandeira, em 2014, com base, sobretudo, na análise da própria documentação e em CORREIA, Vergilio; GONÇALVES, Nogueira - *Inventário Artístico de Portugal: cidade de Coimbra*. Lisboa: Academia Nacional de Belas Artes, 1947.


## Convento de São João Evangelista de Aveiro

**Código de referência:** PT/AUC/MC/CSJEA

**Título:** Convento de São João Evangelista de Aveiro

**Datas de produção:** 1613 / 1879

**Datas de acumulação:** 1658 - 1879

**Dimensão e suporte:** 13 u. i. (6 cx., 7 liv.); papel.

**História administrativa, biográfica e familiar:** O Convento de São João Evangelista, ou Convento dos Carmelitas Descalços de Aveiro, era feminino e pertencia à Ordem dos Carmelitas Descalços.

Em 1658, em cumprimento da disposição testamentária de sua mãe, D. Brites de Lara, D. Raimundo de Alencastre, 4º duque de Aveiro, obteve a autorização de D. Luísa de Gusmão para fundar o convento. A entrada das religiosas no Convento deu-se a 16 de julho, depois do Frei António do Espírito Santo, prior do Convento do Carmo, lhes ter entregado as chaves. Foi um ato celebrado por toda a vila de Aveiro, a que assistiram o Clero, a Nobreza e o Povo. A igreja apenas foi sagrada a 1748 tendo, até essa data, sido usada a capela do paço ducal de Aveiro, local onde tinham tido habitação enquanto as obras do convento se realizavam.

No âmbito da "Reforma geral eclesiástica" de 1834, empreendida pelo ministro e secretário de Estado, Joaquim António de Aguiar, pelo Decreto de 30 de maio, foram extintos todos os conventos, ficando as religiosas, sujeitas aos respetivos bispos, até à morte da última freira, D. Teresa Maria da Conceição, madre prioresa do convento, o que ocorreu a 26 de março de 1879, tendo os bens sido incorporados nos Próprios da Fazenda Nacional.

**Âmbito e conteúdo:** O acervo é constituído, essencialmente, por documentação de gestão patrimonial do convento, nomeadamente:

escrituras de emprazamento, capitais mutuados, obrigações de missas, dotes, sentenças, registo/recibos de receitas e despesas, tombos, entre outros.

**Sistema de organização:** Documentação não tratada arquivisticamente.

**Cota atual:** III-1ª-D-14-2-16 a III-1ª-D-15-2-29

**Instrumentos de pesquisa:** Recenseamento.

**Notas do arquivista:** Ao campo datas de produção: A documentação de data anterior à da fundação é referente à constituição do respetivo património que, regra geral, antecedia a fundação das Instituições desta natureza ou de Instituições que lhe tenham sido anexadas.

Descrição feita com base em recenseamento elaborado por Adriana Antunes e Gracinda Guedes em 2012.


## Mosteiro de Jesus de Aveiro

**Código de referência:** PT/AUC/MC/MJA

**Título:** Mosteiro de Jesus de Aveiro

**Datas de produção:** 1338 / 1873

**Datas de acumulação:** 1458-1874

**Dimensão e suporte:** 103 u. i. (10 cx., 2 cp., 85 liv., 6 pt); pergaminho e papel.

**História administrativa, biográfica e familiar:** O Mosteiro de Jesus de Aveiro era feminino, e pertencia à Ordem dos Pregadores (Dominicanos).

O primeiro ato fundador do que viria a ser o Mosteiro de Jesus de Aveiro remonta a 24 de novembro de 1458, quando D. Beatriz (ou Brites) Leitão (ou Leitoa), senhora de Ouca, e suas duas filhas se recolheram numas casas próximas do já existente convento masculino de Nossa Senhora da Misericórdia (Dominicanos, Obra dos Pregadores), decididas a viver segundo a regra dominicana.

A partir de 1460, tiveram a companhia de D. Mécia Pereira, irmã do 1º Conde da Feira, viúva de Martim Mendes de Berredo, abastado e "grande cavaleiro e nobre fidalgo da casa do rei D. Afonso V". Desejando "renunciar ao mundo e à família" e "servir apenas a Deus" "em regime de oração, meditação e silêncio, jejuns e vigílias".

D. Mécia recebera em testamento todos os bens do marido, o que permitiu a compra de novos terrenos e a construção de novas casas e, sucessivamente, das dependências próprias de um mosteiro, a começar pela capela onde os padres do convento contíguo iam celebrar, evitando qualquer contato das recolhidas com o mundo exterior. Simultaneamente foram pedidas as necessárias e morosas licenças para fundação e edificação do novo convento – junto do Papa Pio II, do rei D. Afonso V, do bispo da diocese de Coimbra, à qual pertencia Aveiro, ao Mestre e ao Capítulo da Ordem Dominicana, bem como ao clero local – diligências de que se encarregou o prior João de Guimarães.

A bula de Pio II *Pia Deo et Ecclesiae desidere* autorizava oficialmente a criação do mosteiro, datada de 16 de maio de 1461, data considerada *de jure* a da fundação do mosteiro. O solene lançamento da 1ª pedra deu-se logo a 15 de janeiro de 1462, presidida pelo próprio rei D. Afonso V. O nome escolhido para o mosteiro ter-se-á devido à posterior "oferta de uma imagem de Cristo crucificado às freiras dominicanas pelo religioso Francisco Zuzarte", imagem essa hoje exposta no Coro alto do Museu de Aveiro. Outros autores, no entanto, referem que foi intenção das fundadoras e do prior do convento vizinho, desde os primeiros passos, colocarem o novo cenóbio sob a invocação de Jesus, bem como sob a regra dominicana.

A maior obreira material do convento, D. Mécia, não viu, porém, concluída a obra a que dedicara toda a sua fortuna e atenção, pois faleceu a 3 de outubro de 1464 tendo, antes de falecer, pedido para fazer profissão particular, o que lhe foi concedido, pelo que é considerada a primeira religiosa professa do mosteiro.

No dia de Natal do mesmo ano, as outras religiosas recolhidas, num total de 11, tomaram o hábito de noviças e no primeiro dia do ano de 1465 realizou-se a cerimónia da clausura que deu início à vida monástica da comunidade. Passado um ano – conforme determina a regra dominicana – D. Brites e outras duas noviças fizeram a solene profissão e outras cinco lhes seguiram o caminho, em cerimónia realizada dias depois, novamente com a presença de D. Afonso V; no ano seguinte eram já doze as professas.

D. Brites Leitão foi nomeada pelo prior da comunidade, frei João de Guimarães, "Regedor principal", aquando do encerramento da clausura; no ano seguinte passou a "Vigayra" e, em 1468, foi eleita unanimemente como a 1ª prioresa da nova comunidade cargo que desempenhou até à sua morte, em 1480, tendo assumido o cargo de prioresa a sua filha D. Maria de Ataíde (1482-1525).

Nos anos seguintes, e graças a doações e privilégios régios, aos proventos de professas e de beneméritos, o pequeno mosteiro foi sendo ampliado e enriquecido, aumentando igualmente o número de monjas e noviças.

Porém, a entrada da princesa D. Joana, de filha de D. Afonso V e de D. Isabel, nascida no Paço da Alcáçova, em Lisboa, em 6 de fevereiro de 1452 havia de trazer ao mosteiro prestígio e desafogo material o que permitiu um desanuviamento da economia conventual e ao mesmo tempo promover um maior auxílio aos mais necessitados.

A princesa entrou no Mosteiro de Jesus a 4 de agosto de 1472 e tomou o hábito de noviça, e aí permaneceu até à sua morte, em 12 de maio de 1490. À sua entrada doou-lhe os seus bens, nomeadamente os provenientes do "senhorio de Aveiro", com "todas as rendas e direitos reais", obras de arte e o seu pai e irmão cumularam-na de benefícios e privilégios bem patente na documentação coeva.

A D. Maria Ataíde sucedeu D. Isabel de Castro (1525-1534) e, findo o seu mandato, os priorados passaram de vitalícios a trienais ou quadrienais, conforme a Observância da Ordem.

Após mais de quatro séculos de vida ininterrupta o Mosteiro de Jesus foi extinto em 2 de março de 1874, por morte da última freira, a prioresa D. Maria Henriqueta de Jesus ou Maria Henriqueta dos Anjos Barbosa Osório, em cumprimento do disposto no decreto de 1862, onde foi regulamentado que os mosteiros femininos seriam definitivamente encerrados após a morte da última freira, no âmbito da "Reforma geral eclesiástica" de 1834, empreendida pelo ministro e secretário de Estado, Joaquim António de Aguiar, pelo Decreto de 28 de maio, publicado a 30 do mesmo mês, através do qual foram extintos todos os mosteiros, e os seus bens foram incorporados nos Próprios da Fazenda Nacional.

**Âmbito e conteúdo:** O acervo é constituído, essencialmente, por documentação relativa ao exercício das funções de administração patrimonial e financeira do mosteiro e exercício de salvaguarda jurídica de direitos patrimoniais, nomeadamente: alvarás, bulas, tombos, autos e sentenças, entre outros.

**Sistema de organização:** Classificação funcional e, dentro de cada função, as séries documentais foram classificadas de acordo com a tipologia formal dos atos. A ordenação das séries é alfabética e a dos documentos é cronológica, dentro da unidade arquivística a que pertencem.

**Cota atual:** III-1ª-D-14-4 a III-1ª-D-15-3-29

**Instrumentos de pesquisa:** Inventário, recenseamento e catálogo dos pergaminhos.

**Notas do arquivista:** Fonte de informação ao campo História administrativa: MADAHIL, A. G. da R. - *Transcrição do códice quinhentista: "Crónica da fundação do mosteiro de Jesus, de Aveiro, e memorial da infanta Santa Joana, filha del rei Dom Afonso".* Aveiro, 1939.

NEVES, F. F. - *A fundação do convento de Jesus, de Aveiro.* Aveiro, 1958.

ROLO, Raul A. - *Dicionário de história religiosa de Portugal*; Lisboa, 2000.

SANTOS, D. M. G. D. - *O Mosteiro de Jesus de Aveiro.* Vol. I/1, II e III. Lisboa: Companhia dos Diamantes de Angola, 1963; 1967.

SOUSA, Bernardo Vasconcelos (dir.), et al. (2005). *Ordens religiosas em Portugal: das Origens a Trento.* Lisboa.

VIEIRA, Maria do Pilar S. A. - *Dicionário de história religiosa de Portugal.* Lisboa, 2000.

http://digitarq.dgarq.gov.pt/details?id=4380642

Datas de produção: Dado o Arquivo ainda estar a ser organizado, presumimos que a documentação de data anterior à da fundação possa ser referente à constituição do respetivo património que, regra geral, antecedia a fundação do Mosteiro ou de instituições que lhe tenham sido anexas.

Recenseamento feito por Adriana Antunes e Gracinda Guedes em 2012, esta última responsável pela descrição e revisão em 2014.

# Mosteiro de Nossa Senhora da Assunção de Semide

**Código de referência:** PT/AUC/MC/MNSAS

**Título:** Mosteiro de Nossa Senhora da Assunção de Semide

**Datas de produção:** 1499-03-16 / 1896-08-21

**Dimensão e suporte:** 123 u. i. (85 liv.; 38 mç.); pergaminho e papel.

**História administrativa, biográfica e familiar:** Pertencente à Ordem de S. Bento, o Mosteiro de Nossa Senhora da Assunção de Semide, destinado a religiosas, era também conhecido por Mosteiro de Santa Maria de Semide. Antes de 1154, ano em que está documentado na carta de couto, foi fundado em Semide, por iniciativa do bispo D. João Anaia e de seu irmão Martinho. Inicialmente destinava-se a recolher monges, não se conhecendo a Regra. Em meados de 1183, passou para as monjas de São Bento.

Em 1610, D. Afonso de Castelo Branco, bispo de Coimbra, fez transferir, com autorização pontifícia, as freiras para o Mosteiro de Santa Ana de Coimbra, por ele edificado para Cónegas Regrantes de Santo Agostinho. Mas pouco tempo depois (nesse mesmo ano), a comunidade regressou a Semide. A partir de então, as abadessas passaram a ser eleitas por três anos.

Encerrado o noviciado em 1833, em 1834, no âmbito da "Reforma geral eclesiástica" empreendida pelo ministro e secretário de Estado, Joaquim António de Aguiar, executada pela Comissão da Reforma Geral do Clero (1833-1837), pelo Decreto de 30 de maio, foram extintos todos os conventos, mosteiros, colégios, hospícios e casas de religiosos de todas as ordens religiosas, ficando as de religiosas, sujeitas aos respetivos bispos, até à morte da última freira, data do encerramento definitivo. Em 1896, o mosteiro foi encerrado por morte da última monja.

**Âmbito e conteúdo:** Contém, entre outra, aforamentos, alvarás, autos, cartas, contratos, correspondência, demandas, emprazamentos, comendas, petições, foros, inquirições, inventários, letras pontifícias, libelos, licenças, medições de prazos, memórias, privilégios, processos cíveis, procurações, provisões, quitações, recibos, requerimentos, sentenças, termos de fiança, entre outros.

**Sistema de organização:** Documentação não tratada arquivisticamente.

**Cota atual:** III-1ªD

**Instrumentos de pesquisa:** Recenseamento.

**Notas do arquivista:** Fonte de informação para a História administrativa: MARTINS, Rui Cunha - *Património, poder e parentesco. O mosteiro de Semide*. Lisboa: Escher, 1992.

Descrição elaborada por Júlio Ramos e Elisabete Dias, em 2012.


## Mosteiro de Nossa Senhora da Misericórdia de Aveiro

**Código de referência:** PT/AUC/MC/MNSMA

**Título:** Mosteiro de Nossa Senhora da Misericórdia de Aveiro

**Datas de produção:** 1457 / 1886

**Datas de acumulação:** 1457-1834 (?)

**Dimensão e suporte:** 33 u. i. (2 cx., 31 liv.); papel.

**História administrativa, biográfica e familiar:** O Mosteiro da Nossa Senhora da Misericórdia de Aveiro, também designado São Domingos de Aveiro, era masculino, e pertencia à Ordem dos Pregadores (Dominicanos).

A fundação do mosteiro foi autorizada por breve do Papa Martinho V, datado de 13 de março (apesar de haver autores que antecipam a redação do breve para 19 de fevereiro), em resposta ao pedido do Infante D. Pedro, filho do Rei D. João I, no ano de 1423.

A 23 de maio desse mesmo ano o próprio Infante D. Pedro terá dado início à construção do mosteiro, com a colocação da primeira pedra, sob a invocação de Nossa Senhora do Pranto, tendo depois sido chamado Mosteiro de Nossa Senhora da Piedade e, por mudança de invocação, passou a designar-se Mosteiro Nossa Senhora da Misericórdia.

Em 1464, o bispo de Coimbra, D. Jorge de Almeida, grande impulsionador desta obra, sagrou a igreja do mosteiro.

No âmbito da "Reforma geral eclesiástica" de 1834, empreendida pelo Ministro e Secretário de Estado, Joaquim António de Aguiar, pelo Decreto de 30 de maio, foram extintos todos os mosteiros, e os seus bens foram incorporados nos Próprios da Fazenda Nacional, tendo sido feito inventário dos bens a 9 de junho desse mesmo ano.

**Âmbito e conteúdo:** Documentos de gestão patrimonial e financeira do mosteiro nomeadamente: escrituras de agravo, arrematações, compras e sentenças; foros e juros; tombos; rendas; receitas; obrigações; memórias e legados; livros do celeiro, entre outros.

**Sistema de organização:** Documentação não tratada arquivisticamente.

**Cota atual:** III-1ª-D-15-2-1 a III-1ª-D-15-2-31-A

**Instrumentos de pesquisa:** Recenseamento.

**Notas do arquivista:** Fonte de informação ao campo História administrativa: FERREIRA, A. J. L. C. - *Poder, prestígio e imagem no antigo convento de São Domingos de Aveiro*. [on-line], 2005. Disponível em: https://repositorium.sdum.uminho.pt/bitstream/1822/4727/2/ Volume%202-Documentos.pdf. Acedido a 16-12-2013.http://digitarq.dgarq. gov.pt/details?id=4380647

Ao campo Data de produção: Dado o Arquivo ainda não ter sido estudado, presumimos que a documentação de data posterior à da extinção possa ser referente à gestão do respetivo património que, regra geral, sucedia à extinção das Instituições desta natureza devendo, a confirmar-se esta hipótese, transitar para o fundo da Direção de Finanças de Aveiro em respeito pelo princípio da proveniência.

Recenseamento e descrição elaborados por Adriana Antunes e Gracinda Guedes em 2012.


# Mosteiro do Salvador de Moreira

**Código de referência:** PT/AUC/MC/MSM

**Título:** Mosteiro do Salvador de Moreira

**Datas de produção:** 1317 / 1474

**Dimensão e suporte:** 2 doc.; pergaminho

**História administrativa, biográfica e familiar:** Originalmente, era um mosteiro dúplice (de monges e monjas) cuja origem remonta ao séc. XI, tendo sido, primeiramente, fundado em Gontão. Foi depois transferido para a freguesia de Moreira, do concelho da Maia, com invocação do Salvador (anteriormente com invocação de S. Jorge) e foi sagrado, em 1112, de acordo com a tradição, por D. Hugo, bispo do Porto. Pertenceu à Congregação dos Cónegos Regrantes de Santo Agostinho, passando a mosteiro masculino em 1147. Recebeu carta de couto dada por D. Afonso Henriques, em 1170, bem como privilégios diversos, como o de cavalaria, aposentadoria e comedoria. Entre outros privilégios que lhe foram dados pelos reis de Portugal, conta-se o da apresentação de diversas igrejas em terras da Feira. Também foi conhecido como Mosteiro de S. Salvador de Moreira da Maia. Teve administração por abades comendatários, até ser integrado na Congregação de Santa Cruz de Coimbra, em 1565, à semelhança do que se passou com os mosteiros de Landim e de Refóios.

Por Breve do Papa Clemente XIV, de 1770, foi decretada a sua extinção e união dos seus bens ao Mosteiro de Mafra.

**Âmbito e conteúdo:** Inclui dois documentos, em pergaminho, sendo o mais antigo, de 1317, uma pública-forma da composição feita em 1298 entre o bispo do Porto e o Mosteiro, em que aquele lhe deu, por retribuição de serviços prestados, a apresentação das igrejas de S. Mamede de Perafita, Santa Maria de Vila Nova, S. Cosme de Gemunde e S. João de Amidelo.

O outro documento, de 1474, diz respeito ao emprazamento de casais em Vila Nova de Moreira.

**Sistema de organização:** Ordenação cronológica.

**Cota atual:** IV-3.ª-Gav. 7B - n.º 29; IV-3.ª-Gav. 10 - n.º 5

**Instrumentos de pesquisa:** PEREIRA, Gabriel - *Catalogo dos pergaminhos do cartorio da Universidade de Coimbra*. Coimbra: Imprensa da Universidade, 1881.

**Notas do arquivista:** Descrição arquivística por Ana Maria Leitão Bandeira, em 2013, com base, sobretudo, na análise da própria documentação, em SOUSA, Bernardo Vasconcelos e (dir.) – *Ordens religiosas em Portugal: das origens a Trento: guia histórico*. Lisboa: Livros Horizonte, 2005 e na descrição arquivística de PT/TT/MSM.

Nota a Datas de produção: foi feita conversão da data de 1355, em era visigótica, para o ano de 1317, da era cristã.

## Mosteiro de Sanfins de Friestas

**Código de referência:** PT/AUC/MC/MSFF

**Título:** Mosteiro de Sanfins de Friestas

**Datas de produção:** 1242 / 1548

**Dimensão e suporte:** 34 doc.; pergaminho.

**História administrativa, biográfica e familiar:** Em 813, há já notícia da existência deste mosteiro. D. Afonso Henriques concedeu carta de couto a este mosteiro beneditino, em 1172. Construído no lugar de Eiras, freguesia de Sanfins, concelho de Valença, recebeu privilégios régios, dados por D. João I, confirmando também os privilégios já recebidos de monarcas anteriores. Entre esses privilégios contavam-se o de receber um quinto de todo o pescado do rio Minho, assim como os primeiros peixes pescados anualmente (solho, salmão e truta) e ainda a primeira "veação" que morrer anualmente, ou seja, o porco-montês, o veado, o gamo ou o corço.

Do padroado do mosteiro faziam parte as igrejas de Santa Marinha de Verdoejo, S. Mamede e S. Cristóvão de Gondomil, Santiago de Boivão, Santa Maria de Moreira e S. Miguel de Sago.

Foi administrado por abades comendatários que conduziram o mosteiro a grande decadência, até que foi extinto no reinado de D. João III e anexado, por bula do papa Paulo III, de 1548, ao Colégio de Jesus de Coimbra. Depois de alguns anos de contendas, só em 1554, o referido colégio recebeu, definitivamente, estes bens.

**Âmbito e conteúdo:** Inclui documentos de diversa natureza jurídica e diplomática (cartas de emprazamento, venda, sentenças) que ilustram a administração do património do mosteiro, formado por diversos casais em Melim, Soutelo, Carvalhal, Bouça, Bodiães, Reguengo, etc., e herdades em Torporiz.

Inclui documentos pontifícios relativos à união das igrejas de Santa Marinha de Verdoejo, S. Miguel de Sago, Santiago de Boivão, Santa Maria de Moreira e S. Cristóvão de Gondomil.

**Sistema de organização:** Apenas a ordenação cronológica.

**Cota atual:** IV - 3.ª - Gav. 7 A - n.º 2; Gav. 7 B - n.º 1 e 2; Gav. 10 A - n.º 38 a 56; Gav. 13 A - n.º 30 a a 38; Gav. 22 - n.º 6 e 7; Gav. 26 - n.º 1, 2 e 3

**Instrumentos de pesquisa:** PEREIRA, Gabriel - *Catalogo de perga-minhos do cartorio da Universidade de Coimbra*. Coimbra: Imprensa da Universidade, 1881.

**Notas do arquivista:** Descrição arquivística por Ana Maria Leitão Bandeira, em 2013, com base, sobretudo, na análise da própria documentação e na obra: SOUSA, Bernardo Vasconcelos e (dir.) – *Ordens religiosas em Portugal: das origens a Trento: guia histórico*. Lisboa: Livros Horizonte, 2005.


## Mosteiro de Santa Cruz de Coimbra

**Código de referência:** PT/AUC/MC/MSCC

**Título:** Mosteiro de Santa Cruz de Coimbra

**Datas de produção:** 1256 / 1834

**Dimensão e suporte:** 238 u. i. (192 liv., 26 mç., 20 pt. (143 doc.); pergaminho e papel.

**História administrativa, biográfica e familiar:** Mosteiro masculino da Ordem dos Cónegos Regrantes de Santo Agostinho, sediado em Coimbra. Deve-se a sua fundação, em 1131, a D. Telo, um arcediago da Sé de Coimbra, que teve como intuito a renovação canónica da Sé. O altar-mor do primitivo edifício monástico foi sagrado, cerca de 1150, pelo bispo D. João Peculiar. Obteve diversos privilégios régios, entre os quais o de estar isento da jurisdição episcopal. A paróquia de Santa Cruz foi criada ao redor do edifício monástico, com sede na sua igreja, estando sob a alçada do mosteiro, como *Nullius diocesis*. A ligação de D. Afonso Henriques a este mosteiro revelou-se no seu protecionismo e foi aqui que se ergueu o túmulo régio (razão pela qual o Mosteiro foi designado Panteão Nacional em 2003). Os monarcas seus sucessores continuaram este protecionismo, fazendo-lhe avultadas dotações patrimoniais. Possuía jurisdição privativa, com um juiz conservador, privilégio que foi concedido pelo papa Júlio II, por Bula de 2 de abril de 1512, assim como detinha, entre outros, o privilégio de possuir tabelião privativo. Por Carta régia de 22 de dezembro de 1536, foram escusados todos os moradores em propriedades do Mosteiro, de servir cargos do concelho, confirmando o mesmo privilégio, já concedido, em 1418, pelo rei D. Fernando. D. Teotónio foi o primeiro prior-mor do Mosteiro. O edifício sofreu inúmeras reformas ao longo do tempo, particularmente no reinado de D. Manuel (sendo então arquiteto Marcos Pires) e no reinado de D. João III (sendo arquitetos das obras Diogo de Castilho e Nicolau Chanterene).

O seu *scriptorium* teve renomada projeção, sobretudo no século XII e dele saíram valiosos manuscritos, muitos dos quais se encontram hoje na Biblioteca Municipal do Porto, para onde foram levados por Alexandre Herculano e outros recolhidos por Costa Bastos no Arquivo Nacional da Torre do Tombo. Entre os códices saídos do seu *scriptorium* conta-se, por exemplo, uma versão do "Livro das Aves" (hoje localizada na Biblioteca Municipal do Porto). Possuiu uma escola monástica, onde se concediam graus, à semelhança do que era feito na Universidade de Coimbra.

Em 1527, a corte esteve sediada em Coimbra e D. João III aqui se instalou na sua Alcáçova real, entre o verão e outono desse ano. Foi durante este tempo que entregou ao monge jeronimita Fr. Brás de Barros (também designado como Fr. Brás de Braga) a reforma monástica da instituição. Este foi o reformador e governador do Mosteiro de 1527 a 1554. D. João III determinou a extinção do priorado-mor do Mosteiro, após o falecimento de D. Duarte (filho natural de D. João III), arcebispo de Braga e o último prior-mor do Mosteiro de Santa Cruz. Os seus bens foram doados à Universidade de Coimbra, em 1537. Só após alguns anos de contendas, a Universidade tomou posse destes bens, já no reinado de Filipe II. No entanto, os bens que se situavam em Leiria foram aplicados para a sustentação do bispado de Leiria criado por Bula *Pro excellenti* do Papa Paulo III, de 22 de maio de 1545. Pela Bula *Decet Romanum Pontificem*, da mesma data, esses bens foram anexados ao novo bispado.

Possuiu um extenso património formado por bens situados no atual distrito de Coimbra, entre os quais figuram o Couto de Cadima, o Couto de Tavarede, etc. Apresentava *in solidum* o reitor de algumas igrejas do seu padroado, como a igreja de Santa Eulália de Aguada de Cima.

As reformas monásticas do século XVI ditaram a extinção de alguns mosteiros e é nesse contexto que foram anexados ao Mosteiro de Santa Cruz, entre outros, o Mosteiro de São Miguel de Vilarinho, pela Bula *Pro apostolicae servitutis* do papa Clemente VIII, de 19 de maio de 1594. Citem-se ainda os Mosteiros de Grijó, Landim, Refóios, Caramos, Paderne, etc., que também foram extintos e anexados ao Mosteiro de Santa Cruz de Coimbra.

Foi extinto na sequência do Decreto de 30 de maio de 1834, do ministro Joaquim António de Aguiar, para extinção de todas as ordens religiosas.

**Âmbito e conteúdo:** Inclui livros de escrituras notariais diversas, em que se incluem emprazamentos, arrendamentos, escambos, permutas, obrigações, etc., bem como livros de escrituras de reconhecimento de prazos (1518-1834). Inclui também tombos de medição e demarcação de bens (1519-1799), em Ansião, Cadima, Quintã, Mira, Azambuja, Arazede, Vila Nova de Outil, Alhadas, Casal Comba, Condeixa, Maiorca, Alhadas, Quiaios, Souselas, Louriçal, Tavarede, etc.

Inclui ainda traslados diversos de títulos de privilégios e jurisdição privativa, bem como documentos sobre relações e destrinça de foros, cobrança de rendas, sentenças sobre prazos, etc.

Engloba uma coleção de pergaminhos (1256-1815) com documentos de diversa natureza jurídica (escambos, aforamentos, sentenças, etc.) relativos à jurisdição, privilégios e administração de bens patrimoniais.

**Sistema de organização:** Ordenação numérica aposta por ocasião da ordenação atribuída ao realizar o Inventário dos Próprios Nacionais. Coleção de pergaminhos, ordenada cronologicamente, apenas em parte.

**Cota atual:** III-1.ªD-10-2-1 a 42; III-1.ªD-10-3-1 a 53;III-1.ªD-10-4-1 a 59;III-1.ªD-10-5-1 a 69; IV-3.ª-Gav. 7B e Gav. 13; V-3.ª-Móv. 5, Gav. 3 a 8; V-3.ª-Móv. 7, Gav. 1;V-3.ª-Móv. 8, Gav. 2 e 3;V-3.ª-Móv. 9, Gav. 4 a 6; V-3.ª--Móv. 12, Gav. 1 a 7

**Instrumentos de pesquisa:** Recenseamento de unidades de instalação, de acordo com a numeração aposta por ocasião do Inventário dos Próprios Nacionais.

**Notas do arquivista:** Descrição arquivística por Ana Maria Leitão Bandeira, em 2014, com base na análise da documentação.

Nota a História Administrativa: alguns dados foram colhidos na descrição arquivística de PT/TT/MSCC (acessível em http://digitarq.arquivos. pt/details?id=1457739), em CORREIA, Vergílio; GONÇALVES, Nogueira - *Inventário Artístico de Portugal: cidade de Coimbra*. Lisboa: Academia Nacional de Belas Artes, 1947, em SOUSA, Bernardo Vasconcelos e (dir.) – *Ordens religiosas em Portugal: das origens a Trento: guia histórico*. Lisboa: Livros Horizonte, 2005 e outros foram colhidos na própria documentação original, nomeadamente "Privilégios e sentenças" (cota AUC-III-1.ªD-10-5-17) e "Livro das visitações dos mosteiros dos cónegos regulares da Congregação de Santa cruz de Coimbra", 1630-1633 (cota AUC-III-1.ªD-10-5-29).

## Mosteiro de Santa Maria de Arouca

**Código de referência:** PT/AUC/MC/MSMAR

**Título:** Mosteiro de Santa Maria de Arouca

**Datas de produção:** 1440 / 1885

**Dimensão e suporte:** 353 u. i. (25 cx.; 325 liv.; 2 mç.; 1 pts.); papel.

**História administrativa, biográfica e familiar:** O mosteiro, que à data era masculino, terá sido fundado na primeira metade do século X, por Loderigo e Vandilo sob a invocação de São Pedro e São Paulo. Diversos benfeitores viriam a enriquecer o seu património com diversas possessões, rendas, benefícios e a própria proteção Régia que, em 1132 e 1143, concedeu ao Mosteiro cartas de couto.

Por esta altura o mosteiro já albergava uma comunidade dúplice, tendo adotado a regra Beneditina. Posteriormente a comunidade passou a exclusivamente feminina.

D. Sancho I, em 1224, doou o padroado do Mosteiro a sua filha, D. Mafalda, viúva do rei de Castela. Posteriormente a comunidade, aparentemente por influência da Princesa, adotou a regra de São Bernardo, aprovada pelo papa Honório III em 1226. A sua presença robusteceu o mosteiro: financeira e espiritualmente tornando-o um dos mais proeminentes atraindo as senhoras da mais alta nobreza e os seus respetivos dotes e doações.

Os sucessivos reis cumularam o cenóbio de mercês ora por confirmação de privilégios outorgados pelos seus antecessores, ora pela concessão de benefícios, rendas e doações.

No âmbito da "Reforma geral eclesiástica" de 1834, empreendida pelo ministro e secretário de Estado, Joaquim António de Aguiar, pelo Decreto de 30 de maio, foram extintos todos os mosteiros, ficando as de religiosas, sujeitas aos respetivos bispos, até à morte da última freira, e os seus bens incorporados nos Próprios da Fazenda Nacional.

O encerramento definitivo ocorreu a 3 de junho 1886, pela morte da última freira.

**Âmbito e conteúdo:** Documentos de gestão patrimonial e financeira do Mosteiro nomeadamente: arrendamentos, autos de penhora, cartas citatórias e precatórias, sentenças cíveis, citações e demarcações, contas, recibos, rendimentos e requerimentos; contratos e prazos, foros, índices, laudémios, sentenças, tombos, etc... relativo a localidades de Arouca, Salvador, Santa Eulália, São Martinho, Alvarenga, São Bartolomeu de Veiros, Santa Maria da Murtosa, Santa Ovaia, Estarreja, entre muitas outras.

**Sistema de organização:** Documentação não tratada arquivisticamente.

**Cota atual:** III-1ª-D-13-1-1 a III-1ª-D-14-2-11

**Instrumentos de pesquisa:** Recenseamento.

**Notas do arquivista:** Fonte de informação ao campo História administrativa: http://digitarq.dgarq.gov.pt/details?id=4224348

RÊPAS, L. M. (1998) – "O Mosteiro de Arouca. Os documentos escritos como fonte de conhecimento (1286-1299)". *Humanitas*, (50), 539-586.

"Mosteiro de Arouca". In *Infopédia* [Em linha]. Porto: Porto Editora, 2003-2013. [Consult. 2013-12-18]. Disponível na www: <URL: http://www.infopedia.pt/$mosteiro-de-arouca>.

Recenseamento e descrição elaborados por Adriana Antunes e Gracinda Guedes em 2012.

## Mosteiro de Santa Maria de Cárquere

**Código de referência:** PT/AUC/MC/MSMCQ

**Título:** Mosteiro de Santa Maria de Cárquere

**Datas de produção:** 1460 / 1561

**Dimensão e suporte:** 7. u. i. (1 liv., 6 pt. (112 doc.); pergaminho e papel.

**História administrativa, biográfica e familiar:** O Mosteiro de Santa Maria de Cárquere, localizado na freguesia do mesmo nome, concelho de Resende, distrito de Viseu, pertenceu à ordem dos Cónegos Regrantes de Santo Agostinho. A sua origem, envolta em lendas, remonta à data, provável, de 1131. A sua história tem estado associada à milagrosa cura de D. Afonso Henriques, quando, ainda criança, terá sido curado de uma enfermidade de nascença. Na sequência da reforma monástica de muitos conventos, no séc. XVI, governados por abades comendatários, também este Mosteiro foi extinto por D. João III. Os seus bens foram anexados ao Colégio de Jesus de Coimbra, tendo sido esta anexação confirmada, a pedido do rei D. Sebastião, pela Bula *Ad apostolicae dignitatis*, do Papa Pio IV, de 1 de abril de 1561.

O seu património era constituído por bens diversos localizados em Resende, Aregos, Felgueiras, Alvarenga, etc.

**Âmbito e conteúdo:** Inclui livro onde se insere diversa documentação, como a visitação ao Mosteiro (1554-1555), devassa sobre eleição do reitor (1560), processo judicial, etc.

Inclui também documentação avulsa, formando uma coleção de pergaminhos (1460-1561) que ilustra a administração de bens do Mosteiro.

**Sistema de organização:** Ordenação cronológica da coleção de pergaminhos.

**Cota atual:** IV-3.ª-Gav. 10B, mç.3 (n.º 57 a 70); IV-3.ª-Gav. 11, mç.4 (n.º 71 a 102); IV-3.ª-Gav. 15, mç.6 (n.º 91 a 111); IV-3.ª-Gav. 15A, mç.7 (n.º 112 a 137); IV-3.ª-Gav. 23A (n.º 11, 19, 20); IV-3.ª-Gav. 23B (n.º 21 a 25, 27 a 29); IV-3.ª-Gav. 24 (n.º 32); IV-3.ª-Gav. 25 (n.º 2)

**Instrumentos de pesquisa:** Inventário e PEREIRA, Gabriel - *Catalogo dos pergaminhos do cartorio da Universidade de Coimbra*. Coimbra: Imprensa da Universidade, 1881.

**Notas do arquivista:** Descrição arquivística por Ana Maria Leitão Bandeira, em 2014, com base, sobretudo, na análise da própria documentação e SOUSA, Bernardo Vasconcelos e (dir.) – *Ordens religiosas* *em Portugal: das origens a Trento: guia histórico.* Lisboa: Livros Horizonte, 2005.


## Mosteiro de Santa Maria de Carvoeiro

**Código de referência:** PT/AUC/MC/MSMCV
**Título:** Mosteiro de Santa Maria de Carvoeiro
**Datas de produção:** 1800 / 1900
**Dimensão e suporte:** 1 u. i. (doc.); papel.
**História administrativa, biográfica e familiar:** O Mosteiro terá sido fundado nos finais do séc. XI, era masculino e pertencia à Ordem e à Congregação de São Bento, tendo adotado a sua regra entre a data da sua fundação e os princípios do séc. XII.

D. Afonso Henriques concedeu-lhe e outorgou-lhe carta de couto em 1129. Porém, a partir do séc. XV, o número reduzido de monges impedia, com regularidade, a eleição de um abade que presidisse aos destinos do mosteiro, havendo, em alternativa, a necessidade de recorrer a abades comendatários. A eleição de abades trienais só voltou a ocorrer a partir do início do séc. XVII, após a morte do último comendatário, Pedro da Grã.

No âmbito da "Reforma geral eclesiástica" de 1834, empreendida pelo ministro e secretário de Estado, Joaquim António de Aguiar, pelo Decreto de 30 de maio, foram extintos todos os mosteiros, e os seus bens foram incorporados nos Próprios da Fazenda Nacional, tendo-se iniciado o inventário dos bens a 7 de maio do mesmo ano.

**Âmbito e conteúdo:** Alegações relativas a processo sobre lutuosas, das freguesias de Carvoeiro e de Durães, alegando nunca terem pertencido à Casa de Bragança.

**Sistema de organização:** Contém apenas um documento.
**Cota atual:** V-2ªE-3-3-(cx. com diversas Instituições)
**Instrumentos de pesquisa:** Catálogo.
**Notas do arquivista:** Descrição feita por Gracinda Guedes em 2014, com base em recenseamento elaborado por Ludovina Cartaxo Capelo em 2012.

# Mosteiro de Santa Maria de Celas

**Código de referência:** PT /AUC/MC/MSMCCBR

**Título:** Mosteiro de Santa Maria de Celas

**Datas de produção:** 1219 / 1934

**Datas de acumulação:** 1221-1883

**Dimensão e suporte:** 55 u. i. (9 cx., 46 liv.); pergaminho e papel.

**História administrativa, biográfica e familiar:** O Real Mosteiro de Santa Maria de Celas foi fundado por volta do ano de 1221 no "vale de Vimarães, e na extremidade do mais formoso arrabalde de Coimbra", era feminino e pertencia à Ordem de Cister.

Na descrição feita por frei Bernardo da Assunção, baseada nos documentos existentes no cartório deste mosteiro e mandada fazer pelas abadessas Maria Manuel e Maria de Mendonça, esta última eleita no ano de 1648, narra assim: - "Dona Sancha, filha do rei Sancho I, (...) que viveu alguns anos neste lugar; acho memória sua do ano de mil e duzentos e dezanove em que fez algumas compras de fazenda, assi neste sítio e em lugares circunvizinhos (...). Mas como esta rainha não teve a quietação que era devida à qualidade de sua pessoa, pois em um tempo estava em Alenquer, em outro em Montemor, não pode efectuar o que o seu bom ânimo lhe pedia, que era aperfeiçoar este convento, para o qual intento pedio ao arcebispo de Braga e ao bispo de Coimbra lhe assinassem lugar para fazer hum oratório para viver com algumas religiosas em recolhimento, oração e contemplação: Foi-lhe concedida a licença (...) do tempo em que se concedeu esta licença não consta ao certo, porque não relata a concessão o ano em que foi passada, somente se faz menção do mês em que se concedeu: desta porta do sol e lugar dela não acho memória certa: devião de escolher este sítio como mais acomodado a seu intento, assim pela abundância das águas como pela fertilidade da terra e temperatura dos ares. Foi ordem da Divina bondade se fundasse tão religioso e observante mosteiro (...)". Livro de Títulos e Memórias Antigas MSMCCBR-35.

Mais adiante narra o mesmo livro: "Suposto que este mosteiro de Santa Maria de Celas se possa dizer que na vila de Alenquer teve seu princípio. Assim por a rainha Dona Sancha, filha e El-rei Dom Sancho primeiro do nome e segundo deste Reino, Senhora daquela vila ser sua padroeira: Como por haver primeiro naquela vila religiosas, que eu per notícia alcancei, não serem mais de sete, nem o sítio he capaz de mais gente: no qual sítio está ainda hoje uma capela da feitura da deste convento, e se chama Santa Maria, aonde a santa fazia muitos milagres (...)". MSMCCBR-35.

A sua fundadora mandou fazer uma igreja e dependências à sua volta, onde se recolhem as freiras. Do primitivo mosteiro cisterciense pouco resta, pois que o mesmo sofreu obras de vulto, nos séculos XVI e XVIII.

Este mosteiro, dada a sua estirpe, foi escolhido por muitos ilustres para aqui colocarem as suas filhas.

Em 1834, no âmbito da "Reforma geral eclesiástica" e pelo Decreto de 30 de maio, foram extintos todos os conventos, mosteiros, colégios, hospícios e casas de religiosos de todas as ordens religiosas, ficando as de religiosas, sujeitas aos respetivos bispos, até à morte da última freira, data do seu encerramento definitivo.

Em carta datada de 1837, diz que as religiosas deste mosteiro são 22 e estão reduzidas ao último apuro.

Com o falecimento da última religiosa D. Maria Felismina de Nossa Senhora do Ó de Figueiredo Negrão, da Ordem de São Bernardo, em 15 de abril de 1883, encerrou o Mosteiro de Santa Maria de Celas de Coimbra, o que determina a sua extinção.

**Âmbito e conteúdo:** A documentação deste fundo é relativa, na sua grande maioria, à administração financeira e patrimonial do Mosteiro de Santa Maria de Celas de Coimbra, nomeadamente: títulos de propriedades, privilégios, e outros relacionados com a administração de bens e pessoas, como bulas pontifícias e documentação episcopal, cartas régias, cartas de aforamento, de arrendamento, de compra, de doações, de emprazamento, de escambo, de fiança, de posse, de privilégio, de venda, contratos, demandas, inventários de bens, sentenças, títulos de herança.

A documentação menciona bens situados nos lugares e termos de Alenquer, Coimbra, Figueiró dos Vinhos, Lisboa, Lousã, Miranda, Montemor-o-Velho, Santarém, Cernache, Torres Vedras e Ventosa do Bairro, entre outros.

**Sistema de organização:** A documentação foi classificada em séries documentais, correspondendo à tipologia formal dos atos. As séries estão ordenadas alfabeticamente e dentro destas cronologicamente.

**Cota atual:** III-1ª D-9-3 e 4

**Instrumentos de pesquisa:** Inventário - disponível em: http://www. uc.pt/auc/fundos/ficheiros/MOS_SantaMariaCelasCoimbra.pdf

**Notas do arquivista:** Fonte de informação ao campo História administrativa: CAPELO, Ludovina Cartaxo (2010) - *Mosteiro de Santa Maria de Celas de Coimbra.* http://digitarq.dgarq.gov.pt/details?id=1459308

Ao campo Datas de produção: A documentação de data posterior à da extinção presumimos que possa ser referente à gestão do respetivo património que, regra geral, sucedia à extinção das Instituições desta natureza devendo, a confirmar-se esta hipótese, ser descrita como parte integrante do fundo da Direção de Finanças de Coimbra em respeito pelo princípio da proveniência.

Descrição feita com base em estudo arquivístico elaborado por Ludovina Cartaxo Capelo em 2010. Registo feito por Adriana Antunes, revisto por Gracinda Guedes em 2014.


## Mosteiro de Santa Maria de Lorvão

**Código de referência:** PT/AUC/MC/MSML

**Título:** Mosteiro de Santa Maria de Lorvão

**Datas de produção:** 1612 / 1886

**Dimensão e suporte:** 163 u. i. (155 liv., 8 mç.); papel.

**História administrativa, biográfica e familiar:** Inicialmente, o Mosteiro de Santa Maria de Lorvão, na freguesia de Penacova (c. Coimbra) foi uma casa monástica masculina, da Ordem de S. Bento, datando a sua fundação de cerca de 878 (ano em que foi tomada a cidade de Coimbra), estando então dedicado a S. Mamede e a S. Pelágio. O Conde D. Henrique doou esse mosteiro à Sé de Coimbra em 1109.

Quando D. Teresa obteve a separação do rei de Leão Afonso IX, por anulação do matrimónio, em 1196, regressando a Portugal, seu pai,

D. Sancho I, ofereceu-lhe esse mosteiro, em 24 de dezembro de 1200, tendo ali fundado um cenóbio feminino, da Ordem de Cister. Fruto de sucessivas reformas, o edifício foi sendo alterado, no que toca ao claustro, ao dormitório, à igreja, etc.

Por contrato celebrado em 1714, com os ourives Manuel Carneiro da Silva e Domingos Pinto Ferraz, do Porto, estes elaboraram as urnas em prata, obra exemplar da ourivesaria barroca e da arte tumular, existentes na capela-mor, nas quais foram colocadas as ossadas das Santas Teresa e Sancha. D. Teresa, a Infanta-Rainha faleceu no Lorvão, em 18 de junho de 1250, tendo sido beatificada e depois canonizada, em 1705, por bula do Papa Clemente XI, de 13 de dezembro. Por sua vez, sua irmã, D. Sancha, que foi abadessa do Mosteiro do Lorvão, faleceu em 13 de março de 1229 e foi também beatificada e canonizada, juntamente com a sua irmã, pelo mesmo documento pontifício.

Esteve sob proteção régia, tendo recebido diversos privilégios dados por D. Duarte, D. Afonso V e D. Manuel, mantendo-se sempre sob a jurisdição episcopal de Coimbra.

Teve na sua posse diversos bens rústicos, dos quais recebia rendas, em Sazes, Pampilhosa, Larçã, Ançã, S. Martinho de Árvore, Serpins, Midões, Abiul, Almoster, S. Tiago da Guarda, Lisboa, etc.

As paróquias de Abiul (c. Pombal), Almoster (c. Alvaiázere), Couto de Baixo e Couto de Cima (c. Viseu), Treixede (c. Santa comba Dão), Cacia (c. Aveiro) e Esgueira (c. Aveiro) foram da apresentação do Mosteiro de Lorvão.

Entre outros diversos bens, do seu património, podem citar-se a Quinta de Esgueira e a Quinta do Botão, formadas por propriedades, casas, celeiro, lagares de vinho e azeite.

O mosteiro foi extinto, de acordo com o Decreto do ministro Joaquim António de Aguiar, de extinção das ordens monásticas, de 30 de março de 1834, mantendo-se em funcionamento enquanto fossem vivas as religiosas que o habitavam. Em 1879 ainda ali vivia uma religiosa, tendo falecido a última abadessa, D. Luísa Madalena de Sousa Tudela, em 1887.

**Âmbito e conteúdo:** Inclui tombos de medição e demarcação de bens em Brasfemes, Souselas, Cioga do Monte, Pampilhosa, Outeiro e Botão,

S. Martinho de Árvore, S. Silvestre, Ançã, Foz de Arouce, Sepins, Esgueira, Perrães, Poiares, etc.

Inclui também livros de escrituras notariais de emprazamentos, aforamentos, escambos, compras, etc., bem como livros de receitas de foros e rendas, róis e lembranças de foros e rendas e índices de foros. Contém livro de pagamento de vencimentos a empregados do mosteiro (1835-1867) e livro de pagamento dos mesmos vencimentos, bem como pagamento de côngruas aos vigários e curas das igrejas de Lorvão, Botão, Brasfemes, S. Martinho de Árvore, Santiago da Guarda, Almoster e Abiul, bem como os pagamentos de rações e propinas a religiosas e seculares (1793-1835). Inclui ainda o inventário de bens, feito em 1858, sendo abadessa D. Maria da Graça Freire Pessoa, por ordem do delegado do Tesouro Público do distrito de Coimbra.

**Sistema de organização:** Ordenação numérica, de acordo com a organização atribuída quando foi elaborado o Inventário dos Próprios Nacionais.

**Cota atual:** III-1.ªD-11-2-2 a 54; III-1.ªD-3-1 a 96; III-1.ªD-4-1 a 16

**Instrumentos de pesquisa:** Inventário.

**Notas do arquivista:** Descrição arquivística por Ana Maria Leitão Bandeira, em 2014, com base na análise da própria documentação. Nota a História administrativa: foram consultadas a descrição de PT/TT/MSML (acessível em http://digitarq.dgarq.gov.pt/details?id=4381036) e CORREIA, Vergílio; GONÇALVES, A. Nogueira - *Inventário Artístico de Portugal: distrito de Coimbra*. Lisboa: Academia Nacional de Belas Artes, 1952.


### Mosteiro de Santa Maria de Pombeiro

**Código de referência:** PT/AUC/MC/MSMP

**Título:** Mosteiro de Santa Maria de Pombeiro

**Datas de produção:** 1726 / 1726

**Dimensão e suporte:** 1 u. i. (doc.); papel.

**História administrativa, biográfica e familiar:** O Mosteiro terá sido fundado durante a segunda metade do séc. XI, era masculino, e pertencia à Ordem e Congregação de São Bento, tendo recebido carta de couto, dada por D. Teresa, em 1112.

Foi um dos mais proeminentes e dos mais ricos desta Congregação. No âmbito da "Reforma geral eclesiástica", especialmente de 1834, empreendida pelo ministro e secretário de Estado, Joaquim António de Aguiar, pelo Decreto de 30 de maio, foram extintos todos os mosteiros, e os seus bens foram incorporados nos Próprios da Fazenda Nacional.

**Âmbito e conteúdo:** Contém uma certidão de carta tuitiva de D. João.

**Sistema de organização:** Contém apenas um documento.

**Cota atual:** V-2ª E-3-2

**Instrumentos de pesquisa:** Catálogo.

**Notas do arquivista:** Descrição feita por Gracinda Guedes em 2014, com base em recenseamento elaborado por Ludovina Cartaxo Capelo em 2012.


## Mosteiro de Santa Maria de Seiça

**Código de referência:** PT/AUC/MC/MSMS

**Título:** Mosteiro de Santa Maria de Seiça

**Datas de produção:** 1156 / 1838-07-22

**Datas de acumulação:** 1175-1834

**Dimensão e suporte:** 45 u. i. (4 cx., 41 liv.); pergaminho e papel.

**História administrativa, biográfica e familiar:** O Mosteiro era masculino, pertencia à Ordem de Cister, e foi D. Afonso Henriques quem o mandou construir em louvor à Virgem Maria em agradecimento por um milagre recebido junto da capelinha de Nossa Senhora de Seiça, segundo reza a lenda.

Terá tido origem numa pequena comunidade de eremitas ou monges já existente em 1175, os do Lorvão, que naquele tempo pertenciam à ordem de São Bento, cujo superior era o Abade D. Paio Egas nomeado para este cargo no mesmo ano em que D. Afonso Henriques lhe outorgou carta de couto.

Posteriormente, D. Sancho I mandou construir a abadia e introduziu os monges do Mosteiro de Santa Maria de Alcobaça na comunidade, a partir de 1 de março de 1195, data da doação do Mosteiro ao abade de Alcobaça, D. Mendo.

No início do século XVI, o beneditino D. João Chanones, monge originário de Montserrat e reformador dos cistercienses em Portugal, foi abade comendatário de Seiça.

Por ocasião da visita do abade de Claraval, em 1532, havia no mosteiro dezasseis monges e dois conversos pertencentes à comunidade de Seiça e onze monges e cinco conversos de Alcobaça, que tinham sido enviados no início da reforma da sua abadia.

Por essa altura, Seiça não era uma abadia de costumes decadentes, situação confirmada pelo facto de esta ter sido uma das casas a que os monges aragoneses se dirigiram em busca de apoio para reformar as abadias masculinas. De Seiça os visitantes aragoneses enviaram monges para os Mosteiros de São Cristóvão de Lafões, de Santa Maria de Aguiar e de São Pedro das Águias.

Em 1834, no âmbito da "Reforma geral eclesiástica" empreendida pelo ministro e secretário de Estado, Joaquim António de Aguiar, executada pela Comissão da Reforma Geral do Clero (1833-1837), pelo Decreto de 30 de maio, foram extintos todos os conventos, mosteiros, colégios, hospícios e casas de religiosos de todas as ordens religiosas. Os bens foram incorporados nos Próprios da Fazenda Nacional.

**Âmbito e conteúdo:** Este fundo contém um acórdão; um alvará; autos e escrituras de agravo; autos de cominação e de embargo; autos e escrituras de posse; autos executórios; avisos; documentos papais (que inclui uma bula e dois traslados de bulas e um documento que em 1518 autoriza a celebração de missas em Montemor-o-Velho perpetuamente); escrituras de capitais mutuados; cartas citatórias, cartas precatórias e requisitórias; correspondência entre o povo do Paião e o Mosteiro a pedir autorização ao rei para poder trabalhar, autorização para se mandar fazer um lagar e cartas do Rei D. Fernando); auto de execução de foros; demandas; litígios e libelos (contém as queixas entre o povo do Paião e o convento de Santa Maria de Seiça); mandatos; despesas e receitas; dívidas; escrituras diversas (contêm doações régias feitas ao real mosteiro, autos de reconhecimento e escrituras de demarcação e medição, de aforamento e emprazamento); escrituras de aforamento, arrendamento, desistência e emprazamento; escrituras de arrematação e posse; escrituras de composição e acordo (entre o mosteiro e os comendadores de Soure e Redinha); escrituras de compra e venda; escrituras de concordância e procuração; escrituras de demarcação, medição e reconhecimento; escrituras de distrate, fiança, licença e obrigação; escrituras de doação (doação de D. Sancho do ano de 1196 em traslado); escrituras de escambo; forais (entre eles Foral de Lavos datado a 1519.12.20); índices; inquirições; inventários; notas; provisões (em língua latina, Foral de Coles, traslado de 1471); relações de sisas, requerimentos, róis/inventários dos bens do mosteiro (rol de inquilinos possuidores de terras, listagem de dívidas ao mosteiro e mapa de bens pertencentes a ele no distrito da Giesteira, Samuel e sua natureza); sentenças (cartas de sentenças, sentenças cíveis, crime, destrinça e encabeçamento, repartição, excomunhão); tarifas de preços (principalmente dos géneros alimentares) e tombos (entre os quais da Giesteira, Coles e Formoselha).

**Sistema de organização:** Foram identificadas as diversas tipologias documentais existentes no fundo do referido mosteiro, tendo-se constituído séries. Estas encontram-se ordenadas alfabeticamente, estando as unidades de instalação ordenadas cronologicamente, dentro de cada série.

A tabela de classificação resultante é inclusiva a toda a tipologia documental.

**Cota atual:** III-1ªD-9-5-1 a 45; IV-3.ª-Gav.13(A)-Maço 2- n.º25; 26; V-3.ª-Móvel10-Gav.2-1; 1(A); 1(B); 1(C).

**Instrumentos de pesquisa:** Inventário e recenseamento disponíveis em: http://iduc.uc.pt/index.php/boletimauc/article/view/410/379; catálogo dos pergaminhos - PEREIRA, G. - *Catalogo dos pergaminhos do cartório da Universidade de Coimbra.* Coimbra: Imprensa da Universidade, 1881, p. 78.

**Notas do arquivista:** Fonte de informação ao campo História administrativa: MARQUES, Maria Alegria Fernandes - *Bens de dois Mosteiros Cistercienses no séc. XV: Santa Maria de Seiça e Santa Maria de Bouro. Amar, sentir e viver a História: Estudos em homenagem a Joaquim Veríssimo Serrão.* Vol. II. Lisboa, 1995, pp. 897-928.

Mundos paralelos - Mosteiro de Seiça. Disponível em: https://sites. google.com/site/faceocultadeportugal/centro/convento-de-seica. (acedido em 3 de Setembro de 2010).

PEREIRA, António José – *O Mosteiro de Santa Maria de Ceiça: da fundação ao séc. XIV*. Faculdade de Letras da Universidade de Coimbra, 2003. Trabalho realizado no âmbito da cadeira de Seminário da licenciatura em História.

PIEDADE, Valdemar – *Mosteiro de Seiça. Olhares: Fotografia online*. Disponível em: http://olhares.aeiou.pt/mosteiro_de_santa_maria_de_sei-ca_foto856931.html (acedido em 2 de Setembro de 2010).

PINTO, Inês; GASPAR, Sílvio – *Blog Mosteiro de Seiça: Uma história à espera de ser revelada*. Disponível em WWW: http://mosteirodeseica. com/ (acedido em 18 de julho de 2011).

Ao campo Datas de produção: A documentação de data anterior à da fundação é referente à constituição do respetivo património que, regra geral, antecedia a fundação de Instituições desta natureza ou de outras Instituições que lhe tenham sido anexadas.

A documentação de data posterior à da extinção referente à gestão do património do extinto mosteiro que, regra geral, sucedia à extinção das Instituições desta natureza, pertencendo ao fundo da Direção de Finanças de Coimbra em respeito pelo princípio da proveniência.

Recenseamento feito por Gracinda Guedes e Adriana Antunes, também responsável pelo estudo arquivístico e descrição elaborados em 2011, no âmbito de estágio PEPAC orientado por Gracinda Guedes.


## Mosteiro de Santo Antão de Benespera

**Código de referência:** PT/AUC/MC/MSAB

**Título:** Mosteiro de Santo Antão de Benespera

**Datas de produção:** 1458 / 1544

**Dimensão e suporte:** 14 u. i. (1 liv.; 1 pt.; 12 doc.); pergaminho e papel.

**História administrativa, biográfica e familiar:** Localizado em Benespera, freguesia do concelho da Guarda, foi o primeiro mosteiro da Ordem dos Cónegos Regrantes de Santo Antão, também designados por Hospitalários de Santo Antão, a ser fundado em Portugal, no reinado de D. Sancho II, no séc. XIII. Esta ordem, com origem em França, tinha como propósito o cuidado dos enfermos e a atividade pastoral. A reforma assistencial, operada em Portugal no séc. XVI, ditou o fim da ordem monástica de Santo Antão e o Mosteiro de Santo Antão de Benespera foi extinto e os seus bens foram anexados ao Colégio de Jesus de Coimbra, em 1543, por um período de cem anos. Foram depois, perpetuamente anexados, por Bula do Papa Paulo III, de 1550. A partir desta data o referido colégio continuou a administrar o que fora o património do Mosteiro, designando-o por foros do Mosteiro de Santo Antão.

Os seus bens estavam localizados em Benespera, Nogueira, Penedono, Cepões, Quintela, Meda e também no termo de Moncorvo, em Açoreira.

**Âmbito e conteúdo:** Inclui um volume em que estão encadernados diversos autos cíveis, de 1491 a 1517, relativos a questões de administração de bens. Inclui também alguns documentos avulsos, de 1515 a 1533, relativos a foros pagos pelos moradores de Benespera, entre os quais se contam alvarás régios, sendo comendador de Santo Antão o desembargador doutor Rui Lopes. Inclui ainda documentos régios e pontifícios, em pergaminho, relativos a privilégios do mosteiro, bem como uma sentença (1458) contra os moradores de Benespera, sobre a pensão, de trigo e galinhas, paga ao mosteiro.

**Sistema de organização:** Ordenação cronológica do acervo pergamináceo.

**Cota atual:** IV-1.ªE-25-3-16; IV-1.ªE-25-3-17; IV - 3.ª - Gav. 10 - n.º1 a 4; Gav. 12 B - n.º 232; Gav. 13 - n.º 12 a 18

**Instrumentos de pesquisa:** Recenseamento e PEREIRA, Gabriel - *Catalogo dos pergaminhos do cartorio da Universidade de Coimbra.* Coimbra: Imprensa da Universidade, 1881.

**Notas do arquivista:** Descrição arquivística por Ana Maria Leitão Bandeira, em 2013, com base na análise da própria documentação e SOUSA, Bernardo Vasconcelos e (dir.) – *Ordens religiosas em Portugal: das origens a Trento: guia histórico.* Lisboa: Livros Horizonte, 2005.

## Mosteiro de Santo Tirso

**Código de referência:** PT/AUC/MC/MST

**Título:** Mosteiro de Santo Tirso

**Datas de produção:** 1647-07-19 / 1816-01-07

**Dimensão e suporte:** 4 u. i. (2 cp., 2 liv); pergaminho e papel.

**História administrativa, biográfica e familiar:** O Mosteiro era masculino e foi fundado em 978 por D. Unisco Godinhez e seu marido Aboazar Lovesendes, sob as regras monásticas peninsulares passando posteriormente, no séc. XI, a Beneditino. O seu Couto foi instituído e doado em 1097 pelos condes D. Henrique e D. Teresa a Soeiro Mendes da Maia, que, por sua vez, o doou em 1098 ao D. Abade Gaudemiro, tornando o mosteiro num dos mais poderosos do país, tendo obtido, inclusive, Bulas de proteção dos Papas Inocêncio III e Honório III, assumindo grande relevância. A partir de meados do séc. XV teve abades comendatários.

Em meados do séc. XVI trouxeram grandes reformas tendo a sua administração sido entregue a monges recém-chegados de Montserrat, promotores da Congregação de São Bento que tomou posse do mosteiro em 1569, apesar de só tardiamente a terem exercido.

No âmbito da "Reforma geral eclesiástica" de 1834, empreendida pelo ministro e secretário de Estado, Joaquim António de Aguiar, pelo Decreto publicado a 30 de maio, o mosteiro foi extinto, e os seus bens foram incorporados nos Próprios da Fazenda Nacional.

**Âmbito e conteúdo:** Documentos de administração patrimonial e financeira, nomeadamente: prazos da localidade de Ardazubre e de administração eclesiástica, tais como bulas de confirmação e documento de tomada de posse do vigário.

**Sistema de organização:** Foi adotada uma classificação funcional: administração patrimonial e financeira e administração eclesiástica e, dentro de cada uma, as séries foram ordenadas alfabeticamente e os documentos cronologicamente dentro de cada série.

**Cota atual:** III-1ª-D-10-1-26 e 27

**Instrumentos de pesquisa:** Recenseamento e catálogo [PEREIRA, Gabriel - *Catalogo dos pergaminhos do cartorio da Universidade de Coimbra*. Coimbra: Imprensa da Universidade, 1881, p. 96].

**Notas do arquivista:** Fontes ao campo História administrativa: INSTITUTO DOS ARQUIVOS NACIONAIS/TORRE DO TOMBO - *Ordens monástico-conventuais: inventário: Ordem de São Bento, Ordem do Carmo, Ordem dos Carmelitas Descalços, Ordem dos Frades Menores, Ordem da Conceição de Maria*. Coord. José Mattoso, Maria do Carmo Jasmins Dias Farinha. Lisboa: IAN/TT, 2002. XIX, 438 p. ISBN 972-8107-63-3.

Descrição elaborados por Gracinda Guedes em 2008, com base em recenseamento feito em 2005.

## Mosteiro de São Domingos de Coimbra

**Código de referência:** PT/AUC/MC/MSDCBR
**Título:** Mosteiro de São Domingos de Coimbra
**Datas de produção:** 1325-07-15 / 1847-10-12
**Dimensão e suporte:** 18 u. i. (16 liv.; 2 mç.); pergaminho e papel.
**História administrativa, biográfica e familiar:** O Mosteiro de São Domingos de Coimbra, masculino, pertencia à Ordem com o mesmo nome também chamada de Ordem dos Pregadores.

Fundado no lugar da Figueira Velha, junto ao Mondego, por iniciativa das filhas do rei D. Sancho I, D. Branca e D. Teresa, não se sabe com exatidão a data de fundação; mas, em 1227, já estava em funcionamento sendo prior Frei João. Em meados do século XVI, pelos danos causados pelas cheias do Mondego, foi decidida a construção de novas instalações, na Rua da Sofia. Em janeiro de 1543 arrancavam as obras que só foram concluídas em 1566.

Em 1539, este mosteiro recolheria temporariamente os estudantes e lentes do Colégio de São Tomás de Aquino, da mesma Ordem, até que estes passaram a ter instalações próprias, muito perto das do mosteiro, também na Rua da Sofia. Em 1834, pelo Decreto de 30 de maio, foram extintos todos os conventos, mosteiros, colégios, hospícios e casas de religiosos de todas as ordens religiosas, sendo que as de religiosas ficaram sujeitas aos respetivos bispos, até à morte da última freira, data do encerramento definitivo. Os bens foram incorporados nos Próprios da Fazenda Nacional.

**Âmbito e conteúdo:** Contém, entre outra, aforamentos, alvarás, autos, cartas, contratos, correspondência, demandas, emprazamentos, encomendas, foros, inquirições, inventários, letras pontifícias, libelos, licenças, medições de petições, prazos, memórias, privilégios, processos cíveis, procurações, provisões, quitações, recibos, requerimentos, sentenças, termos de fiança.

**Sistema de organização:** Documentação não tratada arquivisticamente.

**Cota atual:** III-1ªD

**Instrumentos de pesquisa:** Recenseamento.

**Notas do arquivista:** Fonte de informação para a História administrativa: COELHO, Maria Helena da Cruz e MATOS, João José da Cunha – "O Convento Velho de S. Domingos em Coimbra. Contributo para a sua história". In *Actas do II Encontro sobre História Dominicana*. Porto. Arquivo Histórico Dominicano Português. 1984. Vol. III, tomo 2.

Descrição elaborada por Júlio Ramos e Elisabete Dias – 2012


## Mosteiro de São João de Longos Vales

**Código de referência:** PT/AUC/MC/MSJLV

**Título:** Mosteiro de São João de Longos Vales

**Datas de produção:** 1272 / 1539

**Dimensão e suporte:** 5 pt. (26 doc.); pergaminho.

**História administrativa, biográfica e familiar:** Mosteiro da Ordem dos Cónegos Regrantes de Santo Agostinho fundado no séc. XII, na freguesia de Longos Vales, do concelho de Monção. Desde a sua origem, teve rendas e privilégios outorgados pelos reis de Portugal, contando-se, entre eles, o de coutamento das suas terras, por D. Sancho, em 1197, sendo seu prior D. Pedro Pires. A sua igreja permanece, ainda hoje, como um dos mais bens conservados exemplos da arquitetura românica.

Entrou na posse de abades comendatários, tendo sido dado o seu priorado, por bula do Papa Paulo III, em 1539, ao infante D. Duarte, filho bastardo
do rei D. João III que foi o último comendatário, falecido em 1543.

Possuía bens em Merufe, Fontela, Torre, Barbeita, Giestal, Manhufe,
Gondomar, etc.

Foi-lhe anexada a igreja de Cambeses, em 1461.

Com as reformas eclesiásticas operadas no séc. XVI, foi extinto e anexado ao Colégio de Jesus de Coimbra, em 1551, por Bula do Papa Júlio III.

**Âmbito e conteúdo:** Inclui documentos de diversa natureza, entre
os quais se contam títulos de emprazamento, escambos e sentenças,
relativos à administração patrimonial do Mosteiro. Ilustra diferendos
havidos com o Mosteiro de S. Fins de Friestas (Sanfins de Friestas).
Retrata a anexação de igrejas, como a de Cambeses. O documento
mais antigo (1272 ) diz respeito ao emprazamento feito pelo prior do
Mosteiro, D. Pedro Viegas.

**Sistema de organização:** Ordenação cronológica.

**Cota atual:** IV-3.ª-Gav. 7 - mç único, n.º 26; IV-3.ª - Gav.7B-mç1; IV-
-3.ª - Gav. 10; IV-3.ª-Gav. 14; IV- 3.ª-Gav. 25; V-3.ª-Móv. 4 - Gav. 8

**Instrumentos de pesquisa:** Inventário e PEREIRA, Gabriel - *Catalogo
dos pergaminhos do cartorio da Universidade de Coimbra*. Coimbra:
Imprensa da Universidade, 1881.

**Notas do arquivista:** Descrição arquivística por Ana Maria Leitão
Bandeira, em 2013, com base, sobretudo, na análise da própria documentação. Nota a Datas de produção: o documento mais antigo apresenta
datação de 1310 da era visigótica que foi convertida no ano de 1272
da era cristã. Este documento contem o emprazamento feito pelo prior
do Mosteiro, D. Pedro Viegas, a D. Sancha Peres e seu filho Gonçalo
Peres, do casal de Azevedo.


# Mosteiro de São Jorge de Coimbra

**Código de referência:** PT/AUC/MC/MSJRC
**Título:** Mosteiro de São Jorge de Coimbra

**Datas de produção:** 1264 / 1587

**Dimensão e suporte:** 4 u. i. (1 cad., 3 pt. (100 doc.); pergaminho e papel.

**História administrativa, biográfica e familiar:** Na origem deste mosteiro está a fundação, no final do séc. XI, de uma ermida, em honra de S. Jorge, situada na mata de Milreus, por D. Sesnando, moçárabe abastado e Senhor do Território de Coimbra. Alguns autores apontaram 1087 ou 1088, como o início da vida comunitária nesse local, apesar de o ano de 1136 ser tido como o da origem do Mosteiro, nessa mesma ermida.

Em 1136, Salvador Guimarães, sobrinho de Martim Moniz, casado com a filha de D. Sesnando, e sucessor deste, no cargo de governador do território conimbricense, era senhor do Mosteiro. Uma lápide com o nome de Salvador Guimarães foi descoberta, quando se procedeu a obras no edifício, no séc. XVI. Em 1192, já ali residiam 26 cónegos e 9 cónegas, tratando-se, pois, de um mosteiro *duplex*, sob a obediência comum do prior-mor.

Frequentemente designado como Mosteiro de S. Jorge "de a par" de Coimbra, ou, também, como Mosteiro de S. Jorge de Milreus, por ser esta a designação do local onde foi edificado, na freguesia de Castelo Viegas, concelho de Coimbra. Foi prior-mor do mosteiro, entre 1425 e 1435, frei João Verba, personalidade de destaque na cultura portuguesa do séc. XV, confessor do Infante D. Pedro e seu colaborador. No séc. XVI, foi construído um novo edifício, com uma só nave, e no seu cruzeiro foi assentado o túmulo dos Cunhas, senhores do morgado de Antanhol. Por sua vez, ainda, uma terceira igreja veio substituir a precedente, do séc. XVI.

Dependia, jurídica e eclesiasticamente, do ordinário da sé de Coimbra. Os bens da mesa prioral do Mosteiro de S. Jorge foram anexados ao Colégio do Espírito Santo de Évora, em 20 de maio de 1566, por Bula de Pio V, confirmando o desejo do cardeal- infante D. Henrique. Por sua vez, os bens da mesa conventual foram unidos ao mosteiro de Santa Cruz de Coimbra, em 1564, pelo papa Pio IV.

**Âmbito e conteúdo:** Inclui documentos de tipologia diversa, figurando em maior número os títulos de aforamento e de emprazamento. Inclui também documentos judiciais que retratam a intervenção da jurisdição ordinária, por parte dos juízes ordinários de Penela, em litígios de posse de propriedades. Podem referir-se também as sentenças, a favor do mosteiro, por Fernão Gil e Geraldo Peres (1375), vigários de D. Pedro, bispo de Coimbra ou também a sentença de Martim Peres (1346), vigário do bispo D. Jorge de Almeida. Retrata a administração de bens do Mosteiro situados, sobretudo, nos termos de Almalaguês, Miranda do Corvo, Ansião, Coimbra e Penela.

**Sistema de organização:** Ordenação cronológica.

**Cota atual:** V-3.ª-Móv. 11 - Gav. 2, 3 e 4

**Instrumentos de pesquisa:** QUEIRÓS, Abílio – "Catálogo de pergaminhos do Mosteiro de S. Jorge de Coimbra (1264-1587)". *Boletim AUC*, vol. 23-24 (2007), pp. 9 - 85.

**Notas do arquivista:** Descrição arquivística por Ana Maria Leitão Bandeira, em 2013, com revisão em 2014, com base na análise da própria documentação e recolha de informação em QUEIRÓS, Abílio – "Catálogo de pergaminhos do Mosteiro de S. Jorge de Coimbra (1264-1587)". *Boletim AUC*, vol. 23-24 (2007), pp. 9 - 85. Nota a história administrativa: foi também consultada a descrição de PT/TT/MSJRC (acessível em http://digitarq.arquivos.pt/details?id=1458478).


## Mosteiro de São Marcos de Coimbra

**Código de referência:** PT/AUC/MC/MSMCM
**Título:** Mosteiro de São Marcos de Coimbra
**Datas de produção:** 1393 / 1836
**Datas de acumulação:** 1451-1834
**Dimensão e suporte:** 39 u. i. (5 cx., 33 liv., 1 pt); pergaminho e papel.

**História administrativa, biográfica e familiar:** O Real Mosteiro de São Marcos, da Ordem de São Jerónimo, sito no termo da quinta de S. Silvestre, arredor de Coimbra, foi ereto no local de uma antiga ermida dedicada a S. Marcos.

A 5 de janeiro de 1441 João Gomes da Silva, alferes-mor de D. João I, por testamento, deixa a terça de todos os seus bens, sitos na vila de Tentúgal e seu termo, à capela de S. Marcos com a obrigação de uma missa cantada diariamente, para todo o sempre, propondo como administrador para os bens da dita capela um seu descendente em linha direta. (Livro 33, fl. 8). Seu filho Aires Gomes da Silva, 3° Conde de Vagos, morreu na batalha de Alfarrobeira em 1449 e sua mulher Dona Beatriz de Menezes, em 28 de julho de 1451, fez doação aos frades Jerónimos dos bens que seu sogro João Gomes da Silva havia deixado, para que os ditos frades edificassem um mosteiro da Ordem de S. Jerónimo. Esta doação foi confirmada por alvará de D. Afonso V, datado em 3 de agosto de 1451, o qual ordenava que se fundasse o Mosteiro de S. Marcos e que o mesmo pudesse possuir os bens de raiz, com suas rendas, direitos e pertenças que à dita capela pertencerem, pelo testamento de João Gomes da Silva e ter os mesmos privilégios e liberdades, que foram outrora dados aos Mosteiros desta mesma ordem.

Em 1472 ainda não estava acabado o mosteiro e D. Beatriz de Vilhena deixa aos frades que estiverem no dito Mosteiro, para sua governação e manutenção, os seus bens da Cabra e Vale de Azares, Quinta de Gandufe com seus casais e a terra de Senhorim.

Deixa como herdeiro e administrador de bens da Capela da Piedade, sita em Guimarães, seu sobrinho Fernando Teles casado com D. Maria de Vilhena, deixando-lhe como encargo "...que mande acabar o dito Mosteiro assim de edifícios como de ornamentos e de outras quaisquer coisas que forem necessárias para em ele poderem estar os frades necessários a tal casa (...) que ampare e defenda os ditos frades...". (Livro 19, fl. 1 e seguintes).

Em 1478, Dona Maria de Vilhena, viúva de Fernando Teles de Meneses, doa ao Mosteiro todos os bens e fazendas situados em Condeixa que lhe ficaram por morte de sua tia Dona Beatriz de Vilhena, para o que obteve licença régia, com a obrigação de uma missa cantada quotidiana, um responso e água benta, para todo o sempre, por alma de Fernando de Teles, que nesse Mosteiro jaz. E pede mais "...que todos os meus filhos....que nunca contra eles [frades] bulam, antes os ajudem e defendam...".

Concluída a obra em 1481, a bula do Papa Sisto IV, faz a anexação do Padroado de S. Pedro de Santar ao Mosteiro de S. Marcos. O Mosteiro foi habitado por frades da ordem de S. Jerónimo até à sua extinção em 1834, tendo o inventário dos seus bens sido iniciado a 20 de junho do mesmo ano.

**Âmbito e conteúdo:** A documentação deste fundo respeita, em grande parte, à gestão financeira e patrimonial dos bens do Mosteiro, nomeadamente: títulos de propriedades, privilégios, alvarás, e outros relacionados com a administração de bens.

**Sistema de organização:** A documentação foi classificada em 27 séries documentais, de acordo com a tipologia, que estão ordenadas alfabeticamente e, por sua vez, os documentos de cada série encontram-se ordenados cronologicamente.

A documentação que se encontrava instalada em maços e caixas foi objeto de intervenção, não só de análise de conteúdo mas também do seu acondicionamento físico através da execução/colocação em pastas.

**Cota atual:** III-1ªD-11-1-1 a 38; V-3ªD-M 12-G 6

**Instrumentos de pesquisa:** Recenseamento e ESTEVENS, Manuel dos Santos – *Índex dos títulos do cartório do Mosteiro de S. Marcos*. Coimbra: Arquivo e Museu de Arte da Universidade de Coimbra, 1950.

**Notas do arquivista:** Ao campo Data de produção: A documentação de data anterior à da fundação é referente à constituição do respetivo património que, regra geral, antecedia a fundação de Instituições desta natureza ou de outras Instituições que lhe tenham sido anexadas. A documentação de data posterior à da extinção referente à gestão do património do extinto Mosteiro que, regra geral, sucedia à extinção das Instituições desta natureza, pertence ao fundo da Direção de Finanças de Coimbra, em respeito pelo princípio da proveniência.

Descrição feita com base em estudo arquivístico elaborado por Ludovina Cartaxo Capelo em 2010. Registo feito por Adriana Antunes, revisto por Gracinda Guedes em 2014.

## Mosteiro de São Martinho de Cucujães

**Código de referência:** PT/AUC/MC/MSMCJ
**Título:** Mosteiro de São Martinho de Cucujães

**Datas de produção:** 1500 / 1908

**Datas de acumulação:** Séc. XVI -1834

**Dimensão e suporte:** 80 u. i. (10 cx., 67 liv., 3 pt.); papel.

**História administrativa, biográfica e familiar:** O Mosteiro de São Martinho de Cucujães, também designado por Convento de São Martinho do Couto de Cucujães, era masculino e, à data da sua extinção, pertencia à Ordem e à Congregação de São Bento. A sua fundação é anterior à da nacionalidade. D. Afonso Henriques fez doação do Couto ao Mosteiro, em 1139 (1177, era de César) que, a esta data, já tinha abade e monges.

Por provisão de 7 de dezembro de 1575 o mosteiro passa para a posse de D. Sebastião.

A sua integração na Congregação de São Bento de Portugal, só ocorreu a 1588, permanecendo dos mais modestos que desde logo se deduz pelo número reduzido de abades que podia sustentar (4 a 7).

No âmbito da "Reforma geral eclesiástica" de 1834, empreendida pelo ministro e secretário de Estado, Joaquim António de Aguiar, pelo Decreto de 30 de maio, foram extintos todos os mosteiros masculinos, e os seus bens foram incorporados nos Próprios da Fazenda Nacional.

**Âmbito e conteúdo:** Documentos de administração patrimonial e financeira do mosteiro, nomeadamente: acórdãos, alvarás, privilégios, autos, inquirições, cartas de arrematação, citatórias, precatórias, correspondência, documentos papais, licenças, libelos, procurações, provisões, róis, sentenças e execuções, tombos, vedorias, entre outros.

**Sistema de organização:** Documentação não tratada arquivisticamente.

**Cota atual:** III-1ª-D-14-3-14 a III-1ª-D-14-4-40-A

**Instrumentos de pesquisa:** Recenseamento.

**Notas do arquivista:** Fontes ao campo história administrativa: A documentação do fundo e a publicação: INSTITUTO DOS ARQUIVOS NACIONAIS/ TORRE DO TOMBO - *Ordens monástico-conventuais: inventário: Ordem de São Bento, Ordem do Carmo, Ordem dos Carmelitas Descalços, Ordem dos Frades Menores, Ordem da Conceição de Maria*. Coord. José Mattoso, Maria do Carmo Jasmins Dias Farinha. Lisboa: IAN/TT, 2002. XIX, 438 p. ISBN 972-8107-63-3.

Datas de produção: Dado o Arquivo ainda não ter sido estudado, presumimos que a documentação de data posterior à da extinção possa ser referente à gestão do respetivo património que, regra geral, sucedia à extinção das Instituições desta natureza devendo, a confirmar-se esta hipótese, transitar para o fundo da Direção de Finanças de Aveiro para respeitar a proveniência da documentação.

Recenseamento e descrição elaborados por Gracinda Guedes em 2012, registo de Adriana Antunes.

## Mosteiro de São Miguel de Vilarinho

**Código de referência:** PT/AUC/MC/MSMV
**Título:** Mosteiro de São Miguel de Vilarinho
**Datas de produção:** 1432 / 1469
**Dimensão e suporte:** 3 doc.; pergaminho.
**História administrativa, biográfica e familiar:** Este mosteiro masculino, da Ordem dos Cónegos Regrantes de Santo Agostinho, sediado na freguesia de Vilarinho, concelho de Santo Tirso, teve origem num outro cenóbio cuja construção foi iniciada em 1070, sendo abade Gonçalo Fafes. Em 1074 já ali residiam 10 cónegos. Foi-lhe dada carta de couto, entre 1128 e 1150. Figura nas Inquirições de D. Afonso, de 1220, referindo-se os seus bens em S. Martinho do Campo. À semelhança de outros mosteiros do norte do país, foi integrado na Congregação de Santa Cruz de Coimbra, por Bula *Pro apostolicae servitutis* do Papa Clemente VIII, de 19 de maio de 1594, mas esta congregação só tomou posse do mosteiro em 1595.
**Âmbito e conteúdo:** Inclui documento de emprazamento de casais em Fontão, Carvalhos, em 1432, sendo prior D. Vasco Martins. Inclui ainda provisão do vigário-geral de Braga, confirmando João Vasques, como prior do mosteiro. Inclui também Bula do Papa Paulo II, datada de 17 de abril de 1469, sobre a posse do priorado do mosteiro, dada a Pedro Egídio, após o falecimento do anterior prior, João Vasques.

**Sistema de organização:** Ordenação cronológica.

**Cota atual:** IV-3.ª-Gav. 10A - n.º 35, 36 e 37

**Instrumentos de pesquisa:** PEREIRA, Gabriel - *Catalogo dos pergaminhos do cartorio da Universidade de Coimbra*. Coimbra: Imprensa da Universidade, 1881.

**Notas do arquivista:** Descrição arquivística por Ana Maria Leitão Bandeira, em 2013, com base na análise da própria documentação e na descrição arquivística de PT/TT/MSMV (acessível em http://digitarq.arquivos.pt/ details?id=4381107). Nota a Datas de produção: a data de 1468, da era da encarnação, foi convertida para o ano 1469 da era cristã ou *anno domini*.


## Mosteiro de São Paulo de Almaziva

**Código de referência:** PT/AUC/MC/MSPAL

**Título:** Mosteiro de São Paulo de Almaziva

**Datas de produção:** 1250 / 1312

**Dimensão e suporte:** 1 u. i. (com 3 cad.); pergaminho.

**História administrativa, biográfica e familiar:** O Mosteiro de São Paulo de Almaziva, ou São Paulo de Frades, era masculino, pertencia à Ordem de Cister e terá tido os seus primórdios no final do séc. XII, apesar de alguns autores afirmarem ter sido fundado em 1220 "por Fernando Peres, chantre de Lisboa, que fez doação à Ordem de Cister, das terras de Almaziva, ficando conhecido este mosteiro por S. Paulo de Almaziva". A compra dessas terras e a sua doação ao mosteiro é confirmada em 1221 por D. Afonso II e pelo papa Honório III, pela Bula *Religiosam vitam eligentibus*. Nesse mesmo ano D. Pedro Soares, bispo de Coimbra, terá dado autorização para que o Mosteiro de São Paulo passasse a observar a reforma de Cister.

No ano de 1544 foi suprimido e os seus bens e rendimentos foram anexados aos do Colégio de São Bernardo de Coimbra.

**Âmbito e conteúdo:** Cartulário com "cartas de vendas, doações e escambos das propriedades de Montemor e Granja de Alfarelos chamada a Granja Nova", Lordemão, Logo de Deus, entre outras.

**Sistema de organização:** Na única unidade de instalação, constituída por três cadernos, não se identificou qualquer critério ordenador do registo dos títulos.

**Cota atual:** Cofre

**Instrumentos de pesquisa:** Recenseamento.

**Notas do arquivista:** Fontes ao campo História administrativa: SANTOS, Maria José Azevedo – *Vida e morte de um mosteiro cisterciense, São Paulo de Almaziva (hoje S. Paulo de Frades, c. Coimbra), séculos XIII-XVI*, Lisboa, Colibri, 1998, pp. 126-127. DGLAB, Mosteiro de São Paulo de Almaziva. http://digitarq.dgarq.gov.pt/details?id=1461561

Descrição feita com base em estudo arquivístico elaborado por Ludovina Cartaxo Capelo em 2007. Registo feito por Adriana Antunes revisto e aditado por Gracinda Guedes em 2014.

Observação: No cartulário há um item com referência a uma doação datada da era de 1146 (1108 d. C.), p. 225.


## Mosteiro de São Pedro de Folques

**Código de referência:** PT/AUC/MC/MSPFLQ

**Título:** Mosteiro de São Pedro de Folques

**Datas de produção:** 1593-12-01 / 1846-08-16

**Dimensão e suporte:** 9 u. i. (8 liv.; 1mç): pergaminho e papel.

**História administrativa, biográfica e familiar:** O Mosteiro de São Pedro de Folques situou-se, primeiramente, no termo de Arganil e, depois em Folques. Masculino, pertencia aos Cónegos Regulares de Santo Agostinho, e esteve sujeito à jurisdição do bispo de Coimbra até ser unido à Congregação de Santa Cruz de Coimbra. Teve várias designações ao longo do tempo: Mosteiro de Arganil (1187), Mosteiro de São Pedro de Arganil (1199, 1212, 1290), Mosteiro de Folques (1473, 1543), e Mosteiro de São Pedro de Folques (1421, 1565). Existem referências ao Mosteiro de São Pedro de Arganil desde 1086, data do testamento de Vermudo Pelágio e de Elvira Draíz, sua mulher, que deixaram ao prior de Arganil, D. Goldrofe, e aos seus clérigos religiosos, umas herdades no lugar de Folques. A existência da igreja está documentada para 1155. Entre 1160 e 1164, tornou-se crúzio. Cerca de 1190, o Mosteiro foi transferido para a mata de Folques mas a designação de São Pedro de Arganil permaneceu pelo menos até ao séc. XIV. Data de 1374, a sentença dada a favor do Mosteiro sobre a jurisdição cível nas aldeias de Faia e de Álvares e no couto de Silvares. Em 1415, entrou no regime de comendas e D. Afonso V retirou-lhe o condado de Arganil para o doar a João Galvão, escrivão da puridade. Em 1497, em Évora, a 16 de abril, D. Manuel confirmou-lhe as honras, privilégios, liberdades, graças e mercês outorgadas pelos seus antecessores, e de que o Mosteiro gozou até à morte de D. João II. O Mosteiro apresentava o prior da igreja de Arega. Em 1580, era comendatário do Mosteiro, Luís Carneiro, capitão e governador da Ilha do Príncipe. Em 1582, os Mosteiros de São Pedro de Folques, de São Martinho de Caramos, de São Simão da Junqueira, de Santo Estevão de Vilela, de Santa Maria de Vila Nova de Muía, do Salvador de Paderne, de Santa Maria de Vila Boa do Bispo, de Santa Maria de Oliveira e de São Miguel de Vilarinho, pertencentes ao padroado real, foram abrangidos pelo "Contrato dos mosteiros novos", assinado entre o rei e o prior geral da Congregação de Santa Cruz, pelo qual o rei os largava à Congregação recebendo, em contrapartida, uma pensão régia, paga a partir das rendas das respetivas mesas priorais. Em 1594, pela bula *Pro apostolicae servitutis* do papa Clemente VIII, de 19 de maio, foram unidos à Congregação de Santa Cruz de Coimbra, sendo-lhes confirmados todos os privilégios, graças e indulgências que lhes tinham sido dados e concedendo-lhes os outorgados ao Mosteiro de Santa Cruz de Coimbra, quer pelos papas, seus antecessores quer os de que gozava de outras religiões (ordens) por comunicação e autoridade apostólica. Em 1595, com a autorização do papa Clemente VIII, a instâncias do prior geral e cónegos regulares da Congregação de Santa Cruz, foi unido, anexado e incorporado perpetuamente ao Colégio da Sapiência de Santo Agostinho, para sustento dos seus colegiais, em virtude de estar situado em lugar remoto e pouco povoado, com três ou quatro religiosos "sem observância regular", enquanto ao Colégio não lhe estavam assinadas rendas próprias. As obras na igreja, campanário, torre e claustro foram realizadas nos séculos XV e XVI. O cura da igreja era da apresentação do Mosteiro de Santa Cruz de Coimbra, e confirmado pelo ordinário do bispado.

**Âmbito e conteúdo:** Documentação constituída, entre outra, por alvarás, autos, contratos, correspondência, cartas, demandas, emprazamentos, aforamentos, comendas, petições, foros, inquirições, inventários, letras pontifícias, libelos, licenças, medições de prazos, memórias, privilégios, processos cíveis, procurações, provisões, quitações, recibos, requerimentos, sentenças, termos de fiança.

**Sistema de organização:** Documentação não tratada arquivisticamente.

**Cota atual:** III-1ªD

**Instrumentos de pesquisa:** Recenseamento.

**Notas do arquivista:** Fontes de informação para a História administrativa: ANACLETO, Regina – "São Goldrofe, prior do mosteiro de S. Pedro de Folques". *Arganilia*. 20 (1º sem. 2006) 15-24; GOMES, Saul António – "Um mosteiro de Cónegos Regrantes em tempos medievais: São Pedro de Folques". *Revista Portuguesa de História*. XL (2008-2009) 285-382.

Descrição elaborada por Júlio Ramos e Elisabete Dias – 2012.


## Mosteiro de São Pedro de Pedroso

**Código de referência:** PT/AUC/MC/MSPP

**Título:** Mosteiro de São Pedro de Pedroso

**Datas de produção:** 1217 / 1552

**Dimensão e suporte:** 17 u. i. (2 mç., 14 pt. (441 doc.); pergaminho e papel.

**História administrativa, biográfica e familiar:** Mosteiro que teve a sua origem num pequeno cenóbio masculino, no séc. IX. Apesar de haver muitas dúvidas sobre a sua data de fundação é conhecido um documento de 897, segundo o qual, Gondezindo Eris, rico-homem das Terras de Santa Maria, fez uma valiosa doação ao mosteiro, sendo seu abade D. Desterigo, revelando a sua existência já nesse ano. Localizado na freguesia de Pedroso, do concelho de Vila Nova de Gaia, este mosteiro da Ordem de S. Bento recebeu diversos privilégios régios, o mais relevante dos quais foi a concessão de carta de couto, por D. Afonso Henriques, em 3 de agosto de 1128. Foi um centro fulcral para o povoamento do território do norte do país, durante os primórdios da nacionalidade. Recebeu inúmeras doações de particulares, desde a sua origem, podendo, por exemplo, referir-se a doação de Elvira Formarigues, em 1078, a de Sezerigo e seu filho Pelágio Sezeriguiz, em 1101, a de Ermezinda Onoriguiz, em 1114, etc. Durante algum período foi também um mosteiro dúplice (masculino e feminino). No seu *scriptorium* foram produzidos relevantes textos, sobretudo para a história do direito contratual, na Idade Média. Teve um vasto património formado por terras situadas em diversos concelhos, como Vila Nova de Gaia, Feira, Guimarães, Lafões, etc. Estavam anexadas ao mosteiro diversas igrejas, formando o seu padroado, das quais recebia rendas e apresentava os seus párocos, curas ou abades, como Paramos, Lamas, Macieira de Cambra, Macinhata de Seixa, Sanguedo, Vilar de Andorinho, Vale Maior, S. Félix, etc. Foi administrado por abades comendatários, entre os quais figuram os nomes de Estêvão de Aguiar, D. Manuel de Sousa e também o cardeal D. Henrique. Segundo alguns autores, também ali foi abade comendatário Fr. Pedro Julião que viria a ser o papa João XXI, Pedro Hispano. O cardeal D. Henrique, enquanto regente do reino, viria a extinguir o mosteiro em 1560, sendo os seus bens anexados ao Colégio de Jesus de Coimbra pelo papa Pio IV. Segundo alguns autores, mantiveram-se no edifício os frades beneditinos, até 1651, data do falecimento de Fr. Leão de São Tomás. No entanto, este beneditino que foi lente de Teologia da Universidade de Coimbra e historiador da sua ordem faleceu em Coimbra, no Colégio de S. Bento, em 6 de maio do dito ano.

**Âmbito e conteúdo:** Inclui, maioritariamente, documentação avulsa, formando uma coleção de 441 pergaminhos, maioritariamente medievais, relativa a doações, títulos de emprazamento, escambos e vendas de propriedades em Gaia, Paramos, Vale de Cambra, Macinhata de Seixa, Seixezelo, etc. Inclui também documentos relativos a questões judiciais, tais como sentenças a favor do mosteiro, sobre a Quinta da Lavandeira, em S. João de Ver (1458), ou sobre a Quinta e Honra de Paramos (1509).

Cite-se, também, a sentença de D. Julião, bispo do Porto, de 1256, a favor do Mosteiro, sobre o padroado da igreja de Vilar de Andorinho, na qual se inclui traslado de documentos diversos, sendo o mais antigo de 1134. Inclui ainda documentos relativos ao padroado das igrejas anexas ao Mosteiro, nomeadamente apresentação de párocos, curas, vigários de Lamas, Vilar de Andorinho, Santa Eulália de Vale Maior, Santa Maria do Vale, Santo André de Macinhata de Seixa, Milheirós, etc.

**Sistema de organização:** Ordenação cronológica.

**Cota atual:** IV-3.ª-Gav. 7, 7A, 8, 8A, 9, 9A, 11A, 16, 16A, 22, 23, 23A, 26 (Pergaminhos); IV-1.ªE-18-5-16 e 18

**Instrumentos de pesquisa:** Recenseamento e PEREIRA, Gabriel - *Catalogo de pergaminhos do cartorio da Universidade de Coimbra.* Coimbra: Imprensa da Universidade, 1881.

**Notas do arquivista:** Descrição por Ana Maria Leitão Bandeira, em 2013, com base nos dados colhidos em Gabriel Pereira, na consulta das próprias fontes documentais, na descrição arquivística de PT/TT/MSPP (acessível em http://digitarq.arquivos.pt/details?id=1461578) e na obra SOUSA, Bernardo Vasconcelos e (dir.) – *Ordens religiosas em Portugal: das origens a Trento: guia histórico.* Lisboa: Livros Horizonte, 2005.

## Mosteiro de São Pedro de Rates

**Código de referência:** PT/AUC/MC/MSPRT

**Título:** Mosteiro de São Pedro de Rates

**Datas de produção:** 1254 / 1254

**Dimensão e suporte:** 1 u. i. (1 perg.); pergaminho.

**História administrativa, biográfica e familiar:** Mosteiro fundado na freguesia de Rates, do concelho da Póvoa do Varzim, em data imprecisa, mas anterior ao séc. XI. Os condes D. Henrique e D. Teresa fizeram a fundação ou refundação deste mosteiro, entregando-o, em 1100, à Ordem de Cluny.

Na sua igreja esteve sepultado o corpo decapitado de S. Pedro de Rates que, de acordo com a tradição, foi assassinado em Rates, sendo considerado o primeiro bispo de Braga e que teria sido ordenado pelo próprio apóstolo Santiago. Neste local existiu o primeiro albergue de peregrinos do caminho português para Santiago de Compostela.

O edifício do mosteiro é um dos melhores exemplos de arquitetura românica.

Em 1432 a igreja do mosteiro foi transformada em igreja colegiada secular. O mosteiro foi extinto em 1515, tendo sido transformado em Comenda da Ordem de Cristo, pela Bula *Redemptor noster* do papa Leão XIII.

**Âmbito e conteúdo:** Inclui documento em latim, com as Letras apostólicas do Papa Inocêncio IV, de 1254, relativas a bens do priorado do Mosteiro de S. Pedro de Rates, da Ordem de Cluny, como é textualmente referido.

**Sistema de organização:** Apenas uma unidade de instalação.

**Cota atual:** V - 3.ª -Móv. 12 - Gav. 5

**Instrumentos de pesquisa:** Recenseamento.

**Notas do arquivista:** Descrição arquivística por Ana Maria Leitão Bandeira, em 2013, com base na análise da própria documentação e em SOUSA, Bernardo Vasconcelos e (dir.) – *Ordens religiosas em Portugal: das origens a Trento: guia histórico*. Lisboa: Livros Horizonte, 2005.


## Mosteiro de São Pedro de Roriz

**Código de referência:** PT/AUC/MC/MSPR

**Título:** Mosteiro de São Pedro de Roriz

**Datas de produção:** 1298 / 1572

**Dimensão e suporte:** 5 u. i. (1 liv., 4 pt (160 doc.)); pergaminho e papel.

**História administrativa, biográfica e familiar:** Mosteiro que teve origem num cenóbio de monges beneditinos que já existiria em 887, tendo sido dado, mais tarde, à condessa Mumadona Dias, por D. Afonso (rei de Leão e da Galiza).

Em 1173, D. Afonso Henriques entregou-o à Ordem dos Cónegos Regrantes de Santo Agostinho. Localizado na freguesia de Roriz, concelho de

Santo Tirso, possuía vastas terras, dispersas por Ruivães, Framil, Formariz, Cartemil, Lobazim, etc.

Foi administrado por abades comendatários, a partir de 1492, data em que D. João II, por autoridade do Papa Inocêncio IV, fez dele uma comenda. Foi também abrangido pelas reformas eclesiásticas do séc. XVI e, após a morte do último abade comendatário, em 1560, os seus bens regressaram à coroa. Foi considerado extinto em 1573, ano em que foi doado todo o seu património ao Colégio de S. Paulo de Braga, da Companhia de Jesus.

**Âmbito e conteúdo:** Inclui um livro de registo de foros (1502-1550) e uma coleção de pergaminhos que retratam, sobretudo, a administração do património do mosteiro. Entre estes pergaminhos contam-se cartas de composição, sentenças, emprazamentos, cartas de obrigação que dão a conhecer os bens localizados em Vila Chã, Negrelos, S. Martinho do Campo, Recesinhos, Framil, Lobazim, etc., bem como documentos pontifícios sobre a anexação de igrejas ao padroado do mosteiro, podendo citar-se a bula do Papa Paulo III, de incorporação da igreja de S. Martinho do Campo, por consentimento de D. João III, por ser igreja do padroado real.

**Sistema de organização:** Ordenação cronológica.

**Cota atual:** IV-1.ªE-22-2-9; IV - 3.ª - Gav. 7 A - n.º 34; IV - 3.ª - Gav. 7B - mç 1 - n.º 8 a 28; IV - 3.ª - Gav. 12 - mç 6 - n.º 164 a 225; IV - 3.ª - Gav. 17B -mç 12 - n.º 198 a 250; IV - 3.ª - Gav. 18 - mç 13 - n.º 221 a 250;IV - 3.ª - Gav. 18A - mç 14 - n.º 251 a 270

**Instrumentos de pesquisa:** PEREIRA, Gabriel - *Catalogo de pergaminhos do cartorio da Universidade de Coimbra*. Coimbra: Imprensa da Universidade, 1881.

**Notas do arquivista:** Descrição arquivística por Ana Maria Leitão Bandeira, em 2013, com base, sobretudo, na análise da própria documentação e SOUSA, Bernardo Vasconcelos e (dir.) – *Ordens religiosas em Portugal: das origens a Trento: guia histórico*. Lisboa: Livros Horizonte, 2005.

Nota a Datas de produção: o documento mais antigo, com datação do ano de 1336, da era visigótica, foi convertido para o ano de 1298, da era cristã. Este documento diz respeito a uma obrigação de dívida, pelo prior do mosteiro.

# Real Colégio Ursulino das Cinco Chagas de Pereira

**Código de referência:** PT/AUC/MC/RCUCCP

**Título:** Real Colégio Ursulino das Cinco Chagas de Pereira

**Datas de produção:** 1768 / 1846

**Dimensão e suporte:** 1 u. i. (cx.); papel.

**História administrativa, biográfica e familiar:** O Colégio Ursulino da Vila de Pereira, do concelho de Montemor-o-Velho, terá sido o primeiro "colégio de educação regulada que se estabeleceu neste reino, nos tempos do Senhor Rei D. José", colégio que o mesmo senhor honrou chamando-lhe o seu Real Colégio de Pereira. A Instituição terá tido a sua origem no Recolhimento das Chagas de Cristo, existente nessa vila, fundado no ano de 1748, segundo a Regra da Ordem Terceira Franciscana, mas só a partir de 1753 terá iniciado o magistério de meninas, por altura da conversão das recolhidas à ordem de Santa Úrsula.

As irmãs Ursulinas, que tinham como patrona Santa Úrsula, apareceram no século XVI em Itália, mas fundaram o seu primeiro convento em França, em Avignon.

Além da educação de meninas, tinham como principal atividade a produção de medicamentos na sua botica o que lhes garantia parte substancial do seu sustento.

O processo de elevação do colégio das Chagas a colégio da congregação das Ursulinas foi elaborado pelos jesuítas Francisco Gião e José de Figueiredo.

Esta comunidade religiosa foi aumentando, não só pelo ingresso de muitas senhoras que abraçavam a vida religiosa, bem como pela entrada de muitas educandas que vieram de todo o reino, pois a fama da qualidade do ensino prestado espalhou-se. Tornou-se a sua principal missão a instrução de meninas, emancipando-as pela via da educação.

De todo o país chegam solicitações para a fundação de novas casas em outros núcleos urbanos.

Em 1778 faziam parte da comunidade 70 religiosas, destas saíram 16 com destino a Viana do Castelo, onde fundaram outro colégio Ursulino.

O colégio das Ursulinas manteve-se em Pereira até ao ano de 1848, mas devido a uma epidemia que lavrou na vila, tiveram que abandonar a localidade e deslocaram-se para o Mosteiro de Santa Ana de Coimbra. Em 1851, D. Maria II como protetora do colégio autorizou-as a mudarem-se para o colégio de S. José dos Marianos, onde permaneceram até 1910, data da extinção definitiva.

**Âmbito e conteúdo:** Documentos que testemunham o exercício de atividades ligadas à botica, bem como de gestão patrimonial e financeira do colégio nomeadamente: avisos; cartas de solicitação de medicamentos; declarações; escrituras; execuções; faturas; petições; ordens régias; procurações; receitas; recibos de pagamento e recebimento; requerimentos; sentenças; testamentos; entre outros.

**Sistema de organização:** Documentação ordenada cronologicamente.

**Cota atual:** VI-3ªD-1-5-1

**Instrumentos de pesquisa:** Recenseamento.

**Notas do arquivista:** Fonte de informação ao campo História administrativa: Documentação. PT/AUC/ Real Colégio Ursulino das Cinco Chagas de Pereira (F), Requerimento da Madre superiora e religiosas dirigido ao Príncipe, 1802 (DS).

VAQUINHAS, I. M. - *O Real Colégio Ursulino das Chagas de Coimbra. Notas para a sua história.* 1996. Disponível em: http://hdl.handle.net/10316/12821.

CASTRO, Maria João – "Guia das Coleções particulares do A.U.C". *Boletim de arquivo da Universidade de Coimbra.* Vol. XIX-XX. (1999--2000), pp. 309-327.

GÓIS, Correia - *O Real Colégio das Ursulinas da vila de Pereira.* Montemor-o-Velho: Câmara Municipal de Montemor-o-Velho, 2005.

Descrição feita com base em estudo arquivístico elaborado por Maria João Castro Padez em 1999. Revisão feita por Ludovina Cartaxo Capelo em 2011 e por Gracinda Guedes, em 2014, com base em outras fontes bibliográficas e documentais.

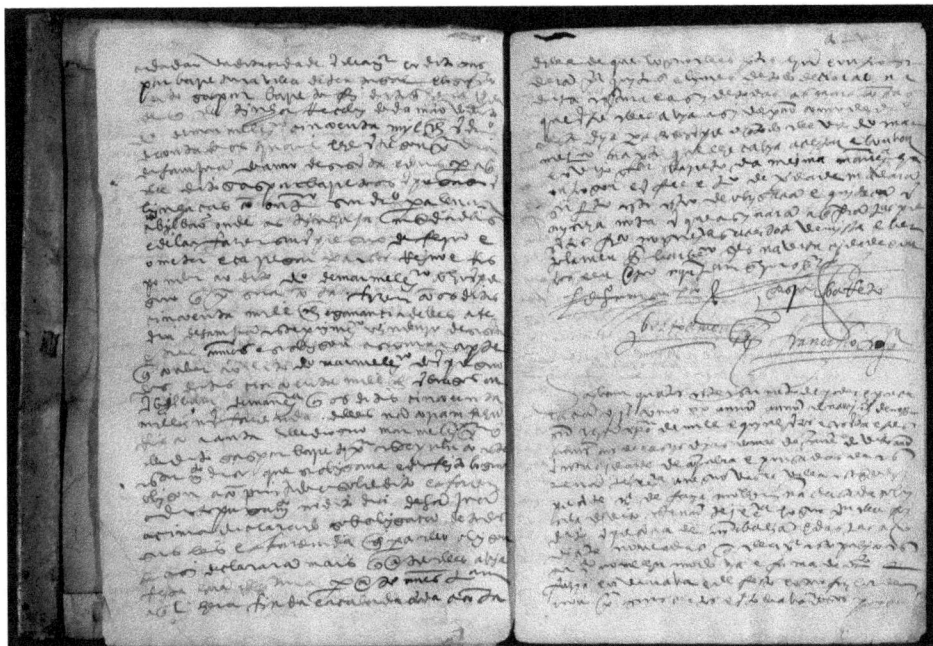

Livro notarial de Coimbra (1563)

## Cartório Notarial de Abrunheira e Serro Ventoso

**Código de referência:** PT/AUC/NOT/CNABR

**Título:** Cartório Notarial de Abrunheira e Serro Ventoso

**Datas de produção:** 1724-06-11 / 1849-05-30

**Dimensão e suporte:** 18 u. i.; papel.

**História administrativa, biográfica e familiar:** Abrunheira foi vila e sede de concelho desde 1836, mas extinto em 1844, altura em que foi recriado o concelho de Verride. Era constituído por 7 freguesias: Reveles, Verride e Abrunheira, Vila Nova da Barca, Brunhós, Gesteira, Samuel e Serro Ventoso e Vinha da Rainha. Em 1844 passou a designar-se concelho de Verride. Hoje, Abrunheira é constituída pelas povoações de Abrunheira, Reveles, Presalves e Carril, e emerge da extinção da freguesia de Reveles pelo Decreto nº 1533 de 8 de março de 1928. No que diz respeito à administração eclesiástica, a freguesia está dividida, desde 1928, em duas paróquias: a paróquia da Abrunheira, que tem por orago Nª Senhora da Graça, e a paróquia de Reveles, cujo orago é Nª Senhora do Ó.

**Âmbito e conteúdo:** Documentação relativa às atividades dos notários exercidas no cartório de Abrunheira e Serro Ventoso, formada por uma única série, que inclui escrituras de compra e venda, testamentos, emprazamentos, aforamentos, arrendamentos, obrigações, arrematações de rendas, escambos, procurações, fianças, cessões de dívidas, dinheiro a juros, etc.

**Sistema de organização:** Organização por séries tipológicas; ordenação cronológica.

**Cota atual:** V-1ª E

**Instrumentos de pesquisa:** Recenseamento e Inventário em Archeevo (aplicação informática para descrição arquivística).

**Notas do arquivista:** Descrição elaborada por Júlio Ramos e Elisabete Dias - 2011.

Fonte(s) utilizada(s) para a "História administrativa/biográfica/familiar": COSTA, Américo - *Dicionário Corográfico de Portugal Continental e Insular*. Porto: Livraria Civilização, 1949. *Grande Enciclopédia Portuguesa e Brasileira*. Lisboa; Rio de Janeiro: Editorial Enciclopédia, 1987.


## Cartório Notarial de Alhadas

**Código de referência:** PT/AUC/NOT/CNALH
**Título:** Cartório Notarial de Alhadas
**Datas de produção:** 1804-04-22 / 1839-05-03
**Dimensão e suporte:** 10 u . i.; papel.
**História administrativa, biográfica e familiar:** Aliadia (Alhadinha) terá sido o primeiro nome de Alhadas. Vila, em meados do século XII, foi considerada como Couto de Alhadas. Recebeu foral de D. Manuel I dado em Lisboa em 23 de agosto de 1514. Foi sede de concelho até ao início do século XIX, passando então a integrar o concelho de Maiorca, extinto pelo Decreto de 31 de dezembro de 1853. Desde então passou para o da Figueira da Foz. Foi vigairaria da apresentação do Cabido da Sé de Coimbra, no termo de Montemor-o-Velho. Integrado na comarca desta última vila, passa para a da Figueira da Foz, em 1771. A 30 de junho de 1989, a freguesia foi elevada a vila.
**Âmbito e conteúdo:** Documentação relativa às atividades dos notários exercidas no cartório de Alhadas, formada por uma única série, que inclui escrituras de compra e venda, testamentos, aforamentos, arrendamentos e vários outros atos.
**Sistema de organização:** Organização por séries tipológicas; ordenação cronológica.
**Cota atual:** V-1ª E
**Instrumentos de pesquisa:** Recenseamento e Inventário em Archeevo (aplicação informática para descrição arquivística).

**Notas do arquivista:** Descrição elaborada por Júlio Ramos e Elisabete Dias - 2011.

Fonte(s) usada(s) para a "História administrativa/biográfica/familiar": COSTA, Américo - *Dicionário Corográfico de Portugal Continental e Insular*. Porto: Livraria Civilização, 1949. *Grande Enciclopédia Portuguesa e Brasileira*. Lisboa; Rio de Janeiro: Editorial Enciclopédia, 1987.


## Cartório Notarial de Alvarelhos

**Código de referência:** PT/AUC/NOT/CNALV

**Título:** Cartório Notarial de Alvarelhos

**Datas de produção:** 1839-04-30 / 1840-09-23

**Dimensão e suporte:** 1 u. i.; papel.

**História administrativa, biográfica e familiar:** Os notários deste cartório exerceram a sua atividade em Alvarelhos, hoje um lugar pertencente à freguesia e concelho de Tábua.

Em 1721, a sede de concelho tinha mudado para Alvarelhos, pequeno agregado de poucos fogos ou vizinhos, que aparece com o nome de Alvarelhos de Taboa, e que hoje, já perdido o nome, constitui um pequeno bairro situado no centro da Vila, integrado na freguesia de Santa Maria Maior, do orago de Nossa Senhora das Neves.

**Âmbito e conteúdo:** Documentação relativa às atividades dos notários exercidas no cartório de Alvarelhos, formada por escrituras de compra e venda, doações e partilhas, etc. Encontram-se ainda exarados testamentos, passando estes a ser escritos em livro próprio em 1900, formando, então, uma série autónoma.

**Sistema de organização:** Organização por séries tipológicas; ordenação cronológica.

**Cota atual:** V-1ª E

**Instrumentos de pesquisa:** Recenseamento e Inventário em Archeevo (aplicação informática para descrição arquivística).

**Notas do arquivista:** Descrição elaborada por Júlio Ramos e Elisabete Dias - 2012.

Fonte(s) utilizada(s) para a "História administrativa/biográfica/familiar": COSTA, Américo - *Dicionário Corográfico de Portugal Continental e Insular*. Porto: Livraria Civilização, 1949. *Grande Enciclopédia Portuguesa e Brasileira*. Lisboa; Rio de Janeiro: Editorial Enciclopédia, 1987.


## Cartório Notarial de Alvares

**Código de referência:** PT/AUC/NOT/CNALR

**Título:** Cartório Notarial de Alvares

**Datas de produção:** 1752 / 1855-12-04

**Dimensão e suporte:** 22 u. i.; papel.

**História administrativa, biográfica e familiar:** Não sabe, com exatidão, quando nem por quem foi fundada Alvares. Teve foral velho. Mais tarde, o rei D. Manuel I concedeu-lhe honras de vila. Foi vigairaria da apresentação do Colégio de Santo Agostinho de Coimbra. Foi sede de concelho, desde remota época, até à publicação do Decreto de 24 de outubro de 1855.

O concelho era constituído pela freguesia de Alvares e pela de Portela do Fojo, criada em 1795.

Nos princípios do séc. XX, a freguesia de Alvares fazia parte da província da Beira Baixa, permutando as malas do correio com um estafeteiro da Pampilhosa da Serra, embora pertencesse, como hoje, ao concelho de Góis.

**Âmbito e conteúdo:** Documentação relativa às atividades dos notários exercidas no cartório de Alvares, formada por uma única série - livros de notas - que inclui, entre outros atos, escrituras de compra e venda, emprazamentos, aforamentos, arrendamentos, testamentos, empréstimos a juros, etc.

**Sistema de organização:** Organização por séries tipológicas: ordenação cronológica.

**Cota atual:** V-1ª E

**Instrumentos de pesquisa:** Recenseamento e Inventário em Archeevo (aplicação informática para descrição arquivística).

**Notas do arquivista:** Descrição elaborada por Júlio Ramos e Elisabete Dias - 2011.

Fonte(s) utilizada(s) para a "História administrativa/biográfica/familiar": COSTA, Américo - *Dicionário Corográfico de Portugal Continental e Insular*. Porto: Livraria Civilização, 1949. *Grande Enciclopédia Portuguesa e Brasileira*. Lisboa; Rio de Janeiro: Editorial Enciclopédia, 1987.


## Cartório Notarial de Ança

**Código de referência:** PT/AUC/NOT/CNANÇ

**Título:** Cartório Notarial de Ança

**Datas de produção:** 1684-06-04 / 1900-11-04

**Dimensão e suporte:** 135 u. i.; papel.

**História administrativa, biográfica e familiar:** De origens remotas, terá sido fundada no século VII por 8 monges italianos enviados por S. Bento. O nome de Ança proveio do italiano "abbondanza" que, etimologicamente, deriva do termo latino *Anzana*. Teve Foral dado por D. Manuel I, em Lisboa, a 28 de junho de 1514. Foi vila e sede de concelho entre 1371 e 1853, ano em que foi extinto por Decreto de 31 de dezembro de 1853 e integrada no de Cantanhede. Era constituído pelas freguesias de Barcouço, Ança, Portunhos, Cioga do Campo, Vil de Matos e São Facundo. Integrou também os concelhos de Mealhada e Coimbra. Ança foi elevada a vila em 12 de julho de 2001.

**Âmbito e conteúdo:** Documentação relativa às atividades dos notários exercidas no cartório de Ança, formada por uma única série, que inclui escrituras de compra e venda, doações e partilhas, etc. Encontram-se ainda exarados testamentos, passando estes a ser escritos em livro próprio em 1900, formando, então, uma série autónoma.

**Sistema de organização:** Organização por séries tipológicas; ordenação cronológica.

**Cota atual:** V-1ª E

**Instrumentos de pesquisa:** Recenseamento e Inventário em Archeevo (aplicação informática para descrição arquivística).

**Notas do arquivista:** Descrição elaborada por Júlio Ramos e Elisabete Dias - 2012.

Fonte(s) utilizada(s) para a "História administrativa/biográfica/familiar": COSTA, Américo - *Dicionário Corográfico de Portugal Continental e Insular*. Porto: Livraria Civilização, 1949. *Grande Enciclopédia Portuguesa e Brasileira*. Lisboa; Rio de Janeiro: Editorial Enciclopédia, 1987.


## Cartório Notarial de Arazede

**Código de referência:** PT/AUC/NOT/CNARZ

**Título:** Cartório Notarial de Arazede

**Datas de produção:** 1791-03-30 / 1951-10-06

**Dimensão e suporte:** 820 u. i.; papel.

**História administrativa, biográfica e familiar:** Arazede pertenceu ao antigo concelho de Cadima, extinto por Decreto de 31 de dezembro de 1853. Por este mesmo Decreto foi integrada no concelho de Montemor-o-Velho. Foi priorado da apresentação da Mitra de Coimbra, no termo de Montemor.

O Decreto-Lei nº 1364, de 18 de setembro de 1922, criou três lugares de notário na comarca de Montemor-o-Velho, um dos quais em Arazede. Em 1928, o Decreto-Lei nº 15304, de 2 de abril, manteve-lhe o lugar, mas agora integrando a comarca de Cantanhede. Esse lugar, porém, ser-lhe-ia retirado pelo Decreto-Lei nº 19133, de 18 de dezembro de 1930, e restituído pelo Decreto-Lei nº 26118, de 24 de novembro de 1935, até à sua extinção. Este é o último diploma legal que refere a existência de notário na localidade.

**Âmbito e conteúdo:** Documentação relativa às atividades dos notários exercidas no cartório notarial de Arazede. Contém os livros de notas, registos de escrituras públicas, testamentos, reconhecimento de letra e assinatura, protestos de títulos de crédito, procurações, contas de emolumentos e selo, instrumentos avulsos e documentos, testamentos cerrados, autos de aprovação de testamentos cerrados e correspondência expedida, assim como os documentos respeitantes aos livros de notas.

**Sistema de organização:** Organização original por séries tipológicas; ordenação cronológica.

**Cota atual:** V-1ª E

**Instrumentos de pesquisa:** Recenseamento e Inventário em Archeevo (aplicação informática para descrição arquivística).

**Notas do arquivista:** Descrição elaborada por Júlio Ramos e Elisabete Dias - 2011.

Fonte(s) utilizada(s) para a "História administrativa/biográfica/familiar": COSTA, Américo - *Dicionário Corográfico de Portugal Continental e Insular*. Porto: Livraria Civilização, 1949. *Grande Enciclopédia Portuguesa e Brasileira*. Lisboa; Rio de Janeiro: Editorial Enciclopédia, 1987.


## Cartório Notarial de Arganil

**Código de referência:** PT/AUC/NOT/CNAGN

**Título:** Cartório Notarial de Arganil

**Datas de produção:** 1609-03-03 / 1996-07-23

**Dimensão e suporte:** 1767 u. i.; papel.

**História administrativa, biográfica e familiar:** Os notários deste cartório desenvolveram a sua atividade em Arganil. Pelo Decreto de 23 de dezembro de 1899, foram criados na comarca de Arganil três lugares de notário, sendo um na sede, outro em Góis e o terceiro em Pampilhosa da Serra, sendo pelo mesmo diploma suprimido um lugar de escrivão. O Decreto-Lei nº 1364, de 18 de setembro de 1922, fixa em quatro o número de lugares de notário, ficando Coja com lugar, e os dois restantes nos concelhos acima referidos. Por sua vez, o Decreto-Lei nº 19133, de 18 de dezembro de 1930, vem repor os três lugares anteriormente existentes, perdendo Coja, agora, o lugar com que havia sido contemplada em 1922. O Decreto-Lei nº 26118, de 24 de novembro de 1935, institui, de novo, quatro lugares de notário na comarca de Arganil, ficando dois na sede, um em Góis e outro em Pampilhosa da Serra. O Decreto-Lei nº 37666, de 19 de dezembro de 1949, determina que a distribuição de cartórios notariais passe a ser feita por concelhos de acordo com o mapa I anexo ao diploma e que os cartórios que excedam o número nele previsto serão extintos à medida que vagarem.

Em 1961, pelo Decreto-lei nº 44064, de 28 de novembro, fica estabelecido que existirão dois lugares de notário em Arganil, devendo ser extinto o primeiro lugar que vagasse. No entanto desde 1 de junho de 1960, em livros de notas para escrituras os notários são referidos como pertencendo aos 1º ou 2º cartórios.

**Âmbito e conteúdo:** Documentação relativa às atividades dos notários exercidas no cartório de Arganil. Contém, entre outros, os livros de notas, de escrituras, registos de escrituras públicas, de testamentos, de reconhecimento de letra e assinatura, de protestos de títulos de crédito, de procurações, de contas de emolumentos e selo, de instrumentos avulsos e documentos, testamentos cerrados, autos de aprovação de testamentos cerrados e correspondência expedida, assim como os documentos respeitantes aos livros de notas.

**Sistema de organização:** Organização por séries tipológicas; ordenação cronológica.

**Cota atual:** V-1ª E

**Instrumentos de pesquisa:** Recenseamento e Inventário em Archeevo (aplicação informática para descrição arquivística).

**Notas do arquivista:** Descrição elaborada por Júlio Ramos e Elisabete Dias – 2012.

Fonte(s) utilizada(s) para a "História administrativa/biográfica/familiar": COSTA, Américo - *Dicionário Corográfico de Portugal Continental e Insular*. Porto: Livraria Civilização, 1949. *Grande Enciclopédia Portuguesa e Brasileira*. Lisboa; Rio de Janeiro: Editorial Enciclopédia, 1987.

Legislação portuguesa sobre o notariado mencionada na História administrativa.


## Cartório Notarial de Avô

**Código de referência:** PT/AUC/NOT/CNAVO
**Título:** Cartório Notarial de Avô
**Datas de produção:** 1805-05-19 / 1917-12-11
**Dimensão e suporte:** 51 u. i.; papel.

**História administrativa, biográfica e familiar:** A vila de Avô tem origens bem antigas, tendo anteriormente o topónimo de "Couto de Avao", porque, não havendo pontes sobre o rio Alva e a ribeira de Moura, só se podia entrar no burgo atravessando a "vau" estes cursos de água. Avô foi habitada por Romanos que aqui procuravam minérios de chumbo e ouro, tendo estes sido, provavelmente, os fundadores do castelo, hoje em ruínas. Foi também povoada pelos Mouros e reconquistada por D. Afonso Henriques. O lugar de Avô e seus domínios foram doados pelo conde D. Henrique ao bispo de Coimbra. A sua fortificação é atribuída a D. Afonso Henriques (1112-1185). Além das ruínas do castelo, que incluem também as ruínas da ermida de São Miguel (século XVI, XVII), Avô possui outros monumentos de interesse como a igreja matriz (século XVIII), as capelas de Nossa Senhora dos Anjos (início século XVIII), a de Santa Quitéria (século XVII) e a granítica de São Pedro (século XVI), ou o pelourinho do século XIV, manuelino. De referir ainda a casa de Brás Garcia Mascarenhas, solar quinhentista no seu traço original, com janelas manuelinas. Avô foi vigairaria da apresentação do Cabido da Sé de Coimbra. Pertenceu à antiga comarca de Midões e foi sede de concelho até 1855, data em que o Decreto de 24 de outubro o extinguiu e integrou no concelho de Oliveira do Hospital.

**Âmbito e conteúdo:** Documentação relativa às atividades dos notários exercidas no cartório de Avô e formada por três séries, a de notas para escrituras, que inclui compras e vendas, testamentos, aforamentos, arrendamentos, etc.; a de registos de atos fora das notas, que abrange atos de idêntica natureza à anterior, e a de reconhecimento da letra e assinatura da entidade eclesiástica nas certidões comprovativas de celebração de missas.

**Sistema de organização:** Organização por séries tipológicas; ordenação cronológica.

**Cota atual:** V-1ª E

**Instrumentos de pesquisa:** Recenseamento e Inventário em Archeevo (aplicação informática para descrição arquivística).

**Notas do arquivista:** Descrição elaborada por Júlio Ramos e Elisabete Dias - 2011.

Fonte(s) utilizada(s) para a "História administrativa/biográfica/familiar": COSTA, Américo - *Dicionário Corográfico de Portugal Continental e Insular*. Porto: Livraria Civilização, 1949. *Grande Enciclopédia Portuguesa e Brasileira*. Lisboa; Rio de Janeiro: Editorial Enciclopédia, 1987.

## Cartório Notarial de Ázere e Sinde

**Código de referência:** PT/AUC/NOT/CNAZR

**Título:** Cartório Notarial de Ázere e Sinde

**Datas de produção:** 1700-04-17 / 1842-09-16

**Dimensão e suporte:** 39 u. i.; papel.

**História administrativa, biográfica e familiar:** Ázere foi priorado da apresentação do ordinário. Foi vila e sede de concelho até ao início do século XIX, integrada na antiga comarca de Midões. Era constituído pelas freguesias de Ázere e Covelo. O Padre Carvalho afirma ter-lhe sido dado foral por D. Afonso III.

Sinde teve foral dado em Lisboa por D. Manuel I, em 10 de fevereiro de 1514. Foi sede do concelho constituído apenas por uma única freguesia, extinto em 1836 e, desde aí, integrado no de Tábua. Foi priorado da apresentação dos Condes de Óbidos.

**Âmbito e conteúdo:** Documentação relativa às atividades exercidas pelos notários no cartório notarial de Ázere e de Sinde, formada por uma única série – livros de notas -, que inclui escrituras de compra e venda, testamentos, emprazamentos, arrendamentos, aforamentos, procurações, fianças, cessões de dívidas, dinheiro a juros, etc.

**Sistema de organização:** Organização por séries tipológicas; ordenação cronológica.

**Cota atual:** V-1ª E

**Instrumentos de pesquisa:** Recenseamento e Inventário em Archeevo (aplicação informática para descrição arquivística).

**Notas do arquivista:** Descrição elaborada por Júlio Ramos e Elisabete Dias - 2012.

Fonte(s) utilizada(s) para a "História administrativa/biográfica/familiar": COSTA, Américo - *Dicionário Corográfico de Portugal Continental e Insular*. Porto: Livraria Civilização, 1949. *Grande Enciclopédia Portuguesa e Brasileira*. Lisboa; Rio de Janeiro: Editorial Enciclopédia, 1987.

## Cartório Notarial de Bobadela

**Código de referência:** PT/AUC/NOT/CNBOB

**Título:** Cartório Notarial de Bobadela

**Datas de produção:** 1789-04-17 / 1836-05-22

**Dimensão e suporte:** 10 u. i.; papel.

**História administrativa, biográfica e familiar:** O topónimo Bobadela surge inicialmente sob a forma de Bovedela em documento do seculo XII, Abovedella em 1211, Bovadella e Abovadela nas inquirições de 1258. Bobadela teve, desde tempos antigos, estatuto municipal, com carta de foral de 1256, registada no Livro I de D. Afonso III. Foi priorado da apresentação da donatária da vila à família Freire de Andrade, passando mais tarde para a coroa, que veio a doá-la à Casa do Infantado. Foi um pequeno concelho, tendo-lhe D. Manuel I concedido foral novo a 15 de outubro de 1513. O concelho de Bobadela foi abolido com a reforma administrativa de 29 de novembro de 1836, ficando então incluída no de Linhares que, por sua vez, seria também extinto por Decreto de 24 de outubro de 1855; foi por isso integrada no concelho de Oliveira do Hospital. Pertenceu à antiga comarca de Viseu e, posteriormente, à de Midões.

**Âmbito e conteúdo:** Documentação relativa às atividades dos notários exercidas no cartório de Bobadela, formada por uma série - livros de notas -, que contêm escrituras de compra e venda, testamentos, emprazamentos, arrendamentos, aforamentos, procurações, fianças, cessões de dívidas, dinheiro a juros, etc.

**Sistema de organização:** Organização original por séries tipológicas; ordenação cronológica.

**Cota atual:** V-1ª E

**Instrumentos de pesquisa:** Recenseamento e Inventário em Archeevo (aplicação informática para descrição arquivística).

**Notas do arquivista:** Descrição elaborada por Júlio Ramos e Elisabete Dias - 2011.

Fonte(s) utilizada(s) para a "História administrativa/biográfica/familiar": COSTA, Américo - *Dicionário Corográfico de Portugal Continental e Insular*. Porto: Livraria Civilização, 1949. *Grande Enciclopédia Portuguesa e Brasileira*. Lisboa; Rio de Janeiro: Editorial Enciclopédia, 1987.


## Cartório Notarial de Buarcos

**Código de referência:** PT/AUC/NOT/CNBUA

**Título:** Cartório Notarial de Buarcos

**Datas de produção:** 1659-11-17 / 1837-08-07

**Dimensão e suporte:** 40 u. i.; papel.

**História administrativa, biográfica e familiar:** Buarcos remontará ao período da romanização. O nome "Buarcos" terá surgido, segundo Pinho Leal, devido ao facto de as casas dos pescadores serem construídas com "bulhos em arcos". Daí o topónimo "Bulharcos" que, posteriormente, evolui para Buarcos. A separação da vila de Redondos da de Buarcos data do século XIII, por iniciativa dos monges Crúzios. A população de Redondos, mais interior, dedicava-se à agricultura e exploração de minério, enquanto a de Buarcos, situada em redor da fortaleza, à atividade piscatória. Buarcos teve foral dado em Lisboa a 1 de abril de 1342 e foral manuelino em setembro de 1516. Foi vigairaria da apresentação do Cabido da Sé de Coimbra. O lugar de Redondos teve foro de vila e foi concelho designado por Buarcos e Redondos até 12 de março de 1771, ano em que foi criada a comarca da Figueira da Foz. Em 1842, Buarcos surge como freguesia do concelho de Figueira da Foz.

**Âmbito e conteúdo:** Documentação relativa às atividades dos notários exercidas no cartório de Buarcos, formada por uma série - livros de notas – que contêm escrituras de compra e venda, testamentos, aforamentos, arrendamentos e vários outros atos.

**Sistema de organização:** Organização por séries tipológicas; ordenação cronológica.

**Cota atual:** V-1ª E

**Instrumentos de pesquisa:** Recenseamento e Inventário em Archeevo (aplicação informática para descrição arquivística).

**Notas do arquivista:** Descrição elaborada por Júlio Ramos e Elisabete Dias - 2011.

Fonte(s) utilizada(s) para a "História administrativa/biográfica/familiar": COSTA, Américo - *Dicionário Corográfico de Portugal Continental e Insular*. Porto: Livraria Civilização, 1949. *Grande Enciclopédia Portuguesa e Brasileira*. Lisboa; Rio de Janeiro: Editorial Enciclopédia, 1987.


## Cartório Notarial de Cadima

**Código de referência:** PT/AUC/NOT/CNCAD

**Título:** Cartório Notarial de Cadima

**Datas de produção:** 1791-09-04 / 1863-08-02

**Dimensão e suporte:** 20 u. i.; papel.

**História administrativa, biográfica e familiar:** Cadima foi propriedade da Coroa e teve foral dado por D. Manuel, em Lisboa, a 23 de agosto de 1514. Foi sede de concelho, extinto por Decreto de 31 de dezembro de 1853, passando então, pelo mesmo diploma, a fazer parte do de Cantanhede. Em 1708 era vigairaria do termo de Tentúgal, comarca de Coimbra. Em 1751 era do termo de Montemor-o-Velho e em 1852 couto extinto na comarca de Cantanhede. A freguesia de Cadima dispersa-se, hoje, por 33 povoações, sendo as mais importantes Aljuriça, Azenha, Cadima, Casal, Fornos, Lage, Moreiras, Nogueiras, Olhos da Fervença, Ponte da Lapa, Rodelo, Sarilha, Taboeira e Zambujal.

**Âmbito e conteúdo:** Documentação relativa às atividades dos notários exercidas no cartório de Cadima, formada por uma única série, que inclui escrituras públicas de compras e vendas, doações e partilhas, etc. Encontram-se ainda exarados testamentos, passando estes a ser escritos em livro próprio em 1900, formando, então, uma série autónoma.

**Sistema de organização:** Organização por series tipológicas; ordenação cronológica.

**Cota atual:** V-1ª E

**Instrumentos de pesquisa:** Recenseamento e Inventário em Archeevo (aplicação informática para descrição arquivística).

**Notas do arquivista:** Descrição elaborada por Júlio Ramos e Elisabete Dias - 2011.

Fonte(s) utilizada(s) para a "História administrativa/biográfica/familiar": COSTA, Américo - *Dicionário Corográfico de Portugal Continental e Insular*. Porto: Livraria Civilização, 1949. *Grande Enciclopédia Portuguesa e Brasileira*. Lisboa; Rio de Janeiro: Editorial Enciclopédia, 1987.


## Cartório Notarial de Candosa e Nogueira

**Código de referência:** PT/AUC/NOT/CNCND

**Título:** Cartório Notarial de Candosa e Nogueira

**Datas de produção:** 1754-03-05 / 1836-11-20

**Dimensão e suporte:** 24 u. i.; papel.

**História administrativa, biográfica e familiar:** Candosa foi vigairaria da apresentação do Mosteiro de Vairão. D. Manuel I deu-lhe foral em Lisboa a 12 de setembro de 1514. Fez parte do concelho de Midões, extinto por Decreto de 31 de dezembro de 1853. Em 1839 estava integrada na comarca de Seia, mas em 1852 já era da comarca de Midões.

Nogueira foi priorado da apresentação alternada do pontífice e do bispo, segundo o Padre Carvalho, ou só do bispo de Coimbra, segundo a *Estatistica paroquial* de 1862. Teve a si anexa a freguesia de São Miguel de Galizes, que era curato da apresentação do prior de Santa Maria de Nogueira. Foi sede de concelho a que D. Manuel I deu foral em Lisboa, a 12 de setembro de 1514. Em 1755 estava integrada na comarca de Viseu, em 1839 na de Seia, em 1852 na de Midões e em 1878 na comarca de Oliveira do Hospital.

**Âmbito e conteúdo:** Documentação relativa às atividades exercidas pelos notário no cartório notarial de Candosa e de Nogueira, formada por uma única série – livros de notas -, que contêm escrituras de compra e venda, testamentos, emprazamentos, arrendamentos, aforamentos, procurações, fianças, cessões de dívidas, dinheiro a juros, etc.

**Sistema de organização:** Organização por series tipológicas; ordenação cronológica.

**Cota atual:** V-1ª E

**Instrumentos de pesquisa:** Recenseamento e Inventário em Archeevo (aplicação informática para descrição arquivística).

**Notas do arquivista:** Descrição elaborada por Júlio Ramos e Elisabete Dias - 2011.

Fonte(s) utilizada(s) para a "História administrativa/biográfica/familiar": COSTA, Américo - *Dicionário Corográfico de Portugal Continental e Insular*. Porto: Livraria Civilização, 1949. *Grande Enciclopédia Portuguesa e Brasileira*. Lisboa; Rio de Janeiro: Editorial Enciclopédia, 1987.


## Cartório Notarial de Cantanhede - 1º cartório

**Código de referência:** PT/AUC/NOT/CNCNT1

**Título:** Cartório Notarial de Cantanhede - 1º cartório

**Datas de produção:** 1640 / 1975-02-10

**Dimensão e suporte:** 2545 u. i.; papel.

**História administrativa, biográfica e familiar:** Os notários deste cartório desenvolveram a sua atividade em Cantanhede. Pelo Decreto de 23 de dezembro de 1899, foram criados na comarca de Cantanhede dois lugares de notário, ambos na sede, sendo pelo mesmo diploma o notariado separado da escrivania, mas sem supressão do lugar de escrivão. O Decreto-Lei nº 1364, de 18 de setembro de 1922, manteve em dois o número de lugares de notário. Por sua vez, o Decreto-Lei nº 15 304, de 2 de abril de 1928, criou mais dois lugares na comarca, localizados em Arazede (um) e em Mira o outro. O Decreto-Lei nº 19133, de 18 de dezembro de 1930, extinguiu o lugar que havia em Arazede, ficando apenas três lugares - dois na sede de comarca e um em Mira. O Decreto-Lei nº 26118, de 24 de novembro de 1935, institui, de novo, quatro lugares de notário na comarca, ficando dois na sede, um de novo em Arazede e outro em Mira. O Decreto-Lei nº 37 666, de 19 de dezembro de 1949, no seu artigo 7º, determina que a distribuição de cartórios notariais passe a ser feita por concelhos, de acordo com o mapa I anexo ao diploma, e que os cartórios que excedam o número nele previsto serão extintos à medida que vagarem. Por este diploma, Cantanhede fica apenas com um lugar, embora haja dois lugares ocupados, sendo um deles a extinguir quando vagar (artº 7º, parágrafo único). Em 1961, pelo Decreto-lei nº 44064, de 21 de novembro, são conferidos dois lugares de notário em Cantanhede.

**Âmbito e conteúdo:** Documentação relativa às atividades dos notários exercidas no 1º cartório de Cantanhede. Contém, entre outros, os livros e registos de escrituras públicas, de testamentos e suas revogações, de reconhecimento de letra e assinatura, de protestos de títulos de crédito, de procurações, de contas de emolumentos e selo, de instrumentos avulsos e documentos, inventários do cartório, testamentos cerrados, autos de aprovação de testamentos cerrados, copiadores de correspondência, certidões de missas, sinais públicos dos notários, termos de abertura de sinais, autos de abertura de testamentos cerrados, correspondência expedida, assim como os documentos respeitantes aos livros de notas.

**Sistema de organização:** Organização por series tipológicas; ordenação cronológica.

**Cota atual:** V-1ª D e 1ª E; V-2ª D

**Instrumentos de pesquisa:** Recenseamento e Inventário em Archeevo (aplicação informática para descrição arquivística).

**Notas do arquivista:** Descrição elaborada por Júlio Ramos e Elisabete Dias - 2011.

Fonte(s) utilizada(s) para a "História administrativa/biográfica/familiar": Legislação portuguesa sobre o notariado invocada no texto da história administrativa.


## Cartório Notarial de Cantanhede - 2º cartório

**Código de referência:** PT/AUC/NOT/CNCNT2

**Título:** Cartório Notarial de Cantanhede - 2º cartório

**Datas de produção:** 1960-12-30 / 1975-04-10

**Dimensão e suporte:** 362 u. i.; papel.

**História administrativa, biográfica e familiar:** Os notários deste cartório desenvolveram a sua atividade em Cantanhede. Pelo Decreto de 23 de dezembro de 1899, foram criados na comarca de Cantanhede dois lugares de notário, ambos na sede, sendo pelo mesmo diploma o notariado separado da escrivania, mas sem supressão do lugar de escrivão. O Decreto-Lei nº 1364, de 18 de setembro de 1922, manteve em dois o número de lugares de notário. Por sua vez, o Decreto-Lei nº 15304, de 2 de abril de 1928, criou mais dois lugares na comarca, localizados em Arazede (um) e em Mira o outro. O Decreto-Lei nº 19133, de 18 de dezembro de 1930, extinguiu o lugar que havia em Arazede, ficando apenas três lugares - dois na sede de comarca e um em Mira. O Decreto-Lei nº 26118, de 24 de novembro de 1935, institui, de novo, quatro lugares de notário na comarca, ficando dois na sede, um de novo em Arazede e outro em Mira. O Decreto-Lei nº 37666, de 19 de dezembro de 1949, no seu artigo 7º, determina que a distribuição de cartórios notariais passe a ser feita por concelhos, de acordo com o mapa I anexo ao diploma, e que os cartórios que excedam o número nele previsto serão extintos à medida que vagarem. Por este diploma, Cantanhede fica apenas com um lugar, embora haja dois lugares ocupados, sendo um deles a extinguir quando vagar (artº 7º, parágrafo único). Em 1961, pelo Decreto-lei nº 44064, de 21 de novembro, são conferidos dois lugares de notário em Cantanhede.

**Âmbito e conteúdo:** Documentação relativa às atividades dos notários exercidas no 2º cartório de Cantanhede. Contém, entre outros, livros de notas para escrituras diversas e seus averbamentos, testamentos públicos e revogação de testamentos, protestos de títulos de crédito, registos de escrituras diversas, documentos arquivados a pedido das partes, documentos referentes aos livros de notas.

**Sistema de organização:** Organização por series tipológicas; ordenação cronológica.

**Cota atual:** V-1ª E e 1ª D; V-2ª D

**Instrumentos de pesquisa:** Recenseamento e Inventário em Archeevo (aplicação informática para descrição arquivística).

**Notas do arquivista:** Descrição elaborada por Júlio Ramos e Elisabete Dias - 2011.

Fonte(s) utilizada(s) para a "História administrativa/biográfica/familiar": Legislação portuguesa sobre o notariado invocada no texto da história administrativa.

## Cartório Notarial de Carapinheira

**Código de referência:** PT/AUC/NOT/CNCRP
**Título:** Cartório Notarial de Carapinheira
**Datas de produção:** 1877-02-17 / 1907-04-06
**Dimensão e suporte:** 96 u. i.; papel.
**História administrativa, biográfica e familiar:** A origem do topónimo Carapinheira é enigmática, apesar de vários autores apresentarem várias hipóteses e conjeturas. Porém, a primeira referência a Carapinheira aparece em 16 de junho de 1450, quando o rei D. Afonso V nomeia João Eanes da Carapinheira monteiro e guarda-mor da mata da "Botelha à Torre". Seria, pois, um lugar de uma das freguesias medievais de Montemor. No século XVI é frequente a citação do topónimo em cartas de emprazamento, podendo o seu desenvolvimento estar ligado à expansão da cultura do milho. A freguesia tem múltiplos lugares aglomerados e casais dispersos. Crê-se que o desmembramento dessas quintas, esteja na origem da atual área administrativa da Carapinheira, que, como curato, esteve anexada à paróquia de S. Miguel de Montemor, havendo ainda, em tempos idos, alguns lugares sujeitos a outras antigas freguesias de Montemor: Santa Maria de Alcáçova, Santa Maria Madalena, S. Martinho e S. Salvador. Carapinheira pertenceu aos duques de Aveiro, passando em 1759, para o Duque do Cadaval até 1834, altura em que é incorporada nos bens da coroa. Civilmente, pertenceu, sempre ao concelho de Montemor-o-Velho; no âmbito forense já pertenceu às comarcas da Figueira da Foz e Coimbra e, atualmente, a Montemor-o-Velho. Entretanto, pela divisão judicial, instituída por Decreto de 12 de novembro de 1875, foi julgado de comarca que também incluía a freguesia de Seixo; o Decreto de 6 de agosto de 1896 instituiu o distrito

de paz da Carapinheira, abrangendo também as freguesias de Arazede e Liceia. No dia 13 de julho de 1990, foi elevada à categoria de Vila.

**Âmbito e conteúdo:** Documentação relativa às atividades dos notários exercidas na Carapinheira. Contém, entre outros, livros de notas, registos de escrituras públicas, de testamentos, registos de testamentos e aprovação e depósito de testamentos cerrados, de reconhecimento de letra e assinatura, registos de protestos de títulos de crédito, registos de procurações, de certidões de missas, termos de abertura de sinais, assim como os documentos respeitantes aos livros de notas.

**Sistema de organização:** Organização por séries tipológicas; ordenação cronológica.

**Cota atual:** V-1ª E

**Instrumentos de pesquisa:** Recenseamento e Inventário em Archeevo (aplicação informática para descrição arquivística).

**Notas do arquivista:** Descrição elaborada por Júlio Ramos e Elisabete Dias - 2012.

Fonte(s) utilizada(s) para a "História administrativa/biográfica/familiar": COSTA, Américo - *Dicionário Corográfico de Portugal Continental e Insular*. Porto: Livraria Civilização, 1949. *Grande Enciclopédia Portuguesa e Brasileira*. Lisboa; Rio de Janeiro: Editorial Enciclopédia, 1987.


## Cartório Notarial de Carvalho

**Código de referência:** PT/AUC/NOT/CNCRV

**Título:** Cartório Notarial de Carvalho

**Datas de produção:** 1775-07-27 / 1835-02-09

**Dimensão e suporte:** 16 u. i.; papel.

**História administrativa, biográfica e familiar:** O povoamento primitivo de Carvalho data do séc. XI. Recebeu foral de D. Manuel I dado em Lisboa a 8 de julho de 1514. Foi vigairaria da apresentação dos seus donatários, os morgados de Carvalho, e depois condes de Atouguia. O seu senhorio passou para a coroa em 1759, situação mantida até 1834. Carvalho foi anexada ao concelho de Penacova em 1927.

**Âmbito e conteúdo:** Documentação relativa às atividades exercidas pelos notários de Carvalho, formada por uma única série – livros de notas -, que contêm escrituras de compra e venda, testamentos, emprazamentos, arrendamentos, aforamentos, procurações, fianças, cessões de dívidas, dinheiro a juros, etc.

**Sistema de organização:** Organização por séries tipológicas; ordenação cronológica.

**Cota atual:** V-1ª E

**Instrumentos de pesquisa:** Recenseamento e Inventário em Archeevo (aplicação informática para descrição arquivística).

**Notas do arquivista:** Descrição elaborada por Júlio Ramos e Elisabete Dias - 2011.

Fonte(s) utilizada(s) para a "História administrativa/biográfica/familiar": COSTA, Américo - *Dicionário Corográfico de Portugal Continental e Insular*. Porto: Livraria Civilização, 1949. *Grande Enciclopédia Portuguesa e Brasileira*. Lisboa; Rio de Janeiro: Editorial Enciclopédia, 1987.


# Cartório Notarial do Centro de Formalidades das Empresas de Coimbra

**Código de referência:** PT/AUC/NOT/CNCFECBR

**Título:** Cartório Notarial do Centro de Formalidades das Empresas de Coimbra

**Datas de produção:** 1998-05-12 / 2000-08-28

**Dimensão e suporte:** 109 u. i.; papel.

**História administrativa, biográfica e familiar:** Os Centros de Formalidades das Empresas (CFE) foram criados pelo Decreto-Lei nº 55/97, de 8-3, tendo os dois primeiros sido instalados em Lisboa e no Porto. Os CFE são serviços de atendimento e de prestação de informações aos utentes e têm por finalidade facilitar os processos de constituição, alteração ou extinção de empresas e atos afins, e competência para constituir os seguintes tipos de sociedades comerciais: por quotas, unipessoais por quotas, anónimas, em comandita, em nome coletivo, e ainda fazer alteração de pactos sociais de empresas já existentes e proceder à extinção de sociedades.

Em 1998, pelo Decreto-Lei 78-A/98, de 31-3, foi criada a Rede Nacional dos CFE, cujo objetivo era estender a todo o território nacional a implantação dos CFEs e que determinava a implementação de um desses Centros em Coimbra. O IAPMEI (Instituto de Apoio às Pequenas e Médias Empresas e ao Investimento) é a Entidade Hospedeira dos CFEs do Continente. A instalação e organização dos CFE cabem à equipa interministerial da Rede Nacional dos CFE, nomeada por despacho conjunto dos Ministros das Finanças, da Justiça, da Economia, do Trabalho e da Solidariedade, da Reforma do Estado e da Administração Pública. Por sua vez, a coordenação do funcionamento da Rede Nacional dos CFE incumbe ao Gestor da Rede Nacional dos CFE, funções na dependência do Ministro da Economia, e a gestão de cada CFE a um Adjunto do Gestor de Rede Nacional dos CFE.

Estruturalmente existe em cada CFE:
- Um corpo técnico de atendimento (IAPMEI)
- Uma delegação do RNPC- Registo Nacional de Pessoas Coletivas (DGRN)
- Um Cartório Notarial (DGRN)
- Uma extensão da DGCI – Direção Geral dos Impostos
- Uma extensão do Centro Regional de Segurança Social da zona de localização do CFE
- Um Gabinete de Apoio ao Registo Comercial – GARC (DGRN)
- Um gabinete de licenciamentos
- Um balcão da Caixa Geral de Depósitos

No que se refere a estes cartórios notariais, estabelece o artigo 7º do acima citado Decreto-Lei 78-A/98 que são serviços externos da Direcção--Geral dos Registos e do Notariado (DGRN), estando as respetivas competências previstas no artº 4º do mesmo diploma (Regime Jurídico dos CFE), e podem lavrar ainda:

1.Todos os atos notariais ligados às atividades empresariais, bem como aos fins prosseguidos por associações e fundações, incluindo os atos de constituição ou instituição de pessoas coletivas de direito privado;

2.Todos os instrumentos públicos a lavrar fora dos livros de notas, autenticação de documentos particulares, reconhecimentos, certificados, certidões ou documentos análogos, direta ou indiretamente relacionados com as atividades ou finalidades previstas na alínea anterior.

**Âmbito e conteúdo:** O arquivo do CFE de Coimbra incorporado no AUC é formado apenas por três séries: Escrituras Diversas; Documentos relativos aos livros de notas; Registo de escrituras diversas.

**Sistema de organização:** Organização original por séries tipológicas; ordenação cronológica.

**Cota atual:** V-2ª E

**Instrumentos de pesquisa:** Inventário de Júlio de Sousa Ramos publicado no *Boletim do Arquivo da Universidade de Coimbra.* XXV (2012) pp. 153-165; Inventário em Archeevo (aplicação informática para descrição arquivística).

**Notas do arquivista:** Descrição elaborada por Júlio Ramos – 2014.


## Cartório Notarial de Coimbra

**Código de referência:** PT/AUC/NOT/CNCBR
**Título:** Cartório Notarial de Coimbra
**Datas de produção:** 1563-01-09 / 1955-05-27
**Dimensão e suporte:** 2057 u. i.; papel.
**História administrativa, biográfica e familiar:** Os notários deste cartório exerceram as suas funções em Coimbra. O Decreto de 23 de dezembro de 1899, publicado no Diário do Governo de 5 de janeiro, criou 3 lugares de notário na comarca de Coimbra, separou o notariado das escrivanias, sem supressão dos lugares de escrivão, e referia a existência de dois tabeliães privativos. O Decreto-Lei nº 1364, de 18 de setembro de 1922, alargou o número de lugares de notário para cinco, o Decreto-Lei nº 15304, de 2 de abril de 1928, ampliou aquele número para sete, sendo um localizado em Condeixa-a-Nova e outro em Penacova. Com o Decreto-Lei nº 26118, de 24 de novembro de 1935, foram criadas as Secretarias Notariais, para os notários de uma mesma localidade

passarem a exercer funções num único cartório, ficando Coimbra, então, com 7 lugares - 4 na sede da comarca, 1 de protesto de letras, 1 em Condeixa-a-Nova e 1 em Penacova. Esta situação foi alterada pelo Decreto-Lei nº 37666, de 19 de dezembro de 1949, que instituiu a distribuição de lugares de notário por concelhos. Assim o concelho de Coimbra passou a dispor de 4 lugares, sendo um de protesto de letras. O Decreto-Lei nº 44064, de 21 de novembro de 1961, fixou a criação de três cartórios no concelho de Coimbra.

**Âmbito e conteúdo:** Documentação relativa às atividades dos notários exercidas em Coimbra. Contém, entre outros, livros e registos de escrituras, de testamentos, de reconhecimento de letra e assinatura, de protestos de títulos de crédito, de procurações, de certidões de missas, de sinais nas mesmas certidões, de contas de emolumentos e selo, de instrumentos avulsos e documentos, testamentos cerrados, autos de aprovação de testamentos cerrados e correspondência expedida, assim como os documentos respeitantes aos livros de notas.

**Sistema de organização:** Organização por séries tipológicas; ordenação cronológica.

**Cota atual:** V-1ª E

**Instrumentos de pesquisa:** Recenseamento e Inventário em Archeevo (aplicação informática para descrição arquivística).

**Notas do arquivista:** Descrição elaborada por Júlio Ramos e Elisabete Dias - 2011.

Fonte(s) utilizada(s) para a "História administrativa/biográfica/familiar": Legislação portuguesa sobre o notariado invocada na História Administrativa.


## Cartório Notarial de Coimbra - lugares e vilas

**Código de referência:** PT/AUC/NOT/CNCBR0
**Título:** Cartório Notarial de Coimbra - lugares e vilas
**Datas de produção:** 1640-11-12 / 1837-06-15
**Dimensão e suporte:** 259 u. i.; papel.

**História administrativa, biográfica e familiar:** O ofício de tabelião, em Portugal, remonta à época de D. Afonso II (1211/1223). Era sua função conferir fé pública aos documentos, sendo do rei, desde o século XVI, o poder de criar tais cargos. O termo tabelião foi usado até ao final do século XIX, substituído em 1900 por notário (Decreto de 14-IX-1900). Desde Passos Manuel e posteriormente foram tentadas diversas reformas de regulamentação. Em 1892, foi publicada a Constituição do Notariado Português. Os arquivos dos ofícios de tabelionado extintos passaram para os cartórios notariais atuais. Os notários deste cartório exerceram as suas funções em Coimbra e outras localidades circundantes da cidade.

**Âmbito e conteúdo:** Documentação relativa às atividades dos notários em exercício nos lugares e vilas do termo de Coimbra, como sejam Eiras, Botão, Larçã, Souselas, Cernache, etc., formada por livros de notas que contêm escrituras, tais como, entre outros, atos e contratos entre vivos de diferentes valores, compras e vendas, doações e partilhas, e testamentos, etc.

**Sistema de organização:** Organização por séries tipológicas; ordenação cronológica.

**Cota atual:** V-1ª E

**Instrumentos de pesquisa:** Recenseamento e Inventário em Archeevo (aplicação informática para descrição arquivística).

**Notas do arquivista:** Descrição elaborada por Júlio Ramos e Elisabete Dias – 2011.

Fonte à "História administrativa, biográfica e familiar": Mariz, José – *Tabeliães e notários: orientações para a organização e descrição dos fundos notariais*. Lisboa: Instituto Português de Arquivos, 1989.


## Cartório Notarial de Coimbra - 1º cartório

**Código de referência:** PT/AUC/NOT/CNCBR1
**Título:** Cartório Notarial de Coimbra - 1º cartório
**Datas de produção:** 1887-11-25 / 1992-12-30
**Dimensão e suporte:** 2843 u. i.; papel.

**História administrativa, biográfica e familiar:** Os notários deste cartório exerceram as suas funções em Coimbra. O Decreto de 23 de dezembro de 1899, publicado no Diário do Governo de 5 de janeiro, criou 3 lugares de notário na comarca de Coimbra, separou o notariado das escrivanias, sem supressão dos lugares de escrivão, e referia a existência de dois tabeliães privativos. O Decreto-Lei nº 1364, de 18 de setembro de 1922, alargou o número de lugares de notário para cinco, o Decreto-Lei nº 15304, de 2 de abril de 1928, ampliou aquele número para sete, sendo um localizado em Condeixa-a-Nova e outro em Penacova. Com o Decreto-Lei nº 26118, de 24 de novembro de 1935, foram criadas as Secretarias Notariais, para os notários de uma mesma localidade passarem a exercer funções num único cartório, ficando Coimbra, então com 7 lugares - 4 na sede da comarca, um de protesto de letras, 1 em Condeixa-a-Nova e 1 em Penacova. Esta situação foi alterada pelo Decreto-Lei nº 37666, de 19 de dezembro de 1949, que instituiu a distribuição de lugares de notário por concelhos. Assim o concelho de Coimbra passou a dispor de 4 lugares, sendo um de protesto de letras. O Decreto-Lei nº 44064, de 21 de novembro de 1961, fixou a criação de três cartórios no concelho de Coimbra.

**Âmbito e conteúdo:** Documentação relativa às atividades dos notários exercidas no 1º cartório de Coimbra. Contém, entre outros, livros e registos de escrituras, de testamentos, de reconhecimento de letra e assinatura, de protestos de títulos de crédito, de procurações, de contas de emolumentos e selo, de instrumentos avulsos e documentos, testamentos cerrados, autos de aprovação de testamentos cerrados e correspondência expedida, assim como os documentos respeitantes aos livros de notas.

**Sistema de organização:** Organização por séries tipológicas; ordenação cronológica.

**Cota atual:** V-1ª E e 1ª D; VI-2ª D

**Instrumentos de pesquisa:** Recenseamento e Inventário em Archeevo (aplicação informática para descrição arquivística).

**Notas do arquivista:** Descrição elaborada por Júlio Ramos e Elisabete Dias - 2011.

Fonte(s) utilizada(s) para a "História administrativa/biográfica/familiar": Legislação portuguesa sobre o notariado invocada na História Administrativa.

## Cartório Notarial de Coimbra - 2º cartório

**Código de referência:** PT/AUC/NOT/CNCBR2
**Título:** Cartório Notarial de Coimbra - 2º cartório
**Datas de produção:** 1911-04-23 / 1996-12-20
**Dimensão e suporte:** 1238 u. i.; papel.

**História administrativa, biográfica e familiar:** Os notários deste cartório exerceram as suas funções em Coimbra. O Decreto de 23 de dezembro de 1899, publicado no Diário do Governo de 5 de janeiro, criou 3 lugares de notário na comarca de Coimbra, separou o notariado das escrivanias, sem supressão dos lugares de escrivão, e referia a existência de dois tabeliães privativos. O Decreto-Lei nº 1364, de 18 de setembro de 1922, alargou o número de lugares de notário para cinco, o Decreto-Lei nº 15304, de 2 de abril de 1928, ampliou aquele número para sete, sendo um em Condeixa-a-Nova e outro em Penacova. Com o Decreto-Lei nº 26118, de 24 de novembro de 1935, foram criadas as Secretarias Notariais, para os notários de uma mesma localidade passarem a exercer funções num único cartório, ficando Coimbra com 7 lugares - 4 na sede da comarca, um de protesto de letras, 1 em Condeixa-a-Nova e 1 em Penacova. Esta situação foi alterada pelo Decreto-Lei nº 37666, de 19 de dezembro de 1949, que instituiu a distribuição de lugares de notário por concelhos. Assim o concelho de Coimbra passou a dispor de 4 lugares, sendo um de protesto de letras. O Decreto-Lei nº 44064, de 21 de novembro de 1961, fixou a criação de três cartórios no concelho de Coimbra.

**Âmbito e conteúdo:** Documentação relativa às atividades dos notários exercidas no 2º cartório notarial de Coimbra. Contém, entre outros, livros de notas para escrituras diversas e seus averbamentos, testamentos públicos e revogação de testamentos, registo de testamentos, registos de escrituras diversas, documentos relativos aos livros de notas, procurações, registos de correspondência, registos de protestos de letras, sinais públicos dos notários, termos de abertura de sinais, registos de emolumentos e selo, autos de abertura de testamentos cerrados.

**Sistema de organização:** Organização por séries tipológicas; ordenação cronológica.

**Cota atual:** V-1ª E; VI-2ª D

**Instrumentos de pesquisa:** Recenseamento e Inventário em Archeevo (aplicação informática para descrição arquivística).

**Notas do arquivista:** Descrição elaborada por Júlio Ramos e Elisabete Dias - 2011.

Fonte(s) utilizada(s) para a "História administrativa/biográfica/familiar": Legislação portuguesa sobre o notariado invocada na História Administrativa.


## Cartório Notarial de Coimbra - 3º cartório

**Código de referência:** PT/AUC/NOT/CNCBR3

**Título:** Cartório Notarial de Coimbra - 3º cartório

**Datas de produção:** 1904-06-15 / 1996-12-27

**Dimensão e suporte:** 2732 u. i.; papel.

**História administrativa, biográfica e familiar:** Os notários deste cartório exerceram as suas funções em Coimbra. O Decreto de 23 de dezembro de 1899, publicado no Diário do Governo de 5 de Janeiro, criou 3 lugares de notário na comarca de Coimbra, separou o notariado das escrivanias, sem supressão dos lugares de escrivão, e referia a existência de dois tabeliães privativos. O Decreto-Lei nº 1364, de 18 de setembro de 1922, alargou o número de lugares de notário para cinco, o Decreto-Lei nº 15304, de 2 de abril de 1928, ampliou aquele número para sete, sendo um em Condeixa-a-Nova e outro em Penacova. Com o Decreto-Lei nº 26118, de 24 de novembro de 1935, foram criadas as Secretarias Notariais, para os notários de uma mesma localidade passarem a exercer funções num único cartório, ficando Coimbra com 7 lugares - 4 na sede da comarca, um de protesto de letras, 1 em Condeixa-a-Nova e 1 em Penacova. Esta situação foi alterada pelo Decreto-Lei n° 37666, de 19 de Dezembro de 1949, que instituiu a distribuição de lugares de notário por concelhos. Assim o concelho de Coimbra passou a dispor de 4 lugares, sendo um de protesto de letras. O Decreto-Lei n° 44064, de 21 de novembro de 1961, fixou a criação de três cartórios no concelho de Coimbra.

**Âmbito e conteúdo:** Documentação relativa às atividades dos notários exercidas no 3° cartório de Coimbra. Contém, entre outros, os livros e registos de escrituras públicas, de testamentos, de reconhecimento de letra e assinatura, de protestos de títulos de crédito, de procurações, de contas de emolumentos e selo, de instrumentos avulsos e documentos, testamentos cerrados, autos de aprovação de testamentos cerrados e correspondência expedida, assim como os documentos respeitantes aos livros de notas.

**Sistema de organização:** Organização por séries tipológicas; ordenação cronológica.

**Cota atual:** V-1ª E e 1ª D; VI-2ª D

**Instrumentos de pesquisa:** Recenseamento e Inventário em Archeevo (aplicação informática para descrição arquivística).

**Notas do arquivista:** Descrição elaborada por Júlio Ramos e Elisabete Dias - 2011.

Fonte(s) utilizada(s) para a "História administrativa/biográfica/ familiar": Legislação portuguesa sobre o notariado invocada na História Administrativa.


## Cartório Notarial de Coimbra - 4° cartório

**Código de referência:** PT/AUC/NOT/CNCBR4

**Título:** Cartório Notarial de Coimbra - 4° cartório

**Datas de produção:** 1980-10-01 / 1996-12-11

**Dimensão e suporte:** 22 u. i.; papel.

**História administrativa, biográfica e familiar:** Cartório criado apenas em 1980, pelo Decreto-Lei n° 55/80, de 8 de outubro (cf. Mapa IV), mantendo ainda hoje a sua atividade e localização na cidade. O 1° notário deste cartório foi Maria Ângela Gama da Cunha e Costa Simões Santana e toda a documentação existente no AUC teve como autora a referida notária.

**Âmbito e conteúdo:** Documentação formada apenas por uma série - termos de abertura de sinais - e decorre da atividade de autenticar e validar a assinatura de qualquer pessoa; os termos de abertura de sinais contêm, além da assinatura, por via de regra, referência à naturalidade, ao estado civil e à residência.

**Sistema de organização:** Organização por séries tipológicas; ordenação cronológica.

**Cota atual:** VI-2ª D

**Instrumentos de pesquisa:** Recenseamento e Inventário em Archeevo (aplicação informática para descrição arquivística).

**Notas do arquivista:** Descrição elaborada por Júlio Ramos e Elisabete Dias - 2012.

Fonte(s) utilizada(s) para a "História administrativa/biográfica/familiar": Legislação portuguesa sobre o notariado invocada na História Administrativa.


## Cartório Notarial de Coja

**Código de referência:** PT/AUC/NOT/ CN CNCOJ

**Título:** Cartório Notarial de Coja

**Datas de produção:** 1673 / 1937-04-17

**Dimensão e suporte:** 471 u. i.; papel.

**História administrativa, biográfica e familiar:** Os notários deste cartório desenvolveram a sua atividade em Coja, que possuía julgado de paz. Freguesia do concelho de Arganil, foi outrora sede concelhia até à sua extinção pelo Decreto de 31 de dezembro de 1853. Dele faziam parte as freguesias de Vila Cova do Alva, Benfeita, Cerdeira e Barril de Alva. A última reunião da Câmara Municipal de Coja realizou-se em 18 de janeiro de 1854. Fazia parte da comarca de Seia em 1839, mas depois ficou a pertencer à de Arganil. O Decreto-Lei nº 1364, de 18 de setembro de 1922, fixou em quatro o número de lugares de notário na comarca de Arganil: um na sede, um em Coja e os dois restantes em Góis e Pampilhosa da Serra, situação reiterada pelo Decreto nº 15304, de 2 de abril de 1928. Por sua vez, o Decreto-Lei nº 19133, de 18 de dezembro de 1930, suprime o lugar de notário existente em Coja, mantendo-se em atividade o notário até à respetiva vacatura.

**Âmbito e conteúdo:** A documentação contém, entre outros, os livros e registos de escrituras públicas, de testamentos, de protestos de títulos de crédito, de procurações, de contas de emolumentos e selo, de instrumentos avulsos e documento e correspondência expedida, assim como os documentos respeitantes aos livros de notas.

**Sistema de organização:** Organização original por séries tipológicas; ordenação cronológica.

**Cota atual:** V-1ª E

**Instrumentos de pesquisa:** Recenseamento e Inventário em Archeevo (aplicação informática para descrição arquivística.

**Notas do arquivista:** Descrição elaborada por Júlio Ramos e Elisabete Dias - 2011.

Fonte(s) utilizada(s) para a "História administrativa/biográfica/familiar": COSTA, Américo - *Dicionário Corográfico de Portugal Continental e Insular*. Porto: Livraria Civilização, 1949. *Grande Enciclopédia Portuguesa e Brasileira*. Lisboa; Rio de Janeiro: Editorial Enciclopédia, 1987. Legislação portuguesa sobre o notariado invocada no texto da história administrativa.

## Cartório Notarial de Condeixa-a-Nova

**Código de referência:** PT/AUC/NOT/CNCDN

**Título:** Cartório Notarial de Condeixa-a-Nova

**Datas de produção:** 1784 / 1971-09-23

**Dimensão e suporte:** 1423 u. i.; papel.

**História administrativa, biográfica e familiar:** Os notários deste cartório desenvolveram a sua atividade em Condeixa-a-Nova.

Pelo Decreto de 23 de dezembro de 1899, foi criado na comarca de Condeixa-a-Nova um lugar de notário, sendo que, pelo mesmo diploma (art. 46°, § 2°), o notariado continuava anexo ao lugar de escrivão. À data da publicação deste Decreto já existia um notário privativo em Condeixa-a-Nova. O Decreto-Lei n° 1364, de 18 de setembro de 1922, manteve o mesmo número anterior. Também o Decreto-Lei n° 15304, de 2 de abril de 1928, fixava um lugar de notário em Condeixa-a-Nova, mas agora integrado na comarca de Coimbra, situação reiterada pelos Decretos-Leis n° 19133, de 18 de dezembro de 1930, n° 20550, de 26 de novembro de 1931, e n° 26118, de 24 de novembro de 1935. O Decreto-Lei n° 37666, de 19 de dezembro de 1949, determinou que a distribuição de cartórios notariais passasse a ser feita por concelhos, de acordo com o mapa I anexo ao dito diploma e que os cartórios que excedessem o número nele previsto fossem extintos à medida que vagassem. É assim que continua a possuir um lugar de notário. Em 1961, pelo Decreto-Lei n° 44064, de 21 de novembro, fica estabelecido que existirá um lugar de notário em Condeixa-a-Nova.

**Âmbito e conteúdo:** A documentação contém, entre outros, os livros e registos de escrituras públicas, de testamentos, de reconhecimento de letra e assinatura, de protestos de títulos de crédito, de procurações, de contas de emolumentos e selo, de instrumentos avulsos e documentos, testamentos cerrados, autos de aprovação de testamentos cerrados e correspondência expedida, assim como os documentos respeitantes aos livros de notas.

**Sistema de organização:** Organização por séries tipológicas; ordenação cronológica.

**Cota atual:** V-1ª E e 2ª D

**Instrumentos de pesquisa:** Recenseamento e Inventário em Archeevo (aplicação informática para descrição arquivística).

**Notas do arquivista:** Descrição elaborada por Júlio Ramos e Elisabete Dias - 2011.

Fonte(s) utilizada(s) para a "História administrativa/biográfica/familiar": Legislação portuguesa sobre o notariado invocada no texto da História Administrativa.

# Cartório Notarial de Ega

**Código de referência:** PT/AUC/NOT/CNEGA

**Título:** Cartório Notarial de Ega

**Datas de produção:** 1791-02-01/1835-09-10

**Dimensão e suporte:** 16 u. i.; papel.

**História administrativa, biográfica e familiar:** De origem remota, Ega terá sido fundada pelos Templários, que a receberam das mãos de D. Teresa, em 1128. D. Afonso Henriques, depois de, em 1135, a haver tomado aos muçulmanos, faz dela nova doação àquela ordem. O primeiro foral da Ega foi concedido por Frei Estevam Belmonte, mestre da Ordem dos Templários, e data de 1 de setembro de 1231. Foi vigairaria e comenda da Ordem de Cristo, com coadjutor da mesma Ordem. Com a dissolução da Ordem dos Templários, o património e a comenda da Ega vão ser integrados na Ordem Militar de Cristo, instituída por D. Dinis em 1319.Teve foral dado por D. Manuel I em Lisboa, a 25 de fevereiro de 1514. No seu termo antigo tinha outra vigairaria, no lugar do Furadouro. No século XVIII foi criado o título de conde da Ega, na pessoa de D. Manuel de Saldanha e Albuquerque. Em 1755 aparece integrada na comarca de Leiria, em 1852 na de Coimbra e em 1878 na de Soure. Ega terá sido sede de concelho talvez antes de 1821 e até 1835. Desde 1838 que esta freguesia pertence ao concelho de Condeixa-a-Nova.

**Âmbito e conteúdo:** A documentação é formada por uma única série – livros de notas -, que contém escrituras de compra e venda, doações e partilhas, testamentos, emprazamentos, arrendamentos, aforamentos, procurações, fianças, cessões de dívidas, dinheiro a juros, etc.

**Sistema de organização:** Organização original por séries tipológicas; ordenação cronológica.

**Cota atual:** V-1ªE

**Instrumentos de pesquisa:** Recenseamento e Inventário em Archeevo (aplicação informática para descrição arquivística).

**Notas do arquivista:** Descrição elaborada por Júlio Ramos e Elisabete Dias - 2011.

Fonte(s) utilizada(s) para a "História administrativa/biográfica/familiar": COSTA, Américo - *Dicionário Corográfico de Portugal Continental e Insular*. Porto: Livraria Civilização, 1949. *Grande Enciclopédia Portuguesa e Brasileira*. Lisboa; Rio de Janeiro: Editorial Enciclopédia, 1987.

## Cartório Notarial de Ervedal

**Código de referência:** PT/AUC/NOT/CNERV

**Título:** Cartório Notarial de Ervedal

**Datas de produção:** 1762-05-20/1855-12-31

**Dimensão e suporte:** 39 u. i.; papel.

**História administrativa, biográfica e familiar:** Localidade doada em 1193 por D. Dulce, esposa de D. Sancho I, aos frades crúzios do Mosteiro de Seia. Foi importante couto que passou a vila tendo juiz ordinário e Câmara. D. Manuel I deu-lhe foral provavelmente em 1514. Foi vigairaria da apresentação do padroado real, segundo Pinho Leal, ou da apresentação da comenda de Leiria, segundo a *Estatistica Parochial* de 1862. Sede do concelho, Ervedal foi chamado "da Beira", para o distinguir do seu homónimo alentejano, e extinto por Decreto de 24 de outubro de 1855, incluindo-se no concelho de Oliveira do Hospital as freguesias de Ervedal da Beira e Seixo do Ervedal (atualmente Seixo da Beira) e no concelho de Seia as de Sameice, Travancinha e Várzea de Meruge. Fazia parte, em 1855, do distrito da Guarda e da comarca de Gouveia.

**Âmbito e conteúdo:** A documentação é formada por uma única série – livros de notas -, que contém escrituras de compra e venda, testamentos, emprazamentos, arrendamentos, aforamentos, procurações, fianças, cessões de dívidas, dinheiro a juros, etc.

**Sistema de organização:** Organização original por séries tipológicas; ordenação cronológica.

**Cota atual:** V-1ªE

**Instrumentos de pesquisa:** Recenseamento e Inventário em Archeevo (aplicação informática para descrição arquivística).

**Notas do arquivista:** Descrição elaborada por Júlio Ramos e Elisabete Dias - 2011.

Fonte(s) utilizada(s) para a "História administrativa/biográfica/familiar": COSTA, Américo - *Dicionário Corográfico de Portugal Continental e Insular*. Porto: Livraria Civilização, 1949. *Grande Enciclopédia Portuguesa e Brasileira*. Lisboa; Rio de Janeiro: Editorial Enciclopédia, 1987.


## Cartório Notarial de Espinhal

**Código de referência:** PT/AUC/NOT/CNESP

**Título:** Cartório Notarial de Espinhal

**Datas de produção:** 1666/1766-05-04

**Dimensão e suporte:** 35 u. i.; papel.

**História administrativa, biográfica e familiar:** Vários documentos dos séculos XIV e XV testemunham a antiguidade do Espinhal como povoação: um de 1306, que alude a uma "casa" no Espinhal; e outro, de 4 de dezembro de 1346, que menciona a amplitude do topónimo. Espinhal foi vigairaria da apresentação do priorado de São Miguel de Penela. A riqueza mineral em ferro e cobre fez progredir a terra e levou à criação da manufatura de fundição no Espinhal, Ribeira da Azenha e Trilho. No reinado de D. Manuel, esta atividade foi incluída nos bens da coroa, dadas as solicitações dos Descobrimentos. D. Maria I criou no Espinhal uma escola de ler, escrever e contar. Aqui chegou mesmo a haver um professor de gramática latina. Em 1839 surge integrada na comarca da Lousã e em 1878 na comarca e julgado de Penela. Espinhal foi elevada à categoria de vila por Decreto de 16 de julho de 1906.

**Âmbito e conteúdo:** A documentação é formada por uma única série – livros de notas -, que contém escrituras de compra e venda, testamentos, emprazamentos, arrendamentos, aforamentos, procurações, fianças, cessões de dívidas, dinheiro a juros, etc.

**Sistema de organização:** Organização original por séries tipológicas; ordenação cronológica.

**Cota atual:** V-1ªE

**Instrumentos de pesquisa:** Recenseamento e Inventário em Archeevo (aplicação informática para descrição arquivística).

**Notas do arquivista:** Descrição elaborada por Júlio Ramos e Elisabete Dias - 2012.

Fonte(s) utilizada(s) para a "História administrativa/biográfica/familiar": COSTA, Américo - *Dicionário Corográfico de Portugal Continental e Insular*. Porto: Livraria Civilização, 1949. *Grande Enciclopédia Portuguesa e Brasileira*. Lisboa; Rio de Janeiro: Editorial Enciclopédia, 1987.


## Cartório Notarial de Fajão

**Código de referência:** PT/AUC/NOT/CNFAJ

**Título:** Cartório Notarial de Fajão

**Datas de produção:** 1686-10-15/1855-12-04

**Dimensão e suporte:** 60 u. i.; papel.

**História administrativa, biográfica e familiar:** Segundo Pinho Leal, Fajão deriva etimologicamente de Fayão, vocábulo godo (nome próprio masculino). A antiga vila recebeu foral de D. Pedro Mendes, prior do Mosteiro de Folques, em junho de 1233, da qual foi Senhor o Mosteiro de Folques, dos Cónegos Regulares de Santo Agostinho, passando depois para o Mosteiro de Santa Cruz de Coimbra. Foi sede de concelho, extinto por Decreto de 24 de outubro de 1855, passando então para o da Pampilhosa da Serra. Em 1755, pertence à comarca de Coimbra, em 1809 à de Seia, mas em 1852 é integrada na de Arganil.

**Âmbito e conteúdo:** A documentação é formada por uma única série – livros de notas -, que contém escrituras de compra e venda, testamentos, emprazamentos, arrendamentos, aforamentos, procurações, fianças, cessões de dívidas, dinheiro a juros, etc.

**Sistema de organização:** Organização original por séries tipológicas; ordenação cronológica.

**Cota atual:** V- 1ªE

**Instrumentos de pesquisa:** Recenseamento e Inventário em Archeevo (aplicação informática para descrição arquivística).

**Notas do arquivista:** Descrição elaborada por Júlio Ramos e Elisabete Dias - 2011.

Fonte(s) utilizada(s) para a "História administrativa/biográfica/familiar": COSTA, Américo - *Dicionário Corográfico de Portugal Continental e Insular*. Porto: Livraria Civilização, 1949. *Grande Enciclopédia Portuguesa e Brasileira*. Lisboa; Rio de Janeiro: Editorial Enciclopédia, 1987.


## Cartório Notarial da Figueira da Foz

**Código de referência:** PT/AUC/NOT/CNFIG

**Título:** Cartório Notarial da Figueira da Foz

**Datas de produção:** 1770-03-01/1960-05-30

**Dimensão e suporte:** 855 u. i.; papel.

**História administrativa, biográfica e familiar:** Figueira da Foz foi elevada à categoria de vila a 12 de março de 1711 e à de cidade em 1882. Com as Invasões Francesas caiu em poder dos franceses, comandados por Junot, que tomou o forte de Santa Catarina em 1810. A grande massa de refugiados aos invasores gauleses na localidade desencadeou um período de fome e penúria. A peste que assolou a então vila vitimou cerca de 5000 pessoas. É elevada à categoria de cidade em 1882, ano da morte do político liberal figueirense Manuel Fernandes Tomás. Pelo Decreto de 23 de dezembro de 1899, foram criados na comarca de Figueira da Foz dois lugares de notário, ambos na sede, sendo o notariado separado da escrivania, mas sem supressão dos lugares de escrivão. Este diploma referia que, na comarca, se mantinha um lugar de tabelião privativo. O Decreto-Lei nº 1364, de 18 de setembro de 1922, fixou em quatro o número de lugares de notário, sendo um no Paião e os demais na sede. Por sua vez, o Decreto-Lei nº 15304, de 2 de abril de 1928, alterou para seis os lugares de notário na comarca, distribuídos por Paião (um), por Montemor-o-Velho (dois) e pela sede (três). O Decreto-Lei nº 19133, de 18 de dezembro de 1930, reduziu a quatro o número de lugares, ficando três na sede e um em Montemor-o-Velho. Sem alteração até 1935, o Decreto-Lei nº 26118, de 24 de novembro desse ano, institui cinco lugares de notário na comarca - três na sede, um em Montemor-o-Velho e outro no Paião. O Decreto-Lei nº 37666, de 19 de dezembro de 1949, no seu artigo 7º, determina que a distribuição de cartórios notariais passe a ser feita por concelhos, de acordo com o mapa I anexo ao diploma, e que os cartórios que excedam o número nele previsto sejam extintos à medida que vagarem. Por este diploma, Figueira da Foz fica apenas com dois lugares, situação que é mantida em 1961, com o Decreto-lei nº 44064, de 21 de novembro.

**Âmbito e conteúdo:** A documentação contém, entre outros, os livros e registos de escrituras públicas, de testamentos, de reconhecimento de letra e assinatura, de protestos de títulos de crédito, de procurações, de contas de emolumentos e selo, de instrumentos avulsos e documentos, de certidões de missas, abertura de sinais, reconhecimento de letra e assinatura, assim como os documentos respeitantes aos livros de notas.

**Sistema de organização:** Organização original por séries tipológicas; ordenação cronológica.

**Cota atual:** V-1ª E; 2ª E e 2ª D

**Instrumentos de pesquisa:** Recenseamento e Inventário em Archeevo (aplicação informática para descrição arquivística).

**Notas do arquivista:** Descrição elaborada por Júlio Ramos - 2008.

Fonte(s) utilizada(s) para a "História administrativa/biográfica/familiar": COSTA, Américo - *Dicionário Corográfico de Portugal Continental e Insular*. Porto: Livraria Civilização, 1949. *Grande Enciclopédia Portuguesa e Brasileira*. Lisboa; Rio de Janeiro: Editorial Enciclopédia, 1987.

Legislação portuguesa sobre o notariado invocada na História administrativa.

## Cartório Notarial da Figueira da Foz - 1º cartório

**Código de referência:** PT/AUC/NOT/CNFIG1
**Título:** Cartório Notarial da Figueira da Foz - 1º cartório
**Datas de produção:** 1821-02-19/1975-04-10

**Dimensão e suporte:** 2804 u. i.; papel.

**História administrativa, biográfica e familiar:** Figueira da Foz foi elevada à categoria de vila a 12 de março de 1711 e à de cidade em 1882. Com as Invasões Francesas caiu em poder dos franceses, comandados por Junot, que tomou o forte de Santa Catarina em 1810. A grande massa de refugiados aos invasores gauleses na localidade desencadeou um período de fome e penúria. A peste que assolou a então vila vitimou cerca de 5000 pessoas. É elevada à categoria de cidade em 1882, ano da morte do político liberal figueirense Manuel Fernandes Tomás.

Os notários deste cartório desenvolveram a sua atividade na Figueira da Foz. Pelo Decreto de 23 de dezembro de 1899, foram criados na comarca de Figueira da Foz dois lugares de notário, ambos na sede, sendo o notariado separado da escrivania, mas sem supressão dos lugares de escrivão. Este diploma referia que, na comarca, se mantinha um lugar de tabelião privativo. O Decreto-Lei nº 1364, de 18 de setembro de 1922, fixou em quatro o número de lugares de notário, sendo um no Paião e os demais na sede. Por sua vez, o Decreto-Lei nº 15304, de 2 de abril de 1928, alterou para seis os lugares de notário na comarca, distribuídos por Paião (um), por Montemor-o-Velho (dois) e pela sede (três). O Decreto-Lei nº 19133, de 18 de dezembro de 1930, reduziu a quatro o número de lugares, ficando três na sede e um em Montemor-o-Velho. Sem alteração até 1935, o Decreto-Lei nº 26118, de 24 de novembro desse ano, institui cinco lugares de notário na comarca - três na sede, um em Montemor-o-Velho e outro no Paião. O Decreto-Lei nº 37666, de 19 de dezembro de 1949, no seu artigo 7º, determina que a distribuição de cartórios notariais passe a ser feita por concelhos, de acordo com o mapa I anexo ao diploma, e que os cartórios que excedam o número nele previsto sejam extintos à medida que vagarem. Por este diploma, Figueira da Foz fica apenas com dois lugares, situação que é mantida em 1961, com o Decreto-lei nº 44064, de 21 de novembro.

**Âmbito e conteúdo:** A documentação contém, entre outros, os livros e registos de escrituras públicas, de testamentos e suas revogações, de protestos de títulos de crédito, de reconhecimento de letra e assinatura, de procurações, de contas de emolumentos e selo, de instrumentos avulsos e documentos, inventários do cartório, testamentos cerrados, autos de aprovação de testamentos cerrados, copiadores de correspondência, certidões de missas, sinais públicos dos notários, termos de abertura de sinais, autos de abertura de testamentos cerrados, correspondência expedida, assim como os documentos respeitantes aos livros de notas.

**Sistema de organização:** Organização original por séries tipológicas; ordenação cronológica.

**Cota atual:** V-1ª e 2ª; VI-2ª D

**Instrumentos de pesquisa:** Recenseamento e Inventário em Archeevo (aplicação informática para descrição arquivística).

**Notas do arquivista:** Descrição elaborada por Júlio Ramos e Elisabete Dias - 2011.

Fonte(s) utilizada(s) para a "História administrativa/biográfica/familiar": COSTA, Américo - *Dicionário Corográfico de Portugal Continental e Insular*. Porto: Livraria Civilização, 1949. *Grande Enciclopédia Portuguesa e Brasileira*. Lisboa; Rio de Janeiro: Editorial Enciclopédia, 1987.

Legislação portuguesa sobre o notariado invocada na História administrativa.


## Cartório Notarial de Figueira da Foz - 2º cartório

**Código de referência:** PT/AUC/NOT/CNFIG2
**Título:** Cartório Notarial de Figueira da Foz - 2º cartório
**Datas de produção:** 1952-04-30/1976-04-29
**Dimensão e suporte:** 592 u. i.; papel.
**História administrativa, biográfica e familiar:** Figueira da Foz foi elevada à categoria de vila a 12 de março de 1711 e à de cidade em 1882. Com as Invasões Francesas caiu em poder dos franceses, comandados por Junot, que tomou o forte de Santa Catarina em 1810. A grande massa de refugiados aos invasores gauleses na localidade desencadeou um período de fome e penúria. A peste que assolou a então vila vitimou cerca de 5000 pessoas. É elevada à categoria de cidade em 1882, ano da morte do político liberal figueirense Manuel

Fernandes Tomás. Os notários deste cartório desenvolveram a sua atividade na Figueira da Foz. Pelo Decreto de 23 de dezembro de 1899, foram criados na comarca de Figueira da Foz dois lugares de notário, ambos na sede, sendo o notariado separado da escrivania, mas sem supressão dos lugares de escrivão. Este diploma referia que, na comarca, se mantinha um lugar de tabelião privativo. O Decreto-Lei nº 1364, de 18 de setembro de 1922, fixou em quatro o número de lugares de notário, sendo um no Paião e os demais na sede. Por sua vez, o Decreto-Lei nº 15304, de 2 de abril de 1928, alterou para seis os lugares de notário na comarca, distribuídos por Paião (um), por Montemor-o-Velho (dois) e pela sede (três). O Decreto-Lei nº 19133, de 18 de dezembro de 1930, reduziu a quatro o número de lugares, ficando três na sede e um em Montemor-o-Velho. Sem alteração até 1935, o Decreto-Lei nº 26118, de 24 de novembro desse ano, institui cinco lugares de notário na comarca - três na sede, um em Montemor-o-Velho e outro no Paião. O Decreto-Lei nº 37 666, de 19 de dezembro de 1949, no seu artigo 7º, determina que a distribuição de cartórios notariais passe a ser feita por concelhos, de acordo com o mapa I anexo ao diploma, e que os cartórios que excedam o número nele previsto sejam extintos à medida que vagarem. Por este diploma, Figueira da Foz fica apenas com dois lugares, situação que é mantida em 1961, com o Decreto-lei nº 44064, de 21 de novembro.

**Âmbito e conteúdo:** A documentação contém, entre outros, os livros e registos de escrituras públicas, de protestos de títulos de crédito, de procurações, de instrumentos avulsos e documentos, abertura de sinais (reconhecimento de letra e assinatura), assim como os documentos respeitantes aos livros de notas.

**Sistema de organização:** Organização original por séries tipológicas; ordenação cronológica.

**Cota atual:** V-1ª E; 2ª D; 2ª E; VI-2ª D

**Instrumentos de pesquisa:** Recenseamento e Inventário em Archeevo (aplicação informática para descrição arquivística).

**Notas do arquivista:** Descrição elaborada por Júlio Ramos e Elisabete Dias - 2011.

Fonte(s) utilizada(s) para a "História administrativa/biográfica/familiar": COSTA, Américo - *Dicionário Corográfico de Portugal Continental e Insular*. Porto: Livraria Civilização, 1949. *Grande Enciclopédia Portuguesa e Brasileira*. Lisboa; Rio de Janeiro: Editorial Enciclopédia, 1987.

Legislação portuguesa sobre o notariado invocada na história administrativa.

## Cartório Notarial de Góis

**Código de referência:** PT/AUC/NOT/CNGOI

**Título:** Cartório Notarial de Góis

**Datas de produção:** 1621 / 1980-01-13

**Dimensão e suporte:** 628 u. i.; papel.

**História administrativa, biográfica e familiar:** Em 1130, Góis foi mandada povoar por "Aniam Estrada", senhor asturiano que instituiu um grande morgado. Foi vigairaria da apresentação dos condes de Vila Nova de Portimão. Obteve foral dado por D. Manuel I em Lisboa a 20 de maio de 1516. Em 1755 estava integrada na comarca de Coimbra, em 1839 na de Seia e em 1852 na de Arganil. Pelo Decreto de 23 de dezembro de 1899, foram criados na comarca de Arganil três lugares de notário, sendo um na sede, outro em Góis e o terceiro em Pampilhosa da Serra, sendo pelo mesmo diploma suprimido um lugar de escrivão. Em 1899, porém, já havia notário na sede do concelho. O Decreto-Lei nº 1364, de 18 de setembro de 1922, fixa em quatro o número de lugares de notário, ficando Góis com um lugar. Por sua vez, o Decreto-Lei nº 19133, de 18 de dezembro de 1930, vem repor os três lugares à comarca de Arganil, sendo, agora, um lugar em Góis e outro na Pampilhosa da Serra. O Decreto-Lei nº 26118, de 24 de novembro de 1935, institui, de novo, quatro lugares de notário na comarca de Arganil, ficando dois na sede, um em Góis e outro em Pampilhosa da Serra. O Decreto-Lei nº 37666, de 19 de dezembro de 1949, determina que a distribuição de cartórios notariais passe a ser feita por concelhos de acordo com o mapa I anexo ao referido diploma e que os cartórios que excedam o número nele previsto serão extintos à medida que vagarem. Em 1961, pelo Decreto-lei n° 44064, de 21 de novembro, é estabelecido que existirá um lugar de notário em Góis, embora anexo ao registo civil.

**Âmbito e conteúdo:** A documentação contém, entre outros, os livros e registos de escrituras públicas, de testamentos, de reconhecimento de letra e assinatura, de protestos de títulos de crédito, de procurações, termos de abertura de sinais, participações de atos sujeitos a sisa, de contas de emolumentos, guias de imposto de selo, e correspondência expedida, assim como os documentos respeitantes aos livros de notas.

**Sistema de organização:** Organização original por séries tipológicas; ordenação cronológica.

**Cota atual:** V-1ªE

**Instrumentos de pesquisa:** Recenseamento e Inventário em Archeevo (aplicação informática para descrição arquivística).

**Notas do arquivista:** Descrição elaborada por Júlio Ramos e Elisabete Dias - 2008.

Fonte(s) utilizada(s) para a "História administrativa/biográfica/familiar": COSTA, Américo - *Dicionário Corográfico de Portugal Continental e Insular*. Porto: Livraria Civilização, 1949. *Grande Enciclopédia Portuguesa e Brasileira*. Lisboa; Rio de Janeiro: Editorial Enciclopédia, 1987. Legislação portuguesa sobre o notariado invocada na história administrativa.


## Cartório Notarial de Lagares da Beira

**Código de referência:** PT/AUC/NOT/CNLAG

**Título:** Cartório Notarial de Lagares da Beira

**Datas de produção:** 1752 / 1841

**Dimensão e suporte:** 19 u. i.; papel.

**História administrativa, biográfica e familiar:** Foi vila e sede de concelho entre 1514 e 1836. O pequeno município era constituído apenas pela freguesia da sede e tinha, em 1801, 635 habitantes. Foi vigairaria da apresentação da Universidade de Coimbra, tendo passado depois a priorado. Em 1839, estava integrada na comarca de Seia, em 1852, na de Midões e, finalmente, em 1878 na comarca de Oliveira do Hospital. Voltou a obter a categoria de vila em 30 de agosto de 1995, tendo a sua designação sido alterada para Lagares da Beira.

**Âmbito e conteúdo:** A documentação é formada por uma única série – livros de notas -, que contém escrituras públicas de compra e venda, testamentos, emprazamentos, arrendamentos, aforamentos, procurações, fianças, cessões de dívidas, dinheiro a juros, etc.

**Sistema de organização:** Organização original por séries tipológicas; ordenação cronológica.

**Cota atual:** V-1ªE

**Instrumentos de pesquisa:** Recenseamento e Inventário em Archeevo (aplicação informática para descrição arquivística).

**Notas do arquivista:** Descrição elaborada por Júlio Ramos e Elisabete Dias - 2011.

Fonte(s) utilizada(s) para a "História administrativa/biográfica/familiar": COSTA, Américo - *Dicionário Corográfico de Portugal Continental e Insular*. Porto: Livraria Civilização, 1949. *Grande Enciclopédia Portuguesa e Brasileira*. Lisboa; Rio de Janeiro: Editorial Enciclopédia, 1987.


## Cartório Notarial de Lagos da Beira

**Código de referência:** PT/AUC/NOT/CNLGB

**Título:** Cartório Notarial de Lagos da Beira

**Datas de produção:** 1748 / 1837

**Dimensão e suporte:** 42 u. i.; papel.

**História administrativa, biográfica e familiar:** Foi priorado da apresentação da Casa do Infantado. Em 1755, estava integrada na comarca da Guarda, em 1839, na de Seia e, finalmente, em 1878, na comarca de Oliveira do Hospital. Foi vila e sede de concelho até ao início do século XIX. Era constituído pelas freguesias de Lagos da Beira, Travanca de Lagos e Covas. Tinha, em 1801, 3128 habitantes.

**Âmbito e conteúdo:** A documentação é formada por uma só série – livros de notas - que contém escrituras de compra e venda, testamentos, emprazamentos, arrendamentos, aforamentos, procurações, fianças, cessões de dívidas, dinheiro a juros, etc.

**Sistema de organização:** Organização original por séries tipológicas; ordenação cronológica.

**Cota atual:** V-1ªE

**Instrumentos de pesquisa:** Recenseamento e Inventário em Archeevo (aplicação informática para descrição arquivística).

**Notas do arquivista:** Descrição elaborada por Júlio Ramos e Elisabete Dias - 2011.

Fonte(s) utilizada(s) para a "História administrativa/biográfica/familiar": COSTA, Américo - *Dicionário Corográfico de Portugal Continental e Insular.* Porto: Livraria Civilização, 1949. *Grande Enciclopédia Portuguesa e Brasileira.* Lisboa; Rio de Janeiro: Editorial Enciclopédia, 1987.


## Cartório Notarial de Lourosa

**Código de referência:** PT/AUC/NOT/CNLRS

**Título:** Cartório Notarial de Lourosa

**Datas de produção:** 1800 / 1836-05-05

**Dimensão e suporte:** 19 u. i.; papel.

**História administrativa, biográfica e familiar:** Lourosa foi doada à Sé de Coimbra em 1119 pela rainha D. Teresa e coutada por D. Afonso Henriques em 1132, por 70 morabitinos e uma boa mula. Teve foral dado em Coja pelo bispo de Coimbra a 6 de fevereiro de 1347 e por D. Manuel I em Lisboa a 12 de setembro de 1514. Foi vigairaria e comenda da Ordem de Cristo. Fez parte do concelho de Avô, até à extinção deste pelo Decreto de 24 de outubro de 1855. Em 1755 estava integrada na comarca da Guarda, em 1839 na de Seia, em 1852 na de Midões, em 1878 na comarca e julgado de Tábua e no concelho de Oliveira do Hospital, ficando em 1885 na comarca e concelho de Oliveira do Hospital.

**Âmbito e conteúdo:** A documentação é formada por uma só série – livros de notas -, que contém escrituras públicas de compra e venda, testamentos, emprazamentos, arrendamentos, aforamentos, procurações, fianças, cessões de dívidas, dinheiro a juros, etc.

**Sistema de organização:** Organização original por séries tipológicas; ordenação cronológica.

**Cota atual:** V-1ªE

**Instrumentos de pesquisa:** Recenseamento e Inventário em Archeevo (aplicação informática para descrição arquivística).

**Notas do arquivista:** Descrição elaborada por Júlio Ramos e Elisabete Dias - 2011.

Fonte(s) utilizada(s) para a "História administrativa/biográfica/familiar": COSTA, Américo - *Dicionário Corográfico de Portugal Continental e Insular*. Porto: Livraria Civilização, 1949. *Grande Enciclopédia Portuguesa e Brasileira*. Lisboa; Rio de Janeiro: Editorial Enciclopédia, 1987.

## Cartório Notarial de Lousã

**Código de referência:** PT/AUC/NOT/CNLSA

**Título:** Cartório Notarial de Lousã

**Datas de produção:** 1617 / 1974-11-27

**Dimensão e suporte:** 1778 u. i; papel.

**História administrativa, biográfica e familiar:** A vila da Lousã teve origem, ao que se crê, nos tempos da ocupação muçulmana. Num documento de tipo contratual de 943 surge o nome Arauz, topónimo de uma povoação muito importante na região, junto do local onde foi construído o castelo de Arouce. D. Afonso Henriques ordenou a recuperação de castelos importantes como o de Arouce, mencionado no foral de Miranda do Corvo em 1136. Em 1151 o castelo recebeu foral. Data de 1160 a primeira referência a Lousã. Em 25 de outubro de 1513, o seu foral foi renovado por D. Manuel I. O século XVIII foi ainda marcado pela criação da indústria do papel na Lousã (Engenho do Papel do Penedo), que assumiu grande importância na região, ganhando contratos de fornecimento para a tipografia da Companhia de Jesus de Coimbra, a Tipografia Académica fundada pelo Marquês de Pombal e até mesmo para a própria Casa da Moeda. No início do século XIX, as Invasões Francesas trouxeram a destruição e a pilhagem à localidade e arredores. Os notários deste cartório exerceram funções na vila da Lousã. Com o Decreto de 23 de dezembro de 1899, foram criados dois lugares de notário na comarca da Lousã: um na sede e outro em Miranda do Corvo. Esta situação alterar-se-ia pelo Decreto-Lei nº 15304, de 2 de abril de 1928, ficando a comarca da Lousã com 5 lugares, a saber: dois na sede, e um em Miranda do Corvo, um em Penela e um em Vila Nova de Poiares. O Decreto-Lei nº 19133, de 18 de dezembro de 1930, reduziu um lugar na sede mas manteve os restantes, voltando à situação de 1928, ou seja, dois lugares na sede, com o Decreto-Lei nº 26118, de 24 de novembro de 1935. Em 1949, com o Decreto-Lei nº 37666, de 19 de dezembro, Lousã fica com um lugar de notário no concelho, mas anexado com o registo civil e o registo predial. A partir de 1961, o Decreto-Lei nº 44064, de 21 de novembro, mantém o lugar existente, cessando a anexação.

**Âmbito e conteúdo:** A documentação contém, entre outros, os livros e registos de escrituras públicas, de testamentos, de reconhecimento de letra e assinatura, de protestos de títulos de crédito, de procurações, de contas de emolumentos e selo, de instrumentos avulsos e documentos, testamentos cerrados, termos de abertura de sinais, autos de aprovação de testamentos cerrados e correspondência expedida, assim como os documentos respeitantes aos livros de notas.

**Sistema de organização:** Organização original por séries tipológicas; ordenação cronológica.

**Cota atual:** V-1ªE

**Instrumentos de pesquisa:** Recenseamento e Inventário em Archeevo (aplicação informática para descrição arquivística).

**Notas do arquivista:** Descrição elaborada por Júlio Ramos e Elisabete Dias - 2010.

Fonte(s) utilizada(s) para a "História administrativa/biográfica/familiar": COSTA, Américo - *Dicionário Corográfico de Portugal Continental e Insular*. Porto: Livraria Civilização, 1949. *Grande Enciclopédia Portuguesa e Brasileira*. Lisboa; Rio de Janeiro: Editorial Enciclopédia, 1987. Legislação invocada no texto da História Administrativa.

# Cartório Notarial de Maiorca

**Código de referência:** PT/AUC/NOT/CNMAI

**Título:** Cartório Notarial de Maiorca

**Datas de produção:** 1805-10-22 / 1930-12-11

**Dimensão e suporte:** 155 u. i.; papel.

**História administrativa, biográfica e familiar:** Sobre a origem do topónimo, parece que a palavra "Maiorca" provém do árabe, sendo composta por dois topónimos: "Mal", que significa "muito" e "Horca" que quer dizer "apertado", devido ao facto de a antiga localização do povoado se situar numa ínsua estreita e comprida entre os dois braços do Rio Mondego. Maiorca é uma povoação muito antiga, que recebeu foral em 1194, concedido pelo Prior do Mosteiro de Santa Cruz. Foi vigairaria do Cabido da Sé de Coimbra, no termo de Montemor-o-Velho. Passou mais tarde a priorado da apresentação do ordinário e de concurso. Era couto muito antigo ligado à Universidade de Coimbra, sendo mais tarde cabeça de concelho, extinto pelo Decreto de 31 de dezembro de 1853, altura em que passou a fazer parte do da Figueira da Foz.

**Âmbito e conteúdo:** A documentação contém, entre outros, os livros e registos de escrituras, de testamentos, de protestos de títulos de crédito, inventários do cartório, registo de atos fora das notas, abertura de sinais, assim como os documentos respeitantes aos livros de notas.

**Sistema de organização:** Organização original por séries tipológicas; ordenação cronológica.

**Cota atual:** V-1ª E

**Instrumentos de pesquisa:** Recenseamento e Inventário em Archeevo (aplicação informática para descrição arquivística).

**Notas do arquivista:** Descrição elaborada por Júlio Ramos e Elisabete Dias - 2012.

Fonte(s) utilizada(s) para a "História administrativa/biográfica/familiar": COSTA, Américo - *Dicionário Corográfico de Portugal Continental e Insular*. Porto: Livraria Civilização, 1949. *Grande Enciclopédia Portuguesa e Brasileira*. Lisboa; Rio de Janeiro: Editorial Enciclopédia, 1987.

# Cartório Notarial de Midões

**Código de referência:** PT/AUC/NOT/CNMID

**Título:** Cartório Notarial de Midões

**Datas de produção:** 1628 / 1929-01-25

**Dimensão e suporte:** 152 u. i.; papel.

**História administrativa, biográfica e familiar:** O topónimo "Midões" deriva do baixo-latim *(Villa) Midonis*, "a quinta de Midão", aludindo ao nome do antigo proprietário. Eme 969, Munia deu ao Mosteiro do Lorvão, Midões e Touriz. No século XII, o senhorio da terra dividia-se pela Sé de Coimbra e pelo Mosteiro de Lorvão, que possuía a maior parte do território. Os bens deste Mosteiro foram coutados por D. Afonso Henriques, a 20 de março de 1133, e os da Sé, a 13 de novembro de 1169. Em julho de 1257, Midões teve foral dado pela abadessa de Lorvão, D. Marinha Gomes. Teve novo foral dado por D. Manuel em Lisboa, a 12 de setembro de 1514. Foi vigairaria da apresentação da Mitra de Coimbra. Sede de concelho, extinto por Decreto de 31 de dezembro de 1853, passou, então, a integrar o concelho de Tábua. Em 1755, Midões está integrado na comarca da Guarda, em 1839, na de Seia e em 1852 aparece como cabeça de comarca. Em 1862, passa a figurar na comarca de Coimbra, passando em 1878 para a de Tábua.

**Âmbito e conteúdo:** A documentação contém, entre outras, escrituras públicas e seus averbamentos, testamentos, protestos de títulos de crédito, registos de testamentos, instrumentos de aprovação ou depósito de testamentos cerrados e de testamentos internacionais, inventários do cartório, registos de correspondência e termos de abertura de sinais.

**Sistema de organização:** Organização por séries tipológicas; ordenação cronológica.

**Cota atual:** V-1ª E

**Instrumentos de pesquisa:** Recenseamento e Inventário em Archeevo (aplicação informática para descrição arquivística).

**Notas do arquivista:** Descrição elaborada por Júlio Ramos e Elisabete Dias - 2011.

Fonte(s) utilizada(s) para a "História administrativa/biográfica/familiar": COSTA, Américo - *Dicionário Corográfico de Portugal Continental e Insular*. Porto: Livraria Civilização, 1949. *Grande Enciclopédia Portuguesa e Brasileira*. Lisboa; Rio de Janeiro: Editorial Enciclopédia, 1987.


## Cartório Notarial de Mira

**Código de referência:** PT/AUC/NOT/CNMIR

**Título:** Cartório Notarial de Mira

**Datas de produção:** 1739 / 1970-04-01

**Dimensão e suporte:** 152 u. i.; papel.

**História administrativa, biográfica e familiar:** É a partir da última conquista de Coimbra aos árabes, em 1064, que melhor se conhece a História de Mira. Terá sido D. Sisnando que entregou as terras de Mira a Soleima Godinho, sendo a posse confirmada em fevereiro de 1095, por D. Raimundo e D. Urraca. Mira foi vigairaria da apresentação do Mosteiro de Santa Cruz de Coimbra. Em 1442 D. Pedro (regente de Portugal e duque de Coimbra) concede-lhe autonomia administrativa e D. Manuel I dá-lhe foral em 28 de agosto de 1514. Foi sede de concelho, extinto e incorporado no concelho de Cantanhede por Decreto de 7 de setembro de 1895, mas restaurado por Decreto de 13 de janeiro de 1898. Atualmente é cabeça do concelho do distrito de Coimbra, mas em 1840 pertencia ao de Aveiro. O Decreto de 23 de dezembro de 1899 refere a existência de tabelião no concelho de Mira, mas não lhe atribui qualquer lugar de notário. Integrando a comarca de Cantanhede, o Decreto-Lei n° 15304, de 2 de abril de 1928, determina que Mira tenha um lugar de notário, situação que se foi mantendo até hoje. O Decreto-Lei n° 37666, de 19 de dezembro de 1949, anexou a função do registo civil e a do notariado para o lugar de notário em Mira.

**Âmbito e conteúdo:** A documentação é formada por 12 séries e contém, entre outros, livros de notas para escrituras, testamentos e sua revogação, protestos de títulos de crédito, registos de testamentos e aprovação/ depósito de testamentos cerrados, registos de certidões de missas, termos de abertura de sinais, reconhecimentos de letra e assinatura, para além dos documentos relativos às escrituras.

**Sistema de organização:** Organização original por séries tipológicas; ordenação cronológica.

**Cota atual:** V-1ª E

**Instrumentos de pesquisa:** Recenseamento e Inventário em Archeevo (aplicação informática para descrição arquivística).

**Notas do arquivista:** Descrição elaborada por Júlio Ramos e Elisabete Dias - 2012.

Fonte(s) utilizada(s) para a "História administrativa/biográfica/familiar": COSTA, Américo - *Dicionário Corográfico de Portugal Continental e Insular*. Porto: Livraria Civilização, 1949. *Grande Enciclopédia Portuguesa e Brasileira*. Lisboa; Rio de Janeiro: Editorial Enciclopédia, 1987. Legislação portuguesa sobre o notariado invocada na história administrativa.


## Cartório Notarial de Miranda do Corvo

**Código de referência:** PT/AUC/NOT/CNMCV
**Título:** Cartório Notarial de Miranda do Corvo
**Datas de produção:** 1616 / 1996-07-16
**Dimensão e suporte:** 676 u. i.; papel.
**História administrativa, biográfica e familiar:** Miranda do Corvo recebeu, em 19 de novembro de 1136, foral de D. Afonso Henriques; não diretamente, mas nas pessoas do donatário Uzberto e de sua esposa Marinha, confirmado depois por D. Afonso II. Foi priorado da apresentação dos Marqueses de Arronches, depois Duques de Lafões, que eram seus donatários. Obteve de D. Manuel I carta de foral dada em Lisboa a 20 de novembro de 1514. Chamou-se no início do séc. XVI Miranda da par de Coimbra e ainda da par de Podentes, e só no final desse século se designou do Corvo, que era - e é - povoação próxima, ao tempo muito importante por se localizar na estrada real para as Beiras. Esteve a vila sob diversos senhorios: no dos Coelhos até à subida do Mestre de Avis ao trono, depois nos Sousas de Arronches. Em 1611 foi criado o

título de Conde de Miranda do Corvo, na pessoa de Henrique de Sousa Tavares, daquela Casa. O 3º conde teve o título de Marquês de Arronches. Por casamento passou este senhorio à casa dos duques de Lafões. Em fins do séc. XVIII, havia na vila a família dos Vasconcelos e Silva; a dos Arnáos ou Arnaut; e a dos Silvas, cujo último rebento, Joaquim Vitorino da Silva, veio a ser, no regime constitucional, o barão de Miranda do Corvo. A 3ª invasão francesa trouxe novamente, ao concelho, algum protagonismo e graves consequências para a população. Ney mandou incendiar a vila, surgindo depois grande epidemia que assolou as freguesias durante os meses seguintes. Atualmente, o concelho é constituído por cinco freguesias: a do Salvador, na vila; a do Espírito Santo de Lamas, anexa desde os tempos primitivos; a de S. João, de Vila Nova, criada à custa da matriz em 1905; a de Santiago de Rio de Vide, integrada no concelho em 1853; e a da Senhora da Assunção de Semide, integrada também naquele ano. Deixou de pertencer ao concelho a freguesia da Senhora da Graça, de Campelo, que passou para Figueiró dos Vinhos, nos começos do regime liberal. Com o Decreto de 23 de dezembro de 1899, foram criados dois lugares de notário na comarca da Lousã: um na sede e outro em Miranda do Corvo. Esta situação alterar-se-ia pelo Decreto-Lei nº 15304, de 2 de abril de 1928, ficando a comarca da Lousã com 5 lugares, a saber: dois na sede, e um em Miranda do Corvo, um em Penela e um em Vila Nova de Poiares. O Decreto-Lei nº 19133, de 18 de dezembro de 1930, reduziu um lugar na sede mas manteve os restantes, voltando à situação de 1928, ficando Miranda com um lugar de notário. Em 1949, com o Decreto-Lei nº 37666, de 19 de dezembro, Miranda fica com um lugar de notário no concelho, mas anexado com o registo civil. A partir de 1961, o Decreto--Lei nº 44 064, de 21 de novembro, mantém o lugar existente, e com a já referida anexação.

**Âmbito e conteúdo:** A documentação é formada por 20 séries e contém, entre outra, livros de escrituras públicas e os respetivos averbamentos, testamentos, protestos de títulos de crédito, registos de testamentos e autos de aprovação de testamentos cerrados, inventários do cartório, procurações, registos de correspondência, abertura de sinais, certidões de missa, emolumentos, etc.

**Sistema de organização:** Organização por séries tipológicas; ordenação cronológica.

**Cota atual:** V-1ª E

**Instrumentos de pesquisa:** Recenseamento e Inventário em Archeevo (aplicação informática para descrição arquivística)

**Notas do arquivista:** Descrição elaborada por Júlio Ramos e Elisabete Dias - 2012.

Fonte(s) utilizada(s) para a "História administrativa/biográfica/familiar": COSTA, Américo - *Dicionário Corográfico de Portugal Continental e Insular.* Porto: Livraria Civilização, 1949. *Grande Enciclopédia Portuguesa e Brasileira.* Lisboa; Rio de Janeiro: Editorial Enciclopédia, 1987. Legislação portuguesa sobre o notariado invocada na História administrativa.


## Cartório Notarial de Montemor-o-Velho

**Código de referência:** PT/AUC/NOT/CNMMV

**Título:** Cartório Notarial de Montemor-o-Velho

**Datas de produção:** 1712 / 1961-01-12

**Dimensão e suporte:** 2351 u. i.; papel.

**História administrativa, biográfica e familiar:** Montemor-o-Velho é uma vila muito antiga com referências documentais ao seu castelo desde o século IX. Com a reconquista definitiva do Mondego por Fernando Magno, de Leão, o castelo foi entregue ao Conde Sisnando. De grande importância estratégica, esta vila recebeu o primeiro foral em 1212. Foi ainda terra de infantado, primeiro de D. Sancho e D. Teresa, depois de D. Afonso IV (1322), mas também de D. Pedro, duque de Coimbra (1416). Em 1472, D. Afonso Vaz Marquês de Montemor-o-Velho, D. João de Portugal, mais tarde Duque de Bragança. O "concelho e termo" de Montemor-o-Velho receberam foral novo de D. Manuel I em 1516. É cabeça do concelho e sede da antiga comarca do mesmo nome. Segundo o Padre Carvalho, esta vila tinha cinco freguesias e, de acordo com o Dicionário Geográfico, seis, a saber: São Miguel, Santa Maria Madalena, São Salvador, São Martinho, Santa Maria de Alcáçova, São João do Castelo. Hoje, porém, tem só as freguesias de Santa Maria de Alcáçova e de São Martinho. Aquela foi reitoria da apresentação do ordinário e de concurso. O Decreto de 23 de dezembro de 1899 cria um lugar de notário na comarca de Montemor-o-Velho. Este número foi ampliado para três lugares (dois na sede da comarca e um em Arazede) pelo Decreto-Lei nº 1364, de 18 de setembro de 1922. Em 1928, foi integrado na comarca da Figueira da Foz ficando, pelo Decreto-Lei nº 15304, de 2 de abril de 1928, com dois lugares de notário. O Decreto-Lei nº 19133, de 18 de dezembro de 1930, reduziu a um o lugar de notário. Esta situação manteve-se até quase à atualidade.

**Âmbito e conteúdo:** A documentação contém, entre outros, livros e registos de escrituras públicas, de testamentos, de reconhecimento de letra e assinatura, de protestos de títulos de crédito, de procurações, inventários do cartório, de contas de emolumentos e selo, de instrumentos avulsos e documentos, testamentos cerrados, autos de abertura de testamentos cerrados, certidões de missas, termos de abertura de sinais, a correspondência expedida e recebida, assim como os documentos respeitantes aos livros de notas.

**Sistema de organização:** Organização por séries tipológicas; ordenação cronológica.

**Cota atual:** V-1ª D; VI-2ª D

**Instrumentos de pesquisa:** Recenseamento e Inventário em Archeevo (aplicação informática para descrição arquivística).

**Notas do arquivista:** Descrição elaborada por Júlio Ramos e Elisabete Dias - 2008.

Fonte(s) utilizada(s) para a "História administrativa/biográfica/familiar": COSTA, Américo - *Dicionário Corográfico de Portugal Continental e Insular*. Porto: Livraria Civilização, 1949. *Grande Enciclopédia Portuguesa e Brasileira*. Lisboa; Rio de Janeiro: Editorial Enciclopédia, 1987. Legislação portuguesa sobre o notariado invocada na história administrativa.


## Cartório Notarial de Nogueira do Cravo

**Código de referência:** PT/AUC/NOT/CNNGC
**Título:** Cartório Notarial de Nogueira do Cravo

**Datas de produção:** 1779-02-11 / 1837-05-30

**Dimensão e suporte:** 38 u. i.; papel.

**História administrativa, biográfica e familiar:** O topónimo de Nogueira do Cravo variou ao longo dos séculos: Nugeira de Cravo em 1115; Nogeira do Codal em 1220 e em 1238; Nogueyra de Calvo em 1288; Nogueira de Cravo em 1290; Nogueira de Clavo em 1320; Nogueira do Cravo em 1514.

A antiga Vila de Nogueira, outrora designada por Couto de Nogueira, e desde fins do século XVII, Nogueira do Cravo, pertenceu ao Senhorio dos Bispos de Coimbra. Teve estatuto Municipal, sendo a sua 1ª carta foral de 1177. D. Manuel I deu-lhe foral em Lisboa, a 12 de setembro de 1514. O concelho foi extinto em 6 de novembro de 1836, incorporando-se as suas freguesias no concelho de Oliveira do Hospital. Foi priorado da apresentação alternada do pontífice e bispo, de acordo com o Padre Carvalho, ou só do bispo de Coimbra, segundo a *Estatistica Parochial* de 1862. Teve a si anexa a freguesia de São Miguel de Galizes, que era curato da apresentação do prior de Santa Maria de Nogueira. Em 1755, estava integrada na comarca de Viseu, em 1839 na de Seia, em 1852 na de Midões e em 1878 na comarca de Oliveira do Hospital.

**Âmbito e conteúdo:** A documentação é formada por uma única série – livros de notas -, que inclui escrituras públicas de compra e venda, testamentos, emprazamentos, arrendamentos, aforamentos, procurações, fianças, cessões de dívidas, dinheiro a juros, etc.

**Sistema de organização:** Organização por séries tipológicas; ordenação cronológica.

**Cota atual:** V-1ª D

**Instrumentos de pesquisa:** Recenseamento e Inventário em Archeevo (aplicação informática para descrição arquivística).

**Notas do arquivista:** Descrição elaborada por Júlio Ramos e Elisabete Dias - 2011.

Fonte(s) utilizada(s) para a "História administrativa/biográfica/familiar": COSTA, Américo - *Dicionário Corográfico de Portugal Continental e Insular*. Porto: Livraria Civilização, 1949. *Grande Enciclopédia Portuguesa e Brasileira*. Lisboa; Rio de Janeiro: Editorial Enciclopédia, 1987.

## Cartório Notarial de Oliveira do Hospital

**Código de referência:** PT/AUC/NOT/CNOHP

**Título:** Cartório Notarial de Oliveira do Hospital

**Datas de produção:** 1727-10-13 / 1996-12-23

**Dimensão e suporte:** 1938 u. i.; papel.

**História administrativa, biográfica e familiar:** Oliveira do Hospital é sede de concelho. Nasce na época da 2ª cruzada, quando em São João de Jerusalém, na Terra Santa, é fundado um Hospital que irá receber os peregrinos doentes, estropiados e vítimas de ataques e assaltos, na caminhada até o Santo Sepulcro.

O primitivo nome da povoação havia sido Ulvária, que significa terreno alagadiço, evoluindo para Oliveira. O nome "do Hospital" resulta exatamente da atribuição de uma Comenda à Ordem dos Monges de S. João de Jerusalém, Ordem dos Hospitalários, também conhecida por Ordem de Malta. Em 1120, D. Teresa, mãe de D. Afonso Henriques, fez a doação desta vila aos cavaleiros da referida Ordem.

Supõe-se mesmo que era exatamente em Oliveira do Hospital que a Ordem de Malta tinha a sua sede ou convento principal, em edifício implantado no local onde, na atualidade, se encontra o edifício dos Paços do Município e a igreja matriz. Quando D. João III mandou fazer o Cadastro da População do Reino, existiam na área do concelho de Oliveira do Hospital, além desta, mais as seguintes vilas ou concelhos: Avô, Bobadela, Ervedal, Lagares, Lageosa, Lagos, Lourosa, Nogueira, Penalva de Riba d'Alva, S. Sebastião de Riba d'Alva, Seixo e Vila Pouca da Beira.

D. Manuel I concedeu-lhe foral novo em 27 de fevereiro de 1514.

No século XVII, já lhe pertencia a pequena paróquia de Lajeosa, mas foi durante o século XIX, com as sucessivas reformas de âmbito administrativo e judicial que, pela extinção dos pequenos concelhos limítrofes de Lagares, Lagos da Beira, Nogueira do Cravo e Bobadela, o concelho de Oliveira do Hospital ficou com 9 freguesias e, mais tarde ainda, pela extinção dos concelhos de Penalva de Alva, Ervedal da Beira, Avô e S. Gião, ficou com um total de 20 freguesias. A partir de então, o concelho de Oliveira do Hospital ficou praticamente com a área atual até

1988, ano em que foi criada a mais nova freguesia, Vila Franca da Beira, por desanexação de um lugar da freguesia de Ervedal da Beira. Em 1755, estava integrada na comarca de Viseu, em 1839 na de Seia, em 1852 na de Midões e em 1878 na comarca de Oliveira do Hospital.

Por Decreto de 23 de dezembro de 1899, foi criado um lugar de notário na comarca de Oliveira do Hospital. Esta situação manteve-se até 1935, ano em que o Decreto-Lei nº 26118, de 24 de novembro, aumentou para dois os lugares na comarca. Em 1949, o Decreto-Lei nº 37666, de 19 de dezembro, repõe apenas um lugar de notário no concelho, situação reiterada também pelo Decreto-Lei nº 44064, de 21 de novembro.

**Âmbito e conteúdo:** A documentação contém, entre outros, os livros e registos de escrituras públicas, de testamentos, de reconhecimento de letra e assinatura, de protestos de títulos de crédito, de procurações, inventários do cartório, de contas de emolumentos e selo, de instrumentos avulsos e documentos, testamentos cerrados, autos de abertura de testamentos cerrados, certidões de missas, termos de abertura de sinais, a correspondência expedida e recebida, assim como os documentos respeitantes aos livros de notas.

**Sistema de organização:** Organização original por séries tipológicas; ordenação cronológica.

**Cota atual:** V-1ªD

**Instrumentos de pesquisa:** Recenseamento e Inventário em Archeevo (aplicação informática para descrição arquivística).

**Notas do arquivista:** Descrição elaborada por Júlio Ramos e Elisabete Dias - 2012.

Fonte(s) utilizada(s) para a "História administrativa/biográfica/familiar": COSTA, Américo - *Dicionário Corográfico de Portugal Continental e Insular*. Porto: Livraria Civilização, 1949. *Grande Enciclopédia Portuguesa e Brasileira*. Lisboa; Rio de Janeiro: Editorial Enciclopédia, 1987. Legislação portuguesa sobre o notariado invocada na História administrativa.

# Cartório Notarial de Outil

**Código de referência:** PT/AUC/NOT/CNOUT

**Título:** Cartório Notarial de Outil

**Datas de produção:** 1677 / 1834

**Dimensão e suporte:** 23 u. i.; papel.

**História administrativa, biográfica e familiar:** Outil é povoação muito antiga, mas desconhece-se a data da fundação. Alguns indícios de ordem arqueológica que apontam para que a área tenha sido habitada pelos romanos. Desses sinais, existem uma fonte de estilo romano e as ruínas de um castelo. Foi couto com justiças próprias e priorado dos donatários e senhores do Couto de Outil. Teve foral dado por D. Manuel I, em Évora, a 20 de dezembro de 1519. Em 1839, surge integrada na comarca da Figueira da Foz, mas em 1852 na de Cantanhede bem como no seu concelho.

**Âmbito e conteúdo:** A documentação é formada por uma única série – livros de notas -, que contêm escrituras de compra e venda, testamentos, emprazamentos, arrendamentos, aforamentos, etc.

**Sistema de organização:** Organização por séries tipológicas; ordenação cronológica.

**Cota atual:** V-1ª D

**Instrumentos de pesquisa:** Recenseamento e Inventário em Archeevo (aplicação informática para descrição arquivística).

**Notas do arquivista:** Descrição elaborada por Júlio Ramos e Elisabete Dias - 2012.

Fonte(s) utilizada(s) para a "História administrativa/biográfica/familiar": COSTA, Américo - *Dicionário Corográfico de Portugal Continental e Insular.* Porto: Livraria Civilização, 1949. *Grande Enciclopédia Portuguesa e Brasileira.* Lisboa; Rio de Janeiro: Editorial Enciclopédia, 1987.


## Cartório Notarial de Paião e Lavos

**Código de referência:** PT/AUC/NOT/CNPLV

**Título:** Cartório Notarial de Paião e Lavos

**Datas de produção:** 1725 / 1961-03-30

**Dimensão e suporte:** 1215 u. i.; papel.

**História administrativa, biográfica e familiar:** Paião foi vigairaria da apresentação do convento de Santa Clara de Coimbra, no termo de Montemor-o-Velho. Integrou o concelho de Lavos, extinto pelo Decreto de 31 de dezembro de 1853, passando para o da Figueira da Foz. Em 1839, fazia parte da comarca da Figueira da Foz, em 1852 da de Soure e em 1878, novamente, da Figueira da Foz.

Lavos foi couto, sede e denominação de concelho, extinto pelo Decreto de 31 de dezembro de 1853, passando a integrar, desde então, o da Figueira da Foz. Foi priorado da apresentação alternativa ao pontífice, rei, bispo e cabido da Sé de Coimbra, no termo de Montemor-o-Velho. Passou mais tarde para a apresentação do ordinário e de concurso. D. Afonso II deu-lhe foral em Janeiro de 1217 e de D. Manuel I, em 20 de dezembro de 1517. Em 1808, na praia de Lavos desembarcou o exército inglês comandado por Beresford e Weslelley, no auxílio a Portugal para a expulsão dos franceses. Integrado na comarca da Figueira da Foz em 1839, passa em 1852, para a de Soure e, em 1878, novamente para a da Figueira da Foz.

O Decreto-Lei nº 1364, de 18 de setembro de 1922, criou quatro lugares de notário na comarca da Figueira da Foz, sendo 3 na sede e um no Paião. Em 1928, com o Decreto-Lei nº 15304, de 2 de abril, manteve o lugar atribuído pelo diploma anteriormente referido, mas em 1930. O Decreto-Lei nº 133, de 18 de dezembro, já não previa a existência de qualquer lugar de notário neste cartório. Esta situação só foi alterada com o Decreto-Lei nº 26118, de 24 de novembro de 1935, que repôs o lugar dantes existente. Em 1949, o Decreto-Lei nº 37666, de 19 de dezembro, determinava no seu art. 7º, § único, que os cartórios existentes nos concelhos em número superior ao fixado no mapa anexo seriam extintos à medida que vagassem, ficando Paião, desde daí, sem cartório notarial na localidade.

**Âmbito e conteúdo:** A documentação contém, entre outros, os livros e registos de escrituras públicas, de testamentos, de protestos de títulos de crédito, de procurações, aprovação de testamentos cerrados, registos de escrituras, procurações, correspondência, de contas de emolumentos e selo, de instrumentos avulsos e documentos, reconhecimento de sinais em certidões de missas, abertura de sinais, reconhecimento de letra e assinatura, assim como os documentos respeitantes aos livros de notas.

**Sistema de organização:** Organização por séries tipológicas; ordenação cronológica.

**Cota atual:** V-1ª D

**Instrumentos de pesquisa:** Recenseamento e Inventário em Archeevo (aplicação informática para descrição arquivística).

**Notas do arquivista:** Descrição elaborada por Júlio Ramos e Elisabete Dias - 2012.

Fonte(s) utilizada(s) para a "História administrativa/biográfica/familiar": COSTA, Américo - *Dicionário Corográfico de Portugal Continental e Insular*. Porto: Livraria Civilização, 1949. *Grande Enciclopédia Portuguesa e Brasileira*. Lisboa; Rio de Janeiro: Editorial Enciclopédia, 1987. Legislação portuguesa sobre o notariado invocada na história administrativa.


## Cartório Notarial de Pampilhosa da Serra

**Código de referência:** PT/AUC/NOT/CNPPS
**Título:** Cartório Notarial de Pampilhosa da Serra
**Datas de produção:** 1711-04-08 / 1996-01-11
**Dimensão e suporte:** 464 u. i.; papel.
**História administrativa, biográfica e familiar:** Pampilhosa da Serra foi elevada a vila por D. Dinis, em 1308. D. Manuel I deu-lhe em Lisboa foral novo em 20 de outubro de 1513, na demanda que houve com a Covilhã em 1500. Foi priorado da apresentação do Mosteiro de Santa Cruz de Coimbra. Até finais do século XVI, o concelho da Pampilhosa da Serra tinha uma única paróquia, a de Nossa Senhora do Pranto da Pampilhosa. No século XIX, o concelho era formado por quatro freguesias. Com a divisão administrativa de 24 de outubro de 1855, o concelho recebeu as freguesias de Dornelas do Zêzere; Janeiro de Baixo, Unhais o Velho, Vidual de Cima e Fajão (integradas no extinto concelho de Fajão) e Portela do Fojo (que compreendia alguns lugares de Álvaro e outros do concelho de Alvares). Em 1852, estava integrada na comarca de Tomar, mas em 1852 passou para a de Arganil. O Decreto de 23 de dezembro de 1899 criou um lugar de notário em

Pampilhosa da Serra, integrado na comarca de Arganil. A legislação publicada posteriormente manteve sempre o referido lugar, situação reiterada pelos Decreto-Lei nº 37666, de 19 de dezembro de 1949, que atribuiu um lugar de notário ao concelho, tendo anexo o registo civil, e pelo Decreto-Lei nº 44064, de 21 de novembro de 1961 que lhe ratifica o mesmo estatuto.

**Âmbito e conteúdo:** A documentação contém, entre outra, livros de notas, livros para escrituras diversas, testamentos e suas revogações, protestos de títulos de crédito, registos de escrituras, inventários do cartório, copiadores de correspondência, documentos relativos aos livros de notas, procurações, registos de atos fora das notas, certidões de missas, termos de abertura de sinais, registos de emolumentos e selo, autos de abertura de testamentos cerrados.

**Sistema de organização:** Organização por séries tipológicas; orde-nação cronológica.

**Cota atual:** V-1ª D; VI-2ª D

**Instrumentos de pesquisa:** Recenseamento e Inventário em Archeevo (aplicação informática para descrição arquivística).

**Notas do arquivista:** Descrição elaborada por Júlio Ramos - 2008.

Fonte(s) utilizada(s) para a "História administrativa/biográfica/familiar": COSTA, Américo - *Dicionário Corográfico de Portugal Continental e Insular*. Porto: Livraria Civilização, 1949. *Grande Enciclopédia Portuguesa e Brasileira*. Lisboa; Rio de Janeiro: Editorial Enciclopédia, 1987. Legislação portuguesa sobre o notariado invocada na História administrativa.

## Cartório Notarial de Penacova

**Código de referência:** PT/AUC/NOT/CNPCV

**Título:** Cartório Notarial de Penacova

**Datas de produção:** 1670 / 1995

**Dimensão e suporte:** 1522 u. i.; papel.

**História administrativa, biográfica e familiar:** Sabe-se que o nome de Penacova provém do cantábrico PEN (quase) ou de PENA, de origem germânica (pequeno castelo). O primeiro documento relativo a Penacova data de 1105 e é referente a uma contenda entre os habitantes de Penacova e os monges do Mosteiro de Lorvão. D. Afonso Henriques interveio para impor a reconciliação. Recebeu carta de foral de D. Sancho I em 1193, confirmado pelo rei D. Afonso II em 6 de novembro de 1217. Em 31 de dezembro de 1513, teve "foral novo" de D. Manuel I. Um dos monumentos de referência é o Mosteiro de Lorvão.

Foi priorado da apresentação do Mosteiro de Santa Clara. Foram seus donatários os condes de Odemira, senhores de Tentúgal e duques do Cadaval. Em 1755, fazia parte da comarca de Coimbra, mas em 1884 foi integrada na de Penacova.

O Decreto de 23 de dezembro de 1899 atribuiu dois de lugares de notário à comarca de Penacova, situação que perdurou até 1928, quando o Decreto-Lei nº 15304, de 2 de abril, lhe dá apenas um lugar, integrada na comarca de Coimbra. Em 1929, o Decreto-Lei nº 37666, de 19 de dezembro, atribui ao concelho de Penacova o lugar que obtivera antes, mas anexado ao registo civil e ao registo predial. O Decreto-Lei nº 44064, de 21 de novembro de 1961, mantém um lugar de notário no concelho, mas acaba com a anexação antes referida.

**Âmbito e conteúdo:** A documentação contém, entre outros, os livros e registos de escrituras públicas, de testamentos, de reconhecimento de letra e assinatura, de protestos de títulos de crédito, de procurações, inventários do cartório, de contas de emolumentos e selo, de instrumentos avulsos e documentos, testamentos cerrados, autos de abertura de testamentos cerrados, certidões de missas, termos de abertura de sinais, a correspondência expedida e recebida, assim como os documentos respeitantes aos livros de notas.

**Sistema de organização:** Organização por séries tipológicas; ordenação cronológica.

**Cota atual:** V-1ª D; VI-2ª D

**Instrumentos de pesquisa:** Recenseamento e Inventário em Archeevo (aplicação informática para descrição arquivística).

**Notas do arquivista:** Descrição elaborada por Júlio Ramos e Elisabete Dias - 2012.

Fonte(s) utilizada(s) para a "História administrativa/biográfica/familiar": COSTA, Américo - *Dicionário Corográfico de Portugal Continental e Insular*. Porto: Livraria Civilização, 1949. *Grande Enciclopédia Portuguesa e Brasileira*. Lisboa; Rio de Janeiro: Editorial Enciclopédia, 1987. Legislação portuguesa sobre o notariado invocada na história administrativa.


## Cartório Notarial de Penalva de Alva

**Código de referência:** PT/AUC/NOT/CNPNA

**Título:** Cartório Notarial de Penalva de Alva

**Datas de produção:** 1823-06-10 / 1854-01-15

**Dimensão e suporte:** 20 u. i.; papel.

**História administrativa, biográfica e familiar:** Penalva de Alva é sede de freguesia do concelho e comarca de Oliveira do Hospital. Foi vigairaria da apresentação do Grão mestrado da Ordem de Cristo. Outrora foi sede de concelho, no distrito da Guarda, extinto pelo Decreto de 31 de dezembro de 1853. Era constituído pelas freguesias da sede, Alvoco das Várzeas e São Gião. Após a extinção, foi integrado no concelho de Sandomil, sendo este também extinto em 1855. Passou a fazer parte, desde então, do atual. Em 1839 estava integrada na comarca de Seia e, em 1852, na comarca e julgado de Oliveira do Hospital.

**Âmbito e conteúdo:** A documentação é formada por duas séries, os livros de notas, em que eram exarados os registos dos vários atos do foro específico do notário, tais como testamentos, procurações, doações, empréstimos a juro, etc., e o registo de atos lavrados fora das notas.

**Sistema de organização:** Organização por séries tipológicas; ordenação cronológica.

**Cota atual:** V-1ª D

**Instrumentos de pesquisa:** Recenseamento e Inventário em Archeevo (aplicação informática para descrição arquivística).

**Notas do arquivista:** Descrição elaborada por Júlio Ramos e Elisabete Dias - 2012.

Fonte(s) utilizada(s) para a "História administrativa/biográfica/familiar": COSTA, Américo - *Dicionário Corográfico de Portugal Continental e Insular*. Porto: Livraria Civilização, 1949. *Grande Enciclopédia Portuguesa e Brasileira*. Lisboa; Rio de Janeiro: Editorial Enciclopédia, 1987.

## Cartório Notarial de Penela

**Código de referência:** PT/AUC/NOT/CNPNL
**Título:** Cartório Notarial de Penela
**Datas de produção:** 1622-01-25 / 1956-08-01
**Dimensão e suporte:** 847 u. i.; papel.
**História administrativa, biográfica e familiar:** O nome Penela guarda raízes célticas. Penela desempenhou um importante papel durante a Idade Média, em que foi palco de guerra e contribuiu para a reconquista. Em 1137, Penela recebeu foral de D. Afonso Henriques e a 1 de junho de 1514 de D. Manuel I. A vila tem duas freguesias - Santa Eufémia e São Miguel. A 1ª foi vigairaria da Ordem de Cristo e colegiada, tendo passado mais tarde a priorado da apresentação da Mesa da Consciência e Ordens. Da 2ª foram donatários os Marqueses de Gouveia e depois o Duque de Aveiro, passando para a Coroa em 1759. Penela fazia parte, em 1755, da comarca de Montemor-o-Velho, em 1839 surge integrada na comarca de Coimbra, passando, em 1852, para a da Lousã e, finalmente, em 1878, novamente para a de Coimbra. Desde 1433 que se faz a Feira de São Miguel - conhecida por Feira das Nozes - criada por D. Duarte, a pedido do seu irmão D. Pedro. O Decreto de 23 de dezembro de 1899 atribuiu um lugar de notário à comarca de Penela. Esse lugar manteve- -se posteriormente mas, em 1928, com o Decreto-Lei nº 15304, de 2 de abril, surge integrada na comarca da Lousã (Decreto-Lei nº 37666, de 19 de dezembro de 1949).
**Âmbito e conteúdo:** A documentação relativa contém, entre outra, livros de notas, livros de escrituras diversas, testamentos e suas revogações, protestos de títulos de crédito, registos de testamentos e instrumentos de aprovação ou depósito de testamentos cerrados e de testamentos

internacionais, inventários do cartório, copiadores de correspondência, documentos relativos aos livros de notas, procurações, registos de atos fora das notas, certidões de missas, termos de abertura de sinais, registos de emolumentos e selo.

**Sistema de organização:** Organização por séries tipológicas; ordenação cronológica.

**Cota atual:** V-1ª D

**Instrumentos de pesquisa:** Recenseamento e Inventário em Archeevo (aplicação informática para descrição arquivística).

**Notas do arquivista:** Descrição elaborada por Júlio Ramos e Elisabete Dias - 2008.

Fonte(s) utilizada(s) para a "História administrativa/biográfica/familiar": COSTA, Américo - *Dicionário Corográfico de Portugal Continental e Insular*. Porto: Livraria Civilização, 1949. *Grande Enciclopédia Portuguesa e Brasileira*. Lisboa; Rio de Janeiro: Editorial Enciclopédia, 1987. Legislação portuguesa sobre o notariado invocada na história administrativa.


## Cartório Notarial de Pereira

**Código de referência:** PT/AUC/NOT/CNPER
**Título:** Cartório Notarial de Pereira
**Datas de produção:** 1679 / 1837
**Dimensão e suporte:** 55 u. i.; papel.
**História administrativa, biográfica e familiar:** Pereira foi vila e sede de concelho entre 1282 e 1836, constituído apenas pela freguesia da sede, quando foi anexada ao município de Santo Varão. Extinto este, por Decreto de 31 de dezembro de 1853, passou a integrar, desde então, o concelho de Montemor-o-Velho. Foi priorado da apresentação dos Duques de Aveiro. Em 1755, fazia parte da comarca de Coimbra, em 1853 da de Soure e, desde 1878, da de Montemor-o-Velho.
**Âmbito e conteúdo:** A documentação é formada por uma série - livros de notas -, que contém escrituras de compra e venda, doações e partilhas, testamentos, emprazamentos, aforamentos, arrendamentos, obrigações, outorgas

de compra, arrematações de rendas, escambos, trespassações, renunciações, procurações, fianças, cessões de dívidas, dinheiro a juros, etc.

**Sistema de organização:** Organização por séries tipológicas; ordenação cronológica.

**Cota atual:** V-1ª D

**Instrumentos de pesquisa:** Recenseamento e Inventário em Archeevo (aplicação informática para descrição arquivística).

**Notas do arquivista:** Descrição elaborada por Júlio Ramos e Elisabete Dias - 2011.

Fonte(s) utilizada(s) para a "História administrativa/biográfica/familiar": COSTA, Américo - *Dicionário Corográfico de Portugal Continental e Insular*. Porto: Livraria Civilização, 1949. *Grande Enciclopédia Portuguesa e Brasileira*. Lisboa; Rio de Janeiro: Editorial Enciclopédia, 1987.


## Cartório Notarial de Podentes

**Código de referência:** PT/AUC/NOT/CNPOD

**Título:** Cartório Notarial de Podentes

**Datas de produção:** 1742-08-15 / 1837-06-04

**Dimensão e suporte:** 11 u. i.; papel.

**História administrativa, biográfica e familiar:** Podentes é povoação muito antiga que noutros tempos teve grande notoriedade, pois era cabeça do julgado homónimo. D. Manuel I concedeu-lhe "foral novo" a 17 de fevereiro de 1514, denotando, assim, a relevância desta antiga vila. Na altura, Podentes tinha juízes ordinários, vereadores e outros homens de cargos de prestígio. No "Cadastro da População do Reino", de 1527, é referido que a vila pertencia a Manuel de Sousa.

Foram donatários da vila de Podentes os Marqueses de Arronches e os Duques de Lafões, até meados do século XIX.

O concelho foi extinto em 1836, sendo as suas terras incorporadas no concelho de Penela.

**Âmbito e conteúdo:** A documentação é formada por uma única série, que contém escrituras de compra e venda, testamentos, emprazamentos, arrendamentos, aforamentos, procurações, fianças, cessões de dívidas, dinheiro a juros, etc.

**Sistema de organização:** Organização por séries tipológicas; ordenação cronológica.

**Cota atual:** V-1ª D

**Instrumentos de pesquisa:** Recenseamento e Inventário em Archeevo (aplicação informática para descrição arquivística).

**Notas do arquivista:** Descrição elaborada por Júlio Ramos e Elisabete Dias - 2013.

Fonte(s) utilizada(s) para a "História administrativa/biográfica/familiar": COSTA, Américo - *Dicionário Corográfico de Portugal Continental e Insular*. Porto: Livraria Civilização, 1949. *Grande Enciclopédia Portuguesa e Brasileira*. Lisboa; Rio de Janeiro: Editorial Enciclopédia, 1987.


## Cartório Notarial de Pombalinho

**Código de referência:** PT/AUC/NOT/CNPOM

**Título:** Cartório Notarial de Pombalinho

**Datas de produção:** 1618 / 1828-03-18

**Dimensão e suporte:** 30 u. i.; papel.

**História administrativa, biográfica e familiar:** Pombalinho é hoje uma freguesia do concelho de Soure, mas antes foi vila e sede de concelho formada por apenas uma única freguesia até ao início do século XIX, quando foi anexada ao concelho de Rabaçal que, por sua vez, foi extinto por Decreto de 31 de dezembro de 1853. Por este diploma legal, Pombalinho passou a integrar o concelho de Soure. Em 1755, fazia parte da comarca de Coimbra e em 1882 já integrava a de Soure.

**Âmbito e conteúdo:** A documentação é formada por uma única série – livros de notas -, que contém, entre outras, registos de atos como escrituras de compra e venda, doações e partilhas, testamentos, empréstimos, hipotecas, etc.

**Sistema de organização:** Organização por séries tipológicas; ordenação cronológica.

**Cota atual:** V-1ª D

**Instrumentos de pesquisa:** Recenseamento e Inventário em Archeevo (aplicação informática para descrição arquivística).

**Notas do arquivista:** Descrição elaborada por Júlio Ramos e Elisabete Dias - 2012.

Fonte(s) utilizada(s) para a "História administrativa/biográfica/familiar": COSTA, Américo - *Dicionário Corográfico de Portugal Continental e Insular*. Porto: Livraria Civilização, 1949. *Grande Enciclopédia Portuguesa e Brasileira*. Lisboa; Rio de Janeiro: Editorial Enciclopédia, 1987.


## Cartório Notarial de Pombeiro

**Código de referência:** PT/AUC/NOT/CNPMB

**Título:** Cartório Notarial de Pombeiro

**Datas de produção:** 1700 / 1836-11-22

**Dimensão e suporte:** 7 u. i.; papel.

**História administrativa, biográfica e familiar:** Também conhecida por Pombeiro da Beira. Foi priorado da apresentação dos Condes de Pombeiro. Teve foral dado por D. Manuel I a 10 de novembro de 1513, em Lisboa. Foi vila e sede de concelho entre 1513 e 1836. Era constituído pelas freguesias de Pombeiro e São Martinho da Cortiça. Integrada na comarca de Coimbra em 1775, passa para a de Seia em 1779 e para a comarca e concelho de Arganil em 1852.

**Âmbito e conteúdo:** A documentação é formada por uma única série – livros de notas -, que contém, entre outras, registos de atos como escrituras de compra e venda, doações e partilhas, testamentos, empréstimos, hipotecas, dinheiro a juro, etc.

**Sistema de organização:** Organização por séries tipológicas; ordenação cronológica.

**Cota atual:** V-1ª D

**Instrumentos de pesquisa:** Recenseamento e Inventário em Archeevo (aplicação informática para descrição arquivística).

**Notas do arquivista:** Descrição elaborada por Júlio Ramos e Elisabete Dias - 2009.

Fonte(s) utilizada(s) para a "História administrativa/biográfica/familiar": COSTA, Américo - *Dicionário Corográfico de Portugal Continental e Insular*. Porto: Livraria Civilização, 1949. *Grande Enciclopédia Portuguesa e Brasileira*. Lisboa; Rio de Janeiro: Editorial Enciclopédia, 1987.


## Cartório Notarial de Póvoa de Santa Cristina

**Código de referência:** PT/AUC/NOT/CNPVA

**Título:** Cartório Notarial de Póvoa de Santa Cristina

**Datas de produção:** 1740-01-26 / 1837-05-21

**Dimensão e suporte:** 19 u. i.; papel.

**História administrativa, biográfica e familiar:** Póvoa de Santa Cristina recebeu foral, datado de 26 de setembro de 1265, dado por D. Afonso III, tendo a terra permanecido reguengo da coroa. Foi vila e sede de concelho desde aquele ano até 1834. O antigo município era constituído apenas pela freguesia da sede, que tinha por orago São João Evangelista. Atualmente, Póvoa de Santa Cristina é um lugar da freguesia de Tentúgal, no município de Montemor-o-Velho.

**Âmbito e conteúdo:** A documentação é formada por uma única série – livros de notas -, que contém, entre outras, registos de atos como escrituras de compra e venda, doações e partilhas, testamentos, empréstimos, hipotecas, dinheiro a juro, etc.

**Sistema de organização:** Organização por séries tipológicas; ordenação cronológica.

**Cota atual:** V-1ª D

**Instrumentos de pesquisa:** Recenseamento e Inventário em Archeevo (aplicação informática para descrição arquivística).

**Notas do arquivista:** Descrição elaborada por Júlio Ramos e Elisabete Dias - 2009.

Fonte(s) utilizada(s) para a "História administrativa/biográfica/familiar": COSTA, Américo - *Dicionário Corográfico de Portugal Continental e*

*Insular.* Porto: Livraria Civilização, 1949. *Grande Enciclopédia Portuguesa e Brasileira.* Lisboa; Rio de Janeiro: Editorial Enciclopédia, 1987.


## Cartório Notarial Privativo de Protesto de Letras de Coimbra

**Código de referência:** PT/AUC/NOT/ CNPPLCBR

**Título:** Cartório Notarial Privativo de Protesto de Letras de Coimbra

**Datas de produção:** 1931-03-27 / 1966-11-29

**Dimensão e suporte:** 505 u. i.; papel.

**História administrativa, biográfica e familiar:** O Cartório Notarial Privativo de Protesto de Letras de Coimbra foi criado pelo artigo 1º, ponto 9º, § 1º do Decreto nº 20550, de 26 de novembro de 1931, o qual determina que "os protestos de letras e outros títulos de crédito mercantil são, em Lisboa, Porto, Coimbra e Funchal da competência exclusiva de notários especiais". Este cartório manteve a sua atividade, sem qualquer interrupção, até à publicação do Decreto-Lei nº 44063, de 28 de novembro de 1961. Este diploma, no seu artigo 11º, nº 2, estabelecia que "em Lisboa e Porto haverá cartórios privativos para os protestos de letras e outros títulos de crédito". Coimbra ficava assim excluída das cidades com este tipo de cartório. Também o artigo 51º do mesmo diploma legal referia que "os serviços de protestos de letras (...) em Coimbra continuam até vagarem os respetivos lugares...". Deste modo se determinava a extinção deste cartório que, de acordo com a data da documentação aqui existente, se prolongou até 1966.

**Âmbito e conteúdo:** A documentação do Cartório Notarial Privativo de Protesto de Letras de Coimbra é formada por sete séries apenas e resulta da atividade dos notários que, nos períodos de vigência deste cartório, ali prestaram serviço. Contém registos de protestos de letras e outros atos comerciais, registos de emolumentos de apresentação e protestos de letras, registos de apresentação de letras, livranças e cheques a protesto, relações de protestos de letras e documentos a eles referentes, registos de notificações notariais e guias de pagamento de imposto de selo dos protestos.

**Sistema de organização:** Organização por séries tipológicas; ordenação cronológica.

**Cota atual:** V-1ª E

**Instrumentos de pesquisa:** Recenseamento e Inventário em Archeevo (aplicação informática para descrição arquivística).

**Notas do arquivista:** Descrição elaborada por Júlio Ramos e Elisabete Dias - 2013.

Fonte utilizada para a "História administrativa /biográfica/familiar": Legislação invocada no texto da História Administrativa.


## Cartório Notarial de Quiaios

**Código de referência:** PT/AUC/NOT/ CNQUI

**Título:** Cartório Notarial de Quiaios

**Datas de produção:** 1747-02-20 / 1837-05-24

**Dimensão e suporte:** 1 u. i. com 11 liv.; papel.

**História administrativa, biográfica e familiar:** É vila muito antiga que precedeu a fundação da nacionalidade do país. Foi couto e vigairaria da apresentação do Mosteiro de Santa Cruz de Coimbra. Mais tarde, em agosto de 1514, no reinado de D. Manuel I, recebe foral com as obrigações e regalias da povoação. Foi sede de concelho, abolido em 1836, e aparece como freguesia do concelho de Maiorca. Depois de este último ter sido extinto, Quiaios passa, em dezembro de 1853, a integrar o concelho da Figueira da Foz.

**Âmbito e conteúdo:** A documentação é formada por uma única série – livros de notas -, que contém, entre outras, registos de atos como escrituras de compra e venda, doações e partilhas, testamentos, empréstimos, hipotecas, dinheiro a juro, etc.

**Sistema de organização:** Organização por série tipológicas; ordenação cronológica.

**Cota atual:** V-1ª D

**Instrumentos de pesquisa:** Recenseamento e Inventário em Archeevo (aplicação informática para descrição arquivística).

**Notas do arquivista:** Descrição elaborada por Júlio Ramos e Elisabete Dias – 2009.

Fonte(s) utilizada(s) para a "História administrativa/biográfica/familiar": COSTA, Américo - *Dicionário Corográfico de Portugal Continental e Insular*. Porto: Livraria Civilização, 1949. *Grande Enciclopédia Portuguesa e Brasileira*. Lisboa; Rio de Janeiro: Editorial Enciclopédia, 1987.

## Cartório Notarial de Rabaçal

**Código de referência:** PT/AUC/NOT/CNRBÇ
**Título:** Cartório Notarial de Rabaçal
**Datas de produção:** 1800-07-21 / 1854-02-14
**Dimensão e suporte:** 35 u. i.; papel.
**História administrativa, biográfica e familiar:** As origens desta vila são praticamente desconhecidas, julgando-se que já existia no tempo dos mouros e que a estes foi resgatada em 1135. Foi sede de concelho até 1853. O antigo município integrava as freguesias de Zambujal, Degracias, Guarda, Rabaçal e Atianha. Após as reformas administrativas do início do Liberalismo, foram-lhe anexadas as freguesias de Pombalinho e Alvorge, tendo sido desanexada a freguesia de Guarda. Atualmente, Rabaçal é freguesia do concelho de Penela.
**Âmbito e conteúdo:** A documentação é formada por uma única série – livros de notas -, que contém, entre outras, registos de atos como escrituras de compra e venda, doações e partilhas, testamentos, empréstimos, hipotecas, dinheiro a juro, etc.
**Sistema de organização:** Organização por séries tipológicas; ordenação cronológica.
**Cota atual:** V-1ª D
**Instrumentos de pesquisa:** Recenseamento e Inventário em Archeevo (aplicação informática para descrição arquivística)
**Notas do arquivista:** Descrição elaborada por Júlio Ramos e Elisabete Dias - 2012.
Fonte(s) utilizada(s) para a "História administrativa/biográfica/familiar": COSTA, Américo - *Dicionário Corográfico de Portugal Continental e Insular*. Porto: Livraria Civilização, 1949. *Grande*

*Enciclopédia Portuguesa e Brasileira*. Lisboa; Rio de Janeiro: Editorial Enciclopédia, 1987.


## Cartório Notarial de Redondos

**Código de referência:** PT/AUC/NOT/CNRDD

**Título:** Cartório Notarial de Redondos

**Datas de produção:** 1640-07-06 / 1833-06-16

**Dimensão e suporte:** 39 u. i.; papel.

**História administrativa, biográfica e familiar:** Redondos foi povoação de origem muito remota. Localizada junto a Buarcos, formou, esta última, um concelho designado por Buarcos e Redondos, extinto em 12 de março de 1771. Conclui-se, assim, que Redondos foi freguesia anexa a Buarcos, que o lugar teve foros de vila e de concelho por possuir foral e por ser um pequeno couto do Mosteiro de Santa Cruz de Coimbra. Em 1826, ainda Redondos era freguesia do concelho da Figueira da Foz. Foi uma das várias povoações martirizadas pelo desembarque dos corsários ingleses em 1566 e holandeses na época de domínio filipino. Em 1602 foi ainda saqueada pelos ingleses.

**Âmbito e conteúdo:** A documentação é formada por uma única série – livros de notas -, que contém, entre outras, registos de atos como escrituras de compra e venda, doações e partilhas, testamentos, empréstimos, hipotecas, dinheiro a juro, etc.

**Sistema de organização:** Organização por séries tipológicas; ordenação cronológica.

**Cota atual:** V-1ª D

**Instrumentos de pesquisa:** Recenseamento e Inventário em Archeevo (aplicação informática para descrição arquivística).

**Notas do arquivista:** Descrição elaborada por Júlio Ramos e Elisabete Dias - 2009.

Fonte(s) utilizada(s) para a "História administrativa/biográfica/ familiar": COSTA, Américo - *Dicionário Corográfico de Portugal Continental e Insular*. Porto: Livraria Civilização, 1949. *Grande*

*Enciclopédia Portuguesa e Brasileira*. Lisboa; Rio de Janeiro: Editorial Enciclopédia, 1987.


## Cartório Notarial de Santo Varão

**Código de referência:** PT/AUC/NOT/CNSVR

**Título:** Cartório Notarial de Santo Varão

**Datas de produção:** 1662 / 1854

**Dimensão e suporte:** 58 u. i.; papel.

**História administrativa, biográfica e familiar:** Santo Varão foi vigairaria da apresentação da Mitra de Coimbra. Beneficiou do foral de Montemor-o-Velho, dado em Lisboa a 20 de agosto de 1516 por D. Manuel I. Foi sede de concelho formado pelas freguesias de Pereira, Santo Varão, Granja do Ulmeiro, Alfarelos e Figueiró do Campo. Extinto por Decreto de 31 de dezembro de 1853, passou, com todas as freguesias, para o concelho de Montemor-o-Velho, salvo a de Figueiró do Campo que ficou integrada no de Soure. Em 1839, Santo Varão fazia parte da comarca de Coimbra, em 1852, da de Soure e, desde 1862, da de Montemor-o-Velho.

**Âmbito e conteúdo:** A documentação é formada por uma série - livros de notas -, que contêm escrituras de compra e venda, e outros atos como doações e partilhas, testamentos, emprazamentos, aforamentos, arrendamentos, obrigações, outorgas de compra, arrematações de rendas, escambos, trespassações, renunciações, procurações, fianças, cessões de dívidas, dinheiro a juros, etc.

**Sistema de organização:** Organização por séries tipológicas; ordenação cronológica.

**Cota atual:** V-1ª D

**Instrumentos de pesquisa:** Recenseamento e Inventário em Archeevo (aplicação informática para descrição arquivística).

**Notas do arquivista:** Descrição elaborada por Júlio Ramos e Elisabete Dias - 2011.

Fonte(s) utilizada(s) para a "História administrativa/biográfica/familiar": COSTA, Américo - *Dicionário Corográfico de Portugal*

*Continental e Insular*. Porto: Livraria Civilização, 1949. *Grande Enciclopédia Portuguesa e Brasileira*. Lisboa; Rio de Janeiro: Editorial Enciclopédia, 1987.


## Cartório Notarial de São Pedro de Alva

**Código de referência:** PT/AUC/NOT/CNSPAL

**Título:** Cartório Notarial de São Pedro de Alva

**Datas de produção:** 1837-05-29 / 1933-09-21

**Dimensão e suporte:** 244 u. i.; papel.

**História administrativa, biográfica e familiar:** São Pedro de Alva é hoje freguesia do concelho de Penacova. Outrora, foi sede de concelho com a designação de Farinha Podre, extinto em 31 de dezembro de 1853, sendo nesta data anexada ao de Tábua, mudando depois para o de Penacova, em 24 de outubro de 1855. As primeiras referências a S. Paio de Alva aparecem nas Inquirições de D. Dinis. Era então de Vasco Faria e de sua família. Farinha Podre foi comenda da Ordem de Cristo e morgado anexo ao senhorio de Góis. Nos séculos XII e XIII já aparece o nome de *Farina Putre* em documentos latinos. A atual designação foi instituída por Decreto de 21 de fevereiro de 1889. São Pedro de Alva foi elevada à categoria de vila a 16 de agosto de 1991, pelo Decreto-Lei nº 99/91, de 16 de agosto.

Inclui documentação do 2º e 3º ofícios do Cartório Notarial de Farinha Podre.

**Âmbito e conteúdo:** A documentação deste cartório é constituída por 9 séries, a saber: livros de notas e para escrituras, testamentos públicos e as escrituras de revogação, protestos de títulos de crédito, registos de testamentos e autos de aprovação de testamentos cerrados, documentos relativos aos livros de notas, registos de atos praticados fora das notas, registos de procurações, reconhecimentos de assinatura em certidões de missas, e termos de abertura de sinais.

**Sistema de organização:** Organização por séries tipológicas; ordenação cronológica.

**Cota atual:** V-1ª D

**Instrumentos de pesquisa:** Recenseamento e Inventário em Archeevo (aplicação informática para descrição arquivística).

**Notas do arquivista:** Descrição elaborada por Júlio Ramos e Elisabete Dias – 2012.

Fonte(s) utilizada(s) para a "História administrativa/biográfica/familiar": COSTA, Américo - *Dicionário Corográfico de Portugal Continental e Insular*. Porto: Livraria Civilização, 1949. *Grande Enciclopédia Portuguesa e Brasileira*. Lisboa; Rio de Janeiro: Editorial Enciclopédia, 1987.


## Cartório Notarial de Seixo da Beira

**Código de referência:** PT/AUC/NOT/CNSXB

**Título:** Cartório Notarial de Seixo da Beira

**Datas de produção:** 1735-10-05 / 1837-06-30

**Dimensão e suporte:** 32 u. i.; papel.

**História administrativa, biográfica e familiar:** Em tempos mais remotos, foi chamada Seixo do Ervedal. Em 9 de fevereiro de 1514 recebeu foral de D. Manuel I. Foi priorado do padroado real mas, em 1708, a freguesia era priorado e comenda da Ordem de Avis. Foi sede de concelho extinto em 1836, passando a fazer parte do de Ervedal que, por sua vez, foi extinto pelo Decreto de 24 de outubro de 1855, tendo passado então para o concelho de Oliveira do Hospital. A atual designação foi-lhe atribuída pelo Decreto de 10 de fevereiro de 1919.

**Âmbito e conteúdo:** A documentação é formada por uma série - livros de notas -, que contêm escrituras de compra e venda, e outros atos como doações e partilhas, testamentos, emprazamentos, aforamentos, arrendamentos, obrigações, outorgas de compra, arrematações de rendas, escambos, trespassações, renunciações, procurações, fianças, cessões de dívidas, dinheiro a juros, etc.

**Sistema de organização:** Organização por séries tipológicas; ordenação cronológica.

**Cota atual:** V-1ª D

**Instrumentos de pesquisa:** Recenseamento e Inventário em Archeevo (aplicação informática para descrição arquivística).

**Notas do arquivista:** Descrição elaborada por Júlio Ramos e Elisabete Dias - 2012.

Fonte(s) utilizada(s) para a "História administrativa/biográfica/familiar": COSTA, Américo - Dicionário Corográfico de Portugal Continental e Insular. Porto: Livraria Civilização, 1949. Grande Enciclopédia Portuguesa e Brasileira. Lisboa; Rio de Janeiro: Editorial Enciclopédia, 1987.


## Cartório Notarial de Semide

**Código de referência:** PT/AUC/NOT/CNSMD

**Título:** Cartório Notarial de Semide

**Datas de produção:** 1772-10-28 / 1854-02-03

**Dimensão e suporte:** 59 u. i.; papel.

**História administrativa, biográfica e familiar:** A história da antiga vila de Semide, que significará, etimologicamente, a flor da farinha, confunde-se com a do Mosteiro, ali localizado, de cuja apresentação foi curato. Recebeu foral de D. Manuel I em janeiro de 1514. Foi sede de concelho, extinto em 1836 e restaurado em 9 de julho de 1837, de novo suprimido por Decreto de 31 de dezembro de 1853. Até um pouco antes, 1834, permaneceu nas mãos da abadessa do convento o poder de dar solene posse às justiças na portaria do mesmo.

**Âmbito e conteúdo:** A documentação é formada por uma série - livros de notas -, que contêm escrituras de compra e venda, e outros atos como doações e partilhas, testamentos, emprazamentos, aforamentos, arrendamentos, obrigações, outorgas de compra, arrematações de rendas, escambos, trespassações, renunciações, procurações, fianças, cessões de dívidas, dinheiro a juros, etc.

**Sistema de organização:** Organização por séries tipológicas; ordenação cronológica.

**Cota atual:** V-1ª D

**Instrumentos de pesquisa:** Recenseamento e Inventário em Archeevo (aplicação informática para descrição arquivística).

**Notas do arquivista:** Descrição elaborada por Júlio Ramos e Elisabete Dias - 2012.

Fonte(s) utilizada(s) para a "História administrativa/biográfica/familiar": COSTA, Américo - *Dicionário Corográfico de Portugal Continental e Insular.* Porto: Livraria Civilização, 1949. *Grande Enciclopédia Portuguesa e Brasileira.* Lisboa; Rio de Janeiro: Editorial Enciclopédia, 1987.


## Cartório Notarial de Serpins

**Código de referência:** PT/AUC/NOT/CNSER

**Título:** Cartório Notarial de Serpins

**Datas de produção:** 1791-09-21 / 1838-01-22

**Dimensão e suporte:** 5 u. i.; papel.

**História administrativa, biográfica e familiar:** No início da nacionalidade, a paróquia de Santa Maria de Serpins integrava o Mosteiro de Lorvão. Já em 943, Serpins é referida como "villa" rústica no território do Castelo de Arouce. Pelas invasões de Almansor, caiu a "villa" sob o domínio arábico (fins do século X). Serpins, na antiga comarca de Montemor-o-Velho, tinha apenas uma freguesia, sendo priorado da apresentação do Mosteiro de Lorvão. Em 27 de fevereiro de 1514, D. Manuel I deu-lhe foral, em Lisboa, passando, desde então, a ser vila e sede de concelho até 1836, quando foi extinto com a reforma administrativa de Passos Manuel. Em 1839, estava integrada na comarca de Coimbra e, em 1852, na da Lousã. Os notários deste cartório desenvolveram as suas atividades desde os finais do séc. XVIII até pouco depois da extinção do concelho.

**Âmbito e conteúdo:** A documentação é formada por uma série - livros de notas -, que contêm escrituras de compra e venda, e outros atos como doações e partilhas, testamentos, emprazamentos, aforamentos, arrendamentos, obrigações, outorgas de compra, arrematações de rendas, escambos, trespassações, renunciações, procurações, fianças, cessões de dívidas, dinheiro a juros, etc.

**Sistema de organização:** Organização por séries tipológicas; ordenação cronológica.

**Cota atual:** V-1ª D

**Instrumentos de pesquisa:** Recenseamento e Inventário em Archeevo (aplicação informática para descrição arquivística).

**Notas do arquivista:** Descrição elaborada por Júlio Ramos e Elisabete Dias - 2011.

Fonte(s) utilizada(s) para a "História administrativa/biográfica/familiar": COSTA, Américo - *Dicionário Corográfico de Portugal Continental e Insular*. Porto: Livraria Civilização, 1949. *Grande Enciclopédia Portuguesa e Brasileira*. Lisboa; Rio de Janeiro: Editorial Enciclopédia, 1987.


## Cartório Notarial de Soure

**Código de referência:** PT/AUC/NOT/CNSRE

**Título:** Cartório Notarial de Soure

**Datas de produção:** 1895-04-28 / 1975-04-07

**Dimensão e suporte:** 1528 u. i.; papel.

**História administrativa, biográfica e familiar:** Os notários deste cartório desenvolveram a sua atividade no concelho de Soure. O Decreto de 23 de dezembro de 1899, publicado em 5 de janeiro de 1900, determina que seja apenas um o número de lugares de notário nesta comarca, separando, sem supressão de lugar de escrivão, o notariado da escrevania, mas mantendo ainda um lugar de notário privativo. O Decreto-Lei nº 1364, de 18 de setembro de 1922, regula que a comarca de Soure fica apenas com um lugar de notário, situação reiterada pelo Decreto nº 19133, de 18 de dezembro de 1930. O Decreto-Lei nº 26118, de 24 de novembro de 1935, duplicou o lugar de notário na comarca, ficando ambos na sede. O Decreto-Lei nº 37666, de 19 de dezembro de 1949, determina que a distribuição de cartórios notariais passe a ser feita por concelhos de acordo com o mapa I anexo ao diploma e que os cartórios que excedam o número nele previsto serão extintos à medida que vagarem, ficando esta comarca, com um só lugar de notário, mantido, aliás, pelo Decreto-Lei nº 44064, de 21 de novembro.

**Âmbito e conteúdo:** A documentação contém, entre outros, os livros e registos de escrituras públicas, de testamentos, de reconhecimento de letra e assinatura, de protestos de títulos de crédito, de procurações, de contas de emolumentos e selo, de instrumentos avulsos e documentos, testamentos cerrados, autos de aprovação de testamentos cerrados e correspondência expedida, assim como os documentos respeitantes aos livros de notas.

**Sistema de organização:** Organização por séries tipológicas; ordenação cronológica.

**Cota atual:** VI-1ª D

**Instrumentos de pesquisa:** Recenseamento e Inventário em Archeevo (aplicação informática para descrição arquivística).

**Notas do arquivista:** Descrição elaborada por Júlio Ramos e Elisabete Dias – 2012.

Fonte(s) utilizada(s) para a "História administrativa/biográfica / familiar": Legislação portuguesa sobre o notariado invocada na História Administrativa.


## Cartório Notarial de Soure - 1º ofício

**Código de referência:** PT/AUC/NOT/CNSRE01

**Título:** Cartório Notarial de Soure - 1º ofício

**Datas de produção:** 1644-09-04 / 1916-10-20

**Dimensão e suporte:** 227 u. i.; papel.

**História administrativa, biográfica e familiar:** O documento escrito mais antigo que refere Soure é de 1043. Trata-se de uma doação, ao Convento da Vacariça, de um mosteiro que aqui possuíam os irmãos João, Sisnando, Ordonho e Soleima. Em julho de 1111 o Conde D. Henrique e a rainha D. Teresa deram foral à vila de Soure, com o objetivo de atrair e fixar as populações. Na Idade Média, a localização de Soure é de estratégica vital. O seu castelo faz parte da cintura de edificações militares da defesa de Coimbra com os castelos de Montemor-o-Velho, Penela, Santa Olaia, Germanelo,

Miranda do Corvo e Lousã. Em 1128 D. Teresa doa o castelo de Soure à ordem dos Templários, confirmada por D. Afonso Henriques em 1129. Em 1513, D. Manuel I outorgou um novo foral a Soure. As alterações administrativas que ao longo dos tempos foram sendo feitas determinaram que tivesse havido permutas de freguesias entre concelhos adjacentes, sobretudo com o de Montemor-o-Velho e os extintos de Verride e Santo Varão. A partir de finais do século XIX, o concelho de Soure manteve a mesma estrutura administrativa, agrupando as doze freguesias que hoje conhecemos.

**Âmbito e conteúdo:** A documentação contém, entre outros, os livros de escrituras e registos de escrituras públicas, de testamentos, de protestos de títulos de crédito, livros de sinais, assim como os documentos respeitantes aos livros de notas.

**Sistema de organização:** Organização por séries tipológicas; ordenação cronológica.

**Cota atual:** V-1ª D

**Instrumentos de pesquisa:** Recenseamento e Inventário em Archeevo (aplicação informática para descrição arquivística).

**Notas do arquivista:** Descrição elaborada por Júlio Ramos e Elisabete Dias - 2012.

Fonte(s) utilizada(s) para a "História administrativa/biográfica/familiar": COSTA, Américo - *Dicionário Corográfico de Portugal Continental e Insular*. Porto: Livraria Civilização, 1949. *Grande Enciclopédia Portuguesa e Brasileira*. Lisboa; Rio de Janeiro: Editorial Enciclopédia, 1987.


# Cartório Notarial de Soure - 2º ofício

**Código de referência:** PT/AUC/NOT/CNSRE02
**Título:** Cartório Notarial de Soure - 2º ofício
**Datas de produção:** 1647-06-12 / 1903-06-18
**Dimensão e suporte:** 214 u. i.; papel.
**História administrativa, biográfica e familiar:** O documento escrito mais antigo que refere Soure é de 1043. Trata-se de uma do-

ação, ao Convento da Vacariça, de um mosteiro que aqui possuíam os irmãos João, Sisnando, Ordonho e Soleima. Em julho de 1111, o Conde D. Henrique e a rainha D. Teresa deram foral à vila de Soure, com o objetivo de atrair e fixar as populações. Na Idade Média, a localização de Soure é de estratégica vital. O seu castelo faz parte da cintura de edificações militares da defesa de Coimbra com os castelos de Montemor-o-Velho, Penela, Santa Olaia, Germanelo, Miranda do Corvo e Lousã. Em 1128 D. Teresa doa o castelo de Soure à Ordem dos Templários, confirmada por D. Afonso Henriques em 1129. Em 1513, D. Manuel I outorgou um novo foral a Soure. As alterações administrativas, que ao longo dos tempos foram sendo feitas, determinaram que tivesse havido permutas de freguesias entre concelhos adjacentes, sobretudo com o de Montemor-o-Velho e os extintos de Verride e Santo Varão. A partir de finais do século XIX, o concelho de Soure manteve a mesma estrutura administrativa, agrupando as doze freguesias que hoje conhecemos.

**Âmbito e conteúdo:** A documentação deste cartório é constituída por 9 séries, a saber: escrituras públicas, testamentos públicos e as escrituras de revogação, protestos de títulos de crédito, registos de testamentos e autos de aprovação de testamentos cerrados, registos de escrituras diversas, registos de atos praticados fora das notas, registos de procurações, reconhecimentos de assinatura em certidões de missas, reconhecimento de letra e assinatura.

**Sistema de organização:** Organização por séries tipológicas; ordenação cronológica.

**Cota atual:** V-1ª D

**Instrumentos de pesquisa:** Recenseamento e Inventário em Archeevo (aplicação informática para descrição arquivística).

**Notas do arquivista:** Descrição elaborada por Júlio Ramos e Elisabete Dias - 2012.

Fonte(s) utilizada(s) para a "História administrativa/biográfica/familiar": COSTA, Américo - *Dicionário Corográfico de Portugal Continental e Insular*. Porto: Livraria Civilização, 1949. *Grande Enciclopédia Portuguesa e Brasileira*. Lisboa; Rio de Janeiro: Editorial Enciclopédia, 1987.

# Cartório Notarial de Soure - 3º ofício

**Código de referência:** PT/AUC/NOT/CNSRE03

**Título:** Cartório Notarial de Soure - 3º ofício

**Datas de produção:** 1647-04-22 / 1902-05-24

**Dimensão e suporte:** 125 u. i.; papel.

**História administrativa, biográfica e familiar:** O documento escrito mais antigo que refere Soure é de 1043. Trata-se de uma doação, ao Convento da Vacariça, de um mosteiro que aqui possuíam os irmãos João, Sisnando, Ordonho e Soleima. Em julho de 1111 o Conde D. Henrique e a rainha D. Teresa deram foral à vila de Soure, com o objetivo de atrair e fixar as populações. Na Idade Média, a localização de Soure é de estratégica vital. O seu castelo faz parte da cintura de edificações militares da defesa de Coimbra com os castelos de Montemor-o-Velho, Penela, Santa Olaia, Germanelo, Miranda do Corvo e Lousã. Em 1128 D. Teresa doa o castelo de Soure à Ordem dos Templários, confirmada por D. Afonso Henriques em 1129. Em 1513, D. Manuel I outorgou um novo foral a Soure. As alterações administrativas, que ao longo dos tempos foram sendo feitas, determinaram que tivesse havido permutas de freguesias entre concelhos adjacentes, sobretudo com o de Montemor-o-Velho e os extintos de Verride e Santo Varão. A partir de finais do século XIX, o concelho de Soure manteve a mesma estrutura administrativa, agrupando as doze freguesias que hoje conhecemos.

**Âmbito e conteúdo:** A documentação deste cartório é constituída por 8 séries, a saber: escrituras públicas, testamentos públicos e as escrituras de revogação, protestos de títulos de crédito, registos de testamentos e autos de aprovação de testamentos cerrados, documentos relativos aos livros de notas, registos de atos praticados fora das notas, registos de procurações, reconhecimentos de assinatura em certidões de missas, termos de abertura de sinais.

**Sistema de organização:** Organização por séries tipológicas; ordenação cronológica.

**Cota atual:** V-1ª D

**Instrumentos de pesquisa:** Recenseamento e Inventário em Archeevo (aplicação informática para descrição arquivística).

**Notas do arquivista:** Descrição elaborada por Júlio Ramos e Elisabete Dias - 2012.

Fonte(s) utilizada(s) para a "História administrativa/biográfica/familiar": COSTA, Américo - *Dicionário Corográfico de Portugal Continental e Insular*. Porto: Livraria Civilização, 1949. *Grande Enciclopédia Portuguesa e Brasileira*. Lisboa; Rio de Janeiro: Editorial Enciclopédia, 1987.

## Cartório Notarial de Tábua

**Código de referência:** PT/AUC/NOT/CNTBU

**Título:** Cartório Notarial de Tábua

**Datas de produção:** 1907-10-05 / 1963-12-28

**Dimensão e suporte:** 101 u. i.; papel.

**História administrativa, biográfica e familiar:** Pela inexistência de documentos escritos, praticamente nada se conhece de Tábua antes do séc. XII. Em cadastro de 1527, Tábua tinha 144 moradores espalhados pelos vários lugares e aldeias do concelho. Era cabeça dele Silhada; mais tarde passou para Alvarelhos, sendo a atual vila de Tábua. É esta a sede do concelho e compreende os antigos concelhos de Ázere e Sinde, e as antigas vilas de Midões e Oliveirinha. Foi priorado da apresentação dos seus donatários, os Condes da Cunha.

**Âmbito e conteúdo:** A documentação deste cartório é constituída por 21 séries, a saber, entre outras, escrituras públicas, testamentos públicos e as escrituras de revogação, protesto de títulos de crédito, registos de testamentos, registos diários dos atos públicos, registo de instrumentos avulsos, inventários do cartório, correspondência, procurações e seus registos, reconhecimentos de assinatura em certidões de missas, termos de abertura de sinais, receita e despesa, etc.

**Sistema de organização:** Organização por séries tipológicas; ordenação cronológica.

**Cota atual:** V-1ª D

**Instrumentos de pesquisa:** Recenseamento e Inventário em Archeevo (aplicação informática para descrição arquivística).

**Notas do arquivista:** Descrição elaborada por Júlio Ramos e Elisabete Dias - 2012.

Fonte(s) utilizada(s) para a "História administrativa/biográfica/ familiar": COSTA, Américo - *Dicionário Corográfico de Portugal Continental e Insular*. Porto: Livraria Civilização, 1949. *Grande Enciclopédia Portuguesa e Brasileira*. Lisboa; Rio de Janeiro: Editorial Enciclopédia, 1987.


# Cartório Notarial de Tábua - 1° ofício

**Código de referência:** PT/AUC/NOT/CNTBU01

**Título:** Cartório Notarial de Tábua - 1° ofício

**Datas de produção:** 1746-01-06 / 1918-01-31

**Dimensão e suporte:** 169 u. i.; papel.

**História administrativa, biográfica e familiar:** Pela inexistência de documentos escritos, praticamente nada se conhece de Tábua antes do séc. XII. Em cadastro de 1527, Tábua tinha 144 moradores espalhados pelos vários lugares e aldeias do concelho. Era cabeça dele Silhada; mais tarde passou para Alvarelhos, sendo a atual vila de Tábua. É esta a sede do concelho e compreende os antigos concelhos de Ázere e Sinde, e as antigas vilas de Midões e Oliveirinha. Foi priorado da apresentação dos seus donatários, os Condes da Cunha.

**Âmbito e conteúdo:** A documentação deste cartório é constituída por 11 séries, a saber: escrituras públicas, testamentos públicos e as escrituras de revogação, registos de testamentos, inventários do cartório, registos de atos praticados fora das notas, registos de procurações, registo de protestos de letras, reconhecimentos de assinatura em certidões de missas, termos de abertura de sinais, reconhecimento de letra e assinatura.

**Sistema de organização:** Organização original por séries tipológicas; ordenação cronológica.

**Cota atual:** V-1ª D

**Instrumentos de pesquisa:** Recenseamento e Inventário em Archeevo (aplicação informática para descrição arquivística).

**Notas do arquivista:** Descrição elaborada por Júlio Ramos e Elisabete Dias - 2012.

Fonte(s) utilizada(s) para a "História administrativa/biográfica/familiar": COSTA, Américo - *Dicionário Corográfico de Portugal Continental e Insular.* Porto: Livraria Civilização, 1949. *Grande Enciclopédia Portuguesa e Brasileira.* Lisboa; Rio de Janeiro: Editorial Enciclopédia, 1987.


## Cartório Notarial de Tábua - 2º ofício

**Código de referência:** PT/AUC/NOT/CNTBU02

**Título:** Cartório Notarial de Tábua - 2º ofício

**Datas de produção:** 1808-11-14 / 1927-08-04

**Dimensão e suporte:** 106 u. i.; papel.

**História administrativa, biográfica e familiar:** Pela inexistência de documentos escritos, praticamente nada se conhece de Tábua antes do séc. XII. Em cadastro de 1527, Tábua tinha 144 moradores espalhados pelos vários lugares e aldeias do concelho. Era cabeça dele Silhada; mais tarde passou para Alvarelhos, sendo a atual vila de Tábua. É esta a sede do concelho e compreende os antigos concelhos de Ázere e Sinde, e as antigas vilas de Midões e Oliveirinha. Foi priorado da apresentação dos seus donatários, os Condes da Cunha.

**Âmbito e conteúdo:** A documentação deste cartório é constituída por 11 séries, a saber: livros de notas e livros de escrituras, testamentos públicos e as escrituras de revogação, protesto de títulos de crédito, registos de testamentos, procurações e seus registos, registo de atos lavrados fora das notas, registos de procurações, registo de protestos de letras, reconhecimentos de assinatura em certidões de missas, guias de pagamento de imposto de selo, reconhecimento de letra e assinatura.

**Sistema de organização:** Organização por séries tipológicas; ordenação cronológica.

**Cota atual:** V-1ª D

**Instrumentos de pesquisa:** Recenseamento e Inventário em Archeevo (aplicação informática para descrição arquivística).

**Notas do arquivista:** Descrição elaborada por Júlio Ramos e Elisabete Dias - 2012.

Fonte(s) utilizada(s) para a "História administrativa/biográfica/familiar": COSTA, Américo - *Dicionário Corográfico de Portugal Continental e Insular.* Porto: Livraria Civilização, 1949. *Grande Enciclopédia Portuguesa e Brasileira.* Lisboa; Rio de Janeiro: Editorial Enciclopédia, 1987.

## Cartório Notarial de Tábua - 3° ofício

**Código de referência:** PT/AUC/NOT/CNTBU03

**Título:** Cartório Notarial de Tábua - 3° ofício

**Datas de produção:** 1735-03-12 / 1914-12-12

**Dimensão e suporte:** 131 u. i.; papel.

**História administrativa, biográfica e familiar:** Pela inexistência de documentos escritos, praticamente nada se conhece de Tábua antes do séc. XII. Em cadastro de 1527, Tábua tinha 144 moradores espalhados pelos vários lugares e aldeias do concelho. Era cabeça dele Silhada; mais tarde passou para Alvarelhos, sendo a atual vila de Tábua. É esta a sede do concelho e compreende os antigos concelhos de Ázere e Sinde, e as antigas vilas de Midões e Oliveirinha. Foi priorado da apresentação dos seus donatários, os Condes da Cunha.

**Âmbito e conteúdo:** A documentação deste cartório é constituída por 12 séries, a saber: livros de notas e livros de escrituras, testamentos públicos e as escrituras de revogação, protesto de títulos de crédito, registos de testamentos, registo de escrituras, procurações e seus registos, registo de atos lavrados fora das notas, registo de protestos de letras, reconhecimentos de assinatura em certidões de missas, registo de reconhecimentos em certidões de missa, termos de abertura de sinais, reconhecimento de letra e assinatura.

**Sistema de organização:** Organização por séries tipológicas; ordenação cronológica.

**Cota atual:** V-1ª D

**Instrumentos de pesquisa:** Recenseamento e Inventário em Archeevo (aplicação informática para descrição arquivística).

**Notas do arquivista:** Descrição elaborada por Júlio Ramos e Elisabete Dias - 2012.

Fonte(s) utilizada(s) para a "História administrativa/biográfica/familiar": COSTA, Américo - *Dicionário Corográfico de Portugal Continental e Insular*. Porto: Livraria Civilização, 1949. *Grande Enciclopédia Portuguesa e Brasileira*. Lisboa; Rio de Janeiro: Editorial Enciclopédia, 1987.


## Cartório Notarial de Tavarede

**Código de referência:** PT/AUC/NOT/CNTAV

**Título:** Cartório Notarial de Tavarede

**Datas de produção:** 1708 / 1770

**Dimensão e suporte:** 19 u. i.; papel.

**História administrativa, biográfica e familiar:** Tavarede é povoação muito antiga, tendo sido coutada e doada por D. Sancho I à Sé de Coimbra. Era, então, seu alcaide D. João Fernandes. Foi curato da apresentação do Cabido da Sé de Coimbra. Teve foral dado por D. Manuel I em Lisboa no ano de 1517.

**Âmbito e conteúdo:** A documentação é formada por uma série - livros de notas -, que contêm escrituras de compra e venda, e outros atos como doações e partilhas, testamentos, emprazamentos, aforamentos, arrendamentos, obrigações, outorgas de compra, arrematações de rendas, escambos, trespassações, renunciações, procurações, fianças, cessões de dívidas, dinheiro a juros, etc.

**Sistema de organização:** Organização por séries tipológicas; ordenação cronológica.

**Cota atual:** V-1ª D

**Instrumentos de pesquisa:** Recenseamento e Inventário em Archeevo (aplicação informática para descrição arquivística).

**Notas do arquivista:** Descrição elaborada por Júlio Ramos e Elisabete Dias - 2012.

Fonte(s) utilizada(s) para a "História administrativa/biográfica/familiar": COSTA, Américo - *Dicionário Corográfico de Portugal Continental e Insular*. Porto: Livraria Civilização, 1949. *Grande Enciclopédia Portuguesa e Brasileira*. Lisboa; Rio de Janeiro: Editorial Enciclopédia, 1987.


## Cartório Notarial de Tentúgal

**Código de referência:** PT/AUC/NOT/CNTEN

**Título:** Cartório Notarial de Tentúgal

**Datas de produção:** 1588 / 1868

**Dimensão e suporte:** 104 u. i.; papel.

**História administrativa, biográfica e familiar:** Tentúgal é vila muito antiga. Teve foral dado pela condessa D. Teresa ca. 1124 e um outro novo dado por D. Manuel I em Lisboa aos 20 de dezembro de 1515. Foi priorado da apresentação dos respetivos donatários, os Duques do Cadaval. Pertenceu à antiga comarca de Coimbra. Foi também sede de concelho, extinto por Decreto de 31 de dezembro de 1835.

**Âmbito e conteúdo:** A documentação é formada por uma série - livros de notas -, que contêm escrituras de compra e venda, e outros atos como doações e partilhas, testamentos, emprazamentos, aforamentos, arrendamentos, obrigações, outorgas de compra, arrematações de rendas, escambos, trespassações, renunciações, procurações, fianças, cessões de dívidas, dinheiro a juros, etc.

**Sistema de organização:** Organização por séries tipológicas; ordenação cronológica.

**Cota atual:** V-1ª D

**Instrumentos de pesquisa:** Recenseamento e Inventário em Archeevo (aplicação informática para descrição arquivística).

**Notas do arquivista:** Descrição elaborada por Júlio Ramos e Elisabete Dias - 2012.

Fonte(s) utilizada(s) para a "História administrativa / biográfica/ familiar": COSTA, Américo - *Dicionário Corográfico de Portugal Continental e Insular*. Porto: Livraria Civilização, 1949. *Grande*

*Enciclopédia Portuguesa e Brasileira*. Lisboa; Rio de Janeiro: Editorial
Enciclopédia, 1987.


## Cartório Notarial de Travanca de Lagos

**Código de referência:** PT/AUC/NOT/CNTVL
**Título:** Cartório Notarial de Travanca de Lagos
**Datas de produção:** 1837-03-31 / 1838-09-26
**Dimensão e suporte:** 1 u. i.; papel.
**História administrativa, biográfica e familiar:** A denominação
Travanca de Lagos, assim designada pela necessidade de distinção das
muitas Travancas do norte do País, foi primeiramente apenas Travanca,
pois que nos meados do século X já se falava de Travanca como "villa"
rústica que limitava outra "villa" rural, a de Midões: *de allia parte ter*
*villam de Travanca et inde per illa archana intratque in Mondego.*

A 20 de março de 1133, D. Afonso Henriques fez uma carta, na qual
menciona Travanca no coutamento de Midões ao Mosteiro de Lorvão,
citando-lhes os limites.

A paróquia de S. Pedro de Travanca é de instituição anterior ao século
XIII, não se excluindo a hipótese de que seja de fundação pré-nacional.
Nas Inquirições de 1258, é referido que a terra e a igreja são posses-
sões da coroa, mas os direitos reais eram, por vezes, aí usurpados.
Em Travanca existia um celeiro real, para nele se depositarem os foros
da coroa, segundo as mesmas Inquirições.

Foi priorado da apresentação da Casa do Infantado.

**Âmbito e conteúdo:** Documentação formada por uma só série e um
só livro, que inclui escrituras públicas de compras e vendas, testamentos,
emprazamentos, arrendamentos, aforamentos, etc.

**Sistema de organização:** Organização por séries tipológicas; ordenação cronológica.

**Cota atual:** V-1ª D

**Instrumentos de pesquisa:** Recenseamento e Inventário em Archeevo
(aplicação informática para descrição arquivística).

**Notas do arquivista:** Descrição elaborada por Júlio Ramos e Elisabete Dias - 2012.

Fonte(s) utilizada(s) para a "História administrativa/biográfica/familiar": COSTA, Américo - *Dicionário Corográfico de Portugal Continental e Insular*. Porto: Livraria Civilização, 1949. *Grande Enciclopédia Portuguesa e Brasileira*. Lisboa; Rio de Janeiro: Editorial Enciclopédia, 1987.


## Cartório Notarial de Verride

**Código de referência:** PT/AUC/NOT/CNVER

**Título:** Cartório Notarial de Verride

**Datas de produção:** 1817 / 1880

**Dimensão e suporte:** 12 u. i.; papel.

**História administrativa, biográfica e familiar:** Verride recebeu carta de povoação, concedida pelo alcaide de Santarém, Soeiro Mendes, em novembro de 1186.

Em 1514, D. Manuel I, na concessão de foral ao mosteiro de Santa Cruz já é feita referência aos coutos de Verride, Arazede, Zambujal, Cadima, Quiaios, Alhadas e Maiorca. Mais tarde passa a pertencer à Universidade, a quem competia nomear o juiz ordinário e corpo de câmara, conforme um contrato de 19 de setembro de 1514, sendo a jurisdição cível exercida por esta e a de crime por Montemor-o-Velho. Em meados do séc. XVII, o porto de Verride tinha uma importância considerável, fomentando o seu desenvolvimento ao nível da indústria naval, com estaleiros próprios que permitiam o contacto mais direto com o mar. O concelho de Verride, pelo Decreto de 16 de maio de 1832, fica a pertencer à comarca da Figueira da Foz. Foi curato da apresentação do Mosteiro de Santa Cruz de Coimbra e cabeça de couto do mesmo Mosteiro. Pertencia, em 1840, ao concelho de Abrunheira, o qual, por Decreto de 7 de outubro de 1844, passou a denominar-se Verride. Tal concelho, porém, viria a ser extinto por Decreto de 31 de dezembro de 1853, levando à integração desta freguesia no concelho de Montemor-o-Velho.

Foi elevada a vila por um alvará régio da rainha D. Maria II, de 17 de dezembro de 1844.

**Âmbito e conteúdo:** A documentação é formada por duas séries apenas, e inclui as escrituras e outros atos como compras e vendas, testamentos, emprazamentos, aforamentos, arrendamentos, obrigações, outorgas de compra, arrematações de rendas, escambos, trespassações, renunciações, procurações, fianças, cessões de dívidas, dinheiro a juros, registos relativos aos atos exarados em cada livro fora das notas, etc.

**Sistema de organização:** Organização por séries tipológicas; ordenação cronológica.

**Cota atual:** V-1ª D

**Instrumentos de pesquisa:** Recenseamento e Inventário em Archeevo (aplicação informática para descrição arquivística).

**Notas do arquivista:** Descrição elaborada por Júlio Ramos e Elisabete Dias - 2012.

Fonte(s) utilizada(s) para a "História administrativa/biográfica/familiar": COSTA, Américo - *Dicionário Corográfico de Portugal Continental e Insular*. Porto: Livraria Civilização, 1949. *Grande Enciclopédia Portuguesa e Brasileira*. Lisboa; Rio de Janeiro: Editorial Enciclopédia, 1987.


## Cartório Notarial de Vila Nova de Poiares

**Código de referência:** PT/AUC/NOT/CNPOI

**Título:** Cartório Notarial de Vila Nova de Poiares

**Datas de produção:** 1917-04-16 / 1989-02-21

**Dimensão e suporte:** 771 u. i.; papel.

**História administrativa, biográfica e familiar:** Vila Nova de Poiares foi sede de concelho em 1836, sendo suprimido, segundo alguns, em 1878 e as suas terras integradas no de Penacova. Há quem afirme que a supressão do concelho ocorre em 7 de setembro de 1895. Contudo, em 13 de janeiro de 1898, dá-se a restauração definitiva do concelho de Poiares, embora apenas a 17 de agosto de 1905 as povoações de Santo André de Poiares e Aldeia Nova tenham visto o seu nome alterado para Vila

Nova de Poiares, recebendo os foros de Vila nessa ocasião. O concelho é constituído hoje por quatro freguesias: Arrifana, Lavegadas, S. Miguel e Poiares (Stº André).

Com o Decreto de 23 de dezembro de 1899, foram criados dois lugares de notário na comarca da Penacova: um na sede e outro em Poiares. Esta situação alterar-se-ia pelo Decreto-Lei nº 15304, de 2 de abril de 1928, ficando a comarca da Lousã com 5 lugares, a saber: dois na sede, um em Miranda do Corvo, um em Penela e um em Vila Nova de Poiares. O Decreto-Lei nº 19133, de 18 de dezembro de 1930, reduziu um lugar na sede mas manteve os restantes, voltando à situação de 1928, ou seja, dois lugares na sede. Em 1949, o Decreto-Lei nº 37666, de 19 de dezembro, atribuiu a Poiares um lugar de notário no concelho, mas anexado ao registo civil. Esta situação seria ratificada em 1961, com o Decreto-Lei nº 44064, de 21 de novembro, que mantém o lugar existente anteriormente.

**Âmbito e conteúdo:** A documentação é formada por 20 séries e contém, entre outros, os livros e registos de escrituras públicas, de testamentos, de reconhecimento de letra e assinatura, de protestos de títulos de crédito, de procurações, de contas de emolumentos e selo, de instrumentos avulsos e documentos, testamentos cerrados, autos de aprovação de testamentos cerrados e correspondência expedida, assim como os documentos respeitantes a algumas das séries existentes.

**Sistema de organização:** Organização por séries tipológicas; ordenação cronológica.

**Cota atual:** V-1ª D

**Instrumentos de pesquisa:** Recenseamento e Inventário em Archeevo (aplicação informática para descrição arquivística).

**Notas do arquivista:** Descrição elaborada por Júlio Ramos e Elisabete Dias - 2012.

Fonte(s) utilizada(s) para a "História administrativa/biográfica/familiar": COSTA, Américo - *Dicionário Corográfico de Portugal Continental e Insular*. Porto: Livraria Civilização, 1949. *Grande Enciclopédia Portuguesa e Brasileira*. Lisboa; Rio de Janeiro: Editorial Enciclopédia, 1987. Legislação portuguesa sobre o notariado invocada na História Administrativa.

# Cartório Notarial de Vila Nova de Poiares - 1º ofício

**Código de referência:** PT/AUC/NOT/CNPOI1

**Título:** Cartório Notarial de Vila Nova de Poiares - 1º ofício

**Datas de produção:** 1705-07-31 / 1917-01-08

**Dimensão e suporte:** 323 u. i.; papel.

**História administrativa, biográfica e familiar:** Vila Nova de Poiares foi sede de concelho em 1836, sendo suprimido, segundo alguns, em 1878 e as suas terras integradas no de Penacova. Há quem afirme que a supressão do concelho ocorre em 7 de setembro de 1895. Contudo, em 13 de janeiro de 1898, dá-se a restauração definitiva do concelho de Poiares, embora apenas a 17 de agosto de 1905 as povoações de Santo André de Poiares e Aldeia Nova tenham visto o seu nome alterado para Vila Nova de Poiares, recebendo os foros de vila nessa ocasião. O concelho é constituído hoje por quatro freguesias: Arrifana, Lavegadas, S. Miguel e Poiares (Stº André).

Com o Decreto de 23 de dezembro de 1899, foram criados dois lugares de notário na comarca da Penacova: um na sede e outro em Poiares. Esta situação alterar-se-ia pelo Decreto-Lei nº 15304, de 2 de abril de 1928, ficando a comarca da Lousã com 5 lugares, a saber: dois na sede, um em Miranda do Corvo, um em Penela e um em Vila Nova de Poiares. O Decreto-Lei nº 19133, de 18 de dezembro de 1930, reduziu um lugar na sede mas manteve os restantes, voltando à situação de 1928, ou seja, dois lugares na sede. Em 1949, o Decreto-Lei nº 37666, de 19 de dezembro, atribuiu a Poiares um lugar de notário no concelho, mas anexado ao registo civil. Esta situação seria ratificada em 1961, com o Decreto-Lei nº 44064, de 21 de novembro, que mantém o lugar existente anteriormente.

**Âmbito e conteúdo:** A documentação contém, entre outros, os livros e registos de escrituras públicas, de testamentos, de reconhecimento de letra e assinatura, de protestos de títulos de crédito, de procurações, de instrumentos avulsos e documentos, assim como os documentos respeitantes a algumas das séries existentes.

**Sistema de organização:** Organização por séries tipológicas; ordenação cronológica.

**Cota atual:** V-1ª D

**Instrumentos de pesquisa:** Recenseamento e Inventário em Archeevo (aplicação informática para descrição arquivística.

**Notas do arquivista:** Descrição elaborada por Júlio Ramos e Elisabete Dias - 2011.

Fonte(s) utilizada(s) para a "História administrativa/biográfica/familiar": COSTA, Américo - *Dicionário Corográfico de Portugal Continental e Insular*. Porto: Livraria Civilização, 1949. *Grande Enciclopédia Portuguesa e Brasileira*. Lisboa; Rio de Janeiro: Editorial Enciclopédia, 1987. Legislação portuguesa sobre o notariado invocada na História Administrativa.

## Cartório Notarial de Vila Nova de Poiares - 2º ofício

**Código de referência:** PT/AUC/NOT/CNPOI2
**Título:** Cartório Notarial de Vila Nova de Poiares - 2º ofício
**Datas de produção:** 1840-04-12 / 1876-03-27
**Dimensão e suporte:** 45 u. i.; papel.

**História administrativa, biográfica e familiar:** Vila Nova de Poiares foi sede de concelho em 1836, sendo suprimido, segundo alguns, em 1878 e as suas terras integradas no de Penacova. Há quem afirme que a supressão do concelho ocorre em 7 de setembro de 1895. Contudo, em 13 de janeiro de 1898, dá-se a restauração definitiva do concelho de Poiares, embora apenas a 17 de agosto de 1905 as povoações de Santo André de Poiares e Aldeia Nova tenham visto o seu nome alterado para Vila Nova de Poiares, recebendo os foros de Vila nessa ocasião. O concelho é constituído hoje por quatro freguesias: Arrifana, Lavegadas, S. Miguel e Poiares (Stº André).

Com o Decreto de 23 de dezembro de 1899, foram criados dois lugares de notário na comarca da Penacova: um na sede e outro em Poiares. Esta situação alterar-se-ia pelo Decreto-Lei nº 15304, de 2 de abril de 1928, ficando a comarca da Lousã com 5 lugares, a saber: dois na sede, um em Miranda do Corvo, um em Penela e um em Vila Nova de Poiares. O Decreto-Lei nº 19133, de 18 de dezembro de 1930, reduziu um lugar na sede mas manteve os restantes, voltando à situação de 1928, ou seja, dois lugares na sede. Em 1949, o Decreto-Lei n° 37666, de 19 de dezembro, atribuiu a Poiares um lugar de notário no concelho, mas anexado ao registo civil. Esta situação seria ratificada em 1961, com o Decreto-Lei n° 44064, de 21 de novembro, que mantém o lugar existente anteriormente.

**Âmbito e conteúdo:** A documentação é formada por uma série - livros de notas -, que contém, entre ouros registos, escrituras de compra e venda, testamentos, emprazamentos, aforamentos, arrendamentos, obrigações, procurações, fianças, cessões de dívidas, dinheiro a juros, etc.

**Sistema de organização:** Organização por séries tipológicas; ordenação cronológica.

**Cota atual:** V-1ª D

**Instrumentos de pesquisa:** Recenseamento e Inventário em Archeevo (aplicação informática para descrição arquivística.

**Notas do arquivista:** Descrição elaborada por Júlio Ramos e Elisabete Dias - 2012.

Fonte(s) utilizada(s) para a "História administrativa/biográfica/familiar": COSTA, Américo - *Dicionário Corográfico de Portugal Continental e Insular.* Porto: Livraria Civilização, 1949. *Grande Enciclopédia Portuguesa e Brasileira.* Lisboa; Rio de Janeiro: Editorial Enciclopédia, 1987.


## Cartório Notarial de Vila Nova de Poiares - 3° ofício

**Código de referência:** PT/AUC/NOT/CNPOI3

**Título:** Cartório Notarial de Vila Nova de Poiares - 3° ofício

**Datas de produção:** 1914-05-29 / 1915-05-02

**Dimensão e suporte:** 5 u. i.; papel.

**História administrativa, biográfica e familiar:** Vila Nova de Poiares foi sede de concelho em 1836, sendo suprimido, segundo alguns, em 1878 e as suas terras integradas no de Penacova. Há quem afirme que a supressão do concelho ocorre em 7 de setembro de 1895. Contudo, em 13 de janeiro de 1898, dá-se a restauração definitiva do concelho de Poiares, embora apenas a 17 de agosto de 1905 as povoações de Santo André de Poiares e

Aldeia Nova tenham visto o seu nome alterado para Vila Nova de Poiares, recebendo os foros de vila nessa ocasião. O concelho é constituído hoje por quatro freguesias: Arrifana, Lavegadas, S. Miguel e Poiares (Stº André).

Com o Decreto de 23 de dezembro de 1899, foram criados dois lugares de notário na comarca da Penacova: um na sede e outro em Poiares. Esta situação alterar-se-ia pelo Decreto-Lei nº 15304, de 2 de abril de 1928, ficando a comarca da Lousã com 5 lugares, a saber: dois na sede, um em Miranda do Corvo, um em Penela e um em Vila Nova de Poiares. O Decreto-Lei nº 19133, de 18 de dezembro de 1930, reduziu um lugar na sede mas manteve os restantes, voltando à situação de 1928, ou seja, dois lugares na sede. Em 1949, o Decreto-Lei nº 37666, de 19 de dezembro, atribuiu a Poiares um lugar de notário no concelho, mas anexado ao registo civil. Esta situação seria ratificada em 1961, com o Decreto-Lei nº 44064, de 21 de novembro, que mantém o lugar existente anteriormente.

**Âmbito e conteúdo:** A documentação é formada por três séries a saber: notas para escrituras diversas, notas para testamentos e escrituras de revogação de testamentos, protestos de títulos de crédito.

**Sistema de organização:** Organização por séries tipológicas; ordenação cronológica.

**Cota atual:** V-1ª D

**Instrumentos de pesquisa:** Recenseamento e Inventário em Archeevo (aplicação informática para descrição arquivística.

**Notas do arquivista:** Descrição elaborada por Júlio Ramos e Elisabete Dias - 2012.

Fonte(s) utilizada(s) para a "História administrativa/biográfica/familiar": COSTA, Américo - *Dicionário Corográfico de Portugal Continental e Insular*. Porto: Livraria Civilização, 1949. *Grande Enciclopédia Portuguesa e Brasileira*. Lisboa; Rio de Janeiro: Editorial Enciclopédia, 1987. Legislação portuguesa sobre o notariado invocada na História Administrativa.

# Cartório Notarial de Vila Pouca da Beira

**Código de referência:** PT/AUC/NOT/CNVPB

**Título:** Cartório Notarial de Vila Pouca da Beira

**Datas de produção:** 1812-09-16 / 1838-06-07

**Dimensão e suporte:** 5 u. i.; papel.

**História administrativa, biográfica e familiar:** Vila Pouca da Beira foi da paróquia de São Pedro de Lourosa. Pertencia à rainha D. Dulce, esposa do rei D. Sancho I, a qual mais tarde doou a paróquia à Sé de Coimbra. Vila Pouca da Beira integrou também o couto de Lourosa, e foi curato da apresentação do respetivo vigário. D. Manuel I atribuiu-lhe carta de foral dada em Évora a 20 de dezembro de 1514. Foi vila e sede de concelho até ao início do século XIX. Era constituído apenas pela freguesia da sede. Em 1840 já era pertença do concelho de Avô, extinto por Decreto de 24 de outubro de 1855, tendo passado então para o de Oliveira do Hospital.

**Âmbito e conteúdo:** A documentação é formada por uma única série – livros de notas -, que contém escrituras de compra e venda, testamentos, emprazamentos, arrendamentos, aforamentos, procurações, fianças, cessões de dívidas, dinheiro a juros, etc.

**Sistema de organização:** Organização por séries tipológicas; ordenação cronológica.

**Cota atual:** V-1ª D

**Instrumentos de pesquisa:** Recenseamento e Inventário em Archeevo (aplicação informática para descrição arquivística).

**Notas do arquivista:** Descrição elaborada por Júlio Ramos e Elisabete Dias - 2012.

Fonte(s) utilizada(s) para a "História administrativa/biográfica/familiar": COSTA, Américo - *Dicionário Corográfico de Portugal Continental e Insular*. Porto: Livraria Civilização, 1949. *Grande Enciclopédia Portuguesa e Brasileira*. Lisboa; Rio de Janeiro: Editorial Enciclopédia, 1987.


## Cartório Notarial de Vila Verde

**Código de referência:** PT/AUC/NOT/CNVVD

**Título:** Cartório Notarial de Vila Verde

**Datas de produção:** 1661 / 1835

**Dimensão e suporte:** 37 u. i.; papel.

**História administrativa, biográfica e familiar:** A primeira referência ao território de Vila Verde surge com data de 16 de fevereiro de 1096, quando o Abade Pedro elaborou um documento no qual doava à Sé de Coimbra os terrenos da Fontanela e S. Veríssimo (atualmente Vila Verde), pertencentes à igreja de S. Julião. O couto de Vila Verde passou, ao longo do tempo, por várias entidades; em 1412, recebeu foral e foi curato da apresentação do cabido conimbricense. A partir de 1782, Vila Verde ficou sujeita à jurisdição da Figueira da Foz, pois dantes fazia parte do limite de Montemor-o-Velho. Em 1790, depois de Vila Verde se separar das freguesias de S. Julião e Alhadas, D. Francisco de Lemos Pereira Coutinho, bispo de Coimbra, eleva-a a Junta da Paróquia sobre a proteção de Santo Aleixo, padroeiro desta mesma freguesia. Passou a fazer parte do município da Figueira da Foz, administrativamente, a partir de 1821, por requerimento dos vilaverdenses, apoiados, então, por Manuel Fernandes Tomás.

**Âmbito e conteúdo:** A documentação é formada por uma única série – livros de notas -, que contém escrituras de compra e venda, emprazamentos, aforamentos, arrendamentos, testamentos, empréstimos a juros, etc.

**Sistema de organização:** Organização por séries tipológicas; ordenação cronológica.

**Cota atual:** V-1ª D

**Instrumentos de pesquisa:** Recenseamento e Inventário em Archeevo (aplicação informática para descrição arquivística).

**Notas do arquivista:** Descrição elaborada por Júlio Ramos e Elisabete Dias - 2011.

Fonte(s) utilizada(s) para a "História administrativa/biográfica/familiar": COSTA, Américo - *Dicionário Corográfico de Portugal Continental e Insular*. Porto: Livraria Civilização, 1949. *Grande Enciclopédia Portuguesa e Brasileira*. Lisboa; Rio de Janeiro: Editorial Enciclopédia, 1987.

## PAROQUIAIS - PT/AUC/PAR

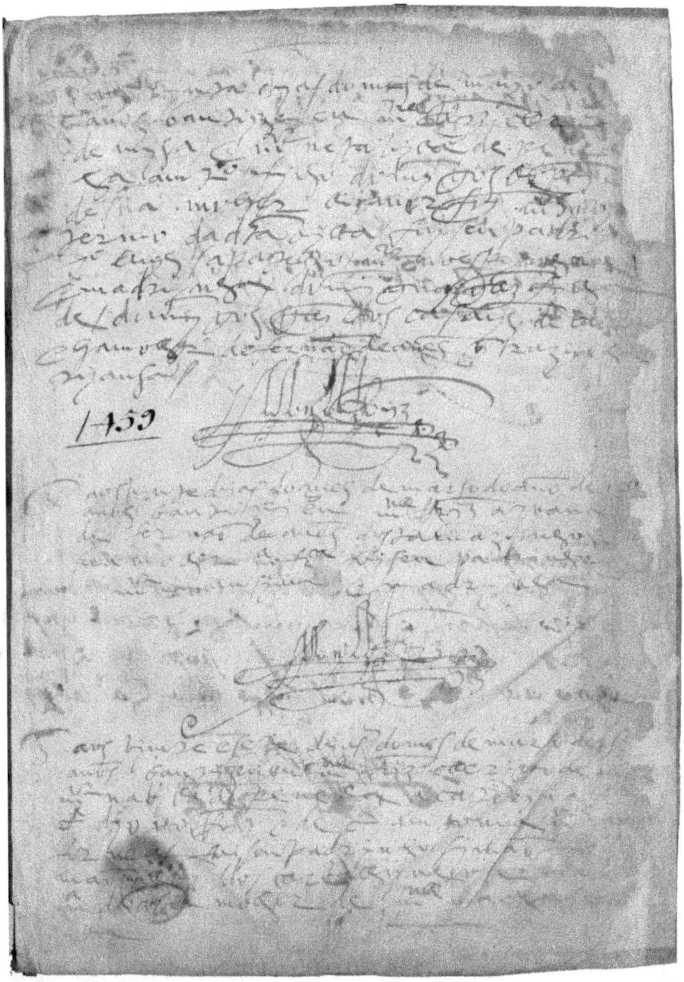

Registo de batismo (freguesia de Santa Eufémia, Penela, 1459)

## Paróquia de Anseriz - Arganil

**Código de referência:** PT/AUC/PAR/AGN01

**Título:** Paróquia de Anseriz - Arganil

**Datas de produção:** 1612 / 1890

**Dimensão e suporte:** 53 u. i.; papel.

**História administrativa, biográfica e familiar:** Anseriz foi um lugar do termo do Castelo de Avô. Segundo as Inquirições de 1258, Avô era foreira de jugada e pertencia à coroa; posteriormente, passou para a posse dos bispos de Coimbra. A paróquia de Anseriz, que é freguesia de São Bento, pertenceu ao concelho de Avô, extinto pelo Decreto de 24 de outubro de 1855, passando a integrar a partir desde então o de Arganil. Foi curato da apresentação do cabido da sé de Coimbra, no termo da vila de Avô.

**Âmbito e conteúdo:** Documentação formada por livros que se agrupam em quatro séries: mistos (englobam registos de batismos, casamentos e óbitos ou apenas dois tipos dos registos anteriores); batismos; casamentos; e óbitos.

**Sistema de organização:** Organização original por séries; ordenação cronológica.

**Cota atual:** III-2ªD

**Instrumentos de pesquisa:** *Inventário Colectivo dos Registos Paroquiais*, vol. I, Centro e Sul; inventário em versão informática Archeevo (base de dados de descrição arquivística) na WEBpage do AUC.

**Notas do arquivista:** Descrição baseada na informação sobre as paróquias do distrito de Coimbra, coordenada por Ana Maria Bandeira, e publicada em *Inventário Colectivo dos Registos Paroquiais*. Lisboa: ANTT, 1993. Vol. I, Centro e Sul.

## Paróquia de Arganil – Arganil

**Código de referência:** PT/AUC/PAR/AGN02

**Título:** Paróquia de Arganil - Arganil

**Datas de produção:** 1556 / 1911

**Dimensão e suporte:** 152 u. i.; papel.

**História administrativa, biográfica e familiar:** A vila de Arganil foi doada por D. Teresa, mãe de Afonso Henriques, à Sé de Coimbra para o bispo D. Gonçalo. Em 1219, porém, era senhor desta vila Afonso Pires de Arganil, que trouxe as cabeças dos 5 santos mártires de Marrocos ao Mosteiro de Santa Cruz. Foi priorado do padroado real e comenda da Ordem de Cristo e colegiada, passando mais tarde a reitoria. O pároco foi vigário da apresentação real. Recebeu foral de D. Manuel I em 12 de setembro de 1514, mencionado no Livro Preto da Sé de Coimbra. É sede de concelho.

**Âmbito e conteúdo:** Documentação formada por livros que se agrupam em quatro séries: mistos (englobam registos de batismos, casamentos e óbitos ou apenas dois tipos dos registos anteriores); batismos; casamentos; e óbitos.

**Sistema de organização:** Organização original por séries; ordenação cronológica.

**Cota atual:** III-2ªD

**Instrumentos de pesquisa:** *Inventário Colectivo dos Registos Paroquiais*, vol. I, Centro e Sul; inventário em versão informática Archeevo (base de dados de descrição arquivística) na WEBpage do AUC.

**Notas do arquivista:** Descrição baseada na informação sobre as paróquias do distrito de Coimbra, coordenada por Ana Maria Bandeira, e publicada no *Inventário Colectivo dos Registos Paroquiais*. Lisboa: ANTT, 1993. Vol. I, Centro e Sul.


## Paróquia de Benfeita – Arganil

**Código de referência:** PT/AUC/PAR/AGN04

**Título:** Paróquia de Benfeita - Arganil

**Datas de produção:** 1605 / 1911

**Dimensão e suporte:** 81 u. i.; papel.

**História administrativa, biográfica e familiar:** Benfeita é freguesia de Santa Cecília e pertenceu ao concelho de Coja, que foi extinto pelo Decreto de 31 de dezembro de 1853, passando então para o de Arganil. Beneficiou do foral dado a 12 de setembro de 1514 a Pinheiro de Coja, atualmente do concelho de Tábua. Era curato da apresentação do vigário de são Miguel de Coja e seu donatário o Bispo de Coimbra.

**Âmbito e conteúdo:** Documentação formada por livros que se agrupam em quatro séries: mistos (englobam registos de batismos, casamentos e óbitos ou apenas dois tipos dos registos anteriores); batismos; casamentos; e óbitos.

**Sistema de organização:** Organização original por séries; ordenação cronológica.

**Cota atual:** III-2ªD

**Instrumentos de pesquisa:** *Inventário Colectivo dos Registos Paroquiais*, vol. I, Centro e Sul; inventário em versão informática Archeevo (base de dados de descrição arquivística) na WEBpage do AUC.

**Notas do arquivista:** Descrição baseada na informação sobre as paróquias do distrito de Coimbra, coordenada por Ana Maria Bandeira, e publicada no *Inventário Colectivo dos Registos Paroquiais*. Lisboa: ANTT, 1993. Vol. I, Centro e Sul.


## Paróquia de Celavisa – Arganil

**Código de referência:** PT/AUC/PAR/AGN05

**Título:** Paróquia de Celavisa - Arganil

**Datas de produção:** 1572 / 1911

**Dimensão e suporte:** 117 u. i.; papel.

**História administrativa, biográfica e familiar:** Celavisa é vila e freguesia de São Miguel. Foi curato da apresentação do vigário de Góis e seu donatário o Conde de Vila Nova de Portimão. Aproveitou do foral manuelino dado a Góis em Lisboa a 20 de maio de 1514. De acordo com

Pinho Leal, o pároco, que tinha 60 mil réis de rendimento e o pé de altar, era apresentado pelo bispo de Coimbra. Em 1839 surge integrada na comarca de Seia e em 1878 no julgado de Arganil.

**Âmbito e conteúdo:** Documentação formada por livros que se agrupam em quatro séries: mistos (englobam registos de batismos, casamentos e óbitos ou apenas dois tipos dos registos anteriores); batismos; casamentos; e óbitos.

**Sistema de organização:** Organização original por séries; ordenação cronológica.

**Cota atual:** III-2ªD

**Instrumentos de pesquisa:** *Inventário Colectivo dos Registos Paroquiais*, vol. I, Centro e Sul; inventário em versão informática Archeevo (base de dados de descrição arquivística) na WEBpage do AUC

**Notas do arquivista:** Descrição baseada na informação sobre as paróquias do distrito de Coimbra, coordenada por Ana Maria Bandeira, e publicada no *Inventário Colectivo dos Registos Paroquiais*. Lisboa: ANTT, 1993. Vol. I, Centro e Sul.


**Paróquia de Cepos – Arganil**

**Código de referência:** PT/AUC/PAR/AGN06
**Título:** Paróquia de Cepos - Arganil
**Datas de produção:** 1635 / 1911
**Dimensão e suporte:** 41 u. i.; papel.

**História administrativa, biográfica e familiar:** A antiga freguesia de São Sebastião de Cepos foi curato da apresentação do colégio dos Cónegos Regrantes de Santo Agostinho (Colégio Novo ou dos frades bernardos), de Coimbra, no termo de Arganil. Teve foral dado pelo prior e convento de São Pedro de Arganil em outubro de 1537. Foi em tempos da comarca de Coimbra.

**Âmbito e conteúdo:** Documentação formada por livros que se agrupam em quatro séries: mistos (englobam registos de batismos, casamentos e óbitos ou apenas dois tipos dos registos anteriores); batismos; casamentos; e óbitos.

**Sistema de organização:** Organização original por séries; ordenação cronológica.

**Cota atual:** III-2ªD

**Instrumentos de pesquisa:** *Inventário Colectivo dos Registos Paroquiais*, vol. I, Centro e Sul; inventário em versão informática Archeevo (base de dados de descrição arquivística) na WEBpage do AUC.

**Notas do arquivista:** Descrição baseada na informação sobre as paróquias do distrito de Coimbra, coordenada por Ana Maria Bandeira, e publicada no *Inventário Colectivo dos Registos Paroquiais*. Lisboa: ANTT, 1993. Vol. I, Centro e Sul.


## Paróquia de Cerdeira – Arganil

**Código de referência:** PT/AUC/PAR/AGN07

**Título:** Paróquia de Cerdeira - Arganil

**Datas de produção:** 1572 / 1911

**Dimensão e suporte:** 106 u. i.; papel.

**História administrativa, biográfica e familiar:** A antiga freguesia de Santo António de Cerdeira, também conhecida por Cerdeira de Coja, foi curato da apresentação do vigário de Coja e pertenceu a este concelho até à sua extinção pelo Decreto de 31 de dezembro de 1853, integrando depois o de Arganil. Teve foral dado a 15 de dezembro de 1507 pelo então bispo de Coimbra, D. Jorge de Almeida. Este foral foi confirmado por D. Manuel I em 12 de setembro de 1514.

**Âmbito e conteúdo:** Documentação formada por livros que se agrupam em quatro séries: mistos (englobam registos de batismos, casamentos e óbitos ou apenas dois tipos dos registos anteriores); batismos; casamentos; e óbitos.

**Sistema de organização:** Organização original por séries; ordenação cronológica.

**Cota atual:** III-2ªD

**Instrumentos de pesquisa:** *Inventário Colectivo dos Registos Paroquiais*, vol. I, Centro e Sul; inventário em versão informática Archeevo (base de dados de descrição arquivística) na WEBpage do AUC.

**Notas do arquivista:** Descrição baseada na informação sobre as paróquias do distrito de Coimbra, coordenada por Ana Maria Bandeira, e publicada no *Inventário Colectivo dos Registos Paroquiais*. Lisboa: ANTT, 1993. Vol. I, Centro e Sul.

## Paróquia de Coja – Arganil

**Código de referência:** PT/AUC/PAR/AGN08

**Título:** Paróquia de Coja - Arganil

**Datas de produção:** 1574 / 1911

**Dimensão e suporte:** 58 u. i.; papel.

**História administrativa, biográfica e familiar:** A antiga freguesia de São Miguel de Coja foi vigairaria da apresentação da Mitra, na antiga comarca de Coimbra, embora antes o tivesse sido do Conde de Óbidos. Foi sede de concelho até à data da sua extinção, por Decreto de 31 de dezembro de 1853, integrando-se a partir daí no concelho de Arganil. Teve foral dado por D. Manuel I em 12 de setembro de 1514. Aparece na comarca de Seia em 1838; em 1839 aparece integrada na comarca de Seia.

**Âmbito e conteúdo:** Documentação formada por livros que se agrupam em cinco séries: mistos (englobam registos de batismos, casamentos e óbitos ou apenas dois tipos dos registos anteriores); batismos; casamentos; óbitos; e índices.

**Sistema de organização:** Organização original por séries; ordenação cronológica.

**Cota atual:** III-2ªD

**Instrumentos de pesquisa:** *Inventário Colectivo dos Registos Paroquiais*, vol. I, Centro e Sul; inventário em versão informática na WEBpage do AUC; Archeevo (base de dados de descrição arquivística).

**Notas do arquivista:** Descrição baseada na informação sobre as paróquias do distrito de Coimbra, coordenada por Ana Maria Bandeira, e publicada no *Inventário Colectivo dos Registos Paroquiais*. Lisboa: ANTT, 1993. Vol. I, Centro e Sul.

## Paróquia de Folques – Arganil

**Código de referência:** PT/AUC/PAR/AGN09
**Título:** Paróquia de Folques - Arganil
**Datas de produção:** 1605 / 1911
**Dimensão e suporte:** 147 u. i.; papel.
**História administrativa, biográfica e familiar:** A antiga freguesia de São Pedro de Folques *ad vincula* foi curato da apresentação do colégio dos Cónegos Regrantes de Santo Agostinho de Coimbra, no termo de Arganil. Beneficiou do foral dado a Arganil por D. Manuel I, em 12 de setembro de 1514. Aparece integrada na comarca de Seia em 1839, mas em 1852 surge já na de Arganil.

**Âmbito e conteúdo:** Documentação formada por livros que se agrupam em cinco séries: mistos (englobam registos de batismos, casamentos e óbitos ou apenas dois tipos dos registos anteriores); batismos; casamentos; óbitos; e índices.

**Sistema de organização:** Organização original por séries; ordenação cronológica.

**Cota atual:** III-2ªD

**Instrumentos de pesquisa:** *Inventário Colectivo dos Registos Paroquiais*, vol. I, Centro e Sul; inventário em versão informática Archeevo (base de dados de descrição arquivística) na WEBpage do AUC.

**Notas do arquivista:** Descrição baseada na informação sobre as paróquias do distrito de Coimbra, coordenada por Ana Maria Bandeira, e publicada no *Inventário Colectivo dos Registos Paroquiais*. Lisboa: ANTT, 1993. Vol. I, Centro e Sul.


## Paróquia de Piódão – Arganil

**Código de referência:** PT/AUC/PAR/AGN11
**Título:** Paróquia de Piódão - Arganil
**Datas de produção:** 1676 / 1911
**Dimensão e suporte:** 23 u. i.; papel.

**História administrativa, biográfica e familiar:** A antiga freguesia de N. Srª da Conceição de Piódão foi curato sem indicação da apresentação, na "Estatística Parochial"; no entanto, Américo Costa refere que o cura era apresentado pelo cabido da Sé de Coimbra. Sede do antigo concelho de Vide de Foz do Piódão. Em 1840, estava integrada no extinto (por Decreto de 24 de outubro de 1855) concelho de Avô, passando a fazer parte do de Arganil. Em 1839, 1852 e 1884 aparece nas comarcas de Seia, Midões e Arganil, respetivamente.

**Âmbito e conteúdo:** Documentação formada por livros que se agrupam em quatro séries: mistos (englobam registos de batismos, casamentos e óbitos ou apenas dois tipos dos registos anteriores); batismos; casamentos; e óbitos.

**Sistema de organização:** Organização original por séries; ordenação cronológica.

**Cota atual:** III-2ªD

**Instrumentos de pesquisa:** *Inventário Colectivo dos Registos Paroquiais*, vol. I, Centro e Sul; inventário em versão informática Archeevo (base de dados de descrição arquivística) na WEBpage do AUC.

**Notas do arquivista:** Descrição baseada na informação sobre as paróquias do distrito de Coimbra, coordenada por Ana Maria Bandeira, e publicada no *Inventário Colectivo dos Registos Paroquiais*. Lisboa: ANTT, 1993. Vol. I, Centro e Sul.


## Paróquia de Pomares – Arganil

**Código de referência:** PT/AUC/PAR/AGN12

**Título:** Paróquia de Pomares - Arganil

**Datas de produção:** 1619 / 1911

**Dimensão e suporte:** 122 u. i.; papel.

**História administrativa, biográfica e familiar:** A antiga freguesia de Santa Luzia de Pomares foi curato da apresentação do Cabido da Sé de Coimbra. Pertenceu à comarca de Seia em 1839. Em 1840 está integrada no concelho de Avô, passando a fazer parte do concelho de Arganil em 24 de outubro de 1855. Em 1839 faz parte da comarca de Seia, em 1852 da de Midões e, em 1862, da comarca de Arganil.

**Âmbito e conteúdo:** Documentação formada por livros que se agrupam em quatro séries: mistos (englobam registos de batismos, casamentos e óbitos ou apenas dois tipos dos registos anteriores); batismos; casamentos; e óbitos.

**Sistema de organização:** Organização original por séries; ordenação cronológica.

**Cota atual:** III-2ªD

**Instrumentos de pesquisa:** *Inventário Colectivo dos Registos Paroquiais*, vol. I, Centro e Sul; inventário em versão informática Archeevo (base de dados de descrição arquivística) na WEBpage do AUC.

**Notas do arquivista:** Descrição baseada na informação sobre as paróquias do distrito de Coimbra, coordenada por Ana Maria Bandeira, e publicada no *Inventário Colectivo dos Registos Paroquiais*. Lisboa: ANTT, 1993. Vol. I, Centro e Sul.


## Paróquia de Pombeiro da Beira – Arganil

**Código de referência:** PT/AUC/PAR/AGN13

**Título:** Paróquia de Pombeiro da Beira - Arganil

**Datas de produção:** 1618 / 1911

**Dimensão e suporte:** 168 u. i.; papel.

**História administrativa, biográfica e familiar:** Também conhecida por Pombeiro, a antiga freguesia de São Salvador de Pombeiro foi priorado da apresentação dos Condes de Pombeiro. Teve foral dado por D. Manuel I em 10 de novembro de 1513, em Lisboa. Sede de concelho integrada na comarca de Coimbra, em 1775 passa para a de Seia em 1779 e para a comarca e concelho de Arganil em 1852.

**Âmbito e conteúdo:** Documentação formada por livros que se agrupam em cinco séries: mistos (englobam registos de batismos, casamentos e óbitos ou apenas dois tipos dos registos anteriores); batismos; casamentos; óbitos; e índices.

**Sistema de organização:** Organização original por séries; ordenação cronológica.

**Cota atual:** III-2ªD

**Instrumentos de pesquisa:** *Inventário Colectivo dos Registos Paroquiais*, vol. I, Centro e Sul; inventário em versão informática Archeevo (base de dados de descrição arquivística) na WEBpage do AUC.

**Notas do arquivista:** Descrição baseada na informação sobre as paróquias do distrito de Coimbra, coordenada por Ana Maria Bandeira, e publicada no *Inventário Colectivo dos Registos Paroquiais*. Lisboa: ANTT, 1993. Vol. I, Centro e Sul.


## Paróquia de São Martinho da Cortiça – Arganil

**Código de referência:** PT/AUC/PAR/AGN14

**Título:** Paróquia de São Martinho da Cortiça - Arganil

**Datas de produção:** 1618 / 1911

**Dimensão e suporte:** 153 u. i.; papel.

**História administrativa, biográfica e familiar:** A antiga freguesia de São Martinho da Cortiça era priorado da apresentação dos Condes de Pombeiro da Beira, no termo da vila do mesmo nome. Pertenceu ao antigo concelho de Farinha Podre, extinto pelo Decreto de 31 de dezembro de 1853, passando então a fazer do de Tábua. Pelo Decreto de 24 de outubro de 1855 é integrado no concelho de Arganil. Em 1839, surge na comarca de Seia e no concelho de Pombeiro; em 1852, na de Arganil, e concelho de Farinha Podre; em 1878, no julgado de Pombeiro.

**Âmbito e conteúdo:** Documentação formada por livros que se agrupam em quatro séries: mistos (englobam registos de batismos, casamentos e óbitos ou apenas dois tipos dos registos anteriores); batismos; casamentos; e óbitos.

**Sistema de organização:** Organização original por séries; ordenação cronológica.

**Cota atual:** III-2ªD

**Instrumentos de pesquisa:** *Inventário Colectivo dos Registos Paroquiais*, vol. I, Centro e Sul; inventário em versão informática Archeevo (base de dados de descrição arquivística) na WEBpage do AUC.

**Notas do arquivista:** Descrição baseada na informação sobre as paróquias do distrito de Coimbra, coordenada por Ana Maria Bandeira, e publicada no *Inventário Colectivo dos Registos Paroquiais*. Lisboa: ANTT, 1993. Vol. I, Centro e Sul.

## Paróquia de Sarzedo – Arganil

**Código de referência:** PT/AUC/PAR/AGN15

**Título:** Paróquia de Sarzedo - Arganil

**Datas de produção:** 1595 / 1911

**Dimensão e suporte:** 30 u. i.; papel.

**História administrativa, biográfica e familiar:** A antiga freguesia de São João Baptista de Sarzedo foi curato da apresentação do vigário da freguesia, no termo da vila do mesmo nome. Em 1868 foi o 1º viscondado de Sarzedo na pessoa de António Ribeiro de Carvalho A. Pessoa de Amorim Pacheco. Sarzedo pertenceu à comarca de Seia em 1839 e em 1852 à de Arganil.

**Âmbito e conteúdo:** Documentação formada por livros que se agrupam em cinco séries: mistos (englobam registos de batismos, casamentos e óbitos ou apenas dois tipos dos registos anteriores); batismos; casamentos; óbitos; e índices.

**Sistema de organização:** Organização original por séries; ordenação cronológica.

**Cota atual:** III-2ªD

**Instrumentos de pesquisa:** *Inventário Colectivo dos Registos Paroquiais*, vol. I, Centro e Sul; inventário em versão informática Archeevo (base de dados de descrição arquivística) na WEBpage do AUC.

**Notas do arquivista:** Descrição baseada na informação sobre as paróquias do distrito de Coimbra, coordenada por Ana Maria Bandeira, e publicada no *Inventário Colectivo dos Registos Paroquiais*. Lisboa: ANTT, 1993. Vol. I, Centro e Sul.

## Paróquia de Secarias – Arganil

**Código de referência:** PT/AUC/PAR/AGN16
**Título:** Paróquia de Secarias - Arganil
**Datas de produção:** 1667 / 1911
**Dimensão e suporte:** 72 u. i.; papel.

**História administrativa, biográfica e familiar:** A antiga freguesia de São Sebastião de Secarias foi curato da apresentação do vigário da vila de Arganil. Em 1810, esta freguesia foi saqueada aquando da 3ª invasão francesa comandada por Massena, tendo sido roubadas da igreja pratas de elevado valor. Pertenceu à comarca de Seia em 1839 e, a partir de 1852 à de Arganil.

**Âmbito e conteúdo:** Documentação formada por livros que se agrupam em quatro séries: mistos (englobam registos de batismos, casamentos e óbitos ou apenas dois tipos dos registos anteriores); batismos; casamentos; e óbitos.

**Sistema de organização:** Organização original por séries; ordenação cronológica.

**Cota atual:** III-2ªD

**Instrumentos de pesquisa:** *Inventário Colectivo dos Registos Paroquiais*, vol. I, Centro e Sul; inventário em versão informática Archeevo (base de dados de descrição arquivística) na WEBpage do AUC.

**Notas do arquivista:** Descrição baseada na informação sobre as paróquias do distrito de Coimbra, coordenada por Ana Maria Bandeira, e publicada no *Inventário Colectivo dos Registos Paroquiais*. Lisboa: ANTT, 1993. Vol. I, Centro e Sul.


## Paróquia de Teixeira – Arganil

**Código de referência:** PT/AUC/PAR/AGN17
**Título:** Paróquia de Teixeira - Arganil
**Datas de produção:** 1606 / 1911
**Dimensão e suporte:** 123 u. i.; papel.

**História administrativa, biográfica e familiar:** A antiga freguesia de Santa Isabel ou de N. Sr.ª da Assunção de Teixeira foi curato da apresentação do vigário da vila de Coja. Em 1840 fazia parte do concelho de Fajão, extinto por Decreto de 24 de outubro de 1855, tendo passado pelo mesmo diploma para o de Arganil.

**Âmbito e conteúdo:** Documentação formada por livros que se agrupam em cinco séries: mistos (englobam registos de batismos, casamentos e óbitos ou apenas dois dos registos anteriores); batismos; casamentos; óbitos; e índices.

**Sistema de organização:** Organização original por séries; ordenação cronológica.

**Cota atual:** III-2ªD

**Instrumentos de pesquisa:** *Inventário Colectivo dos Registos Paroquiais*, vol. I, Centro e Sul; inventário em versão informática Archeevo (base de dados de descrição arquivística) na WEBpage do AUC.

**Notas do arquivista:** Descrição baseada na informação sobre as paróquias do distrito de Coimbra, coordenada por Ana Maria Bandeira, e publicada no *Inventário Colectivo dos Registos Paroquiais*. Lisboa: ANTT, 1993. Vol. I, Centro e Sul.

## Paróquia de Vila Cova de Alva – Arganil

**Código de referência:** PT/AUC/PAR/AGN18

**Título:** Paróquia de Vila Cova de Alva - Arganil

**Datas de produção:** 1530 / 1911

**Dimensão e suporte:** 129 u. i.; papel.

**História administrativa, biográfica e familiar:** Foi priorado da apresentação da Mitra de Coimbra, cujos bispos eram seus donatários. Teve foral dado pelo bispo de Coimbra, D. João Galvão, em janeiro de 1471, que cita outro anterior, dado por D. Estêvão Anes, entre 1304 e 1318. O foral foi confirmado por D. Manuel I a 12 de setembro de 1514. Vila Cova foi sede de concelho, só extinto em 1836. Teve juiz ordinário, vereadores, procurador do concelho, escrivão da Câmara, escrivão do

Judicial, de notas e de órfãos, e companhia de ordenanças. Em 1840, pertencia ao concelho de Coja, extinto por Decreto de 31 de dezembro, passando então para o de Arganil. Também designada por Vila Cova de Sub Avô ou apenas por Vila Cova, passou a ter a atual designação pela Lei nº 1625, de 25 de julho de 1924.

**Âmbito e conteúdo:** Documentação formada por livros que se agrupam em quatro séries: mistos (englobam registos de batismos, casamentos e óbitos ou apenas dois dos registos anteriores); batismos; casamentos; e óbitos.

**Sistema de organização:** Organização original por séries; ordenação cronológica.

**Cota atual:** III-2ªD

**Instrumentos de pesquisa:** *Inventário Colectivo dos Registos Paroquiais*, vol. I, Centro e Sul; inventário em versão informática Archeevo (base de dados de descrição arquivística) na WEBpage do AUC.

**Notas do arquivista:** Descrição baseada na informação sobre as paróquias do distrito de Coimbra, coordenada por Ana Maria Bandeira, e publicada no *Inventário Colectivo dos Registos Paroquiais*. Lisboa: ANTT, 1993. Vol. I, Centro e Sul.


## Paróquia de Ançã – Cantanhede

**Código de referência:** PT/AUC/PAR/CNT01

**Título:** Paróquia de Ançã - Cantanhede

**Datas de produção:** 1559 / 1911

**Dimensão e suporte:** 125 u. i.; papel.

**História administrativa, biográfica e familiar:** A vila de Ançã é freguesia de N. Sr.ª do Ó e foi, outrora, sede de concelho, extinto por Decreto de 31 de dezembro de 1853, passando desde então a integrar o de Cantanhede. O prior era da apresentação dos marqueses de Cascais, passando mais tarde a sê-lo pela Casa da Rainha ou do Marquês do Louriçal. Obteve foral dado por D. Manuel I em Lisboa a 28 de junho de 1514.

**Âmbito e conteúdo:** Documentação formada por livros que se agrupam em quatro séries: mistos (englobam registos de batismos, casamentos e óbitos ou apenas dois tipos dos registos anteriores); batismos; casamentos; e óbitos.

**Sistema de organização:** Organização original por séries; ordenação cronológica.

**Cota atual:** III-2ªD

**Instrumentos de pesquisa:** *Inventário Colectivo dos Registos Paroquiais*, vol. I, Centro e Sul; inventário em versão informática Archeevo (base de dados de descrição arquivística) na WEBpage do AUC.

**Notas do arquivista:** Descrição baseada na informação sobre as paróquias do distrito de Coimbra, coordenada por Ana Maria Bandeira, e publicada no *Inventário Colectivo dos Registos Paroquiais*. Lisboa: ANTT, 1993. Vol. I, Centro e Sul.


## Paróquia do Bolho – Cantanhede

**Código de referência:** PT/AUC/PAR/CNT02

**Título:** Paróquia do Bolho - Cantanhede

**Datas de produção:** 1605 / 1911

**Dimensão e suporte:** 123 u. i.; papel.

**História administrativa, biográfica e familiar:** Pouco se sabe desta terra. A ela se refere um documento de 1113, pelo qual Salvador Sadines e sua mulher, Susana, vendem a Randulfo Zuleimaniz e a sua mulher, Justa, metade da "villa di Bolio". A antiga freguesia de São Mamede do Bolho tinha como seus donatários os Condes de Pombeiro, que apresentavam o seu prior.

**Âmbito e conteúdo:** Documentação formada por livros que se agrupam em quatro séries: mistos (englobam registos de batismos, casamentos e óbitos ou apenas dois tipos dos registos anteriores); batismos; casamentos; e óbitos.

**Sistema de organização:** Organização original por séries; ordenação cronológica.

**Cota atual:** III-2ªD

**Instrumentos de pesquisa:** *Inventário Colectivo dos Registos Paroquiais*, vol. I, Centro e Sul; inventário em versão informática Archeevo (base de dados de descrição arquivística) na WEBpage do AUC.

**Notas do arquivista:** Descrição baseada na informação sobre as paróquias do distrito de Coimbra, coordenada por Ana Maria Bandeira, e publicada no *Inventário Colectivo dos Registos Paroquiais*. Lisboa: ANTT, 1993. Vol. I, Centro e Sul.

## Paróquia de Cadima – Cantanhede

**Código de referência:** PT/AUC/PAR/CNT03

**Título:** Paróquia de Cadima - Cantanhede

**Datas de produção:** 1570 / 1911

**Dimensão e suporte:** 167 u. i.; papel.

**História administrativa, biográfica e familiar:** Foi sede de concelho, extinto por Decreto de 31 de dezembro de 1853, passando, então, pelo mesmo diploma, a fazer parte do de Cantanhede. A antiga freguesia de N. Sr.ª do Ó de Cadima era vigairaria da apresentação da Universidade mas, em 1708, já era vigairaria do termo de Tentúgal, comarca de Coimbra. Em 1751, era do termo de Montemor-o-Velho. Em 1811, era couto da província da Beira e, em 1852, couto extinto da comarca de Cantanhede. Teve foral dado em Lisboa em 23 de agosto de 1514.

**Âmbito e conteúdo:** Documentação formada por livros que se agrupam em quatro séries: mistos (englobam registos de batismos, casamentos e óbitos ou apenas dois tipos dos registos anteriores); batismos; casamentos; e óbitos.

**Sistema de organização:** Organização original por séries; ordenação cronológica.

**Cota atual:** III-2ªD

**Instrumentos de pesquisa:** *Inventário Colectivo dos Registos Paroquiais*, vol. I, Centro e Sul; inventário em versão informática Archeevo (base de dados de descrição arquivística) na WEBpage do AUC.

**Notas do arquivista:** Descrição baseada na informação sobre as paróquias do distrito de Coimbra, coordenada por Ana Maria Bandeira, e publicada no *Inventário Colectivo dos Registos Paroquiais*. Lisboa: ANTT, 1993. Vol. I, Centro e Sul.

## Paróquia de Cantanhede – Cantanhede

**Código de referência:** PT/AUC/PAR/CNT04

**Título:** Paróquia de Cantanhede - Cantanhede

**Datas de produção:** 1559 / 1911

**Dimensão e suporte:** 175 u. i.; papel.

**História administrativa, biográfica e familiar:** A antiga freguesia de São Pedro de Cantanhede era curato da apresentação do cabido da Sé de Coimbra e passou mais tarde a priorado. Recebeu foral de D. Afonso II e também de D. Manuel I, a 20 de maio de 1514. Em 1839, aparece integrada na comarca da Figueira da Foz, mas em 1853 surge como sede de comarca, abrangendo os concelhos de Ançã, Bolho, Cadima, Mealhada e Cantanhede. Em 1885, nela estavam integrados os julgados de Ançã, Bolho, Cadima, Cantanhede, Cordinhã, Covões, Febres, Murtede, Ourentã, Outil, Pocariça, Portunhos, Sepins, e Tocha.

**Âmbito e conteúdo:** Documentação formada por livros que se agrupam em quatro séries: mistos (englobam registos de batismos, casamentos e óbitos ou apenas dois tipos dos registos anteriores); batismos; casamentos; e óbitos.

**Sistema de organização:** Organização original por séries; ordenação cronológica.

**Cota atual:** III-2ªD

**Instrumentos de pesquisa:** *Inventário Colectivo dos Registos Paroquiais*, vol. I, Centro e Sul; inventário em versão informática Archeevo (base de dados de descrição arquivística) na WEBpage do AUC.

**Notas do arquivista:** Descrição baseada na informação sobre as paróquias do distrito de Coimbra, coordenada por Ana Maria Bandeira, e publicada no *Inventário Colectivo dos Registos Paroquiais*. Lisboa: ANTT, 1993. Vol. I, Centro e Sul.

# Paróquia de Cordinhã – Cantanhede

**Código de referência:** PT/AUC/PAR/CNT05

**Título:** Paróquia de Cordinhã - Cantanhede

**Datas de produção:** 1592 / 1911

**Dimensão e suporte:** 68 u. i.; papel.

**História administrativa, biográfica e familiar:** A antiga freguesia de Santo André da Cordinhã foi priorado da apresentação dos condes de Pombeiro. Tinha juiz pedâneo confirmado pelo juiz de fora de Coimbra. Em 1839, surge integrada na comarca da Figueira da Foz, mas em 1852 na de Cantanhede e em 1878 no julgado de Ançã. Foi alvo das Invasões Francesas em 1811.

**Âmbito e conteúdo:** Documentação formada por livros que se agrupam em quatro séries: mistos (englobam registos de batismos, casamentos e óbitos ou apenas dois tipos dos registos anteriores); batismos; casamentos; e óbitos.

**Sistema de organização:** Organização original por séries; ordenação cronológica.

**Cota atual:** III-2ªD

**Instrumentos de pesquisa:** *Inventário Colectivo dos Registos Paroquiais*, vol. I, Centro e Sul; inventário em versão informática Archeevo (base de dados de descrição arquivística) na WEBpage do AUC.

**Notas do arquivista:** Descrição baseada na informação sobre as paróquias do distrito de Coimbra, coordenada por Ana Maria Bandeira, e publicada no *Inventário dos Registos Paroquiais*. Lisboa: ANTT, 1993. Vol. I, Centro e Sul.


# Paróquia dos Covões – Cantanhede

**Código de referência:** PT/AUC/PAR/CNT06

**Título:** Paróquia dos Covões - Cantanhede

**Datas de produção:** 1600 / 1911

**Dimensão e suporte:** 173 u. i.; papel.

**História administrativa, biográfica e familiar:** A antiga freguesia de Santo António de Covões foi curato da apresentação do Cabido da Sé de Coimbra, no termo de Cantanhede, passando mais tarde a vigairaria. Em 1839, surge integrada na comarca da Figueira da Foz mas em 1852 na de Cantanhede e em 1878 no julgado de Febres. Covões foi localidade que muito sofreu com as Invasões Francesas em 1811.

**Âmbito e conteúdo:** Documentação formada por livros que se agrupam em quatro séries: mistos (englobam registos de batismos, casamentos e óbitos ou apenas dois tipos dos registos anteriores); batismos; casamentos; e óbitos.

Alguns livros de registos de casamento incluem cadernos com sentenças de dispensa de parentesco ou folhas soltas com certidões de batismo.

**Sistema de organização:** Organização original por séries; ordenação cronológica.

**Cota atual:** III-2ªD

**Instrumentos de pesquisa:** *Inventário Colectivo dos Registos Paroquiais*, vol. I, Centro e Sul; inventário em versão informática Archeevo (base de dados de descrição arquivística) na WEBpage do AUC.

**Notas do arquivista:** Descrição baseada na informação sobre as paróquias do distrito de Coimbra, coordenada por Ana Maria Bandeira, e publicada no *Inventário Colectivo dos Registos Paroquiais*. Lisboa: ANTT, 1993. Vol. I, Centro e Sul.


## Paróquia de Febres – Cantanhede

**Código de referência:** PT/AUC/PAR/CNT07
**Título:** Paróquia de Febres - Cantanhede
**Datas de produção:** 1791 / 1911
**Dimensão e suporte:** 148 u. i.; papel.
**História administrativa, biográfica e familiar:** A antiga freguesia de N. Sr.ª da Conceição de Febres foi vigairaria da apresentação do Cabido da Sé de Coimbra, no termo de Cantanhede. Em 1839, surge integrada na comarca da Figueira da Foz mas em 1852 na de Cantanhede.

Pertenceu, antes, ao distrito de Aveiro e, desde 19 de janeiro de 1929, pelo Decreto nº 16407, ao de Coimbra.

**Âmbito e conteúdo:** Documentação formada por livros que se agrupam em três séries: batismos; casamentos; e óbitos.

**Sistema de organização:** Organização original por séries; ordenação cronológica.

**Cota atual:** III-2ªD

**Instrumentos de pesquisa:** *Inventário Colectivo dos Registos Paroquiais*, vol. I, Centro e Sul; inventário em versão informática Archeevo (base de dados de descrição arquivística) na WEBpage do AUC.

**Notas do arquivista:** Descrição baseada na informação sobre as paróquias do distrito de Coimbra, coordenada por Ana Maria Bandeira, e publicada no *Inventário Colectivo dos Registos Paroquiais*. Lisboa: ANTT, 1993. Vol. I, Centro e Sul.

## Paróquia de Murtede – Cantanhede

**Código de referência:** PT/AUC/PAR/CNT08
**Título:** Paróquia de Murtede - Cantanhede
**Datas de produção:** 1564 / 1911
**Dimensão e suporte:** 60 u. i.; papel.
**História administrativa, biográfica e familiar:** A antiga freguesia de São Martinho de Murtede foi vigairaria da apresentação do Cabido da Sé de Coimbra, no termo de Cantanhede. Em 1839, surge integrada na comarca de Coimbra mas, em 1852, na de Cantanhede. Só pertence ao distrito de Coimbra pelo Decreto nº 29957, de 6 de outubro de 1939.
**Âmbito e conteúdo:** Documentação formada por livros que se agrupam em quatro séries: mistos (englobam registos de batismos, casamentos e óbitos ou apenas dois tipos dos registos anteriores); batismos; casamentos; e óbitos.
**Sistema de organização:** Organização original por séries; ordenação cronológica.
**Cota atual:** III-2ªD

**Instrumentos de pesquisa:** *Inventário Colectivo dos Registos Paroquiais*, vol. I, Centro e Sul; inventário em versão informática Archeevo (base de dados de descrição arquivística) na WEBpage do AUC.

**Notas do arquivista:** Descrição baseada na informação sobre as paróquias do distrito de Coimbra, coordenada por Ana Maria Bandeira, e publicada no *Inventário Colectivo dos Registos Paroquiais*. Lisboa: ANTT, 1993. Vol. I, Centro e Sul.

## Paróquia de Ourentã – Cantanhede

**Código de referência:** PT/AUC/PAR/CNT09

**Título:** Paróquia de Ourentã - Cantanhede

**Datas de produção:** 1613 / 1911

**Dimensão e suporte:** 137 u. i.; papel.

**História administrativa, biográfica e familiar:** A antiga freguesia de N. Sr.ª da Conceição de Ourentã foi curato da apresentação do Cabido da Sé de Coimbra, no termo de Cantanhede, tendo passado depois a vigairaria. Em 1839, surge integrada na comarca da Coimbra, mas em 1852 na de Cantanhede.

**Âmbito e conteúdo:** Documentação formada por livros que se agrupam em cinco séries: mistos (englobam registos de batismos, casamentos e óbitos ou apenas dois tipos dos registos anteriores); batismos; casamentos; óbitos; e índices.

**Sistema de organização:** Organização original por séries; ordenação cronológica.

**Cota atual:** III-2ªD

**Instrumentos de pesquisa:** *Inventário Colectivo dos Registos Paroquiais*, vol. I, Centro e Sul; inventário em versão informática Archeevo (base de dados de descrição arquivística) na WEBpage do AUC.

**Notas do arquivista:** Descrição baseada na informação sobre as paróquias do distrito de Coimbra, coordenada por Ana Maria Bandeira, e publicada no *Inventário Colectivo dos Registos Paroquiais*. Lisboa: ANTT, 1993. Vol. I, Centro e Sul.

## Paróquia de Outil – Cantanhede

**Código de referência:** PT/AUC/PAR/CNT10

**Título:** Paróquia de Outil - Cantanhede

**Datas de produção:** 1600 / 1911

**Dimensão e suporte:** 61 u. i.; papel.

**História administrativa, biográfica e familiar:** Sendo povoação muito antiga e couto com justiças próprias, a antiga freguesia de Santa Maria Madalena de Outil foi priorado dos donatários e senhores do Couto de Outil. Obteve foral dado por D. Manuel I, em Évora, a 20 de dezembro de 1519. Em 1839, surge integrada na comarca da Figueira da Foz mas, em 1852, na de Cantanhede bem como no seu concelho.

**Âmbito e conteúdo:** Documentação formada por livros que se agrupam em quatro séries: mistos (englobam registos de batismos, casamentos e óbitos ou apenas dois tipos dos registos anteriores); batismos; casamentos; e óbitos.

**Sistema de organização:** Organização original por séries; ordenação cronológica.

**Cota atual:** III-2ªD

**Instrumentos de pesquisa:** *Inventário Colectivo dos Registos Paroquiais*, vol. I, Centro e Sul; inventário em versão informática Archeevo (base de dados de descrição arquivística) na WEBpage do AUC.

**Notas do arquivista:** Descrição baseada na informação sobre as paróquias do distrito de Coimbra, coordenada por Ana Maria Bandeira, e publicada no *Inventário Colectivo dos Registos Paroquiais*. Lisboa: ANTT, 1993. Vol. I, Centro e Sul.


## Paróquia de Pocariça – Cantanhede

**Código de referência:** PT/AUC/PAR/CNT11

**Título:** Paróquia de Pocariça - Cantanhede

**Datas de produção:** 1630 / 1911

**Dimensão e suporte:** 94 u. i.; papel.

**História administrativa, biográfica e familiar:** Esta povoação só no século XVII tem surgimento, pois ainda no século XVI não era paróquia autónoma, estando integrada na de Cantanhede. A igreja da freguesia tem como padroeira N. Sr.ª da Conceição, cabendo a apresentação do cura ao Cabido da Sé de Coimbra. A população de Pocariça teve participação ativa nas campanhas das invasões francesas e lutas liberais. Em 1839, surge integrada na comarca da Figueira da Foz e, em 1852, na de Cantanhede.

**Âmbito e conteúdo:** Documentação formada por livros que se agrupam em quatro séries: mistos (englobam registos de batismos, casamentos e óbitos ou apenas dois tipos dos registos anteriores); batismos; casamentos; e óbitos.

**Sistema de organização:** Organização original por séries; ordenação cronológica.

**Cota atual:** III-2ªD

**Instrumentos de pesquisa:** *Inventário Colectivo dos Registos Paroquiais*, vol. I, Centro e Sul; inventário em versão informática Archeevo (base de dados de descrição arquivística) na WEBpage do AUC.

**Notas do arquivista:** Descrição baseada na informação sobre as paróquias do distrito de Coimbra, coordenada por Ana Maria Bandeira, e publicada no *Inventário Colectivo dos Registos Paroquiais*. Lisboa: ANTT, 1993. Vol. I, Centro e Sul.


## Paróquia de Portunhos – Cantanhede

**Código de referência:** PT/AUC/PAR/CNT12

**Título:** Paróquia de Portunhos - Cantanhede

**Datas de produção:** 1627 / 1911

**Dimensão e suporte:** 162 u. i.; papel.

**História administrativa, biográfica e familiar:** A antiga freguesia de São Julião de Portunhos era curato da apresentação do priorado de Ançã, tornando-se mais tarde reitoria da apresentação dos Marqueses de Louriçal. Em 1839, pertencia ao concelho de Ançã, e à comarca de

Coimbra. Extinto o concelho citado, passou, em 1852, para a comarca e concelho de Cantanhede.

**Âmbito e conteúdo:** Documentação formada por livros que se agrupam em quatro séries: mistos (englobam registos de batismos, casamentos e óbitos ou apenas dois tipos dos registos anteriores); batismos; casamentos; e óbitos.

**Sistema de organização:** Organização original por séries; ordenação cronológica.

**Cota atual:** III-2ªD

**Instrumentos de pesquisa:** *Inventário Colectivo dos Registos Paroquiais*, vol. I, Centro e Sul; inventário em versão informática Archeevo (base de dados de descrição arquivística) na WEBpage do AUC.

**Notas do arquivista:** Descrição baseada na informação sobre as paróquias do distrito de Coimbra, coordenada por Ana Maria Bandeira, e publicada no *Inventário Colectivo dos Registos Paroquiais*. Lisboa: ANTT, 1993. Vol. I, Centro e Sul.


## Paróquia de Sepins – Cantanhede

**Código de referência:** PT/AUC/PAR/CNT13
**Título:** Paróquia de Sepins - Cantanhede
**Datas de produção:** 1592 / 1911
**Dimensão e suporte:** 31 u. i.; papel.
**História administrativa, biográfica e familiar:** A antiga freguesia de São João Baptista de Sepins foi priorado da apresentação do Cabido da Sé de Coimbra. Em 1839, estava integrada na comarca da Figueira da Foz e, em 1852, passou para a de Cantanhede.

**Âmbito e conteúdo:** Documentação formada por livros que se agrupam em quatro séries: mistos (englobam registos de batismos, casamentos e óbitos ou apenas dois tipos dos registos anteriores); batismos; casamentos; e óbitos.

**Sistema de organização:** Organização original por séries; ordenação cronológica.

**Cota atual:** III-2ªD

**Instrumentos de pesquisa:** *Inventário Colectivo dos Registos Paroquiais*, vol. I, Centro e Sul; inventário em versão informática Archeevo (base de dados de descrição arquivística) na WEBpage do AUC.

**Notas do arquivista:** Descrição baseada na informação sobre as paróquias do distrito de Coimbra, coordenada por Ana Maria Bandeira, e publicada no *Inventário Colectivo dos Registos Paroquiais*. Lisboa: ANTT, 1993. Vol. I, Centro e Sul.


## Paróquia da Tocha – Cantanhede

**Código de referência:** PT/AUC/PAR/CNT14

**Título:** Paróquia da Tocha - Cantanhede

**Datas de produção:** 1611 / 1911

**Dimensão e suporte:** 167 u. i.; papel.

**História administrativa, biográfica e familiar:** A antiga freguesia de S. João Baptista de Tocha (Nossa Senhora da Tocha ou Atocha, para certos autores, e S. João Baptista de Quintã e Senhor da Atocha, para outros) foi vigairaria da apresentação do Mosteiro de Santa Cruz de Coimbra. Em 1840, estava integrado no concelho de Cadima, extinto por Decreto de 31 de dezembro de 1853, passando desde então para o de Cantanhede.

**Âmbito e conteúdo:** Documentação formada por livros que se agrupam em quatro séries: mistos (englobam registos de batismos, casamentos e óbitos ou apenas dois tipos dos registos anteriores); batismos; casamentos; e óbitos.

**Sistema de organização:** Organização original por séries; ordenação cronológica.

**Cota atual:** III-2ªD

**Instrumentos de pesquisa:** *Inventário Colectivo dos Registos Paroquiais*, vol. I, Centro e Sul; inventário em versão informática Archeevo (base de dados de descrição arquivística) na WEBpage do AUC.

**Notas do arquivista:** Descrição baseada na informação sobre as paróquias do distrito de Coimbra, coordenada por Ana Maria Bandeira,

e publicada no *Inventário Colectivo dos Registos Paroquiais*. Lisboa: ANTT, 1993. Vol. I, Centro e Sul.


## Paróquia de Almalaguês – Coimbra

**Código de referência:** PT/AUC/PAR/CBR01

**Título:** Paróquia de Almalaguês - Coimbra

**Datas de produção:** 1558 / 1911

**Dimensão e suporte:** 126 liv; papel.

**História administrativa, biográfica e familiar:** A antiga freguesia de São Tiago de Almalaguês foi vigairaria da apresentação do Cabido da Sé de Coimbra e comenda da Ordem de Cristo com pároco e coadjutor. Foi cabeça de concelho com juiz pedâneo, almotaçaria e cabeça de sisa.

**Âmbito e conteúdo:** Documentação formada por livros que se agrupam em cinco séries: mistos (englobam registos de batismos, casamentos e óbitos ou apenas dois tipos dos registos anteriores); batismos; casamentos; óbitos; e documentos de registos paroquiais (englobam registos relacionados com batismos, casamentos e óbitos).

**Sistema de organização:** Organização original por séries; ordenação cronológica.

**Cota atual:** III-2ªD

**Instrumentos de pesquisa:** *Inventário Colectivo dos Registos Paroquiais*, vol. I, Centro e Sul; inventário em versão informática Archeevo (base de dados de descrição arquivística) na WEBpage do AUC.

**Notas do arquivista:** Descrição baseada na informação sobre as paróquias do distrito de Coimbra, coordenada por Ana Maria Bandeira, e publicada no *Inventário Colectivo dos Registos Paroquiais*. Lisboa: ANTT, 1993. Vol. I, Centro e Sul.


## Paróquia de Almedina – Coimbra

**Código de referência:** PT/AUC/PAR/CBR02

**Título:** Paróquia de Almedina - Coimbra

**Datas de produção:** 1520 / 1911

**Dimensão e suporte:** 116 u. i.; papel.

**História administrativa, biográfica e familiar:** Almedina era a antiga freguesia da Sé Velha (São Cristóvão) e adotou esta designação pelo Decreto de 7 de junho de 1913. A antiga freguesia de São Cristóvão foi vigairaria da apresentação alternada da Santa Sé, de ordinário e da própria igreja, passando mais tarde a ser da apresentação do ordinário e do concurso. O pároco era prior.

**Âmbito e conteúdo:** Documentação formada por livros que se agrupam em três séries: batismos; casamentos; e óbitos.

**Sistema de organização:** Organização original por séries; ordenação cronológica.

**Cota atual:** III-2ªD

**Instrumentos de pesquisa:** *Inventário Colectivo dos Registos Paroquiais*, vol. I, Centro e Sul; inventário em versão informática Archeevo (base de dados de descrição arquivística) na WEBpage do AUC.

**Notas do arquivista:** Descrição baseada na informação sobre as paróquias do distrito de Coimbra, coordenada por Ana Maria Bandeira, e publicada no *Inventário Colectivo dos Registos Paroquiais*. Lisboa: ANTT, 1993. Vol. I, Centro e Sul.


## Paróquia de Ameal – Coimbra

**Código de referência:** PT/AUC/PAR/CBR03

**Título:** Paróquia de Ameal - Coimbra

**Datas de produção:** 1557 / 1911

**Dimensão e suporte:** 111 u. i.; papel.

**História administrativa, biográfica e familiar:** A antiga freguesia de São Justo de Ameal foi priorado da apresentação do prior de São Jorge, convento dos Cónegos Regrantes, extramuros de Coimbra. Teve juiz pedâneo sujeito ao juiz de fora de Coimbra. Desde os primórdios da monarquia que a povoação foi propriedade da coroa, apesar de várias entidades, para além do rei, nela possuírem inúmeros haveres: a Casa de Aveiro, o Mosteiro de Semide, os padres da Companhia do Colégio de Évora, o Mosteiro de Santa Cruz, a Universidade e o Cabido.

**Âmbito e conteúdo:** Documentação formada por livros que se agrupam em quatro séries: mistos (englobam registos de batismos, casamentos e óbitos ou apenas dois tipos dos registos anteriores); batismos; casamentos; e óbitos.

**Sistema de organização:** Organização original por séries; ordenação cronológica.

**Cota atual:** III-2ªD

**Instrumentos de pesquisa:** *Inventário Colectivo dos Registos Paroquiais*, vol. I, Centro e Sul; inventário em versão informática Archeevo (base de dados de descrição arquivística) na WEBpage do AUC.

**Notas do arquivista:** Descrição baseada na informação sobre as paróquias do distrito de Coimbra, coordenada por Ana Maria Bandeira, e publicada no *Inventário Colectivo dos Registos Paroquiais*. Lisboa: ANTT, 1993. Vol. I, Centro e Sul.


## Paróquia de Antanhol – Coimbra

**Código de referência:** PT/AUC/PAR/CBR04
**Título:** Paróquia de Antanhol - Coimbra
**Datas de produção:** 1625 / 1911
**Dimensão e suporte:** 73 u. i.; papel.
**História administrativa, biográfica e familiar:** A antiga freguesia de N. Sr.ª da Alegria de Antanhol foi curato da apresentação do mosteiro de Semide, no termo de Coimbra. Outrora foi designada por Antanhol dos Cavaleiros, por ter sido da família dos Cunhas.
**Âmbito e conteúdo:** Documentação formada por livros que se agrupam em quatro séries: mistos (englobam registos de batismos, casamentos e óbitos ou apenas dois tipos dos registos anteriores); batismos; casamentos; e óbitos.

**Sistema de organização:** Organização original por séries; ordenação cronológica.

**Cota atual:** III-2ªD

**Instrumentos de pesquisa:** *Inventário Colectivo dos Registos Paroquiais*, vol. I, Centro e Sul; inventário em versão informática Archeevo (base de dados de descrição arquivística) na WEBpage do AUC.

**Notas do arquivista:** Descrição baseada na informação sobre as paróquias do distrito de Coimbra, coordenada por Ana Maria Bandeira, e publicada no *Inventário Colectivo dos Registos Paroquiais*. Lisboa: ANTT, 1993. vol. I, Centro e Sul.

## Paróquia de Antuzede – Coimbra

**Código de referência:** PT/AUC/PAR/CBR05

**Título:** Paróquia de Antuzede - Coimbra

**Datas de produção:** 1724 / 1911

**Dimensão e suporte:** 91 u. i.; papel.

**História administrativa, biográfica e familiar:** Foi freguesia do padroado do mosteiro de Santa Cruz de Coimbra com a designação de Santo Agostinho de Antuzede. Esteves Pereira afirma ter sido esta freguesia anexada, depois de 1834, à de São Facundo; nada há, porém, que o possa comprovar.

**Âmbito e conteúdo:** Documentação formada por livros que se agrupam em quatro séries: batismos; casamentos; óbitos; e outros documentos do registo paroquial/civil.

**Sistema de organização:** Organização original por séries; ordenação cronológica.

**Cota atual:** III-2ªD

**Instrumentos de pesquisa:** *Inventário Colectivo dos Registos Paroquiais*, vol. I, Centro e Sul; inventário em versão informática Archeevo (base de dados de descrição arquivística) na WEBpage do AUC.

**Notas do arquivista:** Descrição baseada na informação sobre as paróquias do distrito de Coimbra, coordenada por Ana Maria Bandeira,

e publicada no *Inventário Colectivo dos Registos Paroquiais*. Lisboa: ANTT, 1993. Vol. I, Centro e Sul.


## Paróquia de Arzila – Coimbra

**Código de referência:** PT/AUC/PAR/CBR06
**Título:** Paróquia de Arzila - Coimbra
**Datas de produção:** 1629 / 1911
**Dimensão e suporte:** 105 u. i.; papel.
**História administrativa, biográfica e familiar:** A antiga freguesia de N. Sr.ª da Conceição de Arzila foi priorado da apresentação do Conde de Óbidos, com uma côngrua de 120 mil réis; o Pe. Carvalho refere que é da apresentação do Convento de Santa Ana.

**Âmbito e conteúdo:** Documentação formada por livros que se agrupam em quatro séries: mistos (englobam registos de batismos, casamentos e óbitos ou apenas dois tipos dos registos anteriores); batismos; casamentos; e óbitos.

**Sistema de organização:** Organização original por séries; ordenação cronológica.

**Cota atual:** III-2ªD

**Instrumentos de pesquisa:** *Inventário Colectivo dos Registos Paroquiais*, vol. I, Centro e Sul; inventário em versão informática Archeevo (base de dados de descrição arquivística) na WEBpage do AUC.

**Notas do arquivista:** Descrição baseada na informação sobre as paróquias do distrito de Coimbra, coordenada por Ana Maria Bandeira, e publicada no *Inventário Colectivo dos Registos Paroquiais*. Lisboa: ANTT, 1993. Vol. I, Centro e Sul.


## Paróquia de Assafarge – Coimbra

**Código de referência:** PT/AUC/PAR/CBR07
**Título:** Paróquia de Assafarge - Coimbra

**Datas de produção:** 1637 / 1911

**Dimensão e suporte:** 31 u. i.; papel.

**História administrativa, biográfica e familiar:** Foi vigairaria da apresentação do Cabido da Sé de Coimbra (conforme a *Estatistica Parochial* de 1862) ou da apresentação da Universidade de Coimbra (conforme o Padre Carvalho). Assafarge estava sujeita ao juiz de Abrunheira.

**Âmbito e conteúdo:** Documentação formada por livros que se agrupam em quatro séries: mistos (englobam registos de batismos, casamentos e óbitos ou apenas dois tipos dos registos anteriores); batismos; casamentos; e óbitos.

**Sistema de organização:** Organização original por séries; ordenação cronológica.

**Cota atual:** III-2ªD

**Instrumentos de pesquisa:** *Inventário Colectivo dos Registos Paroquiais*, vol. I, Centro e Sul; inventário em versão informática Archeevo (base de dados de descrição arquivística) na WEBpage do AUC.

**Notas do arquivista:** Descrição baseada na informação sobre as paróquias do distrito de Coimbra, coordenada por Ana Maria Bandeira, e publicada no *Inventário Colectivo dos Registos Paroquiais*. Lisboa: ANTT, 1993. Vol. I, Centro e Sul.


## Paróquia do Botão – Coimbra

**Código de referência:** PT/AUC/PAR/CBR08

**Título:** Paróquia do Botão - Coimbra

**Datas de produção:** 1551 / 1911

**Dimensão e suporte:** 147 u. i.; papel.

**História administrativa, biográfica e familiar:** A antiga freguesia de São Mateus do Botão foi sede de concelho há já muito tempo extinto, embora surja ainda como tal em 1836. Teve foral dado em Lisboa por D. Manuel I em 10 de janeiro de 1514. Foi seu donatário o mosteiro de Lorvão a quem cabia a apresentação do vigário *in solidum*.

**Âmbito e conteúdo:** Documentação formada por livros que se agrupam em quatro séries: mistos (englobam registos de batismos, casamentos

e óbitos ou apenas dois tipos dos registos anteriores); batismos; casamentos; e óbitos. Alguns livros de casamentos incluem folhas soltas com sentenças de dispensas de parentesco.

**Sistema de organização:** Organização original por séries; ordenação cronológica.

**Cota atual:** III-2ªD

**Instrumentos de pesquisa:** *Inventário Colectivo dos Registos Paroquiais*, vol. I, Centro e Sul; inventário em versão informática Archeevo (base de dados de descrição arquivística) na WEBpage do AUC.

**Notas do arquivista:** Descrição baseada na informação sobre as paróquias do distrito de Coimbra, coordenada por Ana Maria Bandeira, e publicada no *Inventário Colectivo dos Registos Paroquiais*. Lisboa: ANTT, 1993. Vol. I, Centro e Sul.


## Paróquia de Brasfemes – Coimbra

**Código de referência:** PT/AUC/PAR/CBR09

**Título:** Paróquia de Brasfemes - Coimbra

**Datas de produção:** 1590 / 1911

**Dimensão e suporte:** 131 u. i.; papel.

**História administrativa, biográfica e familiar:** A antiga freguesia de São João Baptista de Brasfemes foi vigairaria da apresentação do mosteiro de Lorvão, seu donatário. Teve juiz ordinário, escrivão e procurador.

**Âmbito e conteúdo:** Documentação formada por livros que se agrupam em quatro séries: mistos (englobam registos de batismos, casamentos e óbitos ou apenas dois tipos dos registos anteriores); batismos; casamentos; e óbitos.

**Sistema de organização:** Organização original por séries; ordenação cronológica.

**Cota atual:** III-2ªD

**Instrumentos de pesquisa:** *Inventário Colectivo dos Registos Paroquiais*, vol. I, Centro e Sul; inventário em versão informática Archeevo (base de dados de descrição arquivística) na WEBpage do AUC.

**Notas do arquivista:** Descrição baseada na informação sobre as paróquias do distrito de Coimbra, coordenada por Ana Maria Bandeira, e publicada no *Inventário Colectivo dos Registos Paroquiais*. Lisboa: ANTT, 1993. Vol. I, Centro e Sul.

## Paróquia de Castelo Viegas – Coimbra

**Código de referência:** PT/AUC/PAR/CBR10

**Título:** Paróquia de Castelo Viegas - Coimbra

**Datas de produção:** 1576 / 1911

**Dimensão e suporte:** 107 u. i.; papel.

**História administrativa, biográfica e familiar:** A antiga freguesia de Santo Estêvão de Castelo Viegas foi priorado da apresentação da Companhia de Jesus (Colégio de Évora), tendo passado, com a extinção daquele, para a Universidade de Coimbra. Sobre este priorado contendiam o convento de São Jorge e a Companhia de Jesus. Segundo P. Câmara, a apresentação era do Padroado Real e, para o P. Leal, do ordinário. Em 1878 pertencia ao julgado de Assafarge.

**Âmbito e conteúdo:** Documentação formada por livros que se agrupam em quatro séries: mistos (englobam registos de batismos, casamentos e óbitos ou apenas dois tipos dos registos anteriores); batismos; casamentos; e óbitos.

**Sistema de organização:** Organização original por séries; ordenação cronológica.

**Cota atual:** III-2ªD

**Instrumentos de pesquisa:** *Inventário Colectivo dos Registos Paroquiais*, vol. I, Centro e Sul; inventário em versão informática Archeevo (base de dados de descrição arquivística) na WEBpage do AUC.

**Notas do arquivista:** Descrição baseada na informação sobre as paróquias do distrito de Coimbra, coordenada por Ana Maria Bandeira, e publicada no *Inventário Colectivo dos Registos Paroquiais*. Lisboa: ANTT, 1993. Vol. I, Centro e Sul.

## Paróquia de Ceira - Coimbra

**Código de referência:** PT/AUC/PAR/CBR11

**Título:** Paróquia de Ceira - Coimbra

**Datas de produção:** 1563 / 1911

**Dimensão e suporte:** 59 u. i.; papel.

**História administrativa, biográfica e familiar:** A antiga freguesia de N. Sr.ª da Assunção de Ceira foi priorado do Padroado Real, embora a *Estatistica Parochial* refira que é do mosteiro de Santa Ana. Conforme Américo Costa, "o pároco é prior da apresentação do conde de Atouguia concorrendo também a madre ... de Santa Ana de Coimbra". Foi mandada povoar por D. Afonso Henriques, vindo a receber novo foral dado em Lisboa por D. Manuel I, a 12 de março de 1514, com a designação de Vila Nova de Ceira. Em 1878 aparece no julgado de Assafarge.

**Âmbito e conteúdo:** Documentação formada por livros que se agrupam em quatro séries: mistos (englobam registos de batismos, casamentos e óbitos ou apenas dois tipos dos registos anteriores); batismos; casamentos; e óbitos.

**Sistema de organização:** Organização original por séries; ordenação cronológica.

**Cota atual:** III-2ªD

**Instrumentos de pesquisa:** *Inventário Colectivo dos Registos Paroquiais*, vol. I, Centro e Sul; inventário em versão informática Archeevo (base de dados de descrição arquivística) na WEBpage do AUC.

**Notas do arquivista:** Descrição baseada na informação sobre as paróquias do distrito de Coimbra, coordenada por Ana Maria Bandeira, e publicada no *Inventário Colectivo dos Registos Paroquiais*. Lisboa: ANTT, 1993. Vol. I, Centro e Sul.


## Paróquia de Cernache - Coimbra

**Código de referência:** PT/AUC/PAR/CBR12

**Título:** Paróquia de Cernache - Coimbra

**Datas de produção:** 1580 / 1911

**Dimensão e suporte:** 95 u. i.; papel.

**História administrativa, biográfica e familiar:** Tendo como certo o que diz o Padre Carvalho, a freguesia de N. Sr.ª da Assunção de Cernache foi da apresentação alternada do Cabido da Sé de Coimbra e do Conde de Atouguia, seu donatário. Mais tarde, porém, este foi substituído na apresentação, ainda de forma alternada, pela Universidade de Coimbra e o Mosteiro de Santa Cruz de Coimbra. Teve foral dado por D. Manuel I a 15 de setembro de 1514. Foi vila e sede de concelho, há muito tempo extinto, tendo sido designada por Sernache dos Alhos.

**Âmbito e conteúdo:** Documentação formada por livros que se agrupam em quatro séries: mistos (englobam registos de batismos, casamentos e óbitos ou apenas dois tipos dos registos anteriores); batismos; casamentos; e óbitos.

**Sistema de organização:** Organização original por séries; ordenação cronológica.

**Cota atual:** III-2ªD

**Instrumentos de pesquisa:** *Inventário Colectivo dos Registos Paroquiais*, vol. I, Centro e Sul; inventário em versão informática Archeevo (base de dados de descrição arquivística) na WEBpage do AUC.

**Notas do arquivista:** Descrição baseada na informação sobre as paróquias do distrito de Coimbra, coordenada por Ana Maria Bandeira, e publicada no *Inventário Colectivo dos Registos Paroquiais*. Lisboa: ANTT, 1993. Vol. I, Centro e Sul.


## Paróquia de Eiras – Coimbra

**Código de referência:** PT/AUC/PAR/CBR13

**Título:** Paróquia de Eiras - Coimbra

**Datas de produção:** 1624 / 1911

**Dimensão e suporte:** 164 u. i.; papel.

**História administrativa, biográfica e familiar:** A antiga freguesia de São Tiago de Eiras foi vigairaria da apresentação do Mosteiro de Celas, de Coimbra, seu donatário. Em 1811 possuía juiz ordinário. Em 1821 era concelho da divisão eleitoral da comarca de Coimbra, extinto talvez em 1836. Em 1842, surge como freguesia do concelho a que atualmente pertence.

**Âmbito e conteúdo:** Documentação formada por livros que se agrupam em quatro séries: mistos (englobam registos de batismos, casamentos e óbitos ou apenas dois tipos dos registos anteriores); batismos; casamentos; e óbitos.

**Sistema de organização:** Organização original por séries; ordenação cronológica.

**Cota atual:** III-2ªD

**Instrumentos de pesquisa:** *Inventário Colectivo dos Registos Paroquiais*, vol. I, Centro e Sul; inventário em versão informática Archeevo (base de dados de descrição arquivística) na WEBpage do AUC.

**Notas do arquivista:** Descrição baseada na informação sobre as paróquias do distrito de Coimbra, coordenada por Ana Maria Bandeira, e publicada no *Inventário Colectivo dos Registos Paroquiais*. Lisboa: ANTT, 1993. Vol. I, Centro e Sul.


## Paróquia de Lamarosa – Coimbra

**Código de referência:** PT/AUC/PAR/CBR14
**Título:** Paróquia de Lamarosa - Coimbra
**Datas de produção:** 1677 / 1911
**Dimensão e suporte:** 164 u. i.; papel.
**História administrativa, biográfica e familiar:** A antiga freguesia de Santo Varão da Lamarosa foi vigairaria da apresentação dos Duques do Cadaval. Esteve integrada no concelho de Tentúgal, extinto pelo Decreto de 31 de dezembro de 1853, passando desde então para o de Coimbra.

**Âmbito e conteúdo:** Documentação formada por livros que se agrupam em quatro séries: mistos (englobam registos de batismos, casamentos e óbitos ou apenas dois tipos dos registos anteriores); batismos; casamentos; e óbitos.

**Sistema de organização:** Organização original por séries; ordenação cronológica.

**Cota atual:** III-2ªD

**Instrumentos de pesquisa:** *Inventário Colectivo dos Registos Paroquiais*, vol. I, Centro e Sul; inventário em versão informática Archeevo (base de dados de descrição arquivística) na WEBpage do AUC.

**Notas do arquivista:** Descrição baseada na informação sobre as paróquias do distrito de Coimbra, coordenada por Ana Maria Bandeira, e publicada no *Inventário Colectivo dos Registos Paroquiais*. Lisboa: ANTT, 1993. Vol. I, Centro e Sul.


## Paróquia de Pedrulha – Coimbra

**Código de referência:** PT/AUC/PAR/CBR32

**Título:** Paróquia de Pedrulha - Coimbra

**Datas de produção:** 1572 / 1855

**Dimensão e suporte:** 5 u. i.; papel.

**História administrativa, biográfica e familiar:** No seu "Mapa do distrito de Coimbra", Henriques Seco afirma que esta freguesia está unida a Santa Justa em 1854. Atualmente é um lugar da freguesia de Santa Cruz.

**Âmbito e conteúdo:** Documentação formada por livros que se agrupam em quatro séries: mistos (englobam registos de batismos, casamentos e óbitos ou apenas dois tipos dos registos anteriores); batismos; casamentos; e óbitos.

**Sistema de organização:** Organização original por séries; ordenação cronológica.

**Cota atual:** III-2ªD

**Instrumentos de pesquisa:** *Inventário Colectivo dos Registos Paroquiais*, vol. I, Centro e Sul; inventário em versão informática Archeevo (base de dados de descrição arquivística) na WEBpage do AUC.

**Notas do arquivista:** Descrição baseada na informação sobre as paróquias do distrito de Coimbra, coordenada por Ana Maria Bandeira,

e publicada no *Inventário Colectivo dos Registos Paroquiais*. Lisboa: ANTT, 1993. Vol. I, Centro e Sul.


## Paróquia de Ribeira de Frades – Coimbra

**Código de referência:** PT/AUC/PAR/CBR15

**Título:** Paróquia de Ribeira de Frades - Coimbra

**Datas de produção:** 1726 / 1911

**Dimensão e suporte:** 29 u. i. (28 liv. e 1 mç.); papel.

**História administrativa, biográfica e familiar:** A antiga freguesia de São Miguel da Ribeira de Frades foi da apresentação do Mosteiro de Santa Cruz, de Coimbra. O lugar de Ribeira de Frades é também conhecido por Nazaré da Ribeira. Atualmente está unida à freguesia de São Martinho do Bispo estabelecida pela última reorganização administrativa do país.

**Âmbito e conteúdo:** Documentação formada por quatro séries: batismos; casamentos; óbitos; e documentos de casamento.

**Sistema de organização:** Organização original por séries; ordenação cronológica.

**Cota atual:** III-2ªD

**Instrumentos de pesquisa:** *Inventário Colectivo dos Registos Paroquiais*, vol. I, Centro e Sul; inventário em versão informática Archeevo (base de dados de descrição arquivística) na WEBpage do AUC.

**Notas do arquivista:** Descrição baseada na informação sobre as paróquias do distrito de Coimbra, coordenada por Ana Maria Bandeira, e publicada no *Inventário Colectivo dos Registos Paroquiais*. Lisboa: ANTT, 1993. Vol. I, Centro e Sul.


## Paróquia de Santa Clara – Coimbra

**Código de referência:** PT/AUC/PAR/CBR16

**Título:** Paróquia de Santa Clara - Coimbra

**Datas de produção:** 1855 / 1911

**Dimensão e suporte:** 147 u. i.; papel.

**História administrativa, biográfica e familiar:** A antiga freguesia de Santa Clara, para uns, e de São Francisco, para outros, foi curato da apresentação do ordinário e de concurso. Tendo em conta a *Estatistica Parochial*, esta freguesia foi criada em 1855. De 1864 a 1882, os assentos são lançados nos livros de registo como pertencendo à freguesia de São Francisco da Ponte, designação por que também ficou conhecida.

**Âmbito e conteúdo:** Documentação formada por livros que se agrupam em três séries: batismos; casamentos; e óbitos.

**Sistema de organização:** Organização original por séries; ordenação cronológica.

**Cota atual:** III-2ªD

**Instrumentos de pesquisa:** *Inventário Colectivo dos Registos Paroquiais*, vol. I, Centro e Sul; inventário em versão informática Archeevo (base de dados de descrição arquivística) na WEBpage do AUC.

**Notas do arquivista:** Descrição baseada na informação sobre as paróquias do distrito de Coimbra, coordenada por Ana Maria Bandeira, e publicada no *Inventário Colectivo dos Registos Paroquiais*. Lisboa: ANTT, 1993. Vol. I, Centro e Sul.


## Paróquia de Santa Cruz – Coimbra

**Código de referência:** PT/AUC/PAR/CBR17

**Título:** Paróquia de Santa Cruz - Coimbra

**Datas de produção:** 1546 / 1911

**Dimensão e suporte:** 93 liv.; papel.

**História administrativa, biográfica e familiar:** A paróquia tinha sede no Mosteiro de Santa Cruz, dos Cónegos Regrantes de Santo Agostinho. Manteve privilégio de isenção, mesmo em relação à atividade de visitação do bispo (*Nullius Diocesis*). Ficou também conhecida pela designação de São João de Santa Cruz ou São João da Cruz.

**Âmbito e conteúdo:** Documentação formada por livros que se agrupam em três séries: batismos; casamentos; e óbitos.

**Sistema de organização:** Organização original por séries; ordenação cronológica.

**Cota atual:** III-2ªD

**Instrumentos de pesquisa:** *Inventário Colectivo dos Registos Paroquiais,* vol. I, Centro e Sul; inventário em versão informática Archeevo (base de dados de descrição arquivística) na WEBpage do AUC.

**Notas do arquivista:** Descrição baseada na informação sobre as paróquias do distrito de Coimbra, coordenada por Ana Maria Bandeira, e publicada no *Inventário Colectivo dos Registos Paroquiais.* Lisboa: ANTT, 1993. Vol. I, Centro e Sul.


## Paróquia de Santa Justa – Coimbra

**Código de referência:** PT/AUC/PAR/CBR33

**Título:** Paróquia de Santa Justa - Coimbra

**Datas de produção:** 1583 / 1855

**Dimensão e suporte:** 11 u. i.; papel.

**História administrativa, biográfica e familiar:** Esta freguesia teve colegiada e foi priorado. Por Decreto de 20 de novembro de 1854 foi anexa à paróquia de Santa Cruz. E de acordo com Pinho Leal, em 1874 já estava, contudo, anexada à freguesia de Almedina.

**Âmbito e conteúdo:** Documentação formada por livros que se agrupam em quatro séries: mistos (englobam registos de batismos, casamentos e óbitos ou apenas dois tipos dos registos anteriores); batismos; casamentos; e óbitos.

**Sistema de organização:** Organização original por séries; ordenação cronológica.

**Cota atual:** III-2ªD

**Instrumentos de pesquisa:** *Inventário Colectivo dos Registos Paroquiais,* vol. I, Centro e Sul; inventário em versão informática Archeevo (base de dados de descrição arquivística) na WEBpage do AUC.

**Notas do arquivista:** Descrição baseada na informação sobre as paróquias do distrito de Coimbra, coordenada por Ana Maria Bandeira,

e publicada no *Inventário Colectivo dos Registos Paroquiais*. Lisboa: ANTT, 1993. Vol. I, Centro e Sul.


## Paróquia de Santo António dos Olivais – Coimbra

**Código de referência:** PT/AUC/PAR/CBR18

**Título:** Paróquia de Santo António dos Olivais - Coimbra

**Datas de produção:** 1855 / 1911

**Dimensão e suporte:** 155 liv.; papel.

**História administrativa, biográfica e familiar:** Esta freguesia foi criada por Decreto de 20 de novembro de 1854. Foi priorado da apresentação do ordinário e de concurso. Santo António dos Olivais é hoje uma das mais extensas freguesias da cidade de Coimbra.

**Âmbito e conteúdo:** Documentação formada por livros que se agrupam em três séries: batismos; casamentos; e óbitos.

**Sistema de organização:** Organização original por séries; ordenação cronológica.

**Cota atual:** III-2ªD

**Instrumentos de pesquisa:** *Inventário Colectivo dos Registos Paroquiais*, vol. I, Centro e Sul; inventário em versão informática Archeevo (base de dados de descrição arquivística) na WEBpage do AUC.

**Notas do arquivista:** Descrição baseada na informação sobre as paróquias do distrito de Coimbra, coordenada por Ana Maria Bandeira, e publicada no *Inventário Colectivo dos Registos Paroquiais*. Lisboa: ANTT, 1993. Vol. I, Centro e Sul.


## Paróquia de São Bartolomeu – Coimbra

**Código de referência:** PT/AUC/PAR/CBR19

**Título:** Paróquia de São Bartolomeu - Coimbra

**Datas de produção:** 1558 / 1911

**Dimensão e suporte:** 128 liv.; papel.

**História administrativa, biográfica e familiar:** Esta paróquia teve sede na igreja de São Bartolomeu, na qual esteve também a de São Tiago. Esta última foi-lhe anexada em meados do século XIX. A igreja era colegiada e foi priorado de apresentação ordinária com 10 benefícios.

**Âmbito e conteúdo:** Documentação formada por livros que se agrupam em cinco séries: mistos (englobam registos de batismos, casamentos e óbitos ou apenas dois tipos dos registos anteriores); batismos; casamentos; óbitos; e perfilhações.

**Sistema de organização:** Organização original por séries; ordenação cronológica.

**Cota atual:** III-2ªD

**Instrumentos de pesquisa:** *Inventário Colectivo dos Registos Paroquiais*, vol. I, Centro e Sul; inventário em versão informática Archeevo (base de dados de descrição arquivística) na WEBpage do AUC.

**Notas do arquivista:** Descrição baseada na informação sobre as paróquias do distrito de Coimbra, coordenada por Ana Maria Bandeira, e publicada no *Inventário Colectivo dos Registos Paroquiais*. Lisboa: ANTT, 1993. Vol. I, Centro e Sul.


## Paróquia de São Facundo – Coimbra

**Código de referência:** PT/AUC/PAR/CBR34
**Título:** Paróquia de São Facundo - Coimbra
**Datas de produção:** 1594 / 1850
**Dimensão e suporte:** 7 liv.; papel.
**História administrativa, biográfica e familiar:** Foi outrora sede de freguesia, mas é, desde a anexação em 1850, apenas lugar da de Antuzede. Enquanto freguesia, foi doada pelo rei D. Manuel I à Companhia de Jesus, tendo passado, extinta aquela corporação religiosa, para a Universidade de Coimbra, que tinha a seu cargo a apresentação do vigário. É também por vezes designada por São Fagundo.

**Âmbito e conteúdo:** Documentação formada por livros que se agrupam em quatro séries: mistos (englobam registos de batismos, casamentos e óbitos ou apenas dois tipos dos registos anteriores); batismos; casamentos; e óbitos.

**Sistema de organização:** Organização original por séries; ordenação cronológica.

**Cota atual:** III-2ªD

**Instrumentos de pesquisa:** *Inventário Colectivo dos Registos Paroquiais*, vol. I, Centro e Sul; inventário em versão informática Archeevo (base de dados de descrição arquivística) na WEBpage do AUC.

**Notas do arquivista:** Descrição baseada na informação sobre as paróquias do distrito de Coimbra, coordenada por Ana Maria Bandeira, e publicada no *Inventário Colectivo dos Registos Paroquiais*. Lisboa: ANTT, 1993. Vol. I, Centro e Sul.


## Paróquia de São João do Campo – Coimbra

**Código de referência:** PT/AUC/PAR/CBR20

**Título:** Paróquia de São João do Campo - Coimbra

**Datas de produção:** 1637 / 1911

**Dimensão e suporte:** 154 liv.; papel.

**História administrativa, biográfica e familiar:** O nome primitivo desta freguesia, de que é orago N. Sr.ª da Conceição, era Cioga do Campo, tendo adotado a atual designação por Decreto de 15 de março de 1880, a pedido dos respetivos paroquianos. Pertenceu ao concelho de Ançã extinto em 1853, passando a integrar o de Coimbra. Teve como senhorios o Mosteiro de Santa Cruz e a Universidade de Coimbra. Recebeu foral do Mosteiro de Santa Cruz a 20 de novembro de 1446. Foi também conhecida por "Lavarrabos".

**Âmbito e conteúdo:** Documentação formada por livros que se agrupam em quatro séries: mistos (englobam registos de batismo, casamentos e óbitos ou apenas dois tipos dos registos anteriores); batismos; casamentos; e óbitos.

**Sistema de organização:** Organização original por séries; ordenação cronológica.

**Cota atual:** III-2ªD

**Instrumentos de pesquisa:** *Inventário Colectivo dos Registos Paroquiais*, vol. I, Centro e Sul; inventário em versão informática Archeevo (base de dados de descrição arquivística) na WEBpage do AUC.

**Notas do arquivista:** Descrição baseada na informação sobre as paróquias do distrito de Coimbra, coordenada por Ana Maria Bandeira, e publicada no *Inventário Colectivo dos Registos Paroquiais*. Lisboa: ANTT, 1993. Vol. I, Centro e Sul.

## Paróquia de São Martinho de Árvore – Coimbra

**Código de referência:** PT/AUC/PAR/CBR21
**Título:** Paróquia de São Martinho de Árvore - Coimbra
**Datas de produção:** 1616 / 1911
**Dimensão e suporte:** 150 liv.; papel.
**História administrativa, biográfica e familiar:** Também conhecida apenas por Árvore, pertenceu ao concelho de Tentúgal, extinto pelo Decreto de 31 de dezembro de 1853, passando então para o de Coimbra. Esta freguesia foi vigairaria da apresentação do mosteiro de Lorvão.
**Âmbito e conteúdo:** Documentação formada por livros que se agrupam em quatro séries: mistos (englobam registos de batismos, casamentos e óbitos ou apenas dois tipos dos registos anteriores); batismos; casamentos; e óbitos.
**Sistema de organização:** Organização original por séries; ordenação cronológica.
**Cota atual:** III-2ªD
**Instrumentos de pesquisa:** *Inventário Colectivo dos Registos Paroquiais*, vol. I, Centro e Sul; inventário em versão informática Archeevo (base de dados de descrição arquivística) na WEBpage do AUC.
**Notas do arquivista:** Descrição baseada na informação sobre as paróquias do distrito de Coimbra, coordenada por Ana Maria Bandeira,

e publicada no *Inventário Colectivo dos Registos Paroquiais*. Lisboa: ANTT, 1993. Vol. I, Centro e Sul.


## Paróquia de São Martinho do Bispo – Coimbra

**Código de referência:** PT/AUC/PAR/CBR22

**Título:** Paróquia de São Martinho do Bispo - Coimbra

**Datas de produção:** 1604 / 1911

**Dimensão e suporte:** 71 u. i.; papel.

**História administrativa, biográfica e familiar:** A antiga freguesia de São Martinho do Bispo foi vigairaria da apresentação da Mitra de Coimbra (cf. Padre Carvalho) ou da apresentação do Conde de Almada (cf. *Estatística Parochial*). Foi mais tarde priorado.

**Âmbito e conteúdo:** Documentação formada por livros que se agrupam em seis séries: mistos (englobam registos de batismos, casamentos e óbitos ou apenas dois tipos dos registos anteriores); batismos; casamentos; óbitos; índices e documentos de batismos.

**Sistema de organização:** Organização original por séries; ordenação cronológica.

**Cota atual:** III-2ªD

**Instrumentos de pesquisa:** *Inventário Colectivo dos Registos Paroquiais*, vol. I, Centro e Sul; inventário em versão informática Archeevo (base de dados de descrição arquivística) na WEBpage do AUC.

**Notas do arquivista:** Descrição baseada na informação sobre as paróquias do distrito de Coimbra, coordenada por Ana Maria Bandeira, e publicada no *Inventário Colectivo dos Registos Paroquiais*. Lisboa: ANTT, 1993. Vol. I, Centro e Sul.


## Paróquia de São Paulo de Frades – Coimbra

**Código de referência:** PT/AUC/PAR/CBR23

**Título:** Paróquia de São Paulo de Frades - Coimbra

**Datas de produção:** 1633 / 1911

**Dimensão e suporte:** 114 liv.; papel.

**História administrativa, biográfica e familiar:** Foi designado outrora por São Paulo de Almaziva, com origem no mosteiro do mesmo nome da Ordem de Cister, que existiu naquela localidade até 1834.

**Âmbito e conteúdo:** Documentação formada por livros que se agrupam em quatro séries: mistos (englobam registos de batismos, casamentos e óbitos ou apenas dois tipos dos registos anteriores); batismos; casamentos; e óbitos.

**Sistema de organização:** Organização original por séries; ordenação cronológica.

**Cota atual:** III-2ªD

**Instrumentos de pesquisa:** *Inventário Colectivo dos Registos Paroquiais*, vol. I, Centro e Sul; inventário em versão informática Archeevo (base de dados de descrição arquivística) na WEBpage do AUC.

**Notas do arquivista:** Descrição baseada na informação sobre as paróquias do distrito de Coimbra, coordenada por Ana Maria Bandeira, e publicada no *Inventário Colectivo dos Registos Paroquiais*. Lisboa: ANTT, 1993. Vol. I, Centro e Sul.


## Paróquia de São Pedro – Coimbra

**Código de referência:** PT/AUC/PAR/CBR35

**Título:** Paróquia de São Pedro - Coimbra

**Datas de produção:** 1606 / 1842

**Dimensão e suporte:** 21 liv.; papel.

**História administrativa, biográfica e familiar:** A freguesia de São Pedro, já depois da sua anexação à freguesia da Sé Nova, em 1854, foi priorado da apresentação alternativa da Santa Sé, do ordinário e da própria igreja. O Pe. Carvalho diz que a matriz de São Pedro, em tempos muito remotos, chegou a ser Sé e que, em 1708, o respetivo pároco tinha a dignidade de chantre.

**Âmbito e conteúdo:** Documentação formada por livros que se agrupam em quatro séries: mistos (englobam registos de batismos, casamentos e óbitos ou apenas dois tipos dos registos anteriores); batismos; casamentos; e óbitos.

**Sistema de organização:** Organização original por séries; ordenação cronológica.

**Cota atual:** III-2ªD

**Instrumentos de pesquisa:** *Inventário Colectivo dos Registos Paroquiais*, vol. I, Centro e Sul; inventário em versão informática Archeevo (base de dados de descrição arquivística) na WEBpage do AUC.

**Notas do arquivista:** Descrição baseada na informação sobre as paróquias do distrito de Coimbra, coordenada por Ana Maria Bandeira, e publicada no *Inventário Colectivo dos Registos Paroquiais*. Lisboa: ANTT, 1993. Vol. I, Centro e Sul.


## Paróquia de São Salvador – Coimbra

**Código de referência:** PT/AUC/PAR/CBR36
**Título:** Paróquia de São Salvador - Coimbra
**Datas de produção:** 1702 / 1855
**Dimensão e suporte:** 5 liv.; papel.
**História administrativa, biográfica e familiar:** Esta freguesia, em 1854, foi anexada à freguesia da Sé Nova. Era priorado da apresentação alternativa da Santa Sé, do ordinário e da própria igreja com rendimento de 150 mil réis. Teve 5 benefícios de 60 mil réis cada um. Teve colegiada.

**Âmbito e conteúdo:** Documentação formada por livros que se agrupam em quatro séries: mistos (englobam registos de batismos, casamentos e óbitos ou apenas dois tipos dos registos anteriores); batismos; casamentos; e óbitos.

**Sistema de organização:** Organização original por séries; ordenação cronológica.

**Cota atual:** III-2ªD

**Instrumentos de pesquisa:** *Inventário Colectivo dos Registos Paroquiais*, vol. I, Centro e Sul; inventário em versão informática Archeevo (base de dados de descrição arquivística) na WEBpage do AUC.

**Notas do arquivista:** Descrição baseada na informação sobre as paróquias do distrito de Coimbra, coordenada por Ana Maria Bandeira, e publicada no *Inventário Colectivo dos Registos Paroquiais*. Lisboa: ANTT, 1993. Vol. I, Centro e Sul.

## Paróquia de São Silvestre – Coimbra

**Código de referência:** PT/AUC/PAR/CBR24

**Título:** Paróquia de São Silvestre - Coimbra

**Datas de produção:** 1611 / 1911

**Dimensão e suporte:** 141 liv.; papel.

**História administrativa, biográfica e familiar:** A antiga freguesia de São Silvestre, também designada por São Silvestre do Campo, foi priorado da apresentação do Marquês de Marialva, mas em 1862 era da apresentação da casa de Manuel Cabral. Em 1840 integrava o concelho de Tentúgal, até à sua extinção por Decreto de 31 de dezembro de 1853, data em que passou para o de Coimbra.

**Âmbito e conteúdo:** Documentação formada por livros que se agrupam em quatro séries: mistos (englobam registos de batismos, casamentos e óbitos ou apenas dois tipos dos registos anteriores); batismos; casamentos; e óbitos.

**Sistema de organização:** Organização original por séries; ordenação cronológica.

**Cota atual:** III-2ªD

**Instrumentos de pesquisa:** *Inventário Colectivo dos Registos Paroquiais*, vol. I, Centro e Sul; inventário em versão informática Archeevo (base de dados de descrição arquivística) na WEBpage do AUC.

**Notas do arquivista:** Descrição baseada na informação sobre as paróquias do distrito de Coimbra, coordenada por Ana Maria Bandeira, e publicada no *Inventário Colectivo dos Registos Paroquiais*. Lisboa: ANTT, 1993. Vol. I, Centro e Sul.

## Paróquia de São Tiago – Coimbra

**Código de referência:** PT/AUC/PAR/CBR37

**Título:** Paróquia de São Tiago - Coimbra

**Datas de produção:** 1510 / 1854

**Dimensão e suporte:** 19 liv.; papel.

**História administrativa, biográfica e familiar:** Foi priorado de apresentação ordinária com renda de 200 mil réis; teve 10 beneficiados da mesma apresentação com renda de 60 mil réis cada um. A igreja era colegiada. Em meados do século XIX (1854) foi anexada à paróquia de São Bartolomeu.

**Âmbito e conteúdo:** Documentação formada por livros que se agrupam em três séries: batismos; casamentos; e óbitos.

**Sistema de organização:** Organização original por séries; ordenação cronológica.

**Cota atual:** III-2ªD

**Instrumentos de pesquisa:** *Inventário Colectivo dos Registos Paroquiais*, vol. I, Centro e Sul; inventário em versão informática Archeevo (base de dados de descrição arquivística) na WEBpage do AUC.

**Notas do arquivista:** Descrição baseada na informação sobre as paróquias do distrito de Coimbra, coordenada por Ana Maria Bandeira, e publicada no *Inventário Colectivo dos Registos Paroquiais*. Lisboa: ANTT, 1993. Vol. I, Centro e Sul.


## Paróquia da Sé Nova – Coimbra

**Código de referência:** PT/AUC/PAR/CBR25

**Título:** Paróquia da Sé Nova - Coimbra

**Datas de produção:** 1546 / 1911

**Dimensão e suporte:** 158 liv.; papel.

**História administrativa, biográfica e familiar:** Foi priorado da apresentação do ordinário e de concurso. Em 1854 foram-lhe anexadas as paróquias de São Pedro e São Salvador, situação que atualmente prevalece.

Foi no início designada apenas por Sé (mesmo depois de ter mudado a respetiva sede para a Sé Nova) continuando a ser conhecida daquele modo. Com a reforma do bispo de então, D. Manuel Bento Rodrigues, em 1855, passou a usar a forma Sé Nova, que se mantém ainda hoje.

**Âmbito e conteúdo:** Documentação formada por livros que se agrupam em seis séries: mistos (englobam registos de batismos, casamentos e óbitos ou apenas dois tipos dos registos anteriores); batismos; casamentos; óbitos; índices; e justificação de registos paroquiais.

**Sistema de organização:** Organização original por séries; ordenação cronológica.

**Cota atual:** III-2ªD

**Instrumentos de pesquisa:** *Inventário Colectivo dos Registos Paroquiais*, vol. I, Centro e Sul; inventário em versão informática Archeevo (base de dados de descrição arquivística) na WEBpage do AUC.

**Notas do arquivista:** Descrição baseada na informação sobre as paróquias do distrito de Coimbra, coordenada por Ana Maria Bandeira, e publicada no *Inventário Colectivo dos Registos Paroquiais*. Lisboa: ANTT, 1993. Vol. I, Centro e Sul.


## Paróquia da Sé Velha – Coimbra

**Código de referência:** PT/AUC/PAR/CBR26
**Título:** Paróquia da Sé Velha - Coimbra
**Datas de produção:** 1614 / 1910
**Dimensão e suporte:** 56 liv.; papel.
**História administrativa, biográfica e familiar:** Foi priorado e teve colegiada. Esta paróquia teve primitivamente sede na Sé Velha. Desde 1913 corresponde à freguesia da cidade sob a designação de Almedina. Foi também designada de S. Cristóvão, seu orago, pois era assim que na sua origem a paróquia se chamava; com a mudança da sede de freguesia da igreja de São Cristóvão para a Sé Velha, foi adotada a nova designação, embora durante algum tempo fosse conhecida pela dupla indistinta S. Cristóvão-Sé Velha.

**Âmbito e conteúdo:** Documentação formada por livros que se agrupam em quatro séries: mistos (englobam registos de batismos, casamentos e óbitos ou apenas dois tipos dos registos anteriores); batismos; casamentos; e óbitos.

**Sistema de organização:** Organização original por séries; ordenação cronológica.

**Cota atual:** III-2ªD

**Instrumentos de pesquisa:** *Inventário Colectivo dos Registos Paroquiais*, vol. I, Centro e Sul; inventário em versão informática Archeevo (base de dados de descrição arquivística) na WEBpage do AUC.

**Notas do arquivista:** Descrição baseada na informação sobre as paróquias do distrito de Coimbra, coordenada por Ana Maria Bandeira, e publicada no *Inventário Colectivo dos Registos Paroquiais*. Lisboa: ANTT, 1993. Vol. I, Centro e Sul.


## Paróquia de Souselas – Coimbra

**Código de referência:** PT/AUC/PAR/ CBR26

**Título:** Paróquia de Souselas - Coimbra

**Datas de produção:** 1628 / 1911

**Dimensão e suporte:** 151 liv.; papel.

**História administrativa, biográfica e familiar:** Nos fins do século XII, a paróquia de Souselas, foi cedida ao Mosteiro do Lorvão por D. Pedro Soares, bispo de Coimbra. Aquele mosteiro foi, talvez, o maior senhorio dos muitos que a zona teve (Universidade e a Igreja de S. Tiago (com bens na Marmeleira e em Zouparia do Monte), a Igreja de S. Cristóvão (Souselas), o Cabido da Sé...). A antiga freguesia de São Tiago de Souselas foi vigairaria da apresentação do Mosteiro de Lorvão. No sítio dos Carrizes terá existido um cemitério visigótico.

**Âmbito e conteúdo:** Documentação formada por livros que se agrupam em quatro séries: mistos (englobam registos de batismos, casamentos e óbitos ou apenas dois tipos dos registos anteriores); batismos; casamentos; e óbitos.

**Sistema de organização:** Organização original por séries; ordenação cronológica.

**Cota atual:** III-2ªD

**Instrumentos de pesquisa:** *Inventário Colectivo dos Registos Paroquiais*, vol. I, Centro e Sul; inventário em versão informática Archeevo (base de dados de descrição arquivística) na WEBpage do AUC.

**Notas do arquivista:** Descrição baseada na informação sobre as paróquias do distrito de Coimbra, coordenada por Ana Maria Bandeira, e publicada no *Inventário Colectivo dos Registos Paroquiais*. Lisboa: ANTT, 1993. Vol. I, Centro e Sul.


## Paróquia de Taveiro – Coimbra

**Código de referência:** PT/AUC/PAR/CBR27

**Título:** Paróquia de Taveiro - Coimbra

**Datas de produção:** 1578 / 1911

**Dimensão e suporte:** 100 liv.; papel.

**História administrativa, biográfica e familiar:** É povoação de idade muito remota. Em 980 é doada ao mosteiro do Lorvão uma herdade em Taveiro. A antiga freguesia de São Lourenço de Taveiro foi vigairaria da apresentação da Mitra de Coimbra e, pelo menos no século XVIII, tinha quarenta mil réis de renda anual.

**Âmbito e conteúdo:** Documentação formada por livros que se agrupam em cinco séries: mistos (englobam registos de batismos, casamentos e óbitos ou apenas dois tipos dos registos anteriores); batismos; casamentos; óbitos; e índices.

**Sistema de organização:** Organização original por séries; ordenação cronológica.

**Cota atual:** III-2ªD

**Instrumentos de pesquisa:** *Inventário Colectivo dos Registos Paroquiais*, vol. I, Centro e Sul; inventário em versão informática Archeevo (base de dados de descrição arquivística) na WEBpage do AUC.

**Notas do arquivista:** Descrição baseada na informação sobre as paróquias do distrito de Coimbra, coordenada por Ana Maria Bandeira, e publicada no *Inventário Colectivo dos Registos Paroquiais*. Lisboa: ANTT, 1993. Vol. I, Centro e Sul.

## Paróquia de Torre de Vilela – Coimbra

**Código de referência:** PT/AUC/PAR/CBR28

**Título:** Paróquia de Torre de Vilela - Coimbra

**Datas de produção:** 1614 / 1911

**Dimensão e suporte:** 95 liv.; papel.

**História administrativa, biográfica e familiar:** Em 1708, esta paróquia estava anexa à de Brasfemes, sendo curato da apresentação do Mosteiro de Lorvão. Tornar-se-ia, depois, freguesia independente em 1876.

**Âmbito e conteúdo:** Documentação formada por livros que se agrupam em quatro séries: mistos (englobam registos de batismos, casamentos e óbitos ou apenas dois tipos dos registos anteriores); batismos; casamentos; e óbitos.

**Sistema de organização:** Organização original por séries; ordenação cronológica.

**Cota atual:** III-2ªD

**Instrumentos de pesquisa:** *Inventário Colectivo dos Registos Paroquiais*, vol. I, Centro e Sul; inventário em versão informática Archeevo (base de dados de descrição arquivística) na WEBpage do AUC.

**Notas do arquivista:** Descrição baseada na informação sobre as paróquias do distrito de Coimbra, coordenada por Ana Maria Bandeira, e publicada no *Inventário Colectivo dos Registos Paroquiais*. Lisboa: ANTT, 1993. Vol. I, Centro e Sul.

## Paróquia de Torres do Mondego – Coimbra

**Código de referência:** PT/AUC/PAR/CBR29

**Título:** Paróquia de Torres do Mondego - Coimbra

**Datas de produção:** 1700 / 1910

**Dimensão e suporte:** 19 liv.; papel.

**História administrativa, biográfica e familiar:** Esta paróquia esteve originariamente anexada à de S. Pedro (1700-1863) e depois à de Santo António dos Olivais (1863-1876). A freguesia de Torres do Mondego foi criada apenas em 1934, por Decreto de 1 de fevereiro.

**Âmbito e conteúdo:** Documentação formada por uma única série: óbitos.

**Sistema de organização:** Organização original por séries; ordenação cronológica.

**Cota atual:** III-2ªD

**Instrumentos de pesquisa:** *Inventário Colectivo dos Registos Paroquiais,* vol. I, Centro e Sul; inventário em versão informática Archeevo (base de dados de descrição arquivística) na WEBpage do AUC.

**Notas do arquivista:** Descrição baseada na informação sobre as paróquias do distrito de Coimbra, coordenada por Ana Maria Bandeira, e publicada no *Inventário Colectivo dos Registos Paroquiais*. Lisboa: ANTT, 1993. Vol. I, Centro e Sul.


## Paróquia de Trouxemil – Coimbra

**Código de referência:** PT/AUC/PAR/CBR30

**Título:** Paróquia de Trouxemil - Coimbra

**Datas de produção:** 1617 / 1911

**Dimensão e suporte:** 135 liv.; papel.

**História administrativa, biográfica e familiar:** A antiga freguesia de São Tiago de Trouxemil foi priorado de concurso episcopal, mas de confirmação pontifícia.

**Âmbito e conteúdo:** Documentação formada por livros que se agrupam em quatro séries: mistos (englobam registos de batismos, casamentos e óbitos ou apenas dois tipos dos registos anteriores); batismos; casamentos; e óbitos.

**Sistema de organização:** Organização original por séries; ordenação cronológica.

**Cota atual:** III-2ªD

**Instrumentos de pesquisa:** *Inventário Colectivo dos Registos Paroquiais*, vol. I, Centro e Sul; inventário em versão informática Archeevo (base de dados de descrição arquivística) na WEBpage do AUC.

**Notas do arquivista:** Descrição baseada na informação sobre as paróquias do distrito de Coimbra, coordenada por Ana Maria Bandeira, e publicada no *Inventário Colectivo dos Registos Paroquiais*. Lisboa: ANTT, 1993. Vol. I, Centro e Sul.

## Paróquia de Vil de Matos – Coimbra

**Código de referência:** PT/AUC/PAR/CBR31

**Título:** Paróquia de Vil de Matos - Coimbra

**Datas de produção:** 1634 / 1911

**Dimensão e suporte:** 155 u. i.; papel.

**História administrativa, biográfica e familiar:** Foi curato amovível da apresentação do pároco de Barcouço. O *Mapa Estatistico* designa esta paróquia como Vila de Matos. Integrou o concelho de Ançã, sendo depois anexada (não se sabe ao certo) ao de Coimbra ou ao de Cantanhede, após a extinção daquele por Decreto de 31 de dezembro de 1853. Por Decreto de 24 de outubro de 1855 ficou a pertencer em definitivo ao Coimbra.

**Âmbito e conteúdo:** Documentação formada por livros que se agrupam em quatro séries: mistos (englobam registos de batismos, casamentos e óbitos ou apenas dois tipos dos registos anteriores); batismos; casamentos; e óbitos.

**Sistema de organização:** Organização original por séries; ordenação cronológica.

**Cota atual:** III-2ªD

**Instrumentos de pesquisa:** *Inventário Colectivo dos Registos Paroquiais*, vol. I, Centro e Sul; inventário em versão informática Archeevo (base de dados de descrição arquivística) na WEBpage do AUC.

**Notas do arquivista:** Descrição baseada na informação sobre as paróquias do distrito de Coimbra, coordenada por Ana Maria Bandeira, e publicada no *Inventário Colectivo dos Registos Paroquiais*. Lisboa: ANTT, 1993. Vol. I, Centro e Sul.

## Paróquia de Anobra - Condeixa-a-Nova

**Código de referência:** PT/AUC/PAR/ CDN01

**Título:** Paróquia de Anobra - Condeixa-a-Nova

**Datas de produção:** 1621 / 1911

**Dimensão e suporte:** 133 liv.; papel.

**História administrativa, biográfica e familiar:** A antiga freguesia de Santa Catarina de Anobra foi priorado da apresentação dos Duques de Cadaval, seus donatários, no termo de Coimbra. Teve foral antigo dado por D. Afonso III e foral dado em Lisboa por D. Manuel I em 20 de julho de 1515. Por carta régia de 24 de julho de 1481 foi doada ao conde de Tentúgal, em troca da Vila de Torres Novas que passou para a coroa. Teve juiz pedâneo sujeito ao juiz de fora de Coimbra.

**Âmbito e conteúdo:** Documentação formada por livros que se agrupam em quatro séries: mistos (englobam registos de batismos, casamentos e óbitos ou apenas dois tipos dos registos anteriores); batismos; casamentos; e óbitos.

**Sistema de organização:** Organização original por séries; ordenação cronológica.

**Cota atual:** III-2ªD

**Instrumentos de pesquisa:** *Inventário Colectivo dos Registos Paroquiais*, vol. I, Centro e Sul; inventário em versão informática Archeevo (base de dados de descrição arquivística) na WEBpage do AUC.

**Notas do arquivista:** Descrição baseada na informação sobre as paróquias do distrito de Coimbra, coordenada por Ana Maria Bandeira, e publicada no *Inventário Colectivo dos Registos Paroquiais*. Lisboa: ANTT, 1993. Vol. I, Centro e Sul.

## Paróquia de Belide - Condeixa-a-Nova

**Código de referência:** PT/AUC/PAR/CDN02

**Título:** Paróquia de Belide - Condeixa-a-Nova

**Datas de produção:** 1572 / 1911

**Dimensão e suporte:** 15 liv.; papel.

**História administrativa, biográfica e familiar:** A antiga freguesia de N. Sr.ª da Saúde de Belide ou, segundo outros, de N. Sr.ª das Neves foi curato da apresentação da Mitra de Coimbra. Integrava a antiga comarca de Coimbra no termo de Montemor-o-Velho, embora haja quem afirme que pertencia à comarca de Condeixa.

**Âmbito e conteúdo:** Documentação formada por livros que se agrupam em cinco séries: mistos (englobam registos de batismos, casamentos e óbitos ou dois dos registos anteriores); batismos; casamentos; óbitos; reconhecimentos e legitimações (1860).

**Sistema de organização:** Organização original por séries; ordenação cronológica.

**Cota atual:** III-2ªD

**Instrumentos de pesquisa:** *Inventário Colectivo dos Registos Paroquiais*, vol. I, Centro e Sul; inventário em versão informática Archeevo (base de dados de descrição arquivística) na WEBpage do AUC.

**Notas do arquivista:** Descrição baseada na informação sobre as paróquias do distrito de Coimbra, coordenada por Ana Maria Bandeira, e publicada no *Inventário Colectivo dos Registos Paroquiais*. Lisboa: ANTT, 1993. Vol. I, Centro e Sul.


## Paróquia de Bendafé - Condeixa-a-Nova

**Código de referência:** PT/AUC/PAR/CDN03

**Título:** Paróquia de Bendafé - Condeixa-a-Nova

**Datas de produção:** 1704 / 1911

**Dimensão e suporte:** 63 liv.; papel.

**História administrativa, biográfica e familiar:** A antiga freguesia de N. Sr.ª da Ajuda de Bendafé, ou, dizem outros, de N. Sr.ª da Graça, foi vigairaria da apresentação do prior e beneficiados da freguesia de Santa Justa de Coimbra. Fez parte da comarca de Coimbra e mais tarde da de Penela. O Padre Carvalho refere que esta localidade era um simples lugar da freguesia de Vila Seca. Há quem escreva o nome desta freguesia como Bem da Fé.

**Âmbito e conteúdo:** Documentação formada por livros que se agrupam em quatro séries: mistos (englobam registos de batismos, casamentos e óbitos ou apenas dois tipos dos registos anteriores); batismos; casamentos; e óbitos.

**Sistema de organização:** Organização original por séries; ordenação cronológica.

**Cota atual:** III-2ªD

**Instrumentos de pesquisa:** *Inventário Colectivo dos Registos Paroquiais*, vol. I, Centro e Sul; inventário em versão informática Archeevo (base de dados de descrição arquivística) na WEBpage do AUC.

**Notas do arquivista:** Descrição baseada na informação sobre as paróquias do distrito de Coimbra, coordenada por Ana Maria Bandeira, e publicada no *Inventário Colectivo dos Registos Paroquiais*. Lisboa: ANTT, 1993. Vol. I, Centro e Sul.

## Paróquia de Condeixa-a-Nova - Condeixa-a-Nova

**Código de referência:** PT/AUC/PAR/CDN04

**Título:** Paróquia de Condeixa-a-Nova - Condeixa-a-Nova

**Datas de produção:** 1546 / 1911

**Dimensão e suporte:** 60 liv.; papel.

**História administrativa, biográfica e familiar:** A antiga freguesia de Santa Cristina de Condeixa-a-Nova é hoje sede de concelho e mais conhecida apenas por Condeixa. Foi curato da apresentação do Mosteiro de Santa Cruz de Coimbra e passou mais tarde a reitoria. Recebeu foral dado em Lisboa por D. Manuel I a 3 de junho de 1514. Teve juiz pedâneo sujeito ao senado da Câmara de Coimbra. Foi um dos alvos das Invasões Francesas sob o comando de Massena.

**Âmbito e conteúdo:** Documentação formada por livros que se agrupam em quatro séries: mistos (englobam registos de batismos, casamentos e óbitos ou apenas dois tipos dos registos anteriores); batismos; casamentos; e óbitos.

**Sistema de organização:** Organização original por séries; ordenação cronológica.

**Cota atual:** III-2ªD

**Instrumentos de pesquisa:** *Inventário Colectivo dos Registos Paroquiais*, vol. I, Centro e Sul; inventário em versão informática Archeevo (base de dados de descrição arquivística) na WEBpage do AUC.

**Notas do arquivista:** Descrição baseada na informação sobre as paróquias do distrito de Coimbra, coordenada por Ana Maria Bandeira, e publicada no *Inventário Colectivo dos Registos Paroquiais*. Lisboa: ANTT, 1993. Vol. I, Centro e Sul.


## Paróquia de Condeixa-a-Velha - Condeixa-a-Nova

**Código de referência:** PT/AUC/PAR/CDN05

**Título:** Paróquia de Condeixa-a-Velha - Condeixa-a-Nova

**Datas de produção:** 1578 / 1911

**Dimensão e suporte:** 70 liv.; papel.

**História administrativa, biográfica e familiar:** A antiga freguesia de São Pedro de Condeixa-a-Velha foi curato da apresentação do Mosteiro de Santa Cruz de Coimbra e passou mais tarde a reitoria. O pároco era cura e tinha côngrua de 64 alqueires de trigo, uma pipa de vinho e 14 mil réis em dinheiro.

**Âmbito e conteúdo:** Documentação formada por livros que se agrupam em quatro séries: mistos (englobam registos de batismos, casamentos e óbitos ou apenas dois tipos dos registos anteriores); batismos; casamentos; e óbitos.

**Sistema de organização:** Organização original por séries; ordenação cronológica.

**Cota atual:** III-2ªD

Instrumentos de pesquisa: *Inventário Colectivo dos Registos Paroquiais*, vol. I, Centro e Sul; inventário em versão informática Archeevo (base de dados de descrição arquivística) na WEBpage do AUC.

Notas do arquivista: Descrição baseada na informação sobre as paróquias do distrito de Coimbra, coordenada por Ana Maria Bandeira, e publicada no *Inventário Colectivo dos Registos Paroquiais*. Lisboa: ANTT, 1993. Vol. I, Centro e Sul.


## Paróquia de Ega - Condeixa-a-Nova

Código de referência: PT/AUC/PAR/CDN06

Título: Paróquia de Ega - Condeixa-a-Nova

Datas de produção: 1591 / 1911

Dimensão e suporte: 111 liv.; papel.

História administrativa, biográfica e familiar: É povoação muito antiga, tendo sido conquistada aos Mouros por D. Afonso Henriques, em 1135, e dada aos Templários em 1145. A antiga freguesia de N. Sr.ª da Graça foi vigairaria e comenda da Ordem de Cristo, com coadjutor da mesma Ordem. Teve foral dado por D. Manuel I, em Lisboa, a 25 de fevereiro de 1514. No seu termo antigo tinha outra vigairaria, no lugar do Furadouro. Em 1755 aparece integrada na comarca de Leiria, em 1852 na de Coimbra e em 1878 na de Soure.

Âmbito e conteúdo: Documentação formada por livros que se agrupam em quatro séries: mistos (englobam registos de batismos, casamentos e óbitos ou apenas dois tipos dos registos anteriores); batismos; casamentos; e óbitos.

Sistema de organização: Organização original por séries; ordenação cronológica.

Cota atual: III-2ªD

Instrumentos de pesquisa: *Inventário Colectivo dos Registos Paroquiais*, vol. I, Centro e Sul; inventário em versão informática Archeevo (base de dados de descrição arquivística) na WEBpage do AUC.

Notas do arquivista: Descrição baseada na informação sobre as paróquias do distrito de Coimbra, coordenada por Ana Maria Bandeira,

e publicada no *Inventário Colectivo dos Registos Paroquiais*. Lisboa: ANTT, 1993. Vol. I, Centro e Sul.


## Paróquia de Furadouro - Condeixa-a-Nova

**Código de referência:** PT/AUC/PAR/CDN07

**Título:** Paróquia de Furadouro - Condeixa-a-Nova

**Datas de produção:** 1683 / 1911

**Dimensão e suporte:** 53 liv.; papel.

**História administrativa, biográfica e familiar:** A antiga freguesia do Espírito Santo de Furadouro foi vigairaria da apresentação da Ordem de Cristo, embora a *Estatistica Parochial* informe que é da Casa do Infantado, no termo da vila. Em 1839 estava integrada na comarca de Leiria, em 1852 na de Coimbra e em 1872 na de Penela. Em 1889 passa a fazer parte da de Condeixa e desde 1927 da de Soure.

**Âmbito e conteúdo:** Documentação formada por livros que se agrupam em quatro séries: mistos (englobam registos de batismos, casamentos e óbitos ou apenas dois tipos dos registos anteriores); batismos; casamentos; e óbitos.

**Sistema de organização:** Organização original por séries; ordenação cronológica.

**Cota atual:** III-2ªD

**Instrumentos de pesquisa:** *Inventário Colectivo dos Registos Paroquiais*, vol. I, Centro e Sul; inventário em versão informática Archeevo (base de dados de descrição arquivística) na WEBpage do AUC.

**Notas do arquivista:** Descrição baseada na informação sobre as paróquias do distrito de Coimbra, coordenada por Ana Maria Bandeira, e publicada no *Inventário Colectivo dos Registos Paroquiais*. Lisboa: ANTT, 1993. Vol. I, Centro e Sul.


## Paróquia do Sebal - Condeixa-a-Nova

**Código de referência:** PT/AUC/PAR/CDN08

**Título:** Paróquia do Sebal - Condeixa-a-Nova

**Datas de produção:** 1603 / 1911

**Dimensão e suporte:** 79 liv.; papel.

**História administrativa, biográfica e familiar:** A antiga freguesia de Sebal Grande ou apenas Sebal foi vigairaria da apresentação do Cabido da Sé de Coimbra (*Dicionario Geografico*) e vigairaria da apresentação do Cabido da Sé de Coimbra e do Convento dos Lóios da mesma cidade (*Estatistica Parochial*). Em 1839, pertencia ao concelho e comarca de Coimbra e, em 1853, ao concelho de Condeixa-a-Nova. Em tempos anteriores a Condeixa pertenceu a esta freguesia. Ficou independente por escritura entre um cónego da Sé de Coimbra, o prior de Sebal e os representantes dos moradores de Condeixa, Fernão Pires e Pero Afonso. Em 1902 fazia parte da comarca de Condeixa-a-Nova.

**Âmbito e conteúdo:** Documentação formada por livros que se agrupam em quatro séries: mistos (englobam registos de batismos, casamentos e óbitos ou apenas dois tipos dos registos anteriores); batismos; casamentos; e óbitos.

**Sistema de organização:** Organização original por séries; ordenação cronológica.

**Cota atual:** III-2ªD

**Instrumentos de pesquisa:** *Inventário Colectivo dos Registos Paroquiais*, vol. I, Centro e Sul; inventário em versão informática Archeevo (base de dados de descrição arquivística) na WEBpage do AUC.

**Notas do arquivista:** Descrição baseada na informação sobre as paróquias do distrito de Coimbra, coordenada por Ana Maria Bandeira, e publicada no *Inventário Colectivo dos Registos Paroquiais*. Lisboa: ANTT, 1993. Vol. I, Centro e Sul.


**Paróquia de Vila Seca - Condeixa-a-Nova**

**Código de referência:** PT/AUC/PAR/CDN09

**Título:** Paróquia de Vila Seca - Condeixa-a-Nova

**Datas de produção:** 1610 / 1911

**Dimensão e suporte:** 120 liv.; papel.

**História administrativa, biográfica e familiar:** As origens de Vila Seca são desconhecidas. Só em documentação quinhentista se lhe faz referência como um julgado do termo da cidade de Coimbra; em 1649, surge como um pequeno concelho do mesmo termo. A antiga freguesia de São Pedro de Vila Seca foi priorado da apresentação do Cabido da Sé de Coimbra.

**Âmbito e conteúdo:** Documentação formada por livros que se agrupam em quatro séries: mistos (englobam registos de batismos, casamentos e óbitos ou apenas dois tipos dos registos anteriores); batismos; casamentos; e óbitos.

**Sistema de organização:** Organização original por séries; ordenação cronológica.

**Cota atual:** III-2ªD

**Instrumentos de pesquisa:** *Inventário Colectivo dos Registos Paroquiais*, vol. I, Centro e Sul; inventário em versão informática Archeevo (base de dados de descrição arquivística) na WEBpage do AUC.

**Notas do arquivista:** Descrição baseada na informação sobre as paróquias do distrito de Coimbra, coordenada por Ana Maria Bandeira, e publicada no *Inventário Colectivo dos Registos Paroquiais*. Lisboa: ANTT, 1993. Vol. I, Centro e Sul.


## Paróquia do Zambujal - Condeixa-a-Nova

**Código de referência:** PT/AUC/PAR/CDN10

**Título:** Paróquia do Zambujal - Condeixa-a-Nova

**Datas de produção:** 1641 / 1911

**Dimensão e suporte:** 163 liv.; papel.

**História administrativa, biográfica e familiar:** A antiga freguesia de N. Sr.ª da Conceição de Zambujal foi vigairaria da apresentação do Mosteiro de Sant'Ana de Coimbra, tendo passado depois a priorado. D. Manuel I deu-lhe foral em Lisboa a 23 de agosto de 1514. Era sede de concelho em 1811, tendo a Universidade de Coimbra por donatário. Fez parte do antigo concelho do Rabaçal, extinto por Decreto de 31 de dezembro de 1853, passando então a integrar o de Soure. Em 1855, por Decreto de 24 de outubro, é incluído no concelho de Condeixa-a-Nova.

**Âmbito e conteúdo:** Documentação formada por livros que se agrupam em quatro séries: mistos (englobam registos de batismos, casamentos e óbitos ou apenas dois tipos dos registos anteriores); batismos; casamentos; e óbitos.

**Sistema de organização:** Organização original por séries; ordenação cronológica.

**Cota atual:** III-2ªD

**Instrumentos de pesquisa:** *Inventário Colectivo dos Registos Paroquiais*, vol. I, Centro e Sul; inventário em versão informática Archeevo (base de dados de descrição arquivística) na WEBpage do AUC.

**Notas do arquivista:** Descrição baseada na informação sobre as paróquias do distrito de Coimbra, coordenada por Ana Maria Bandeira, e publicada no *Inventário Colectivo dos Registos Paroquiais*. Lisboa: ANTT, 1993. Vol. I, Centro e Sul.

## Paróquia de Alhadas - Figueira da Foz

**Código de referência:** PT/AUC/PAR/FIG01

**Título:** Paróquia de Alhadas - Figueira da Foz

**Datas de produção:** 1602 / 1911

**Dimensão e suporte:** 131 liv.; papel.

**História administrativa, biográfica e familiar:** Alhadas é terra muito antiga sendo já referida no foral dado por D. Teresa e D. Branca a Montemor-o-Velho. Foi vila no século XII, sob o domínio de D. Fraile Pais, designada como Couto de Alhadas. Tem por orago São Pedro e foi vigairaria da apresentação do Cabido da Sé de Coimbra. Recebeu foral de D. Manuel I, em agosto de 1514. Sede de concelho, até ao início do século XIX, passou então a freguesia do extinto concelho de Maiorca até 1853. A 30 de junho de 1989, a freguesia voltou a ter o título de vila.

**Âmbito e conteúdo:** Documentação formada por livros que se agrupam em cinco séries: mistos (englobam registos de batismos, casamentos e óbitos ou apenas dois tipos dos registos anteriores); batismos; casamentos; óbitos; e índices.

**Sistema de organização:** Organização original por séries; ordenação cronológica.

**Cota atual:** III-2ªD

**Instrumentos de pesquisa:** *Inventário Colectivo dos Registos Paroquiais*, vol. I, Centro e Sul; inventário em versão informática Archeevo (base de dados de descrição arquivística) na WEBpage do AUC.

**Notas do arquivista:** Descrição baseada na informação sobre as paróquias do distrito de Coimbra, coordenada por Ana Maria Bandeira, e publicada no *Inventário Colectivo dos Registos Paroquiais*. Lisboa: ANTT, 1993. Vol. I, Centro e Sul.


## Paróquia de Brenha - Figueira da Foz

**Código de referência:** PT/AUC/PAR/FIG03

**Título:** Paróquia de Brenha - Figueira da Foz

**Datas de produção:** 1634 / 1911

**Dimensão e suporte:** 59 liv.; papel.

**História administrativa, biográfica e familiar:** A história de Brenha refere-se a uma povoação muito antiga. É seu orago São Teotónio e foi curato da apresentação do Mosteiro de Santa Cruz de Coimbra, seu donatário e de toda esta região, que incluía a herdade de Brenha, aliás de Breiam ou Brenhelas (Brenha), Lilium (Lírio), Cabanas. Brenha tem foral desde 1282. A povoação esteve anexada à freguesia e paróquia de Quiaios, da qual se emancipou em 1934 e converteu-se numa paróquia autónoma, com cura.

**Âmbito e conteúdo:** Documentação formada por livros que se agrupam em cinco séries: mistos (englobam registos de batismos, casamentos e óbitos ou apenas dois tipos dos registos anteriores); batismos; casamentos; óbitos; e índices.

**Sistema de organização:** Organização original por séries; ordenação cronológica.

**Cota atual:** III-2ªD

**Instrumentos de pesquisa:** *Inventário Colectivo dos Registos Paroquiais,* vol. I, Centro e Sul; inventário em versão informática Archeevo (base de dados de descrição arquivística) na WEBpage do AUC.

**Notas do arquivista:** Descrição baseada na informação sobre as paróquias do distrito de Coimbra, coordenada por Ana Maria Bandeira, e publicada no *Inventário Colectivo dos Registos Paroquiais.* Lisboa: ANTT, 1993. Vol. I, Centro e Sul.


## Paróquia de Buarcos - Figueira da Foz

**Código de referência:** PT/AUC/PAR/FIG04

**Título:** Paróquia de Buarcos - Figueira da Foz

**Datas de produção:** 1602 / 1911

**Dimensão e suporte:** 165 u. i.; papel.

**História administrativa, biográfica e familiar:** O Senhorio de Buarcos foi doado em 1206 ao mosteiro de Santa Cruz, pelo bispo de Coimbra D. Pedro Soares. Recebeu foral de D. Afonso IV em 1 de abril de 1342, sendo doada, em 1411, por D. João I a seu filho D. Pedro, duque de Coimbra. Em 15 de setembro de 1516 D. Manuel I concede-lhe foral e, em 1519, o mesmo rei doa a vila ao conde de Tentúgal. Buarcos tem por orago São Pedro e foi vigairaria da apresentação do cabido da Sé de Coimbra. Pela sua localização, Buarcos foi muitas vezes saqueada e destruída ao longo dos séculos. Foi sede de concelho extinto em 1836, passando para a jurisdição do concelho da Figueira da Foz.

**Âmbito e conteúdo:** Documentação formada por livros que se agrupam em seis séries: mistos (englobam registos de batismos, casamentos e óbitos ou apenas dois tipos dos registos anteriores); batismos; casamentos; óbitos; índices e documentos de casamentos.

**Sistema de organização:** Organização original por séries; ordenação cronológica.

**Cota atual:** III-2ªD

**Instrumentos de pesquisa:** *Inventário Colectivo dos Registos Paroquiais*, vol. I, Centro e Sul; inventário em versão informática Archeevo (base de dados de descrição arquivística) na WEBpage do AUC.

**Notas do arquivista:** Descrição baseada na informação sobre as paróquias do distrito de Coimbra, coordenada por Ana Maria Bandeira, e publicada no *Inventário Colectivo dos Registos Paroquiais*. Lisboa: ANTT, 1993. Vol. I, Centro e Sul.


## Paróquia de Ferreira-a-Nova - Figueira da Foz

**Código de referência:** PT/AUC/PAR/FIG05

**Título:** Paróquia de Ferreira-a-Nova - Figueira da Foz

**Datas de produção:** 1666 / 1911

**Dimensão e suporte:** 165 u. i.; papel.

**História administrativa, biográfica e familiar:** Também conhecida pela designação mais abreviada de Ferreira. É seu orago Santa Eulália e foi curato da apresentação do Mosteiro de Santa Cruz de Coimbra (seu donatário), no termo de Montemor-o-Velho, e passou mais tarde a vigairaria. Fez parte do antigo concelho de Maiorca, extinto pelo Decreto de 31 de dezembro de 1853, tendo passado, por isso, para o da Figueira da Foz.

**Âmbito e conteúdo:** Documentação formada por livros que se agrupam em cinco séries: mistos (englobam registos de batismos, casamentos e óbitos ou apenas dois tipos dos registos anteriores); batismos; casamentos; óbitos; e índices.

**Sistema de organização:** Organização original por séries; ordenação cronológica.

**Cota atual:** III-2ªD

**Instrumentos de pesquisa:** *Inventário Colectivo dos Registos Paroquiais*, vol. I, Centro e Sul; inventário em versão informática Archeevo (base de dados de descrição arquivística) na WEBpage do AUC.

**Notas do arquivista:** Descrição baseada na informação sobre as paróquias do distrito de Coimbra, coordenada por Ana Maria Bandeira,

e publicada no *Inventário Colectivo dos Registos Paroquiais*. Lisboa: ANTT, 1993. Vol. I, Centro e Sul.

## Paróquia de Lavos - Figueira da Foz

**Código de referência:** PT/AUC/PAR/FIG06

**Título:** Paróquia de Lavos - Figueira da Foz

**Datas de produção:** 1625 / 1911

**Dimensão e suporte:** 159 u. i.; papel.

**História administrativa, biográfica e familiar:** É seu orago N. Sr.ª da Conceição e foi priorado da apresentação alternativa ao pontífice, rei, bispo e cabido da Sé de Coimbra, no termo de Montemor-o-Velho. Passou mais tarde para a apresentação do ordinário e de concurso. D. Afonso II deu-lhe foral em janeiro de 1217 e de D. Manuel I em 20 de dezembro de 1517. Em 1808, na praia de Lavos desembarcou o exército inglês comandado por Beresford e Weslelley, no auxílio a Portugal para a expulsão dos franceses. Foi couto, sede e denominação de concelho, extinto pelo Decreto de 31 de dezembro de 1853, passando a integrar desde então o da Figueira da Foz. Integrado na comarca da Figueira da Foz em 1839, passa em 1852 para a de Soure e, em 1878, novamente para a da Figueira da Foz.

**Âmbito e conteúdo:** Documentação formada por livros que se agrupam em cinco séries: batismos; casamentos; óbitos; índice de batismos (1882); e documentos para registos de casamentos (1872).

**Sistema de organização:** Organização original por séries; ordenação cronológica.

**Cota atual:** III-2ªD

**Instrumentos de pesquisa:** *Inventário Colectivo dos Registos Paroquiais*, vol. I, Centro e Sul; inventário em versão informática Archeevo (base de dados de descrição arquivística) na WEBpage do AUC.

**Notas do arquivista:** Descrição baseada na informação sobre as paróquias do distrito de Coimbra, coordenada por Ana Maria Bandeira, e publicada no *Inventário Colectivo dos Registos Paroquiais*. Lisboa: ANTT, 1993. Vol. I, Centro e Sul.

## Paróquia de Maiorca - Figueira da Foz

**Código de referência:** PT/AUC/PAR/FIG07

**Título:** Paróquia de Maiorca - Figueira da Foz

**Datas de produção:** 1596 / 1911

**Dimensão e suporte:** 166 u. i.; papel.

**História administrativa, biográfica e familiar:** É seu orago o Salvador do Mundo. Foi vigairaria do Cabido da Sé de Coimbra, no termo de Montemor-o-Velho. Passou mais tarde a priorado da apresentação do ordinário e de concurso. Era couto muito antigo ligado à Universidade de Coimbra, sendo mais tarde cabeça de concelho, extinto pelo Decreto de 31 de dezembro de 1853.

**Âmbito e conteúdo:** Documentação formada por livros que se agrupam em cinco séries: mistos (englobam registos de batismos, casamentos e óbitos ou apenas dois tipos dos registos anteriores); batismos; casamentos; óbitos; e documentos relativos a licença de batismos de 1869.

**Sistema de organização:** Organização original por séries; ordenação cronológica.

**Cota atual:** III-2ªD

**Instrumentos de pesquisa:** *Inventário Colectivo dos Registos Paroquiais*, vol. I, Centro e Sul; inventário em versão informática Archeevo (base de dados de descrição arquivística) na WEBpage do AUC.

**Notas do arquivista:** Descrição baseada na informação sobre as paróquias do distrito de Coimbra, coordenada por Ana Maria Bandeira, e publicada no *Inventário Colectivo dos Registos Paroquiais*. Lisboa: ANTT, 1993. Vol. I, Centro e Sul.

## Paróquia do Paião - Figueira da Foz

**Código de referência:** PT/AUC/PAR/FIG09

**Título:** Paróquia do Paião - Figueira da Foz

**Datas de produção:** 1606 / 1911

**Dimensão e suporte:** 141 u. i.; papel.

**História administrativa, biográfica e familiar:** Paião tem por orago N. Sr.ª do Ó e foi vigairaria da apresentação do mosteiro de Santa Clara de Coimbra, no termo de Montemor-o-Velho. Integrou o concelho de Lavos, extinto pelo Decreto de 31 de dezembro de 1853, passando para o da Figueira da Foz. Em 1839 fazia parte da comarca da Figueira da Foz, em 1852 da de Soure e, em 1878, novamente da Figueira da Foz.

**Âmbito e conteúdo:** Documentação formada por livros que se agrupam em cinco séries: mistos (livros que englobam registos de batismos, casamentos e óbitos ou dois dos registos anteriores); batismos; casamentos; óbitos; documentos relativos a casamentos (1877, 1878, 1881).

**Sistema de organização:** Organização original por séries; ordenação cronológica.

**Cota atual:** III-2ªD

**Instrumentos de pesquisa:** *Inventário Colectivo dos Registos Paroquiais*, vol. I, Centro e Sul; inventário em versão informática Archeevo (base de dados de descrição arquivística) na WEBpage do AUC.

**Notas do arquivista:** Descrição baseada na informação sobre as paróquias do distrito de Coimbra, coordenada por Ana Maria Bandeira, e publicada no *Inventário Colectivo dos Registos Paroquiais*. Lisboa: ANTT, 1993. Vol. I, Centro e Sul.


# Paróquia de Quiaios - Figueira da Foz

**Código de referência:** PT/AUC/PAR/FIG10

**Título:** Paróquia de Quiaios - Figueira da Foz

**Datas de produção:** 1609 / 1911

**Dimensão e suporte:** 133 liv.; papel.

**História administrativa, biográfica e familiar:** É vila muito antiga que precedeu a fundação da nacionalidade do país, cujo orago é São Mamede. Foi vigairaria da apresentação do Mosteiro de Santa Cruz de Coimbra, seu donatário. Integrava em 1839 o concelho de Maiorca extinto pelo Decreto de 31 de dezembro de 1853, passando então para o da Figueira da Foz.

**Âmbito e conteúdo:** Documentação formada por livros que se agrupam em cinco séries: mistos (englobam registos de batismos, casamentos e óbitos ou apenas dois tipos dos registos anteriores); batismos; casamentos; óbitos e índices.

**Sistema de organização:** Organização original por séries; ordenação cronológica.

**Cota atual:** III-2ªD

**Instrumentos de pesquisa:** *Inventário Colectivo dos Registos Paroquiais*, vol. I, Centro e Sul; inventário em versão informática Archeevo (base de dados de descrição arquivística) na WEBpage do AUC.

**Notas do arquivista:** Descrição baseada na informação sobre as paróquias do distrito de Coimbra, coordenada por Ana Maria Bandeira, e publicada no *Inventário Colectivo dos Registos Paroquiais*. Lisboa: ANTT, 1993. Vol. I, Centro e Sul.


## Paróquia de Redondos - Figueira da Foz

**Código de referência:** PT/AUC/PAR/FIG17

**Título:** Paróquia de Redondos - Figueira da Foz

**Datas de produção:** 1629 / 1837

**Dimensão e suporte:** 6 u. i.; papel.

**História administrativa, biográfica e familiar:** Foi povoação de origem muito remota. Localizada junto a Buarcos, esta última formou um concelho, designado por Buarcos e Redondos, extinto em 12 de março de 1771. Esta freguesia foi, por isso, anexa a Buarcos. Tendo por orago a Vera Cruz, foi curato da apresentação do mosteiro de Santa Cruz de Coimbra, seu donatário. Em 1826 ainda Redondos era freguesia do concelho da Figueira da Foz. Foi uma das várias povoações martirizadas pelo desembarque dos corsários ingleses em 1566 e holandeses na época de domínio filipino. Em 1602 Redondos foi saqueada pelos ingleses.

**Âmbito e conteúdo:** Documentação formada por livros que se agrupam em quatro séries: mistos (englobam registos de batismos, casamentos e óbitos ou apenas dois tipos dos registos anteriores); batismos; casamentos; e óbitos.

**Sistema de organização:** Organização original por séries; ordenação cronológica.

**Cota atual:** III-2ªD

**Instrumentos de pesquisa:** *Inventário Colectivo dos Registos Paroquiais*, vol. I, Centro e Sul; inventário em versão informática Archeevo (base de dados de descrição arquivística) na WEBpage do AUC.

**Notas do arquivista:** Descrição baseada na informação sobre as paróquias do distrito de Coimbra, coordenada por Ana Maria Bandeira, e publicada no *Inventário Colectivo dos Registos Paroquiais*. Lisboa: ANTT, 1993. Vol. I, Centro e Sul.


## Paróquia de São Julião - Figueira da Foz

**Código de referência:** PT/AUC/PAR/ FIG11

**Título:** Paróquia de São Julião - Figueira da Foz

**Datas de produção:** 1602 / 1911

**Dimensão e suporte:** 161 u. i.; papel.

**História administrativa, biográfica e familiar:** As primeiras referências à povoação remontam ao século XI e mencionam uma pequena povoação cuja igreja tinha por orago São Julião da foz do Mondego. Em 1080, por ordens do Conde D. Sisnando, o Abade Pedro reconstrói a igreja primitiva, então destruída pelos mouros, renovando o povoamento; em 1096, o mesmo Abade faz dela doação à Sé de Coimbra, cujo cabido também a doa, em 1237, aos "Povoadores de São Julião", foro de Tavarede. O pároco era cura anual da apresentação do cabido da Sé de Coimbra.

Pela sua localização geográfica, São Julião atingiu o seu auge no século XIV como porto de exportação e importação. Local muito cobiçado por estrangeiros, era constantemente saqueado. O desenvolvimento económico de São Julião da Figueira da Foz provocou a transferência para o local, da Câmara de Tavarede, em 1770. Um ano mais tarde, Figueira era elevada a vila por D. José I.

**Âmbito e conteúdo:** Documentação formada por livros que se agrupam em sete séries: mistos (englobam registos de batismos, casamentos e óbitos ou apenas dois tipos dos registos anteriores); batismos; casamentos; óbitos; documentos referentes a casamentos; índices; e reconhecimentos e legitimações.

**Sistema de organização:** Organização original por séries; ordenação cronológica.

**Cota atual:** III-2ªD

**Instrumentos de pesquisa:** *Inventário Colectivo dos Registos Paroquiais*, vol. I, Centro e Sul; inventário em versão informática Archeevo (base de dados de descrição arquivística) na WEBpage do AUC.

**Notas do arquivista:** Descrição baseada na informação sobre as paróquias do distrito de Coimbra, coordenada por Ana Maria Bandeira, e publicada no *Inventário Colectivo dos Registos Paroquiais*. Lisboa: ANTT, 1993. Vol. I, Centro e Sul.


## Paróquia de Tavarede - Figueira da Foz

**Código de referência:** PT/AUC/PAR/FIG12

**Título:** Paróquia de Tavarede - Figueira da Foz

**Datas de produção:** 1564 / 1911

**Dimensão e suporte:** 150 liv.; papel.

**História administrativa, biográfica e familiar:** Esta freguesia tem por orago São Martinho bispo e foi curato da apresentação do cabido da Sé de Coimbra.

Desde muito cedo foi Tavarede um couto e concelho a que D. Manuel I deu foral, em Lisboa, em 9 de maio de 1516. Por essa altura foi fundada por António Fernandes de Quadros a "Casa de Tavarede", titulada pela família Quadros até ao 3º conde de Tavarede, extinguindo-se o título com a morte deste último em 1903. O concelho foi extinto em 1834. Já desde o Decreto pombalino de 12 de março de 1771, que criara a Comarca da Figueira da Foz, pertencia a esta, contrariamente ao privilégio antigo do couto.

**Âmbito e conteúdo:** Documentação formada por livros que se agrupam em cinco séries: mistos (englobam registos de batismos, casamentos e óbitos ou apenas dois tipos dos registos anteriores); batismos; casamentos; óbitos; e índices.

**Sistema de organização:** Organização original por séries; ordenação cronológica.

**Cota atual:** III-2ªD

**Instrumentos de pesquisa:** *Inventário Colectivo dos Registos Paroquiais*, vol. I, Centro e Sul; inventário em versão informática Archeevo (base de dados de descrição arquivística) na WEBpage do AUC.

**Notas do arquivista:** Descrição baseada na informação sobre as paróquias do distrito de Coimbra, coordenada por Ana Maria Bandeira, e publicada no *Inventário Colectivo dos Registos Paroquiais*. Lisboa: ANTT, 1993. Vol. I, Centro e Sul.


## Paróquia de Vila Verde - Figueira da Foz

**Código de referência:** PT/AUC/PAR/FIG13

**Título:** Paróquia de Vila Verde - Figueira da Foz

**Datas de produção:** 1792 / 1911

**Dimensão e suporte:** 89 liv.; papel.

**História administrativa, biográfica e familiar:** A antiga freguesia de Santo Aleixo de Vila Verde foi curato da apresentação do cabido da Sé de Coimbra. A 1ª referência implícita a Vila Verde é de 16 de fevereiro de 1096, numa carta de doação do Abade Pedro à Sé de Coimbra dos terrenos da Fontanela e S. Veríssimo (hoje Vila Verde), pertencentes à igreja de S. Julião. Em 1412, recebeu foral do cabido da Sé de Coimbra. A partir de 1782 Vila Verde ficou sujeita à jurisdição da Figueira da Foz, pois antes fazia parte do limite de Montemor-o-Velho. Em 1790, depois de Vila Verde se separar das freguesias de S. Julião e Alhadas, D. Francisco de Lemos, bispo de Coimbra, eleva-a a Junta da Paróquia. Passou a fazer parte do concelho da Figueira da Foz a partir de 1821, por requerimento dos vilaverdenses.

**Âmbito e conteúdo:** Documentação formada por livros que se agrupam em cinco séries: mistos (englobam registos de batismos, casamentos e óbitos ou apenas dois tipos dos registos anteriores); batismos; casamentos; óbitos; e índices.

**Sistema de organização:** Organização original por séries; ordenação cronológica.

**Cota atual:** III-2ªD

**Instrumentos de pesquisa:** *Inventário Colectivo dos Registos Paroquiais*, vol. I, Centro e Sul; inventário em versão informática Archeevo (base de dados de descrição arquivística) na WEBpage do AUC.

**Notas do arquivista:** Descrição baseada na informação sobre as paróquias do distrito de Coimbra, coordenada por Ana Maria Bandeira, e publicada no *Inventário Colectivo dos Registos Paroquiais*. Lisboa: ANTT, 1993. Vol. I, Centro e Sul.


## Paróquia de Alvares – Góis

**Código de referência:** PT/AUC/PAR/ GOI01

**Título:** Paróquia de Alvares - Góis

**Datas de produção:** 1603 / 1899

**Dimensão e suporte:** 93 liv.; papel.

**História administrativa, biográfica e familiar:** A antiga freguesia de São Mateus de Alvares foi vigairaria da apresentação do Colégio de Santo Agostinho de Coimbra ou da Sapiência. Teve foral, dado em Coimbra, no mês de setembro de 1281, por D. Afonso III. Também D. Manuel I lhe deu foral em Lisboa, a 4 de maio de 1514, concedendo-lhe antigas honras de vila. Em 1762, pertencia à correição de Tomar. Foi concelho em 1821, extinto em 14 de outubro de 1855, passando a integrar o concelho de Góis. Em 1835, fazia parte do julgado de Figueiró dos Vinhos.

**Âmbito e conteúdo:** Documentação formada por livros que se agrupam em quatro séries: mistos (englobam registos de batismos, casamentos e óbitos ou apenas dois tipos dos registos anteriores); batismos; casamentos; e óbitos.

**Sistema de organização:** Organização original por séries; ordenação cronológica.

**Cota atual:** III-2ªD

**Instrumentos de pesquisa:** *Inventário Colectivo dos Registos Paroquiais*, vol. I, Centro e Sul; inventário em versão informática Archeevo (base de dados de descrição arquivística) na WEBpage do AUC.

**Notas do arquivista:** Descrição baseada na informação sobre as paróquias do distrito de Coimbra, coordenada por Ana Maria Bandeira, e publicada no *Inventário Colectivo dos Registos Paroquiais*. Lisboa: ANTT, 1993. Vol. I, Centro e Sul.


**Paróquia de Cadafaz – Góis**

**Código de referência:** PT/AUC/PAR/GOI02

**Título:** Paróquia de Cadafaz - Góis

**Datas de produção:** 1603 / 1896

**Dimensão e suporte:** 124 liv.; papel.

**História administrativa, biográfica e familiar:** Tem por orago N. Sr.ª das Neves e foi curato da apresentação anual do vigário de Góis, no termo da mesma vila, e da comarca de Coimbra. Em 1839, integrava a comarca de Góis e o concelho de Seia, mas em 1852 passou a fazer parte do concelho de Arganil.

**Âmbito e conteúdo:** Documentação formada por livros que se agrupam em quatro séries: mistos (englobam registos de batismos, casamentos e óbitos ou apenas dois tipos dos registos anteriores); batismos; casamentos; e óbitos.

**Sistema de organização:** Organização original por séries; ordenação cronológica.

**Cota atual:** III-2ªD

**Instrumentos de pesquisa:** *Inventário Colectivo dos Registos Paroquiais*, vol. I, Centro e Sul; inventário em versão informática Archeevo (base de dados de descrição arquivística) na WEBpage do AUC.

**Notas do arquivista:** Descrição baseada na informação sobre as paróquias do distrito de Coimbra, coordenada por Ana Maria Bandeira,

e publicada no *Inventário Colectivo dos Registos Paroquiais*. Lisboa: ANTT, 1993. Vol. I, Centro e Sul.

## Paróquia do Colmeal – Góis

**Código de referência:** PT/AUC/PAR/GOI03

**Título:** Paróquia do Colmeal - Góis

**Datas de produção:** 1616 / 1896

**Dimensão e suporte:** 46 liv.; papel.

**História administrativa, biográfica e familiar:** A antiga freguesia de São Sebastião do Colmeal foi curato da apresentação do vigário de Góis. Em 1839, integrava a comarca de Seia e o concelho de Seia. Mas em 1852 mudou para a de Arganil.

**Âmbito e conteúdo:** Documentação formada por livros que se agrupam em quatro séries: mistos (englobam registos de batismos, casamentos e óbitos ou apenas dois tipos dos registos anteriores); batismos; casamentos; e óbitos.

**Sistema de organização:** Organização original por séries; ordenação cronológica.

**Cota atual:** III-2ªD

**Instrumentos de pesquisa:** *Inventário Colectivo dos Registos Paroquiais*, vol. I, Centro e Sul; inventário em versão informática Archeevo (base de dados de descrição arquivística) na WEBpage do AUC.

**Notas do arquivista:** Descrição baseada na informação sobre as paróquias do distrito de Coimbra, coordenada por Ana Maria Bandeira, e publicada no *Inventário Colectivo dos Registos Paroquiais*. Lisboa: ANTT, 1993. Vol. I, Centro e Sul.

## Paróquia de Góis – Góis

**Código de referência:** PT/AUC/PAR/GOI04

**Título:** Paróquia de Góis - Góis

**Datas de produção:** 1597 / 1896

**Dimensão e suporte:** 126 liv.; papel.

**História administrativa, biográfica e familiar:** Em 1130 foi mandada povoar por "Aniam Estrada", senhor asturiano que instituiu um grande morgado, de acordo com Américo Costa. Tem por orago N. Sr.ª da Assunção e foi vigairaria da apresentação dos condes de Vila Nova de Portimão. Obteve foral dado por D. Manuel I em Lisboa a 20 de maio de 1516. Em 1755 estava integrada na comarca de Coimbra, em 1839 na de Seia e em 1852 na de Arganil.

**Âmbito e conteúdo:** Documentação formada por livros que se agrupam em quatro séries: mistos (englobam registos de batismos, casamentos e óbitos ou apenas dois tipos dos registos anteriores); batismos; casamentos; e óbitos

**Sistema de organização:** Organização original por séries; ordenação cronológica.

**Cota atual:** III-2ªD

**Instrumentos de pesquisa:** *Inventário Colectivo dos Registos Paroquiais*, vol. I, Centro e Sul; inventário em versão informática Archeevo (base de dados de descrição arquivística) na WEBpage do AUC.

**Notas do arquivista:** Descrição baseada na informação sobre as paróquias do distrito de Coimbra, coordenada por Ana Maria Bandeira, e publicada no *Inventário Colectivo dos Registos Paroquiais*. Lisboa: ANTT, 1993. Vol. I, Centro e Sul.


## Paróquia de Vila Nova do Ceira – Góis

**Código de referência:** PT/AUC/PAR/GOI05

**Título:** Paróquia de Vila Nova do Ceira - Góis

**Datas de produção:** 1571 / 1896

**Dimensão e suporte:** 99 liv.; papel.

**História administrativa, biográfica e familiar:** Outrora foi designada por Várzea Grande de Góis. A antiga freguesia de São Pedro da Várzea foi vigairaria da apresentação dos condes de Vila Nova de Portimão e depois marqueses de Abrantes. Foi confundida com V. N. de Ceira, pertencente ao concelho de Coimbra, hoje designada apenas por Ceira.

**Âmbito e conteúdo:** Documentação formada por livros que se agrupam em cinco séries: mistos (englobam registos de batismos, casamentos e óbitos ou apenas dois tipos dos registos anteriores); batismos; casamentos; óbitos; índices de casamentos (1596-1783).

**Sistema de organização:** Organização original por séries; ordenação cronológica.

**Cota atual:** III-2ªD

**Instrumentos de pesquisa:** *Inventário Colectivo dos Registos Paroquiais,* vol. I, Centro e Sul. Lisboa, 1993; microfilme parcial de segurança; inventário em versão informática na WEBpage do AUC; Archeevo (base de dados de descrição arquivística).

**Notas do arquivista:** Descrição baseada na informação sobre as paróquias do distrito de Coimbra, coordenada por Ana Maria Bandeira, e publicada no *Inventário Colectivo dos Registos Paroquiais.* Lisboa: ANTT, 1993. Vol. I, Centro e Sul.


## Paróquia de Casal de Ermio – Lousã

**Código de referência:** PT/AUC/PAR/LSA01

**Título:** Paróquia de Casal de Ermio - Lousã

**Datas de produção:** 1567 / 1901

**Dimensão e suporte:** 127 liv.; papel.

**História administrativa, biográfica e familiar:** Também conhecida somente por Ermio. A antiga freguesia de Santo António de Casal de Ermio foi curato anexo ao prior de São Silvestre da Lousã, no termo da referida vila. Em 1839 surge na comarca de Coimbra e em 1852 na da Lousã.

**Âmbito e conteúdo:** Documentação formada por livros que se agrupam em quatro séries: mistos (englobam registos de batismos, casamentos e óbitos ou apenas dois tipos dos registos anteriores); batismos; casamentos; e óbitos

**Sistema de organização:** Organização original por séries; ordenação cronológica.

**Cota atual:** III-2ªD

**Instrumentos de pesquisa:** *Inventário Colectivo dos Registos Paroquiais,* vol. I, Centro e Sul; inventário em versão informática Archeevo (base de dados de descrição arquivística) na WEBpage do AUC.

**Notas do arquivista:** Descrição baseada na informação sobre as paróquias do distrito de Coimbra, coordenada por Ana Maria Bandeira, e publicada no *Inventário Colectivo dos Registos Paroquiais.* Lisboa: ANTT, 1993. Vol. I, Centro e Sul.


## Paróquia de Foz de Arouce – Lousã

**Código de referência:** PT/AUC/PAR/LSA02

**Título:** Paróquia de Foz de Arouce - Lousã

**Datas de produção:** 1603 / 1901

**Dimensão e suporte:** 76 liv.; papel.

**História administrativa, biográfica e familiar:** Tem por orago o arcanjo São Miguel e foi vigairaria da apresentação do Mosteiro do Lorvão, no termo da Lousã, seu donatário. Em 1811 verificou-se, nesta freguesia, um violento combate com o exército francês, quando este retirava para a fronteira luso-espanhola, após o seu abandono das linhas de Lisboa. Por essa ocasião foi destruída parte da ponte sobre o rio Ceira. Integrada na comarca de Coimbra em 1839, passa em 1852 para a da Lousã.

**Âmbito e conteúdo:** Documentação formada por livros que se agrupam em quatro séries: mistos (englobam registos de batismos, casamentos e óbitos ou apenas dois tipos dos registos anteriores); batismos; casamentos; e óbitos.

**Sistema de organização:** Organização original por séries; ordenação cronológica.

**Cota atual:** III-2ªD

**Instrumentos de pesquisa:** *Inventário Colectivo dos Registos Paroquiais,* vol. I, Centro e Sul; inventário em versão informática Archeevo (base de dados de descrição arquivística) na WEBpage do AUC.

**Notas do arquivista:** Descrição baseada na informação sobre as paróquias do distrito de Coimbra, coordenada por Ana Maria Bandeira, e publicada no *Inventário Colectivo dos Registos Paroquiais*. Lisboa: ANTT, 1993. Vol. I, Centro e Sul.


## Paróquia da Lousã – Lousã

**Código de referência:** PT/AUC/PAR/LSA03

**Título:** Paróquia da Lousã - Lousã

**Datas de produção:** 1577 / 1901

**Dimensão e suporte:** 108 liv.; papel.

**História administrativa, biográfica e familiar:** A menção ao território de Arouce onde fica localizada a Lousã é já feita no foral de Miranda do Corvo (1136) e bem assim num foral de D. Afonso Henriques (1151). Outro documento de 1160 faz referência à Lousã já independente de Arouce, tendo recebido foral de D. Afonso II e, posteriormente, de D. Manuel I em 1513, a 25 de outubro. A freguesia tem por orago São Silvestre e foi priorado da apresentação do duque de Aveiro.

Fustigada pelas Invasões Francesas, foi a partir do séc. XVIII que a Lousã muito se desenvolveu com a criação da indústria do papel, o Engenho de Papel do Penedo, que serviu a Tipografia Académica (fundada pelo Marquês de Pombal) e a Casa da Moeda. Pertenceu à comarca da Esgueira em 1755, à de Coimbra em 1839 e à da Lousã desde 1852.

**Âmbito e conteúdo:** Documentação formada por livros que se agrupam em seis séries: batismos; casamentos; óbitos; índices; reconhecimentos e legitimações; e tutelas.

**Sistema de organização:** Organização original por séries; ordenação cronológica.

**Cota atual:** III-2ªD

**Instrumentos de pesquisa:** *Inventário Colectivo dos Registos Paroquiais*, vol. I, Centro e Sul; inventário em versão informática Archeevo (base de dados de descrição arquivística) na WEBpage do AUC.

**Notas do arquivista:** Descrição baseada na informação sobre as paróquias do distrito de Coimbra, coordenada por Ana Maria Bandeira, e publicada no *Inventário Colectivo dos Registos Paroquiais*. Lisboa: ANTT, 1993. Vol. I, Centro e Sul.


## Paróquia de Serpins – Lousã

**Código de referência:** PT/AUC/PAR/LSA04

**Título:** Paróquia de Serpins - Lousã

**Datas de produção:** 1546 / 1901

**Dimensão e suporte:** 134 liv.; papel.

**História administrativa, biográfica e familiar:** A freguesia tem por orago N. Sr.ª do Socorro e foi priorado da apresentação do mosteiro do Lorvão. Apesar de, no início da nacionalidade a paróquia de Santa Maria de Serpins integrar o Mosteiro de Lorvão, o povoamento da freguesia parece ser bem anterior a essa data (século XII). Já em 943 Serpins (topónimo antroponímico) é referida como "villa" rústica no território do Castelo de Arouce, pertencendo então metade dela a Zoleiman Abaiub (Salomão) e a outra parte, muito possivelmente, aos antepassados do conde Gonçalo Moniz. D. Manuel I deu-lhe foral, em Lisboa, a 27 de fevereiro de 1514. A povoação foi vila e cabeça de concelho extinto em 1836. Pertenceu à comarca de Montemor-o-Velho, mas em 1839 estava integrada na comarca de Coimbra e em 1852 na da Lousã.

**Âmbito e conteúdo:** Documentação formada por livros que se agrupam em quatro séries: mistos (englobam registos de batismos, casamentos e óbitos ou apenas dois tipos dos registos anteriores); batismos; casamentos; e óbitos.

**Sistema de organização:** Organização original por séries; ordenação cronológica.

**Cota atual:** III-2ªD

**Instrumentos de pesquisa:** *Inventário Colectivo dos Registos Paroquiais*, vol. I, Centro e Sul; inventário em versão informática Archeevo (base de dados de descrição arquivística) na WEBpage do AUC.

**Notas do arquivista:** Descrição baseada na informação sobre as paróquias do distrito de Coimbra, coordenada por Ana Maria Bandeira, e publicada no *Inventário Colectivo dos Registos Paroquiais*. Lisboa: ANTT, 1993. Vol. I, Centro e Sul.

## Paróquia de Vilarinho – Lousã

**Código de referência:** PT/AUC/PAR/LSA05

**Título:** Paróquia de Vilarinho - Lousã

**Datas de produção:** 1547 / 1901

**Dimensão e suporte:** 131 liv.; papel.

**História administrativa, biográfica e familiar:** Embora as informações sejam escassas, a instituição paroquial será do século XIII, ou mais tarde. Teve várias denominações conhecidas: Vilarinho da Lousã ou Vilarinho das Moitas. Tem por orago São Pedro e o pároco foi da apresentação do cabido da Sé de Coimbra. A sua instituição talvez se deva à catedral conimbricense, que tinha o padroado da Igreja. Em resultado das Invasões Francesas, que assolaram esta zona, muitos danos sofreu esta freguesia havendo vários livros de registos que foram perdidos.

**Âmbito e conteúdo:** Documentação formada por livros que se agrupam em quatro séries: mistos (englobam registos de batismos, casamentos e óbitos ou apenas dois tipos dos registos anteriores); batismos; casamentos; e óbitos.

**Sistema de organização:** Organização original por séries; ordenação cronológica.

**Cota atual:** III-2ªD

**Instrumentos de pesquisa:** *Inventário Colectivo dos Registos Paroquiais*, vol. I, Centro e Sul; inventário em versão informática Archeevo (base de dados de descrição arquivística) na WEBpage do AUC.

**Notas do arquivista:** Descrição baseada na informação sobre as paróquias do distrito de Coimbra, coordenada por Ana Maria Bandeira, e publicada no *Inventário Colectivo dos Registos Paroquiais*. Lisboa: ANTT, 1993. Vol. I, Centro e Sul.

## Paróquia de Mira – Mira

**Código de referência:** PT/AUC/PAR/MIR01

**Título:** Paróquia de Mira - Mira

**Datas de produção:** 1602 / 1853

**Dimensão e suporte:** 20 liv.; papel.

**História administrativa, biográfica e familiar:** Terá sido o primeiro Governador de Coimbra, D. Sisnando, que entregou as terras de Mira a Soleima Godinho, sendo esta posse confirmada por D. Raimundo e D. Urraca, em fevereiro de 1095. Mais tarde, o mosteiro de Santa Cruz recebeu estas terras levando à criação de novos povoados. A antiga freguesia de São Tomé de Mira foi vigairaria da apresentação do mosteiro de Santa Cruz de Coimbra. Em 1442, D. Pedro, Duque de Coimbra, concedeu autonomia administrativa a Mira e D. Manuel I dá-lhe foral em 28 de agosto de 1514, entregando o senhorio a Gonçalo Tavares, primeiro senhor de Mira. Este senhorio manteve-se na família dos Tavares até ao séc. XVIII, quando passou a integrar a Casa das Rainhas até à extinção do regime senhorial (1833). Pertenceu ao distrito de Aveiro, em 1840. Foi cabeça de concelho extinto e incorporado no de Cantanhede por Decreto de 7 de setembro de 1895; foi restaurado por Decreto de 13 de janeiro de 1898.

**Âmbito e conteúdo:** Documentação formada por livros que se agrupam em quatro séries: mistos (englobam registos de batismos, casamentos e óbitos ou apenas dois tipos dos registos anteriores); batismos; casamentos; e óbitos.

**Sistema de organização:** Organização original por séries; ordenação cronológica.

**Cota atual:** III-2ªD

**Instrumentos de pesquisa:** *Inventário Colectivo dos Registos Paroquiais*, vol. I, Centro e Sul; inventário em versão informática Archeevo (base de dados de descrição arquivística) na WEBpage do AUC.

**Notas do arquivista:** Descrição baseada na informação sobre as paróquias do distrito de Coimbra, coordenada por Ana Maria Bandeira, e publicada no *Inventário Colectivo dos Registos Paroquiais*. Lisboa: ANTT, 1993. Vol. I, Centro e Sul.

## Paróquia de Lamas - Miranda do Corvo

**Código de referência:** PT/AUC/PAR/MCV01

**Título:** Paróquia de Lamas - Miranda do Corvo

**Datas de produção:** 1561 / 1911

**Dimensão e suporte:** 94 liv.; papel.

**História administrativa, biográfica e familiar:** A antiga freguesia do Divino Espírito Santo de Lamas foi curato da apresentação do pároco da freguesia de Miranda à qual esteve anexa por largos anos. A sua desanexação resultou da perda do senhorio por parte da família Coelhos, aquando da crise de 1383-85. Embora o 1º livro de assentos da freguesia date de 1561 só no século XIX passou oficialmente a ter vida própria. A freguesia está marcada pelas invasões francesas, altura em que a igreja foi saqueada e incendiada. Em 1839 pertence à comarca de Coimbra, em 1852 à de Miranda do Corvo e, um ano mais tarde, à da Lousã. Desde 1927 que integra de novo a de Miranda do Corvo.

**Âmbito e conteúdo:** Documentação formada por livros que se agrupam em quatro séries: mistos (englobam registos de batismos, casamentos e óbitos ou apenas dois tipos dos registos anteriores); batismos; casamentos; e óbitos.

**Sistema de organização:** Organização original por séries; ordenação cronológica.

**Cota atual:** III-2ªD

**Instrumentos de pesquisa:** *Inventário Colectivo dos Registos Paroquiais*, vol. I, Centro e Sul; inventário em versão informática Archeevo (base de dados de descrição arquivística) na WEBpage do AUC.

**Notas do arquivista:** Descrição baseada na informação sobre as paróquias do distrito de Coimbra, coordenada por Ana Maria Bandeira, e publicada no *Inventário Colectivo dos Registos Paroquiais*. Lisboa: ANTT, 1993. Vol. I, Centro e Sul.


## Paróquia de Miranda do Corvo - Miranda do Corvo

**Código de referência:** PT/AUC/PAR/MCV02

**Título:** Paróquia de Miranda do Corvo - Miranda do Corvo

**Datas de produção:** 1568 / 1911

**Dimensão e suporte:** 86 u. i.; papel.

**História administrativa, biográfica e familiar:** A fundação do município remonta ao século XII, quando, em novembro de 1136, D. Afonso Henriques lhe concedeu carta de foral. O concelho tinha tão grande importância estratégica, que o monarca mandou reconstruir o castelo arrasado pelos mouros em 1116. Em 1217 D. Afonso II confirmou o foral anterior e, em 1513-14, D. Manuel I concedeu-lhe uma nova carta de foral. Do castelo restam poucos vestígios, dado o facto de, em 1700, as pessoas terem usado as pedras para a construção da igreja matriz e das suas próprias casas. Tem por orago São Salvador e foi priorado da apresentação do Padroado Real (Viriato Capela) ou dos Duques de Lafões, seus donatários.

**Âmbito e conteúdo:** Documentação formada por livros que se agrupam em cinco séries: batismos; casamentos; óbitos; índices; e documentos de registos paroquiais.

**Sistema de organização:** Organização original por séries; ordenação cronológica.

**Cota atual:** III-2ªD

**Instrumentos de pesquisa:** *Inventário Colectivo dos Registos Paroquiais*, vol. I, Centro e Sul; inventário em versão informática Archeevo (base de dados de descrição arquivística) na WEBpage do AUC.

**Notas do arquivista:** Descrição baseada na informação sobre as paróquias do distrito de Coimbra, coordenada por Ana Maria Bandeira, e publicada no *Inventário Colectivo dos Registos Paroquiais*. Lisboa: ANTT, 1993. Vol. I, Centro e Sul.


## Paróquia de Rio de Vide - Miranda do Corvo

**Código de referência:** PT/AUC/PAR/MCV03

**Título:** Paróquia de Rio de Vide - Miranda do Corvo

**Datas de produção:** 1597 / 1911

**Dimensão e suporte:** 162 liv.; papel.

**História administrativa, biográfica e familiar:** A história desta freguesia anda ligada à gafaria de Coimbra. Esta leprosaria fundada e construída em cumprimento do testamento de D. Sancho I, de 1210. Anteriormente, em 1201, já Rio de Vide recebera carta de foro ou povoamento, que D. João I confirmou em 1385. A antiga freguesia de São Tiago de Rio de Vide foi curato da apresentação do vigário de Foz de Arouce, que era vigairaria. Tinha como donatário o Visconde de Ponte de Lima. Pertenceu, até 1839, ao concelho da Lousã. Desde 1840 passou a fazer parte do concelho de Semide, extinto em 31 de dezembro de 1853 passando, então, para o de Miranda do Corvo.

**Âmbito e conteúdo:** Documentação formada por livros que se agrupam em quatro séries: mistos (englobam registos de batismos, casamentos e óbitos ou apenas dois tipos dos registos anteriores); batismos; casamentos; e óbitos

**Sistema de organização:** Organização original por séries; ordenação cronológica.

**Cota atual:** III-2ªD

**Instrumentos de pesquisa:** *Inventário Colectivo dos Registos Paroquiais*, vol. I, Centro e Sul; inventário em versão informática Archeevo (base de dados de descrição arquivística) na WEBpage do AUC.

**Notas do arquivista:** Descrição baseada na informação sobre as paróquias do distrito de Coimbra, coordenada por Ana Maria Bandeira, e publicada no *Inventário Colectivo dos Registos Paroquiais*. Lisboa: ANTT, 1993. Vol. I, Centro e Sul.


## Paróquia de Semide - Miranda do Corvo

**Código de referência:** PT/AUC/PAR/MCV04

**Título:** Paróquia de Semide - Miranda do Corvo

**Datas de produção:** 1570 / 1911

**Dimensão e suporte:** 165 liv.; papel.

**História administrativa, biográfica e familiar:** A antiga freguesia de N. Sr.ª da Assunção de Semide foi curato da apresentação do Mosteiro de Semide. Recebeu foral dado por D. Manuel I, em 13 janeiro de 1514, mantendo-se como sede do concelho até 1853. Até 1834 permaneceu nas mãos da abadessa do convento o poder de dar solene posse às justiças na portaria do mesmo. Foi sede de concelho, extinto em 1836 e restaurado por carta de lei de 9 de julho de 1837 e de novo suprimido por Decreto de 31 de dezembro de 1853.

**Âmbito e conteúdo:** Documentação formada por livros que se agrupam em quatro séries: mistos (englobam registos de batismos, casamentos e óbitos ou apenas dois tipos dos registos anteriores); batismos; casamentos; e óbitos

**Sistema de organização:** Organização original por séries; ordenação cronológica.

**Cota atual:** III-2ªD

**Instrumentos de pesquisa:** *Inventário Colectivo dos Registos Paroquiais*, vol. I, Centro e Sul; inventário em versão informática Archeevo (base de dados de descrição arquivística) na WEBpage do AUC.

**Notas do arquivista:** Descrição baseada na informação sobre as paróquias do distrito de Coimbra, coordenada por Ana Maria Bandeira, e publicada no *Inventário Colectivo dos Registos Paroquiais*. Lisboa: ANTT, 1993. Vol. I, Centro e Sul.


## Paróquia de Vila Nova - Miranda do Corvo

**Código de referência:** PT/AUC/PAR/MCV05

**Título:** Paróquia de Vila Nova - Miranda do Corvo

**Datas de produção:** 1907 / 1911

**Dimensão e suporte:** 10 liv.; papel.

**História administrativa, biográfica e familiar:** A paróquia de Vila Nova que tem como orago S. João Baptista e foi criada por Decreto em 1907. Resultou da desanexação da freguesia e sede do concelho, Miranda do Corvo. O púlpito da sua igreja matriz foi pertença da antiga igreja de São Tiago de Coimbra, adquirido quando esta última foi demolida.

**Âmbito e conteúdo:** Documentação formada por livros que se agrupam em três séries: batismos; casamentos; e óbitos.

**Sistema de organização:** Organização original por séries; ordenação cronológica.

**Cota atual:** III-2ªD

**Instrumentos de pesquisa:** *Inventário Colectivo dos Registos Paroquiais*, vol. I, Centro e Sul; inventário em versão informática Archeevo (base de dados de descrição arquivística) na WEBpage do AUC.

**Notas do arquivista:** Descrição baseada na informação sobre as paróquias do distrito de Coimbra, coordenada por Ana Maria Bandeira, e publicada no *Inventário Colectivo dos Registos Paroquiais*. Lisboa: ANTT, 1993. Vol. I, Centro e Sul.


## Paróquia de Alcáçova - Montemor-o-Velho

**Código de referência:** PT/AUC/PAR/MMV14

**Título:** Paróquia de Alcáçova - Montemor-o-Velho

**Datas de produção:** 1547 / 1875

**Dimensão e suporte:** 53 liv.; papel.

**História administrativa, biográfica e familiar:** Esta freguesia extinta é também conhecida por Santa Maria de Alcáçova. Teve foral compreendido no de Montemor-o-Velho, dado em Lisboa a 20 de agosto de 1516 por D. Manuel I. Foi colegiada e reitoria da apresentação da Mitra de Coimbra, passando mais tarde a ser da apresentação do ordinário e de concurso. Tal como São Martinho, Alcáçova está atualmente anexa à freguesia de Montemor-o-Velho.

**Âmbito e conteúdo:** Documentação formada por livros que se agrupam em quatro séries: mistos (englobam registos de batismos, casamentos e óbitos ou apenas dois tipos dos registos anteriores); batismos; casamentos; e óbitos.

**Sistema de organização:** Organização original por séries; ordenação cronológica.

**Cota atual:** III-2ªD

**Instrumentos de pesquisa:** *Inventário Colectivo dos Registos Paroquiais*, vol. I, Centro e Sul; inventário em versão informática Archeevo (base de dados de descrição arquivística) na WEBpage do AUC.

**Notas do arquivista:** Descrição baseada na informação sobre as paróquias do distrito de Coimbra, coordenada por Ana Maria Bandeira, e publicada no *Inventário Colectivo dos Registos Paroquiais.* Lisboa: ANTT, 1993. Vol. I, Centro e Sul.


## Paróquia de Arazede - Montemor-o-Velho

**Código de referência:** PT/AUC/PAR/MMV02

**Título:** Paróquia de Arazede - Montemor-o-Velho

**Datas de produção:** 1571 / 1911

**Dimensão e suporte:** 157 liv.; papel.

**História administrativa, biográfica e familiar:** Esta freguesia tem por orago N. Sr.ª do Pranto e foi priorado da apresentação da Sé de Coimbra (Mesa episcopal), no termo de Montemor. Foram seus donatários o bispo de Coimbra e o Mosteiro de Santa Cruz de Coimbra, passando este último para a Universidade. Pertenceu ao antigo concelho de Cadima, extinto por Decreto de 31 de dezembro de 1853. Por este mesmo Decreto foi integrada no concelho de Montemor-o-Velho.

**Âmbito e conteúdo:** Documentação formada por livros que se agrupam em quatro séries: mistos (englobam registos de batismos, casamentos e óbitos ou apenas dois tipos dos registos anteriores); batismos; casamentos; e óbitos.

**Sistema de organização:** Organização original por séries; ordenação cronológica.

**Cota atual:** III-2ªD

**Instrumentos de pesquisa:** *Inventário Colectivo dos Registos Paroquiais*, vol. I, Centro e Sul; inventário em versão informática Archeevo (base de dados de descrição arquivística) na WEBpage do AUC.

**Notas do arquivista:** Descrição baseada na informação sobre as paróquias do distrito de Coimbra, coordenada por Ana Maria Bandeira, e publicada no *Inventário Colectivo dos Registos Paroquiais*. Lisboa: ANTT, 1993. Vol. I, Centro e Sul.

## Paróquia da Carapinheira - Montemor-o-Velho

**Código de referência:** PT/AUC/PAR/MMV03

**Título:** Paróquia da Carapinheira - Montemor-o-Velho

**Datas de produção:** 1612 / 1911

**Dimensão e suporte:** 88 liv.; papel.

**História administrativa, biográfica e familiar:** A antiga freguesia de Santa Susana de Carapinheira foi priorado da apresentação dos duques do Cadaval, no termo de Montemor-o-Velho, ou do duque de Aveiro (Pe. Carvalho), ou do pároco da igreja de São Miguel de Montemor-o-Velho (Viriato Capela). Pertenceu à antiga comarca desta localidade mas, em 1839, estava integrada na comarca da Figueira da Foz e, em 1878, Carapinheira foi cabeça de julgado.

**Âmbito e conteúdo:** Documentação formada por livros que se agrupam em quatro séries: mistos (englobam registos de batismos, casamentos e óbitos ou apenas dois tipos dos registos anteriores); batismos; casamentos; e óbitos.

**Sistema de organização:** Organização original por séries; ordenação cronológica.

**Cota atual:** III-2ªD

**Instrumentos de pesquisa:** *Inventário Colectivo dos Registos Paroquiais*, vol. I, Centro e Sul; inventário em versão informática Archeevo (base de dados de descrição arquivística) na WEBpage do AUC.

**Notas do arquivista:** Descrição baseada na informação sobre as paróquias do distrito de Coimbra, coordenada por Ana Maria Bandeira, e publicada no *Inventário Colectivo dos Registos Paroquiais*. Lisboa: ANTT, 1993. Vol. I, Centro e Sul.

## Paróquia de Gatões - Montemor-o-Velho

**Código de referência:** PT/AUC/PAR/MMV04

**Título:** Paróquia de Gatões - Montemor-o-Velho

**Datas de produção:** 1674 / 1911

**Dimensão e suporte:** 57 liv.; papel.

**História administrativa, biográfica e familiar:** Esta freguesia esteve anexada à igreja de São Martinho de Montemor-o-Velho (Viriato Capela) e está anexada à de Seixo. Tem por orago N. Sr.ª das Virtudes e foi curato anual da apresentação do Convento de Santa Clara, donatário da freguesia. Pertenceu à comarca da Figueira da Foz, em 1852, mas em 1878 já estava integrada na comarca da Montemor-o-Velho.

**Âmbito e conteúdo:** Documentação formada por livros que se agrupam em cinco séries: mistos (livros que englobam registos de batismos, casamentos e óbitos ou dois dos registos anteriores); batismos; casamentos; óbitos; documentos de casamentos.

**Sistema de organização:** Organização original por séries; ordenação cronológica.

**Cota atual:** III-2ªD

**Instrumentos de pesquisa:** *Inventário Colectivo dos Registos Paroquiais*, vol. I, Centro e Sul; inventário em versão informática Archeevo (base de dados de descrição arquivística) na WEBpage do AUC.

**Notas do arquivista:** Descrição baseada na informação sobre as paróquias do distrito de Coimbra, coordenada por Ana Maria Bandeira, e publicada no *Inventário Colectivo dos Registos Paroquiais*. Lisboa: ANTT, 1993. Vol. I, Centro e Sul.


## Paróquia de Liceia - Montemor-o-Velho

**Código de referência:** PT/AUC/PAR/MMV05

**Título:** Paróquia de Liceia - Montemor-o-Velho

**Datas de produção:** 1655 / 1911

**Dimensão e suporte:** 34 liv.; papel.

**História administrativa, biográfica e familiar:** A freguesia de Liceia tem por orago São Miguel e era anexa da igreja de São Martinho de Montemor-o-Velho. Foi curato anual da apresentação do Mosteiro de Santa Clara de Coimbra, seu donatário. Surge integrada, em 1839, na comarca da Figueira da Foz e, a partir de 1862, na de Montemor-o-Velho.

**Âmbito e conteúdo:** Documentação formada por livros que se agrupam em quatro séries: mistos (englobam registos de batismos, casamentos e óbitos ou apenas dois tipos dos registos anteriores); batismos; casamentos; e óbitos.

**Sistema de organização:** Organização original por séries; ordenação cronológica.

**Cota atual:** III-2ªD

**Instrumentos de pesquisa:** *Inventário Colectivo dos Registos Paroquiais*, vol. I, Centro e Sul; inventário em versão informática Archeevo (base de dados de descrição arquivística) na WEBpage do AUC.

**Notas do arquivista:** Descrição baseada na informação sobre as paróquias do distrito de Coimbra, coordenada por Ana Maria Bandeira, e publicada no *Inventário Colectivo dos Registos Paroquiais*. Lisboa: ANTT, 1993. Vol. I, Centro e Sul.


## Paróquia da Madalena - Montemor-o-Velho

**Código de referência:** PT/AUC/PAR/MMV16

**Título:** Paróquia da Madalena - Montemor-o-Velho

**Datas de produção:** 1607 / 1859

**Dimensão e suporte:** 6 liv.; papel.

**História administrativa, biográfica e familiar:** A designação desta freguesia, entretanto extinta, era Santa Maria Madalena de Montemor-o-Velho e foi anexada à freguesia de Santa Maria de Alcáçova. Beneficiou do foral dado a Montemor-o-Velho por D. Manuel I, em 20 de agosto de 1516. Foi priorado da apresentação dos duques do Cadaval.

**Âmbito e conteúdo:** Documentação formada por livros que se agrupam em quatro séries: mistos (englobam registos de batismos, casamentos

e óbitos ou apenas dois tipos dos registos anteriores); batismos; casamentos; e óbitos.

**Sistema de organização:** Organização original por séries; ordenação cronológica.

**Cota atual:** III-2ªD

**Instrumentos de pesquisa:** *Inventário Colectivo dos Registos Paroquiais*, vol. I, Centro e Sul; inventário em versão informática Archeevo (base de dados de descrição arquivística) na WEBpage do AUC.

**Notas do arquivista:** Descrição baseada na informação sobre as paróquias do distrito de Coimbra, coordenada por Ana Maria Bandeira, e publicada no *Inventário Colectivo dos Registos Paroquiais*. Lisboa: ANTT, 1993. Vol. I, Centro e Sul.


## Paróquia das Meãs do Campo - Montemor-o-Velho

**Código de referência:** PT/AUC/PAR/MMV06
**Título:** Paróquia das Meãs do Campo - Montemor-o-Velho
**Datas de produção:** 1617 / 1911
**Dimensão e suporte:** 67 liv.; papel.
**História administrativa, biográfica e familiar:** A antiga freguesia de São Sebastião, para uns, e, para outros, de São João Baptista de Meãs do Campo foi vigairaria da apresentação do bispo de Coimbra e reguengo com a Câmara e Juízes para governo do povo. Pertenceu ao concelho de Tentúgal, que foi extinto por Decreto de 31 de dezembro de 1853, pelo qual passou ao de Montemor-o-Velho. Em 1839 aparece integrada na comarca de Coimbra e em 1878 na de Montemor-o-Velho.

**Âmbito e conteúdo:** Documentação formada por livros que se agrupam em quatro séries: mistos (englobam registos de batismos, casamentos e óbitos ou apenas dois tipos dos registos anteriores); batismos; casamentos; e óbitos.

**Sistema de organização:** Organização original por séries; ordenação cronológica.

**Cota atual:** III-2ªD

**Instrumentos de pesquisa:** *Inventário Colectivo dos Registos Paroquiais,* vol. I, Centro e Sul; inventário em versão informática Archeevo (base de dados de descrição arquivística) na WEBpage do AUC.

**Notas do arquivista:** Descrição baseada na informação sobre as paróquias do distrito de Coimbra, coordenada por Ana Maria Bandeira, e publicada no *Inventário Colectivo dos Registos Paroquiais.* Lisboa: ANTT, 1993. Vol. I, Centro e Sul.


## Paróquia de Montemor-o-Velho - Montemor-o-Velho

**Código de referência:** PT/AUC/PAR/MMV07

**Título:** Paróquia de Montemor-o-Velho - Montemor-o-Velho

**Datas de produção:** 1875 / 1911

**Dimensão e suporte:** 100 liv.; papel.

**História administrativa, biográfica e familiar:** A vila de Montemor-o-Velho era cabeça do atual concelho e sede da antiga comarca do mesmo nome. Segundo o Padre Carvalho, esta vila tinha cinco freguesias e, de acordo com o Dicionário Geográfico, seis, a saber: São Miguel, Santa Maria Madalena, São Salvador, São Martinho, Santa Maria de Alcáçova, São João do Castelo. Hoje, porém, tem só as freguesias de Santa Maria de Alcáçova e de São Martinho. Aquela foi reitoria da apresentação do ordinário e de concurso. Teve foral dado por D. Teresa e D. Urraca em Maio de 1212, confirmado em 2 de agosto de 1248. D. Manuel I deu-lhe também foral em 20 de agosto de 1516.

**Âmbito e conteúdo:** Documentação formada por livros que se agrupam em três séries: batismos; casamentos; e óbitos.

**Sistema de organização:** Organização original por séries; ordenação cronológica.

**Cota atual:** III-2ªD

**Instrumentos de pesquisa:** *Inventário Colectivo dos Registos Paroquiais,* vol. I, Centro e Sul; inventário em versão informática Archeevo (base de dados de descrição arquivística) na WEBpage do AUC.

**Notas do arquivista:** Descrição baseada na informação sobre as paróquias do distrito de Coimbra, coordenada por Ana Maria Bandeira,

e publicada no *Inventário Colectivo dos Registos Paroquiais*. Lisboa: ANTT, 1993. Vol. I, Centro e Sul.


## Paróquia de Pereira - Montemor-o-Velho

**Código de referência:** PT/AUC/PAR/MMV08

**Título:** Paróquia de Pereira - Montemor-o-Velho

**Datas de produção:** 1604 / 1911

**Dimensão e suporte:** 107 liv.; papel.

**História administrativa, biográfica e familiar:** A antiga freguesia de Santo Estêvão de Pereira foi priorado da apresentação dos Duques de Aveiro, seu donatário e, depois, do Padroado Real. Fez parte do antigo concelho de Santo Varão, extinto por Decreto de 31 de dezembro de 1853, passando a integrar desde então o de Montemor-o-Velho. Em 1755 fazia parte da comarca de Coimbra, em 1853 da de Soure e desde 1878 da de Montemor-o-Velho.

**Âmbito e conteúdo:** Documentação formada por livros que se agrupam em três séries: batismos; casamentos; e óbitos.

**Sistema de organização:** Organização original por séries; ordenação cronológica.

**Cota atual:** III-2ªD

**Instrumentos de pesquisa:** *Inventário Colectivo dos Registos Paroquiais*, vol. I, Centro e Sul; inventário em versão informática Archeevo (base de dados de descrição arquivística) na WEBpage do AUC.

**Notas do arquivista:** Descrição baseada na informação sobre as paróquias do distrito de Coimbra, coordenada por Ana Maria Bandeira, e publicada no *Inventário Colectivo dos Registos Paroquiais*. Lisboa: ANTT, 1993. Vol. I, Centro e Sul.


## Paróquia da Póvoa de Santa Cristina - Montemor-o-Velho

**Código de referência:** PT/AUC/PAR/MMV17

**Título:** Paróquia da Póvoa de Santa Cristina - Montemor-o-Velho

**Datas de produção:** 1735 / 1840

**Dimensão e suporte:** 2 liv.; papel.

**História administrativa, biográfica e familiar:** Também teve a designação de Alastro e Santa Cristina. Teve carta de foral dada por D. Dinis dado na cidade de Coimbra em 5 de outubro de 1286 e veio a beneficiar do foral da vila de Tentúgal dado este por D. Manuel I em Lisboa em 20 de dezembro de 1515. Esta freguesia foi extinta e esta anexada a Tentúgal desde 1842.

**Âmbito e conteúdo:** Documentação formada por livros de uma única série: mistos (englobam registos de batismos, casamentos e óbitos ou dois tipos dos registos anteriores).

**Sistema de organização:** Organização original por séries; ordenação cronológica.

**Cota atual:** III-2ªD

**Instrumentos de pesquisa:** *Inventário Colectivo dos Registos Paroquiais*, vol. I, Centro e Sul; inventário em versão informática Archeevo (base de dados de descrição arquivística) na WEBpage do AUC.

**Notas do arquivista:** Descrição baseada na informação sobre as paróquias do distrito de Coimbra, coordenada por Ana Maria Bandeira, e publicada no *Inventário Colectivo dos Registos Paroquiais*. Lisboa: ANTT, 1993. Vol. I, Centro e Sul.


## Paróquia de Reveles - Montemor-o-Velho

**Código de referência:** PT/AUC/PAR/MMV18

**Título:** Paróquia de Reveles - Montemor-o-Velho

**Datas de produção:** 1626 / 1911

**Dimensão e suporte:** 59 liv.; papel.

**História administrativa, biográfica e familiar:** Reveles é a designação da antiga freguesia de Nossa Senhora do Ó que, atualmente, se chama Abrunheira. A freguesia de Abrunheira surge da extinção da freguesia de Reveles pelo Decreto n.º 1533, de 8 de março de 1928, anexando à área correspondente da extinta freguesia de Reveles a parte sul da Abrunheira, até então pertencente a Verride. A ocupação destes lugares é muito antiga. "Rebelles" aparece já grafado no ano 1193 numa troca de herdades entre o mosteiro de Seiça e a Igreja de Santa Maria de Montemor. O foral manuelino de Montemor-o-Velho de 20 de agosto de 1516 cita o lugar de "Revelles". O seu orago é N. Sr.ª da Expectação; foi vigairaria da apresentação da Sé de Coimbra que era a sua donatária.

**Âmbito e conteúdo:** Documentação formada por livros que se agrupam em quatro séries: mistos (englobam registos de batismos, casamentos e óbitos ou apenas dois tipos dos registos anteriores); batismos; casamentos; e óbitos.

**Sistema de organização:** Organização original por séries; ordenação cronológica.

**Cota atual:** III-2ªD

**Instrumentos de pesquisa:** *Inventário Colectivo dos Registos Paroquiais*, vol. I, Centro e Sul; inventário em versão informática Archeevo (base de dados de descrição arquivística) na WEBpage do AUC.

**Notas do arquivista:** Descrição baseada na informação sobre as paróquias do distrito de Coimbra, coordenada por Ana Maria Bandeira, e publicada no *Inventário Colectivo dos Registos Paroquiais*. Lisboa: ANTT, 1993. Vol. I, Centro e Sul.


## Paróquia de Santo Varão - Montemor-o-Velho

**Código de referência:** PT/AUC/PAR/MMV09
**Título:** Paróquia de Santo Varão - Montemor-o-Velho
**Datas de produção:** 1617 / 1911
**Dimensão e suporte:** 56 liv.; papel.
**História administrativa, biográfica e familiar:** A freguesia tem por orago Santo Varão e foi vigairaria da apresentação da Mitra de Coimbra, sua donatária. Beneficiou do foral de Montemor-o-Velho, dado em Lisboa a 20 de agosto de 1516 por D. Manuel I. Foi sede de concelho de 1836 a 1853, ano em que foi extinto por Decreto de 31 de dezembro, passando, para o concelho de Montemor-o-Velho, salvo a de Figueiró do Campo que

ficou integrada no de Soure. Em 1839, Santo Varão faz parte da comarca de Coimbra, em 1852, da de Soure e desde 1862 da de Montemor-o-Velho.

**Âmbito e conteúdo:** Documentação formada por livros que se agrupam em quatro séries: mistos (englobam registos de batismos, casamentos e óbitos ou apenas dois tipos dos registos anteriores); batismos; casamentos; e óbitos

**Sistema de organização:** Organização original por séries; ordenação cronológica.

**Cota atual:** III-2ªD

**Instrumentos de pesquisa:** *Inventário Colectivo dos Registos Paroquiais*, vol. I, Centro e Sul; inventário em versão informática Archeevo (base de dados de descrição arquivística) na WEBpage do AUC.

**Notas do arquivista:** Descrição baseada na informação sobre as paróquias do distrito de Coimbra, coordenada por Ana Maria Bandeira, e publicada no *Inventário Colectivo dos Registos Paroquiais*. Lisboa: ANTT, 1993. Vol. I, Centro e Sul.


## Paróquia de São Martinho - Montemor-o-Velho

**Código de referência:** PT/AUC/PAR/MMV19

**Título:** Paróquia de São Martinho - Montemor-o-Velho

**Datas de produção:** 1573 / 1874

**Dimensão e suporte:** 56 liv.; papel.

**História administrativa, biográfica e familiar:** Foi vigairaria da apresentação do Mosteiro de Santa Clara de Coimbra. Atualmente, São Martinho está anexa à freguesia de Montemor-o-Velho.

**Âmbito e conteúdo:** Documentação formada por livros que se agrupam em quatro séries: mistos (englobam registos de batismos, casamentos e óbitos ou apenas dois tipos dos registos anteriores); batismos; casamentos; e óbitos.

**Sistema de organização:** Organização original por séries; ordenação cronológica.

**Cota atual:** III-2ªD

**Instrumentos de pesquisa:** *Inventário Colectivo dos Registos Paroquiais*, vol. I, Centro e Sul; inventário em versão informática Archeevo (base de dados de descrição arquivística) na WEBpage do AUC.

**Notas do arquivista:** Descrição baseada na informação sobre as paróquias do distrito de Coimbra, coordenada por Ana Maria Bandeira, e publicada no *Inventário Colectivo dos Registos Paroquiais*. Lisboa: ANTT, 1993. Col. I, Centro e Sul.

## Paróquia de São Miguel - Montemor-o-Velho

**Código de referência:** PT/AUC/PAR/MMV20

**Título:** Paróquia de São Miguel - Montemor-o-Velho

**Datas de produção:** 1625 / 1859

**Dimensão e suporte:** 5 liv.; papel.

**História administrativa, biográfica e familiar:** Foi priorado da apresentação dos duques do Cadaval. Foi anexada à freguesia de Alcáçova, está atualmente anexa à freguesia de Montemor-o-Velho.

**Âmbito e conteúdo:** Documentação formada por livros que se agrupam em quatro séries: mistos (englobam registos de batismos, casamentos e óbitos ou apenas dois tipos dos registos anteriores); batismos; casamentos; e óbitos.

**Sistema de organização:** Organização original por séries; ordenação cronológica.

**Cota atual:** III-2ªD

**Instrumentos de pesquisa:** *Inventário Colectivo dos Registos Paroquiais*, vol. I, Centro e Sul; inventário em versão informática Archeevo (base de dados de descrição arquivística) na WEBpage do AUC.

**Notas do arquivista:** Descrição baseada na informação sobre as paróquias do distrito de Coimbra, coordenada por Ana Maria Bandeira, e publicada no *Inventário Colectivo dos Registos Paroquiais*. Lisboa: ANTT, 1993. Vol. I, Centro e Sul.

## Paróquia de São Salvador - Montemor-o-Velho

**Código de referência:** PT/AUC/PAR/MMV21

**Título:** Paróquia de São Salvador - Montemor-o-Velho

**Datas de produção:** 1606 / 1841

**Dimensão e suporte:** 6 liv.; papel.

**História administrativa, biográfica e familiar:** Foi priorado da apresentação dos duques do Aveiro, tendo passado posteriormente para a Coroa. São Salvador está atualmente anexa à freguesia de Montemor-o-Velho.

**Âmbito e conteúdo:** Documentação formada por livros que se agrupam em quatro séries: mistos (englobam registos de batismos, casamentos e óbitos ou apenas dois tipos dos registos anteriores); batismos; casamentos; e óbitos.

**Sistema de organização:** Organização original por séries; ordenação cronológica.

**Cota atual:** III-2ªD

**Instrumentos de pesquisa:** *Inventário Colectivo dos Registos Paroquiais*, vol. I, Centro e Sul; inventário em versão informática Archeevo (base de dados de descrição arquivística) na WEBpage do AUC.

**Notas do arquivista:** Descrição baseada na informação sobre as paróquias do distrito de Coimbra, coordenada por Ana Maria Bandeira, e publicada no *Inventário Colectivo dos Registos Paroquiais*. Lisboa: ANTT, 1993. Vol. I, Centro e Sul.


## Paróquia de Seixo de Gatões - Montemor-o-Velho

**Código de referência:** PT/AUC/PAR/O MMV10

**Título:** Paróquia de Seixo de Gatões - Montemor-o-Velho

**Datas de produção:** 1640 / 1911

**Dimensão e suporte:** 103 u. i.; papel.

**História administrativa, biográfica e familiar:** A antiga freguesia de São João Baptista de Seixo de Gatões, também conhecida apenas por Seixo, foi curato anual da apresentação da Mitra de Coimbra, sua donatária, tendo passado posteriormente a reitoria. Foi freguesia anexa à de Santa Maria de Alcáçova.

**Âmbito e conteúdo:** Documentação formada por livros que se agrupam em cinco séries: mistos (livros que englobam registos de batismos, casamentos e óbitos ou dois dos registos anteriores); batismos; casamentos; óbitos; e certidões de batismo.

**Sistema de organização:** Organização original por séries; ordenação cronológica.

**Cota atual:** III-2ªD

**Instrumentos de pesquisa:** Inventário Colectivo dos Registos Paroquiais, vol. I, Centro e Sul; inventário em versão informática Archeevo (base de dados de descrição arquivística) na WEBpage do AUC.

**Notas do arquivista:** Descrição baseada na informação sobre as paróquias do distrito de Coimbra, coordenada por Ana Maria Bandeira, e publicada no *Inventário dos Registos Paroquiais*. Lisboa: ANTT, 1993. Vol. I, Centro e Sul.


## Paróquia de Tentúgal - Montemor-o-Velho

**Código de referência:** PT/AUC/PAR/MMV11
**Título:** Paróquia de Tentúgal - Montemor-o-Velho
**Datas de produção:** 1577 / 1911
**Dimensão e suporte:** 152 liv.; papel.
**História administrativa, biográfica e familiar:** Tentúgal, em 1108, recebeu carta de foral passada pelos condes D. Henrique e D. Teresa, que esta última confirmou no ano de 1124. Em 11 de outubro de 1420, D. João I doou a vila e o seu termo ao seu filho D. Pedro, duque de Coimbra, que aí viveu durante algum tempo. Outro foral novo foi dado por D. Manuel I em Lisboa a 20 de dezembro de 1515. Tentúgal tem por orago N. Sr.ª da Assunção e foi priorado da apresentação dos Duques do Cadaval, seus donatários. Fez parte da comarca de Coimbra e foi também sede de concelho extinto por Decreto de 31 de dezembro de 1835.

**Âmbito e conteúdo:** Documentação formada por livros que se agrupam em cinco séries: mistos (livros que englobam registos de batismos, casamentos e óbitos ou dois dos registos anteriores); batismos; casamentos; óbitos; e índices.

**Sistema de organização:** Organização original por séries; ordenação cronológica.

**Cota atual:** III-2ªD

**Instrumentos de pesquisa:** *Inventário Colectivo dos Registos Paroquiais*, vol. I, Centro e Sul; inventário em versão informática Archeevo (base de dados de descrição arquivística) na WEBpage do AUC.

**Notas do arquivista:** Descrição baseada na informação sobre as paróquias do distrito de Coimbra, coordenada por Ana Maria Bandeira, e publicada no *Inventário Colectivo dos Registos Paroquiais*. Lisboa: ANTT, 1993. Vol. I, Centro e Sul.


## Paróquia de Verride - Montemor-o-Velho

**Código de referência:** PT/AUC/PAR/MMV12

**Título:** Paróquia de Verride - Montemor-o-Velho

**Datas de produção:** 1559 / 1911

**Dimensão e suporte:** 149 liv.; papel.

**História administrativa, biográfica e familiar:** A antiga freguesia de N. Sr.ª da Conceição de Verride foi curato da apresentação do Mosteiro de Santa Cruz de Coimbra e cabeça de couto do mesmo Mosteiro. D. Manuel I deu-lhe foral a 23 de agosto de 1514. Em 1832 era sede de concelho que fazia parte da comarca da Figueira da Foz. Pertencia, desde 1836, ao concelho de Abrunheira, que, por Decreto de 7 de outubro de 1844, se denominou Verride. Seria extinto por Decreto de 31 de dezembro de 1853, levando à integração desta freguesia no concelho de Montemor-o-Velho.

**Âmbito e conteúdo:** Documentação formada por livros que se agrupam em quatro séries: mistos (englobam registos de batismos, casamentos e óbitos ou apenas dois tipos dos registos anteriores); batismos; casamentos; e óbitos.

**Sistema de organização:** Organização original por séries; ordenação cronológica.

**Cota atual:** III-2ªD

**Instrumentos de pesquisa:** *Inventário Colectivo dos Registos Paroquiais*, vol. I, Centro e Sul; inventário em versão informática Archeevo (base de dados de descrição arquivística) na WEBpage do AUC.

**Notas do arquivista:** Descrição baseada na informação sobre as paróquias do distrito de Coimbra, coordenada por Ana Maria Bandeira, e publicada no *Inventário Colectivo dos Registos Paroquiais*. Lisboa: ANTT, 1993. Vol. I, Centro e Sul.


## Paróquia de Vila Nova da Barca - Montemor-o-Velho

**Código de referência:** PT/AUC/PAR/MMV13
**Título:** Paróquia de Vila Nova da Barca - Montemor-o-Velho
**Datas de produção:** 1611 / 1911
**Dimensão e suporte:** 45 liv.; papel.
**História administrativa, biográfica e familiar:** Foi curato da apresentação da Mitra da Sé de Coimbra, de acordo com o Padre Carvalho, ou da apresentação do prior da paróquia de São Miguel de Montemor-o-Velho. Pertencia, em 1840, ao concelho de Abrunheira que, por Decreto de 7 de outubro de 1844, passou a denominar-se Verride. Uma vez extinto o concelho, por Decreto de 31 de dezembro de 1853, foi integrada esta freguesia no de Montemor-o-Velho.
**Âmbito e conteúdo:** Documentação formada por livros que se agrupam em quatro séries: mistos (englobam registos de batismos, casamentos e óbitos ou apenas dois tipos dos registos anteriores); batismos; casamentos; e óbitos.
**Sistema de organização:** Organização original por séries; ordenação cronológica.
**Cota atual:** III-2ªD
**Instrumentos de pesquisa:** *Inventário Colectivo dos Registos Paroquiais*, vol. I, Centro e Sul; inventário em versão informática

Archeevo (base de dados de descrição arquivística) na WEBpage do AUC.

**Notas do arquivista:** Descrição baseada na informação sobre as paróquias do distrito de Coimbra, coordenada por Ana Maria Bandeira, e publicada no *Inventário Colectivo dos Registos Paroquiais*. Lisboa: ANTT, 1993. Vol. I, Centro e Sul.


## Paróquia de Aldeia das Dez - Oliveira do Hospital

**Código de referência:** PT/AUC/PAR/OHP01

**Título:** Paróquia de Aldeia das Dez - Oliveira do Hospital

**Datas de produção:** 1634 / 1902

**Dimensão e suporte:** 69 liv.; papel.

**História administrativa, biográfica e familiar:** É freguesia de São Bartolomeu. Foi vigairaria da apresentação do Cabido da Sé de Coimbra. Pertenceu ao concelho de Midões e também ao antigo concelho de Avô, extinto por Decreto de 24 de outubro de 1855. Desde então, passou a fazer parte do concelho de Oliveira do Hospital.

**Âmbito e conteúdo:** Documentação formada por livros que se agrupam em quatro séries: mistos (englobam registos de batismos, casamentos e óbitos ou apenas dois tipos dos registos anteriores); batismos; casamentos; e óbitos.

**Sistema de organização:** Organização original por séries; ordenação cronológica.

**Cota atual:** III-2ªD

**Instrumentos de pesquisa:** *Inventário Colectivo dos Registos Paroquiais*, vol. I, Centro e Sul; inventário em versão informática Archeevo (base de dados de descrição arquivística) na WEBpage do AUC.

**Notas do arquivista:** Descrição baseada na informação sobre as paróquias do distrito de Coimbra, coordenada por Ana Maria Bandeira, e publicada no *Inventário Colectivo dos Registos Paroquiais*. Lisboa: ANTT, 1993. Vol. I, Centro e Sul.

# Paróquia do Alvoco das Várzeas - Oliveira do Hospital

**Código de referência:** PT/AUC/PAR/OHP02

**Título:** Paróquia do Alvoco das Várzeas - Oliveira do Hospital

**Datas de produção:** 1648 / 1909

**Dimensão e suporte:** 23 liv.; papel.

**História administrativa, biográfica e familiar:** Foi vigairaria e comenda da Ordem de Cristo, no termo de Penalva de Alva. Fez parte do antigo concelho de Penalva de Alva, extinto por Decreto de 31 de dezembro de 1853, passando desde então para o de Sandomil. Por Decreto de 24 de outubro de 1855, que extinguiu este último, foi integrada no concelho de Oliveira do Hospital.

**Âmbito e conteúdo:** Documentação formada por livros que se agrupam em quatro séries: mistos (englobam registos de batismos, casamentos e óbitos ou apenas dois tipos dos registos anteriores); batismos; casamentos; e óbitos.

**Sistema de organização:** Organização original por séries; ordenação cronológica.

**Cota atual:** III-2ªD

**Instrumentos de pesquisa:** *Inventário Colectivo dos Registos Paroquiais*, vol. I, Centro e Sul; inventário em versão informática Archeevo (base de dados de descrição arquivística) na WEBpage do AUC.

**Notas do arquivista:** Descrição baseada na informação sobre as paróquias do distrito de Coimbra, coordenada por Ana Maria Bandeira, e publicada no *Inventário Colectivo dos Registos Paroquiais*. Lisboa: ANTT, 1993. Vol. I, Centro e Sul.


# Paróquia de Avô - Oliveira do Hospital

**Código de referência:** PT/AUC/PAR/OHP03

**Título:** Paróquia de Avô - Oliveira do Hospital

**Datas de produção:** 1559 / 1899

**Dimensão e suporte:** 37 liv.; papel.

**História administrativa, biográfica e familiar:** Tem como orago N. Sr.ª da Assunção. Foi vigairaria da apresentação do Cabido da Sé de Coimbra. Pertenceu à antiga comarca de Midões e foi sede de concelho até 1855, data em que o Decreto de 24 de outubro o extinguiu e integrou no concelho de Oliveira do Hospital. Teve foral antigo dado por D. Sancho I, em 1 de maio de 1187, e outro, dado em Lisboa, por D. Manuel I, em 12 de setembro de 1514.

**Âmbito e conteúdo:** Documentação formada por livros que se agrupam em quatro séries: mistos (englobam registos de batismos, casamentos e óbitos ou apenas dois tipos dos registos anteriores); batismos; casamentos; e óbitos.

**Sistema de organização:** Organização original por séries; ordenação cronológica.

**Cota atual:** III-2ªD

**Instrumentos de pesquisa:** *Inventário Colectivo dos Registos Paroquiais*, vol. I, Centro e Sul; inventário em versão informática Archeevo (base de dados de descrição arquivística) na WEBpage do AUC.

**Notas do arquivista:** Descrição baseada na informação sobre as paróquias do distrito de Coimbra, coordenada por Ana Maria Bandeira, e publicada no *Inventário Colectivo dos Registos Paroquiais*. Lisboa: ANTT, 1993. Vol. I, Centro e Sul.


## Paróquia da Bobadela - Oliveira do Hospital

**Código de referência:** PT/AUC/PAR/OHP04

**Título:** Paróquia da Bobadela - Oliveira do Hospital

**Datas de produção:** 1531 / 1897

**Dimensão e suporte:** 12 liv.; papel.

**História administrativa, biográfica e familiar:** Teve foral antigo dado em 1256, o qual está registado no Livro I de D. Afonso III e um outro dado por D. Manuel I em Lisboa a 15 de outubro de 1513. Foi priorado da apresentação da donatária da vila, a família Freire de Andrade, passando mais tarde para a coroa que veio a doá-la à Casa do Infantado. Pertenceu à antiga comarca de Viseu e, posteriormente, à de Midões. Foi sede de concelho extinto em 1836, ficando então incluída no de Linhares que, por sua vez, seria também extinto por Decreto de 24 de outubro de 1855; foi por isso integrada no concelho de Oliveira do Hospital.

**Âmbito e conteúdo:** Documentação formada por livros que se agrupam em quatro séries: mistos (englobam registos de batismos, casamentos e óbitos ou apenas dois tipos dos registos anteriores); batismos; casamentos; e óbitos.

**Sistema de organização:** Organização original por séries; ordenação cronológica.

**Cota atual:** III-2ªD

**Instrumentos de pesquisa:** *Inventário Colectivo dos Registos Paroquiais*, vol. I, Centro e Sul; inventário em versão informática Archeevo (base de dados de descrição arquivística) na WEBpage do AUC.

**Notas do arquivista:** Descrição baseada na informação sobre as paróquias do distrito de Coimbra, coordenada por Ana Maria Bandeira, e publicada no *Inventário Colectivo dos Registos Paroquiais*. Lisboa: ANTT, 1993. Vol. I, Centro e Sul.


## Paróquia do Ervedal - Oliveira do Hospital

**Código de referência:** PT/AUC/PAR/OHP05
**Título:** Paróquia do Ervedal - Oliveira do Hospital
**Datas de produção:** 1555 / 1902
**Dimensão e suporte:** 57 liv.; papel.
**História administrativa, biográfica e familiar:** Localidade doada em 1193 por D. Dulce, esposa de D. Sancho I, aos frades crúzios do Mosteiro de Seia. Foi importante couto que passou a vila tendo juiz ordinário e Câmara. D. Manuel I deu-lhe foral, provavelmente em 1514. A antiga freguesia de Santo André de Ervedal foi vigairaria da apresentação do padroado real, segundo Pinho Leal, ou da apresentação da comenda de Leiria, segundo

a *Estatística Parochial* de 1862. Sede de concelho, extinto por Decreto de 24 de agosto de 1855, acabou por ficar anexa ao de Oliveira do Hospital. Fazia parte, em 1855, do distrito da Guarda e da comarca de Gouveia.

**Âmbito e conteúdo:** Documentação formada por livros que se agrupam em quatro séries: mistos (livros que englobam registos de batismos, casamentos e óbitos ou dois dos registos anteriores); batismos; casamentos; óbitos; e índices.

**Sistema de organização:** Organização original por séries; ordenação cronológica.

**Cota atual:** III-2ªD

**Instrumentos de pesquisa:** *Inventário Colectivo dos Registos Paroquiais*, vol. I, Centro e Sul; inventário em versão informática Archeevo (base de dados de descrição arquivística) na WEBpage do AUC.

**Notas do arquivista:** Descrição baseada na informação sobre as paróquias do distrito de Coimbra, coordenada por Ana Maria Bandeira, e publicada no *Inventário Colectivo dos Registos Paroquiais*. Lisboa: ANTT, 1993. Vol. I, Centro e Sul.


## Paróquia de Galizes - Oliveira do Hospital

**Código de referência:** PT/AUC/PAR/OHP22
**Título:** Paróquia de Galizes - Oliveira do Hospital
**Datas de produção:** 1606 / 1838
**Dimensão e suporte:** 3 liv.; papel.
**História administrativa, biográfica e familiar:** Antiga povoação da freguesia de Nogueira do Cravo, que foi sede de concelho até 1836, ano da sua extinção. Foi sede de uma freguesia extinta cujo orago era São Miguel. Era da apresentação do prior de Nogueira do Cravo.

**Âmbito e conteúdo:** Documentação formada por livros que se agrupam em duas séries: mistos (livros que englobam registos de batismos, casamentos e óbitos ou dois dos registos anteriores); e batismos.

**Sistema de organização:** Organização original por séries; ordenação cronológica.

**Cota atual:** III-2ªD

**Instrumentos de pesquisa:** *Inventário Colectivo dos Registos Paroquiais*, vol. I, Centro e Sul; inventário em versão informática Archeevo (base de dados de descrição arquivística) na WEBpage do AUC.

**Notas do arquivista:** Descrição baseada na informação sobre as paróquias do distrito de Coimbra, coordenada por Ana Maria Bandeira, e publicada no *Inventário Colectivo dos Registos Paroquiais*. Lisboa: ANTT, 1993. Vol. I, Centro e Sul.

## Paróquia de Lagares - Oliveira do Hospital

**Código de referência:** PT/AUC/PAR/OHP06

**Título:** Paróquia de Lagares - Oliveira do Hospital

**Datas de produção:** 1547 / 1901

**Dimensão e suporte:** 75 liv.; papel.

**História administrativa, biográfica e familiar:** A antiga freguesia de N. Sr.ª da Conceição de Lagares da Beira foi vigairaria da apresentação da Universidade de Coimbra, tendo passado depois a priorado. D. Manuel I deu-lhe foral em Lisboa a 15 de maio de 1514. Em 1839 estava integrada na comarca de Seia, em 1852, na de Midões e, finalmente, em 1878 na comarca de Oliveira do Hospital.

**Âmbito e conteúdo:** Documentação formada por livros que se agrupam em quatro séries: mistos (englobam registos de batismos, casamentos e óbitos ou apenas dois tipos dos registos anteriores); batismos; casamentos; e óbitos.

**Sistema de organização:** Organização original por séries; ordenação cronológica.

**Cota atual:** III-2ªD

**Instrumentos de pesquisa:** *Inventário Colectivo dos Registos Paroquiais*, vol. I, Centro e Sul; inventário em versão informática Archeevo (base de dados de descrição arquivística) na WEBpage do AUC.

**Notas do arquivista:** Descrição baseada na informação sobre as paróquias do distrito de Coimbra, coordenada por Ana Maria Bandeira,

e publicada no *Inventário Colectivo dos Registos Paroquiais.* Lisboa: ANTT, 1993. Vol. I, Centro e Sul.


## Paróquia de Lagos da Beira - Oliveira do Hospital

**Código de referência:** PT/AUC/PAR/OHP07

**Título:** Paróquia de Lagos da Beira - Oliveira do Hospital

**Datas de produção:** 1617 / 1899

**Dimensão e suporte:** 14 liv.; papel.

**História administrativa, biográfica e familiar:** A antiga freguesia de São João Baptista de Lagos da Beira foi priorado da apresentação da Casa do Infantado. Recebeu foral de D. Manuel I dado em Lisboa a 15 de março de 1514. Em 1755 estava integrada na comarca da Guarda, em 1839, na de Seia e, finalmente, em 1878 na comarca de Oliveira do Hospital.

**Âmbito e conteúdo:** Documentação formada por livros que se agrupam em quatro séries: mistos (englobam registos de batismos, casamentos e óbitos ou apenas dois tipos dos registos anteriores); batismos; casamentos; e óbitos.

**Sistema de organização:** Organização original por séries; ordenação cronológica.

**Cota atual:** III-2ªD

**Instrumentos de pesquisa:** *Inventário Colectivo dos Registos Paroquiais,* vol. I, Centro e Sul; inventário em versão informática Archeevo (base de dados de descrição arquivística) na WEBpage do AUC.

**Notas do arquivista:** Descrição baseada na informação sobre as paróquias do distrito de Coimbra, coordenada por Ana Maria Bandeira, e publicada no *Inventário Colectivo dos Registos Paroquiais.* Lisboa: ANTT, 1993. Vol. I, Centro e Sul.


## Paróquia da Lajeosa - Oliveira do Hospital

**Código de referência:** PT/AUC/PAR/OHP08

**Título:** Paróquia da Lajeosa - Oliveira do Hospital

**Datas de produção:** 1601 / 1909

**Dimensão e suporte:** 14 u. i.; papel.

**História administrativa, biográfica e familiar:** A antiga freguesia de N. Sr.ª da Expectação da Lajeosa foi curato da apresentação do prior de Lagos da Beira. Beneficiou do foral dado à Comenda do Casal por D. Manuel I em Lisboa a 21 de fevereiro de 1514. Em 1839 estava integrada na comarca de Seia, em 1852 na de Midões e, finalmente, em 1878 na comarca de Oliveira do Hospital.

**Âmbito e conteúdo:** Documentação formada por livros que se agrupam em cinco séries: mistos (livros que englobam registos de batismos, casamentos e óbitos ou dois dos registos anteriores); batismos; casamentos; óbitos; e documentos de registos paroquiais.

**Sistema de organização:** Organização original por séries; ordenação cronológica.

**Cota atual:** III-2ªD

**Instrumentos de pesquisa:** *Inventário Colectivo dos Registos Paroquiais*, vol. I, Centro e Sul; inventário em versão informática Archeevo (base de dados de descrição arquivística) na WEBpage do AUC.

**Notas do arquivista:** Descrição baseada na informação sobre as paróquias do distrito de Coimbra, coordenada por Ana Maria Bandeira, e publicada no *Inventário Colectivo dos Registos Paroquiais*. Lisboa: ANTT, 1993. Vol. I, Centro e Sul.

## Paróquia de Lourosa - Oliveira do Hospital

**Código de referência:** PT/AUC/PAR/OHP09

**Título:** Paróquia de Lourosa - Oliveira do Hospital

**Datas de produção:** 1558 / 1902

**Dimensão e suporte:** 101 liv.; papel.

**História administrativa, biográfica e familiar:** Teve foral dado em Coja pelo bispo de Coimbra em 6 de fevereiro de 1347 e também D. Manuel I lhe conferiu igualmente foral, dado em Lisboa a 12 de setembro de 1514. A antiga freguesia de São Pedro de Lourosa foi vigairaria e comenda da Ordem de Cristo. Fez parte do concelho de Avô, até à extinção deste pelo Decreto de 24 de outubro de 1855. Em 1755 estava integrada na comarca da Guarda, em 1839 na de Seia, em 1852 na de Midões, em 1878 na comarca e julgado de Tábua e no concelho de Oliveira do Hospital, ficando em 1885 na comarca e concelho de Oliveira do Hospital.

**Âmbito e conteúdo:** Documentação formada por livros que se agrupam em quatro séries: mistos (englobam registos de batismos, casamentos e óbitos ou apenas dois tipos dos registos anteriores); batismos; casamentos; e óbitos.

**Sistema de organização:** Organização original por séries; ordenação cronológica.

**Cota atual:** III-2ªD

**Instrumentos de pesquisa:** *Inventário Colectivo dos Registos Paroquiais*, vol. I, Centro e Sul; inventário em versão informática Archeevo (base de dados de descrição arquivística) na WEBpage do AUC.

**Notas do arquivista:** Descrição baseada na informação sobre as paróquias do distrito de Coimbra, coordenada por Ana Maria Bandeira, e publicada no *Inventário Colectivo dos Registos Paroquiais*. Lisboa: ANTT, 1993. Vol. I, Centro e Sul.


## Paróquia de Meruge - Oliveira do Hospital

**Código de referência:** PT/AUC/PAR/OHP10

**Título:** Paróquia de Meruge - Oliveira do Hospital

**Datas de produção:** 1558 / 1902

**Dimensão e suporte:** 88 liv.; papel.

**História administrativa, biográfica e familiar:** A antiga freguesia de São Miguel de Meruge foi priorado da apresentação dos antecessores do Conde de Melo. Em 1839 está integrada na comarca de Seia, em 1852 na de Midões e, em 1878, na comarca de Oliveira do Hospital.

**Âmbito e conteúdo:** Documentação formada por livros que se agrupam em quatro séries: mistos (englobam registos de batismos, casamentos e óbitos ou apenas dois tipos dos registos anteriores); batismos; casamentos; e óbitos.

**Sistema de organização:** Organização original por séries; ordenação cronológica.

**Cota atual:** III-2ªD

**Instrumentos de pesquisa:** *Inventário Colectivo dos Registos Paroquiais*, vol. I, Centro e Sul; inventário em versão informática Archeevo (base de dados de descrição arquivística) na WEBpage do AUC.

**Notas do arquivista:** Descrição baseada na informação sobre as paróquias do distrito de Coimbra, coordenada por Ana Maria Bandeira, e publicada no *Inventário Colectivo dos Registos Paroquiais*. Lisboa: ANTT, 1993. Vol. I, Centro e Sul.


## Paróquia de Nogueira do Cravo - Oliveira do Hospital

**Código de referência:** PT/AUC/PAR/OHP11

**Título:** Paróquia de Nogueira do Cravo - Oliveira do Hospital

**Datas de produção:** 1548 / 1899

**Dimensão e suporte:** 20 liv.; papel.

**História administrativa, biográfica e familiar:** Foi priorado da apresentação alternada do pontífice e bispo, de acordo com o Padre Carvalho, ou só do bispo de Coimbra, segundo a *Estatistica Parochial* de 1862. Teve a si anexa a freguesia de São Miguel de Galizes, que era curato da apresentação do prior de Santa Maria de Nogueira. Foi sede de concelho a que D. Manuel I deu foral em Lisboa a 12 de setembro de 1514. Em 1755 estava integrada na comarca de Viseu, em 1839 na de Seia, em 1852 na de Midões e, em 1878, na comarca de Oliveira do Hospital.

**Âmbito e conteúdo:** Documentação formada por livros que se agrupam em quatro séries: mistos (englobam registos de batismos, casamentos e óbitos ou apenas dois tipos dos registos anteriores); batismos; casamentos; e óbitos.

**Sistema de organização:** Organização original por séries; ordenação cronológica.

**Cota atual:** III-2ᵃD

**Instrumentos de pesquisa:** *Inventário Colectivo dos Registos Paroquiais*, vol. I, Centro e Sul; inventário em versão informática Archeevo (base de dados de descrição arquivística) na WEBpage do AUC.

**Notas do arquivista:** Descrição baseada na informação sobre as paróquias do distrito de Coimbra, coordenada por Ana Maria Bandeira, e publicada no *Inventário Colectivo dos Registos Paroquiais*. Lisboa: ANTT, 1993. Vol. I, Centro e Sul.


## Paróquia de Oliveira do Hospital - Oliveira do Hospital

**Código de referência:** PT/AUC/PAR/OHP12
**Título:** Paróquia de Oliveira do Hospital - Oliveira do Hospital
**Datas de produção:** 1582 / 1903
**Dimensão e suporte:** 33 liv.; papel.

**História administrativa, biográfica e familiar:** Foi vigairaria e comenda da Ordem de Malta, antes Ordem do Hospital. A vila, a que vários documentos se referem desde 1222, foi das mais rendosas da Ordem e, por isso, teve grandes privilégios. Recebeu foral de D. Manuel I, dado em Lisboa a 27 de fevereiro de 1514. Em 1755 estava integrada na comarca de Viseu, em 1839 na de Seia, em 1852 na de Midões e em 1878 na comarca de Oliveira do Hospital. Oliveira do Hospital é, atualmente, sede de concelho e de comarca.

**Âmbito e conteúdo:** Documentação formada por livros que se agrupam em quatro séries: mistos (englobam registos de batismos, casamentos e óbitos ou apenas dois tipos dos registos anteriores); batismos; casamentos; e óbitos.

**Sistema de organização:** Organização original por séries; ordenação cronológica.

**Cota atual:** III-2ᵃD

**Instrumentos de pesquisa:** *Inventário Colectivo dos Registos Paroquiais*, vol. I, Centro e Sul; inventário em versão informática Archeevo (base de dados de descrição arquivística) na WEBpage do AUC.

**Notas do arquivista:** Descrição baseada na informação sobre as paróquias do distrito de Coimbra, coordenada por Ana Maria Bandeira, e publicada no *Inventário Colectivo dos Registos Paroquiais*. Lisboa: ANTT, 1993. Vol. I, Centro e Sul.

## Paróquia de Penalva de Alva - Oliveira do Hospital

**Código de referência:** PT/AUC/PAR/OHP13

**Título:** Paróquia de Penalva de Alva - Oliveira do Hospital

**Datas de produção:** 1628 / 1900

**Dimensão e suporte:** 19 liv.; papel.

**História administrativa, biográfica e familiar:** A antiga freguesia de São Tomé de Penalva de Alva foi vigairaria da apresentação do Grão mestrado da Ordem de Cristo. Recebeu foral manuelino a 12 de setembro de 1514. Foi sede de concelho, no distrito da Guarda, extinto pelo Decreto de 31 de dezembro de 1853, passando para o de Sandomil, também extinto em 1855, fazendo parte, desde então, do atual (Oliveira do Hospital). Em 1839 estava integrada na comarca de Seia, em 1852 na comarca e julgado de Oliveira do Hospital.

**Âmbito e conteúdo:** Documentação formada por livros que se agrupam em cinco séries: mistos (livros que englobam registos de batismos, casamentos e óbitos ou dois dos registos anteriores); batismos; casamentos; óbitos; e índices.

**Sistema de organização:** Organização original por séries; ordenação cronológica.

**Cota atual:** III-2ªD

**Instrumentos de pesquisa:** *Inventário Colectivo dos Registos Paroquiais*, vol. I, Centro e Sul; inventário em versão informática Archeevo (base de dados de descrição arquivística) na WEBpage do AUC.

**Notas do arquivista:** Descrição baseada na informação sobre as paróquias do distrito de Coimbra, coordenada por Ana Maria Bandeira, e publicada no *Inventário Colectivo dos Registos Paroquiais*. Lisboa: ANTT, 1993. Vol. I, Centro e Sul.

## Paróquia de Santa Ovaia - Oliveira do Hospital

**Código de referência:** PT/AUC/PAR/OHP14

**Título:** Paróquia de Santa Ovaia - Oliveira do Hospital

**Datas de produção:** 1620 / 1902

**Dimensão e suporte:** 79 liv.; papel.

**História administrativa, biográfica e familiar:** A antiga freguesia de Santa Ovaia (orago de N. Sr.ª da Expectação) foi curato da apresentação da Sé de Coimbra. Em 1839, pertencia ao concelho de Avô, extinto pelo Decreto de 24 de outubro de 1855, passando a fazer parte, desde então, do atual (Oliveira do Hospital). Em 1852 estava integrada na comarca de Midões, em 1862 na de Tábua e, desde 1885, na de Oliveira do Hospital.

**Âmbito e conteúdo:** Documentação formada por livros que se agrupam em quatro séries: mistos (englobam registos de batismos, casamentos e óbitos ou apenas dois tipos dos registos anteriores); batismos; casamentos; e óbitos.

**Sistema de organização:** Organização original por séries; ordenação cronológica.

**Cota atual:** III-2ªD

**Instrumentos de pesquisa:** *Inventário Colectivo dos Registos Paroquiais*, vol. I, Centro e Sul; inventário em versão informática Archeevo (base de dados de descrição arquivística) na WEBpage do AUC.

**Notas do arquivista:** Descrição baseada na informação sobre as paróquias do distrito de Coimbra, coordenada por Ana Maria Bandeira, e publicada no *Inventário Colectivo dos Registos Paroquiais*. Lisboa: ANTT, 1993. Vol. I, Centro e Sul.

## Paróquia de São Gião - Oliveira do Hospital

**Código de referência:** PT/AUC/PAR/OHP15

**Título:** Paróquia de São Gião - Oliveira do Hospital

**Datas de produção:** 1562 / 1901

**Dimensão e suporte:** 76 u. i.; papel.

**História administrativa, biográfica e familiar:** A antiga freguesia de São Gião (orago São Julião) foi curato da apresentação do Comendador de São Tomé de Penalva. Em 1840 fazia parte do concelho de Sandomil, extinto pelos Decretos de 10 de fevereiro de 1846 e de 24 de outubro de 1855, passando a integrar, desde então, o de Seia. Com o Decreto de 13 de janeiro de 1898, passa a fazer parte do de Oliveira do Hospital. Em 1774 e 1839 pertence à comarca de Seia, em 1852 à de Gouveia e, desde 1902, à de Oliveira do Hospital.

**Âmbito e conteúdo:** Documentação formada por livros que se agrupam em quatro séries: mistos (englobam registos de batismos, casamentos e óbitos ou apenas dois tipos dos registos anteriores); batismos; casamentos; e óbitos.

**Sistema de organização:** Organização original por séries; ordenação cronológica.

**Cota atual:** III-2ªD

**Instrumentos de pesquisa:** *Inventário Colectivo dos Registos Paroquiais*, vol. I, Centro e Sul; inventário em versão informática Archeevo (base de dados de descrição arquivística) na WEBpage do AUC.

**Notas do arquivista:** Descrição baseada na informação sobre as paróquias do distrito de Coimbra, coordenada por Ana Maria Bandeira, e publicada no *Inventário Colectivo dos Registos Paroquiais*. Lisboa: ANTT, 1993. Vol. I, Centro e Sul.


## Paróquia de São Paio de Codeço - Oliveira do Hospital

**Código de referência:** PT/AUC/PAR/OHP23

**Título:** Paróquia de São Paio de Codeço - Oliveira do Hospital

**Datas de produção:** 1594 / 1720

**Dimensão e suporte:** 1 liv.; papel.

**História administrativa, biográfica e familiar:** São Paio de Codeço foi a designação anterior da freguesia de São Paio de Gramaços. Foi priorado da apresentação do Cabido da Sé de Coimbra. É povoação muito antiga, sendo já mencionada nas inquirições de D. Afonso III, nas quais se diz que é detentor do padroado da sua igreja Estêvão Joanes, alcaide da Covilhã. Pelo Decreto de 28 de Julho de 1919 passou a designar-se São Paio de Gramaços. Por isso, a documentação desta paróquia encontra-se incluída na da freguesia de São Paio de Gramaços.

**Âmbito e conteúdo:** Documentação formada por livros que se agrupam em quatro séries: mistos (englobam registos de batismos, casamentos e óbitos ou apenas dois tipos dos registos anteriores); batismos; casamentos; e óbitos.

**Sistema de organização:** Organização original por séries; ordenação cronológica.

**Cota atual:** III-2ªD

**Instrumentos de pesquisa:** *Inventário Colectivo dos Registos Paroquiais*, vol. I, Centro e Sul; inventário em versão informática Archeevo (base de dados de descrição arquivística) na WEBpage do AUC.

**Notas do arquivista:** Descrição baseada na informação sobre as paróquias do distrito de Coimbra, coordenada por Ana Maria Bandeira, e publicada no *Inventário Colectivo dos Registos Paroquiais*. Lisboa: ANTT, 1993. Vol. I, Centro e Sul.

Existe hiato temporal nos livros de registos de casamentos (1859; 1848-1889); nos de óbitos (1860-1861).


## Paróquia de São Paio de Gramaços - Oliveira do Hospital

**Código de referência:** PT/AUC/PAR/ OHP16

**Título:** Paróquia de São Paio de Gramaços - Oliveira do Hospital

**Datas de produção:** 1666 / 1902

**Dimensão e suporte:** 12 liv.; papel.

**História administrativa, biográfica e familiar:** Foi priorado da apresentação do Cabido da Sé de Coimbra. É povoação muito antiga, sendo já mencionada nas inquirições de D. Afonso III, nas quais se diz que é detentor do padroado da sua igreja Estêvão Joanes, alcaide da Covilhã. Foi outrora designada por S. Paio de Codeço. Pelo Decreto de 28 de julho de 1919 passou a ter a designação atual.

**Âmbito e conteúdo:** Documentação formada por livros que se agrupam em quatro séries: mistos (englobam registos de batismos, casamentos e óbitos ou apenas dois tipos dos registos anteriores); batismos; casamentos; e óbitos.

**Sistema de organização:** Organização original por séries; ordenação cronológica.

**Cota atual:** III-2ªD

**Instrumentos de pesquisa:** *Inventário Colectivo dos Registos Paroquiais*, vol. I, Centro e Sul; inventário em versão informática Archeevo (base de dados de descrição arquivística) na WEBpage do AUC.

**Notas do arquivista:** Descrição baseada na informação sobre as paróquias do distrito de Coimbra, coordenada por Ana Maria Bandeira, e publicada no *Inventário Colectivo dos Registos Paroquiais*. Lisboa: ANTT, 1993. Vol. I, Centro e Sul.


## Paróquia de São Sebastião da Feira - Oliveira do Hospital

**Código de referência:** PT/AUC/PAR/OHP17

**Título:** Paróquia de São Sebastião da Feira - Oliveira do Hospital

**Datas de produção:** 1615 / 1893

**Dimensão e suporte:** 8 liv.; papel.

**História administrativa, biográfica e familiar:** Também conhecida por Feira. Em tempos mais remotos, teve a designação de São Sebastião de Riba de Alva, tendo recebido foral de D. Manuel I dado em Lisboa a 12 de setembro de 1514. Foi priorado da apresentação do Bispo de Coimbra. Pertenceu ao concelho de Penalva de Alva, extinto pelo Decreto de 31 de dezembro de 1853, tendo passado para o de Sandomil.Pelo Decreto de 24 de outubro de 1855, que extinguiu aquele último, foi integrada no de Oliveira do Hospital, onde permanece desde então.

**Âmbito e conteúdo:** Documentação formada por livros que se agrupam em quatro séries: mistos (englobam registos de batismos, casamentos e óbitos ou apenas dois tipos dos registos anteriores); batismos; casamentos; e óbitos.

**Sistema de organização:** Organização original por séries; ordenação cronológica.

**Cota atual:** III-2ªD

**Instrumentos de pesquisa:** *Inventário Colectivo dos Registos Paroquiais*, vol. I, Centro e Sul; inventário em versão informática Archeevo (base de dados de descrição arquivística) na WEBpage do AUC.

**Notas do arquivista:** Descrição baseada na informação sobre as paróquias do distrito de Coimbra, coordenada por Ana Maria Bandeira, e publicada no *Inventário Colectivo dos Registos Paroquiais*. Lisboa: ANTT, 1993. Vol. I, Centro e Sul.


## Paróquia de Seixo da Beira - Oliveira do Hospital

**Código de referência:** PT/AUC/PAR/OHP18

**Título:** Paróquia de Seixo da Beira - Oliveira do Hospital

**Datas de produção:** 1643 / 1902

**Dimensão e suporte:** 110 liv.; papel.

**História administrativa, biográfica e familiar:** Em tempos mais remotos, foi chamada Seixo do Ervedal. Em 9 de fevereiro de 1514 recebeu foral de D. Manuel I. Da invocação de São Pedro *ad vincula*, foi priorado do padroado real, mas em 1708 a freguesia era priorado e comenda da Ordem de Avis. Foi sede de concelho extinto em 1836, passando a fazer parte do de Ervedal que, por sua vez, também foi extinto pelo Decreto de 24 de outubro de 1855, tendo passado para o de Oliveira do Hospital. A atual designação foi-lhe atribuída pelo Decreto de 10 de fevereiro de 1919.

**Âmbito e conteúdo:** Documentação formada por livros que se agrupam em quatro séries: mistos (englobam registos de batismos, casamentos e óbitos ou apenas dois tipos dos registos anteriores); batismos; casamentos; e óbitos.

**Sistema de organização:** Organização original por séries; ordenação cronológica.

**Cota atual:** III-2ªD

**Instrumentos de pesquisa:** *Inventário Colectivo dos Registos Paroquiais*, vol. I, Centro e Sul; inventário em versão informática Archeevo (base de dados de descrição arquivística) na WEBpage do AUC.

**Notas do arquivista:** Descrição baseada na informação sobre as paróquias do distrito de Coimbra, coordenada por Ana Maria Bandeira, e publicada no *Inventário Colectivo dos Registos Paroquiais*. Lisboa: ANTT, 1993. Vol. I, Centro e Sul.


## Paróquia de Travanca de Lagos - Oliveira do Hospital

**Código de referência:** PT/AUC/PAR/OHP19
**Título:** Paróquia de Travanca de Lagos - Oliveira do Hospital
**Datas de produção:** 1583 / 1909
**Dimensão e suporte:** 42 u. i.; papel.
**História administrativa, biográfica e familiar:** Também conhecida apenas por Travanca, remonta a sua existência já ao século XII. A antiga freguesia de Travanca de Lagos, no termo da vila de Lagos da Beira, foi priorado da apresentação da Casa do Infantado. Foi incluída no foral dado a Lagos da Beira por D. Manuel I, em Lisboa, a 15 de março de 1514.
**Âmbito e conteúdo:** Documentação formada por livros que se agrupam em cinco séries: mistos (livros que englobam registos de batismos, casamentos e óbitos ou dois dos registos anteriores); batismos; casamentos; óbitos; e documentos de registos paroquiais.

**Sistema de organização:** Organização original por séries; ordenação cronológica.

**Cota atual:** III-2ªD

**Instrumentos de pesquisa:** *Inventário Colectivo dos Registos Paroquiais*, vol. I, Centro e Sul; inventário em versão informática Archeevo (base de dados de descrição arquivística) na WEBpage do AUC.

**Notas do arquivista:** Descrição baseada na informação sobre as paróquias do distrito de Coimbra, coordenada por Ana Maria Bandeira, e publicada no *Inventário Colectivo dos Registos Paroquiais*. Lisboa: ANTT, 1993. Vol. I, Centro e Sul.

## Paróquia de Vila Pouca da Beira - Oliveira do Hospital

**Código de referência:** PT/AUC/PAR/OHP20

**Título:** Paróquia de Vila Pouca da Beira - Oliveira do Hospital

**Datas de produção:** 1593 / 1902

**Dimensão e suporte:** 18 liv.; papel.

**História administrativa, biográfica e familiar:** Vila Pouca da Beira tem como orago São Sebastião, para uns, ou São Miguel, para outros. Foi curato da apresentação do vigário de Lourosa. D. Manuel I atribuiu-lhe carta de foral dada em Évora a 20 de dezembro de 1519. Em 1840 era pertença do concelho de Avô, extinto por Decreto de 24 de outubro de 1855, tendo passado então para o de Oliveira do Hospital.

**Âmbito e conteúdo:** Documentação formada por livros que se agrupam em quatro séries: mistos (englobam registos de batismos, casamentos e óbitos ou apenas dois tipos dos registos anteriores); batismos; casamentos; e óbitos.

**Sistema de organização:** Organização original por séries; ordenação cronológica.

**Cota atual:** III-2ªD

**Instrumentos de pesquisa:** *Inventário Colectivo dos Registos Paroquiais*, vol. I, Centro e Sul; inventário em versão informática Archeevo (base de dados de descrição arquivística) na WEBpage do AUC.

**Notas do arquivista:** Descrição baseada na informação sobre as paróquias do distrito de Coimbra, coordenada por Ana Maria Bandeira, e publicada no *Inventário Colectivo dos Registos Paroquiais*. Lisboa: ANTT, 1993. Vol. I, Centro e Sul.

## Paróquia de Cabril - Pampilhosa da Serra

**Código de referência:** PT/AUC/PAR/ PPS01

**Título:** Paróquia de Cabril - Pampilhosa da Serra

**Datas de produção:** 1614 / 1902

**Dimensão e suporte:** 35 liv.; papel.

**História administrativa, biográfica e familiar:** É freguesia de São Domingos. Foi curato da apresentação do prior da Pampilhosa da Serra, no termo desta vila e antiga comarca da Guarda. Cabril pertenceu sempre ao concelho da Pampilhosa da Serra, tendo sido elevada a freguesia nos finais do século XVII. Segundo documento datado do reinado de D. Afonso V, Praçais na freguesia do Cabril já seria habitado na época. A paróquia do Cabril foi do Bispado da Guarda, até 4/9/1882, data em que passou a pertencer ao Bispado de Coimbra.

**Âmbito e conteúdo:** Documentação formada por livros que se agrupam em quatro séries: mistos (englobam registos de batismos, casamentos e óbitos ou apenas dois tipos dos registos anteriores); batismos; casamentos; e óbitos.

**Sistema de organização:** Organização original por séries; ordenação cronológica.

**Cota atual:** III-2ªD

**Instrumentos de pesquisa:** *Inventário Colectivo dos Registos Paroquiais*, vol. I, Centro e Sul; inventário em versão informática Archeevo (base de dados de descrição arquivística) na WEBpage do AUC.

**Notas do arquivista:** Descrição baseada na informação sobre as paróquias do distrito de Coimbra, coordenada por Ana Maria Bandeira, e publicada no *Inventário Colectivo dos Registos Paroquiais*. Lisboa: ANTT, 1993. Vol. I, Centro e Sul.

## Paróquia de Dornelas do Zêzere - Pampilhosa da Serra

**Código de referência:** PT/AUC/PAR/PPS02

**Título:** Paróquia de Dornelas do Zêzere - Pampilhosa da Serra

**Datas de produção:** 1560 / 1911

**Dimensão e suporte:** 40 liv.; papel.

**História administrativa, biográfica e familiar:** A antiga freguesia de N. Sr.ª das Neves foi priorado do padroado real no concelho de Fajão, extinto por Decreto de 24 de outubro de 1855, passando então para o da Pampilhosa da Serra. Em 1839 pertence à comarca da Guarda e concelho de Fundão, mas em 1852 passa para aquele de que atualmente faz parte.

**Âmbito e conteúdo:** Documentação formada por livros que se agrupam em quatro séries: mistos (englobam registos de batismos, casamentos e óbitos ou apenas dois tipos dos registos anteriores); batismos; casamentos; e óbitos.

**Sistema de organização:** Organização original por séries; ordenação cronológica.

**Cota atual:** III-2ªD

**Instrumentos de pesquisa:** *Inventário Colectivo dos Registos Paroquiais*, vol. I, Centro e Sul; inventário em versão informática Archeevo (base de dados de descrição arquivística) na WEBpage do AUC.

**Notas do arquivista:** Descrição baseada na informação sobre as paróquias do distrito de Coimbra, coordenada por Ana Maria Bandeira, e publicada no *Inventário Colectivo dos Registos Paroquiais*. Lisboa: ANTT, 1993. Vol. I, Centro e Sul.


## Paróquia do Fajão - Pampilhosa da Serra

**Código de referência:** PT/AUC/PAR/PPS03

**Título:** Paróquia do Fajão - Pampilhosa da Serra

**Datas de produção:** 1623 / 1903

**Dimensão e suporte:** 54 u. i.; papel.

**História administrativa, biográfica e familiar:** A antiga freguesia de N. Sr.ª da Assunção de Fajão foi curato da apresentação do Mosteiro de Santa Cruz de Coimbra. Era seu donatário o Mosteiro de Folques, dos Cónegos Regulares de Santo Agostinho. Foi sede de concelho, extinto por Decreto de 24 de outubro de 1855, passando então para o da Pampilhosa da Serra. Em 1755 pertence à comarca de Coimbra, em 1809 à de Seia, mas em 1852 é integrada na de Arganil.

**Âmbito e conteúdo:** Documentação formada por livros que se agrupam em cinco séries: mistos (englobam registos de batismos, casamentos e óbitos ou apenas dois tipos dos registos anteriores); batismos; casamentos; óbitos; e documentos de registos paroquiais.

**Sistema de organização:** Organização original por séries; ordenação cronológica.

**Cota atual:** III-2ªD

**Instrumentos de pesquisa:** *Inventário Colectivo dos Registos Paroquiais*, vol. I, Centro e Sul; inventário em versão informática Archeevo (base de dados de descrição arquivística) na WEBpage do AUC.

**Notas do arquivista:** Descrição baseada na informação sobre as paróquias do distrito de Coimbra, coordenada por Ana Maria Bandeira, e publicada no *Inventário Colectivo dos Registos Paroquiais*. Lisboa: ANTT, 1993. Vol. I, Centro e Sul.


## Paróquia de Janeiro de Baixo - Pampilhosa da Serra

**Código de referência:** PT/AUC/PAR/PPS04
**Título:** Paróquia de Janeiro de Baixo - Pampilhosa da Serra
**Datas de produção:** 1558 / 1902
**Dimensão e suporte:** 35 liv.; papel.
**História administrativa, biográfica e familiar:** A antiga freguesia de São Domingos de Janeiro de Baixo foi vigairaria do padroado real e comenda da Ordem de Cristo, no termo da vila do Fundão. Em 1839 está integrado na comarca de Castelo Branco e no concelho do Fundão;

em 1852, pertence à comarca de Arganil e ao concelho de Fajão, extinto por Decreto de 24 de outubro de 1855, altura em que passa para o da Pampilhosa da Serra.

**Âmbito e conteúdo:** Documentação formada por livros que se agrupam em quatro séries: mistos (englobam registos de batismos, casamentos e óbitos ou apenas dois tipos dos registos anteriores); batismos; casamentos; e óbitos.

**Sistema de organização:** Organização original por séries; ordenação cronológica.

**Cota atual:** III-2ªD

**Instrumentos de pesquisa:** *Inventário Colectivo dos Registos Paroquiais*, vol. I, Centro e Sul; inventário em versão informática Archeevo (base de dados de descrição arquivística) na WEBpage do AUC.

**Notas do arquivista:** Descrição baseada na informação sobre as paróquias do distrito de Coimbra, coordenada por Ana Maria Bandeira, e publicada no *Inventário Colectivo dos Registos Paroquiais*. Lisboa: ANTT, 1993. Vol. I, Centro e Sul.


## Paróquia do Machio - Pampilhosa da Serra

**Código de referência:** PT/AUC/PAR/PPS05

**Título:** Paróquia do Machio - Pampilhosa da Serra

**Datas de produção:** 1835 / 1902

**Dimensão e suporte:** 15 liv.; papel.

**História administrativa, biográfica e familiar:** A antiga freguesia de São Miguel de Machio foi curato da apresentação anual do prior da Pampilhosa da Serra. Também é designada por Machico de Cima.

**Âmbito e conteúdo:** Documentação formada por livros que se agrupam em quatro séries: mistos (englobam registos de batismos, casamentos e óbitos ou apenas dois tipos dos registos anteriores); batismos; casamentos; e óbitos.

**Sistema de organização:** Organização original por séries; ordenação cronológica.

**Cota atual:** III-2ªD

**Instrumentos de pesquisa:** *Inventário Colectivo dos Registos Paroquiais,* vol. I, Centro e Sul; inventário em versão informática Archeevo (base de dados de descrição arquivística) na WEBpage do AUC.

**Notas do arquivista:** Descrição baseada na informação sobre as paróquias do distrito de Coimbra, coordenada por Ana Maria Bandeira, e publicada no *Inventário Colectivo dos Registos Paroquiais.* Lisboa: ANTT, 1993. Vol. I, Centro e Sul.

## Paróquia da Pampilhosa da Serra - Pampilhosa da Serra

**Código de referência:** PT/AUC/PAR/PPS06

**Título:** Paróquia da Pampilhosa da Serra - Pampilhosa da Serra

**Datas de produção:** 1566 / 1902

**Dimensão e suporte:** 79 liv.; papel.

**História administrativa, biográfica e familiar:** A antiga freguesia de N. Sr.ª do Pranto da Pampilhosa da Serra foi priorado da apresentação do Mosteiro de Santa Cruz de Coimbra. Foi elevada a vila por D. Dinis, em 1308. D. Manuel I deu-lhe em Lisboa foral novo em 20 de outubro de 1513. Em 1852 está integrada na comarca de Tomar, mas em 1852 passou para a de Arganil.

**Âmbito e conteúdo:** Documentação formada por livros que se agrupam em quatro séries: mistos (englobam registos de batismos, casamentos e óbitos ou apenas dois tipos dos registos anteriores); batismos; casamentos; e óbitos.

**Sistema de organização:** Organização original por séries; ordenação cronológica.

**Cota atual:** III-2ªD

**Instrumentos de pesquisa:** *Inventário Colectivo dos Registos Paroquiais,* vol. I, Centro e Sul; inventário em versão informática Archeevo (base de dados de descrição arquivística) na WEBpage do AUC.

**Notas do arquivista:** Descrição baseada na informação sobre as paróquias do distrito de Coimbra, coordenada por Ana Maria Bandeira,

e publicada no *Inventário Colectivo dos Registos Paroquiais*. Lisboa: ANTT, 1993. Vol. I, Centro e Sul.


## Paróquia do Pessegueiro - Pampilhosa da Serra

**Código de referência:** PT/AUC/PAR/PPS07

**Título:** Paróquia do Pessegueiro - Pampilhosa da Serra

**Datas de produção:** 1724 / 1899

**Dimensão e suporte:** 18 liv.; papel.

**História administrativa, biográfica e familiar:** A antiga freguesia de São Simão de Pessegueiro foi curato da apresentação do prior da Pampilhosa da Serra. Em 1832 fazia parte da comarca de Tomar mas, em 1852, já está incluída na de Arganil.

**Âmbito e conteúdo:** Documentação formada por livros que se agrupam em quatro séries: mistos (englobam registos de batismos, casamentos e óbitos ou apenas dois tipos dos registos anteriores); batismos; casamentos; e óbitos.

**Sistema de organização:** Organização original por séries; ordenação cronológica.

**Cota atual:** III-2ªD

**Instrumentos de pesquisa:** *Inventário Colectivo dos Registos Paroquiais*, vol. I, Centro e Sul; inventário em versão informática Archeevo (base de dados de descrição arquivística) na WEBpage do AUC.

**Notas do arquivista:** Descrição baseada na informação sobre as paróquias do distrito de Coimbra, coordenada por Ana Maria Bandeira, e publicada no *Inventário Colectivo dos Registos Paroquiais*. Lisboa: ANTT, 1993. Vol. I, Centro e Sul.

Existe hiato temporal nos livros de registo de casamentos (1785-1863).


## Paróquia de Portela do Fojo - Pampilhosa da Serra

**Código de referência:** PT/AUC/PAR/PPS08

**Título:** Paróquia de Portela do Fojo - Pampilhosa da Serra

**Datas de produção:** 1793 / 1898

**Dimensão e suporte:** 32 u. i.; papel.

**História administrativa, biográfica e familiar:** A freguesia de N. Sr.ª da Paz de Portela do Fojo foi reitoria da apresentação da Ordem de Malta. A fundação desta freguesia remonta a fins do século XVIII formada por povoações do patriarcado e da freguesia de Alvares. Em 1839 fazia parte da comarca de Tomar e em 1852 à de Arganil. Em 1840 pertencia ao concelho de Alvares, entretanto extinto por Decreto de 24 de outubro de 1855, passando então a integrar o de Pampilhosa da Serra.

**Âmbito e conteúdo:** Documentação formada por livros e pastas que se agrupam em três séries: batismos; casamentos; e óbitos.

**Sistema de organização:** Organização original por séries; ordenação cronológica.

**Cota atual:** III-2ªD

**Instrumentos de pesquisa:** *Inventário Colectivo dos Registos Paroquiais*, vol. I, Centro e Sul; inventário em versão informática Archeevo (base de dados de descrição arquivística) na WEBpage do AUC.

**Notas do arquivista:** Descrição baseada na informação sobre as paróquias do distrito de Coimbra, coordenada por Ana Maria Bandeira, e publicada no *Inventário Colectivo dos Registos Paroquiais*. Lisboa: ANTT, 1993. vol. I, Centro e Sul.


## Paróquia de Unhais-o-Velho - Pampilhosa da Serra

**Código de referência:** PT/AUC/PAR/PPS09

**Título:** Paróquia de Unhais-o-Velho - Pampilhosa da Serra

**Datas de produção:** 1559 / 1902

**Dimensão e suporte:** 30 liv.; papel.

**História administrativa, biográfica e familiar:** O orago desta freguesia é São Mateus e desconhece-se a apresentação e título do pároco. Fez parte do concelho de Fajão, entretanto extinto por Decreto de 24 de outubro de 1855, passando então a integrar o de Pampilhosa da Serra. O senhorio desta freguesia foi do convento de Folques.

**Âmbito e conteúdo:** Documentação formada por livros que se agrupam em quatro séries: mistos (englobam registos de batismos, casamentos e óbitos ou apenas dois tipos dos registos anteriores); batismos; casamentos; e óbitos.

**Sistema de organização:** Organização original por séries; ordenação cronológica.

**Cota atual:** III-2ªD

**Instrumentos de pesquisa:** *Inventário Colectivo dos Registos Paroquiais*, vol. I, Centro e Sul; inventário em versão informática Archeevo (base de dados de descrição arquivística) na WEBpage do AUC.

**Notas do arquivista:** Descrição baseada na informação sobre as paróquias do distrito de Coimbra, coordenada por Ana Maria Bandeira, e publicada no *Inventário Colectivo dos Registos Paroquiais*. Lisboa: ANTT, 1993. Vol. I, Centro e Sul.

## Paróquia do Vidual - Pampilhosa da Serra

**Código de referência:** PT/AUC/PAR/PPS10

**Título:** Paróquia do Vidual - Pampilhosa da Serra

**Datas de produção:** 1816 / 1902

**Dimensão e suporte:** 25 liv.; papel.

**História administrativa, biográfica e familiar:** Também conhecida como Vidual de Cima. A antiga freguesia de Santo António de Vidual de Cima foi curato da apresentação da Mesa da Consciência e Ordens. Foi elevada a freguesia por Alvará régio de D. João VI em 19 de outubro de 1815, ano em que deixou de pertencer à freguesia de Unhais-O-Velho. Fez parte do concelho de Fajão, entretanto extinto por Decreto de 24 de outubro de 1855, passando então a integrar o de Pampilhosa da Serra.

**Âmbito e conteúdo:** Documentação formada por livros que se agrupam em quatro séries: mistos (englobam registos de batismos, casamentos e óbitos ou apenas dois tipos dos registos anteriores); batismos; casamentos; e óbitos.

**Sistema de organização:** Organização original por séries; ordenação cronológica.

**Cota atual:** III-2ªD

**Instrumentos de pesquisa:** *Inventário Colectivo dos Registos Paroquiais*, vol. I, Centro e Sul; inventário em versão informática Archeevo (base de dados de descrição arquivística) na WEBpage do AUC.

**Notas do arquivista:** Descrição baseada na informação sobre as paróquias do distrito de Coimbra, coordenada por Ana Maria Bandeira, e publicada no *Inventário Colectivo dos Registos Paroquiais*. Lisboa: ANTT, 1993. Vol. I, Centro e Sul.


## Paróquia de Carvalho – Penacova

**Código de referência:** PT/AUC/PAR/PCV01

**Título:** Paróquia de Carvalho - Penacova

**Datas de produção:** 1593 / 1887

**Dimensão e suporte:** 36 liv.; papel.

**História administrativa, biográfica e familiar:** A antiga freguesia de N. Sr.ª da Conceição foi vigairaria da apresentação dos seus donatários, os morgados de Carvalho, e depois dos condes de Atouguia. D. Manuel I atribuiu-lhe foral em Lisboa a 8 de julho de 1514. O seu senhorio passou para a coroa em 1759, situação mantida até 1834.

**Âmbito e conteúdo:** Documentação formada por livros que se agrupam em cinco séries: mistos (livros que englobam registos de batismos, casamentos e óbitos ou dois dos registos anteriores); batismos; casamentos; óbitos; e índices.

**Sistema de organização:** Organização original por séries; ordenação cronológica.

**Cota atual:** III-2ªD

**Instrumentos de pesquisa:** *Inventário Colectivo dos Registos Paroquiais*, vol. I, Centro e Sul; inventário em versão informática

Archeevo (base de dados de descrição arquivística) na WEBpage do AUC.

**Notas do arquivista:** Descrição baseada na informação sobre as paróquias do distrito de Coimbra, coordenada por Ana Maria Bandeira, e publicada no *Inventário Colectivo dos Registos Paroquiais*. Lisboa: ANTT, 1993. Vol. I, Centro e Sul.

## Paróquia de Figueira de Lorvão – Penacova

**Código de referência:** PT/AUC/PAR/PCV02

**Título:** Paróquia de Figueira de Lorvão - Penacova

**Datas de produção:** 1616 / 1897

**Dimensão e suporte:** 79 liv.; papel.

**História administrativa, biográfica e familiar:** A antiga freguesia de São Baptista de Figueira de Lorvão foi vigairaria da apresentação do Mosteiro de Lorvão. Em 1839 fazia parte da comarca de Coimbra; em 1853 da de Penacova; em 1862 de novo na de Coimbra e, finalmente, desde 1878 de novo na de Penacova.

**Âmbito e conteúdo:** Documentação formada por livros que se agrupam em quatro séries: mistos (englobam registos de batismos, casamentos e óbitos ou apenas dois tipos dos registos anteriores); batismos; casamentos; e óbitos.

**Sistema de organização:** Organização original por séries; ordenação cronológica.

**Cota atual:** III-2ªD

**Instrumentos de pesquisa:** *Inventário Colectivo dos Registos Paroquiais*, vol. I, Centro e Sul; inventário em versão informática Archeevo (base de dados de descrição arquivística) na WEBpage do AUC.

**Notas do arquivista:** Descrição baseada na informação sobre as paróquias do distrito de Coimbra, coordenada por Ana Maria Bandeira, e publicada no *Inventário Colectivo dos Registos Paroquiais*. Lisboa: ANTT, 1993. Vol. I, Centro e Sul.

## Paróquia de Friúmes – Penacova

**Código de referência:** PT/AUC/PAR/PCV03
**Título:** Paróquia de Friúmes - Penacova
**Datas de produção:** 1587 / 1897
**Dimensão e suporte:** 119 liv.; papel.
**História administrativa, biográfica e familiar:** A antiga freguesia de São Martinho de Friúmes foi curato da apresentação do prior de Penacova. Fez parte do concelho de Santo André de Poiares, passando a integrar, pelo Decreto de 24 de outubro de 1855, o de Penacova. Em 1839 pertence à comarca de Coimbra; em 1852 à da Lousã; em 1862, de novo à de Coimbra e, finalmente, desde 1878 à de Penacova.

**Âmbito e conteúdo:** Documentação formada por livros que se agrupam em quatro séries: mistos (englobam registos de batismos, casamentos e óbitos ou apenas dois tipos dos registos anteriores); batismos; casamentos; e óbitos.

**Sistema de organização:** Organização original por séries; ordenação cronológica.

**Cota atual:** III-2ªD

**Instrumentos de pesquisa:** *Inventário Colectivo dos Registos Paroquiais*, vol. I, Centro e Sul; inventário em versão informática Archeevo (base de dados de descrição arquivística) na WEBpage do AUC.

**Notas do arquivista:** Descrição baseada na informação sobre as paróquias do distrito de Coimbra, coordenada por Ana Maria Bandeira, e publicada no *Inventário Colectivo dos Registos Paroquiais*. Lisboa: ANTT, 1993. Vol. I, Centro e Sul.


## Paróquia do Lorvão – Penacova

**Código de referência:** PT/AUC/PAR/PCV04
**Título:** Paróquia do Lorvão - Penacova
**Datas de produção:** 1598 / 1897
**Dimensão e suporte:** 89 u. i.; papel.

**História administrativa, biográfica e familiar:** Povoação de data muito remota, a antiga freguesia de N. Sr.ª da Expectação de Lorvão foi curato da apresentação do Mosteiro de Lorvão, da Ordem Cisterciense, no termo de Coimbra. Em 1839 pertence à comarca de Coimbra, mas mais tarde integra a de Penacova.

**Âmbito e conteúdo:** Documentação formada por livros que se agrupam em quatro séries: mistos (englobam registos de batismos, casamentos e óbitos ou apenas dois tipos dos registos anteriores); batismos; casamentos; e óbitos.

**Sistema de organização:** Organização original por séries; ordenação cronológica.

**Cota atual:** III-2ªD

**Instrumentos de pesquisa:** *Inventário Colectivo dos Registos Paroquiais*, vol. I, Centro e Sul; inventário em versão informática Archeevo (base de dados de descrição arquivística) na WEBpage do AUC.

**Notas do arquivista:** Descrição baseada na informação sobre as paróquias do distrito de Coimbra, coordenada por Ana Maria Bandeira, e publicada no *Inventário Colectivo dos Registos Paroquiais*. Lisboa: ANTT, 1993. Vol. I, Centro e Sul.


## Paróquia de Oliveira do Mondego – Penacova

**Código de referência:** PT/AUC/PAR/PCV05

**Título:** Paróquia de Oliveira do Mondego - Penacova

**Datas de produção:** 1604 / 1897

**Dimensão e suporte:** 74 liv.; papel.

**História administrativa, biográfica e familiar:** Antes designada por Oliveira de Cunhedo tem por orago Santa Marinha e foi curato da apresentação do prior de Penacova, tendo passado depois a vigairaria. Pertenceu ao concelho de Farinha Podre, extinto por Decreto de 31 de dezembro de 1853, sendo por isso integrado no de Tábua e, pelo Decreto de 24 de outubro de 1855, no de Penacova. Em 1839 fazia parte da comarca de Coimbra, em 1852 da de Arganil, em 1862 da de Tábua e finalmente em 1878 da de Penacova.

**Âmbito e conteúdo:** Documentação formada por livros que se agrupam em quatro séries: mistos (englobam registos de batismos, casamentos e óbitos ou apenas dois tipos dos registos anteriores); batismos; casamentos; e óbitos.

**Sistema de organização:** Organização original por séries; ordenação cronológica.

**Cota atual:** III-2ªD

**Instrumentos de pesquisa:** *Inventário Colectivo dos Registos Paroquiais*, vol. I, Centro e Sul; inventário em versão informática Archeevo (base de dados de descrição arquivística) na WEBpage do AUC.

**Notas do arquivista:** Descrição baseada na informação sobre as paróquias do distrito de Coimbra, coordenada por Ana Maria Bandeira, e publicada no *Inventário Colectivo dos Registos Paroquiais*. Lisboa: ANTT, 1993. Vol. I, Centro e Sul.


## Paróquia da Paradela – Penacova

**Código de referência:** PT/AUC/PAR/PCV06

**Título:** Paróquia da Paradela - Penacova

**Datas de produção:** 1655 / 1897

**Dimensão e suporte:** 120 u. i.; papel.

**História administrativa, biográfica e familiar:** A antiga freguesia de São Sebastião de Paradela foi curato da apresentação do prior de Farinha Podre, de acordo com o Padre Carvalho, ou do padroado real, segundo a *Estatistica Parochial* de 1862. Pertenceu ao concelho de Farinha Podre, extinto por Decreto de 31 de dezembro de 1853, sendo por isso integrado no de Tábua. Pelo Decreto de 24 de outubro de 1855, foi anexado ao de Penacova, mas regressou de novo ao de Tábua em 1895, até que, em 1898 passou definitivamente para o de Penacova. Em 1839 fazia parte da comarca de Coimbra, mas em 1852 da de Arganil.

**Âmbito e conteúdo:** Documentação formada por livros que se agrupam em quatro séries: mistos (englobam registos de batismos, casamentos e óbitos ou apenas dois tipos dos registos anteriores); batismos; casamentos; e óbitos.

**Sistema de organização:** Organização original por séries; ordenação cronológica.

**Cota atual:** III-2ªD

**Instrumentos de pesquisa:** *Inventário Colectivo dos Registos Paroquiais*, vol. I, Centro e Sul; inventário em versão informática Archeevo (base de dados de descrição arquivística) na WEBpage do AUC.

**Notas do arquivista:** Descrição baseada na informação sobre as paróquias do distrito de Coimbra, coordenada por Ana Maria Bandeira, e publicada no *Inventário Colectivo dos Registos Paroquiais*. Lisboa: ANTT, 1993. Vol. I, Centro e Sul.


## Paróquia de Penacova – Penacova

**Código de referência:** PT/AUC/PAR/PCV07

**Título:** Paróquia de Penacova - Penacova

**Datas de produção:** 1594 / 1897

**Dimensão e suporte:** 110 u. i.; papel.

**História administrativa, biográfica e familiar:** A antiga freguesia de Santa Maria ou N. Sr.ª da Assunção de Penacova foi priorado da apresentação do Mosteiro de Santa Clara (segundo a *Estatistica Parochial* e Dicionário Geográfico Manuscrito), ou dos seus donatários, os condes de Odemira, senhores de Tentúgal e duques do Cadaval (conforme afirma o Pe. Carvalho). Teve foral dado por D. Sancho I, em dezembro de 1192 e mais tarde por D. Manuel I dado em 31 de dezembro de 1513. Em 1755 fazia parte da comarca de Coimbra, mas em 1884 foi integrada na de Penacova.

**Âmbito e conteúdo:** Documentação formada por livros que se agrupam em sete séries: mistos (englobam registos de batismos, casamentos e óbitos ou dois tipos dos registos anteriores); batismos; casamentos; óbitos; perfilhações; documentos de casamentos; e reconhecimentos e legitimações.

**Sistema de organização:** Organização original por séries; ordenação cronológica.

**Cota atual:** III-2ªD

**Instrumentos de pesquisa:** *Inventário Colectivo dos Registos Paroquiais*, vol. I, Centro e Sul; inventário em versão informática Archeevo (base de dados de descrição arquivística) na WEBpage do AUC.

**Notas do arquivista:** Descrição baseada na informação sobre as paróquias do distrito de Coimbra, coordenada por Ana Maria Bandeira, e publicada no *Inventário Colectivo dos Registos Paroquiais*. Lisboa: ANTT, 1993. Vol. I, Centro e Sul.


## Paróquia de São Paio de Mondego – Penacova

**Código de referência:** PT/AUC/PAR/PCV08

**Título:** Paróquia de São Paio de Mondego - Penacova

**Datas de produção:** 1594 / 1897

**Dimensão e suporte:** 104 liv.; papel.

**História administrativa, biográfica e familiar:** Foi curato do padroado real, segundo a *Estatistica Parochial*, de 1862, mas J. M. Baptista, na sua "Corografia Moderna do Reino de Portugal", afirma que era da apresentação do vigário de Farinha Podre. Data de 1740 a sua igreja matriz que, veio a sofrer grandes estragos por ocasião das Invasões Francesas. Pertenceu, em 1840, ao concelho de Farinha Podre, extinto por Decreto de 31 de dezembro de 1853, tendo passado nessa altura para o de Tábua. Por Decreto de 13 de janeiro de 1898 foi anexado ao concelho de Penacova. A freguesia foi designada por São Paio de Farinha Podre até 1960.

**Âmbito e conteúdo:** Documentação formada por livros que se agrupam em quatro séries: mistos (englobam registos de batismos, casamentos e óbitos ou apenas dois tipos dos registos anteriores); batismos; casamentos; e óbitos.

**Sistema de organização:** Organização original por séries; ordenação cronológica.

**Cota atual:** III-2ªD

**Instrumentos de pesquisa:** *Inventário Colectivo dos Registos Paroquiais*, vol. I, Centro e Sul; inventário em versão informática Archeevo (base de dados de descrição arquivística) na WEBpage do AUC.

**Notas do arquivista:** Descrição baseada na informação sobre as paróquias do distrito de Coimbra, coordenada por Ana Maria Bandeira, e publicada no *Inventário Colectivo dos Registos Paroquiais*. Lisboa: ANTT, 1993. Vol. I, Centro e Sul.


## Paróquia de São Pedro de Alva – Penacova

**Código de referência:** PT/AUC/PAR/PCV09

**Título:** Paróquia de São Pedro de Alva - Penacova

**Datas de produção:** 1546 / 1897

**Dimensão e suporte:** 86 liv.; papel.

**História administrativa, biográfica e familiar:** A antiga freguesia de São Pedro de Farinha Podre foi vigairaria do padroado real e comenda da Ordem de Cristo. Sede de concelho, por alguns anos, foi este extinto por Decreto de 31 de dezembro de 1853, sendo integrada no concelho de Tábua e, em 24 de outubro de 1855, no de Penacova. Com o nome de São Pedro de Farinha Podre, recebeu a sua atual designação por Decreto de 21 de fevereiro de 1889.

**Âmbito e conteúdo:** Documentação formada por livros que se agrupam em quatro séries: mistos (englobam registos de batismos, casamentos e óbitos ou apenas dois tipos dos registos anteriores); batismos; casamentos; e óbitos.

**Sistema de organização:** Organização original por séries; ordenação cronológica.

**Cota atual:** III-2ªD

**Instrumentos de pesquisa:** *Inventário Colectivo dos Registos Paroquiais*, vol. I, Centro e Sul; inventário em versão informática

Archeevo (base de dados de descrição arquivística) na WEBpage do AUC.

**Notas do arquivista:** Descrição baseada na informação sobre as paróquias do distrito de Coimbra, coordenada por Ana Maria Bandeira, e publicada no *Inventário Colectivo dos Registos Paroquiais*. Lisboa: ANTT, 1993. Vol. I, Centro e Sul.

## Paróquia de Sazes do Lorvão – Penacova

**Código de referência:** PT/AUC/PAR/PCV10

**Título:** Paróquia de Sazes do Lorvão - Penacova

**Datas de produção:** 1659 / 1890

**Dimensão e suporte:** 37 liv.; papel.

**História administrativa, biográfica e familiar:** A antiga freguesia de Santo André de Sazes de Lorvão foi priorado da apresentação alternada do pontífice e do Mosteiro de Lorvão, segundo o *Dicionario Corografico*, mas a *Estatistica Parochial* indica-a como da apresentação do bispo. Em 1839 fazia parte do concelho de Coimbra, mas em 1852 passou para o de Penacova.

**Âmbito e conteúdo:** Documentação formada por livros que se agrupam em quatro séries: mistos (englobam registos de batismos, casamentos e óbitos ou apenas dois tipos dos registos anteriores); batismos; casamentos; e óbitos.

**Sistema de organização:** Organização original por séries; ordenação cronológica.

**Cota atual:** III-2ªD

**Instrumentos de pesquisa:** *Inventário Colectivo dos Registos Paroquiais*, vol. I, Centro e Sul; inventário em versão informática Archeevo (base de dados de descrição arquivística) na WEBpage do AUC.

**Notas do arquivista:** Descrição baseada na informação sobre as paróquias do distrito de Coimbra, coordenada por Ana Maria Bandeira, e publicada no *Inventário Colectivo dos Registos Paroquiais*. Lisboa: ANTT, 1993. Vol. I, Centro e Sul.

## Paróquia de Travanca do Mondego – Penacova

**Código de referência:** PT/AUC/PAR/PCV11

**Título:** Paróquia de Travanca do Mondego - Penacova

**Datas de produção:** 1563 / 1897

**Dimensão e suporte:** 121 liv.; papel.

**História administrativa, biográfica e familiar:** A antiga freguesia de São Tiago Maior de Travanca de Farinha Podre, anterior designação, foi priorado da apresentação da Mitra. Em 1840 fazia parte do concelho de Farinha Podre, extinto por Decreto de 31 de dezembro de 1853, tendo passado então para o de Tábua. Mais tarde, por Decreto de 24 de outubro de 1855, foi integrado no de Penacova. Voltaria ao concelho de Tábua em 1895, mas regressaria ao de Penacova em 1898, no qual ainda hoje permanece.

**Âmbito e conteúdo:** Documentação formada por livros que se agrupam em quatro séries: mistos (englobam registos de batismos, casamentos e óbitos ou apenas dois tipos dos registos anteriores); batismos; casamentos; e óbitos.

**Sistema de organização:** Organização original por séries; ordenação cronológica.

**Cota atual:** III-2ªD

**Instrumentos de pesquisa:** *Inventário Colectivo dos Registos Paroquiais*, vol. I, Centro e Sul; inventário em versão informática Archeevo (base de dados de descrição arquivística) na WEBpage do AUC.

**Notas do arquivista:** Descrição baseada na informação sobre as paróquias do distrito de Coimbra, coordenada por Ana Maria Bandeira, e publicada no *Inventário Colectivo dos Registos Paroquiais*. Lisboa: ANTT, 1993. Vol. I, Centro e Sul.


## Paróquia da Cumeeira – Penela

**Código de referência:** PT/AUC/PAR/PNL01

**Título:** Paróquia da Cumeeira - Penela

**Datas de produção:** 1574 / 1908

**Dimensão e suporte:** 158 liv.; papel.

**História administrativa, biográfica e familiar:** A antiga freguesia de São Sebastião da Cumeeira foi curato anexo ao prior de São Miguel de Penela e da sua apresentação. Passou mais tarde a vigairaria. Em 1839 surge integrada na comarca de Coimbra. Em 1852 está, porém, na da Lousã, passando em 1878 para a de Penela.

**Âmbito e conteúdo:** Documentação formada por livros que se agrupam em cinco séries: mistos (englobam registos de batismos, casamentos e óbitos ou dois tipos dos registos anteriores); batismos; casamentos; óbitos; e crismados.

**Sistema de organização:** Organização original por séries; ordenação cronológica.

**Cota atual:** III-2ªD

**Instrumentos de pesquisa:** *Inventário Colectivo dos Registos Paroquiais,* vol. I, Centro e Sul; inventário em versão informática Archeevo (base de dados de descrição arquivística) na WEBpage do AUC.

**Notas do arquivista:** Descrição baseada na informação sobre as paróquias do distrito de Coimbra, coordenada por Ana Maria Bandeira, e publicada no *Inventário Colectivo dos Registos Paroquiais.* Lisboa: ANTT, 1993. Vol. I, Centro e Sul.


## Paróquia do Espinhal – Penela

**Código de referência:** PT/AUC/PAR/PNL02

**Título:** Paróquia do Espinhal - Penela

**Datas de produção:** 1574 / 1908

**Dimensão e suporte:** 146 liv.; papel.

**História administrativa, biográfica e familiar:** A antiga freguesia de São Sebastião do Espinhal foi vigairaria da apresentação do priorado de São Miguel de Penela. Foi elevada à categoria de vila por Decreto de 16 de julho de 1906. Em 1839 está integrada na comarca de Coimbra, em 1852 na da Lousã e, em 1878, na comarca e julgado de Penela.

**Âmbito e conteúdo:** Documentação formada por livros que se agrupam em quatro séries: mistos (englobam registos de batismos, casamentos e óbitos ou apenas dois tipos dos registos anteriores); batismos; casamentos; e óbitos.

**Sistema de organização:** Organização original por séries; ordenação cronológica.

**Cota atual:** III-2ªD

**Instrumentos de pesquisa:** *Inventário Colectivo dos Registos Paroquiais*, vol. I, Centro e Sul; inventário em versão informática Archeevo (base de dados de descrição arquivística) na WEBpage do AUC.

**Notas do arquivista:** Descrição baseada na informação sobre as paróquias do distrito de Coimbra, coordenada por Ana Maria Bandeira, e publicada no *Inventário Colectivo dos Registos Paroquiais*. Lisboa: ANTT, 1993. Vol. I, Centro e Sul.

## Paróquia de Podentes – Penela

**Código de referência:** PT/AUC/PAR/PNL03

**Título:** Paróquia de Podentes - Penela

**Datas de produção:** 1621 / 1908

**Dimensão e suporte:** 25 liv.; papel.

**História administrativa, biográfica e familiar:** A antiga freguesia de N. Sr.ª da Purificação de Podentes foi priorado da apresentação dos respetivos donatários, os Marqueses de Arronches e Duques de Lafões. Foi durante muito tempo cabeça de julgado com o seu nome. Teve foral dado por D. Manuel I a 17 de fevereiro de 1514. Em 1839 surge integrada na comarca de Coimbra, passando, em 1852, para a da Lousã e, finalmente, em 1878, para a comarca de Penela.

**Âmbito e conteúdo:** Documentação formada por livros que se agrupam em quatro séries: mistos (englobam registos de batismos, casamentos e óbitos ou apenas dois tipos dos registos anteriores); batismos; casamentos; e óbitos.

**Sistema de organização:** Organização original por séries; ordenação cronológica.

**Cota atual:** III-2ªD

**Instrumentos de pesquisa:** *Inventário Colectivo dos Registos Paroquiais*, vol. I, Centro e Sul; inventário em versão informática Archeevo (base de dados de descrição arquivística) na WEBpage do AUC.

**Notas do arquivista:** Descrição baseada na informação sobre as paróquias do distrito de Coimbra, coordenada por Ana Maria Bandeira, e publicada no *Inventário Colectivo dos Registos Paroquiais*. Lisboa: ANTT, 1993. Vol. I, Centro e Sul.


## Paróquia do Rabaçal – Penela

**Código de referência:** PT/AUC/PAR/PNL04

**Título:** Paróquia do Rabaçal - Penela

**Datas de produção:** 1611 / 1908

**Dimensão e suporte:** 153 liv.; papel.

**História administrativa, biográfica e familiar:** Esta freguesia era da invocação de Santa Maria Madalena (hoje N. Sr.ª da Piedade); foi curato amovível da apresentação da Universidade de Coimbra. Teve como donatários os senhores de Tentúgal, duques de Cadaval, após a extinção dos templários. Recebeu dois forais: um dos Templários, em 1222, e outro dado por D. Manuel I, em 1514. Em 1839 surge integrada na comarca de Coimbra, passando, em 1852, para a da Lousã e, finalmente, em 1878, para a comarca de Penela.

**Âmbito e conteúdo:** Documentação formada por livros que se agrupam em quatro séries: mistos (englobam registos de batismos, casamentos e óbitos ou apenas dois tipos dos registos anteriores); batismos; casamentos; e óbitos.

**Sistema de organização:** Organização original por séries; ordenação cronológica.

**Cota atual:** III-2ªD

**Instrumentos de pesquisa:** *Inventário Colectivo dos Registos Paroquiais,* vol. I, Centro e Sul; inventário em versão informática Archeevo (base de dados de descrição arquivística) na WEBpage do AUC.

**Notas do arquivista:** Descrição baseada na informação sobre as paróquias do distrito de Coimbra, coordenada por Ana Maria Bandeira, e publicada no *Inventário Colectivo dos Registos Paroquiais.* Lisboa: ANTT, 1993. Vol. I, Centro e Sul.

## Paróquia de Santa Eufémia – Penela

**Código de referência:** PT/AUC/PAR/PNL05
**Título:** Paróquia de Santa Eufémia - Penela
**Datas de produção:** 1459 / 1908
**Dimensão e suporte:** 39 u. i.; papel.
**História administrativa, biográfica e familiar:** Freguesia da vila de Penela. Foi vigairaria da Ordem de Cristo e colegiada, tendo passado mais tarde a priorado da apresentação da Mesa da Consciência e Ordens. Em 1755 faz parte da comarca de Montemor-o-Velho, em 1839 surge integrada na comarca de Coimbra, passando, em 1852, para a da Lousã e, finalmente, em 1878, novamente para a de Coimbra.

**Âmbito e conteúdo:** Documentação formada por livros que se agrupam em quatro séries: mistos (englobam registos de batismos, casamentos e óbitos ou apenas dois tipos dos registos anteriores); batismos; casamentos; e óbitos.

O livro misto n° 1 (M 1) só tem duas folhas de 1459, passando depois para 1541. Os registos posteriores não respeitam a ordem cronológica, estando lançados registos da década de 60 antes da de 40. Tem incluídas Receitas e Despesas da Confraria do SS. Sacramento (1628-1636); inventário de paramentos e ornamentos da igreja (1688) e acrescentos ao mesmo inventário (1691-1693); cumprimento de legados em missas (1657-1689); registos de testamentos e legados pios (1698-1711).

**Sistema de organização:** Organização original por séries; ordenação cronológica.

**Cota atual:** III-2ªD

**Instrumentos de pesquisa:** *Inventário Colectivo dos Registos Paroquiais*, vol. I, Centro e Sul; inventário em versão informática Archeevo (base de dados de descrição arquivística) na WEBpage do AUC.

**Notas do arquivista:** Descrição baseada na informação sobre as paróquias do distrito de Coimbra, coordenada por Ana Maria Bandeira, e publicada no *Inventário Colectivo dos Registos Paroquiais*. Lisboa: ANTT, 1993. Vol. I, Centro e Sul.


## Paróquia de São Miguel – Penela

**Código de referência:** PT/AUC/PAR/PNL06
**Título:** Paróquia de São Miguel - Penela
**Datas de produção:** 1570 / 1908
**Dimensão e suporte:** 47 liv.; papel.
**História administrativa, biográfica e familiar:** Freguesia da vila de Penela de que foram donatários os Marqueses de Gouveia e depois o duque de Aveiro, passando para a coroa em 1759. Em 1755 faz parte da comarca de Montemor-o-Velho, em 1839 surge integrada na comarca de Coimbra, passando, em 1852, para a da Lousã e, em 1878, novamente para a de Coimbra.

**Âmbito e conteúdo:** Documentação formada por livros que se agrupam em quatro séries: mistos (englobam registos de batismos, casamentos e óbitos ou apenas dois tipos dos registos anteriores); batismos; casamentos; e óbitos.

**Sistema de organização:** Organização original por séries; ordenação cronológica.

**Cota atual:** III-2ªD

**Instrumentos de pesquisa:** *Inventário Colectivo dos Registos Paroquiais*, vol. I, Centro e Sul; inventário em versão informática Archeevo (base de dados de descrição arquivística) na WEBpage do AUC.

**Notas do arquivista:** Descrição baseada na informação sobre as paróquias do distrito de Coimbra, coordenada por Ana Maria Bandeira, e publicada no *Inventário Colectivo dos Registos Paroquiais*. Lisboa: ANTT, 1993. Vol. I, Centro e Sul.


## Paróquia de Alfarelos – Soure

**Código de referência:** PT/AUC/PAR/SRE01

**Título:** Paróquia de Alfarelos - Soure

**Datas de produção:** 1599 / 1899

**Dimensão e suporte:** 34 u. i.; papel.

**História administrativa, biográfica e familiar:** A antiga freguesia de São Sebastião de Alfarelos foi vigairaria da apresentação do bispo de Coimbra. O Colégio de Jesus de Coimbra detinha o senhorio de Alfarelos. Beneficiou do foral manuelino dado a Montemor-o-Velho a 20 de agosto de 1516. Pertenceu ao concelho de Santo Varão, extinto por Decreto de 27 de julho de 1853, passando desde então a integrar o de Montemor-o-Velho. Com o Decreto de 31 de dezembro de 1853, foi anexada ao concelho de Soure.

**Âmbito e conteúdo:** Documentação formada por livros que se agrupam em quatro séries: mistos (englobam registos de batismos, casamentos e óbitos ou apenas dois tipos dos registos anteriores); batismos; casamentos; e óbitos.

**Sistema de organização:** Organização original por séries; ordenação cronológica.

**Cota atual:** III-2ªD

**Instrumentos de pesquisa:** *Inventário Colectivo dos Registos Paroquiais*, vol. I, Centro e Sul; inventário em versão informática Archeevo (base de dados de descrição arquivística) na WEBpage do AUC.

**Notas do arquivista:** Descrição baseada na informação sobre as paróquias do distrito de Coimbra, coordenada por Ana Maria Bandeira, e publicada no *Inventário Colectivo dos Registos Paroquiais*. Lisboa: ANTT, 1993. Vol. I, Centro e Sul.

# Paróquia de Brunhós – Soure

**Código de referência:** PT/AUC/PAR/SRE02

**Título:** Paróquia de Brunhós - Soure

**Datas de produção:** 1652 / 1902

**Dimensão e suporte:** 15 liv.; papel.

**História administrativa, biográfica e familiar:** A antiga freguesia de N. Sr.ª da Conceição de Brunhós foi curato da apresentação da Mitra embora também seja referido que a apresentação era do cabido de Coimbra. Teve como seus donatários os duques de Aveiro, passando em 1759 para a Coroa. Os primeiros documentos que se referem a Brunhós datam do início do século XIII. Apesar de ter pertencido a vários conce-lhos (Montemor, Abrunheira, Verride), com a reforma administrativa de 1853 passou definitivamente para o concelho de Soure.

**Âmbito e conteúdo:** Documentação formada por livros que se agrupam em quatro séries: mistos (englobam registos de batismos, casamentos e óbitos ou apenas dois tipos dos registos anteriores); batismos; casamentos; e óbitos.

**Sistema de organização:** Organização original por séries; ordenação cronológica.

**Cota atual:** III-2ªD

**Instrumentos de pesquisa:** *Inventário Colectivo dos Registos Paroquiais*, vol. I, Centro e Sul; inventário em versão informática Archeevo (base de dados de descrição arquivística) na WEBpage do AUC.

**Notas do arquivista:** Descrição baseada na informação sobre as paróquias do distrito de Coimbra, coordenada por Ana Maria Bandeira, e publicada no *Inventário Colectivo dos Registos Paroquiais*. Lisboa: ANTT, 1993. Vol. I, Centro e Sul.


# Paróquia de Degracias – Soure

**Código de referência:** PT/AUC/PAR/SRE03

**Título:** Paróquia de Degracias - Soure

**Datas de produção:** 1671 / 1902

**Dimensão e suporte:** 113 liv.; papel.

**História administrativa, biográfica e familiar:** A antiga freguesia de São Sebastião de Degracias foi curato da apresentação do prior de Pombalinho. Pertenceu ao concelho da Rabaçal, extinto por Decreto de 31 de dezembro de 1853, passando desde então a fazer parte do de Soure. Em 1839 está integrado na comarca de Coimbra, em 1852 na de Soure e, em 1878, no julgado de Pombalinho.

**Âmbito e conteúdo:** Documentação formada por livros que se agrupam em quatro séries: mistos (englobam registos de batismos, casamentos e óbitos ou apenas dois tipos dos registos anteriores); batismos; casamentos; e óbitos.

**Sistema de organização:** Organização original por séries; ordenação cronológica.

**Cota atual:** III-2ªD

**Instrumentos de pesquisa:** *Inventário Colectivo dos Registos Paroquiais*, vol. I, Centro e Sul; inventário em versão informática Archeevo (base de dados de descrição arquivística) na WEBpage do AUC.

**Notas do arquivista:** Descrição baseada na informação sobre as paróquias do distrito de Coimbra, coordenada por Ana Maria Bandeira, e publicada no *Inventário Colectivo dos Registos Paroquiais*. Lisboa: ANTT, 1993. Vol. I, Centro e Sul.


## Paróquia de Figueiró do Campo – Soure

**Código de referência:** PT/AUC/PAR/SRE04

**Título:** Paróquia de Figueiró do Campo - Soure

**Datas de produção:** 1618 / 1901

**Dimensão e suporte:** 26 u. i.; papel.

**História administrativa, biográfica e familiar:** A antiga freguesia de São Tiago Maior de Figueiró do Campo foi vigairaria da apresentação do Mosteiro de Celas, de Coimbra. Pertenceu ao concelho da Santo Varão, extinto por Decreto de 27 de julho de 1853, passando desde então a fazer parte do de Montemor-o-Velho, até que foi integrado no concelho de Soure, por Decreto de 31 de dezembro de 1853. Veio a beneficiar do foral dado por D. Manuel I a Montemor-o-Velho, em 20 de agosto de 1516. Em 1839 faz parte da comarca da Figueira da Foz, ficando na Soure desde 1852.

**Âmbito e conteúdo:** Documentação formada por livros que se agrupam em quatro séries: mistos (englobam registos de batismos, casamentos e óbitos ou apenas dois tipos dos registos anteriores); batismos; casamentos; e óbitos.

**Sistema de organização:** Organização original por séries; ordenação cronológica.

**Cota atual:** III-2ªD

**Instrumentos de pesquisa:** *Inventário Colectivo dos Registos Paroquiais*, vol. I, Centro e Sul; inventário em versão informática Archeevo (base de dados de descrição arquivística) na WEBpage do AUC.

**Notas do arquivista:** Descrição baseada na informação sobre as paróquias do distrito de Coimbra, coordenada por Ana Maria Bandeira, e publicada no *Inventário Colectivo dos Registos Paroquiais*. Lisboa: ANTT, 1993. Vol. I, Centro e Sul.


## Paróquia de Gesteira – Soure

**Código de referência:** PT/AUC/PAR/SRE05

**Título:** Paróquia de Gesteira - Soure

**Datas de produção:** 1645 / 1902

**Dimensão e suporte:** 61 u. i.; papel.

**História administrativa, biográfica e familiar:** A antiga freguesia de N. Sr.ª da Conceição de Gesteira foi vigairaria da Ordem de São Bernardo, da apresentação do abade do mesmo Mosteiro, em Seiça. Pertenceu ao concelho de Abrunheira, designado, a partir da entrada em vigor do Decreto de 7 de outubro de 1844, por Verride. Com a extinção deste concelho, pelo Decreto de 31 de dezembro de 1853, foi esta freguesia integrada no concelho de Soure. Em 1839 faz parte da comarca da Figueira da Foz e do concelho de Montemor-o-Velho, mas já em 1862 da comarca e concelho de Soure.

**Âmbito e conteúdo:** Documentação formada por livros que se agrupam em quatro séries: mistos (englobam registos de batismos, casamentos e óbitos ou apenas dois tipos dos registos anteriores); batismos; casamentos; e óbitos.

**Sistema de organização:** Organização original por séries; ordenação cronológica.

**Cota atual:** III-2ªD

**Instrumentos de pesquisa:** *Inventário Colectivo dos Registos Paroquiais*, vol. I, Centro e Sul; inventário em versão informática Archeevo (base de dados de descrição arquivística) na WEBpage do AUC.

**Notas do arquivista:** Descrição baseada na informação sobre as paróquias do distrito de Coimbra, coordenada por Ana Maria Bandeira, e publicada no *Inventário Colectivo dos Registos Paroquiais*. Lisboa: ANTT, 1993. Vol. I, Centro e Sul.


## Paróquia da Granja do Ulmeiro – Soure

**Código de referência:** PT/AUC/PAR/SRE06

**Título:** Paróquia da Granja do Ulmeiro - Soure

**Datas de produção:** 1605 / 1902

**Dimensão e suporte:** 67 u. i.; papel.

**História administrativa, biográfica e familiar:** Conhecida por Granja de Alfarelos, a antiga freguesia de São Gabriel da Granja do Ulmeiro foi vigairaria da Ordem de Cristo, da apresentação da Mesa da Consciência e Ordens. Beneficiou do foral dado por D. Manuel I a Montemor-o-Velho a 20 de agosto de 1516. Pertenceu ao antigo concelho de Santo Varão, extinto por Decreto de 24 de julho de 1853, pelo qual passou a integrar o de Montemor-o-Velho e, depois, pelo Decreto de 31 de dezembro de 1853, o concelho de Soure. Em 1839 faz parte da comarca da Figueira da Foz, em 1882 da de Soure e, em 1884, da de Montemor-o-Velho.

**Âmbito e conteúdo:** Documentação formada por livros que se agrupam em quatro séries: mistos (englobam registos de batismos, casamentos e óbitos ou apenas dois tipos dos registos anteriores); batismos; casamentos; e óbitos.

**Sistema de organização:** Organização original por séries; ordenação cronológica.

**Cota atual:** III-2ªD

**Instrumentos de pesquisa:** *Inventário Colectivo dos Registos Paroquiais*, vol. I, Centro e Sul; inventário em versão informática Archeevo (base de dados de descrição arquivística) na WEBpage do AUC.

**Notas do arquivista:** Descrição baseada na informação sobre as paróquias do distrito de Coimbra, coordenada por Ana Maria Bandeira, e publicada no *Inventário Colectivo dos Registos Paroquiais*. Lisboa: ANTT, 1993. Vol. I, Centro e Sul.


## Paróquia de Pombalinho – Soure

**Código de referência:** PT/AUC/PAR/SRE07
**Título:** Paróquia de Pombalinho - Soure
**Datas de produção:** 1631 / 1902
**Dimensão e suporte:** 113 liv.; papel.
**História administrativa, biográfica e familiar:** A antiga freguesia de N. Sr.ª da Anunciação de Pombalinho foi priorado da apresentação do Mosteiro de Seiça. Foi senhorio dos Almadas (Condes de Almada e Avranches). Pertenceu ao antigo concelho de Rabaçal, que foi extinto por Decreto de 31 de dezembro de 1853, pelo qual passou a integrar o de Soure. Em 1755 faz parte da comarca de Coimbra e em 1882 da de Soure.

**Âmbito e conteúdo:** Documentação formada por livros que se agrupam em quatro séries: mistos (englobam registos de batismos, casamentos e óbitos ou apenas dois tipos dos registos anteriores); batismos; casamentos; e óbitos.

**Sistema de organização:** Organização original por séries; ordenação cronológica.

**Cota atual:** III-2ªD

**Instrumentos de pesquisa:** *Inventário Colectivo dos Registos Paroquiais,* vol. I, Centro e Sul; inventário em versão informática Archeevo (base de dados de descrição arquivística) na WEBpage do AUC.

**Notas do arquivista:** Descrição baseada na informação sobre as paróquias do distrito de Coimbra, coordenada por Ana Maria Bandeira, e publicada no *Inventário Colectivo dos Registos Paroquiais.* Lisboa: ANTT, 1993. Vol. I, Centro e Sul.


## Paróquia de Samuel – Soure

**Código de referência:** PT/AUC/PAR/SRE08

**Título:** Paróquia de Samuel - Soure

**Datas de produção:** 1598 / 1902

**Dimensão e suporte:** 27 liv.; papel.

**História administrativa, biográfica e familiar:** Foram seus donatários até 1758 os Duques de Aveiro, data em que reverteu a favor da Coroa. A antiga freguesia de N. Sr.ª da Purificação de Samuel foi vigairaria da apresentação do Mosteiro de Seiça. Pertenceu ao antigo concelho de Abrunheira, que passou a denominar-se Verride desde 1844 e que foi extinto por Decreto de 31 de dezembro de 1853. Em 1839 está integrada na comarca da Figueira da Foz e em 1852 na de Soure.

**Âmbito e conteúdo:** Documentação formada por livros que se agrupam em quatro séries: mistos (englobam registos de batismos, casamentos e óbitos ou apenas dois tipos dos registos anteriores); batismos; casamentos; e óbitos.

**Sistema de organização:** Organização original por séries; ordenação cronológica.

**Cota atual:** III-2ªD

**Instrumentos de pesquisa:** *Inventário Colectivo dos Registos Paroquiais*, vol. I, Centro e Sul; inventário em versão informática

Archeevo (base de dados de descrição arquivística) na WEBpage do AUC.

**Notas do arquivista:** Descrição baseada na informação sobre as paróquias do distrito de Coimbra, coordenada por Ana Maria Bandeira, e publicada no *Inventário Colectivo dos Registos Paroquiais*. Lisboa: ANTT, 1993. Vol. I, Centro e Sul.

**Paróquia de Soure – Soure**

**Código de referência:** PT/AUC/PAR/SRE09

**Título:** Paróquia de Soure - Soure

**Datas de produção:** 1613 / 1910

**Dimensão e suporte:** 143 u. i.; papel.

**História administrativa, biográfica e familiar:** Freguesia da invocação de São Tiago foi vigairaria da Ordem de Cristo. Terra muito antiga cujas origens se identificam com o seu castelo, foi vila e cabeça de concelho que obteve foral em 1111 dado pelo Conde D. Henrique e também um outro dado pelo rei D. Manuel I, em Lisboa, em 13 de fevereiro de 1513.

**Âmbito e conteúdo:** Documentação formada por livros que se agrupam em seis séries: mistos (englobam registos de batismos, casamentos e óbitos ou dois tipos dos registos anteriores); batismos; casamentos; óbitos; índices; e documentos de casamentos.

**Sistema de organização:** Organização original por séries; ordenação cronológica.

**Cota atual:** III-2ªD

**Instrumentos de pesquisa:** *Inventário Colectivo dos Registos Paroquiais*, vol. I, Centro e Sul; inventário em versão informática Archeevo (base de dados de descrição arquivística) na WEBpage do AUC.

**Notas do arquivista:** Descrição baseada na informação sobre as paróquias do distrito de Coimbra, coordenada por Ana Maria Bandeira, e publicada no *Inventário Colectivo dos Registos Paroquiais*. Lisboa: ANTT, 1993. Vol. I, Centro e Sul.

## Paróquia de Tapéus – Soure

**Código de referência:** PT/AUC/PAR/SRE10

**Título:** Paróquia de Tapéus - Soure

**Datas de produção:** 1638 / 1902

**Dimensão e suporte:** 116 u. i.; papel.

**História administrativa, biográfica e familiar:** A antiga freguesia do Espírito Santo de Tapéus, para uns, ou N. Sr.ª da Graça, para o P. Carvalho foi vigairaria da Ordem de Cristo da apresentação da Mesa da Consciência e Ordens. Pertenceu ao concelho de Pombal, passando para o de Soure por Decreto de 25 de junho de 1864. De acordo com Pinho Leal, fez parte do concelho do Rabaçal até à extinção deste em 1852, sendo então integrado no de Penela.

**Âmbito e conteúdo:** Documentação formada por livros que se agrupam em quatro séries: mistos (englobam registos de batismos, casamentos e óbitos ou apenas dois tipos dos registos anteriores); batismos; casamentos; e óbitos.

**Sistema de organização:** Organização original por séries; ordenação cronológica.

**Cota atual:** III-2ªD

**Instrumentos de pesquisa:** *Inventário Colectivo dos Registos Paroquiais*, vol. I, Centro e Sul; inventário em versão informática Archeevo (base de dados de descrição arquivística) na WEBpage do AUC.

**Notas do arquivista:** Descrição baseada na informação sobre as paróquias do distrito de Coimbra, coordenada por Ana Maria Bandeira, e publicada no *Inventário Colectivo dos Registos Paroquiais*. Lisboa: ANTT, 1993. Vol. I, Centro e Sul.


## Paróquia de Vila Nova de Anços – Soure

**Código de referência:** PT/AUC/PAR/SRE11

**Título:** Paróquia de Vila Nova de Anços - Soure

**Datas de produção:** 1572 / 1902

**Dimensão e suporte:** 56 liv.; papel.

**História administrativa, biográfica e familiar:** A antiga freguesia de N. Sr.ª de Finisterra de Vila Nova de Anços foi priorado da apresentação dos respetivos donatários, os duques do Cadaval. D. Afonso IV ter-lhe-á dado foral, quando ainda era infante, e D. Manuel I deu-lhe outro em Lisboa 12 de dezembro de 1513. Foi sede de concelho extinto em 1836. Pertenceu ao concelho de Pombal, passando para o de Soure por Decreto de 25 de junho de 1864. De acordo com Pinho Leal, fez parte do concelho do Rabaçal até à extinção deste em 1852, sendo então integrada no concelho de Penela.

**Âmbito e conteúdo:** Documentação formada por livros que se agrupam em quatro séries: mistos (englobam registos de batismos, casamentos e óbitos ou apenas dois tipos dos registos anteriores); batismos; casamentos; e óbitos.

**Sistema de organização:** Organização original por séries; ordenação cronológica.

**Cota atual:** III-2ªD

**Instrumentos de pesquisa:** *Inventário Colectivo dos Registos Paroquiais*, vol. I, Centro e Sul; inventário em versão informática Archeevo (base de dados de descrição arquivística) na WEBpage do AUC.

**Notas do arquivista:** Descrição baseada na informação sobre as paróquias do distrito de Coimbra, coordenada por Ana Maria Bandeira, e publicada no *Inventário Colectivo dos Registos Paroquiais*. Lisboa: ANTT, 1993. Vol. I, Centro e Sul.


## Paróquia de Vinha da Rainha – Soure

**Código de referência:** PT/AUC/PAR/SRE12

**Título:** Paróquia de Vinha da Rainha - Soure

**Datas de produção:** 1593 / 1902

**Dimensão e suporte:** 108 liv.; papel.

**História administrativa, biográfica e familiar:** A antiga freguesia de N. Srª da Graça de Vinha da Rainha foi priorado da apresentação da

Patriarcal e Mitra de Coimbra. Aproveitou do foral dado a Montemor-o--Velho por D. Manuel I em 20 de agosto de 1516. Pertenceu ao antigo concelho da Abrunheira, designado de Verride desde 1844 e extinto por Decreto de 31 de dezembro de 1853.

**Âmbito e conteúdo:** Documentação formada por livros que se agrupam em quatro séries: mistos (englobam registos de batismos, casamentos e óbitos ou apenas dois tipos dos registos anteriores); batismos; casamentos; e óbitos.

**Sistema de organização:** Organização original por séries; ordenação cronológica.

**Cota atual:** III-2ªD

**Instrumentos de pesquisa:** *Inventário Colectivo dos Registos Paroquiais*, vol. I, Centro e Sul; inventário em versão informática Archeevo (base de dados de descrição arquivística) na WEBpage do AUC.

**Notas do arquivista:** Descrição baseada na informação sobre as paróquias do distrito de Coimbra, coordenada por Ana Maria Bandeira, e publicada no *Inventário Colectivo dos Registos Paroquiais*. Lisboa: ANTT, 1993. Vol. I, Centro e Sul.


## Paróquia de Ázere – Tábua

**Código de referência:** PT/AUC/PAR/TBU01

**Título:** Paróquia de Ázere - Tábua

**Datas de produção:** 1592 / 1899

**Dimensão e suporte:** 129 liv.; papel.

**História administrativa, biográfica e familiar:** Foi priorado da apresentação do ordinário. Foi também vila e sede de concelho integrada na antiga comarca de Midões até o início do século XIX. O padre Carvalho afirma ter-lhe sido dado foral por D. Afonso III. Era constituído pelas freguesias de Ázere e Covelo. Em 1801 possuía 1187 habitantes. Atualmente, as aldeias que compõem esta freguesia são: Ázere, Espadanal, Lageosa e Vila Seca.

**Âmbito e conteúdo:** Documentação formada por livros que se agrupam em quatro séries: mistos (englobam registos de batismos, casamentos

e óbitos ou apenas dois tipos dos registos anteriores); batismos; casamentos; e óbitos.

**Sistema de organização:** Organização original por séries; ordenação cronológica.

**Cota atual:** III-2ªD

**Instrumentos de pesquisa:** *Inventário Colectivo dos Registos Paroquiais*, vol. I, Centro e Sul; inventário em versão informática Archeevo (base de dados de descrição arquivística) na WEBpage do AUC.

**Notas do arquivista:** Descrição baseada na informação sobre as paróquias do distrito de Coimbra, coordenada por Ana Maria Bandeira, e publicada no *Inventário Colectivo dos Registos Paroquiais*. Lisboa: ANTT, 1993. Vol. I, Centro e Sul.


## Paróquia de Candosa – Tábua

**Código de referência:** PT/AUC/PAR/TBU02

**Título:** Paróquia de Candosa - Tábua

**Datas de produção:** 1590 / 1899

**Dimensão e suporte:** 128 liv.; papel.

**História administrativa, biográfica e familiar:** A antiga freguesia de São Facundo da Candosa foi vigairaria da apresentação do mosteiro de Vairão. Teve como donatário o bispo de Coimbra e possuía juízes ordinários, vereadores, procurador do concelho, escrivão da câmara, etc. D. Manuel I deu-lhe foral em Lisboa a 12 de setembro de 1514. Pertenceu à provedoria da Guarda e à correição de Viseu. Fez parte do concelho de Midões, extinto por Decreto de 31 de dezembro de 1853. Em 1839 estava integrada na comarca de Seia, mas em 1852 já era da comarca de Midões.

**Âmbito e conteúdo:** Documentação formada por livros que se agrupam em quatro séries: mistos (englobam registos de batismos, casamentos e óbitos ou apenas dois tipos dos registos anteriores); batismos; casamentos; e óbitos.

**Sistema de organização:** Organização original por séries; ordenação cronológica.

**Cota atual:** III-2ªD

**Instrumentos de pesquisa:** *Inventário Colectivo dos Registos Paroquiais*, vol. I, Centro e Sul; inventário em versão informática Archeevo (base de dados de descrição arquivística) na WEBpage do AUC.

**Notas do arquivista:** Descrição baseada na informação sobre as paróquias do distrito de Coimbra, coordenada por Ana Maria Bandeira, e publicada no *Inventário Colectivo dos Registos Paroquiais*. Lisboa: ANTT, 1993. Vol. I, Centro e Sul.

## Paróquia de Carapinha – Tábua

**Código de referência:** PT/AUC/PAR/TBU03

**Título:** Paróquia de Carapinha - Tábua

**Datas de produção:** 1620 / 1899

**Dimensão e suporte:** 125 liv.; papel.

**História administrativa, biográfica e familiar:** A antiga freguesia do Bom Jesus da Carapinha foi curato anexo ao priorado de Ázere e da apresentação do prior de São Martinho da Cortiça. Em 1839 figura como vila do concelho de Seia. Em 1852 estava integrada na comarca de Midões e, em 1878, pertencia ao julgado de Mouronho.

**Âmbito e conteúdo:** Documentação formada por livros que se agrupam em quatro séries: mistos (englobam registos de batismos, casamentos e óbitos ou apenas dois tipos dos registos anteriores); batismos; casamentos; e óbitos.

**Sistema de organização:** Organização original por séries; ordenação cronológica.

**Cota atual:** III-2ªD

**Instrumentos de pesquisa:** *Inventário Colectivo dos Registos Paroquiais*, vol. I, Centro e Sul; inventário em versão informática Archeevo (base de dados de descrição arquivística) na WEBpage do AUC.

**Notas do arquivista:** Descrição baseada na informação sobre as paróquias do distrito de Coimbra, coordenada por Ana Maria Bandeira, e publicada no *Inventário Colectivo dos Registos Paroquiais*. Lisboa: ANTT, 1993. Vol. I, Centro e Sul.


## Paróquia de Covas – Tábua

**Código de referência:** PT/AUC/PAR/TBU04

**Título:** Paróquia de Covas - Tábua

**Datas de produção:** 1637 / 1899

**Dimensão e suporte:** 104 liv.; papel.

**História administrativa, biográfica e familiar:** A antiga freguesia de N. Sr.ª da Conceição de Covas foi priorado da apresentação da Casa do Infantado, paróquia da vila de Perselada, hoje extinta, de que era donatária a Universidade de Coimbra. Aproveitou do foral dado por D. Manuel I a Lagos da Beira, a 15 de março de 1514. Fez parte do concelho de Midões, extinto por Decreto de 31 de dezembro de 1853, tendo passado para o de Tábua. Em 1839 figura integrada na comarca de Seia, em 1852 na de Midões e, em 1862, na comarca de Tábua.

**Âmbito e conteúdo:** Documentação formada por livros que se agrupam em quatro séries: mistos (englobam registos de batismos, casamentos e óbitos ou apenas dois tipos dos registos anteriores); batismos; casamentos; e óbitos.

**Sistema de organização:** Organização original por séries; ordenação cronológica.

**Cota atual:** III-2ªD

**Instrumentos de pesquisa:** *Inventário Colectivo dos Registos Paroquiais*, vol. I, Centro e Sul; inventário em versão informática Archeevo (base de dados de descrição arquivística) na WEBpage do AUC.

**Notas do arquivista:** Descrição baseada na informação sobre as paróquias do distrito de Coimbra, coordenada por Ana Maria Bandeira, e publicada no *Inventário Colectivo dos Registos Paroquiais*. Lisboa: ANTT, 1993. Vol. I, Centro e Sul.

## Paróquia de Covelo – Tábua

**Código de referência:** PT/AUC/PAR/TBU05

**Título:** Paróquia de Covelo - Tábua

**Datas de produção:** 1665 / 1899

**Dimensão e suporte:** 124 u. i.; papel.

**História administrativa, biográfica e familiar:** A antiga freguesia de N. Sr.ª da Apresentação de Covelo era curato anexo ao priorado de São Mamede de Ázere e da apresentação do conde de Óbidos, no antigo concelho de Ázere. Fez parte do concelho de Farinha Podre, extinto por Decreto de 31 de dezembro de 1853, passando então a integrar o de Tábua. Em 1839 figura integrada na comarca de Seia, em 1852 na de Arganil e, em 1885, na de Tábua.

**Âmbito e conteúdo:** Documentação formada por livros que se agrupam em quatro séries: mistos (englobam registos de batismos, casamentos e óbitos ou apenas dois tipos dos registos anteriores); batismos; casamentos; e óbitos.

**Sistema de organização:** Organização original por séries; ordenação cronológica.

**Cota atual:** III-2ªD

**Instrumentos de pesquisa:** *Inventário Colectivo dos Registos Paroquiais*, vol. I, Centro e Sul; inventário em versão informática Archeevo (base de dados de descrição arquivística) na WEBpage do AUC.

**Notas do arquivista:** Descrição baseada na informação sobre as paróquias do distrito de Coimbra, coordenada por Ana Maria Bandeira, e publicada no *Inventário Colectivo dos Registos Paroquiais*. Lisboa: ANTT, 1993. Vol. I, Centro e Sul.


## Paróquia de Espariz – Tábua

**Código de referência:** PT/AUC/PAR/TBU06

**Título:** Paróquia de Espariz - Tábua

**Datas de produção:** 1536 / 1899

**Dimensão e suporte:** 127 liv.; papel.

**História administrativa, biográfica e familiar:** A antiga freguesia de N. Sr.ª da Anunciação das Várzeas de Espariz foi priorado de renúncia e da apresentação da Mitra de Coimbra. Fez parte do concelho de Coja, extinto por Decreto de 31 de dezembro de 1853, passando então a integrar, até 1855, o de Arganil. Em 1839 figura integrada na comarca de Seia, em 1852 na de Arganil e, em 1878, no julgado de Mouronho.

**Âmbito e conteúdo:** Documentação formada por livros que se agrupam em quatro séries: mistos (englobam registos de batismos, casamentos e óbitos ou apenas dois tipos dos registos anteriores); batismos; casamentos; e óbitos.

**Sistema de organização:** Organização original por séries; ordenação cronológica.

**Cota atual:** III-2ªD

**Instrumentos de pesquisa:** *Inventário Colectivo dos Registos Paroquiais*, vol. I, Centro e Sul; inventário em versão informática Archeevo (base de dados de descrição arquivística) na WEBpage do AUC.

**Notas do arquivista:** Descrição baseada na informação sobre as paróquias do distrito de Coimbra, coordenada por Ana Maria Bandeira, e publicada no *Inventário Colectivo dos Registos Paroquiais*. Lisboa: ANTT, 1993. Vol. I, Centro e Sul.


## Paróquia de Meda de Mouros – Tábua

**Código de referência:** PT/AUC/PAR/TBU07
**Título:** Paróquia de Meda de Mouros - Tábua
**Datas de produção:** 1604 / 1899
**Dimensão e suporte:** 113 liv.; papel.
**História administrativa, biográfica e familiar:** A antiga freguesia de São Sebastião de Meda de Mouros foi curato da apresentação do vigário de Coja (Pe. Carvalho) ou do conde de Vila Flor (*Estatistica Parochial*). Fez parte do concelho de Coja, extinto por Decreto de 31 de dezembro de 1853, passando então a integrar o de Arganil. Pelo Decreto de 24 de

outubro de 1855 passou para o de Tábua. Em 1839 figura na comarca de Seia, em 1852 na de Arganil e, em 1862, na de Tábua.

**Âmbito e conteúdo:** Documentação formada por livros que se agrupam em quatro séries: mistos (englobam registos de batismos, casamentos e óbitos ou apenas dois tipos dos registos anteriores); batismos; casamentos; e óbitos.

**Sistema de organização:** Organização original por séries; ordenação cronológica.

**Cota atual:** III-2ªD

**Instrumentos de pesquisa:** *Inventário Colectivo dos Registos Paroquiais*, vol. I, Centro e Sul; inventário em versão informática Archeevo (base de dados de descrição arquivística) na WEBpage do AUC.

**Notas do arquivista:** Descrição baseada na informação sobre as paróquias do distrito de Coimbra, coordenada por Ana Maria Bandeira, e publicada no *Inventário Colectivo dos Registos Paroquiais*. Lisboa: ANTT, 1993. Vol. I, Centro e Sul.


## Paróquia de Midões – Tábua

**Código de referência:** PT/AUC/PAR/TBU08

**Título:** Paróquia de Midões - Tábua

**Datas de produção:** 1565 / 1899

**Dimensão e suporte:** 65 u. i.; papel.

**História administrativa, biográfica e familiar:** A antiga freguesia de N. Sr.ª das Neves de Midões foi vigairaria da apresentação da Mitra de Coimbra. Teve foral dado por D. Manuel em Lisboa, a 12 de setembro de 1514. Foi sede de concelho, extinto por Decreto de 31 de dezembro de 1853, passando então a integrar o concelho de Tábua. Em 1755 está integrada na comarca da Guarda, em 1839, na de Seia e em 1852 aparece como cabeça de comarca. Em 1862, passa a figurar na comarca de Coimbra, passando em 1878 para a de Tábua.

**Âmbito e conteúdo:** Documentação formada por livros que se agrupam em cinco séries: mistos (englobam registos de batismos, casamentos e óbitos ou apenas dois tipos dos registos anteriores); batismos; casamentos; óbitos; e reconhecimentos e legitimações.

**Sistema de organização:** Organização original por séries; ordenação cronológica.

**Cota atual:** III-2ªD

**Instrumentos de pesquisa:** *Inventário Colectivo dos Registos Paroquiais*, vol. I, Centro e Sul; inventário em versão informática Archeevo (base de dados de descrição arquivística) na WEBpage do AUC.

**Notas do arquivista:** Descrição baseada na informação sobre as paróquias do distrito de Coimbra, coordenada por Ana Maria Bandeira, e publicada no *Inventário Colectivo dos Registos Paroquiais*. Lisboa: ANTT, 1993. Vol. I, Centro e Sul.


## Paróquia de Mouronho – Tábua

**Código de referência:** PT/AUC/PAR/TBU09

**Título:** Paróquia de Mouronho - Tábua

**Datas de produção:** 1568 / 1899

**Dimensão e suporte:** 130 liv.; papel.

**História administrativa, biográfica e familiar:** A antiga freguesia de São Julião de Mouronho foi priorado da apresentação da Mitra de Coimbra. Teve foral dado por D. Manuel, em Lisboa, a 12 de setembro de 1514. Fez parte do concelho de Coja, extinto por Decreto de 31 de dezembro de 1853, passando então a integrar o concelho de Arganil. Com o Decreto de 24 de outubro de 1855, passou a integrar o concelho de Tábua. Em 1839, pertence à comarca de Seia, em 1852 à de Arganil e em 1862 passa a figurar na de Tábua.

**Âmbito e conteúdo:** Documentação formada por livros que se agrupam em cinco séries: mistos (englobam registos de batismos, casamentos e óbitos ou apenas dois tipos dos registos anteriores); batismos; casamentos; óbitos; e índices.

**Sistema de organização:** Organização original por séries; ordenação cronológica.

**Cota atual:** III-2ªD

**Instrumentos de pesquisa:** *Inventário Colectivo dos Registos Paroquiais,* vol. I, Centro e Sul; inventário em versão informática Archeevo (base de dados de descrição arquivística) na WEBpage do AUC.

**Notas do arquivista:** Descrição baseada na informação sobre as paróquias do distrito de Coimbra, coordenada por Ana Maria Bandeira, e publicada no *Inventário Colectivo dos Registos Paroquiais.* Lisboa: ANTT, 1993. Vol. I, Centro e Sul.


## Paróquia de Pinheiro de Coja – Tábua

**Código de referência:** PT/AUC/PAR/TBU10

**Título:** Paróquia de Pinheiro de Coja - Tábua

**Datas de produção:** 1582 / 1899

**Dimensão e suporte:** 77 liv.; papel.

**História administrativa, biográfica e familiar:** A antiga freguesia de Santiago de Pinheiro foi curato da apresentação do vigário de Coja, segundo o Padre Carvalho, mas de acordo com a *Estatistica Parochial* a apresentação era do Conde Óbidos. Teve foral dado por D. Manuel, em Lisboa, a 12 de setembro de 1514. Fez parte do concelho de Coja, extinto por Decreto de 31 de dezembro de 1853, sendo então anexada ao concelho de Arganil. Com o Decreto de 24 de outubro de 1855 passou a integrar o concelho de Tábua. Em 1839 pertence à comarca de Seia, em 1852 à de Arganil e em 1878 passa a figurar na de Tábua.

**Âmbito e conteúdo:** Documentação formada por livros que se agrupam em quatro séries: mistos (englobam registos de batismos, casamentos e óbitos ou apenas dois tipos dos registos anteriores); batismos; casamentos; e óbitos.

**Sistema de organização:** Organização original por séries; ordenação cronológica.

**Cota atual:** III-2ªD

**Instrumentos de pesquisa:** *Inventário Colectivo dos Registos Paroquiais,* vol. I, Centro e Sul; inventário em versão informática

Archeevo (base de dados de descrição arquivística) na WEBpage do AUC.

**Notas do arquivista:** Descrição baseada na informação sobre as paróquias do distrito de Coimbra, coordenada por Ana Maria Bandeira, e publicada no *Inventário Colectivo dos Registos Paroquiais*. Lisboa: ANTT, 1993. Vol. I, Centro e Sul.

## Paróquia de Póvoa de Midões – Tábua

**Código de referência:** PT/AUC/PAR/TBU11

**Título:** Paróquia de Póvoa de Midões - Tábua

**Datas de produção:** 1584 / 1897

**Dimensão e suporte:** 16 liv.; papel.

**História administrativa, biográfica e familiar:** A antiga freguesia de N. Sr.ª da Graça da Póvoa de Midões foi curato da apresentação do vigário de Midões. Aproveitou do foral dado a Midões por D. Manuel, em Lisboa, a 12 de setembro de 1514. Em 1755 faz parte da comarca da Guarda, em 1839 pertence à de Seia, em 1852 à comarca de Midões, em 1862 à de Coimbra, passando, em 1878, a figurar na de Tábua.

**Âmbito e conteúdo:** Documentação formada por livros que se agrupam em quatro séries: mistos (englobam registos de batismos, casamentos e óbitos ou apenas dois tipos dos registos anteriores); batismos; casamentos; e óbitos.

**Sistema de organização:** Organização original por séries; ordenação cronológica.

**Cota atual:** III-2ªD

**Instrumentos de pesquisa:** *Inventário Colectivo dos Registos Paroquiais*, vol. I, Centro e Sul; inventário em versão informática Archeevo (base de dados de descrição arquivística) na WEBpage do AUC.

**Notas do arquivista:** Descrição baseada na informação sobre as paróquias do distrito de Coimbra, coordenada por Ana Maria Bandeira, e publicada no *Inventário Colectivo dos Registos Paroquiais*. Lisboa: ANTT, 1993. Vol. I, Centro e Sul.

## Paróquia de São João da Boavista – Tábua

**Código de referência:** PT/AUC/PAR/TBU12

**Título:** Paróquia de São João da Boavista - Tábua

**Datas de produção:** 1628 / 1899

**Dimensão e suporte:** 123 liv.; papel.

**História administrativa, biográfica e familiar:** Foi o Decreto de 7 de dezembro de 1927 que deu esta designação à freguesia de Oliveira de Fazemão, cujo orago era São João da Boavista e por cujo nome era mais conhecida. Foi curato da apresentação dos Condes da Cunha. Em 1839 pertence à comarca de Seia, em 1852 à comarca de Midões, passando, desde 1878, a figurar na de Tábua.

**Âmbito e conteúdo:** Documentação formada por livros que se agrupam em quatro séries: mistos (englobam registos de batismos, casamentos e óbitos ou apenas dois tipos dos registos anteriores); batismos; casamentos; e óbitos.

**Sistema de organização:** Organização original por séries; ordenação cronológica.

**Cota atual:** III-2ªD

**Instrumentos de pesquisa:** *Inventário Colectivo dos Registos Paroquiais*, vol. I, Centro e Sul; inventário em versão informática Archeevo (base de dados de descrição arquivística) na WEBpage do AUC.

**Notas do arquivista:** Descrição baseada na informação sobre as paróquias do distrito de Coimbra, coordenada por Ana Maria Bandeira, e publicada no *Inventário Colectivo dos Registos Paroquiais*. Lisboa: ANTT, 1993. Vol. I, Centro e Sul.


## Paróquia de Sinde – Tábua

**Código de referência:** PT/AUC/PAR/TBU13

**Título:** Paróquia de Sinde - Tábua

**Datas de produção:** 1649 / 1899

**Dimensão e suporte:** 125 liv.; papel.

**História administrativa, biográfica e familiar:** A antiga freguesia de Santa Maria (da Conceição) de Sinde foi priorado da apresentação dos condes de Óbidos, seus donatários. Teve foral dado em Lisboa por D. Manuel I, em 10 de fevereiro de 1514. Foi sede do concelho, muito pequeno, extinto em 1836, e, desde aí, integrado no de Tábua.

**Âmbito e conteúdo:** Documentação formada por livros que se agrupam em quatro séries: mistos (englobam registos de batismos, casamentos e óbitos ou apenas dois tipos dos registos anteriores); batismos; casamentos; e óbitos.

**Sistema de organização:** Organização original por séries; ordenação cronológica.

**Cota atual:** III-2ªD

**Instrumentos de pesquisa:** *Inventário Colectivo dos Registos Paroquiais*, vol. I, Centro e Sul; inventário em versão informática Archeevo (base de dados de descrição arquivística) na WEBpage do AUC.

**Notas do arquivista:** Descrição baseada na informação sobre as paróquias do distrito de Coimbra, coordenada por Ana Maria Bandeira, e publicada no *Inventário Colectivo dos Registos Paroquiais*. Lisboa: ANTT, 1993. Vol. I, Centro e Sul.


## Paróquia de Tábua – Tábua

**Código de referência:** PT/AUC/PAR/TBU14

**Título:** Paróquia de Tábua - Tábua

**Datas de produção:** 1593 / 1899

**Dimensão e suporte:** 54 liv.; papel.

**História administrativa, biográfica e familiar:** É sede do concelho com o mesmo nome, o qual compreende os antigos concelhos de Ázere e Sinde e as antigas vilas de Midões e Oliveirinha. Tinha uma só freguesia da invocação de Santa Maria Maior (N. Sr.ª das Neves). Foi priorado da apresentação dos seus donatários, os Condes da Cunha.

**Âmbito e conteúdo:** Documentação formada por livros que se agrupam em quatro séries: mistos (englobam registos de batismos, casamentos

e óbitos ou apenas dois tipos dos registos anteriores); batismos; casamentos; e óbitos.

**Sistema de organização:** Organização original por séries; ordenação cronológica.

**Cota atual:** III-2ªD

**Instrumentos de pesquisa:** *Inventário Colectivo dos Registos Paroquiais*, vol. I, Centro e Sul; inventário em versão informática Archeevo (base de dados de descrição arquivística) na WEBpage do AUC.

**Notas do arquivista:** Descrição baseada na informação sobre as paróquias do distrito de Coimbra, coordenada por Ana Maria Bandeira, e publicada no *Inventário Colectivo dos Registos Paroquiais*. Lisboa: ANTT, 1993. Vol. I, Centro e Sul.


## Paróquia de Vila Nova de Oliveirinha – Tábua

**Código de referência:** PT/AUC/PAR/TBU15
**Título:** Paróquia de Vila Nova de Oliveirinha - Tábua
**Datas de produção:** 1567 / 1896
**Dimensão e suporte:** 59 liv.; papel.
**História administrativa, biográfica e familiar:** A antiga freguesia de São Miguel de Vila de Oliveirinha foi priorado da apresentação da Sé de Coimbra. Teve foral dado por D. Manuel I em 15 de maio de 1514. Foi sede de concelho até à sua extinção em 1836. Pertenceu também ao concelho de Midões, extinto por Decreto de 31 de dezembro de 1853, tendo então passado a figurar no de Tábua. Em 1839 surge integrado na comarca de Seia, em 1852 na de Midões e, em 1862, na de Tábua.

**Âmbito e conteúdo:** Documentação formada por livros que se agrupam em quatro séries: mistos (englobam registos de batismos, casamentos e óbitos ou apenas dois tipos dos registos anteriores); batismos; casamentos; e óbitos.

**Sistema de organização:** Organização original por séries; ordenação cronológica.

**Cota atual:** III-2ªD

**Instrumentos de pesquisa:** *Inventário Colectivo dos Registos Paroquiais,* vol. I, Centro e Sul; inventário em versão informática Archeevo (base de dados de descrição arquivística) na WEBpage do AUC.

**Notas do arquivista:** Descrição baseada na informação sobre as paróquias do distrito de Coimbra, coordenada por Ana Maria Bandeira, e publicada no *Inventário Colectivo dos Registos Paroquiais.* Lisboa: ANTT, 1993. Vol. I, Centro e Sul.

## Paróquia de Arrifana - Vila Nova de Poiares

**Código de referência:** PT/AUC/PAR/POI01

**Título:** Paróquia de Arrifana - Vila Nova de Poiares

**Datas de produção:** 1561 / 1908

**Dimensão e suporte:** 158 liv.; papel.

**História administrativa, biográfica e familiar:** A antiga freguesia de Santa Maria de Arrifana de Poiares foi vigairaria da apresentação da Universidade de Coimbra. Foi anexada ao concelho de Penacova pelo Decreto de 7 de setembro de 1895, que suprimiu o concelho de Poiares. Restaurado este pelo Decreto de 13 de janeiro de 1898, esta freguesia nele foi de novo integrada.

**Âmbito e conteúdo:** Documentação formada por livros que se agrupam em cinco séries: mistos (englobam registos de batismos, casamentos e óbitos ou apenas dois tipos dos registos anteriores); batismos; casamentos; óbitos, e índices. Inclui vários documentos avulsos referentes a batismos. Também existe um rol das crianças falecidas entre 1724 e 1755.

**Sistema de organização:** Organização original por séries; ordenação cronológica.

**Cota atual:** III-2ªD

**Instrumentos de pesquisa:** *Inventário Colectivo dos Registos Paroquiais,* vol. I, Centro e Sul; inventário em versão informática Archeevo (base de dados de descrição arquivística) na WEBpage do AUC.

**Notas do arquivista:** Descrição baseada na informação sobre as paróquias do distrito de Coimbra, coordenada por Ana Maria Bandeira, e publicada no *Inventário Colectivo dos Registos Paroquiais*. Lisboa: ANTT, 1993. Vol. I, Centro e Sul.

## Paróquia de Lavegadas - Vila Nova de Poiares

**Código de referência:** PT/AUC/PAR/POI02

**Título:** Paróquia de Lavegadas - Vila Nova de Poiares

**Datas de produção:** 1638 / 1908

**Dimensão e suporte:** 153 liv.; papel.

**História administrativa, biográfica e familiar:** A antiga freguesia de São José de Lavegadas foi curato da apresentação da Universidade de Coimbra. Esteve anexada ao concelho de Penacova pelo Decreto de 7 de setembro de 1895, que suprimiu o concelho de Poiares; restaurado este, mais tarde, pelo Decreto de 13 de janeiro de 1898, Lavegadas foi nele reintegrado. Em 1839 surge incluída na comarca de Coimbra, em 1852 na da Lousã e, em 1878, na de Penacova.

**Âmbito e conteúdo:** Documentação formada por livros que se agrupam em quatro séries: mistos (englobam registos de batismos, casamentos e óbitos ou apenas dois tipos dos registos anteriores); batismos; casamentos; e óbitos.

**Sistema de organização:** Organização original por séries; ordenação cronológica.

**Cota atual:** III-2ªD

**Instrumentos de pesquisa:** *Inventário Colectivo dos Registos Paroquiais*, vol. I, Centro e Sul; inventário em versão informática Archeevo (base de dados de descrição arquivística) na WEBpage do AUC.

**Notas do arquivista:** Descrição baseada na informação sobre as paróquias do distrito de Coimbra, coordenada por Ana Maria Bandeira, e publicada no *Inventário Colectivo dos Registos Paroquiais*. Lisboa: ANTT, 1993. Vol. I, Centro e Sul.

## Paróquia de Santo André de Poiares - Vila Nova de Poiares

**Código de referência:** PT/AUC/PAR/POI03

**Título:** Paróquia de Santo André de Poiares - Vila Nova de Poiares

**Datas de produção:** 1592 / 1909

**Dimensão e suporte:** 172 u. i.; papel.

**História administrativa, biográfica e familiar:** Foi curato da apresentação do prior de Penacova. Vila Nova de Poiares é sede de concelho mas de criação relativamente recente. Detém apenas quatro freguesias que foram desintegradas, no século XVIII, dos concelhos de Arganil e da Lousã.

**Âmbito e conteúdo:** Documentação formada por livros que se agrupam em seis séries: mistos (englobam registos de batismos, casamentos e óbitos ou apenas dois tipos dos registos anteriores); batismos; casamentos; óbitos; documentos de batismos; e documentos de casamentos.

**Sistema de organização:** Organização original por séries; ordenação cronológica.

**Cota atual:** III-2ªD

**Instrumentos de pesquisa:** *Inventário Colectivo dos Registos Paroquiais*, vol. I, Centro e Sul; inventário em versão informática Archeevo (base de dados de descrição arquivística) na WEBpage do AUC.

**Notas do arquivista:** Descrição baseada na informação sobre as paróquias do distrito de Coimbra, coordenada por Ana Maria Bandeira, e publicada no *Inventário Colectivo dos Registos Paroquiais*. Lisboa: ANTT, 1993. Vol. I, Centro e Sul.


## Paróquia de São Miguel de Poiares - Vila Nova de Poiares

**Código de referência:** PT/AUC/PAR/POI04

**Título:** Paróquia de São Miguel de Poiares - Vila Nova de Poiares

**Datas de produção:** 1575 / 1908

**Dimensão e suporte:** 156 liv.; papel.

**História administrativa, biográfica e familiar:** A antiga freguesia de São Miguel de Poiares foi curato anual da apresentação da Universidade de Coimbra. De acordo com a *Estatistica Parochial* é também designada por São Miguel de Arrifana.

**Âmbito e conteúdo:** Documentação formada por livros que se agrupam em quatro séries: mistos (englobam registos de batismos, casamentos e óbitos ou apenas dois tipos dos registos anteriores); batismos; casamentos; e óbitos.

Além dos livros das séries referidas, existe, em três volumes, um índice das freguesias do arcediagado do Vouga.

**Sistema de organização:** Organização original por séries; ordenação cronológica.

**Cota atual:** III-2ªD

**Instrumentos de pesquisa:** *Inventário Colectivo dos Registos Paroquiais*, vol. I, Centro e Sul; inventário em versão informática Archeevo (base de dados de descrição arquivística) na WEBpage do AUC.

**Notas do arquivista:** Descrição baseada na informação sobre as paróquias do distrito de Coimbra, coordenada por Ana Maria Bandeira, e publicada no *Inventário Colectivo dos Registos Paroquiais*. Lisboa: ANTT, 1993. Vol. I, Centro e Sul.

# PESSOAIS E FAMILIARES - PT/AUC/PFM

**Correspondência de A. G. da Rocha Madahil**

## Alberto Cupertino Pessoa

**Código de referência:** PT/AUC/PFM/ACP
**Título:** Alberto Cupertino Pessoa
**Datas de produção:** 1906 / 1960
**Dimensão e suporte:** 6 u. i. (cx.); papel; vidro; metal.

**História administrativa, biográfica e familiar:** Alberto Cupertino
Pessoa nasceu em Coimbra (freguesia de Santa Cruz) em 31.5.1883
e na mesma cidade faleceu em 21.4.1942. Filho de Alberto Pessoa e
Maria da Luz Barbosa Cupertino Pessoa, matriculou-se em Matemática
e Filosofia (1899) e em Medicina (1903). Foi bacharel (1902) e bacharel
formado em Filosofia (1904), e bacharel em Medicina (1907). Na UC,
ensinou Anatomia Patológica e Medicina Legal como 1º assistente
provisório (1911-13) e como 1º assistente (1913-29), e Patologia Geral
como professor auxiliar (1929-41). Enquanto docente, exerceu vários cargos: 1º assistente interino (1912) e 1º assistente (1913) do Laboratório de
Anatomia Patológica, 1º assistente (1912-14), secretário (1919) e médico
(1919-1931) do Instituto de Medicina Legal, e diretor da 1ª secção do
Instituto de Criminologia (1927-31). Em 1908 começou a exercer como
médico do partido de Verride (Montemor-o-Velho), sendo exonerado
em 1912. Prestou serviço militar (1.10.1917-10.5.1918) como alferes
médico do Corpo Expedicionário Português e foi vogal efetivo do
Conselho de Arte e Arqueologia da 2ª Circunscrição (Coimbra) em 1919.
Membro da Associação dos Médicos do Centro de Portugal, dela foi ainda
Presidente (1922-25). Oficial da Ordem de Santiago de Espada em 1926.
Autorizado em 20.10.1928 a estudar na Espanha, França e Bélgica a
organização dos serviços de criminologia e polícia técnica. Presidente
do Conselho de Arte e Arqueologia da 2ª Circunscrição (6.12.1930-1932).

Oficial da Ordem da Instrução Pública de França (1931). Regeu os cursos livres de Toxicologia Forense, Dermatologia Profissional e, em 1936, História da Medicina. Regeu também as cadeiras de Psicologia Judiciária, Polícia Científica e Antropologia Criminal do Curso Superior de Medicina Legal. Medalha de prata das campanhas do Exército Português e Medalha da Vitória. Membro da Sociedade de Ciências Médicas de Lisboa, da Sociedade de Medicina Legal de Lisboa, da Sociedade Anatómica Portuguesa, da Associação dos Arqueólogos Portugueses, etc. Sócio do Instituto de Coimbra.

Colaborou em revistas científicas, como *O Instituto*, *Coimbra Médica*, *Revista da Universidade de Coimbra*, *Medicina Contemporânea*, *Seara Nova*, *Folia Anatomica Universitatis Conimbrigensis*, *Petrus Nonius* e *Arquivo de Medicina Legal*. Publicou ainda: *A prova testemunhal (estudo de psicologia judiciária)*. Coimbra, 1913; *Simples noções de dactiloscopia*. Coimbra, 1921; *J. J. da Gama Machado. O homem e a obra. O legado à Universidade de Coimbra*. Coimbra, 1926; *Guia de técnica policial*. Coimbra, 1929; *As imagens dos SS. Cosme e Damião existentes em Coimbra*. Coimbra, 1930.

**Âmbito e conteúdo:** A coleção é constituída por postais, fotografias, negativos em vidro, monografias, correspondência diversa, certidões e declarações, diplomas e certificados, bibliografia relacionada com a medicina, um colar e insígnias da Ordem de Santiago de Espada e duas medalhas comemorativas, entre outra.

**Sistema de organização:** Documentação não tratada arquivisticamente, mas com ordenação por referência atribuída pelo colecionador.

**Cota atual:** VI-3ª

**Instrumentos de pesquisa:** Recenseamento.

**Notas do arquivista:** Para a história biográfica, ver: *Memoria Professorum Universitatis Conimbrigensis*. AUC: Coimbra, 1992. Vol. 2.

Descrição elaborada por Júlio Ramos e Elisabete Dias, 2013.


# Albino Maria Cordeiro

**Código de referência:** PT/AUC/PFM/AMC
**Título:** Albino Maria Cordeiro

**Datas de produção:** 1800 / 1986

**Data de acumulação:** 1840-1934

**Dimensão e suporte:** 19 u. i. (cx.); papel.

**História administrativa, biográfica e familiar:** Albino Maria Cordeiro nasceu no Pastor, localidade da freguesia de Santa Eufémia, concelho de Penela, em 5 de agosto de 1840. Adquiriu o grau de bacharel em Direito na Universidade de Coimbra em 1876 e dedicou-se à advocacia no Concelho de que era natural. Oriundo de uma família abastada e culta, sempre se relacionou com pessoas influentes de várias áreas.

O Dr. Albino Maria Cordeiro desempenhou as funções de provedor da Santa Casa da Misericórdia de Penela na primeira metade do século XX (1901-1915), tendo realizado um trabalho notável fruto do seu humanismo, dinamismo e qualidades técnicas.

O primeiro compromisso da Misericórdia, datado e aprovado em 1912, foi um dos seus importantes legados, tendo vigorado até 1983.

A Confraria da Misericórdia de Penela havia sido instituída por alvará de D. Sebastião I, datado de 25 de agosto de 1559.

Ao longo dos seus 450 anos de história a Misericórdia sofreu sucessivas alterações orgânicas e estatutárias e atualmente, com o estatuto de Irmandade da Santa Casa de Misericórdia de Penela, continua a exercer a sua ação em diversas valências nas áreas do culto e assistência espiritual, da cultura, educação, assistência à saúde e apoios sociais.

O Dr. Albino Maria Cordeiro faleceu, na sua terra natal, a 8 de março de 1934.

**Âmbito e conteúdo:** A documentação predominante é relativa à administração corrente, patrimonial e financeira da Misericórdia de Penela, entre ela: ações; alvarás; apontamentos; assentos; atestados; autorizações; autos; bens; bulas e documentos régios; cadernetas; cartas de diversas tipologias; certidões e certificados; comunicados; confissões de divida; contas particulares; correspondência; declarações; decretos-lei e eleições; despesas; direitos eclesiásticos; dízimos; doações; editais; escrituras de aforamento, arrendamento e emprazamento; escrituras de agravo; escrituras de apelação; escrituras de capitais mutuados; escrituras de compra e venda; escrituras de desistência; escrituras de obrigação; escrituras de quitação; escrituras de troca; forais; inventários e róis; isenções; legados pios; licenças; ofícios; ordens; partilhas; petições; procurações; provisões; recibos; relação de jurados; requerimentos; sentenças; sonetos e testamentos.

Além destes existem, ainda, coleções de documentos do arquivo privado do ex-provedor, tais como: sonetos, contas, cadernetas, cadernos de apontamentos, entre outras.

**Sistema de organização:** Documentação não tratada arquivisticamente.

**Cota atual:** III-1ª D-7-2-1 a 19

**Instrumentos de pesquisa:** Recenseamento.

**Notas do arquivista:** A presente descrição teve por base documentação da Série de certidões de idade da UC, o inventário do património cultural móvel, Arquivo da Santa Casa da Misericórdia de Penela, coordenado pela Dr.ª Ana Maria Bandeira, elaborado em novembro de 1997, em catálogo previamente elaborado e na publicação: NUNES, Mário - *Misericórdia de Penela: 1559-1999: Servir e Amar.* Penela, 1999.

Ao campo Âmbito e conteúdo: Apesar de se encontrar catalogada, a documentação não foi, ainda, alvo de estudo arquivístico consistente capaz de determinar se, na verdade, a documentação reunida nestas 19 caixas é parte integrante de um ou de vários fundos ou se se tratam de meras coleções factícias de documentos reunidos com critério(s) desconhecido(s) até à data.

Só um estudo assente nos princípios da Arquivística poderá trazer clareza a este conjunto documental, nomeadamente a(s) sua(s) proveniência(s); as razões que presidem à existência de documentos de datas anteriores e posteriores à vida do, ora presumido, produtor do fundo; entre outas informações.

Recenseamento e descrição elaborados por Adriana Antunes e Gracinda Guedes em 2012.


**António Luís de Seabra**

**Código de referência:** PT/AUC/PFM/ALS

**Título:** António Luís de Seabra

**Datas de produção:** 1855 / 1856

**Dimensão e suporte:** 1 liv.; papel.

**História administrativa, biográfica e familiar:** António Luís de Seabra nasceu em 2.12.1798, a bordo da nau Santa Cruz, na qual os seus pais viajavam com destino ao Rio de Janeiro. Foi batizado quando a nau aportou no Rio de Janeiro, a 5.2.1799. Faleceu em Mogofores (na sua quinta de Santa Luzia) em 19.1.1895. Estudou na Universidade de Coimbra, onde obteve a formatura na Faculdade de Leis, em 6.7.1820. Foi reitor da Universidade de Coimbra de 1866 a 1868. Na sua carreira pública e política ocupou lugares de magistratura na Relação do Porto e no Supremo Tribunal de Justiça, até 1866, ano em que foi nomeado reitor da Universidade. Foi deputado às Cortes de 1834, por Trás-os-Montes; foi deputado por Aveiro em 1851; ministro da Justiça e dos Negócios Eclesiásticos, em 1852; presidente da Câmara dos Deputados de 1862 a 1868 até ser nomeado par do Reino.

Foi agraciado com o título de 1.º visconde de Seabra por Decreto de 25 de abril de 1865. O seu nome permaneceu ligado à redação do Código Civil que vigorou por mais de um século.

**Âmbito e conteúdo:** Manuscrito original, da autoria de António Luís de Seabra, do Código Civil Português que foi aprovado por Carta de Lei de 1 de julho de 1867 e vigorou no país até ser adotado novo Código Civil, em 1966.

**Sistema de organização:** Apenas uma unidade de instalação.

**Cota atual:** V-3.ª-cofre-n.º 12

**Instrumentos de pesquisa:** Recenseamento.

**Notas do arquivista:** Descrição arquivística por Ana Maria Leitão Bandeira, em 2014.

Fonte para História biográfica: RODRIGUES, Manuel Augusto - *A Universidade de Coimbra e os seus Reitores. Coimbra: Arquivo da Universidade de Coimbra*, 1990, pp. 239-244.

Dados para Fonte imediata de aquisição colhidos em: Correspondência expedida do Arquivo da Universidade de Coimbra (SR) - cota AUC-IV-2. ªE-10-2-20. Ofício n.º 278 /Liv. 12, de 4 de outubro de 1954, do diretor do Arquivo, remetido ao reitor da Universidade, com o relatório de atividades daquele ano letivo.

## António da Rocha Madahil

**Código de referência:** PT/AUC/PFM/ARM
**Título:** António da Rocha Madahil
**Datas de produção:** 1906 / 1989
**Datas de acumulação:** 1893-1969
**Dimensão e suporte:** 3 u. i. (2 cx., 1 pt.); papel.
**História administrativa, biográfica e familiar:** António Gomes da Rocha Madahil nasceu em Ílhavo (Aveiro), a 10 de dezembro de 1893, filho de Manuel Maria da Rocha Vidal e Figueiredo Madahil e de Crisanta da Conceição Gomes de Oliveira Vidal e Madahil.

Frequentou o Colégio Aveirense e, em 1913, inscreveu-se pela 1ª vez na Universidade de Coimbra, no primeiro ano do curso de Direito, que frequentou até ao 5º ano, mais tarde ingressou na Faculdade de Letras, em Filologia Românica, e no ano letivo 1935/1936 frequenta a Faculdade de Letras da Universidade de Lisboa.

Em 1920 foi nomeado 3º oficial da secretaria do liceu José Falcão em Coimbra. A 1 de junho de 1927 tomou posse do lugar de 1º conservador da Biblioteca Geral da Universidade de Coimbra. Em 28 de janeiro de 1932 ocupou o lugar de 1º conservador do Arquivo e Museu de Arte da Universidade de Coimbra, cargo que exerceu até 1953. Entre 1951 a 1953 exerceu, ainda, as funções de Conservador-Ajudante do Museu Machado de Castro, em Coimbra. Em janeiro de 1935, participou, conjuntamente com José Pereira Tavares e Francisco Ferreira Neves, na fundação da revista "Arquivo do Distrito de Aveiro" e, em 1937, organizou, fundou e dirigiu o Museu Municipal de Ílhavo (Etnografia Marítima). Foi, ainda, diretor da Biblioteca Pública e do Arquivo Distrital de Braga. Foi delegado da Junta de Salvação Nacional e delegado, em Portugal, do pacto Roerich para a proteção de Monumentos e Museus em caso de guerra. Presidiu à direção do Centro de Estudos para Formação Social e foi vice-presidente da Direção da Sociedade de Defesa e Propaganda de Coimbra. Foi grande oficial, cavaleiro e comendador de várias Ordens. Pertenceu a diversas Academias científicas. Fez parte da Revista *Instituto*. Colaborou com a Inspeção-Geral de Bibliotecas e Arquivos no âmbito da comissão dos Bens Cultuais e em muitas outras iniciativas de levantamento de património cultural.

Bibliófilo e paleógrafo, procedeu à leitura de numerosos documentos, contribuindo para o avanço dos estudos históricos, nomeadamente sobre o Distrito de Aveiro. Colaborou em diversas revistas e jornais, tendo escrito dezenas de trabalhos, entre monografias, artigos científicos e de opinião.

Faleceu em Lisboa, a 27 de junho de 1969.

**Âmbito e conteúdo:** Cartões de identificação pessoal (carta de condução, cartões de estudante, de frequentador de bibliotecas e arquivos, de Amigo de diversas associações culturais); correspondência (relativa aos diversos cargos que desempenhou mas também pessoal com inúmeras individualidades do país e do estrangeiro); transcrição de diversos documentos; recortes de imprensa (notícias sobre si e artigos escritos pelo produtor do fundo), entre outros.

**Sistema de organização:** Documentação não tratada arquivisticamente.

**Cota atual:** VI-3ªE-4B-2-22 a 24

**Instrumentos de pesquisa:** Guia.

**Notas do arquivista:** Fontes ao campo História administrativa:

- Documentação do fundo;

- PT, AUC, Universidade de Coimbra (F), Certidões de idade (SR);

- CAPELO, Ludovina - "O corpo de funcionários do A.U.C. nos últimos 50 anos". *Boletim do Arquivo da Universidade de Coimbra*, 17-18, (1999). pp. 237-267.

- PT, DGLAB, António da Rocha Madahil (F). Código de referência: PT/TT/ARM. Em Linha. Acedido em: 23/5/2014.

Ao campo Datas de produção: A documentação de data posterior à da morte do produtor é relativa a homenagens a título póstumo e a correspondência recebida pelos familiares de A. Madahil (viúva e filho), a seu respeito, e que veio integrada neste fundo.

Identificação e descrição feita por Gracinda Guedes, em 2014.

# Casa e Ducado de Aveiro

**Código de referência:** PT/AUC/PFM/CDA

**Título:** Casa e Ducado de Aveiro

**Datas de produção:** 1221 / 1797

**Datas de acumulação:** 1547 - 1759

**Dimensão e suporte:** 33 u. i. (1 cx., 32 liv.); papel.

**História administrativa, biográfica e familiar:** Foi primeiro duque de Aveiro D. João de Lencastre, filho de D. Jorge de Lencastre, duque de Coimbra, Mestre da Ordem de Santiago e de Avis, a quem D. Manuel I confirmou a posse de todos os bens herdados de seu pai em Coimbra, Aveiro e Torres Novas e determinou que se transmitissem ao primogénito, instituindo assim o Morgado da casa de Aveiro, um dos mais ricos em bens, direitos e honrarias de Portugal. O título de duque de Aveiro foi-lhe instituído por mercê de D. João III, em 1547.

Seguem-se-lhe no ducado, o segundo duque, D. Jorge de Lencastre, que morre em Alcácer Quibir ao lado de D. Sebastião; o terceiro duque foi D. Álvaro de Lencastre; o quarto duque D. Raimundo de Lencastre; o quinto duque D. Pedro de Lencastre; o sexto a duquesa D. Maria de Lencastre; o sétimo duque D. Gabriel de Lencastre e o oitavo duque D. José de Mascarenhas e Lencastre que foi aluno do colégio de S. Pedro da Universidade de Coimbra, e foi acusado de conspirar contra D. José I e condenado, resultando daí terem-lhe sido retirados todos os seus títulos e todos os seus bens confiscados. Foi então o ducado extinto por ordem de D. José por sentença judicial de 1759.

**Âmbito e conteúdo:** O fundo é constituído na sua totalidade por tombos de propriedades situadas no distrito de Aveiro, e nos concelhos de Coimbra, de Montemor-o-Velho e de Santarém.

Os tombos da cidade de Aveiro contêm autos de demarcação, divisão, medição de foros na cidade de Aveiro, determinando a sua localização pelas ruas de Aveiro e de outros prazos nos seus limites. Dois tombos das Marinhas de Sal de Aveiro, que contêm autos de demarcação, divisão, medição de marinhas em Aveiro e seu termo; e traslados de documentos comprovativos da posse destes bens. Os tombos dos concelhos de

Coimbra, Montemor-o-Velho e Santarém contêm na sua maioria autos de reconhecimento, medição, divisão e demarcação de terras, traslados de privilégios, alvarás, etc.

**Sistema de organização:** A documentação está classificada numa única série que se intitula: Propriedades da Casa de Aveiro, a qual está ordenada alfabeticamente, pelos nomes das localidades e dentro destas cronologicamente.

**Cota atual:** III-1ªD-15-4 e 5

**Instrumentos de pesquisa:** Catálogo.

**Notas do arquivista:** Ao campo Datas de produção: Presumimos que a documentação de data anterior à da fundação possa ser referente à constituição do património e a da documentação de data posterior à da extinção possa ser relativa à administração dos bens que, regra geral, sucedia à extinção das Instituições desta natureza devendo, a confirmar-se esta hipótese, transitar para o fundo da Direção de Finanças de Aveiro para respeitar a proveniência da documentação.

Descrição feita com base em estudo arquivístico elaborado por Ludovina Cartaxo Capelo em 2007. Registo feito por Adriana Antunes, revisto por Gracinda Guedes em 2014.


# Casa de Óis

**Código de referência:** PT/AUC/PFM/CO

**Título:** Casa de Óis

**Datas de produção:** 1311 / 1683

**Dimensão e suporte:** 5 u. i. (4 liv., 1 pt. (42 doc.)); pergaminho e papel.

**História administrativa, biográfica e familiar:** Em Óis do Bairro, concelho de Anadia, distrito de Aveiro, encontra-se edificada a Casa de Óis. O bispo de Coimbra era donatário do couto de Óis do Bairro. No reinado de D. Manuel, Óis do Bairro recebeu foral, datado de 12 de setembro de 1514. No edifício, do que é habitualmente designado por "Paço de Óis", ostenta-se o brasão de armas da família Castelo Branco. Localmente, o edifício da Casa de Óis é também conhecido como Paço de Óis ou, ainda, como Casa de Montalvão ou também Solar dos Calheiros, recebendo estas designações pelas ligações familiares que se foram estabelecendo com as famílias Calheiros, Noronha e Montalvão. Provavelmente, reside na figura de Vasco Ribeiro de Castelo Branco, desembargador dos Agravos, assim como em sua mulher D. Branca de Berredo, a ligação familiar à Casa de Óis. Será esta a família quinhentista original, produtora da documentação, por sua vez, herdeira de seus antecessores Vasco Fernandes Ribeiro e sua mulher Catarina de Cáceres.

Não foi possível, ainda, estabelecer as ligações entre todas estas famílias referidas e os mais diretos responsáveis pela acumulação dos documentos. Outras personalidades ficaram representadas na documentação, a saber: Vasco Fernandes Ribeiro, vedor de obras de D. João III em Coimbra e sua mulher Inês Monteiro. Ou ainda, entre outros, Gonçalo Privado e sua mulher Mécia Ribeiro e também com António Velês de Castelo Branco, etc.

**Âmbito e conteúdo:** Inclui tombo de bens da capela de Estêvão Gomes de que era administrador Gonçalo Privado (1504), tombo do morgado instituído por António Velês de Castelo Branco, tombo do morgado instituído por Vasco Fernandes Ribeiro (1539) e livro de registo de rendimentos de D. Francisco de Sá, no Curval e em Lavos (1584-1587). Inclui documentação avulsa formada por títulos de aforamentos, emprazamentos, quitações, tenças, renúncias de prazos, vendas e posse. Retrata a administração de bens de diversas personalidades dos séculos XV-XVI, como: Vasco Fernandes, Vasco Fernandes Ribeiro, D. Branca de Berredo, Estevão Gomes, Catarina de Cáceres, D. Diogo Soares de Albergaria, etc. Refira-se também o emprazamento do couto de Óis do Bairro, feito pela Mesa Episcopal de Coimbra, a D. Jorge de Melo, em 12 de julho de 1526. Inclui também contrato entre o Mosteiro de Santa Cruz e o bacharel Vasco Fernandes (1451), sendo este administrador de bens do Mosteiro, nomeadamente em Aguada de Cima, Aguim, etc. Engloba documentação pontifícia, como a bula do papa Nicolau V, de 23 de março de 1451, confirmando o aforamento de bens do Mosteiro de Santa Cruz, situados em Aguada de Cima, Casais de Aguim e Quintã das Posadas, a Vasco Fernandes.

**Sistema de organização:** Sem organização arquivística e apenas com ordenação cronológica.

**Cota atual:** V-3.ª-Móv. 5 - Gav. 1

**Instrumentos de pesquisa:** QUEIRÓS, Abílio - *Acervo documental da Casa de Óis: descrição de livros e pergaminhos. Catálogo de pergaminhos.* Coimbra, AUC, 2006 (texto Word).

**Notas do arquivista:** Descrição arquivística por Ana Maria Leitão Bandeira, em 2014, com base na análise da própria documentação e em QUEIRÓS, Abílio - *Acervo documental da Casa de Óis: descrição de livros e pergaminhos. Catálogo de pergaminhos.* Coimbra, AUC, 2006 (texto Word).

## Condes da Cunha

**Código de referência:** PT/AUC/PFM/CC

**Título:** Condes da Cunha

**Datas de produção:** 1648 / 1906

**Dimensão e suporte:** 26 u. i. (7 liv., 19 pt.); papel.

**História administrativa, biográfica e familiar:** D. Luís da Cunha nasceu em Lisboa em 1662.

Matriculou-se na Universidade de Coimbra e licenciou-se em Cânones em 1685. Ingressa na Magistratura, mas em 1696 vai para Londres como enviado extraordinário.

Como diplomata esteve ao serviço de Portugal em Espanha e em França onde vem a falecer no ano de 1749.

O título "Conde da Cunha" foi criado pelo rei D. José I a favor de D. António Álvares da Cunha (1º Conde da Cunha), em 14 de março de 1760 como recompensa pelos serviços prestados por D. Luís da Cunha enquanto Secretário de Estado dos Negócios Estrangeiros e da Guerra. Foi capitão-geral de Angola e vice-rei do Brasil, faleceu sem deixar filho varão.

Sucedeu-lhe no cargo D. José Vasques da Cunha, 2º conde da Cunha, que foi Governador de Mazagão e embaixador em Haia.

Sucedeu-lhe seu filho D. Pedro Álvares Vasques da Cunha, 3º conde da Cunha, que ingressou na carreira militar. Morre na cidade do Porto e sucedeu-lhe no título seu irmão D. José Maria Vasques Álvares da Cunha, 4º conde da Cunha.

**Âmbito e conteúdo:** Este fundo é formado por copiadores de correspondência diplomática, cartas, despachos, memórias, minutas de tratados e convenções de D. Luís da Cunha, de D. António Álvares da Cunha, Capitão-Geral de Angola e Vice-Rei do Brasil, e de D. José Vasques da Cunha, Governador de Mazagão e Embaixador em Haia.

A diversidade dos temas abordados tornam este arquivo uma fonte documental para o estudo das relações diplomáticas de Portugal com as nações europeias nas épocas de D. João V e de D. José; bem como para a história dos antigos domínios ultramarinos portugueses no século XVIII.

**Sistema de organização:** A documentação está ordenada por gerações e dentro de cada uma delas foram reunidos pelo produtor/destinatário; assim cada elemento da família constitui uma secção, ordenadas cronologicamente.

Temos ainda uma secção de documentos anexos.

Dentro das secções a documentação está ordenada cronologicamente.

**Cota atual:** VI-3ª-1-2-1 a 25

**Instrumentos de pesquisa:** Inventário e Catálogo.

**Notas do arquivista:** Fontes ao campo: História familiar: CASTRO, Maria João Padez de – "Inventário da Coleção dos Condes da Cunha". *Boletim do Arquivo da Universidade de Coimbra.* Vol. XV-XVI (1995-1996), pp. 85-156.

CASTRO, Maria João – "Guia das Coleções particulares do A.U.C.". *Boletim de arquivo da Universidade de Coimbra.* Vol. XIX-XX. (1999-2000), pp. 309-327.

VEIGA, Raul da Silva – "Catálogo do Cartório de D. António Álvares da Cunha". *Boletim do Arquivo da Universidade de Coimbra.* Vol. III, 1978, pp. 1-117.

Descrição feita com base em estudo arquivístico elaborado por Maria João Castro Padez em 1999. Revisão elaborada por Ludovina Cartaxo Capelo em 2011. Registo feito por Adriana Antunes, revisto por Gracinda Guedes em 2014.

## Elisa Augusta Vilares

**Código de referência:** PT/AUC/PFM/EAV

**Título:** Elisa Augusta Vilares

**Datas de produção:** 1896 / 1980

**Dimensão e suporte:** 2 u. i. (2 cx.), 45 doc.; papel e fotos.

**História administrativa, biográfica e familiar:** Natural de Sambade, Alfândega da Fé, nasceu a 12 de maio de 1896, e foi professora do ensino secundário. Ensinou Português e Francês, e foi diretora do 1º ciclo e vice-reitora no Liceu de Maria Amália Vaz de Carvalho, em Lisboa, durante largos anos. Fez os estudos secundários em Bragança, e, depois, na Escola do Magistério Primário da mesma cidade. Concorreu à Escola Normal Superior de Coimbra, ingressando na Faculdade de Letras da Universidade de Coimbra, onde se licenciou em Filologia Românica. Casou em 2 de outubro de 1924 com Álvaro Manuel Humberto Rodrigues Cepeda, natural de Argozelo, Vimioso, e teve sete filhos. Faleceu a 9 de março de 1980.

Colaborou, em revistas, como *A Língua Portuguesa*, dirigida por Rodrigo de Sá Nogueira, e *Mensário das Casas do Povo*, com artigos de carácter linguístico, etnográfico e social. A sua dissertação para o concurso à Escola Normal Superior, *A Metafonia no Português*, foi impressa, em Lisboa, em 1922. Os artigos que publicou, entre 1948 e 1968, no *Mensário das Casas do Povo*, num total de 36 títulos, agrupou-os a autora em diversas séries: "Em defesa da nossa linguagem", "Costumes de outros tempos", "Ao correr da História", "Natalidade: a nossa maior riqueza".

**Âmbito e conteúdo:** Documentação manuscrita e impressa, composta na sua maioria por apontamentos de várias disciplinas, cadernos, lições, esquemas de aulas e fichas sobre autores estudados. A documentação impressa é formada por opúsculos relacionados com a Universidade de Coimbra, a Faculdade de Letras e Escola Normal Superior, currículos, vida académica e prática religiosa. De referir uma planta do antigo edifício da Faculdade de Letras da Universidade de Coimbra.

**Sistema de organização:** Documentação não tratada arquivistica-mente, mas com ordenação numérica por referência atribuídas pela produtora.

**Cota atual:** VI-3ª

**Instrumentos de pesquisa:** Guia de remessa.

**Notas do arquivista:** História biográfica de Dr.ª Isabel Cepeda. Descrição elaborada por júlio Ramos e Elisabete Dias em 2013.

## Eusébio Tamagnini

**Código de referência:** PT/AUC/PFM/ET

**Título:** Eusébio Tamagnini

**Datas de produção:** 1582 / 1902

**Datas de acumulação:** 1728-1902

**Dimensão e suporte:** 2 u. i. (cx.); papel.

**História administrativa, biográfica e familiar:** Eusébio Tamagnini de Matos Encarnação nasceu em Tomar a 8 de julho de 1880 e faleceu nesta mesma cidade a 1 de novembro de 1972.

Frequentou a Universidade de Coimbra onde se licenciou em 1903 e no ano seguinte fez o seu doutoramento.

Como professor catedrático lecionou a cadeira de Ciências Histórico-Naturais e desempenhou os cargos de vice-reitor de 1916-1918, o de diretor do Museu e Laboratório Antropológico (1907-1911) e do Museu e Laboratório Zoológico. Foi como ministro da Instrução Pública, cargo que exerceu entre 23 de outubro de 1934 e 18 de janeiro de 1936, que adquiriu maior destaque.

Jubilou-se em 1950 e recebeu o título de diretor honorário do Museu e Laboratório Antropológico.

**Âmbito e conteúdo:** A documentação é na sua maioria de natureza patrimonial, e é nela que está a base económica da família que a gerou, neste caso a família de Sara Leal de Gouveia Pinto Cerqueira Tamagnini, esposa de Eusébio Tamagnini.

É, essencialmente, constituída por contratos de emprazamento, escrituras de renovação de prazo, reconhecimento de foreiros, escrituras de compra, escrituras de venda e escrituras hipoteca, mapas de despesa e receita, contas correntes, entre outros, de particular interesse para a história económico-social do concelho de Miranda do Corvo.

**Sistema de organização:** A documentação está organizada por gerações e dentro destas, pelos diferentes elementos que a compunham. Dentro de cada geração a ordenação documental é cronológica.

**Cota atual:** VI-3ªD-4-5 e 6

**Instrumentos de pesquisa:** Guia, recenseamento e catálogo.

**Notas do arquivista:** Fontes ao campo História biográfica: CASTRO, Maria João – "Guia das Coleções particulares do A.U.C.". *Boletim de Arquivo da Universidade de Coimbra.* Vol. XIX-XX. (1999-2000), pp. 309-327.

CASTRO, Maria João – "Colecção Eusébio Tamagnini: Um Arquivo de família [catálogo]". *Boletim de Arquivo da Universidade de Coimbra.* Vol. XIX-XX. (1999-2000), pp. 329-380.

Ao campo datas de produção: A documentação de data anterior à da produção reporta-se a documentos anexos aos produzidos pelo produtor.

Descrição feita com base em estudo arquivístico elaborado por Maria João Castro Padez em 1999; 2002. Revisão elaborada por Ludovina Cartaxo Capelo em 2011. Registo feito por Adriana Antunes, revisto por Gracinda Guedes em 2014.


## Francisco Gomes Teixeira

**Código de referência:** PT/AUC/PFM/FGT
**Título:** Francisco Gomes Teixeira
**Datas de produção:** 1886 / 1924
**Dimensão e suporte:** 10 u. i. (8 cx., 2 pt.); papel.
**História administrativa, biográfica e familiar:** Francisco Gomes Teixeira nasceu em S. Cosmado, Armamar, Viseu a 28 de janeiro de 1851. Em 1869 matriculou-se na Universidade de Coimbra e em 1874 concluiu o curso de Matemática com a classificação máxima, vinte valores. No ano seguinte fez o doutoramento com a mesma classificação.

Foi professor em Coimbra até 1883, ano em que foi nomeado professor e diretor da Academia Politécnica do Porto.

Nesta Instituição foi diretor até 1911, ano em que esta foi transformada em Faculdade de Ciências.

Foi Reitor da Universidade do Porto de 1911 a 1917, e Reitor Honorário até 1919. Ao longo da sua vida recebeu vários prémios, de que destacamos: o da Real Academia de Ciências Exactas, Físicas Y Naturales de Madrid, em 1900; o Prémio Binoux da Académie des Sciences de France, em 1917.

Jubilou-se em 1921 na Universidade do Porto, mas foi reconduzido, tendo exercido até 1929.

Também foi distinguido com o título de Doutor Honoris Causa pelas Universidades Central de Madrid, Toulouse e de Santiago do Chile.

De entre os diversos artigos e obras publicadas salientamos: *Apoteose de S. Francisco de Assis*; *Santo António de Lisboa*; *História da Matemática em Portugal*. Mas a sua obra de maior vulto é o *Tratado das Curvas*, premiado pela Academia das Ciências de Madrid em 1900, publicado em língua francesa em 1917, reeditado em Nova Iorque em 1971 e em Paris em 1995.

Faleceu em 1933 na cidade do Porto, jaz sepultado na igreja Matriz de São Cosmado.

**Âmbito e conteúdo:** Essencialmente constituído pela correspondência que manteve com grandes personalidades da ciência e da cultura de diversos países do mundo, nomeadamente: Alemanha, Argentina, Áustria, Bélgica, Brasil, Bulgária, Dinamarca, Espanha, Estados Unidos da América, França, Holanda, Inglaterra, Itália, Japão, México, Noruega, Polónia, Roménia, Rússia, Suécia, Suíça e Uruguai.

Uma coleção de 129 volumes de extratos e separatas de Matemática, que lhe tinham sido oferecidos pelos respetivos autores e à qual acrescentou um índice.

**Sistema de organização:** A documentação está organizada por ordem alfabética do nome dos países de onde foram enviadas as cartas.

**Cota atual:** VI-3ªE-5-4-1 a 10

**Instrumentos de pesquisa:** Índice da correspondência, manuscrito, elaborado pelo próprio Francisco Gomes Teixeira.

**Notas do arquivista:** Fonte de informação ao campo: História biográfica: CASTRO, Maria João – "Guia das Coleções particulares do A.U.C.". *Boletim de arquivo da Universidade de Coimbra*. Vol. XIX-XX. (1999-2000), pp. 309-327.

CARQUEJA, Bento – *Doutoramento "honoris causa" do Prof. Francisco Gomes Teixeira na Universidade Central de Madrid: notícia*. Coimbra: Imprensa da Universidade, 1923.

*Memoria Professorum Universitatis Conimbrigensis (1772-1937)*. vol. II. Coimbra: Arquivo da Universidade, 1992.

VILHENA, Henrique – *O professor doutor Francisco Gomes Teixeira: elogio, notas, notas da biografia, documentos*. Lisboa, 1935.

Descrição feita com base em estudo arquivístico elaborado por Maria João Castro Padez em 1999. Revisão elaborada por Ludovina Cartaxo Capelo em 2011. Registo feito por Adriana Antunes, revisto por Gracinda Guedes em 2014.


## D. Francisco de Melo

**Código de referência:** PT/AUC/PFM/FM

**Título:** D. Francisco de Melo

**Datas de produção:** 1657 / 1660

**Dimensão e suporte:** 1 u. i. (liv.); papel.

**História administrativa, biográfica e familiar:** D. Francisco de Melo e Torres, nasceu em Lisboa, c. 1610 e morreu a 7 de dezembro de 1667, na sua cidade natal. Era filho de D. Garcia de Melo e Torres, capitão de Sofala e vedor da Fazenda da Índia e de sua segunda mulher, D. Margarida de Castro.

Educado pelos Jesuítas, cursou Latim, Humanidades e Matemática. Escreveu sobre Astronomia e Cosmografia.

Casou com D. Leonor Manrique, filha e herdeira de Afonso de Torres, genealogista e comendador da Ordem de Cristo.

Foi alcaide-mor de Terena, governador de Olivença, mestre-de-campo de um dos terços da Batalha do Montijo, general de Artilharia de 1648 a 1656, governador das Armas do Alentejo em 1656, conselheiro de

Estado e Guerra, vedor da Fazenda da Índia, comendador da Ordem de Cristo.

Deteve os títulos de 1.º conde da Ponte, por carta de 16 de maio de 1661, título que foi tornado de juro e herdade, por carta de 10 de outubro de 1665; e o de 1.º marquês de Sande por carta de 21 de abril de 1662.

Foi embaixador em Londres (Cromwell) de 1657 a 1660, e embaixador extraordinário em 1661 e de 1662 a 1665 e como embaixador extraordinário em Inglaterra acompanhou a rainha D. Catarina, infanta de Portugal, aquando do seu casamento com D. Carlos II de Inglaterra.

No ano de 1666, em Paris, assinou o contrato de casamento de D. Afonso VI de Portugal com D. Maria Francisca Isabel de Saboia, e representou o rei na cerimónia do casamento.

**Âmbito e conteúdo:** Livro copiador de cartas de D. Afonso VI para Dom Francisco de Melo.

**Sistema de organização:** Os documentos estão ordenados cronologicamente.

**Cota atual:** VI-3-1-2-29

**Instrumentos de pesquisa:** Recenseamento.

**Notas do arquivista:** Descrição feita com base em estudo arquivístico elaborado por Ludovina Cartaxo Capelo em 2012. Registo feito por Adriana Antunes, revisto por Gracinda Guedes em 2014.


# Jardim de Vilhena

**Código de referência:** PT/AUC/PFM/JV

**Título:** Jardim de Vilhena

**Datas de produção:** 1600 / 1900

**Datas de acumulação:** 1873-1966

**Dimensão e suporte:** 481 u. i (28 cx., 303 liv., 150 pt.); papel.

**História administrativa, biográfica e familiar:** João Jardim de Vilhena nasceu em Coimbra, em 7 de julho de 1873, era filho do Dr. Júlio Marques de Vilhena, natural de Ferreira do Alentejo e de D. Maria da Piedade

Leite Jardim, natural de Coimbra. Estudou na Faculdade de Letras da Universidade de Coimbra onde se licenciou. No Arquivo Nacional da Torre do Tombo foi conservador e depois chefe de repartição. Exerceu também os cargos de secretário-geral no Supremo Tribunal de Justiça e de Governador Civil de Beja (1908).

Como escritor deixou-nos vasta obra escrita e colaborou em vários jornais. Ao longo da sua vida trocou correspondência com grandes vultos da vida política e cultural nacional, cujos originais nos deixou. Faleceu em 1966.

**Âmbito e conteúdo:** É formado por correspondência e várias coleções de apontamentos, desenhos, estampas, fotografias, gravuras, iconografias dos reis de Portugal, livros, marcas de água, retratos e rótulos de hotéis estrangeiros, entre outras.

**Sistema de organização:** Ordenação numérica pela referência atribuída aos documentos.

**Cota atual:** VI-3ªD-2; 3; 4; 4v.-1

**Instrumentos de pesquisa:** Catálogo e recenseamento.

**Notas do arquivista:** Fonte de informação ao campo: História biográfica: CASTRO, Maria João – "Guia das Coleções particulares do A.U.C.". *Boletim de Arquivo da Universidade de Coimbra.* Vol. XIX-XX. (1999-2000), pp. 309-327. MADAHIL, António Gomes Rocha (1932) — Catálogo da Colecção de Cartas "Jardim de Vilhena" do Arquivo e Museu de Arte da Universidade de Coimbra. Coimbra: Coimbra editora.

Descrição feita com base em estudo arquivístico elaborado por Maria João Castro Padez em 1999. Revisão elaborada por Ludovina Cartaxo Capelo em 2011. Registo feito por Adriana Antunes, revisto por Gracinda Guedes em 2014.


**Joaquim de Carvalho**

**Código de referência:** PT/AUC/PFM/JC
**Título:** Joaquim de Carvalho
**Datas de produção:** 1921 / 1955

**Dimensão e suporte:** 1 u. i. (cx. com 76 ds.); papel.

**História administrativa, biográfica e familiar:** Joaquim de Carvalho nasceu a 10 de junho de 1892, na Figueira da Foz, e era filho de Manuel José de Carvalho e de Ana Ferreira dos Santos Carvalho.

Matriculou-se na Faculdade de Direito da Universidade de Coimbra a 2 de Outubro de 1909, tendo concluído o Bacharelato a 3 de Outubro de 1914 e em 1915 licenciou-se em Filosofia.

Doutorou-se em Filosofia a 14 de Fevereiro de 1917, com uma dissertação sobre António de Gouveia, com a aprovação de 19 valores.

Foi convidado pela Faculdade de Letras para 2.º assistente a 12 de Agosto de 1916 e, por Decreto publicado no Diário do Governo, II série, n.º 270, de 19 de Novembro de 1919, foi nomeado professor ordinário do 6.º grupo (Ciências Filosóficas).

As cadeiras lecionadas por Joaquim de Carvalho foram História da Filosofia Antiga, História da Filosofia Medieval, História da Filosofia Moderna, História Geral da Civilização, Lógica e Metodologia, Lógica e Moral, História da Educação, Moral, Organização e Administração Escolar, Teoria do Conhecimento e História da Filosofia em Portugal.

Foi, também, professor na Escola Nacional Superior, onde lecionou as disciplinas de História da Pedagogia; Moral e Instrução Cívica Superior, e desempenhou os cargos de secretário e bibliotecário.

Alcançou uma grande projeção nacional como excelente historiador de ideias, em particular da ciência e dos pensadores portugueses. Foi distinguido com o grau Doutor Honoris Causa pelas Universidades de Salamanca (1954), de Montpellier e do Rio de Janeiro.

No início foi influenciado pelo neokantismo da escola de Marburgo e mais tarde pelo pensamento de Espinosa, acabando por se centrar em algumas questões tipicamente portuguesas, como o conceito de "saudade".

Representa na cultura portuguesa contemporânea uma das primeiras figuras do século XX a optar pela especialização universitária enquanto modo de intervenção no espaço público.

A sua atividade pública teve também como palco de grande notoriedade a administração da Imprensa da Universidade de Coimbra, que iniciou a 30 de Julho de 1921 e terminou no ano de 1935, tendo promovido a publicação de centenas de livros e encorajado diversas linhas de investigação, em particular na história da ciência e dos pensadores portugueses. Só cessou por ordem direta do Governo, mais precisamente de Oliveira Salazar, seu colega de cátedra coimbrã, o qual ordenou o encerramento da editora, no mesmo ano em que fez a primeira grande perseguição aos universitários e a outros professores não-alinhados com o regime.

Desempenhou ainda outros cargos na Universidade, tais como secretário da Faculdade de Letras; diretor do Instituto de Filosofia; diretor da Biblioteca Geral da Universidade; bibliotecário da Faculdade de Letras; diretor do Laboratório de Psicologia Experimental.

De entre a sua vasta obra, destaca-se a colaboração na edição de Barcelos da *História de Portugal* e na *História da Literatura Portuguesa Ilustrada*. As suas obras mais conhecidas são *A Minha Resposta*; *António de Gouveia e o Aristotelismo da Renascença*; *Contra o perigo dos astrólogos* e o *Ensaio filosófico sobre o entendimento humano*. Promoveu, ainda, a publicação da série *Scriptores rerum lusitanarum* e da *Biblioteca de Escritores Portugueses*.

Joaquim de Carvalho faleceu a 27 de Outubro de 1958.

**Âmbito e conteúdo:** Constituído por cartas recebidas pelo Doutor Joaquim de Carvalho, remetidas por António Baião e Laranjo Coelho, todas escritas no início do século XX, sobre produção de obras publicadas na Imprensa da Universidade de Coimbra. Apenas oito cartas não se encontram datadas, pelo que assumimos que possa haver documentos mais antigos ou mais recentes, considerando as datas aqui apresentadas (1921-1955). Todas as cartas têm assinatura autógrafa do respetivo autor: António Baião (74) e Laranjo Coelho (2).

**Sistema de organização:** O fundo foi dividido em duas séries, correspondentes ao remetente das cartas: António Baião e Laranjo Coelho e, dentro de cada série, os documentos foram organizados cronologicamente.

**Cota atual:** VI-1ªD-4B-2-25

**Instrumentos de pesquisa:** Catálogo em suporte papel, disponível em: http://iduc.uc.pt/index.php/boletimauc/article/view/1504.

**Notas do arquivista:** Estudo arquivístico realizado por Carla Marques em 2008, sob a orientação de Ludovina Capelo.

# José Felicano de Castilho

**Código de referência:** PT/AUC/PFM/JFC

**Título:** José Feliciano de Castilho

**Datas de produção:** 1844 / 1845

**Dimensão e suporte:** 4 u. i. (liv.); papel.

**História administrativa, biográfica e familiar:** José Feliciano de Castilho era filho do licenciado José Barreto da Castilho e de D. Maria Luísa. Nasceu em Lisboa a 4 de março de 1810 e faleceu no Rio de Janeiro a 11 de março de 1879.

Estudou direito em Coimbra mas, em 1829, por motivos políticos, emigrou para França onde se formou em Medicina.

Ao longo da sua vida foi jornalista, escritor e advogado.

Escreveu em 1827, uma comédia com o título "O Estudante de Coimbra, ou um fidalgo como há muitos".

Em 1836, foi um dos sócios fundadores do Jornal da Sociedade dos Amigos das Letras e, em 1841, fundou a Revista Universal com o seu irmão Alexandre Magno.

Em 1843 foi nomeado bibliotecário-mor da Biblioteca Nacional de Lisboa. Deteve ainda os cargos de Presidente da Comissão do Nacional e Real Arquivo da Torre do Tombo e o de Diretor do Depósito Geral das Livrarias dos extintos mosteiros.

Parte para o Rio de Janeiro em 1846 onde exerce a advocacia e funda o jornal Iris.

**Âmbito e conteúdo:** Relatório acerca da Biblioteca Nacional de Lisboa e mais estabelecimentos anexos, nos anos de 1481-1844.

**Sistema de organização:** Não é percetível qualquer sistema de ordenação.

**Cota atual:** VI-3-1-2-30 a 33

**Instrumentos de pesquisa:** Recenseamento das unidades de instalação.

**Notas do arquivista:** Descrição feita com base em estudo arquivístico elaborado por Ludovina Cartaxo Capelo em 2011, registada por Adriana Antunes.

# José Martins Vicente Gonçalves

**Código de referência:** PT/AUC/PFM/JVG

**Título:** José Martins Vicente Gonçalves

**Datas de produção:** 1837 / 1985

**Dimensão e suporte:** 6 u. i. (3 cx. e 3 pt.); papel; microfilme.

**História administrativa, biográfica e familiar:** Nasceu no Funchal, em 26 de agosto de 1896, na freguesia da Sé, filho de Maria José Gonçalves e José Gonçalves. Iniciou e ensino primário em 1903-1904 e entrou para o Liceu Nacional Central do Funchal (Liceu Jaime Moniz) em 1907. Concluído o Liceu, em 1913, Vicente Gonçalves foi para Coimbra, onde se matriculou na Faculdade de Ciências, no curso de Ciências Matemáticas. Bacharelou-se em 1917 e doutorou-se, na área da Análise Matemática, em 1921, com a dissertação *Sobre Quatro Proposições Fundamentais da Teoria das Funções Inteiras*. Foi contratado como 2º assistente provisório do grupo de Mecânica e Astronomia da Universidade em 1917. Em 1919 passou a 2º assistente e a regente das disciplinas de Cálculo e Análise Superior, sendo após o doutoramento, 1º assistente. Foi professor catedrático em 1927, com a dissertação intitulada *Teoria Geral da Integrabilidade Riemanniana*, tendo lecionado, ao longo dos anos, Cálculo Infinitesimal, Análise Superior, Matemáticas Gerais, Física Matemática, Geometria Superior, Complementos de Álgebra e Mecânica Racional. Em 1942 ingressou na Faculdade de Ciências da Universidade de Lisboa, onde se jubilou em 1967. De 1947 a 1960 acumulou funções docentes no Instituto de Ciências Económicas e Financeiras, hoje ISEG, em substituição de Bento de Jesus Caraça (1901-1948), então alvo de demissão compulsiva. Regeu Matemáticas Superiores: Álgebra, Princípios de Análise Infinitesimal e Geometria Analítica. Morreu em 2 de agosto de 1985.

**Âmbito e conteúdo:** Constituída, entre outra, por jornais, apontamentos e notas científicas, correspondência, fotografias, caricatura, monografias relacionadas com matemática, fichas de descrição bibliográfica, etc.

**Sistema de organização:** Documentação não tratada arquivisticamente.

Cota atual: VI-3ª

Instrumentos de pesquisa: Recenseamento.

Notas do arquivista: Para a História administrativa, biográfica e familiar, ver: *Memoria Professorum Universitatis Conimbrigensis*, 1290-1937. AUC: Coimbra, 1992. Vol. 2º.

Descrição elaborada por Júlio Ramos e Elisabete Dias, 2014.


## Júlio da Costa Cabral

Código de referência: PT/AUC/PFM/JCC

Título: Júlio da Costa Cabral

Datas de produção: 1888 / 1888

Dimensão e suporte: 3 u. i. (1 cp., 1 env., 1 retrato); cabedal e papel.

História administrativa, biográfica e familiar: Júlio da Costa Cabral nasceu a 3 de abril de 1867 na cidade de Bajé, província do Rio Grande do Sul, Brasil. Era filho de Gregória Frederica. Veio para Portugal e matriculou-se na Faculdade de Direito da Universidade de Coimbra no ano de 1886 e concluiu a sua licenciatura em 1891.

Âmbito e conteúdo: Contém uma dissertação manuscrita para a cadeira de Direito Político, uma pasta de quintanista e um retrato.

Sistema de organização: Coleção ordenada pelas referências atribuídas.

Cota atual: VI-3ªD-1-4-3

Instrumentos de pesquisa: Recenseamento.

Notas do arquivista: Fonte ao campo: História administrativa, biográfica e familiar: CASTRO, Maria João – "Guia das Coleções particulares do A.U.C.". *Boletim de Arquivo da Universidade de Coimbra*. XIX-XX. (1999-2000), pp. 309-327.

Descrição feita com base em estudo arquivístico elaborado por Maria João Castro Padez em 1999. Revisão elaborada por Ludovina Cartaxo Capelo em 2011. Registo feito por Adriana Antunes, revisto por Gracinda Guedes em 2014.

# Manuel dos Reis

**Código de referência:** PT/AUC/PFM/MR

**Título:** Manuel dos Reis

**Datas de produção:** 1918 / 1975

**Dimensão e suporte:** 15 u. i. (cx.); papel e películas fotográficas.

**História administrativa, biográfica e familiar:** Nasceu em Aveiro, em 22 de fevereiro de 1900, sendo filho de Casimira Ferreira da Silva. Matriculou-se na Faculdade de Ciências da Universidade de Coimbra, em 1917, onde obteve o grau de licenciado a 1 de novembro de 1921 e se doutorou em 26 de junho de 1929. Foi 2º assistente da sua Faculdade, ensinando desde 1922 várias cadeiras, tais como Mecânica e Astronomia, Cálculo das Probabilidades, Mecânica Racional, Física Matemática, Física. Foi professor catedrático desde 1933-34 até se jubilar em 1970. Exerceu vários cargos, como o de diretor do Observatório Astronómico (1934), o de bibliotecário (1957) e o de diretor da Secção de Matemática da sua Faculdade. Destacam-se entre os seus trabalhos publicados: *O problema da gravitação universal* (1933); *Galileu e a Astronomia* (1942), tendo escrito vários artigos para jornais e revistas. Foi vice-presidente da Secção Portuguesa das Uniões Internacionais Astronómica, Geodésica e Geofísica (1948 e 1970); vogal da Comissão Permanente de Ciências do Instituto de Alta Cultura (1952 e 1955); vogal da Comissão Nacional da Union Internationale de l'Histoire des Sciences (1961); diretor dos *Anais do Observatório Astronómico da Universidade de Coimbra* e das *Efemérides Astronómicas*; membro da União Astronómica Internacional e sócio do Instituto de Coimbra e da Société Belge d'Astronomie.

**Âmbito e conteúdo:** A documentação é formada por, entre outra, notas e apontamentos científicos, ensaios, "problemas" de matemática, de astronomia, probabilidade, relatividade geral, mecânica celeste e relacional, análise superior, programas de cadeiras, correspondência, lições de física matemática, publicações próprias (brochuras e separatas), discursos, etc.

**Sistema de organização:** Documentação não tratada arquivisticamente, mas com numeração sequencial atribuída a cada unidade de instalação (caixa).

Cota atual: VI-3ª

Instrumentos de pesquisa: Lista de remessa.

Notas do arquivista: Para o campo "História administrativa, biográfica e familiar", ver: *Memoria Professorum Universitatis Conimbrigensis, 1290-1937*. AUC: Coimbra, 1992. 2° vol.

Descrição elaborada por Júlio Ramos e Elisabete Dias, em 2014.


## Margarida Santos Coelho

Código de referência: PT/AUC/PFM/MSC

Título: Margarida Santos Coelho

Datas de produção: 1924 / 1979

Dimensão e suporte: 2 u. i. (1 cx.; 1 pt.); papel.

História administrativa, biográfica e familiar: O colégio Alexandre Herculano foi um estabelecimento de ensino primário e secundário fundado em Coimbra. Iniciou a sua atividade no ano letivo de 1923--24, tendo estado sempre instalado na Rua Venâncio Rodrigues, n° 6, em Coimbra. O contrato de arrendamento do edifício é de julho de 1923. Manteve atividade regular até 1974, dissolvendo-se em 1979, na sequência do trespasse à Cooperativa de Ensino de Coimbra. A história do CAH está intimamente ligada à família Santos Coelho, em particular, Maria Aurora dos Santos Coelho e Hermínia do Rosário dos Santos Coelho, duas das fundadoras, responsáveis pelo seu desenvolvimento e direção pedagógica, sendo Maria Aurora, oficialmente, a diretora. O alvará de funcionamento passou a definitivo em 1933. À época o CAH tinha 18 alunas internas e 150 alunos externos de ambos os sexos. No início de 1979 o Colégio foi trespassado para a Cooperativa de Ensino de Coimbra, que tinha já absorvido outros sete colégios privados, não religiosos, de Coimbra.

Âmbito e conteúdo: A coleção contém a seguinte documentação: 1. Uma fotografia de conjunto do CAH (década de 1930), acompanhada de um texto explicativo; 2. Um conjunto de "Programas de Festas do CAH", de 1924 a 1973, com texto da doadora; 3. Uma pasta com documentos (a inventariar); 4. Um álbum de fotografias da festa do CAH de 1953, oferecido pelas alunas Armanda e Maria Isabel Serra; 5. Quatro fotografias dos anos 1937, 1942, 1948 e 1950, com a indicação, no verso, da data e dos nomes dos alunos; 6. Vários documentos do CAH, a saber: a) Requerimentos; b) Registo do nome do CAH; c) Número de alunas; d) Diplomas das diretoras; e) Escritura de arrendamento do imóvel; f) Diplomas religiosos para missas por alma de 13 pessoas da Família Santos Coelho; g) Diploma de sócio benemérito da Liga dos Combatentes da Grande Guerra e rascunho de carta de agradecimento; h) Dois diplomas de Hermínia e Maria Aurora como irmãs da Santa Casa da Misericórdia do Porto (onde construíram jazigo); i) Ca. de 38 diplomas do ensino primário de alunas (que os não levantaram).

**Sistema de organização:** Documentação não tratada arquivisticamente, mas com organização tipológica e temática pelas colecionadoras.

**Cota atual:** VI-3.ª

**Instrumentos de pesquisa:** Guia de remessa e Recenseamento.

**Notas do arquivista:** História biográfica elaborada pela doadora. Descrição elaborada por Júlio Ramos e Elisabete Dias, em 2013.


## Mário Monteiro

**Código de referência:** PT/AUC/PFM/MM

**Título:** Mário Monteiro

**Datas de produção:** 1800 / 1900

**Dimensão e suporte:** 29 u. i. (24 liv., 5 pt.); papel.

**História administrativa, biográfica e familiar:** Mário Monteiro nasceu em Midões, Tábua a 8 de março de 1885, era filho de Joaquim Maria Monteiro de Figueiredo, chefe de trabalhos das obras públicas, e de D. Adelaide Augusta Monteiro Ramos.

Em 1900 ingressou na Faculdade de Direito da Universidade de Coimbra onde se licenciou em 1908.

Dedicou a sua vida à prática da advocacia, à escrita de poesia, novelas e teatro. Foi membro do Instituto de Coimbra.

Foi agraciado com a Cruz de oficial da Academia Francesa e da Ordem de Cristo.

Os seus ideais políticos levaram-no ao exílio no Brasil onde veio a falecer em 1951.

**Âmbito e conteúdo:** Apontamentos, retratos, fotografias e livros.

**Sistema de organização:** A documentação não está tratada arquivisticamente.

**Cota atual:** VI-3ªD-5-5-1 a VI-3ªD-5-5-29

**Instrumentos de pesquisa:** Recenseamento.

**Notas do arquivista:** Fonte de informação ao campo História biográfica: CASTRO, Maria João – "Guia das Coleções particulares do A.U.C.". *Boletim de Arquivo da Universidade de Coimbra.* Vol. XIX-XX. (1999-2000), pp. 309-327.

Descrição feita com base em estudo arquivístico elaborado por Maria João Castro Padez em 1999. Revisão elaborada por Ludovina Cartaxo Capelo em 2011. Registo feito por Adriana Antunes, revisto por Gracinda Guedes em 2014.


# Mário Nogueira Ramos

**Código de referência:** PT/AUC/PFM/MNR

**Título:** Mário Nogueira Ramos

**Datas de produção:** 1729 / 1958

**Dimensão e suporte:** 16 u. i. (cx.); papel.

**História administrativa, biográfica e familiar:** Mário Fernandes Nogueira Ramos nasceu em Góis a 14 de agosto de 1877, era filho de Manuel Nogueira Ramos e de D. Maria José Fernandes Dias.

Licenciado em Direito exerceu a advocacia e foi Delegado do Procurador Régio em Tábua.

Em 1918 foi eleito presidente da Câmara Municipal de Góis.

Faleceu em Lisboa a 7 de dezembro de 1938.

**Âmbito e conteúdo:** Contém: autos de investigação; autos de partilhas, escrituras, procurações, contratos de compra e venda, testamentos, documentos judiciais e notariais, documentos de receita e despesa, certidões, inventários de bens, inventários de rendas, livros de notas, recibos de pagamentos de contribuições.

Correspondência de Francisco Xavier Barreto Botelho Perdigão Vilas Boas; Fernando Barreto Botelho Perdigão Vilas Boas; D. Maria Cândida Chichorro de Castro Eça; Francisco Barreto Botelho Chichorro Vilas Boas; André Barreto Botelho Chichorro Perdigão Vilas Boas; André Chichorro da Gama Lobo e Abreu; Manuel Nogueira Ramos; José Firmino da Cunha Neves; Luís António da Cunha; Manuel Ferreira das Neves e de Maria Pulquéria da Cunha.

Documentos relativos à viagem do Orfeão e da Tuna Académica da Universidade de Coimbra.

Além da documentação referida neste arquivo existe, ainda, um livro de notas do tabelião Manuel Cardoso (1774-1890), propostas de orçamentos de obras a realizar na igreja matriz de Gois, entre outras.

**Sistema de organização:** Coleção ordenada numericamente pelas referências atribuídas.

**Cota atual:** VI-3ª-1-5-2 a VI-3ª-1-5-17

**Instrumentos de pesquisa:** Recenseamento das unidades de instalação.

**Notas do arquivista:** Descrição feita com base em estudo arquivístico elaborado por Maria João Castro Padez em 1999. Revisão elaborada por Ludovina Cartaxo Capelo em 2011. Registo feito por Adriana Antunes, revisto por Gracinda Guedes em 2014.

## Marquês de Angeja

**Código de referência:** PT/AUC/PFM/MA

**Título:** Marquês de Angeja

**Datas de produção:** 1672 / 1822

**Dimensão e suporte:** 20 u. i. (liv.); papel.

**História administrativa, biográfica e familiar:** Marquês de Angeja foi um título nobiliárquico atribuído por D. João V de Portugal, por carta de 21 de janeiro de 1714, a favor de D. Pedro António de Meneses Noronha de Albuquerque (1661-1731), que assim adquiriu o título de 1º marquês de Angeja e 13º Senhor de Vila Verde.

Exerceu os cargos de vice-rei da Índia e do Brasil. Era filho de D. António de Noronha que era 12° Senhor de Vila Verde.

Seguem-se-lhe D. António de Noronha de Albuquerque (1680-1735), 2° marquês de Angeja; D. Pedro José de Noronha Camões de Albuquerque Moniz e Sousa (1716-1788), 3° marquês de Angeja; D. José Xavier de Noronha Camões de Albuquerque Moniz e Sousa (1741-1811), 4° marquês de Angeja; D. Pedro José de Noronha (1771-1804), 5° marquês de Angeja; D. João de Noronha Camões de Albuquerque Sousa Moniz (1788-1827), 6° marquês de Angeja; D. Maria do Carmo de Noronha Camões e Albuquerque (1813-1833), 7° marquês de Angeja; D. Caetano Gaspar de Almeida Noronha Portugal Camões Albuquerque Moniz e Sousa (1820-1881), 8° marquês de Angeja; Manuel Gaspar de Almeida Noronha Portugal Camões de Albuquerque (1845-1901), 9° marquês de Angeja.

Os Marqueses de Angeja viviam em Lisboa, mas tinham em Angeja (Aveiro) um procurador que recebia os rendimentos das suas propriedades, resultantes de doações régias.

Após a proclamação da República e o fim do sistema nobiliárquico, foi pretendente ao título D. Manuel de Almeida e Noronha de Azevedo Coutinho (1953-2004), bisneto do predecessor.

**Âmbito e conteúdo:** Este arquivo é, essencialmente, constituído por documentos de gestão patrimonial - livros da fazenda - pertencentes ao Marquês de Angeja, nomeadamente: provisões, procurações, inquirições, medição e demarcação de propriedades, alvarás e sentenças, que oferece um conjunto de elementos preciosos para a história económico-social de Angeja, Bemposta, Pinheiro, Albergaria-a-Velha, Mortágua, entre outras.

**Sistema de organização:** A documentação está classificada numa única série intitulada: Livros da Fazenda da Casa de Angeja, ordenados cronologicamente.

**Cota atual:** III-1ª D-15-3-1 a III-1ª D-15-3-20

**Instrumentos de pesquisa:** Recenseamento das unidades de instalação.

**Notas do arquivista:** Descrição feita com base em estudo arquivístico elaborado por Ludovina Cartaxo Capelo em 2011. Registo feito por Adriana Antunes, revisto por Gracinda Guedes em 2014.

## Miguel Dias Pessoa Amorim

**Código de referência:** PT/AUC/PFM/MDPA

**Título:** Miguel Dias Pessoa Amorim

**Datas de produção:** 1907 / 1923

**Dimensão e suporte:** 1 u. i. (cp.); papel.

**História administrativa, biográfica e familiar:** Miguel Dias Pessoa de Amorim nasceu em Torres Novas a 2 de novembro de 1869.

Foi funcionário na Companhia de Moçambique, em Moçambique, entre 1907 a 1923.

**Âmbito e conteúdo:** Contém: Contratos, relatórios, ofícios, etc. A documentação ilustra as várias promoções que obteve na sua carreira de trabalhador da Companhia de Moçambique, bem como os elogios que lhe foram dados.

**Sistema de organização:** Ordenação cronológica.

**Cota atual:** VI-3ªD-1-4-2

**Instrumentos de pesquisa:** Recenseamento.

**Notas do arquivista:** Fonte ao campo: História biográfica: CASTRO, Maria João – "Guia das Coleções particulares do A.U.C.". *Boletim de arquivo da Universidade de Coimbra*. Vol. XIX-XX. (1999-2000), pp. 309-327.

Descrição feita com base em estudo arquivístico elaborado por Maria João Castro Padez, em 1999. Revisão elaborada por Ludovina Cartaxo Capelo em 2011. Registo feito por Adriana Antunes, revisto por Gracinda Guedes em 2014.


## Morgadio dos Garridos

**Código de referência:** PT/AUC/PFM/MG

**Título:** Morgadio dos Garridos

**Datas de produção:** 1666 / 1824

**Datas de acumulação:** 1713 – 1824

**Dimensão e suporte:** 8 u. i. (2 cx., 6 liv.); papel.

**História administrativa, biográfica e familiar:** O morgadio dos Garridos foi instituído a 24 de maio de 1713, na cidade de Coimbra, por decisão testamentária de D. Maria Gonçalves Abelho, viúva que ficou de António Gonçalves Garrido.

Ficou então determinado a criação do um vínculo de morgado perpétuo na quinta de Pombal, situada na vila de Castelo de Vide, Portalegre.

A administração deste morgadio transmitiu-se sempre de pai para filho. Foram seus administradores: 1°. Pedro Álvares Garrido, que nasceu em Castelo de Vide em 1669; 2°. Lourenço Xavier Garrido nasceu em Coimbra em 1713; 3°. José de Melo Coutinho Garrido nasceu em Barcouço - Mealhada em 1736; 4°. José Guedes de Carvalho Coutinho Garrido nasceu no Porto em 1769; 5°. Aires Guedes Coutinho Garrido nasceu em Coimbra em 1805.

**Âmbito e conteúdo:** Este fundo alberga documentos pessoais e de gestão patrimonial, produzidos, exclusivamente, no seio familiar e documentos de outras famílias a ela ligadas por casamento ou herança.

Integra alvarás, cartas patente, documentos judiciais e notariais, documentos de receita e despesa, escrituras, relações de bens, provisões, testamentos, sentenças, entre outros.

Esta documentação fornece um testemunho do percurso dos administradores deste morgadio ao longo de dois séculos.

**Sistema de organização:** A documentação foi classificada em secções, correspondentes às sucessivas gerações de morgados. Dentro das secções a documentação está ordenada cronologicamente.

**Cota atual:** VI-3ªD-4v-2-1 a 9

**Instrumentos de pesquisa:** Catálogo.

**Notas do arquivista:** Fontes ao campo: História familiar: CASTRO, Maria João – "Guia das Coleções particulares do A.U.C.". *Boletim de Arquivo da Universidade de Coimbra*. Vol. XIX-XX. (1999-2000), pp. 309-327. CASTRO, Maria João Padez de – "Catálogo do Arquivo do Morgadio dos Garridos". *Boletim do Arquivo da Universidade de Coimbra*, Vol. XXI - XXII, (2001/2002), pp. 437-480.

Descrição feita com base em estudo arquivístico elaborado por Maria João Castro Padez em 1999. Revisão elaborada por Ludovina

Cartaxo Capelo em 2011. Registo feito por Adriana Antunes, revisto por Gracinda Guedes em 2014.


## Senhorio de Góis

**Código de referência:** PT/AUC/PFM/SGOI

**Título:** Senhorio de Góis

**Datas de produção:** 1404 / 1612

**Dimensão e suporte:** 1 u. i. (pt. (11 doc., 1mc.)); pergaminho e papel.

**História administrativa, biográfica e familiar:** O primeiro Senhor de Góis foi D. Anião de Estrada ou Anaia Vestrares, cavaleiro nobre asturiano a quem D. Afonso Henriques e sua mãe D. Teresa deram carta de doação do Castelo de Bordeiro e de Goes, como recompensa pelos serviços prestados.

A documentação presente neste acervo refere os seguintes membros da família: Martim Vasques - 8º Senhor de Góis; Estevão Vasques Góis - 9º Senhor; D. Mécia Vasques - 11º Senhor de Góis; Fernão Gomes de Goes ou Lemos - 12º Senhor de Góis e D. Brites de Goes ou de Lemos - 15º Senhor de Góis.

**Âmbito e conteúdo:** Contém: Instrumento de linhagem de Góis do século XIV; alvará do Tratado do foro de Góis de 1404, e o alvará de sentença de D. Duarte sobre a contenda entre Estevão Vasques, senhor da vila de Góis e o Conselho, relativo a pagamentos das julgadas. Doação de D. Mécia Vasques datada de 1430. Carta de D. Duarte a Fernão Gomes de Góis para demandar o Bispo de Coimbra, de 1436. Testamentos de: D. Violante Afonso de Melo, de 1408; o de D. Mécia Vasques de 1438 e o de Leonor da Cunha, de 1460. Dote de Fernão Gomes de Góis e D. Leonor da Cunha a sua filha D. Brites de Góis, em 1454. Um maço com seis cadernos relativos ao Senhorio de Gois, nomeadamente: 1 - O Padroado das Igrejas e benefícios de Góis e seu termo e da instituição do Hospital; 2 - Precatórias para citar os confrontantes do termo de Góis; 3 - Tomo da Vila de Góis e Celavisa; 4 - Assentos dos lugares do termo de Góis e de Celavisa; 5 - Pública forma dos cadernos antecedentes; 6-Cópia de 14 documentos do Séc. XVI.

**Sistema de organização:** Ordenação cronológica.

**Cota atual:** VI-3ªD-M1-G3-1 a 12

**Instrumentos de pesquisa:** Catálogo dos documentos.

**Notas do arquivista:** Fonte de informação ao campo História administrativa: CASTRO, Maria João – "Guia das Coleções particulares do A.U.C.". *Boletim de arquivo da Universidade de Coimbra*. Vol. XIX-XX. (1999-2000), pp. 309-327.

Descrição feita com base em estudo arquivístico elaborado por Maria João Castro Padez em 1999. Revisão elaborada por Ludovina Cartaxo Capelo em 2011. Registo feito por Adriana Antunes, revisto por Gracinda Guedes em 2014.

Assento de nascimento (Conservatória do Registo Civil da Figueira da Foz, 1912)

# Conservatória do Registo Civil de Cantanhede

**Código de referência:** PT/AUC/RCV/CNT

**Título:** Conservatória do Registo Civil de Cantanhede

**Datas de produção:** 1911 / 1922

**Dimensão e suporte:** 51 liv; papel.

**História administrativa, biográfica e familiar:** O Estado liberal português, através do Decreto de 16 de maio de 1832, cria pela primeira vez o registo civil laico extensível a todos os indivíduos, que há muito era já praticado pela Igreja. Seguiram-se, a este Decreto, outros, sempre com o objetivo de secularizar o registo civil. Esta tarefa foi confiada inicialmente aos administradores do concelho. Não obstante essas tentativas, o registo paroquial continuou em vantagem sobre o registo civil, motivo pelo qual o Decreto de 28 de novembro de 1878 manteve o registo civil para os súbditos portugueses não católicos. Foi, no entanto, preciso esperar até 1911 para que o registo civil fosse oficialmente instituído em Portugal pelo Decreto de 18 de fevereiro de 1911, sendo assim criadas, em cada cidade uma conservatória do registo civil. O registo civil passou a abranger para além dos registos de nascimentos, casamento e óbitos, o reconhecimento dos filhos, emancipações, tutelas, divórcio, etc., com o objetivo de registar todos os factos relativos ao estado civil das pessoas.

**Âmbito e conteúdo:** Documentação formada por livros que se agrupam em quatro séries: nascimentos, casamentos, óbitos, e índices (casamento e óbito).

**Sistema de organização:** Organização original por séries; ordenação cronológica.

**Cota atual:** III-2ªD

**Instrumentos de pesquisa:** Guia de remessa; Inventário em versão informática Archeevo (base de dados de descrição arquivística) na WEBpage do AUC.

**Notas do arquivista:** Fonte para a "História administrativa": Sítio web do Instituto dos Registos e Notariado: (http://www.irn.mj.pt/sections/irn/a_registral/registo-civil/docs-do-civil/enquadramento-historico). Descrição elaborada por Júlio Ramos e Elisabete Dias, em 2013.


## Conservatória do Registo Civil de Condeixa-a-Nova

**Código de referência:** PT/AUC/RCV/CDN
**Título:** Conservatória do Registo Civil de Condeixa-a-Nova
**Datas de produção:** 1910 / 2006
**Dimensão e suporte:** 194 liv.; papel.
**História administrativa, biográfica e familiar:** O Estado liberal português, através do Decreto de 16 de maio de 1832, cria pela primeira vez o registo civil laico extensível a todos os indivíduos, que há muito era já praticado pela Igreja. Seguiram-se, a este Decreto, outros, sempre com o objetivo de secularizar o registo civil. Esta tarefa foi confiada inicialmente aos administradores do concelho. Não obstante essas tentativas, o registo paroquial continuou em vantagem sobre o registo civil, motivo pelo qual o Decreto de 28 de novembro de 1878 manteve o registo civil para os súbditos portugueses não católicos. Foi, no entanto, preciso esperar até 1911 para que o registo civil fosse oficialmente instituído em Portugal pelo Decreto de 18 de fevereiro de 1911, sendo assim criadas, em cada cidade uma conservatória do registo civil. O registo civil passou a abranger para além dos registos de nascimentos, casamento e óbitos, o reconhecimento dos filhos, emancipações, tutelas, divórcio, etc., com o objetivo de registar todos os factos relativos ao estado civil das pessoas.

**Âmbito e conteúdo:** Documentação formada por livros que se agrupam em três séries: nascimentos, casamentos, óbitos.

**Sistema de organização:** Organização original por séries; ordenação cronológica.

**Cota atual:** III-2ªD

**Instrumentos de pesquisa:** Guia de remessa; Inventário em versão informática Archeevo (base de dados de descrição arquivística) na WEBpage do AUC.

**Notas do arquivista:** Fonte para a "História administrativa": Sítio web do Instituto dos Registos e Notariado: (http://www.irn.mj.pt/sections/irn/a_registral/registo-civil/docs-do-civil/enquadramento-historico). Descrição elaborada por Júlio Ramos e Elisabete Dias, em 2013.


## Conservatória do Registo Civil da Figueira da Foz

**Código de referência:** PT/AUC/RCV/FIG

**Título:** Conservatória do Registo Civil da Figueira da Foz

**Datas de produção:** 1879 / 1980

**Dimensão e suporte:** 349 liv; papel.

**História administrativa, biográfica e familiar:** O Estado liberal português, através do Decreto de 16 de maio de 1832, cria pela primeira vez o registo civil laico extensível a todos os indivíduos, que há muito era já praticado pela Igreja. Seguiram-se, a este Decreto, outros, sempre com o objetivo de secularizar o registo civil. Esta tarefa foi confiada inicialmente aos administradores do concelho. Não obstante essas tentativas, o registo paroquial continuou em vantagem sobre o registo civil, motivo pelo qual o Decreto de 28 de novembro de 1878 manteve o registo civil para os súbditos portugueses não católicos. Foi, no entanto, preciso esperar até 1911 para que o registo civil fosse oficialmente instituído em Portugal pelo Decreto de 18 de fevereiro de 1911, sendo assim criadas, em cada cidade uma conservatória do registo civil. O registo civil passou a abranger para além dos registos de nascimentos, casamento e óbitos, o reconhecimento dos filhos, emancipações, tutelas, divórcio, etc., com o objetivo de registar todos os factos relativos ao estado civil das pessoas.

**Âmbito e conteúdo:** Documentação formada por livros que se agrupam em cinco séries: nascimentos, casamentos, óbitos, índices e tutelas.

**Sistema de organização:** Foi mantida a organização original das séries; dentro destas, a ordenação é a cronológica.

**Cota atual:** III-2ªD

**Instrumentos de pesquisa:** WEBpage do AUC; Archeevo (base de dados de descrição arquivística) e guias de remessa.

**Notas do arquivista:** Descrição elaborada por Júlio Ramos e Elisabete Dias, em 2013.


## Conservatória do Registo Civil da Lousã

**Código de referência:** PT/AUC/RCV/LSA

**Título:** Conservatória do Registo Civil da Lousã

**Datas de produção:** 1894 / 1901

**Dimensão e suporte:** 1 u. i.; papel.

**História administrativa, biográfica e familiar:** O Estado liberal português, através do Decreto de 16 de maio de 1832, cria pela primeira vez o registo civil laico extensível a todos os indivíduos, que há muito era já praticado pela Igreja. Seguiram-se, a este Decreto, outros, sempre com o objetivo de secularizar o registo civil. Esta tarefa foi confiada inicialmente aos administradores do concelho. Não obstante essas tentativas, o registo paroquial continuou em vantagem sobre o registo civil, motivo pelo qual o Decreto de 28 de novembro de 1878 manteve o registo civil para os súbditos portugueses não católicos. Foi, no entanto, preciso esperar até 1911 para que o registo civil fosse oficialmente instituído em Portugal pelo Decreto de 18 de fevereiro de 1911, sendo assim criadas, em cada cidade uma conservatória do registo civil. O registo civil passou a abranger para além dos registos de nascimentos, casamento e óbitos, o reconhecimento dos filhos, emancipações, tutelas, divórcio, etc., com o objetivo de registar todos os factos relativos ao estado civil das pessoas.

**Âmbito e conteúdo:** Documentação formada por apenas um livro da série tutelas.

**Sistema de organização:** Organização original por séries; ordenação cronológica.

**Cota atual:** III-2ªD

**Instrumentos de pesquisa:** Guia de remessa; Inventário em versão informática Archeevo (base de dados de descrição arquivística) na WEBpage do AUC.

**Notas do arquivista:** Fonte para a "História administrativa": Sítio web do Instituto dos Registos e Notariado: (http://www.irn.mj.pt/sections/irn/a_registral/registo-civil/docs-do-civil/enquadramento-historico). Descrição elaborada por Júlio Ramos e Elisabete Dias, em 2013.


## Conservatória do Registo Civil de Miranda do Corvo

**Código de referência:** PT/AUC/RCV/MCV

**Título:** Conservatória do Registo Civil de Miranda do Corvo

**Datas de produção:** 1911 / 1977

**Dimensão e suporte:** 106 liv; papel.

**História administrativa, biográfica e familiar:** O Estado liberal português, através do Decreto de 16 de maio de 1832, cria pela primeira vez o registo civil laico extensível a todos os indivíduos, que há muito era já praticado pela Igreja. Seguiram-se, a este Decreto, outros, sempre com o objetivo de secularizar o registo civil. Esta tarefa foi confiada inicialmente aos administradores do concelho. Não obstante essas tentativas, o registo paroquial continuou em vantagem sobre o registo civil, motivo pelo qual o Decreto de 28 de novembro de 1878 manteve o registo civil para os súbditos portugueses não católicos. Foi, no entanto, preciso esperar até 1911 para que o registo civil fosse oficialmente instituído em Portugal pelo Decreto de 18 de fevereiro de 1911, sendo assim criadas, em cada cidade uma conservatória do registo civil. O registo civil passou a abranger para além dos registos de nascimentos, casamento e óbitos, o reconhecimento dos filhos, emancipações, tutelas, divórcio, etc., com o objetivo de registar todos os factos relativos ao estado civil das pessoas.

**Âmbito e conteúdo:** Documentação formada por livros que se agrupam em duas séries: casamentos e óbitos.

**Sistema de organização:** Organização original por séries; ordenação cronológica.

**Cota atual:** III-2ªD

**Instrumentos de pesquisa:** Guia de remessa; Inventário em versão informática Archeevo (base de dados de descrição arquivística) na WEBpage do AUC.

**Notas do arquivista:** Fonte para a "História administrativa": Sítio web do Instituto dos Registos e Notariado: (http://www.irn.mj.pt/sections/irn/a_registral/registo-civil/docs-do-civil/enquadramento-historico). Descrição elaborada por Júlio Ramos e Elisabete Dias, em 2012.


## Conservatória do Registo Civil da Pampilhosa da Serra

**Código de referência:** PT/AUC/RCV/PPS

**Título:** Conservatória do Registo Civil da Pampilhosa da Serra

**Datas de produção:** 1882 / 1882

**Dimensão e suporte:** 2 liv; papel.

**História administrativa, biográfica e familiar:** O Estado liberal português, através do Decreto de 16 de maio de 1832, cria pela primeira vez o registo civil laico extensível a todos os indivíduos, que há muito era já praticado pela Igreja. Seguiram-se, a este Decreto, outros, sempre com o objetivo de secularizar o registo civil. Esta tarefa foi confiada inicialmente aos administradores do concelho. Não obstante essas tentativas, o registo paroquial continuou em vantagem sobre o registo civil, motivo pelo qual o Decreto de 28 de novembro de 1878 manteve o registo civil para os súbditos portugueses não católicos. Foi, no entanto, preciso esperar até 1911 para que o registo civil fosse oficialmente instituído em Portugal pelo Decreto de 18 de fevereiro de 1911, sendo assim criadas, em cada cidade uma conservatória do registo civil. O registo civil passou a abranger para além dos registos de nascimentos, casamento e óbitos, o reconhecimento dos filhos, emancipações, tutelas, divórcio, etc., com o objetivo de registar todos os factos relativos ao estado civil das pessoas.

**Âmbito e conteúdo:** Documentação formada por uma série: nascimentos.

**Sistema de organização:** Organização original por séries; ordenação cronológica.

**Cota atual:** III-2ªD

**Instrumentos de pesquisa:** Guia de remessa; Inventário em versão informática Archeevo (base de dados de descrição arquivística) na WEBpage do AUC.

**Notas do arquivista:** Fonte para a "História administrativa": Sítio web do Instituto dos Registos e Notariado: (http://www.irn.mj.pt/sections/irn/a_registral/registo-civil/docs-do-civil/enquadramento-historico). Descrição elaborada por Júlio Ramos e Elisabete Dias, em 2012.


## Conservatória da Registo Civil de Penela

**Código de referência:** PT/AUC/RCV/PNL

**Título:** Conservatória da Registo Civil de Penela

**Datas de produção:** 1907 / 1982

**Dimensão e suporte:** 302 u. i; papel.

**História administrativa, biográfica e familiar:** O Estado liberal português, através do Decreto de 16 de maio de 1832, cria pela primeira vez o registo civil laico extensível a todos os indivíduos, que há muito era já praticado pela Igreja. Seguiram-se, a este Decreto, outros, sempre com o objetivo de secularizar o registo civil. Esta tarefa foi confiada inicialmente aos administradores do concelho. Não obstante essas tentativas, o registo paroquial continuou em vantagem sobre o registo civil, motivo pelo qual o Decreto de 28 de novembro de 1878 manteve o registo civil para os súbditos portugueses não católicos. Foi, no entanto, preciso esperar até 1911 para que o registo civil fosse oficialmente instituído em Portugal pelo Decreto de 18 de fevereiro de 1911, sendo assim criadas, em cada cidade uma conservatória do registo civil. O registo civil passou a abranger para além dos registos de nascimentos, casamento e óbitos, o reconhecimento dos filhos, emancipações, tutelas, divórcio, etc., com o objetivo de registar todos os factos relativos ao estado civil das pessoas.

**Âmbito e conteúdo:** A documentação é formada por dezassete séries: nascimentos, casamentos, óbitos e, entre outras, reconhecimentos e legitimações, tutelas, registos de nacionalidade, participação de regresso de emigrantes, emancipações, registo de cédula pessoal, processos de casamento.

**Sistema de organização:** Organização original por séries; ordenação cronológica.

**Cota atual:** III-2ªD

**Instrumentos de pesquisa:** Guia de remessa; Inventário em versão informática Archeevo (base de dados de descrição arquivística) na WEBpage do AUC.

**Notas do arquivista:** Fonte para a "História administrativa": Sítio web do Instituto dos Registos e Notariado: (http://www.irn.mj.pt/sections/ irn/a_registral/registo-civil/docs-do-civil/enquadramento-historico). Descrição elaborada por Júlio Ramos e Elisabete Dias, em 2012.


## Conservatória do Registo Civil de Vila Nova de Poiares

**Código de referência:** PT/AUC/RCV/POI
**Título:** Conservatória do Registo Civil de Vila Nova de Poiares
**Datas de produção:** 1878 / 1910
**Dimensão e suporte:** 4 liv.; papel.
**História administrativa, biográfica e familiar:** O Estado liberal português, através do Decreto de 16 de maio de 1832, cria pela primeira vez o registo civil laico extensível a todos os indivíduos, que há muito era já praticado pela Igreja. Seguiram-se, a este Decreto, outros, sempre com o objetivo de secularizar o registo civil. Esta tarefa foi confiada inicialmente aos administradores do concelho. Não obstante essas tentativas, o registo paroquial continuou em vantagem sobre o registo civil, motivo pelo qual o Decreto de 28 de novembro de 1878 manteve o registo civil para os súbditos portugueses não católicos. Foi, no entanto, preciso esperar até 1911 para que o registo civil fosse oficialmente instituído em Portugal pelo Decreto de 18 de fevereiro de 1911, sendo assim criadas, em cada cidade

uma conservatória do registo civil. O registo civil passou a abranger para além dos registos de nascimentos, casamento e óbitos, o reconhecimento dos filhos, emancipações, tutelas, divórcio, etc., com o objetivo de registar todos os factos relativos ao estado civil das pessoas.

**Âmbito e conteúdo:** Documentação formada por duas séries: casamentos e óbitos.

**Sistema de organização:** Organização original por séries: ordenação cronológica.

**Cota atual:** III-2ªD

**Instrumentos de pesquisa:** Guia de remessa; Inventário em versão informática Archeevo (base de dados de descrição arquivística) na WEBpage do AUC.

**Notas do arquivista:** Fonte para a "História administrativa": Sítio web do Instituto dos Registos e Notariado: (http://www.irn.mj.pt/sections/irn/a_registral/registo-civil/docs-do-civil/enquadramento-historico). Descrição elaborada por Júlio Ramos e Elisabete Dias, em 2013

www.ingramcontent.com/pod-product-compliance
Lightning Source LLC
Chambersburg PA
CBHW070712280326
41926CB00087B/1673